“十三五”国家重点出版物出版规划项目

经济科学译丛

财政学

（第十版）

Public Finance

(Tenth Edition)

哈维·S·罗森（Harvey S. Rosen） 特德·盖亚（Ted Gayer）／著

郭庆旺／译

中国人民大学出版社

·北京·

《经济科学译丛》总序

中国是一个文明古国，有着几千年的辉煌历史。近百年来，中国由盛而衰，一度成为世界上最贫穷、落后的国家之一。1949 年中国共产党领导的革命，把中国从饥饿、贫困、被欺侮、被奴役的境地中解放出来。1978 年以来的改革开放，使中国真正走上了通向繁荣富强的道路。

中国改革开放的目标是建立一个有效的社会主义市场经济体制，加速发展经济，提高人民生活水平。但是，要完成这一历史使命绝非易事，我们不仅需要从自己的实践中总结教训，也要从别人的实践中获取经验，还要用理论来指导我们的改革。市场经济虽然对我们这个共和国来说是全新的，但市场经济的运行在发达国家已有几百年的历史，市场经济的理论亦在不断发展完善，并形成了一个现代经济学理论体系。虽然许多经济学名著出自西方学者之手，研究的是西方国家的经济问题，但他们归纳出来的许多经济学理论反映的是人类社会的普遍行为，这些理论是全人类的共同财富。要想迅速稳定地改革和发展我国的经济，我们必须学习和借鉴世界各国包括西方国家在内的先进经济学的理论与知识。

本着这一目的，我们组织翻译了这套经济学教科书系列。这套译丛的特点是：第一，全面系统。除了经济学、宏观经济学、微观经济学等基本原理之外，这套译丛还包括了产业组织理论、国际经济学、发展经济学、货币金融学、公共财政、劳动经济学、计量经济学等重要领域。第二，简明通俗。与经济学的经典名著不同，这套丛书都是国外大学通用的经济学教科书，大部分都已发行了几版或十几版。作者尽可能地用简明通俗的语言来阐述深奥的经济学原理，并附有案例与习题，对于初学者来说，更容易理解与掌握。

经济学是一门社会科学，许多基本原理的应用受各种不同的社会、政治或经济体制的影响，许多经济学理论是建立在一定的假设条件上的，假设条件不同，结论也就不一定成立。因此，正确理解掌握经济分析的方法而不是生搬硬套某些不同条件下产生的结论，才是我们学习当代经济学的正确方法。

本套译丛于 1995 年春由中国人民大学出版社发起筹备并成立了由许多经济学专家学者组织的编辑委员会。中国留美经济学会的许多学者参与了原著的推荐工作。中国人民大学出版社向所有原著的出版社购买了翻译版权。北京大学、中国人民大学、复旦大学以及中国社会科学院的许多专家教授参与了翻译工作。前任策划编辑梁晶女士为本套译丛的出版做出了重要贡献，在此表示衷心的感谢。在中国经济体制转轨的历史时期，我们把这套译丛献给读者，希望为中国经济的深入改革与发展作出贡献。

《经济科学译丛》编辑委员会

前　言

英国哲学家和数学家伯特兰·罗素（Bertrand Russell）写道："变化是一回事，进步是另一回事。"本书第十版依旧作了很大修改，以反映财政学领域所取得的进展。同时，我们还是紧紧围绕本书的核心任务，尽可能清晰地解释经济学工具如何用于分析政府支出和税收政策。

财政学领域不断推陈出新。实验和准实验技术在度量公共政策的影响上，经济理论的新见解在解释政府支出和税收的作用上，都取得了新进展。

本书融合了这些最新发展，引领读者站在当前研究与政策的前沿。虽然材料是最新的，且反映了目前活跃在该领域的经济学家的成果，但我们的方法能使刚接触经济学的大学本科生所接受。

本版的每一章都有新内容。我们不打算罗列所有修改内容，只是强调一些重要的更新之处。

需要探索的新领域

□ 税法的变化

2013 年 1 月 1 日，国会通过了《2012 年美国纳税人减税法案》（American Taxpayer Relief Act of 2012）。尽管公众在讨论这项有争议的法案时，大都把焦点集中在高收入纳税人的税率提高上，但该法案在资本利得和股息课税、遗产税以及替代性最低税等方面也有重大变化。我们修订了第 17 章、第 19 章和第 21 章的内容，以反映这些变化。

□ 跨国公司课税

随着全球化步伐的加快，如何对跨国公司征税成为越来越紧迫的政策问题。特别是，美国应如何对本国企业在海外取得的利润征税，争论一直很激烈。第 19 章（公司税）展开讨论了这一问题，评价了两种可供选择的制度：公司利润的全球课税制和属地课税制。

□ 医疗保健

2010 年，奥巴马总统签署了《平价医疗法案》（Affordable Care Act，ACA），大刀阔斧地改革了政府在医疗保健市场中的作用。现在的“政府与医疗保健市场”一章（第 10 章）分析了《平价医疗法案》，特别是重点讨论了人人购买医疗保险这一要求。

□ 联邦债务

近年来，美国政府债务占国内生产总值的比例大幅提高。问题由此而生：高额债务是否会导致财政危机。第 20 章的“赤字融资”对此问题进行了分析。

□ 改进了图形分析

近年来，联邦政府支出大幅度增加，深入了解政府活动的范围也因此变得越来越重要。第 1 章的新图示对此进行了简明扼要的概括。

我们的目标是给学生提供有关政府收支的明确且一致的看法，而本版的这些修订朝这一目标又迈进了一步。我们多年的政策经验使我们确信，现代财政学提供了思考政策问题的切实可行的、非常宝贵的分析框架。在本教科书中，我们努力做的正是我们在华盛顿工作时所做的——强调扎实的经济学与现实政策问题分析之间的联系。

新的工具和补充材料*

□ 动画 PPT

由威斯康星大学（拉克罗斯）唐娜·安德森（Donna Anderson）制作的 PPT 演示稿进行了全面彻底的更新，其动画图形有助于学生理解疑难概念。

□ 题库

本书以其丰富、缜密的题库而著称，本版继续保持这一传统。本题库经仔细更新，反映了正文的最新变化。每章新增的问题为检验学生对知识的掌握提供了更多的机会。

□ 教师手册

本教师手册由卡森-纽曼大学托里·奈特（Tori Knight）修订，提供了大量的教师资源以及详细解答了章末问题。

□ 网络学习中心

在网络学习中心（www.mhhe.com/rosen10e），学生能下载 PPT、通过网站链接进入感兴趣的网站，而教师在获取密码后还可下载教师资源。

---

* 中国人民大学出版社并未购买以下所列辅助材料的版权。采用本书作教材的教师可向 McGraw-Hill 公司北京代表处联系索取教学课件资料，传真：010－62790292，电子邮件：instructorchina@mcgraw-hill.com。——出版者注

目 录

第1篇

引论

人们的政治哲学影响其政府作用观。有些人将个人自由奉为圭臬，而有些人则强调全社会福利。哲学上的差异的确能够导致人们有关政府经济活动适当界限的意见分歧。

然而，要提出明智的公共政策建议，不仅需要政治哲学，还要深谙政府在做什么。谁拥有实施经济政策的法定权力？政府把钱花在何处？如何筹集收入？第 1 章讨论政治观如何影响财政观，概述美国财政制度的运行。本章为我们思考以后各章所讨论的财政制度细节提供了一个一般性框架。

第 2 章和第 3 章介绍财政经济学家所用的分析工具。第 2 章主要讲实证分析工具，用来分析因果关系。这里的问题是，经济学家如何厘清政府各种政策的影响。可是，我们想知道的不仅仅是政府政策的影响，还有它们所产生的结果从某种意义上说是好是坏。这正是规范分析的作用。规范分析需要有明确的伦理框架，否则，就无从判断何为好。这种伦理框架就是第 3 章的主题。

第 1 章

导　言

> 财政学无疑是对个人与国家之间关系的高深讨论，再也没有比财政学更好的学校教育课程了。
>
> ——捷克前总理瓦茨拉夫·克劳斯（Vaclav Klaus）

时值公元前 1030 年。犹太部落在没有中央政府的状态下生活了几十年。《圣经》里有这样的记载，人们要求先知撒母耳（Samuel）："为我们立一个王治理我们，像列国一样"（《撒母耳记》，第 8 章，第 5 节）。撒母耳描述了在君主统治下的生活情况，试图以此打消犹太人的念头：

> 管辖你们的王必这样行：他必派你们的儿子为他赶车、跟马，奔走在车前……必取你们的女儿为他制造香膏，做饭烤饼。也必取你们最好的田地、葡萄园、橄榄园，赐给他的臣仆……你们的羊群，他必取十分之一，你们也必做他的仆人。那时你们必因所选的王哀求耶和华，耶和华却不应允你们。（《撒母耳记》，第 8 章，第11～18节）。

然而，犹太人并没有被这令人沮丧的言语所震慑：

> 百姓竟不肯听撒母耳的话，说："不然，我们定要一个国王治理我们，使我们像列国一样，有王治理我们，统领我们，为我们争战。"（《撒母耳记》，第 8 章，第19～20节）。

这个出自《圣经》的片段，描绘了人们对政府所抱有的一种由来已久的矛盾心理。政府是必需的——毕竟，"所有国家"都有政府——但同时它也有不受欢迎的一面。对政府的这种复杂情感，无疑与政府的收支活动密切相关。国王会提供给人民所需要的东西（在上面的例子中是军队），但人民也要付出代价。政府全部开支的财源最终要来自私人部门。正如撒母耳生动阐释的那样，税收会是一种沉重负担。

许多世纪过去了，但人们对政府的复杂情感依然如故，许多争论仍集中在政府的财政行为上。本书讨论的是政府的收支活动，这一领域通常称为**财政学**（public finance）。

这一名词有点用词不当，因为根本问题不是资金问题（也就是说，并不是钱的问题），确切地说，是实际资源的利用问题。因此，有些作者更愿意称之为**公共部门经济学**（public sector economics），或简称为**公共经济学**（public economics）。

我们将集中讨论政府的微观经济职能，即政府影响资源配置和收入分配的方式方法。如今，政府的宏观经济职能——运用税收、支出以及货币政策来影响失业总水平和价格水平——通常在其他课程里讲授。

财政学的范围有时难以明确。有些政策目标可以通过政府的支出或税收措施来实现，也可以通过政府管制来实现。例如，政府如果想限制企业规模，一种可能的政策是对大企业课以重税，另一种政策是颁布行政规定，认定企业超过一定规模即为非法。然而，公司税是财政学的重点研究主题，反垄断问题只在财政学教科书中顺便提及，一般把它放在产业组织学课程里讲授。这种做法似乎有些武断，但对学科领域予以限制是必要的。本书遵循传统的做法，主要研究政府的收支活动，偶尔触及管制政策。

财政学中的意识形态

财政经济学家不仅分析政府现实收支活动的影响，而且分析这些活动应如何进行。政府在经济领域里应如何履职，对这个问题的看法受个人与国家间关系的意识形态观所影响。在这方面，政治哲学家分为两大派别。

□ 政府有机论

社会被看做是一个自然的有机体，每个人都是这个有机体的一部分，而政府可看做是该有机体的心脏。毛泽东的伦理学老师杨昌济指出："国家为一有机体，犹人身之为一有机体也，非如机械然，可以拆卸之而更装置之也"（转引自 Johnson，1983，p. 197）。* 个人只有作为社会的一部分才有意义，个人利益要服从于整体利益。因此，社会凌驾于个人之上。例如，在柏拉图的《理想国》中，公民的活动只有导向一个公正的社会时才是可取的。关于政府有机论的一个最臭名昭著的例子，或许是纳粹主义者所提出的："国家社会主义不承认存在脱离社会的个人领域，既要享受国家煞费苦心的保护，又要不受国家的任何干预……个人日常生活中的每一项活动，只有为整个社会服务时才具有意义和价值。"①

国家确定社会目标，并努力引导社会去实现。当然，目标的选择有很大差异。柏拉图设想的国家，其目标是进入一个人类活动全然由完美理性所引导的黄金时代。另一方面，在阿道夫·希特勒（Adolf Hitler，1971/1925，p. 393）看来，国家的目标是要达到种族的净化："国家是实现目标的手段，其目标就是使一个从生理到心理都具同质性的人种组成的社会得以存续和进化。"最近，伊朗的阿亚图拉·霍梅尼（Ayatollah Khomeini）提出，"只有良好的社会才能产生良好的信徒。"他写道，"人，一半是天使，一半是恶魔"，而政府的目标应该是"通过法律和适当惩罚与恶魔那一半作斗争"［转引自塔赫里（Taheri，2003）］。

---

* 此话出自杨先生的《劝学篇》（以署名杨怀中发表于《公言》杂志 1914 年第 1 卷第 1 期）所感之二，虽是对留学归国者而言的，然吾辈皆应共勉。译者愿将本段摘录如下："夫一国有一国之民族精神，犹一人有一人之个性也。一国之文明，不能全体移植于他国。国家为一有机体，犹人身之为一有机体也，非如机械然，可以拆卸之而更装置之也，拆卸之则死矣。善治病者，必察病人之状态，善治国者，必审国家特异之情形。吾人求学海外，欲归国而致之于用，不可不就吾国之情形深加研究，何者当因，何者当革，何者当取，何者当舍，了然于心，确有把握而后可以适合本国之情形，而善应宇宙之大势。故吾愿留学生之归国者，于继续其专门研究之外，更能于国内之事情有所考察。"——译者注

① Stuckart and Globke（1968，p. 330），威廉·斯图卡特和汉斯·格洛布克当时都是纳粹内务部的高级官员。

一个关键的问题是如何选择社会目标。有机论的倡导者通常认为，追求某些目标对于社会有机体来说是自然而然的事情。追求某些地理区域的主权便是这种自然目标的一个例子（纳粹在欧洲争夺统治地位）。然而，尽管许多世纪以来哲学家们从未放弃寻找自然的含义，但一直百思不得其解。

□ 政府机械论

在这种观点看来，政府不是社会的一个有机组成部分。相反地，它是人们为了更好地实现其个人目标而人为创立的。正如美国政治家亨利·克莱（Henry Clay，1829）所指出的："政府是一个信托机构，政府官员是受托人；信托机构和受托人都是为了人民的利益而设立的。"因此，重要的是个人而不是群体。

在承认政府的存在是为了人民的利益之后，我们还需确定究竟什么是人民的利益以及政府应当如何增进人民的利益。实际上，每个人都同意，当政府保护个人免遭暴力侵害时，对个人是有益的。为此，政府必须独占强制性权力，否则就会出现无政府状态，正如17世纪哲学家托马斯·霍布斯（Thomas Hobbes，1963/1651，p. 143）所指出的那样："人们的生活（会变得）寂寞、贫困、险恶、野蛮和短促。"2011年初爆发的突尼斯革命迫使总统和其他政治领导人出逃事件，印证了霍布斯的观察。倘若没有政府和警察，混乱就会接踵而至。同样，亚当·斯密（Adam Smith，1977/1776，Book V，pp. 182，198）在《国富论》中也认为政府应该"保护社会不受其他独立社会的侵犯"，并且"尽可能使社会的每一个成员免受其他成员的不公平对待或压迫"。

最小限度的政府的主要职能就是保护其成员免遭人身伤害。除此之外，斯密（1977/1776，Book V，pp. 210-211）也主张政府有责任"建立和维护某些公共工程与公共机构，但这些公共工程和公共机构决不能为任何个人或少数人利益而建立和维护"。这里可以想到诸如道路、桥梁和下水道等项目——即社会运行所需的基础设施。[①]

在这一点上，传统机械论内部的观点出现了分歧。"自由主义者"信奉的是职能非常有限的政府，反对政府有更多的经济作用。用斯密（1977/1776，Book V，p. 180）的话来说，"每个人只要不违背公正的法律，就可以完全自由地以其自己的方式去追求自己的利益"。自由主义者非常怀疑政府改善社会福利的能力。托马斯·杰斐逊（Thomas Jefferson）尖锐地指出：

> 有时有人说，人们自己管自己是不可靠的。那么，让别人来管就靠得住吗？或者，我们是否觉得让以国王的身份出现的天使来管才可靠？这个问题还是让历史来回答吧。

相反，那些所谓的社会民主主义者则认为，政府进行大量干预是促进个人利益所必需的。这些干预可以采取不同的形式，如劳动场所的安全保障规定，住房供给中禁止种族和性别歧视的法律，或者提供医疗保健服务。社会民主主义者常常认为，个人自由不只是指人身不受侵犯。一个穷困潦倒的人可以自由地按其意愿花费他的收入，但这种自由度极其有限。当然，关于政府干预的适当程度的看法，自由主义者与社会民主主义者之间尚存在许多分歧。

□ 本书的观点

个人比群体更重要的观点是比较新颖的。历史学家劳伦斯·斯通（Lawrence Stone，

---

① 有人认为，即使是这些项目，也应由私人企业提供。这样做可能出现的问题在第4章讨论。

1977，pp. 4－5）曾写道：

> 人们普遍认为，群体利益，无论是家族的、村庄的，还是后来国家的，都高于个人的愿望及其特定目标的实现。在16世纪，对于受过教育的一般人来说，把“生命、自由和追求幸福”这些个人理想作为一个良好社会的基本目标，是不能接受的。

可是，自此以后，政府机械论逐渐主导了英美的政治思想，只是并非主宰一切。无论是左派还是右派，都经常反对个人主义观点。例如，2011年，民主党参议员候选人伊丽莎白·沃伦（Elizabeth Warren）说，“在这个国家，没有人单凭自己的努力就能变得富有……在潜在的社会契约下，你先富裕起来，要为下一代付出。”寻求共和党总统候选人提名的里克·桑托勒姆（Rick Santorum）在2012年说，“犹如原罪就是人不听上帝的话而想独行，个人主义就是人有意不顾他人而我行我素。”的确，任何人主张我们必须为“国家利益”做某些事，而不考虑某些个人或个人团体的利益，那么他所持的正是有机论观点。一般来说，即使在一个极端个人主义的社会中，人们有时也会感到有必要为国家尽责，在必要时甚至为国家献出生命。

英美的经济思想也是沿着个人主义的路线发展的。个人及其需要是主流经济学的主要焦点，这个观点在本书也得到了反映。然而，正如上面所强调的那样，在个人主义的传统下，关于政府应该有多大的积极作用，还有很多的争论。因此，持机械论观点本身并没有给我们提供一种思想，告诉我们应当采取哪种特定的经济干预方式。①

这一点很重要，因为经济政策并不仅仅依据经济分析。政府进行（或不进行）某项活动的合理性，在一定程度上不可避免地取决于伦理和政治上的判断。正如美国在财政问题上的持续争论，理智的人们对这些问题可能有不同的看法。我们将尽可能地如实反映各种不同的观点。

政府一览

我们业已指出，意识形态影响一个人对政府活动适当程度的看法。可是，要对公共政策形成理智的认识，不仅要有意识形态，而且还要了解政府实际上是如何履行职能的。对公共部门有怎样的法律约束？政府把钱花到哪儿去了？如何筹措资金？在探究美国财政制度的具体细节之前，我们先对这些问题作一简要介绍。

□ 法律框架

美国宪法反映出开国者对政府干预经济的关切。我们首先讨论与联邦政府开支和课税活动有关的宪法条款，然后再看州政府。

联邦政府　宪法第1条第8款授权国会“偿付债务并为美国提供国防和一般福利”。多年来，国会和法院将“一般福利”的含义解释得非常广泛，到目前为止，该条款实际上对政府

① 这个问题在政府有机论看来实在毫无意义。因为政府有机论认为，政府凌驾于公众之上，并且假定政府应指导生活的各个方面。

支出毫无约束力。[①] 无论是从绝对额还是从相对于经济规模来说，宪法对联邦支出规模都没有限制。参众两院都可提出预算支出的议案（与实施的所有其他法律一样)。该预算案一旦得到两院的多数投票通过并经总统签署，便成为法律；若被总统否决，则只要在两院都能得到2/3的多数赞成票，仍可成为法律。

国会如何为这些支出筹资？宪法第1条8款赋予了联邦政府课税权力："国会有权设置并征收直接税、关税、进口税和货物税。"与预算案不同的是，"所有筹集收入的议案都应由众议院提出"(第1条第7款)。

由于殖民地时期英国的税收政策引起了公众的极大不满，所以美国格外谨慎地限制政府的课税权力就不足为奇了，下面几段描述可见一斑。

(1)"所有关税、进口税与货物税应全国统一"(第1条第8款)。国会在确定税率时不能在各州间区别对待。例如，若联邦政府开征汽油税，每个州的税率都必须相同。当然，这也并不意味着每个州的人均税额都相等。在人们开车超出平均值的州，应纳税额想必也会较高。可见，各种税收仍有可能（实际上很可能发生）使某些州的税负比其他州更重。[②]

(2)"除非与本宪法前文规定之人口普查或人口统计成比例，否则不得课征……直接税"(第1条第9款)。直接税是一种课于人而不是课于商品的税。该条款实际上表明，若A州的人口是B州的两倍，则国会课征直接税时，从A州得到的收入应是从B州得到的收入的两倍。

19世纪后期，最高法院宣布对所得课税的联邦税不符合宪法规定，因为所得课税使各州税收负担与人口不成比例。在这个决定之下，要开征所得税，唯一的途径是修订宪法。1913年通过的宪法第16条修正案宣布："国会有权对任何来源的收入课征所得税，无须在各州按比例分配，亦不必考虑人口普查或人口统计。"如今，个人所得税已成为联邦收入制度的一个主要支柱。

(3)"未经正当法律程序，任何人都不得被剥夺生命、自由或财产；若没有公正的补偿，不得将私有财产充公"(第5条修正案)。从税收政策的角度来看，这一条款意味着税法所造成的差异必须是合理的。然而，要确定哪种差异是"合理的"有时非常困难，这一问题是立法和司法程序有待完善的一部分。

(4)"对于任何一州输出的货物，不得征税"(第1条第9款)。宪法中列入这个条款是为了保证南部各州的烟草以及其他商品出口不被中央政府课税。

联邦政府不一定都通过课税来为其全部支出筹资。若支出超过收入，政府有权"凭美国政府之信用借钱"(第1条第8款)。最近，要求平衡联邦预算的宪法修正案得到了一些人的支持，但至今尚未通过。在过去的几十年里，要求平衡联邦预算的宪法修正案多次得到一些支持，但到目前为止依然尚未通过。

州与地方政府 根据宪法第10条修正案，"本宪法未授予合众国也未禁止各州行使的权力，皆由各州或全体人民保留"。这样，宪法授予了各州政府以广泛的收支自主权。然而，尽管如此，宪法还是对各州的经济活动有所限制。宪法第1条第10款指出："任何一州，未经国会同意，都不得对进出口货物课征进出口税。"这样，联邦政府就控制了国际经济政策。此

---

① 宪法第1章还规定，有些特定支出是必需的。例如，要维持军队和司法制度，国会必须拨款。

② 历史上还没有任何一项税法因违反这一条款而被废除。然而，20世纪80年代初差一点出现这样的事情。国会通过了一项对石油征税的法律，但对阿拉斯加北坡的石油免税。联邦地区法院判该税法违宪，但这项判决最终被最高法院推翻。

外，各种宪法条款还被解释成要求各州不得任意课征税收，不得歧视外来居民，不得对来自其他州的进口商品征税。例如，在2005年，最高法院宣布，密歇根州和纽约州补贴本州酒厂的法令违宪，因为这造成相对于外州酒厂的竞争优势。

各州可在自己的宪法中对其开支和课税加以限制。在各类经济问题的处理上，各州宪法大相径庭。近年来，财政上最有趣的发展之一是，有些州开展了修宪运动以限制公共部门的开支规模。

从法律角度看，地方政府的课税和开支权力是由州政府授予的。正如19世纪的一位法官所指出的（*City of Clinton v. Cedar Rapids*，1868）：

> 市政府的产生源自州立法，其权力也完全来自州立法。立法给予市政府生命的源泉，没有这个源泉，市政府将无以生存。市政府由州立法而产生，也可能由州立法而消亡。立法既然可使市政府消亡，也可剥夺和控制其权力。

然而，认为地方政府毫无财政自主权是错误的。许多市镇都有相当大的政治权力，对州和联邦政府的意愿也不是被动地作出反应。比如，由于地方官员的强烈反对，加利福尼亚州最近就放弃了从地方政府抽走汽油税收入的计划（Steinhauer，2009）。近年来，为了获得联邦资金，州和市之间展开了一场竞争，这是一个耐人寻味的发展。在这场争夺资金的游说活动中，市往往比州更易获得成功！

□ 政府规模

比尔·克林顿总统在1996年向国会提交的《国情咨文》中有一句名言："大政府的时代结束了"。这种说法的前提是，有某种方法来确定政府是否"大"。那么，究竟如何衡量政府的规模？

政治家和记者通常采用的一种衡量标准是公共部门工作人员的数量。然而，根据政府所雇用的工作人员数量来推断政府规模可能会造成误导。比如有这样一个国家，少量公务员操纵一台功能强大的计算机，制定所有的经济决策。在这个国家，以政府雇员的数量作为衡量标准，当然会低估政府的重要性。同样，也不难设想另一种情况，即工作人员数量虽然庞大，但公共部门却比较薄弱。虽然出于很多目的，了解公共部门雇员数量是有好处的，但是这并不能说明核心问题——社会资源由政府控制的程度。

一种更明智（而且更普遍）的衡量方法是用政府年支出额来度量政府规模。这些支出基本上有三种类型：

（1）商品和服务的购买。政府购买涉及各种项目，从导弹到环境保护主义者提供的服务，无所不包。

（2）对个人、企业和其他各级政府的收入转移。政府从某些个人和组织取得收入并将它转移给另外一部分人和组织，例如食品券之类的福利计划和给予农场主生产（或不生产）某些商品的补贴。

（3）利息支付。政府为了给其活动融资常需借款，与其他借款人一样，也必须向债权人支付利息。

联邦政府要在一份称为**统一预算**（unified budget）的文件中逐一列出支出项目。[①] 2011

---

① 宪法规定要公布某些预算文件："一切公款收支的定期报告及账目应及时公布"（第1条第9款）。

年联邦政府支出（不包括对州和地方政府的补助）为3.3万亿美元，如果加上当年州和地方政府支出，则总支出达5.41万亿美元（*Economic Report of the President*，*2012*，p.415）。[①]有关政府支出的统计数字很容易得到并被广泛引用。通常情况下，当支出增加时，人们就断言政府规模扩大了，反之亦然。然而，有些政府活动涉及的政府支出或许不大，但对经济的影响不能小觑。例如，发布管制条例本身花不了多少钱。联邦政府每年制定和颁布管制条例大致要花费504亿美元，这相对于预算规模而言并不大（Dudley and Warren，2011）。然而，这一估计数字只是管制的全部经济成本的一小部分，还有企业和个人的遵从成本，以及对经济活动的影响成本。要求汽车安装气囊增加了汽车的成本，各种许可费和检查费提高了住房的价格，像最低工资之类的劳动市场管制会引致失业，制药行业的管制会放慢科技发展的步伐。

有人建议将政府管制造成的经济成本列入年度**管制预算**（regulatory budget）。遗憾的是，计算这类成本极其困难。例如，倘若没有药物管制，对于可以开发什么新药，连药物学专家都没有一致的看法。同样，政府对工作场所安全措施的管制使生产成本增加了多少，也很难计算。鉴于这些问题，不可能有官方管制预算。[②]不过，非官方估计结果表明，联邦管制的年度成本很高，每年或许超过1.75万亿美元（Crain and Crain，2010）。

一些数字 用一个数字来概括政府对经济影响的程度是不可取的。也就是说，还有一个实际问题需要解决，即要找到能衡量政府规模的某种合理指标，以便估计政府增长的趋势。大多数经济学家都愿意将传统定义的政府支出作为一种粗略而有用的尺度。与其他许多不完善的尺度一样，只要认识到其局限性，政府支出仍具有一定的解释力。

了解了这些问题后，再看表1—1列示的美国各级政府历年来的支出数据。第一列表明，自1970年以来，政府年支出增长了17倍多。但是，由于下列几个原因，该数据会引起人们对政府增长的误解：

（1）通货膨胀导致美元逐年贬值。在第二列，支出数据是用2011年的美元币值表示的。换算成实际值后，2011年政府支出约为1970年支出水平的3.9倍。

表1—1　　州、地方与联邦政府支出（部分年度）

	(1) 总支出 (10亿美元)	(2) 2011年美元 (10亿美元)*	(3) 2011年美元 (人均)	(4) 占GDP的比例 (%)
1970	295	1 375	6 703	28.4
1980	847	2 007	8 815	30.4
1990	1 880	2 948	11 784	32.4
2000	2 906	3 712	13 155	29.2
2011	5 410	5 410	17 362	35.9

*用GDP平减指数转换为2011年美元。

说明：自1970年以来，政府总支出上升了17.3倍。实际支出上升了2.9倍，人均实际支出上升了1.6倍。1970年，政府支出占国内生产总值的比例为28.4%，2011年为35.9%。

资料来源：Calculations based on *Economic Report of the President*，*2012*（pp.316，320，359，415）.

① 2011年联邦政府对州和地方政府的补助为4 930亿美元。

② 政府管制不能只因其有成本就认为一定是坏事。与其他任何政府活动一样，只有同时计算收益和成本才能进行估价。（关于成本—收益分析的诸多问题在第8章讨论。）

（2）人口数量在不断增加。人口增长本身就需要公共部门扩大（例如，要有更多的道路和排水系统以满足更多人的需要）。第三列显示出人均实际政府支出：2011年约为1970年的2.6倍。

（3）政府支出与经济规模的比较有时是有用的。如果政府规模扩大一倍而同时经济增长两倍，则政府相对缩小了。第四列表明了政府支出占国内生产总值（GDP）的比例，GDP是该年度社会所生产的商品和服务的市场价值总和。1970年，该比例为28.4%，2011年为35.9%。

根据上面的讨论，表1—1的数字虽然精确，但不准确。不过，从长期来看，政府的经济作用无疑大大增强了。几乎有1/3的GDP由公共部门经手，政府成为一股巨大的经济力量。

一些国际比较有助于我们客观地看待美国的数据。图1—1说明了一些发达国家政府支出占国内生产总值的比例。数据表明，并非只有美国拥有庞大的公共部门。实际上，与瑞典、法国等国家相比，美国的公共部门很小。虽然各国公共部门的相对规模不同有很多原因，但本章前面讨论过的意识形态可能起着很重要的作用。

比如，瑞典拥有庞大的公共部门，其中的一种解释就是，医疗保健被认为是一种社会责任，政府承担了大部分医疗保健支出。相反，在美国，医疗保健被认为主要是个人责任，所以私人部门承担了大部分医疗保健支出。

图1—1　2011年部分国家政府支出占国内生产总值的比例

说明：同美国相比，其他发达国家政府支出占GDP的比例都比较高。

资料来源：Organization for Economic Cooperation and Development, Paris, France, *OECD Economic Outlook*, May 2012 (Annex Table 25)，2011年数据。

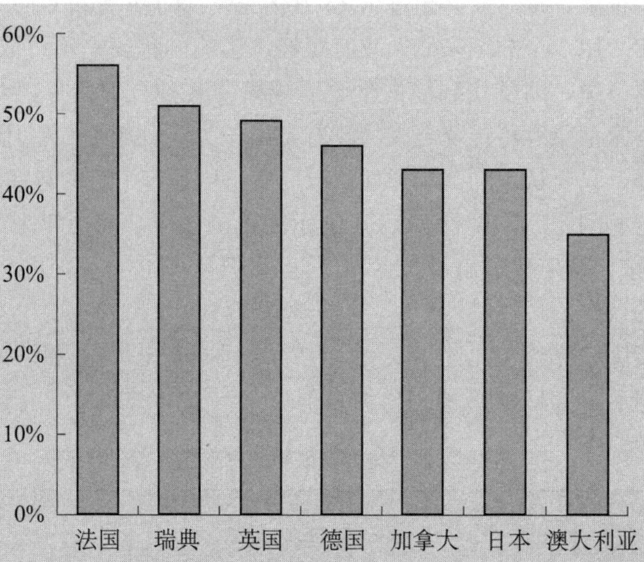

□ 支出

我们现在从政府支出总规模转向分析政府支出构成。一个简单的表格不可能反映出范围宽广的政府开支活动。在2012财政年度的联邦预算中，各项目的列举和说明就需要1 300多页纸！（下列网站提供了详细内容：http：//www.gpoaccess.gov/usbudget/。）

图1—2的左图描绘了联邦政府的主要支出类别，图1—3的左图描绘了州和地方政府的主要支出类别。实际上，政府预算的许多项目由所谓的**公民权利性计划**（entitlement programs）组成，这些项目的成本不是由固定的金额决定的，而是由符合条件的人数决定的。有关社会保障、很多公共福利计划、农产品价格补贴等的法律，包含了决定谁有权受益及其受益额大小的规定。因此，当前的政府控制不了公民权利性计划的支出，除非改变这些规定。同样，债务支付由利率和以往的赤字额决定，也基本上不受当前的决策者控制。根据大多数

估计，联邦预算中约有 60%是相对不可控的（Office of Management and Budget，2012）。在第 6 章，我们讨论联邦预算可控性的相关政治问题。

我们还应当按政府层级分解总支出。在全部直接支出中，联邦政府约占 60%，州政府占 20%，地方政府占 20%（Bureau of Economic Analysis，2012）。很显然，州和地方政府也是重要的角色，它们负责大量的开支项目，如警察、消防、教育、交通，大量的公共福利支出也是由州政府负责。第 22 章讨论在协调各级政府财政活动时所出现的复杂问题。

□ 收入

图 1—2 的右图、图 1—3 的右图分别描绘了联邦政府、州和地方政府的收入构成。就联邦政府来说，目前个人所得税是最重要的收入来源，大约占整个税收收入的 47%。请注意图 1—2 中“社会保险”类收入的重要性，这些工薪税主要用于社会保障和医疗保险，目前大约占联邦收入的 40%。公司所得税仅占联邦收入的 8%左右，比过去大大降低了。就州和地方政府而言，来自联邦政府的补助占其收入的比重超过 20%，销售税和财产税都占 18%左右，但财产税的比重比早年明显下降。

需要注意的是，税制不仅是筹措收入的工具，也是一种支出手段。举例来说，假设联邦政府不是花 1 000 万美元购买一种新武器，而是减免武器制造商 1 000 万美元的应纳税额。虽然这两种办法在政府的账户上表现不同，但其预算效果是相同的——政府花费 1 000 万美元购置武器。我们在第 17 章更详细地讨论这种**税收支出**（tax expenditures）。

债务实际值的变化　在一般讨论中，税收通常被看成是政府收入的唯一来源。然而，当政府成为债务人且价格水平上升时，债务实际值的变动可能成为政府收入的一个重要来源。为了理解个中缘由，假设在年初你欠债权人 1 000 美元，年底要还。再假设这一年的物价上涨了 10%，则你用来偿还给债权人的美元比你从他那里借来时的美元价值低 10%。实际上，通货膨胀使你的债务实际值减少了 100 美元（1 000 美元的 10%）。换言之，通货膨胀使你的

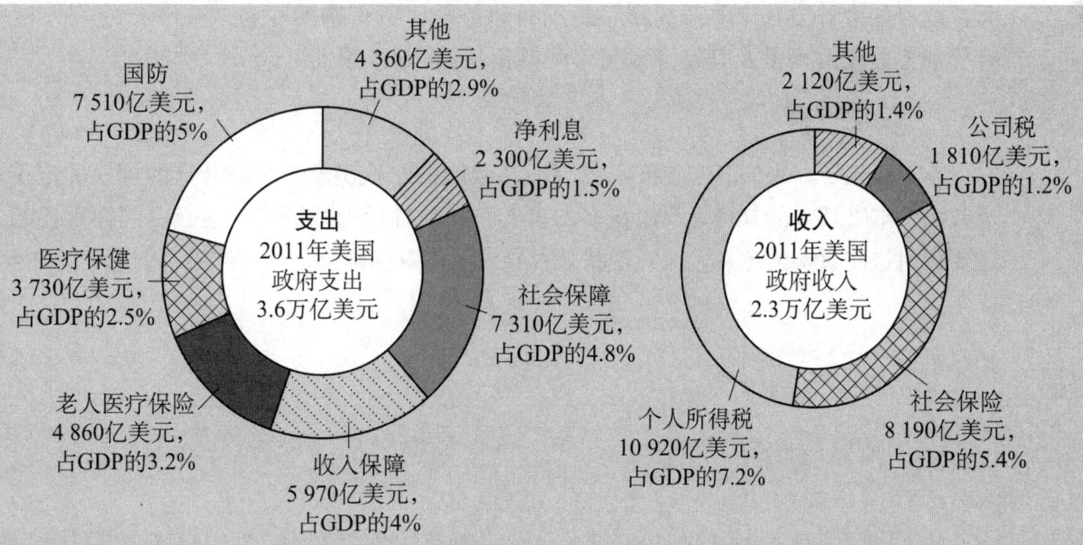

图 1—2　联邦政府的收支构成（2011 年）

说明：联邦政府目前用于国防的开支占其预算的 21%，用于社会保障的开支占 20%。个人所得税是联邦财政收入的最重要来源，占税收收入的近 50%。

资料来源：*Economic Report of the President*，*2012*（p. 413）.

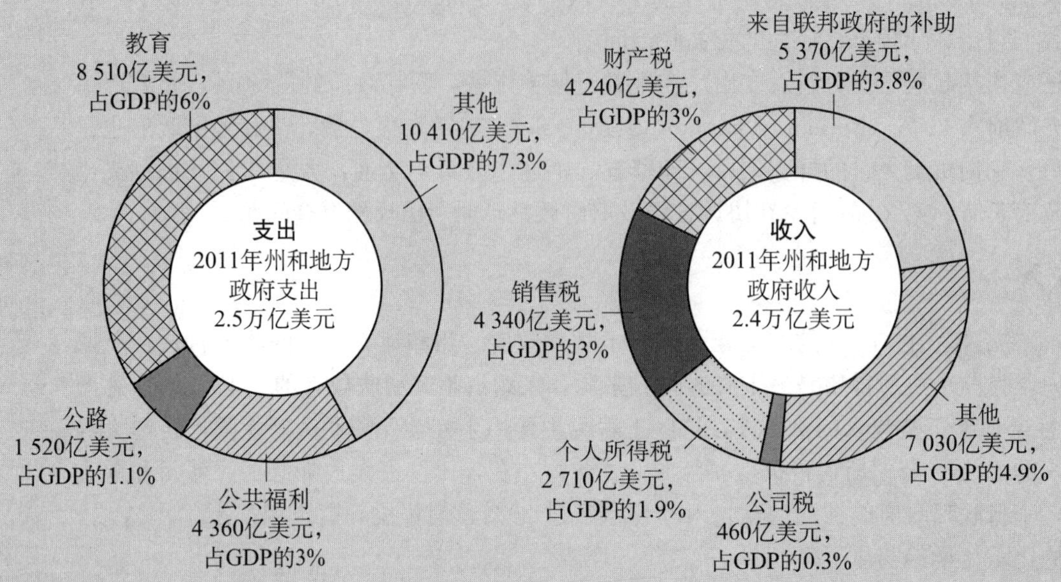

图 1—3　州和地方政府的收支构成（2011 年）

说明：州和地方政府现用于教育和公共福利的开支占其预算的比重分别为 34%和 18%。来自联邦政府的补助占其收入的 20%以上，销售税占其收入的 18%。

资料来源：*Economic Report of the President*，*2012*（p. 419）.

实际收入增加了 100 美元。当然，与此同时，你的债权人的实际收入减少了 100 美元。①

2011 财政年度伊始，联邦政府的未偿债务约为 13.5 万亿美元。在 2011 年，通货膨胀率约为 2.1%。按照上述逻辑，通货膨胀使联邦债务的实际价值减少了 2 840 亿美元（13.5 万亿美元×0.021）。实际上，这与图 1—2 所列任何税种一样，对政府来说都是一笔收入。然而，政府的会计方法未将通货膨胀造成的债务贬值所带来的收益放在账户的收入栏。我们将有关债务规模的衡量及其经济意义等问题留待第 20 章深入讨论。

□ 议题安排

本节提出了一系列基本事实，内容涉及政府的财政制度、政府开支的规模和范围、政府筹资方法。本书其余部分将呈现出更多的事实，简要描述财政制度的运行。同样重要的是，我们还要探讨这些事实的意义，探索现状是否导致了满意的结果，如若结果不合意，将如何改进。

小结

- 财政学，亦称公共部门经济学或公共经济学，着重研究政府的收支活动及其对资源配置与收入分配的影响。
- 财政经济学家既分析现实政策，又提出政府活动的指导方针。
- 按照社会有机论，个人只有对社会目标实现做出贡献才有价值。这些目标由政府来决定。

① 如果借贷双方都预期有通货膨胀，利率就会上升，以便把通货膨胀考虑进来。这种现象将在第 17 章的“税收与通货膨胀”中讨论。

● 按照社会机械论，政府是实现个人目标的产物。政府必须协调有时相互冲突的个人目标。

● 个人决策是大部分经济学的焦点，也与本书所采用的社会机械论相一致，但这并未消除有关政府在经济中应具有的适当作用的争论。

● 宪法限制了联邦和州政府的经济活动。

● 联邦政府完全可以按其意愿开支，并可利用借债和课税来筹资。联邦政府选定税率时不得在州之间区别对待，也不得对各州的出口课税。宪法第 16 条修正案授予联邦政府对个人所得征税的权力。

● 州政府不得对进口商品课征关税，不得歧视外来居民，也不得对其他州的产品课税。大多数州都有平衡预算的要求。

● 政府规模的所有常用衡量标准——雇员、支出、收入等，都具有一定的缺陷，尤其是这些标准都没有考虑管制成本的影响。而强有力的证据表明，政府对国民资源配置的影响越来越大。

● 政府支出水平不论从名义值还是从实际额来看，不论从人均额还是从占国内生产总值的比例来看，都增加了。

● 国防和社会保障是联邦预算中最大的两项开支，随后是收入保障计划、老人医疗保险以及其他医疗保健计划。

● 个人所得税和社会保险工薪税是联邦政府收入的最大来源。

讨论题

1. 指出下列陈述是符合政府有机论还是政府机械论。

a. “如果你要相信国家目的高于我们个人的利益，就和我们在一起。”（约翰·麦凯恩参议员）

b. “处于政府之下的人民的自由，是拥有一套由得到授权的立法机构制定的、人人共同遵守的、长期有效的生活准则，是在该准则未加规定的一切事情上不受他人的反复无常的、未知的、武断的意志摆布而都能按自己的意志去做的自由。”（英国哲学家约翰·洛克）

c. “个人主义、资本主义和利己主义的旧观念，都必须摧毁。”（委内瑞拉总统乌戈·查韦斯）

2. 请你解释一下自由主义者、社会民主主义者和持有国家有机观的人对下列法律会做出怎样的反应：

a. 禁赌法律。

b. 强制使用安全带的法律。

c. 强制安装儿童安全座椅的法律。

d. 禁止卖淫嫖娼的法律。

e. 禁止一夫多妻的法律。

f. 禁止餐厅使用反式脂肪酸的法律。

3. 2011 年，丹麦为了减少肥胖症，对饱和脂肪酸超过 2.3%的食品征税。这种税符合政府机械论吗？

4. 在下列各种情况中，政府对经济的影响是增加了还是减少了？为什么？在每种情况下，你的答案与政府规模的标准衡量方法所给出的答案有何不同？

a. 一般情况下，当雇主向员工提供医疗保险时，也会惠及该员工的配偶。几年前，旧金山市通过了一项法律，要求在本市做生意的企业，向同性恋伴侣和异性未婚同居者提供医疗保健和其他福利。

b. 联邦政府禁止白炽灯泡的使用。

c. 政府购买商品和服务的支出占国内生产总值的比例下降。

d. 联邦政府通过减少对州和地方政府的补助实现预算平衡。

5. 2011 年，英国的通货膨胀率大约是 3.6%，国债是 9 400亿英镑。请讨论这些情况对英国当年的政府收入度量的影响。

6. 考虑两种政策：一种是政府要求每个人都购买一份标准的医疗保险单，费用为 5 000 美元；另一种是政府对每个人征税 5 000 美元，但对购买标准医疗保险单的人减税 5 000 美元。这些政策对政府规模的影响有何不同？

7. 1981—1985 年，美国联邦政府每年的国防支出从 1 575亿美元增加到 2 527 亿美元，同期的 GDP 从 3.127 万亿美元增加到 4.218 万亿美元。2007—2011 年，美国联邦政府的国防支出从 5 513 亿美元增加到 7 056 亿美元，同期的 GDP 从 14.029 万亿美元增加到 15.088 万亿美元。相对于 GDP 而言，哪一时期的国防支出增加得更多？

8. 下页表显示了 1997 年、2001 年、2007 年和 2011 年美国联邦政府支出的构成。

从 1997 年到 2001 年，GDP 从 8.332 4 万亿美元增加到 10.286 2 万亿美元，GDP 物价平减指数从 84.628 上升到 90.727，总人口从 2.729 58 亿增加到 2.852 25 亿。从 2007 年到 2011 年，GDP 从 14.028 万亿美元增加到 15.094 万亿美元，GDP 物价平减指数从 106.231 上升到 113.338，总人口从 3.016 96 亿增加到 3.120 4 亿。

联邦政府支出（10 亿美元）

	1997 年	2001 年	2007 年	2011 年
国防	285.7	321.2	579.8	751.3
医疗保健	123.8	172.2	266.4	372.5
老人医疗保险	190.0	217.4	375.4	485.7
收入保障	235.0	269.8	366.0	597.4
社会保障	365.3	433.0	586.2	730.8
净利息	244.0	206.2	237.1	230.0
其他	157.3	243.1	317.9	435.5
合计	1 601.1	1 862.8	2 728.7	3 603.1

a. 计算 1997—2001 年和 2007—2011 年联邦支出绝对额的变化、联邦支出实际额（即通胀调整后的数额）的变化、实际人均政府支出的变化以及政府支出占 GDP 比例的变化。

b. 1997—2001 年和 2007—2011 年，预算中的哪一项相对增加得最多？哪一项相对减少得最多？

9. 下表显示了 1997 年、2001 年、2007 年和 2011 年美国联邦政府税收收入的构成。

a. 计算 1997—2001 年和 2007—2011 年联邦税收收入绝对额的变化、联邦税收收入实际额（即通胀调整后的数额）的变化、实际人均税收收入的变化以及税收收入占 GDP 比例的变化。

b. 1997—2001 年和 2007—2011 年，联邦税收收入构成中哪一项相对增加得最多？哪一项相对减少得最多？

联邦政府税收（10 亿美元）

	1997 年	2001 年	2007 年	2011 年
个人所得税	737.5	994.3	1 163.5	1 091.5
公司税	182.3	151.1	370.2	181.1
社会保险	539.4	694.0	869.6	818.8
特别消费税	120.1	151.7	164.7	212.1
合计	1 579.2	1 991.1	2 568.0	2 303.5

附录：有关财政问题的研究

我们在书中引用了许多专著和文章。这些参考资料对于那些想深入探究各专题的读者来说是有用的。想以财政问题撰写学年论文或毕业论文的学生，应查阅下列专注某一领域的期刊：

《国际税收与财政》（*International Tax and Public Finance*）

《公共经济学杂志》（*Journal of Public Economics*）

《国家税收杂志》（*National Tax Journal*）

《财政学》（*Public Finance*）

《财政学季刊》（*Public Finance Quarterly*）

此外，所有大家都关注的主要经济学期刊也常常发表一些讨论财政问题的文章。这些期刊包括但不限于下列几种：

《美国经济评论》(*American Economic Review*)

《经济展望杂志》(*Journal of Economic Perspectives*)

《政治经济学杂志》(*Journal of Political Economy*)

《经济学季刊》(*Quarterly Journal of Economics*)

《经济学与统计学评论》(*Review of Economics and Statistics*)

发表在这些和许多其他期刊上的有关财政问题的文章，可参阅《经济学文献杂志》(*Journal of Economic Literature*）上的索引，也可在网上搜索（Google Scholar)。

此外，学生还应当阅读布鲁金斯学会（Brookings Institution）出版的《财政研究》(*Studies of Government Finance*）系列丛书，这些著作对重大的财政问题进行了详细且最新的讨论。国会预算办公室也提供了有关当前政策争论的有用报告，这些报告的一览表在它的网站上能找到，网址是：http：//www. cbo. gov。

国家经济研究局的工作论文系列（可在大学图书馆获取）也是了解有关财政问题最新研究成果的又一个良好来源，这些论文在很多大学的图书馆都能找到。不过，这些论文的技术难度有时相当大。这些论文的下载网址是：http：//www. nber. org。

关于政府收支活动的大量数据是可以得到的。下列有用的资料来源由美国政府印刷署(US Government Printing Office）出版，且可以在线获取：

Statistical Abstract of the United States（http：//www. census. gov/compendia/statab/)

Economic Report of the President（http：//www. gpoaccess. gov/eop/)

Budget of the United States（http：//www. gpoaccess. gov/usbudget/)

US Census of Governments（http：//www. census. gov/govs/www/)

除《美国政府人口普查》(*US Census of Governments*）每5年出版一次外，上面所有的其他刊物每年都出版。《政府财政事实和数据》(*Facts and Figures on Government Finance*)由税收基金会每年出版一次，是政府课税和开支活动的另一个数据简编。需要历史资料的读者，上溯到18世纪的数据都可以在《从殖民时代到1970年的美国历史统计》(*Historical Statistics of the United States from Colonial Times to 1970*，美国政府印刷署）里得到。对州和地方财政特别感兴趣的读者则应阅读美国政府间关系咨询委员会（US Advisory Commission on Intergovernmental Relations）发布的报告。

大量的财政数据可从互联网上得到，特别有用的网站是“经济学家网络资源”(http：//www. rfe. org)，它列出并描述了900多个互联网资源。美国人口普查局（US Census Bureau）的主页（http：//www. census. gov）也很有帮助。最后，有关税收政策问题的最新资料可查询密歇根大学的税收政策研究室（University of Michigan's Office of Tax Policy Research）的网站（http：//www. otpr. org）和城市—布鲁金斯税收政策研究中心（Urban-Brookings Tax Policy Center）的网站（http：//www. taxpolicycenter. org/)。

第 2 章

实证分析工具

数字是鲜活的，是有生命力的。

——杰西·杰克逊（Jesse Jackson）

本章一个适当的副标题应是："预测要发生之事为何如此之难?"我们时常听说，经济学家（还有政治家）对各种政府活动可能产生的影响争执不下。例如，2008 年美国总统大选时，一个激烈争论的问题是，布什政府对高收入者的所得税税率的降低是否应当保留。约翰·麦凯恩（John McCain）支持这种减税，而巴拉克·奥巴马（Barack Obama）则反对。许多保守派人士认为，降低税率会激励人们更努力地工作。许多自由主义者则持怀疑态度，认为税收对工作努力不会产生多大影响。各方都有经济学家证明其观点是正确的。

只要经济学家和决策者一考虑政府计划的影响，就会发生这种争论。环境管制是否改善健康状况、政府提供的医疗保险是否降低死亡率、教育券是否提高考试成绩、对公司减税是否增加投资、失业保险是否使失业时间拉长，以及其他一系列重要问题，经济学家们争论不休。本章讨论经济学家用来估计政府计划对个体行为影响的工具。

理论的作用

经济理论是分析政府政策影响的有益起始点，因为它提供了一个分析框架，可用来思考可能影响利益相关者行为的各种因素。我们再看一下参议员麦凯恩支持的降低税率，并假定我们关注它对年工作时数的影响。劳动供给理论假定，工作决策以时间的合理配置为基础。[①] 假定罗杰斯先生一天仅有固定的几个小时，他将用多少小时在市场上工作，用多少小时休闲呢？罗杰斯从休闲中得到满足（"效用"），但为了赚钱，他必须工作，因此他必须放弃用于休闲的时间。罗杰斯的问题在于，要找到能使其效用最大化

① 第 18 章中的"劳动供给"用图示解说劳动供给理论。

的收入和休闲的组合。

假定罗杰斯的工资率为每小时10美元，工资便是罗杰斯休闲时间的成本。罗杰斯休闲1小时，就要放弃10美元的工资——时间就是金钱。但是，即使休闲的代价很高，一个“理性”的人一般也不会一有时间就去工作。只要休闲的收益大于其成本，人们就会把时间用在休闲上。

这个模型似乎不太现实。它忽略了这样一种可能性，即个人的劳动供给行为可能取决于其他家庭成员的工作决策，而且也没有考虑个人是否想工作多久就能工作多久。的确，人们仅凭理性考虑成本和收益做出决策的整个想法似乎不切实际。

然而，建模的核心是要尽可能地简化，以便抓住问题的实质。评判一个模型，不应基于它是否百分之百的“精准”，而应看它是否言之成理，是否具有启发性，是否可以验证。大多数现代经济学著作都是建立在效用最大化这一假设之上的，这是一个很好用的假设，本书也始终采用这一假设。

设想罗杰斯先生基于工资率10美元，找到了其效用最大化的收入和休闲组合。现在政府对工资所得课税20%，于是罗杰斯的税后工资或净工资为8美元。一个理性的人会做出怎样的反应——工作得更多、更少还是无动于衷呢？在公开辩论中，这三种可能都有坚定的支持者。但事实上，我们不可能根据理论来预测所得税对工作时数的影响。

为什么这么说呢？我们首先看到，工资税降低了休闲的有效价格。征税前，消费1小时的休闲，罗杰斯付出的成本是10美元。课征所得税后，罗杰斯的净工资降低，1小时休闲的成本只为8美元。由于休闲变得“更为便宜”，他就会消费更多的休闲——工作减少。这就是所谓的**替代效应**（substitution effect）。

征税后同时还会产生另一种效应。如果税后罗杰斯工作的时数相同，他每小时只得到8美元报酬，而税前是10美元，罗杰斯实际上损失了一部分收入。如果休闲是**正常品**（normal good）——收入增加消费也增加，收入减少消费也减少，那么，这种收入损失将导致休闲消费减少，而较少的休闲意味着较多的工作。由于所得税使罗杰斯变得较穷，他便会更多地工作。这就是所谓的**收入效应**（income effect）。

因此，税收同时产生两种效应：它使人们转向更便宜的活动（休闲），且减少实际收入。由于替代效应和收入效应的作用相反，故所得税的影响不能仅靠理论推理来决定。

收入效应和替代效应的矛盾所引起的不确定性，其重要性不论怎么强调都不过分。理论模型有助于理解所得税与劳动供给之间的关系，但只有经验研究——基于观察和经验而非理论的分析——才能告诉我们税制变化如何影响劳动力行为。在这个问题上，即使是经过深思熟虑的推理，我们也不能完全相信。在此，我们看到经济理论的一个主要作用：让我们认识到被我们忽视的领域。

从另一方面来看，经济理论首先是推理，认为所研究的问题是重要的。就拿政府有关汽车的强制性安全设计（如安全带、气囊、制动防抱死等）政策来说。这些措施的目的是要提高公共安全性。然而，正如佩尔兹曼（Peltzman，1975）所说，经济理论表明，实际上这种措施也许事与愿违，反而提高死亡事故率。其基本逻辑很简单：经济理论说，一般情况下，某些活动的成本下降时，人们就会更愿意从事这种活动。就这种情况而言，安全设计措施降低了开快车和莽撞的“成本”，因为一旦出事故，伤害可能不那么严重。照此逻辑，强制性安全措施可能导致开车更鲁莽，事故就会相应增加。

实证研究用来确定，增加安全设计措施导致的死亡事故率下降是否超过因开车更鲁莽而导致的死亡事故率上升。从理论得到的另一个可验证的命题是，我们可以想象，强制性安全设计措施会使行人的死亡事故率大大提高，因为行人遭遇的莽撞驾车增加，但没有安全装置的防护。这里，我们看到经济理论的另一重要功能，即产生假说，其有效性可通过实证研究来评判。

因果性与相关性

上述所说的种种例子表明，在特定的政府政策与所关注的结果之间建立因果关系十分重要。在我们看来，要推断政府措施 X 会引起社会结果 Y，下列三个条件必须成立：

（1）原因（X）必须先于结果（Y）。这个条件是合情合理的，因为只有原因导致（即先于）结果，才可能有因果关系。

（2）原因和结果必须是**相关的**（correlated）。如果两个事件一起变化，它们就是相关的。相关性可能是正的（X 和 Y 同向变化），也可能是负的（X 和 Y 反向变化）。如果 X 变化而 Y 不变，那么，X 不可能是 Y 的起因。

（3）对于任何观察到的相关性，必须排除其他解释。

最后一个条件有些棘手。该条件要求，在把 X 归于原因之前，要把 Y 的其他影响因素（我们称之为因素 Z）剔除。我们以失业保险（UI）计划为例，政府依据该计划要给那些失去工作的人钱。一个重要的问题是，政府付了这笔钱之后是否会导致失业期更长。假定我们从一群人中收集失业保险金数据，其中的一部分人获得了“高水平”的失业保险金，另一部分人获得了“低水平”的失业保险金。我们把那些获得高失业保险金的人称为**实验组**（treatment group），因为他们在我们评估时要被“实验”。获得低失业保险金的人不予实验，称为**控制组**或**对照组**（control group）。

假定我们发现，平均来看，实验组工人随后比控制组工人的失业期缩短了。这说明因果关系的前两个条件得到满足，但为了推断较高的失业保险金引起失业持续期缩短，我们还必须考虑所观察到的这两个事件之间的关系是否有其他解释。一种可能的解释是，实验组工人在其他方面与控制组工人不同。比如，以前工作挣得比较多的人，失业保险金一般也比较高。而以前的收入比较高，反映出的可能是工作动力比较大。因此，比较大的工作动力可能使得失业保险金比较高，也使尽快找到工作的渴望更大。这表明，因素 Z（较大的工作动力）既导致了没有工作时的失业保险金较高，又使得失业持续时间缩短。所以，我们不能断言说较高的失业保险金导致失业期缩短。总之，有相关性并不能证明有因果关系。

在很多情况下，把相关性和因果性区分开来很重要。比如，已婚男子与其工资之间存在正相关关系。有鉴于此，有些专家和决策者就建议，政府应当制定经济激励措施，鼓励人们结婚。问题是，男性婚姻状况与其工资的相关性可能另有隐情。也许是因为，个性较好的男性更容易找到工作，同时找到配偶的可能性也更大。在推行一项鼓励结婚以增加工资的政策之前，必须剔除其他解释。

实验研究

在我们的假设例证中可以看到，失业保险金与失业持续期之间所观察到的关系是由第三种影响引起的，即动力的大小。问题是，控制组工人的特征不同于实验组工人的特征。结果，实验组工人相对于控制组工人的失业持续期缩短是对较高失业保险金的真实因果影响的**有偏估计**（biased estimate）。有偏估计是一种把真正的因果影响与外部因素的影响混杂在一起的估计。实证经济学在估计两个事件的因果关系时，要有说服力，就应消除偏差。

为了剔除其他因素，我们想要知道**反事实情况**（counterfactual），即实验组中的成员倘若未被实验而发生的情况。当然，在我们的失业保险例证中，不可能知道真正的反事实情况，因为实验组工人的确获得了较高的失业保险金。为了更有趣，我们暂时抛开现实社会，走进科幻世界，来一次时空穿越。首先，我们把获得“低”失业保险金的失业者编成控制组，并测算他们找到新工作所花费的时间。然后，我们再及时回来，给予相同失业者“高”失业保险金，并测算他们找到新工作所花费的时间。在这种情况下，实验组和控制组都是同一批人；不同的只是后者获得高失业保险金，前者（在另一时空）获得低失业保险金。换言之，实验组是反事实情况。因此，控制组相对于实验组的任何失业持续期差异，都可归因于获得高失业保险金的影响。

在没有时空穿越的世界里，不可能把同样一批人既作为控制组，又作为实验组。幸好有一种可供选择的好方法，即用**实验（或随机）研究**（experimental or randomized study），把研究对象随机地分成实验组或控制组。随机分配后，控制组的人与实验组的人是完全不同的人，但总的来说具有类似的特征。重要的是，由于选择进入实验组不受个人控制，就不太可能有其他因素（如积极性）造成研究者把相关性与因果性混淆。

正因为实验研究有可能消除偏差，故被认为是实证研究的黄金标准。一个很早的例子是杰姆斯·林德（James Lind）在 1747 年所做的实验，他当时将英国索尔兹伯里号船上患有严重坏血病的 12 名船员分成 6 个实验组，每组 2 人。后来发现，喝柑橘汁的 2 个病人的病情大为好转（Manzi，2010）。如今，实验研究常用于自然科学，如医学。比如，为了检验某种药品的效力，研究人员把人们随机分成实验组（实施药物治疗）和控制组（不用这种药而用一种安慰剂）。观察到的医疗结果的差异就是由于这种药的作用，而不是其他特征差异所致。正是基于这种实验研究，若干年前，科学家们最终认定，链霉素这种抗生素能有效治疗肺结核病。

□ 做实验研究

实验研究失业保险金对失业持续期影响的第一步，是要把失业人员样本按周失业保险金的“高”和“低”随机分成两组。如果我们从失业人员的小样本开始，控制组和实验组的那些人的一般特征仍可能有很大差异。但是，随着我们的样本量的增加，两组人员的特征大体上相同。通过随机分配，我们不仅预期两组观测到的特征（如教育）大体上相同，而且我们还预期他们的未观测到的特征（如动力的大小）也大体相同。最后一步是比较两组随后的平均失业持续期。由于在研究之初两组有相同的特征，故两组间的任何失业持续期差异都可能是因失业保险金水平所致。

□ 实验研究的缺陷

在经济学领域里，进行可控的实验研究具有挑战性，有时困难源自道德问题。比如，假定决策者想知道减少污染会使多少人少得病。实验研究会随机地把人们分成不同组，一部分人受污染的程度低，另一部分人受污染的程度高。虽然这样可以得到污染减少对健康影响的无偏估计，但大多数人都认为这种拿人做实验的方式不道德。

还有技术问题。看一下我们假设的一项实验——职业培训计划对以后工资的影响。随机选择工人参加或不参加职业培训计划，这确保了实验组和控制组的特征大体相近。可是，如果报名参加职业培训计划的实验组工人中，有些人实际上没去受训呢？当我们后来比较实验组和控制组的工资时，如果不知道实验组中的哪些工人没去受训，我们就很可能得到错误的判断。同样，控制组的成员也许会千方百计挤进实验组，或得到与实验组类似的体验，比如参加其他类似计划。总之，接受实验的人并不是被动的实验对象，他们的行为有可能使随机化的作用无效。

另一个问题是，参与实验的某些人对有关其工资情况的后续调查不予回应。比如，假定职业培训计划确实使工资增加了，但低工资工人不愿意向研究人员告知其后来的工资。在这种情况下，控制组的实验后平均工资人为地高出来，因为在平均工资的计算中没有包括低工资工人。于是，我们就有可能错误地断定实验组和控制组的工资相同。根本问题在于，即使实验始于随机样本，但当收集最终数据时，控制组因其某些成员非随机性的消失而变质了。

最后一个问题是，参与实验的人的行为与整个社会都实施该政策时的行为可能不同，当实验有时间限制时更是如此。比如，假定我们做一项实验，估计人们拥有高保额医疗保险时去看病的次数多出多少。我们随机选择一些人得到一年高保额医疗保险，另一些人得到一年保额不太高的医疗保险。问题是，实验组成员知道该实验仅持续一年，一年之后他们的医疗保健费用会很贵，因此，他们看医生的频率可能很高。这种实验测定出来的结果是有偏估计，不能正确评估政府提供无限期高保额医疗保险政策的影响。

这导致人们更加关注实验。在特定情形下，实验是实现因果关系无偏估计的好方法。但是，根据一种情形做出的因果关系判断是否可以推广到其他人群、背景甚至是相关实验组，尚不清楚。比如，在 20 世纪 80 年代中期，伊利诺伊州进行了一项可控实验，在这项实验中，随机样本的失业者被告知，如果他们在 11 周内找到工作，他们会获得 500 美元奖金（见 Woodbury and Spiegelman，1987）。结果表明，奖金缩短了一个人待业的时间。倘若这项研究是精心设计的，那么，该结果很可能是无偏的。但是，2009 年的加利福尼亚州政府官员能从这种人群不同、时期不同的实验中学到什么？简言之，该实验结果在多大程度上能推广？同样，假定回到 20 世纪 80 年代的伊利诺伊州，政府能支付得起的奖金只有 250 美元而非 500 美元。该政策对待业时间会产生怎样的影响？250 美元奖金的影响很可能比 500 美元的小，但究竟小多少并不清楚。实验结果本身的指导意义并不大。

这个例子说明，对于非常具体的政策对行为的影响，实验可以提供可靠的估计，但无法使我们深入理解变化为何会发生。因此，如果政策用于其他情况，或以某种不同的方式设计，我们就不知道它可能造成的影响。这又让我们回到对理论作用的讨论上。通过对人们的行为做出假设，特别是假定人们使效用最大化，理论能帮助我们把特定的实验结果推广到其他人群或政策。

因此，虽然实验研究提供了一个可靠的方法来评价一项政策的影响，但它们并非万无一失。特别是，研究人员必须密切追踪控制组和实验组中的研究对象，保持原来的随机分配，同时，研究人员在把结果推广到其他情况或政策上时必须小心谨慎。

观察研究

有很多重要问题不可能进行实验研究。再以减税如何影响劳动供给这一重要问题为例。这一问题的实验研究需要随机地对某些人减税，对另一些人不减税。这样做即使在法律上和政治上是可行的，我们也依然会面临这样的问题，即减税组里的人知道他们是实验者，从而会影响到他们的行为。在这种情况下，经济学家们不用实验研究，代之以**观察研究**（observational studies），即用实验环境之外观察和测定现实行为所获取的数据进行研究。

观测数据有多种来源。有些是调查人员收集的，比如对消费者的电话调查，或每十年人口普查时家庭提交的书面调查。有些观测数据来源于管理记录，如出生人数和死亡人数的历史记录、政府有关国民经济运行的数据等。

观察研究不用随机方法，而是靠其他方法排除可能有损因果关系判断的因素。**计量经济学**（econometrics）利用各种统计方法来估计经济数据中的因果关系。下面就解释计量经济学中一种最有力的工具。

□ 做观察研究

假定我们估计降低所得税对年工时（代表劳动供给，用 L 表示）的影响。所得税变化改变一个人获得的净工资率（w）。所以，我们可以把问题表述为：如果税率发生变化，在 L 的变化与 w 的变化之间存在可观察到的相关性吗？我们能排除可以解释这种相关性的其他 Z 因素吗？在观察研究中，被认为是原因的变量（像这里的净工资）称为自变量，被认为是结果的变量（如这里的劳动供给）称为因变量。

为弄清观察研究的原理，假定我们有某一年的人口样本的工时和税后工资情况。我们可可以绘制这些数据点，如图 2—1A 所示。该图表明，税后工资与劳动供给正相关——税后工资增加，劳动供给增加。我们的兴趣在于估计这种关系的大小。这正是回归分析的任务，拟合成一条通过观测数据点的**回归线**（regression line）。显然，没有一条直线能穿过所有这些点。回归分析的目标就是要找到与这种关系拟合最好的那条直线，如图 2—1B 所示。[①] 这条线的斜率（称为回归系数）就是税后工资与劳动供给间关系的估计值。比如，假定回归系数是 1.5。这表明，如果净工资上涨 10 美元，劳动供给将增加 15 小时/年。

---

① 在这个例子中，我们假定这两个变量之间存在线性关系。“最佳”直线使该线上各点与各散点间的垂直距离的平方和最小化（见 Wooldridge，2009）。计量经济学也考虑变量之间的非线性关系，通常是一个更好的方法。

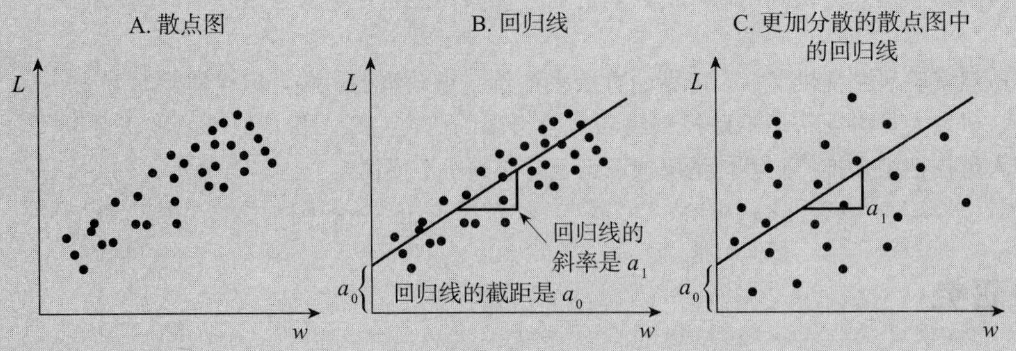

图 2—1　回归分析

说明：图 A 表明工时与税后工资存在正相关关系。图 B 给出拟合这些数据点的回归线，得到两变量间关系程度的估计值。图 B 比图 C 中估计的两变量间关系更加可靠，因为图 C 中的数据点比较发散。

估计的回归系数的可靠性取决于散点图的数据分布。原因何在？假定散点类似于图 2—1C 所示的散点。回归线与图 2—1B 的相同，但散点更加分散。即使估计的回归系数相同，人们也不会太相信它的可靠性。计量经济学家通过计算一个所谓**标准误差**（standard error）的指标来测度估计系数的可靠性。当标准误差与参数估计值相比很小时，就说该系数具有统计显著性。

这个例子假定只有一个解释变量——净工资。现假定有两个自变量：净工资和非劳动收入（如股息、利息）。多元回归分析就是让所有其他自变量保持不变，估计每个自变量与因变量之间的关系。多元回归分析是一个很有用的工具，因为在所有令人感兴趣的问题中，实际上不止一个自变量影响着因变量。如果我们能控制解释因变量的所有因素，那么，这种方法就可以让我们找到任何变量的独立的因果关系。

数据类型　回归分析可用不同的数据类型。图 2—1 依据的是某一年人口样本的税后工资和劳动供给数据。在某一时点上包含多个个体（比如工人、消费者、企业、州或国家）信息的数据，称为**横截面数据**（cross-sectional data）。横截面回归分析根据不同个体间的变差来估计回归线。

横截面数据是一组个体在某时点上的情况，而**时间序列数据**（time-series data）则是单一个体在不同时点上的情况。比如，我们可能有一个人在成年时期每年的税后工资和劳动供给情况。时间序列回归分析根据一个个体不同时点间的变差来估计回归线。

最后，**面板数据**（panel data）又称**纵向数据**（longitudinal data），综合了横截面数据和时间序列数据的特点。也就是说，面板数据包含了多个个体在不同时点上的情况。比如，面板数据有成百上千的人不同年份的情况。我们认为，在财政领域作实证研究时，面板数据具有独特的优势。

□ 观察研究的缺陷

由于观察研究依据的是在非实验环境中收集来的数据，所以就难以确保控制组形成有效的反事实条件。虽然估计的回归系数度量了自变量与因变量间的相关关系，但我们不能假设存在因果关系，因为外部因素可能对这些变量都有影响。

再看一下前面假设的劳动供给例子。我们的回归分析用横截面数据，其中有些人的税后工资率高，有些人的税后工资率低。分析表明，税后工资与工作时间正相关。但要记住，相关关系并不一定意味着因果关系。有可能是其他因素影响到税后工资和工作时间，在这种情况下，观测到的关系是有偏的。比如，雄心勃勃的人工资也许更高，工作的时间可能更长。倘若如此，我们观察到的税后工资率与工作时间之间的正相关关系，至少部分是因为雄心不同导致的。

如前所述，有一种方法，即把被称为控制变量的其他自变量纳入，可以解决观察研究中出现的偏差。回归分析在把控制变量考虑进来的同时，可使我们估计我们所关注变量的独立影响。在我们的劳动供给例子中，可把像年龄、性别、非劳动收入等变量纳入，所有这些变量都有可能影响劳动供给，也可能与税后工资率有关。但是，有两个问题。第一，我们也许没有考虑到本应纳入的控制变量，或者在数据集中只能找到部分相关控制变量。第二，有些变量很难度量，甚至原则上都很难度量。雄心就是一个很好的例子。不管哪一个原因导致我们遗漏一个与税后工资相关且影响劳动供给的控制变量，我们得到的都将是有偏估计。

尽管观察研究有种种局限性，但对于不同的政府计划可能造成的影响，还是能提供有用的信息的。不过，认识到外部因素可能使因果关系推断产生偏差，对观察研究的结果必须予以小心解释。

准实验研究

谈到消除偏差，实验研究应当说表现得最好，但做起来很难甚至不可能。观察研究也有偏差难题，但数据相对容易获得。这两种方法的某些优势能否兼得？有一种观察研究被称为**准实验研究**（quasi-experimental studies）（又称自然实验，natural experiments），被实证经济学家用来估计因果关系。这类研究明确了是外部环境实际上把人们随机地分成控制组和实验组。实验与准实验的差别是，实验明确地把人们随机地分成实验组或控制组，而准实验则利用观察数据，依赖研究人员无法掌控的环境，自然地形成随机分配。

准实验的一个巧妙的早期例子是 19 世纪的一位医生约翰·斯诺（John Snow）的研究。当时人们并不知道病菌导致疾病，且有许多相互矛盾的理论解释霍乱的爆发。斯诺想查明霍乱是不是由水污染引起的。[①] 他发现，两家自来水公司是伦敦的主要水供应者。一家公司的水源地在泰晤士河沿岸污水排放的上游，所以水质纯净；而另一家公司的水源地在泰晤士河沿岸污水排放的下游，故供应的水受到污染。一个自然的策略是比较分别用两家公司的水的家庭。可是，如果饮用受污染水的人与其他人存在系统性差异，该怎么办？比如，如果他们生活在贫民窟，那么霍乱的发病率不同可能不是因脏水而是其他因素所致。斯诺的确看到了这个重要问题，并阐明了自来水公司分配给不同的家庭实际上是随机的：

> 每家公司的管道都铺设到所有街区，几乎遍及大街小巷。有些住户用这家公司的自来水，有些住户用那家公司的自来水，在自来水公司竞争激烈的情况下，用哪家公司的水，完全由住户说了算。在很多情况下，一户人家选择两家公司供应不同的水量。每家公司的供水对象都是既有富人家，也有穷人家；既有大家庭，也有小住户。饮用不同公

① 本例取材自弗里德曼的著述（Freedman，1991）。

司水的人，不是按条件或职业来区分的（Snow，1855）。

实际上，斯诺令人信服地表明，他的观察研究几乎就是随机研究的翻版，因为实验组和控制组具有类似的特征。这种随机化使其消除了其他因素的影响，故他很有把握地得到如下结论：饮用受污染水家庭的霍乱患者人数相当高。

□ 做准实验研究

成功的准实验研究关键取决于研究人员对实验组的分配是不是随机的。我们现在讨论建立有效的准实验研究设计的几种方法。

双重差异准实验 决策者时常建议各州提高对啤酒的课税，以减少青少年交通事故死亡人数。是否有效？一个理想的实验就是随机地把不同的啤酒税分配给不同的州，然后测度高税州的青少年交通事故死亡人数是否比低税州下降了。显然，这种研究是不可行的。

现假定我们知道 1989—1992 年一组州大幅提高了它们对啤酒的课税，增税之后，这些州的青少年交通事故死亡人数下降了 5.2/10 万。我们能否据此推断是啤酒增税导致了青少年交通事故死亡人数的减少？否，因为即使没有增税，青少年交通事故死亡人数也可能减少。

因此，我们要考察一下州控制组的情况。控制组显然是 1989—1992 年没有提高其啤酒税的那些州。如果州控制组作为合理的反事实条件，那么，我们可假定州实验组要是没有提高其啤酒税，少年交通事故死亡人数也同样会减少。

因此，为了估计啤酒税的影响，明智之举就是估算实验组的青少年交通事故死亡人数变化及其与控制组该变化的差异。正如所发生的那样，在控制组的各州，青少年交通事故死亡人数下降了 8.1/10 万。这就是说，在啤酒税提高的州，青少年交通事故死亡人数实际上相对增加了。因此，与我们简单地看实验组各州的数据得到的观点相反，增税似乎并没有实现减少青少年交通事故死亡人数的目标。

本例是迪伊（Dee，1999）的实际估计①，是一个典型的**双重差异分析**（difference-in-difference analysis）方法。取此名称的原因在于，它把实验后实验组结果的差异与同期控制组结果的差异相比较。如果确信控制组发生的变化形成有效的反事实条件，那么，结果是无偏的；也就是说，这反映出实验组要是没被实验会怎样。请注意，双重差异分析只有在拥有面板数据的情况下才能实现，因为估算需要知道既定一组个体的行为在长期是如何变化的（这是时间序列部分），然后把它与另一组个体在同期的变化（这是横截面部分）相比较。

工具变量准实验 研究者有时怀疑实验组的分配可能不是随机的，故而违背了获取无偏估计的前提条件。解决这一问题的一种方法是**工具变量分析**（instrumental variables analysis）。其思想是，找到某种第三个变量，该变量既可能影响进入实验组，而本身又与结果变量无关。

很多地方政府面临的一个重要问题是，是否缩小幼儿园的班级规模。支持者认为，班级规模越小，学生的考试成绩就越高。研究这一问题的一项实验是把幼儿园的学生随机地分成不同的班级规模，然后测定大班与小班之间考试成绩的差异。实际上，这种实验已经在做了（见 Krueger，1999）。如前所述，这种实验可能有一个缺点，即该实验的临时性可能影响结果。

观察研究会依据回归分析来估计小班学生成绩是否比大班学生的高。然而，这种研究很

---

① 实验州包括加利福尼亚州、特拉华州、新泽西州、纽约州和罗得岛州。

可能产生有偏结果，因为实验组和控制组在很多方面都有所不同，而这些方面对班级规模和考试成绩可能都有影响。例如，比较关心子女教育的父母可能选择班级规模比较小的学校。像这样的父母或许还做其他一些事情，比如陪读，可能会提高孩子的考试成绩。因此，所观察到的班级规模与考试成绩的负相关关系会让人产生误解，因为二者都与第三个变量——“父母心”密切相关。

为了解决这种潜在的偏差，霍克斯比（Hoxby，2000）进行了一项准实验研究。她观察到，在任何一个学区，出生率的时间分布是随机波动的。这种波动将导致不同年份幼儿园的班级规模时大时小。孩子上幼儿园的大班还是小班，有很多决定因素，但不同年份的出生率变化是这一结果的随机成分。因此，霍克斯比依据工具变量法，用班级规模的随机决定因素来测试班级规模对考试成绩的影响。她把年度入学率的随机波动作为一个工具变量。这个度量指标既与班级规模相关，又不直接影响考试成绩。霍克斯比发现，班级规模对考试成绩没有明显影响。

断点回归准实验　假定一座城市正在决定是否强制让成绩不好的学生上暑期学校。首先要确定这一举措是否会提高学习成绩。一个理想的实验是随机分配一些成绩不佳的学生上暑期学校，然后测试他们与控制组（未上暑期学校的成绩不佳的学生）的将来考试成绩差异。然而，政治上的限制可能不允许这样随机化。取而代之的是，该城市可能依赖回归分析，估计参加暑期学校的学生是否比未参加的学生将来的成绩高。遗憾的是，这种研究很可能产生有偏结果，因为参加暑期学校的学生，学习成绩本来就不好，所以我们预计他们将来的成绩会比其他学生差，即便暑期学校对他们真的有所帮助。

雅各布和利夫格林（Jacob and Lefgren，2004）利用芝加哥公立学校 1996 年出台的一项政策，找到了解决这个难题的办法。该政策按标准化考试的成绩来确定是否参加暑期学校。如果一个学生的成绩低于特定的考试成绩分数点，就要参加暑期学校，否则不需要上暑期学校。雅各布和利夫格林不是比较上暑期学校和未上暑期学校的每个人的情况，而关注的是刚好符合上暑期学校条件的学生同就差一点符合条件的学生相比的后续考试成绩。这是一个有吸引力的策略，因为虽然大大高于和低于分数点（断点）的学生可能有很大差异，但稍高于和稍低于分数点的学生应当很相似。这种方法称为**断点回归分析**（regression-discontinuity analysis）。这种实验分析方法需要的基本假设是，就差一点符合条件的人与刚好符合条件的人具有大体相同的特征。

雅各布和利夫格林的断点回归研究发现，小学三年级（而不是六年级）的阅读和数学的后续成绩大大提高。这表明，至少对某些年级来说，暑期学校与后来的学习成绩存在着正向因果关系。

□ 准实验研究的缺陷

准实验研究试图利用观察数据来估计因果关系。其最大的缺陷是，自然实验不能真正模仿把实验对象随机分配到实验组。例如，如果刚好符合上暑期学校条件的学生与就差一点符合条件的学生有差异，那么，对将来考试成绩的影响的估计就是有偏的。准实验研究需要复制随机化的情形，但难以找到像完全随机化实验那样简单的准实验。

另一个问题是，准实验适于研究的问题有限。很多有意思的且重要的经济问题不适合用自然实验。比如，像我们在第 11 章要讨论的，政府通过社会保障计划向人们提供退休保障收入。一个很重要的问题是，当人们知道退休后将获得社会保障金时，他们自身的储蓄是否会减少。问题是，全社会同时享有社会保障——每个人都同样被“实验”。因此，使用自然实验的机会极其有限。有一位经济学家曾经指出，如果在实证研究的各个领域都要用自然实验，“实质上就等于放弃估计”（Hurd，1990）。

准实验同实验一样，也有推广问题。如前所述，这些研究对于一项非常具体的政策变化会带来什么提供了可靠的证据，但对于为何会发生这些变化的解释很有限。因此，难以用得到的结果来预测其他政策甚至相同政策在不同情形下的影响。

结论

经济理论在实证研究中起着至关重要的作用，因为经济理论可形成所研究问题的分析框架，且有助于分离出可能影响重要行为的变量。实证研究用来检验理论上看似有理的政策与结果之间的因果关系是否与现实世界的现象相一致。

随机化实验是建立因果关系的最无暇的一种方法。不过，实验的结果是否能推广到其他情况还很难说。总之，经济研究者通常要依赖观察数据，而这些数据不具备受控实验的随机化特征。在这种情况下，最可靠的实证分析是进行模仿随机分配实验组或控制组的自然实验。

进行可靠的实证研究具有挑战性。不同的研究者可能会依赖于不同的理论模型，研究不同人群样本的行为，并使用不同的统计方法。因此，诚实的研究者对于一项政策的影响常常得出非常不同的结论。我们因此就不得不放弃寻找影响经济行为因素的一切希望吗？当然不会。在很多情况下，可以协调这些不同的实证结果，对所讨论的现象形成一个清晰的画面。费尔德斯坦（Feldstein，1982，p. 830）把从事这种研究的经济学家比作五个盲人摸象童话故事中的王公：

> 这个故事的重要意义不在于每个盲人都带着片面的、“不正确的”证据而离开，而在于聪明的王公研究了这五个盲人的结论后，能把各部分拼在一起，形成对大象的正确判断，特别是如果他以前曾见过其他四脚动物的话。

全书都将谈到实证研究结果，解释产生这些结果的研究设计之利弊。一旦遇到理论界尚未达成共识的问题，我们就在这一章解释其原委。总的来说，我们希望通过介绍实证研究方法，使人们对公共政策辩论中有关经济行为的一些主张持有益的怀疑态度。要特别留意以“研究已证明”这一神奇字眼开头的那些论点。

小结

● 财政学科的一个目标就是要估计各种政府政策如何影响个体的行为。

● 经济理论提供了思考哪些因素可能影响重要行为的框架，同时有助于产生可以通过实证研究进行检验的假说。不过，单凭理论，不能说明任何具体因素的重要性。

● 在财政学中，实证研究的一个重要目的，就是估计一项政府政策与某种行为之间的因果关系。为了推断这种因果关系，下列三个条件必须成立：(1) 计划先于结果；(2) 计划与结果是相关的；(3) 观察到的相关性之其他解释被排除。

● 一定不要把相关性与因果性相混淆。两个变量相关并不能证明一个变量就是另一个变量的原因。

● 实验研究把研究对象随机分配到实验组或控制组。随机分配降低了外部因素导致研究者把相关性与因果性相混淆的可能性。

● 实验研究是评估政府计划影响的一种可靠方法，但并非万无一失。特别是，研究人员必须确保随机分配始终一致，对结果的推广也要小心谨慎。

● 由于实验研究常常无法进行，故财政经济学家利用源于现实经济行为的数据进行观察研究。

● 计量经济学利用对经济数据的统计分析来估计因果关系。一个重要的经济计量工具是回归分析，估计在其他因素不变的情况下两个变量间的关系。

● 观察数据可以是横截面数据、时间序列数据或面板数据。观察数据是在非实验背景下收集的数据。因此，外部因素的可能影响使其难以估计因果关系。

● 准实验利用观察数据但依赖外部环境来复制随机化实验。

● 准实验的研究方法有若干个，比如双重差异分析、工具变量分析以及断点回归分析等。

讨论题

1. 2012 年，总统候选人米特・罗姆尼（Mitt Romney）提出延长布什政府通过的边际所得税税率削减计划。请解释仅凭理论为何难以预测该方案一旦实施对劳动供给的影响。如果这样做没有政治上或法律上的障碍，你会如何设计一个实验研究来估计降低边际税率对劳动供给的影响？

2. 纽约市政府对流浪者预防计划的一项研究发现，签约获得职业培训、咨询服务和应急资金的 90%以上的家庭，没有人去流浪者收容所。但一位专家指出，不能只因为这 90%的家庭没有人待在收容所就证明该计划是有效的。相反，寻求该计划帮助的人很可能想方设法巧用了各种家庭救助（Buckley，2010）。从这种对纽约市政府流浪者研究的挑战联想到经济学家试图评估经济政策因果效应所面临的问题，你如何设计一个实验研究来评估职业培训、咨询服务和应急资金对流浪者的影响？

3. 一位研究者对工人进行一项横截面分析，发现工作时用电脑的时间与工资正相关。于是，该研究者得到结论，使用电脑会增加工资，并提出对所有儿童进行电脑培训的政策建议。这种分析会有什么问题？

4. 20 世纪 70 年代，兰德公司（RAND Corporation）的研究人员进行了一项著名的社会实验，调查医疗保险覆盖面与医疗保险利用率之间的关系。在这个实验中，作为样本的人被诱使用他们的正常保单换取按不同费率赔付个人医疗费的兰德新保单。1993 年，克林顿政府利用兰德的实验结果，预测如果医疗保险全覆盖，医疗保险利用率将如何提高。在利用社会实验结果预测全覆盖的影响时会出现什么问题？

5. 在纽约州，一个人的失业金取决于其以前的收入——以前的收入越高，失业金就越高，直至达到失业金上限为止。1989 年，州议会和州长突然提高了失业金上限，导致高收入人群的失业金增加，但低收入者的失业金没有变化（Meyer and Mok，2007）。研究人员如何利用这种情况进行双重差异准实验来估计失业金对失业持续时间的影响？务必对实验组和控制组进行描述。在估计失业保险对失业持续时间的影响时，准实验产生无偏估计所需的关键假设是什么？

6. 假定有 5 个州在某一年降低所得税。你对估计减税是否增加储蓄感兴趣，并发现这 5 个州的居民储蓄率在减税这一年提高了 2%。你能理直气壮地说减税导致了储蓄增加吗？你如何进行双重差异分析来估计减税对储蓄的影响？双重差异分析要有效必须有什么假设条件？

7. 纽约州前州长艾略特・斯皮策（Eliot Spitzer）观察到，当我们查看美国的长期数据时，“高边际税率与经济活动放缓之间没有相关性”。他认为，“富人有能力多缴税，不会伤害经济增长”（Spitzer，2010）。请对斯皮策分析的有效性进行评论。

8. 联邦预算赤字是否导致利率上升，一直是一个争论不休的话题。下表给出了赤字和利率的一些历史数据。每年的赤字是以现价计算的收支差额；负数是赤字，正数是盈余。

年度	赤字（亿美元）	利率（%）
1980	−738	15.3
1985	−2 123	9.9
1990	−2 210	10.0

续前表

年度	赤字（亿美元）	利率（%）
1995	−1 640	8.8
2000	2 362	9.2
2005	−3 183	6.2
2010	−12 935	3.3

根据这些数据，你对联邦赤字与利率之间的关系会做出怎样的判断？请解释单凭这些数据做出判断为什么可能会有问题。

第3章 规范分析工具

政府的目标是为人民谋福利。国家的物质进步和繁荣，只要能给全体良民带来精神和物质福祉，就是我们最大的心愿。

——西奥多·罗斯福（Theodore Roosevelt）总统

拿起任何一天的报纸，你肯定会找到一条有关争论政府的经济作用的报道。有关政府是否应该增加所得税、是否应该要求每个人都购买医疗保险、是否应该补贴清洁能源的生产等的争论，不一而足。政府从事的经济活动多种多样，有必要建立某种一般性理论框架，评估各种政府活动的合意性。如果没有这种系统框架，政府各种计划的评估就只能就事论事，无法达成前后连贯的经济政策。

福利经济学

大多数财政学家使用的框架是**福利经济学**（welfare economics）。福利经济学是经济学的一个分支，研究各种经济状态的社会满意程度。① 本章将简要介绍福利经济学的基本原理。这一理论用来区分在什么情况下市场会表现良好，在什么情况下市场不能产生令人满意的结果。

纯经济交换

首先考察一种非常简单的经济。在这种经济中，只有两个人，消费两种供给固定的商品。这里，唯一的经济问题是在这两个人之间分配这两种商品。两人两物模型虽然简单，但由此得到的重要结论也适用于多人多物的经济。② 分析两人两物的情况，是因为它简单明了。

两人是亚当和夏娃，两物是苹果（食物）和无花果树叶（衣服）。用**埃奇沃思框图**（Edge-

① 福利经济学在很大程度上依赖某些基本经济分析工具，尤其是无差异曲线。本书末的附录可供复习。

② 参阅尼克尔森和斯奈德（Nicholson and Snyder，2012）在第13章用数学推导出来的结果。

worth Box）这种分析工具，描绘苹果和无花果树叶在亚当和夏娃之间的分配。[①] 在图 3—1 中，埃奇沃思框图的长度为 *Os*，表示经济中现有的苹果总数；其高度为 *Or*，表示无花果树叶的总数。亚当消费的物品数量由距 *O* 点的距离表示；夏娃消费的物品数量由距 *O′* 点的距离表示。例如在 *v* 点，亚当消费 *Ou* 无花果树叶和 *Ox* 苹果，夏娃消费 *O′y* 苹果和 *O′w* 无花果树叶。因此，埃奇沃思框图内的任意一点表示苹果和无花果树叶在亚当和夏娃之间的某种配置。

图 3—1 埃奇沃思框图

说明：埃奇沃思框图描绘两种物品（这里是苹果和无花果树叶）在亚当和夏娃之间的分配。框图的长度 *Os* 表示每年可用的苹果数，其高度 *Or* 表示每年可用的无花果树叶数。在 *v* 点，亚当消费 *Ou* 无花果树叶和 *Ox* 苹果，夏娃消费 *O′y* 苹果和 *O′w* 无花果树叶。

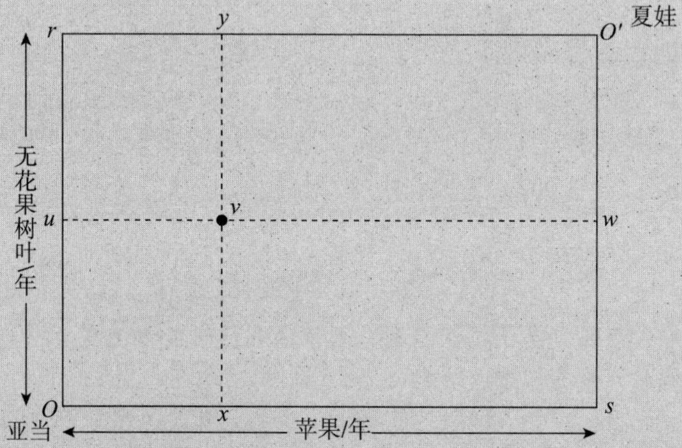

现在假定，亚当和夏娃各有一组传统形状的无差异曲线，分别表示他们对苹果和无花果树叶的偏好。在图 3—2 中，两组无差异曲线都被放入埃奇沃思框图中。亚当的无差异曲线用 *A* 表示，夏娃的无差异曲线用 *E* 表示。下标数字越大的无差异曲线，表明幸福程度（效用水平）越高。亚当处在无差异曲线 A_3 上，比处在 A_2 和 A_1 上更幸福，夏娃处在无差异曲线 E_3 上，比处在 E_2 和 E_1 上更幸福。一般来说，夏娃的效用随着其位置向左下方移动而提高，亚当的效用随着其位置向右上方移动而提高。

图 3—2 埃奇沃思框图中的无差异曲线

说明：亚当和夏娃各有一组无差异曲线，反映出他们对苹果和无花果树叶的偏好。亚当的无差异曲线越向框图的右上方移动，他越幸福；夏娃的无差异曲线越向框图的左下方移动，她越幸福。

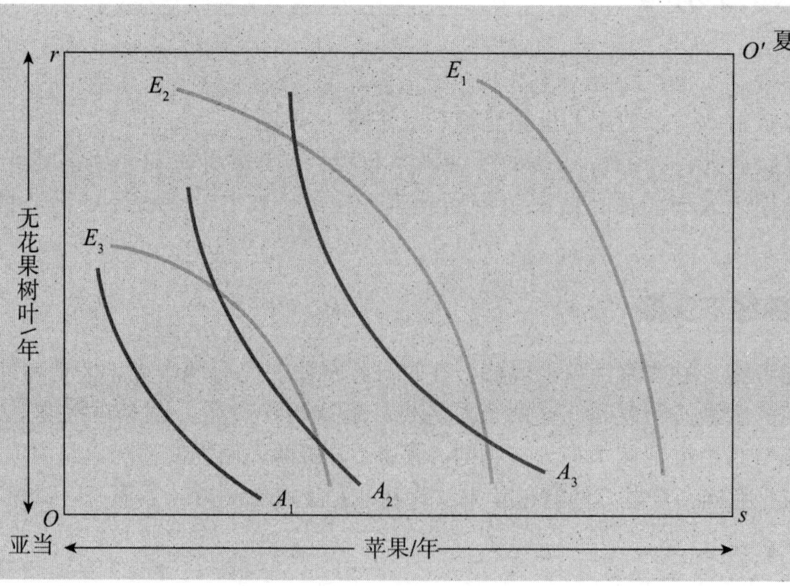

① 以 19 世纪经济学家 F. Y. 埃奇沃思（F. Y. Edgeworth）的名字命名。

假设任意选择苹果和无花果树叶的某种分配——比如说在图 3—3 中的 g 点。A_g是亚当经过 g 点的无差异曲线，E_g是夏娃经过 g 点的无差异曲线。现在的问题是，能否在亚当和夏娃之间重新配置苹果和无花果树叶，使亚当的境况变好而夏娃的境况不会变坏？稍加思考就可以看出，这种配置位于 h 点。在 h 点，亚当的境况变好，因为对他来说，无差异曲线 A_h代表的效用水平高于 A_g代表的效用水平。而夏娃的境况没有变坏，因为 h 点仍在她原来的无差异曲线 E_g上。

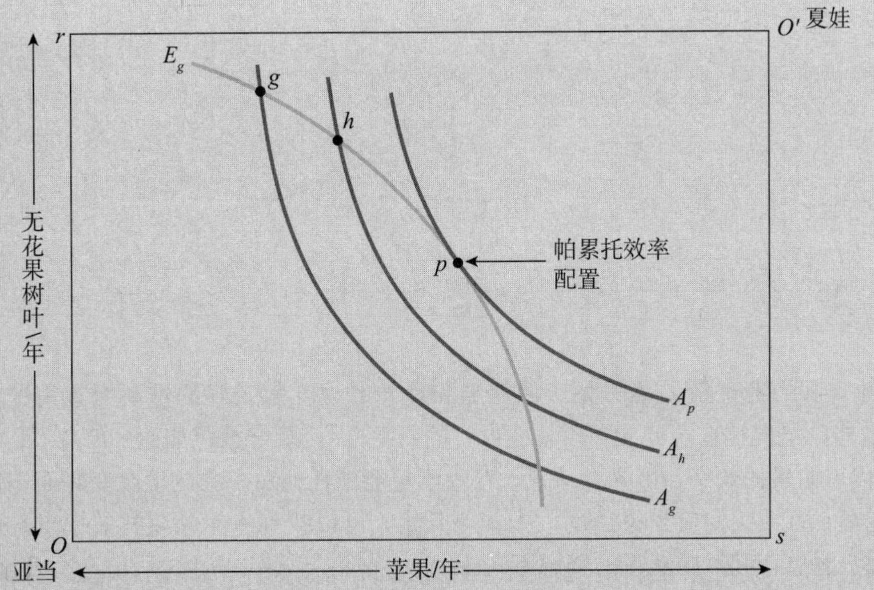

图 3—3　在夏娃的境况不变坏的情况下使亚当的境况变好

说明：从 g 点移动到 h 点再移动到 p 点，夏娃的效用未变而亚当的效用增加了。在 p 点，不可能使其中一个人的境况变好而不伤害另一个人。因此，p 点代表了帕累托效率配置。

在不伤害夏娃的情况下，亚当的福利还能进一步提高吗？只要能使亚当的无差异曲线进一步向右上方位移而夏娃仍停留在 E_g上，这就是可能的。这个过程可一直持续到亚当的无差异曲线与 E_g相切为止，该切点是图 3—3 中的 p 点。要使亚当位于比 A_p更高的无差异曲线上，唯一的办法就是使夏娃处在较低的无差异曲线上。像 p 点所代表的这种配置被称为**帕累托效率**（Pareto efficient）[①]，因为在该点上，要使一个人的境况变好，唯一的办法就是使另一个人的境况变坏。帕累托效率常被用做评价资源配置合意性的标准。如果资源配置没有达到帕累托效率，就意味着“浪费”，因为在不伤害任何其他人的情况下能使某人的境况变好。每当经济学家使用“效率”一词时，通常暗指的是帕累托效率。

与此相关的一个概念是**帕累托改进**（Pareto improvement），其含义是：重新配置资源能使某人的境况变好而不使其他任何人的境况变坏。在图 3—3 中，从 g 点移动到 h 点、从 h 点移动到 p 点，都属于帕累托改进。

p 点并不是从 g 点出发达到帕累托效率配置的唯一的点。图 3—4 考察了能否使夏娃的境况变好而不降低亚当的效用。同图 3—3 的逻辑一样，在使亚当的资源配置保持在 A_g上的同时，使夏娃的无差异曲线进一步向左下方位移。这样，我们就可以分离出 p_1点。在 p_1点，要提高夏娃的福利，唯一的办法是降低亚当的无差异曲线。于是，根据定义，p_1点是帕累托效率配置。

至此，我们分析了使一个人的境况变好而使其他人的效用水平保持不变的无差异曲线移

① 以 19 世纪经济学家维弗雷多·帕累托（Vilfredo Pareto）的名字命名。

图 3—4　在亚当的境况不变坏的情况下使夏娃的境况变好

说明：从 g 点移动到 p_1 点，亚当的效用未变而夏娃的效用增加了。在 p_1 点，再不可能使其中一个人的境况变好而不伤害另一个人。因此，p_1 点就是帕累托效率配置。

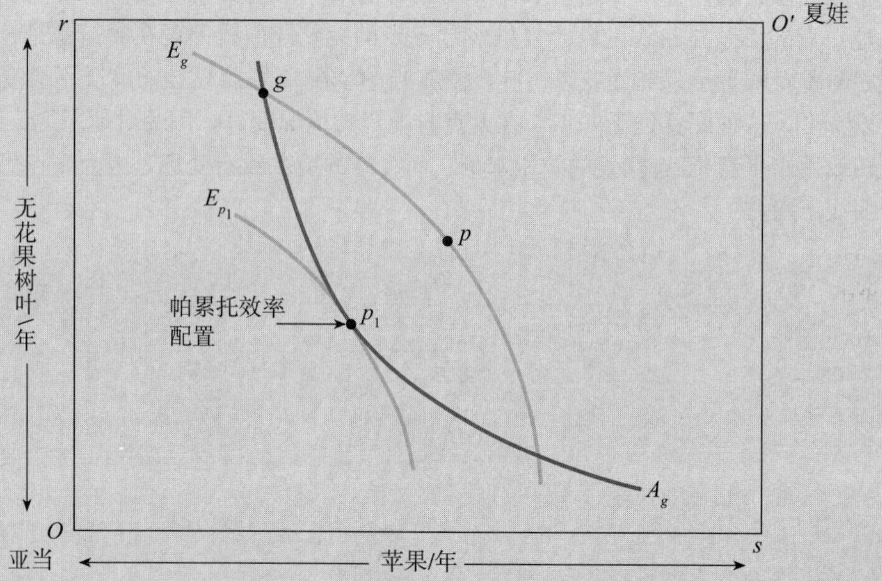

动。在图 3—5 中，我们考察从 g 点开始，使亚当和夏娃的境况都变好的重新配置情况。例如，在 p_2 点，亚当的境况比在 g 点更好（A_{p2} 在 A_g 的右上方），夏娃也是如此（E_{p2} 在 E_g 的左下方）。p_2 点就代表帕累托效率，因为在该点，已经不可能使任何一个人的境况变好而不使另一个人的境况变坏。现在我们应当很清楚，从 g 点开始，可以找到一组帕累托效率点。这些点反映出各方在资源重新配置中获得的资源不同。

图 3—5　使亚当和夏娃的境况同时变好

说明：从 g 点移动到 p_2 点，亚当和夏娃的境况都变好了。在 p_2 点，不可能使其中一个人的境况变好而不伤害另一个人。因此，p_2 点就是帕累托效率配置。

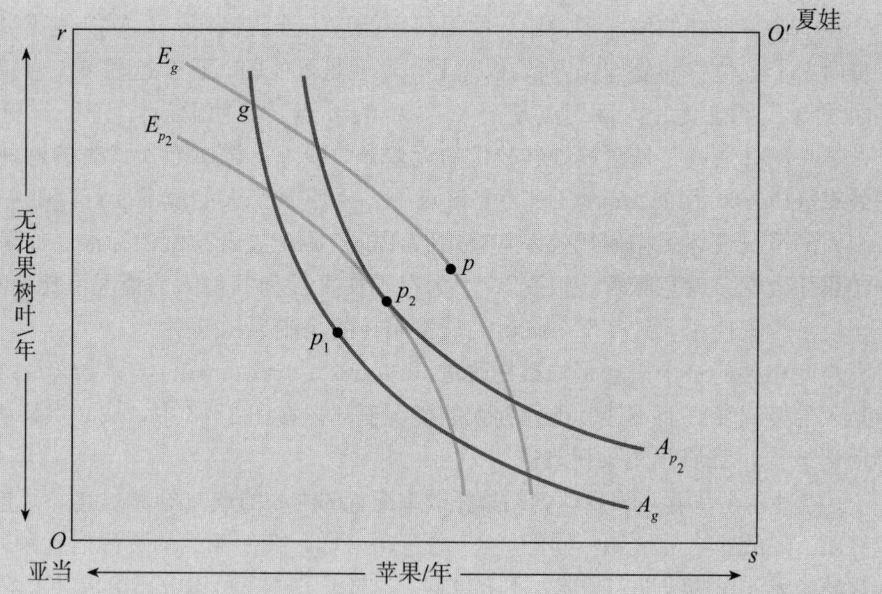

上述的起始点 g 是任意选定的。还可以从任何点开始，重复这个程序来寻找帕累托效率配置。假定图 3—6 中的 k 点是初始配置点，可以分离出帕累托效率配置点 p_3 和 p_4。依此类推，就可以在埃奇沃思框图中找到一组帕累托效率点。所有帕累托效率点的轨迹称为**契约曲**

线（contract curve），如图 3—7 中的 *mm* 线所示。请注意，如果某一配置点是帕累托效率点（要在契约曲线 *mm* 上），它必须是亚当和夏娃的无差异曲线刚好相接触的点。用数学语言来说，这两条无差异曲线相切——无差异曲线的斜率相等。

无差异曲线斜率的绝对值称为**边际替代率**（marginal rate of substitution，*MRS*），表示一个人愿意以一种商品换取另一种商品额外数量的比率。因此，帕累托效率要求所有消费者的边际替代率必须相等，即

$$MRS_{af}^{亚当}=MRS_{af}^{夏娃} \tag{3.1}$$

式中，$MRS_{af}^{亚当}$表示亚当用苹果交换无花果树叶的边际替代率；$MRS_{af}^{夏娃}$表示夏娃的边际替代率。

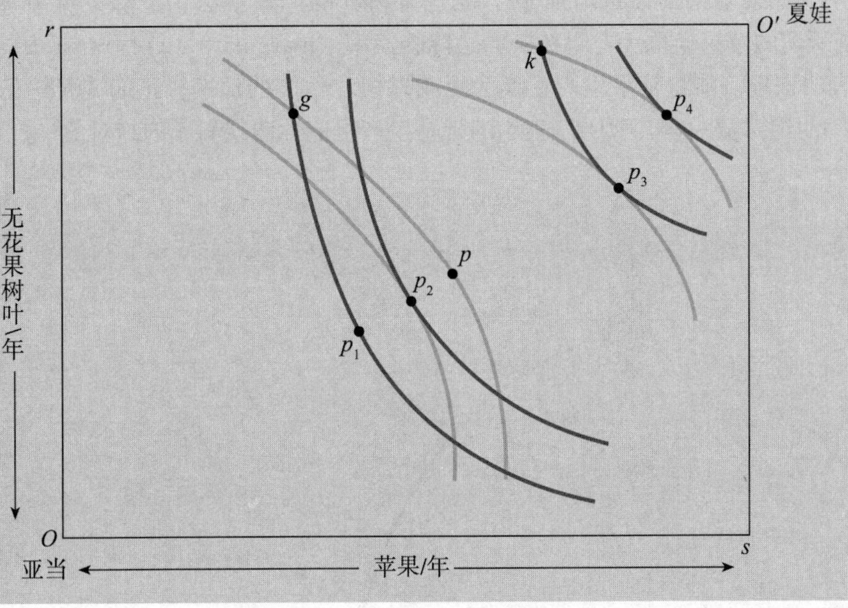

图 3—6　从不同的初始点开始

说明：倘若改为从 *k* 点开始，我们还能重新配置商品，使一个人的境况变好而不伤害另一个人。无论移动到 p_3 点还是 p_4 点，都代表了帕累托改进。

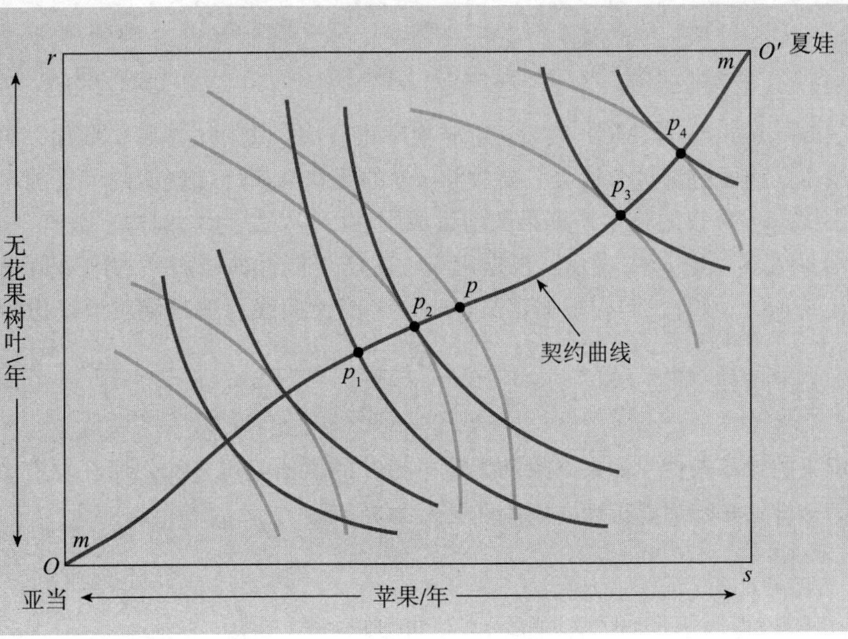

图 3—7　契约曲线

说明：埃奇沃思框图中亚当的无差异曲线和夏娃的无差异曲线刚好相接触（相切）的任何一点都是帕累托效率点。所有帕累托效率点的轨迹称为契约曲线。

□ 生产经济

生产可能性曲线 至此，我们一直假定所有商品的供给都是固定的。如果生产要素可以在苹果和无花果树叶的生产之间转移，从而两种商品的数量可变，那么，情况会怎样？在生产要素得到有效利用的前提下，如果生产较多的苹果，那么无花果树叶的生产必然要下降；反之亦然。**生产可能性曲线**（production possibilities curve）表明在苹果的生产量既定的情况下所能生产出来的无花果树叶的最大数量。[①] 在图 3—8 中，CC 线是一条典型的生产可能性曲线。如图 3—8 所示，该经济的一种可能选择是生产 Ow 的无花果树叶和 Ox 的苹果。该经济可以把苹果的生产量从 Ox 增加到 Oz，增加 xz。为此，生产要素必须从无花果树叶的生产转到苹果的生产上。如果苹果的产量增加 xz，无花果树叶的产量就必须下降 wy。距离 wy 与 xz 的比率就是所谓的苹果换取无花果树叶的**边际转换率**（marginal rate of transformation，MRT），因为它表明该经济能将苹果生产转换为无花果树叶生产的比率。正如 MRS_{af} 表示的是无差异曲线斜率的绝对值一样，MRT_{af} 表示的则是生产可能性曲线斜率的绝对值。

图 3—8 生产可能性曲线

说明：生产可能性曲线表明在生产要素和技术状况既定的情况下，社会可利用的各种商品组合。如果生产要素得到有效利用，那么，苹果的产量增加，无花果树叶的产量必然要减少，反之亦然。经济能将苹果转换为无花果树叶的比率称为边际转换率。

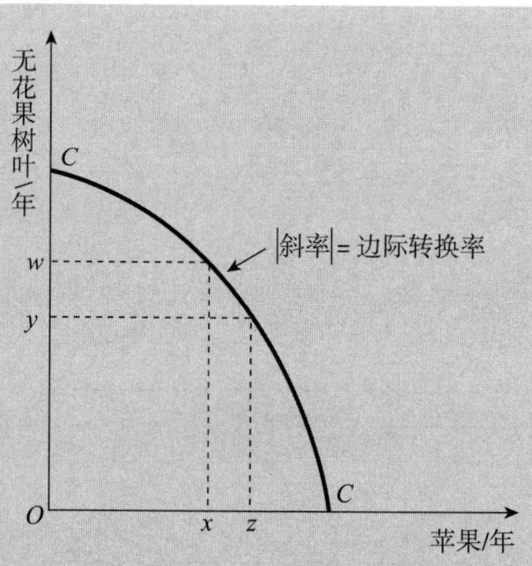

用**边际成本**（marginal cost，MC）表示边际转换率很有用。边际成本是指增加一单位产量所增加的生产成本。前面曾讲过，社会只要放弃 wy 的无花果树叶，就能使苹果的产量增加 xz。实际上，距离 wy 代表的是生产苹果的增量成本，以 MC_a 表示。同样，距离 xz 是生产无花果树叶的增量成本，用 MC_f 表示。根据定义，生产可能性曲线斜率的绝对值是距离 wy 除以距离 xz，或 MC_a/MC_f。同样根据定义，生产可能性曲线斜率的绝对值是边际转换率。因此，我们有

$$MRT_{af}=\frac{MC_a}{MC_f} \tag{3.2}$$

生产可变情况下的效率条件 如果苹果和无花果树叶的供给是可变的，那么，式（3.1）中的帕累托效率的条件就必须加以扩展。该条件变为：

---

① 生产可能性曲线可以从埃奇沃思框图中推导出来，其长度和高度分别代表可用于生产的生产要素数量。

$$MRT_{af}=MRS_{af}^{亚当}=MRS_{af}^{夏娃} \tag{3.3}$$

我们以一个算术运算例子来说明其中的道理。假定在某一既定的配置点上，亚当的 MRS_{af} 是 1/3，MRT_{af} 是 2/3。根据 MRT_{af} 的定义，在该配置点上，要多生产 2 片无花果树叶，就得放弃 3 个苹果。根据 MRS_{af} 的定义，如果亚当额外放弃 3 个苹果，他只需要 1 片无花果树叶就能维持其原有的效用水平。因此，亚当放弃 3 个苹果，换取 2 片无花果树叶，他的境况就能变得更好。在这一过程中，没有任何人的境况变差。只要边际替代率不等于边际转换率，这种交换就总是可能存在的。只有当每条曲线的斜率相等时，才不可能有帕累托改进。因此，$MRT_{af}=MRS_{af}$ 是帕累托效率的必要条件。苹果转换为无花果树叶的比率（MRT_{af}）必须等于消费者愿意以苹果换取无花果树叶的比率（MRS_{af}）。

利用式（3.2），帕累托效率的条件也可以用边际成本概念重新表述。只要把式（3.2）代入式（3.3），就可得到帕累托效率的必要条件：

$$\frac{MC_a}{MC_f}=MRS_{af}^{亚当}=MRS_{af}^{夏娃} \tag{3.4}$$

福利经济学第一基本定理

在描述了帕累托效率的必要条件之后，我们要问这样一个问题：某一既定的经济是否能实现这种理想的状态。这取决于我们对这种经济运行所作的假设。假定：(1) 所有生产者和消费者的行为都是完全竞争的，也就是说，没有人拥有任何市场力量；(2) 每一种商品都存在一个市场。所谓的福利经济学第一基本定理指出，在这些假设条件下，帕累托效率资源配置就会出现。实际上，这一极不寻常的结论告诉我们，竞争的经济会“自动地”实现有效的资源配置，无须任何中央集权式指导（让人想起亚当·斯密的“看不见的手”）。从某种意义上讲，第一福利定理只是把早已认识到的见解——自由企业制度在提供商品和服务方面具有惊人的生产力[①]——形式化了。

该定理的严格论证需要相当高深的数学知识，但直观感悟并不难。竞争的实质在于，所有人都面临相同的价格——每个消费者和生产者相对于市场而言都很小，单凭他或她的行为都不能影响价格。在我们的例子中，这意味着亚当和夏娃在购买无花果树叶时要支付相同的价格（P_f），在购买苹果时也要支付相同的价格（P_a）。根据消费者选择理论得到的一个基本结论是[②]，亚当的效用最大化的必要条件为：

$$MRS_{af}^{亚当}=\frac{P_a}{P_f} \tag{3.5}$$

同样，夏娃的效用最大化约束条件为：

$$MRS_{af}^{夏娃}=\frac{P_a}{P_f} \tag{3.6}$$

合并式（3.5）和式（3.6），得到：

---

① “资产阶级在它的不到一百年的阶级统治中所创造的生产力，比过去一切世代创造的全部生产力还要多，还要大。”摘自马克思和恩格斯的《共产党宣言》第一篇（Tucker，1978，p. 477）。

② 该结论的推导见本书末的附录。

$$MRS_{af}^{亚当} = MRS_{af}^{夏娃}$$

该条件与帕累托效率的必要条件之一式（3.1）相同。

不过，正如前面所强调的，我们还必须考虑生产方面。经济学原理告诉我们，追求利润最大化的竞争性企业，其产量要达到边际成本等于价格为止。在我们的例子中，这意味着 $P_a = MC_a$，$P_f = MC_f$，或

$$\frac{MC_a}{MC_f} = \frac{P_a}{P_f} \tag{3.7}$$

但从式（3.2）得知，MC_a/MC_f正是边际转换率。因此，可以把式（3.7）改写为：

$$MRT_{af} = \frac{P_a}{P_f} \tag{3.8}$$

现在来看一下式（3.5）、式（3.6）和式（3.8），我们发现在每一方程的右边都出现了 P_a/P_f。把这三个方程合并在一起，就得到了 $MRS_{af}^{亚当} = MRS_{af}^{夏娃} = MRT_{af}$，这是帕累托效率的必要条件。竞争连同所有个体的最大化行为，导致了效率结果。

最后，利用式（3.4），用边际成本表示帕累托效率的条件。只要把式（3.5）或式（3.6）代入式（3.4），就可得到：

$$\frac{P_a}{P_f} = \frac{MC_a}{MC_f} \tag{3.9}$$

帕累托效率要求，价格之比等于边际成本之比，而竞争保证了该条件得到满足。商品的边际成本就是向社会提供商品的额外成本。根据式（3.9），效率要求每种商品的额外成本反映在其价格上。

公平与福利经济学第二基本定理

如果运行良好的竞争市场能有效地配置资源，那么政府还要在经济中起什么作用呢？似乎只需要一个规模很小的政府，其主要职能是保护产权，使市场得以运行。政府提供法律和秩序、司法制度以及国防，其他活动都是多余的。然而，这种推理是基于对第一福利定理的肤浅理解。首先，这种推理暗含的假定是，效率是判断某种资源配置好坏的唯一标准。可是，帕累托效率本身是否可取尚不能肯定。

为说明这一点，让我们回到每种商品总量是固定的这个简单模型上。请看图 3—9，它再现了图 3—7 推导出来的契约曲线 mm。比较 p_5（在埃奇沃思框图的左下角）和 q（靠近埃奇沃思框图的中心）这两个配置点。由于 p_5点在契约曲线上，所以根据定义，它是帕累托效率点，相反，q 点不是帕累托效率点。那么，p_5点的资源配置就比较好吗？这取决于“比较好”的含义是什么。倘若社会偏好相对平等的实际收入分配，那么，q 点可能优于 p_5点，哪怕 q 点并不是帕累托效率点。相反，社会也许根本不关心收入分配，或许社会对夏娃的关心甚于亚当，在这种情况下，p_5点可能优于 q 点。

问题的关键在于，帕累托效率标准本身不能对各种资源配置进行排序。相反，关于效用的分配是否公平，却需要明确的价值判断。要把这一概念形式化，请注意契约曲线隐含地界定了夏娃的每一效用水平与亚当所能取得的最大效用量之间的关系。在图 3—10 中，夏娃的效用用横轴表示，亚当的效用用纵轴表示，曲线 UU 是根据契约曲线推导出来的**效用可能性**

曲线（*utility possibilities curve*）。[①] 它表明的是已知一个人的效用水平而另一个人的最大效用水平。$\tilde{p}_5$ 点对应于图3—9中契约曲线上的 p_5 点，在该点，夏娃的效用高于亚当。图3—10中的 $\tilde{p}_3$ 点对应于图3—9中的 p_3 点，在该点，夏娃的效用低于亚当。$\tilde{q}$ 点对应于图3—9中的 q 点，由于 q 点不在契约曲线上，所以 $\tilde{q}$ 点必定在效用可能性曲线之内，这反映出增加一个人的效用而不减少另一个人的效用是可能的。

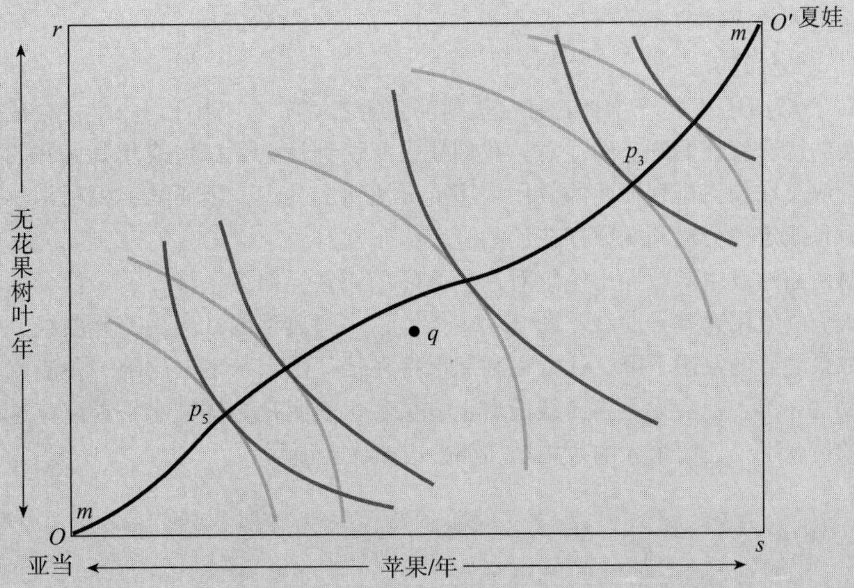

图3—9　效率与公平

说明：p_5 点是帕累托效率点，q 点不是帕累托效率点。然而，社会也许偏好 q 点，因为此时这两种商品的分配更加公平。

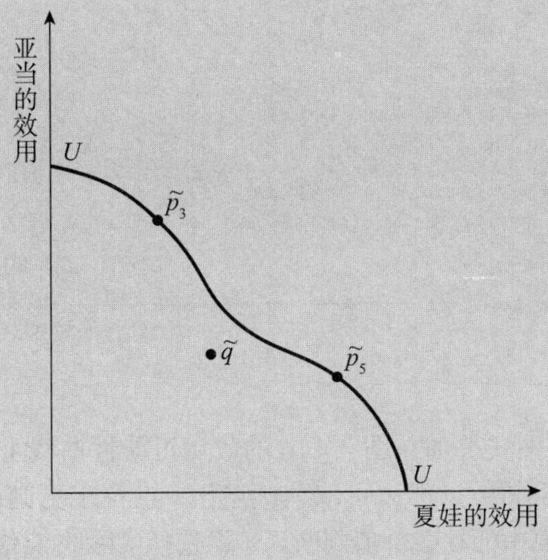

图3—10　效用可能性曲线

说明：效用可能性曲线表明的是已知一个人的效用水平，另一个人可能获得的最大效用量。该曲线上的点是帕累托效率点，该曲线之内的点不是帕累托效率点。

① 图3—8中的生产可能性曲线是根据下列合理假设画出来的，即沿着该曲线向下移动时，其斜率的绝对值不断增大。生产的苹果越多，生产1个苹果必须放弃的无花果树叶就越多。但是，没有理由假定这也适合于个人效用之间的替换，这正是图3—10中的 UU 曲线呈波浪状而不是平滑状的原因。

社会可以获得位于或低于效用可能性曲线的所有点，但在该曲线之外的所有点都达不到。根据定义，*UU* 曲线上的所有点都是帕累托效率点，但它们代表的亚当和夏娃之间的实际收入分配却极不相同。哪一点最好？回答这个问题的传统方法是假定一种**社会福利函数**（social welfare function），该函数体现出亚当和夏娃各应得多少的社会观点。社会福利函数表述的就是社会成员的福利如何转化为整个社会的福利。你可以这么想：就像一个人的福利取决于其消费的商品量一样，社会的福利取决于每一社会成员的效用。用代数式表示，社会福利（W）是每个人效用的某种函数 $F(\ )$：

$$W = F(U^{\text{亚当}}, U^{\text{夏娃}}) \tag{3.10}$$

假定不论是 $U^{\text{亚当}}$ 增加还是 $U^{\text{夏娃}}$ 增加，社会福利都会随之增加——当任何一个社会成员的境况变好时，社会的境况就会变好。请注意，我们还没有谈到社会是如何表露其偏好的。在某些条件下，社会成员在如何排列彼此的效用次序上无法达成共识，因而社会福利函数甚至不存在。现在，暂且假定社会福利函数存在。

就像一个人对商品的效用函数导出一组对这些商品的无差异曲线一样，一个社会福利函数也能导出一组人们的效用无差异曲线。图 3—11 描绘了一组典型的社会无差异曲线。它们向下倾斜表明，如果夏娃的效用下降，社会福利能保持在某一既定水平上的唯一办法就是提高亚当的效用，反之亦然。社会无差异曲线向右上方位移，表明社会福利水平提高，这说明在其他条件不变的情况下，任何个人的效用增加都会增加社会福利。

图 3—11　社会无差异曲线

说明：社会无差异曲线表明的是社会愿意以一个人的效用替换另一个人的效用。社会无差异曲线向右上方位移，社会福利增加。

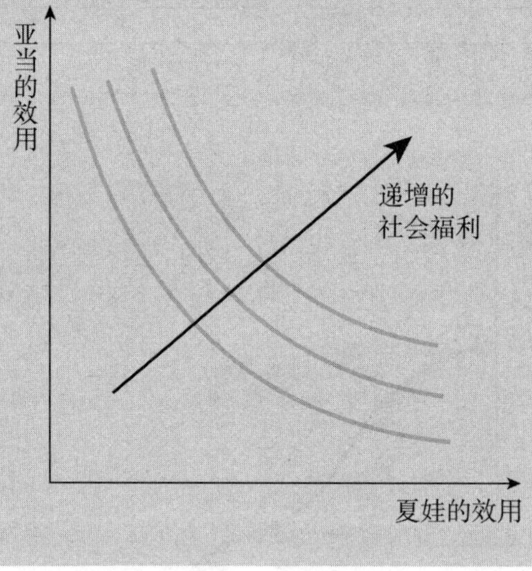

在图 3—12 中，社会无差异曲线叠加在图 3—10 的效用可能性曲线上。尽管 *i* 点是帕累托效率点而 *ii* 点不是，但 *i* 点不像 *ii* 点那么可取（*ii* 点比 *i* 点位于更高的社会无差异曲线上）。这里，体现在社会福利函数中的社会价值判断，宁愿选择实际收入更加公平的分配，虽然这种分配可能是无效率的。当然，*iii* 点优于这两点中的任何一点，既有效率又“公正”。

至此，第一福利定理表明，运行良好的竞争制度会使某种资源配置位于效用可能性曲线上。然而，即使这种资源配置有效率的，它也不一定能使社会福利最大化。我们的结论是，即使经济能产生帕累托效率资源配置，但为了实现“公正的”效用分配，政府的干预也许还是必要的。

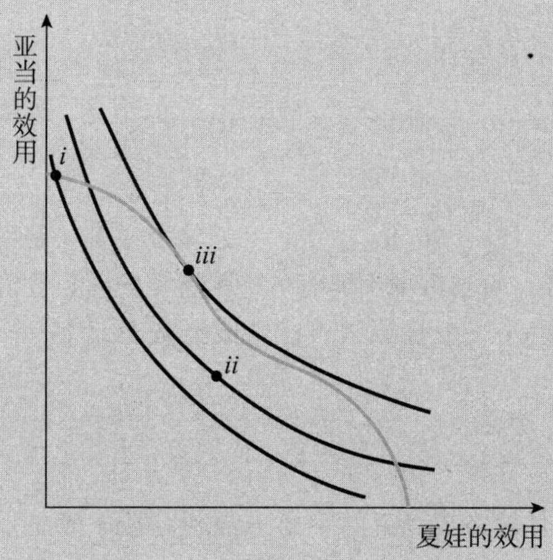

图 3—12　社会福利最大化

说明：i 点是帕累托效率点，但无效率点 ii 的社会福利比较高。iii 点的社会福利更高，既有效率又“公正”。

为了实现社会福利最大化，政府有必要直接干预市场吗？比如，政府必须对穷人消费的商品规定最高限价吗？回答是否定的。根据福利经济学第二基本定理，社会通过对初始资源禀赋的适当安排，然后如同在埃奇沃思框图模型中一样让人们彼此自由交易，就能实现帕累托效率资源配置。[①] 概括地说，政府适当地对收入进行再分配，然后放手让市场自行发挥作用，就能达到效用可能性边界上的任何一点。

哈福德（Harford，2006，pp. 73 - 74）用百米赛跑作比喻，对福利经济学第二基本定理解释道：

> 如果你的目标是要所有短跑运动员一块儿冲过终点，你就要改比赛规则，要求跑得快的运动员慢下来，并且每个人都要手拉手冲过终点。这是对才能的浪费。或者，你也可以把某些人的起跑线前移，把某些人的起跑线后移，尽管每位短跑运动员竭尽全力去跑……但跑得最快的人必须多跑一段路，最终与跑得最慢的人并排撞线。

通过像对所得征税这类政策来实现公平，就如同要求跑得快的选手慢下来，因为它惩罚增加收入的行为。但是，重新安排初始禀赋（比如，从亚当那里拿走一些苹果，然后给夏娃）类似于移动运动员的起跑线。福利经济学第二基本定理表明，这既能实现公平又不抑制效率。

第二福利定理很重要，因为它的含义至少在理论上说效率和分配公平问题可以分开。如果社会决心使现行资源分配不公平，就无须干预市场价格并损害效率。相反，社会只需以某种被认为是公平的方式在人们之间转移资源即可。当然，政府需要某种方法再分配资源，如果仅有的可利用机制本身就造成无效率（如税收），也会造成一些问题。我们将在第 16 章进一步讨论效率与公平之间的关系。

除了分配问题，还有一个原因表明第一福利定理不一定意味着政府越小越好。这是因为，第一福利定理成立所需要的某些条件在现实市场中得不到满足。正如马上就要分析的那样，当这些条件不存在时，自由市场的资源配置可能是无效率的。

---

① 该证明需要具备若干技术条件，例如，所有无差异曲线具有标准的（凸向原点）形状。

市场失灵

在著名的电影《卡萨布兰卡》(*Casablanca*)* 中，一看情况不妙，警察局局长就下令“去把往常的嫌疑犯都抓起来”。同样，每当市场不能有效地配置资源时，经济学家就会把造成失灵的可能原因都搜罗在一起。有两个一般性原因可能造成经济无效率——市场力量和市场不存在。

□ 市场力量

只有当所有消费者和企业都是价格接受者时，第一福利定理才成立。如果有些人或企业是价格制定者（他们拥有影响价格的能力），那么资源配置一般是低效的。为什么？一个拥有市场力量的企业，可能会通过供应少于竞争者本来能供应的产量，将价格提高到边际成本之上。因此，式（3.9）——帕累托效率的必要条件之一——遭到破坏，用于商品生产的资源数量不足。

价格制定行为可能出现在几种情况下。一种极端的情况就是**垄断**（monopoly），在这种情况下，市场上只有一个企业，并阻止其他企业进入。即使在不太极端的寡头垄断（有几个卖主）情况下，一个行业内的企业也能把价格提高到边际成本之上。最后一种情况是，某些行业拥有许多企业，但由于这些企业生产差异化产品，每个企业还是拥有一定的市场力量。例如，许多企业生产运动鞋，但许多消费者认为锐步（Reeboks）、耐克（Nikes）和阿迪达斯（Adidas）是有区别的产品。

□ 市场不存在

第一福利定理成立的一个假设前提是，每种商品都有市场。如果某一种商品不存在市场，我们就不能指望市场会有效地配置这种商品。在现实中，有些商品真的没有市场。比如保险，在充满不确定性的世界里，保险是一种非常重要的商品。尽管存在着像安泰（Aetna）和好事达（Allstate）这样的保险企业，但还是存在某些在私人市场上根本不可能买到保险的事件。例如，假定你想买防穷保险。在竞争市场上，企业提供这种“贫穷险”能赚钱吗？答案是否定的，因为如果你买了这种保险，你就不会去努力工作。为了防止这种行为，保险企业就必须监控你的行为，以确定你的收入低是因为运气不好还是因为游手好闲。可是，这种监控恐怕是很难做到的，甚至是不可能的。因此，不存在贫穷险市场——这一险种是根本买不到的。

从根本上说，这里的问题是**信息不对称**（asymmetric information）——交易中的一方拥有另一方得不到的信息。政府收入支持计划的一个理由就在于它提供了私人无法提供的贫穷险。这种“保单”的保费就是你能挣钱时所缴纳的税收。万一陷入贫困，你就会通过政府的福利性支出获得救济。

另一类由于市场不存在而可能导致的低效率就是**外部性**（externality），即一个人的行为影响另一个人福利的情形，这种影响发生在现有市场之外。例如，假设你的室友开始吸烟，

---

* 又译作《北非谍影》，是美国 1942 年拍摄的一部电影，成为描写爱情、人性与为正义献身的经典之作。——译者注

污染了空气，使你的境况变差。这为什么是一个效率问题呢？你的室友在他吸烟时会耗费一种稀缺资源，即清新的空气。可是，并不存在一个清新空气的市场迫使他为吸烟付出代价。实际上，他为清新空气所付的价格为零，所以“过度使用”了清新空气。价格机制未能对商品的机会成本提供正确的信号。

福利经济学对于分析外部性提供了一个有用的框架。在推导式（3.9）的过程中，暗含着一个假定，即边际成本就是社会边际成本——它包含生产所用的全部社会资源的增量价值。然而，在上面的例子中，你的室友吸烟的私人边际成本小于社会边际成本，因为他没有为他使用的清新空气付费。香烟的价格反映了其私人边际成本，而没有正确反映出其社会边际成本。因此，式（3.9）没有得到满足，资源配置是无效率的。顺便提一句，外部性可能是负的，也可能是正的——带来好处。比如，一位分子生物学家发表了一篇有关新的基因重组技术的文章，这项技术可以为一家制药厂所利用。在存在正的外部性的情况下，市场所产生的有益活动数量会很小，缺乏效率。

与外部性密切相关的例子是**公共物品**（public goods），是一种在消费上具有非竞争性和非排他性的物品。非竞争性意味着，一个人对它的消费并不妨碍其他任何人对它的消费。非排他性意味着，不让谁消费不是代价高昂就是不可能。公共物品的一个典型例子就是灯塔，灯塔的信号灯一亮，附近水域的所有船只都会受益。事实上，一个人享受灯塔服务并不妨碍其他人同时享受此项服务，而且也很难不让他人利用该灯塔。

人们可能有掩藏其对某种公共物品赋予多大价值的动机。假定灯塔服务对我有益，我知道，一旦灯亮了，不管我是否付费，我都可以享有灯塔服务。因此，我就可以声称，灯塔对我没用，希望在别人为此付费之后，我可以“免费搭车”。不幸的是，每个人都有这样的动机，因而灯塔可能建不起来，尽管建造灯塔是很有益的。市场机制无法使人们表露其对公共物品的偏好，从而导致用于公共物品的资源不足。

□ 总的看法

第一福利定理指出，运行良好的竞争经济能实现帕累托效率资源配置，无须任何政府干预。然而，有效资源配置本质上是否符合社会要求尚不清楚；很多人认为，还必须考虑分配公平。此外，在有些情况下竞争不足，而且有些市场不存在。因此，市场决定的资源配置可能是无效率的，于是，政府就有机会进行干预，提高经济效率。

必须强调指出，虽然在某种情况下市场决定的资源配置并不完美，但也不一定意味着政府就能做得更好。例如，在某些情况下，建立政府机构解决外部性问题的成本可能会超过外部性本身的成本。况且，政府和个人一样，也会犯错误。有人认为，政府在本质上就不能有效发挥作用，因而虽然在理论上说政府能改进现状，但在实践中却从未做到。虽然这种观点过于极端，但还是强调了这样一个事实，即该基本定理在辨别哪些情况下政府干预可能会提高效率方面还是有用的。

借鉴福利经济学

这些年来，像印度、中国、伊拉克等国家围绕着如何组织经济展开了很激烈的争论。不过，发达国家也出现了同样的问题：国民产出中应有多少用于公共部门？公共支出应用哪些税收来筹资？本章介绍的福利经济学理论为我们思考这些问题提供了标准框架。然而，围绕这个理论也有一些争论。

首先，该理论的基本观点是高度个人主义的，重点放在人们的效用以及如何使效用最大化问题上，这在建立社会福利函数式（3.10）时明显表露了出来。该方程所表达的基本观点是，一个良好的社会是其成员都幸福的社会。不过，如第1章所说，还有其他可能的社会目标，如使国家权力最大化、崇拜上帝，等等。福利经济学基本不讲这类目标。难怪伊朗的什叶派领袖霍梅尼（Ayatollah Khomeini）曾经说，经济学是讲给蠢货听的。

由于福利经济学把人们的偏好置于中心地位，这就需要认真对待这些偏好。人们最了解什么东西能给他们带来满足。也有相反的观点，一个很好的例证是能源部长朱棣文（Steven Chu）在2011年为要求多使用节能灯泡的规定辩护时说："我们夺走了继续让人浪费自己钱的选择。"又如前众议院议长托马斯·奥尼尔（Thomas O'Neill）曾说："美国人想要的东西往往对他们没有好处。"如果人们认为个人的偏好是不良的或堕落的，那么阐明如何使其效用最大化的理论就毫无意义了。

马斯格雷夫（Musgrave，1959）提出**有益物品**（merit goods）概念，用来描述那些即使社会成员不想要但也应该提供的物品。政府对艺术的支持常常以此为依据，像歌剧和音乐会，如果个人不愿支付足以弥补其成本的票价，政府就应当提供。但鲍莫尔（Baumol and Baumol，1981，pp. 426－427）指出：

> 有益物品概念只是对一种朴素的价值判断赋予一个正式名称，比如艺术，它有益于社会，因而值得财政支持……（这种）有益物品论并非是支持的真正理由——它只是把这样做的愿望编造成一个名词。

福利经济学框架的另一个可能的问题是它对结果的关心。福利经济学评价的是资源配置的结果而非决定资源配置的过程，也许我们应该以资源配置的过程而非现实结果来评价一个社会。人们能自由地订约吗？公共决策程序是民主的吗？如果人们接受这种观点，那么福利经济学就失去了其规范意义。

另一方面，福利经济学的一个最大优点是它提供了一个评价公共政策的系统框架。政府干预毕竟要涉及资源的重新配置，而福利经济学的根本目的就是要评价各种配置。每当一项政府活动被提出时，福利经济学框架就要求我们回答下列三个重要问题：

- 它能产生合意的分配结果吗？
- 它能提高效率吗？
- 它能以合理的成本完成吗？

如果这些问题的答案是否定的，那么就应让市场自行发挥作用。当然，要回答这些问题需要做大量的研究工作，对于第一个问题，还需要价值判断。但是，只要能提出正确的问题，就会为决策过程提供一个宝贵的制度结构。这种制度结构会促使人们明确他们的道德价值取向，并有助于发现那些毫无意义的或谋私利的政府计划。

小结

● 福利经济学研究不同经济状态的合意性。

● 如果不使他人的境况变差就不能使一个人的境况变好，便是帕累托效率配置。帕累托效率要求，每个人对两种商品的边际替代率等于边际转换率。帕累托效率是经济学家判断经济是否有效运行的基准。

● 福利经济学第一基本定理指出，在一定条件下，市场竞争导致帕累托效率结果。

● 尽管帕累托效率颇有吸引力，但显然不能成为道德规范。基于公平或其他某种标准，社会也许宁愿选择一种无效率的配置。这就为政府干预经济提供了一种可能的理由。

● 社会福利函数概括了每一社会成员效用的社会偏好，可以用来寻找使社会福利最大化的资源配置。

● 福利经济学第二基本定理表明，社会通过适当地安排初始资源禀赋，然后让人们彼此自由地交易，就可以实现帕累托效率资源配置。

● 除了分配问题，政府干预的另一个可能的理由是市场失灵。如果存在市场力量或者市场不存在，就会出现市场失灵。

● 市场未能完美地配置资源可能是事实，但并不一定意味着政府就能做得更好，具体情况要具体分析。

● 福利经济学的基础是个人主义的社会哲学，对实现结果的过程并不太在意。因此，尽管福利经济学为政策分析提供了一个系统而有用的框架，但尚未得到普遍接受。

讨论题

1. 你认为下列哪个市场会产生效率结果？为什么？

a. 海滨住房的飓风险。

b. 医疗保险。

c. 股票市场。

d. MP3 播放器。

e. 大学生助学贷款。

f. 住房。

2. 2008年，当时的参议员巴拉克·奥巴马在卫斯理大学的毕业典礼上演讲时对学生们说，“我们个人的得救取决于集体拯救。”这一观点是否与方程（3.10）定义的社会福利函数相一致？

3. 有些市场交易，如买卖人体肾脏，很多人似乎都认为其是道德败坏行为。在一次会议讨论是什么导致某些道德败坏交易行为时，一位心理学教授说，“问题不在于经济学家是不讲理的人，而在于他们是邪恶之人。……他们活在另一个道德世界里。”这位心理学家认为，应由“想在市场上交易的人”拿出真凭实据。请将这一观点与福利经济学第一基本定理内含的观点进行对比。

4. 最近，加利福尼亚州保险监管委员会出台了一项规定，限制保险公司以地理位置确定汽车的保费率。这项变化可能提高乡村和郊区居民的保费率，降低城市居民的保费率。这项政策有效率吗？有可能提高社会福利吗？

5. 笑星杰·雷诺（Jay Leno）有一次到密歇根演出，为了让失业者能看表演而免票。后来他发现有人试图在易趣网（eBay）出售自己的免费票，遂提出抗议，随后易趣网禁止售票。请讨论：倘若人们把他们的免费票卖掉，他们的境况是否会更好。提示：假设一个典型个人的效用只取决于两种商品：雷诺的演出票和所有其他商品组合。假设有两个人，安吉洛和巴恩，每个人都设法获得了三张免费票。但是，安吉洛是“富人”，所有其他商品的数量是巴恩的两倍。为简化起见，你可以假定门票是无限可分的。

a. 假设这两个人的无差异曲线都是传统形状的，画出一个表明初始配置的埃奇沃思框图。

b. 利用埃奇沃思框图，解释禁售门票会如何导致无效率结果。

c. 利用埃奇沃思框图，说明禁售门票不降低这两人效率的情况。

6. 设想一个简单的经济，在该经济中只有两个人——奥古斯塔斯和利维亚。

a. 令社会福利函数为：

$$W = U_L + U_A$$

其中，U_L 和 U_A 分别为利维亚和奥古斯塔斯的效用。画出社会无差异曲线。如何描述分配给他们各自福利的相对重要性？

b. 如果 $W = U_L + 2U_A$，再重做一次第 a 问。

c. 假定效用可能性曲线如下图所示：

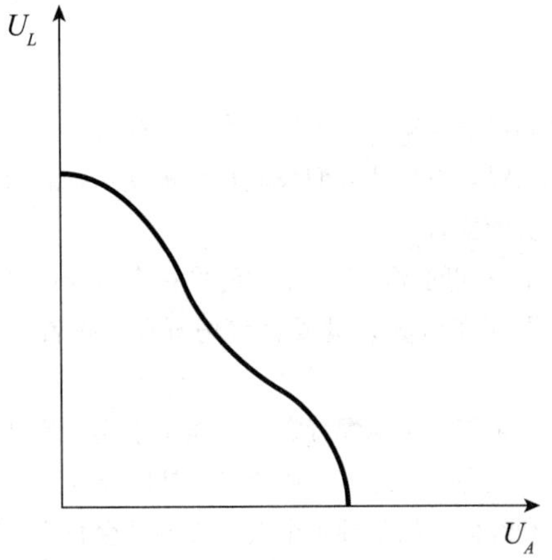

画图说明第 a 问和第 b 问给出的福利函数的最优解有何不同。

7. 近年来，许多州开始对裸体舞酒吧征税。这种税被称为“罪恶税”，因为这种行为被认为是邪恶的。罪恶税与有益物品概念有何关联？

8. 在下列各种情况下，你能根据福利经济学来说明政府政策的合理性吗？

a. 在洛杉矶，警察每年要接办 127 000 起盗窃报警案，均不收费（有 97%是错报或谎报）。

b. 2011 年，国家人文基金会（National Endowment for the Humanities）提供 550 000 美元，生产一部关于摇滚音乐如何促成苏联解体的纪录片。

c. 联邦政府规定，每个樱桃冷冻水果派的樱桃含量不得低于 25%，有瑕疵的樱桃不得超过 15%。而对于苹果、蓝莓或桃子的冷冻派则没有这项规定。

d. 2008 年通过立法，确保美国食糖生产商占本国食糖市场的 85%。

e.《国家能源政策法案》（The National Energy Policy Act）要求所有新的抽水马桶都只能装 1.6 加仑水。大多数美国家庭的马桶每次冲水需消耗 5.5～7 加仑水。

f. 一个联邦政府机构向纽约的一家电子游戏保护中心提供了 100 000 多美元，以“鼓励其建档和保存电子游戏的历史”。

9. 假如你乘坐的飞机在太平洋上坠毁。你和另一名乘客在一个荒岛上登陆，同时，装有 100 袋小包装花生的箱子也被冲到该岛上。花生是唯一的食品。在这种只有两个人、一种商品、没有生产的经济中，画图说明可能的配置，并解释每种配置为什么是帕累托效率的。每种配置都是公平的吗？

10.（该问题是给懂得一些微积分的读者出的。）假定社会中只有两个人——马克和朱迪，瓜分固定的 300 美元收入。马克的效用函数是 U_M，他的收入是 I_M。朱迪的效用函数是 U_J，她的收入是 I_J。假定

$$U_M = 100 \times I_M^{1/2}$$

$$U_J = 200 \times I_J^{1/2}$$

令社会福利函数是：

$$W = U_M + U_J$$

总收入在马克和朱迪之间如何分配能使社会福利最大化？

11. 假设唐和威尔逊要在他们之间分仅有的 400 磅食物。唐的效用函数是 U_T＝sqrt（F_1），威尔逊的效用函数是 U_W＝1/2sqrt（F_2），其中 F_1 和 F_2 分别是唐和威尔逊分到的食物。

a. 如果食物是平均分配的，唐和威尔逊将获得多少效用？

b. 如果社会福利函数是 $U_T + U_W$，那么，唐和威尔逊如何分配食物能使社会福利最大化？

c. 如果在他们每人获得相同效用水平之时实现了社会福利最大化，那么，在两人之间如何分配食物能使社会福利最大化？

12. 考察一个有两个人（维多利亚和艾伯特）、两种商品（茶和松饼）的经济。目前，维多利亚和艾伯特都愿意用两杯茶换取一块松饼。另外，如果该经济打算少生产一杯茶，从茶生产中释放出来的资源可用于多生产三块松饼。在这种经济中，这种资源配置是帕累托效率的吗？如果不是，应当有更多的茶或松饼吗？

13. 假设汉娜的效用函数是 $U_H = 3T + 4C$，乔斯的效用函数是 $U_J = 4T + 3C$，其中 T 是每年的茶量，C 是每年的咖啡量。假设咖啡每年为 28 磅，茶叶每年为 21 磅。又假设初始分配状况是：15 磅咖啡、10 磅茶叶给汉娜，剩余的 13 磅咖啡、11 磅茶叶给乔斯。

a. 效用函数如何解释咖啡换取茶的边际替代率？

b. 画出说明无差异曲线和初始配置的埃奇沃思框图。

c. 在埃奇沃思框图中画出契约曲线。解释为什么它看上去不同于正文中描绘的契约曲线。

d. 咖啡和茶的初始配置是帕累托效率的吗？

14. 指出下列每一种陈述的对错或不确定，并解释你的答案。

a. 如果每个人的边际替代率都相同，那么该资源配置是帕累托效率的。

b. 如果资源配置是帕累托效率的，那么每个人的边际替代率都相同。

c. 一项政策当且仅当表现出帕累托改进时才能提高社会福利。

d. 从效用可能性曲线内的某一点重新配置到效用可能性曲线上的某一点，结果是帕累托改进。

第2篇

公共支出：公共物品与外部性

福利经济学理论在考察政府干预的理由时，重点强调的是市场失灵和分配公平。第 4 章分析公共物品；第 5 章讨论外部性，重点放在环境问题上。第 6 章探讨我们的政治制度是否能以有效的政策应对这些市场失灵。第 7 章运用我们的分析框架，考察教育政策这一重要问题。本篇的最后一章是第 8 章的成本—收益分析，构建一组以理论为基础的实用方法来评估公共支出。

第 4 章 公共物品

最崇高的信仰莫过于为人民服务，最伟大的信念莫过于为大众谋福利。

——伍德罗·威尔逊（Woodrow Wilson）总统

我从未听说过，那些假装为公共利益而做生意的人做过多少好事。

——亚当·斯密（Adam Smith）

2001 年 9 月 11 日美国遭到恐怖袭击后，所有美国人都认为政府必须采取措施防止将来再次发生袭击。尽管对于到底应该采取什么措施众说纷纭，但每个人都承认国防是政府的固有职能。国防的什么特征使其成为政府必须履行的责任？其他物品和服务也具有这种特征吗？政府也应当提供这些物品和服务吗？这些问题是某些最重要的公共政策争论的核心。本章讨论在什么情况下，这些物品和服务由公共提供是恰当的。尤其需要理解，对于某些特定物品，市场为什么不能提供帕累托效率的数量。

公共物品的定义

国防和比萨饼之间的区别是什么？这个问题问得似乎有点傻，但细琢磨起来，就会得到一个有用的框架，用来分析各种物品是由公共提供还是由私人提供。首先，这两种物品之间一个最大的差异就是，两个人不能同时消费一块比萨饼——如果我吃了一块，你就不能吃了。相反，你对军队提供的保护服务的消费，一点都不会减少我对同样服务的消费。第二个主要差异表现在，我可能很容易地能不让你消费我的比萨饼，但不让你享受国防的利益几乎是不可能的。（很难想象恐怖分子只横行于你家而放过我家的情况。）

国防是一种**纯公共物品**（pure public goods），其定义如下：

- 这种物品的消费是非竞争的——纯公共物品一旦被提供，另一个人消费该物品的额外资源成本就为零。
- 这种物品的消费是非排他的——要阻止任何人消费这种物品，要么代价非常大，要么就是不可能的。

相反，像比萨饼这样的**私人物品**（private goods）的消费是竞争的和排他的。

关于公共物品的定义，需要注意以下几个方面的问题。

虽然每个人消费的公共物品数量相同，但不一定所有人对这种消费的评价都一致。以居住着许多大学生的一套公寓房间的大扫除为例。大扫除具有公共物品的特征——每个人都会从干净的浴室受益，很难排除哪个人享受这种利益，然而，有些学生比其他学生更爱干净。同样，就拿上述的国防例子来说，在其他条件相同的情况下，那些十分担心外国敌对分子存在某种企图的人与觉得比较安全的人相比，把国防的价值看得更高。的确，人们对于某种公共物品的价值是正还是负的看法不尽相同。在一个新导弹系统建立起来后，每个人除了消费其服务外，别无选择。对于那些认为该系统能增强其安全感的人来说，该系统的价值是正值；而另外一些人认为，新导弹系统只会导致军备竞赛升级，降低国家的安全性，这些人对增加导弹的估价是负值，他们宁愿为周边没有导弹而付钱。

公共物品的分类不是绝对的，它取决于市场条件和技术状况。以灯塔例，一旦信号灯亮了，一艘船只对它的利用不影响其他船只利用它的能力，而且不能排除某一特定船只利用该信号。在这些条件下，灯塔是一种纯公共物品。但是，假定发明了一种人为干扰装置，如果过往船只不购买一种特殊的接收器，就不能获得灯塔信号。在这种情况下，非排他性标准不再满足，灯塔也不再是一种纯公共物品。当游客很少时，一个景点属于一种纯公共物品。但是，随着游客数量的增加，这一区域就变得拥挤了。虽然被每一位游客“消费”的景色的“数量”相同，但它的质量随着游客的增加而下降了。因此，非竞争性标准不再满足。

在很多情况下，最好把“公共性”看做是一个“度”的问题。纯公共物品能完全满足定义，而**非纯公共物品**（impure public goods）的消费在一定程度上是竞争的或排他的。实际上，纯公共物品的例子并不太多。不过，正如对完全竞争的分析能够引出关于现实市场运行的重要结论一样，对纯公共物品的分析可以帮助我们理解公共决策者所面临的问题。

一种物品可以满足公共物品定义的一部分而不能满足另一部分。也就是说，非排他性和非竞争性不一定总是同时出现。以上下班时间闹市区的街道为例，非排他性通常是成立的，因为不可能设置那么多收费亭来监控车辆，不让某些车辆驶入。但是，消费的确是竞争性的，每个曾饱受过塞车之苦的人都可以作证。另一方面，许多人都可以享受一大片海滩区域，而不影响别人的愉悦。尽管人们的消费不具有竞争性，但只要通往海滨的道路有限，排他就是可能的。如前所述，一种物品的特征还要取决于技术状况和法律安排。再以道路拥挤为例。在车辆挡风玻璃上安装应答器，比如快易通（E-ZPass），利用无线电波识别过往车辆，并自动收取过路费。例如，澳大利亚的墨尔本连城公路无须任何收费站，司机或者通过应答器付费，或者打电话登记他们计划使用道路那些天的车牌号。一些收费公路的收费标准根据不同时段的高低需求而变化。可以想象，有朝一日利用这种技术向驶入城市拥挤街道的车辆收费，这些街道就会变得具有排他性。

有一些在传统上不被认为是商品的东西具有公共物品的特征。一个重要的例子就是诚信。如果每个公民在商业交易中都守诚信，整个社会就会因做生意的成本减少而获益。这种成本减少既具有非竞争性，也具有非排他性。同样，收入分配公平是一种公共物品。如果收入的分配是“公平的”，每个人都因生活在一个良好的社会中而得到满足，没有人能被排除在享有这种满足之外。当然，由于人们对公平观念有不同的理解，人们对应如何评价某种既定的收入分配，意见也有分歧。尽管如此，收入分配公平的消费仍然具有非竞争性和非排他性，所以它是一种公共物品。某些类型的信息也属于公共物品。在洛杉矶，餐馆必须挂出卫生等级的牌子，分为三等——A 级（干净）、B 级（脏乱）和 C 级（极差）。这种信息表现出公共物品的特征：它具有消费的非竞争性，因为每个人通过上网、看报纸甚至扫一眼餐馆的窗户，就能毫不费力地知道餐馆的卫生状况；同时，它也具有非排他性。

私人物品并不一定只由私人部门提供。政府提供了很多具有竞争性和排他性的物品，这类物品称为**公共提供的私人物品**（publicly provided private goods）。比如，医疗服务和住房这两种私人物品，时常由公共提供。同样，我们将在后面看到，公共物品也可能由私人提供（比如个人捐钱维护公共绿地，才有了纽约中央公园的美丽花朵）。总之，私人和公共两个词本身，并不能告诉我们具体由哪一部门提供。

政府提供某种物品不一定意味着它也是由政府生产的。以垃圾回收为例：有些社区自己提供这项服务——政府管理部门购买垃圾车、雇用工人、安排日程；在其他社区，地方政府雇用私人企业来做这项工作，本身并不组织生产。有些州甚至把法律诉讼都外包给私人部门。例如，俄克拉何马州总检察长聘请私人律师事务所控告涉嫌污染本州水域的家禽企业（Liptak，2007）。

公共物品的有效提供

国防或任何其他公共物品的效率产量是多少？我们先从重新审视私人物品开始，只是角度与第 3 章稍有不同。仍然假定社会只有两个人——亚当和夏娃，两种私人物品——苹果和无花果树叶。在图 4—1A 中，无花果树叶的数量（f）用横轴表示，每个无花果树叶的价格（P_f）用纵轴表示。亚当对无花果树叶的需求曲线是 D_f^A。该需求曲线表明，在其他条件不变的情况下，亚当在每种价格水平上愿意消费的无花果树叶的数量。[①] 同样，图 4—1B 的 D_f^E 是夏娃对无花果树叶的需求曲线。每个人的需求曲线还表示他或她对于某一特定数量愿意支付多少。

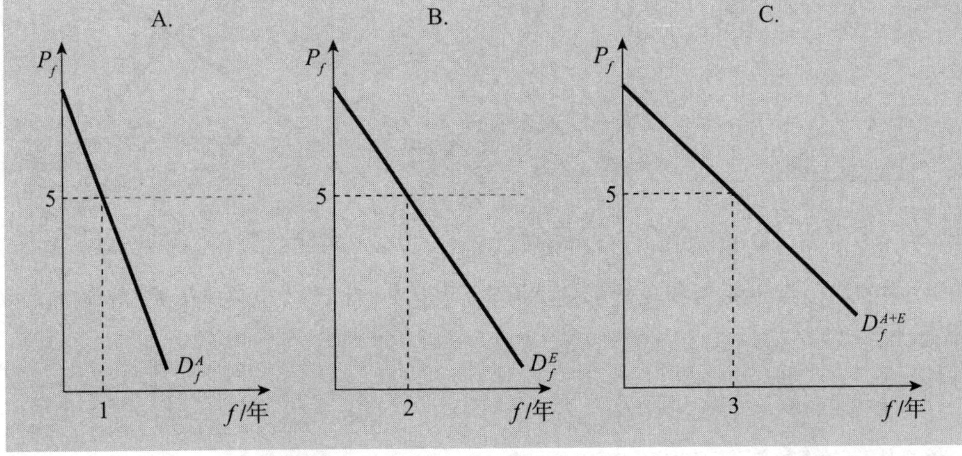

图 4—1　需求曲线的横向加总

说明：像无花果树叶这种私人物品的市场需求曲线是把每个人在每一价格水平对无花果树叶的需求量加在一起推导出来的。例如，在价格为 5 美元时，亚当需要 1 单位的无花果树叶，夏娃需要 2 单位的无花果树叶，故总需求量为 3 单位无花果树叶。

① 需求曲线的解释见本书末的附录。

要想求出无花果树叶的市场需求曲线，只要把每个人在每一价格水平对无花果树叶的需求量加在一起即可。在图 4—1A 中，在价格为 5 美元时，亚当需要 1 单位的无花果树叶，即 D_f^A 与纵轴的距离。图 4—1B 表明，在同一价格水平下，夏娃需要 2 单位的无花果树叶。因此，在价格为 5 美元时，总需求量为 3 单位。无花果树叶的市场需求曲线就是图 4—1C 中的 D_f^{A+E}。正如刚才所说的那样，价格为 5 美元、数量为 3 的点位于市场需求曲线上。同理，要找出任一价格水平下的市场需求，就要把该价格下每条私人需求曲线与纵轴之间的水平距离加总。这一过程称为**横向加总**（horizontal summation）。

图 4—2 是对图 4—1 的复制，图 4—2C 在市场需求曲线 D_f^{A+E} 的基础上增加了市场供给曲线 S_f。在图 4—2C 中，在价格为 4 美元时，供求相等，市场达到均衡。在该价格水平下，亚当消费 1.5 单位的无花果树叶，夏娃消费 3 单位的无花果树叶。请注意，我们没有任何理由指望亚当和夏娃的消费数量相等。由于嗜好、收入等不同，他们对无花果树叶的需求量也不同，这也许是因为无花果树叶是私人物品。

图 4—2C 中的均衡有一个重要的特性：无花果树叶的配置是帕累托效率配置。在消费理论中，追求效用最大化的个人使无花果树叶对苹果的边际替代率（MRS_{fa}）等于无花果树叶的价格（P_f）除以苹果的价格（P_a）：$MRS_{fa}=P_f/P_a$。[①] 就理性选择来说，由于只有相对价格才重要，故苹果的价格可以设定为任意值。为方便起见，令 $P_a=1$ 美元，这样，效用最大化的条件就简化为 $MRS_{fa}=P_f$。无花果树叶的价格就代表了一个人愿意用无花果树叶替代苹果的比率。现在，亚当的无花果树叶的需求曲线（D_f^A）表示，他在无花果树叶每一消费水平上愿意对每单位无花果树叶支付的最高价格。因此，需求曲线也表示无花果树叶每一消费水平上的 MRS_{fa}。同样，D_f^E 也可解释为夏娃的 MRS_{fa}。同理，图 4—2C 中的供给曲线 S_f 表示的是，无花果树叶对苹果的边际转换率（MRT_{fa}）如何随着无花果树叶产量的变化而变化。[②]

图 4—2　私人物品的有效提供

说明：当供求相等时，市场处于均衡状态。

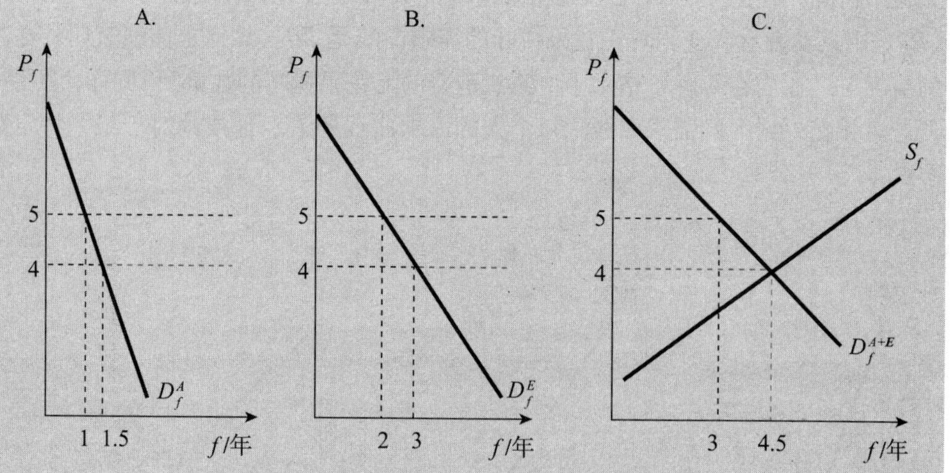

在图 4—2C 中的均衡点，亚当和夏娃都使 MRS_{fa} 等于 4，生产者也使 MRT_{fa} 等于 4。因此，在均衡状态下，

① 见本书末附录的证明。

② 为证明这一点，请注意，在竞争条件下，企业的产量正好对应价格和边际成本相等的点。因此，供给曲线 S_f 表示在无花果树叶每一产量水平上的边际成本。如第 3 章的“福利经济学”一节中指出，$MRT_{fa}=MC_f/MC_a$。由于 $P_a=1$ 美元，且价格等于边际成本，故 $MC_a=1$ 美元，且 $MRT_{fa}=MC_f$。因此，我们就可以把边际转换率与边际成本从而与供给曲线视为等同。

$$MRS_{fa}^{亚当} = MRS_{fa}^{夏娃} = MRT_{fa} \tag{4.1}$$

式（4.1）是第 3 章推导出来的帕累托效率的必要条件。只要市场是竞争性的，且运行良好，第一福利定理就保证这一条件成立。

□ 推导效率条件

在重新解释了私人物品的有效提供条件之后，我们转向公共物品。在正式推导以前，先直观地看看效率条件。假设亚当和夏娃同时观看焰火，夏娃观看焰火并不妨碍亚当，反之亦然，而且，一个人不能排除另一个人观看焰火表演。因此，焰火表演是一种公共物品。焰火表演的规模可以变化，而且在其他条件不变的情况下，亚当和夏娃都愿意有更大规模的表演。假设现在表演由 19 个烟花组成，每增加 1 个烟花要花费 5 美元。亚当愿意为增加 1 个烟花支付 6 美元，夏娃愿意为此支付 4 美元。增加 1 个烟花来扩大表演规模是否有效率呢？像往常一样，我们必须对这个烟花的额外价值（边际收益）和额外成本（边际成本）进行比较。[①] 计算边际收益时，请注意，由于对该表演的消费是非竞争性的，亚当和夏娃都可以消费第 20 个烟花。因此，第 20 个烟花的边际收益是他们愿意支付的数量的总和，即 10 美元。由于边际成本只有 5 美元，因此增加第 20 个烟花是划算的。更为一般地说，如果个人对额外 1 单位公共物品愿意支付的总额大于其边际成本，那么，购买该单位公共物品符合效率要求；否则，就不应该购买。所以，效率要求，公共物品的提供一直增加到每个人最后 1 单位的边际收益之和等于边际成本为止。

为了说明这一结果，我们看一下图 4—3A。在图中，亚当的烟花消费量（r）用横轴表示，每个烟花的价格（P_r）用纵轴表示。亚当的烟花需求曲线是 D_r^A，夏娃的烟花需求曲线是图 4—3B 中的 D_r^E。如何推导出两人对烟花的支付意愿？为了推导出集体的无花果树叶（私人物品）需求曲线，把个人需求曲线横向加总。这种方法可以使亚当和夏娃在同一价格水平下消费不同数量的无花果树叶。对于私人物品，这是没有问题的。但是，烟花提供的服务（公共物品）必须被等量消费。如果亚当消费 20 个烟花的焰火表演，夏娃也得消费 20 个烟花的焰火表演。试图把个人在某一价格水平可能消费的公共物品数量加总，是讲不通的。

相反，为得到对烟花的集体支付意愿，把每个人对既定数量的公共物品愿意支付的价格加总起来。图 4—3A 的需求曲线告诉我们，亚当在消费第 20 个烟花时愿意支付 6 美元，夏娃在消费第 20 个烟花时愿意支付 4 美元。因此，他们对第 20 个烟花的集体支付意愿是 10 美元。如果把图 4—3C 中的 D_r^{A+E} 定义为集体支付意愿曲线，那么，D_r^{A+E} 和 $r=20$ 点之间的垂直距离一定是 10。[②] D_r^{A+E} 上的其他点可通过对每一产出水平重复这一过程而得到。对于公共物品来说，集体支付意愿是个人需求曲线的**纵向加总**（vertical summation）。

请注意私人物品和公共物品的对称性。对于私人物品来说，每个人的 MRS 相同，但人们可以消费不同的数量。因此，需求是对不同数量的横向加总。对于公共物品来说，每个人消费的数量相同，但人们可能有不同的 MRS。通过纵向加总，找到集体支付意愿。换言之，对于标准的私人物品而言，每个人面临的价格相同，然后人们决定他们需要多少数量。对于公共物品而言，每个人面临的数量相同，人们决定他们愿意支付多少价格。

---

① 这是经济学中边际分析的一个典型例子。进一步讨论见本书末的附录。

② D_r^{A+E} 不是传统意义上的需求曲线，因为它并不表明在每一价格水平上的需求量，但这种观念强调了与私人物品情况的相似性。

图 4—3　需求曲线的纵向相加

说明：像烟花这种公共物品的总需求曲线是把每个人对某一既定数量愿意支付的价格相加得到的。例如，亚当对第 20 个烟花愿意支付 6 美元，夏娃对第 20 个烟花愿意支付 4 美元，所以，他们对第 20 个烟花的总支付意愿是 10 美元。

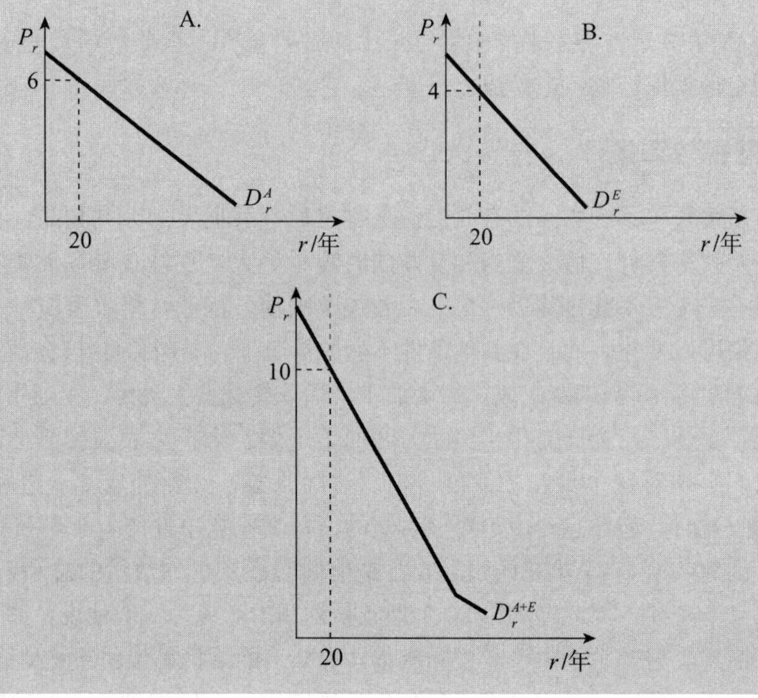

亚当和夏娃对额外 1 单位烟花的支付意愿总和恰好等于生产 1 单位烟花的边际成本的点，决定了烟花的效率数量。在图 4—4C 中，边际成本曲线 S_r 置于集体支付意愿曲线 D_r^{A+E} 之上①，两条曲线的交点决定的产出水平为 45，边际成本是 6 美元。

图 4—4　公共物品的有效提供

说明：支付意愿总和（个人的需求曲线纵向加总）与供给曲线相交处决定了效率数量。

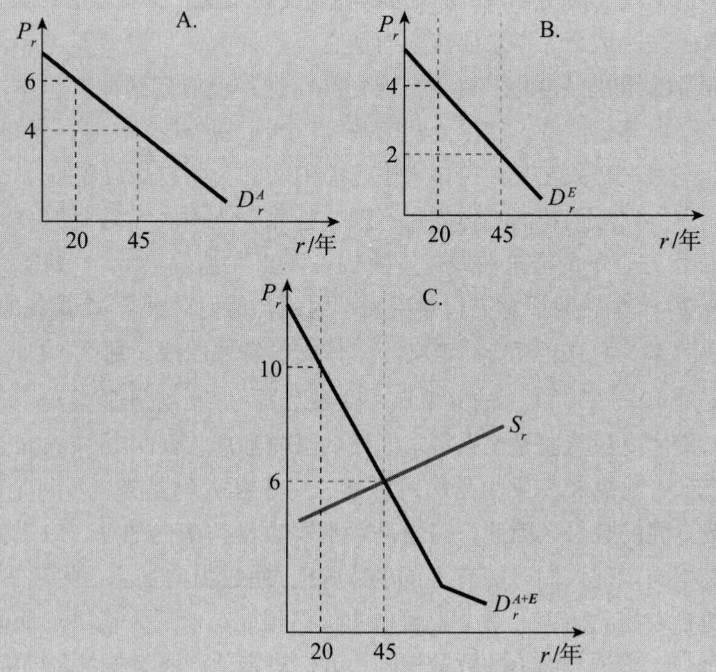

① 这种分析没有明确地考虑该供给曲线背后的生产可能性边界。参阅萨缪尔森的著作（Samuelson，1955）。

价格仍然可以用边际替代率来解释。推理方法如前，亚当对烟花的边际支付意愿是他的边际替代率（$MRS_{ra}^{亚当}$），夏娃对烟花的边际支付意愿是她的边际替代率（$MRS_{ra}^{夏娃}$）。因此，他们愿意支付的价格之和为 $MRS_{ra}^{亚当}+MRS_{ra}^{夏娃}$。从生产角度来看，价格仍然代表边际转换率 MRT_{ra}。故此，图 4—4C 中的均衡条件是：

$$MRS_{ra}^{亚当} + MRS_{ra}^{夏娃} = MRT_{ra} \tag{4.2}$$

把这个条件与式（4.1）给出的私人物品有效提供条件进行比较。对于私人物品来说，效率要求，每个人的边际替代率相同，且等于边际转换率。对纯公共物品来说，边际替代率之和必须等于边际转换率。[①] 因为每个人必须消费相同数量的公共物品，其有效提供要求，人们对所提供的最后一单位的总评价（即 MRS 之和）等于提供它给社会带来的增量成本（即 MRT）。

□ 实现效率的问题

如第 3 章所强调的，在一组特定的条件下，分权化市场制度将有效地提供私人物品。市场力量能导致图 4—4 所示的公共物品的效率水平（$r=45$）吗？答案部分取决于亚当和夏娃对焰火所表露出来的真实偏好程度。当私人物品在竞争性市场中交换时，人们对私人物品的评价不会说谎。如果夏娃愿以现行价格购买无花果树叶，那么，要是她没有买，就什么都得不到。

然而，人们对于公共物品可能会隐瞒其真实偏好。亚当可能谎称焰火对他毫无吸引力。如果他能让夏娃去付账，那么他仍然可以欣赏表演，同时还可以花更多的钱去买苹果和无花果树叶。这种让别人付钱，自己坐享其成的人称为**免费搭车者**（free rider）。当然，夏娃也想成为免费搭车者。因此，市场不能提供有效数量的公共物品。市场不会自发地去实现图 4—4 所示的效率配置。

即使消费具有排他性，市场提供消费具有非竞争性的物品也可能是无效率的。现假定焰火表演具有排他性。在一个很大的体育场里，人们不买门票就不能观看；追求利润最大化的企业家卖票。就规模既定的焰火表演来说，另一个人观看的额外成本是零（因为该表演的消费具有非竞争性）。效率要求，凡是对该表演的评价大于零增量成本的人都准许入场。但是，如果企业家向每个人收取的价格都为零，他的生意就做不下去了。

有什么解决的办法吗？假定：(1) 企业家知道每个人对公共物品的需求曲线；(2) 该物品由一个人转给另一人是不可能的或很难实现。在这两个条件下，企业家可以根据支付意愿向每个人收取不同的价格，这种做法称为**完全差别定价**（perfect price discrimination）。认为观看焰火表演只值 1 分钱的人，就让他们付 1 分钱，而不予排除在外。这样，对焰火表演的评价为正值的每一个人都可以观看，这是一种效率结果。[②] 由于对该表演评价高的人会支付很高的价格，故企业家也能够有利可图。

完全差别定价似乎是一条出路，但第一个条件要求知道每个人的偏好，这条出路又被堵死了。如果个人需求曲线是已知的，那么确定最佳供给水平就不成问题。[③] 结论是，即使具

---

① 这种分析假设，为公共物品筹资的税收不扭曲私人部门的经济决策。倘若并非如此，效率条件就要改变。参阅卡普洛的著述（Kaplow，2008b）。

② 该结果是有效率的，因为边际消费者所付的价格等于边际成本。

③ 已经有若干机制被设计出来，以诱使人们向政府机构表露其真实偏好。见本章附录。

有消费非竞争性的物品具有排他性，私人提供也不可能有效率。

专栏

政策透视：全球定位系统

全球定位系统（GPS）——美国国防部开发的一种卫星导航系统，是另一种具有消费非竞争性但具有排他性的物品。GPS卫星发出接收器可收到的无线电信号，用户用以确定准确位置。这些接收器可在私人市场上买到。GPS用途广泛，可用于导航、地图测绘和国土调查、地震研究、军事目标锁定等。GPS信号是一种非竞争性物品，因为人们可利用无线电信号而不降低他人的使用能力。由于让另一个人收到信号的边际成本为零，故效率要求，只要认为GPS信号有价值的人都应被允许接收。

就GPS而言，安全目标时常胜过效率考虑。美国军方掌管着卫星，最初通过向私人持有的接收器发送错误的定位信息而排除使用者。精确信号被加密，因而只有美国军方及其盟友才能用。这虽然提高了安全性，但显然是无效率的，因为对其评价超过零边际成本的很多使用者不能获得GPS的好处。于是在2000年，克林顿总统决定将精确的GPS信号提供给平民。自此之后，美国军方开发出不把GPS信号发送给特定区域的敌方又不影响传送给世界其他地区信号的技术。

□ 免费搭车问题

有人认为，免费搭车问题必然导致公共物品的无效率水平，故效率要求政府提供这类物品。一种说法是，政府可以通过某种途径发现每个人的真实偏好，然后运用其强制权力，迫使每个人为公共物品付款。如果这一切是可能的，政府就可以避免免费搭车问题，确保公共物品的最优提供。

然而，免费搭车并不是一个事实，而是暗含着这样一种假设，即人们的效用函数最大化仅取决于自身对物品的消费。确实，可以找到一些例子，说明公共物品由于人们不表露其偏好而未被提供。另一方面，在很多情况下，虽然没有政府的强制，但人们能够且确实采取了集体行动，例如志愿者募集资金，用于修建和维护教堂、音乐厅、图书馆、科学实验室、艺术博物馆、医院和其他这类设施。甚至有证据表明，私人能成功地提供像灯塔这样的典型公共物品（Coase，1974）。一位著名的经济学家甚至说："我不认为有多少历史记载和其他经验证据能令人信服地证明，正确表露偏好问题有多大的实践意义。"[①]

这些观察不能证明免费搭车问题无关紧要。虽然有些似乎具有公共特征的物品是由私人提供的，但还有一些"应该"提供的物品（从效率角度来说）却没有被提供。而且，由私人提供的公共物品，其数量可能不足。关键在于，免费搭车问题的重要性是一个经验问题，要视具体情况而定。

关于免费搭车行为的重要性，有多项实验室实验进行了研究。在一项典型的实验中，每个实验对象都得到一些代币券，他们自己留着进行交易或捐给"集体交易"。就他自己留下的每一单位代币券来说，实验对象会获得一定的报酬，比如说4美元。该集体中的某人总是捐

① 参阅约翰森（Johansen，1977，p.147）对这些思路的深入讨论。

给集体交易，集体中的每个人（包括把代币券捐出来的人）都得到一定的货币量，比如说3美元。显然，如果每个人把其代币券都捐给集体交易，所有实验对象的境况都会变好。不过，请注意，捐给集体交易产生了一种非竞争性和非排他性报酬。免费搭车理论表明，实验对象因此很可能决定不向集体交易捐赠，但也能从其他任何人的捐赠中获益。

结果如何？各种实验研究的结果千差万别，但也有某些一致的发现。[①] 总的来看，人们捐献出其资源的50%左右，用于提供公共物品。因此，从实验对象没有把他们的全部代币券捐献出来用于集体交易这个意义上说，存在着一定程度的免费搭车行为。另一方面，这些结果也与下列观点相矛盾，即免费搭车行为将导致公共物品的数量为零或微不足道。其他一些重要的结论是：（1）人们重复该游戏的次数越多，他们打算捐献的可能性就越小；（2）当玩游戏的人在游戏开始前有机会沟通时，就会助长合作；（3）当赠与的机会成本上升时（即当自己留用的代币券的报酬增加时），捐献比例下降。

尽管在解释实验室实验的结果时必须小心谨慎，但结果人们会从赠与中获得与追求免费搭车的狭隘个人利益截然相反的"温暖之光"的满足感。

私有化

私有化（privatization）的意思是把由政府提供的服务交给私人部门去提供和（或）生产。世界各国都在讨论政府职能私有化的优点。在本节首先讨论与提供有关的问题，然后再分析与生产有关的问题。

□ 公共提供与私人提供

有些时候，由公共提供的物品也可以由私人提供。"保护"这种物品可以通过公共提供的警察获得，在一定程度上也可以通过购买坚固的锁、防盗警报器、保镖等私人提供的方式获得。甚至一部分国防也可以由私人提供。例如，阿拉伯联合酋长国的统治者最近从其他国家招募一批退役军人，组成了一支雇佣军，在国内外执行特种作战任务（Mazzetti and Hager，2011）。同样，法院提供的服务也可以由私人提供。由于利用政府的司法体系花费过多，公司有时绕过法院，由双方都认同的中间人解决它们的纠纷。

随着时间的推移，公共提供和私人提供这两种方式的组合发生了很大变化。19世纪，私人部门负责提供的教育、治安、图书馆和其他职能比现在多。不过，现在又出现了一股重新由私人部门提供那些我们认为应由公共提供的物品和服务的趋势。例如，有几个城市削减了环境卫生的预算，卫生清洁人员减少了，商人们联合起来，自己雇用清洁工打扫街道。在有些社区，私人业主和私人公司签订合同，由后者负责消防。在丹麦，大约有2/3的消防服务是由私人企业提供的。

什么是正确的公共提供和私人提供组合？为分析这个问题，把公共提供和私人提供的物品看做是生产某种人们需要的产品的投入品。教师、教室、教科书、家庭教师，都是生产"教育质量"这种产出的投入品。假定人们最终关心的是产出水平，即教育质量，而不是用于

① 辛亚布古马等（Cinyabuguma，Oage and Putterman，2005）对这些实验研究结果进行了综述。

生产的投入品本身，用什么标准来选择每种投入品的数量呢？需要考虑以下几个方面。

工资和材料的相对成本 如果公共部门和私人部门支付的劳动和材料的成本不同，那么，在其他条件不变的情况下，从效率角度来看，应选择成本较低的部门。例如，当公立学校的教师成立了工会组织，而私立学校的教师没有成立工会组织时，公立学校的投入成本就会超过私立学校的投入成本。

管理费 在公共提供的情况下，任何固定的管理费都可以由许多人分摊。不是每个人都花时间去谈判垃圾清理事宜，而是由一个机构代表每个人去谈判。社区规模越大，管理费分摊的好处就越明显。同样，公立学校体制提供的教育每所学校都相同，但节省了父母判断哪一所学校是好学校的时间和精力。

偏好多样性 有孩子和没有孩子的家庭对高质量教育的要求大不一样，家中藏有珠宝的人可能比其他人更重视财产保护问题。只要这种多样性存在，私人提供就相对更有效，因为人们可以根据自己的偏好调整消费。正如里根总统所指出的："这种策略可以保证生产那些消费者需要的服务，而不是生产政府官僚选择的服务。"很明显，在承认多样性所带来的好处的同时，还必须权衡可能由此增加的管理费用。

分配问题 社会的公平观念可能要求某些商品人人有份，这种思想有时被称为**商品平均主义**（commodity egalitarianism）。商品平均主义可能有助于解释为什么人们普遍认为教育应由公共提供：人们认为，每个人都应该受到最基本的学校教育。这种观念也出现在目前对医疗服务的争论中。

□ 公共生产与私人生产

虽然每个人都认为机场安全是一个关键问题，但如何确保航空安全却争论不休。检系统的失灵令人痛心，必须更新，但至于如何更新，人们争论不休。有人认为，机场安保工作人员应当是联邦政府雇员；而有些人则认为，虽然政府应当对机场安保付账，但工作人员应当由私人企业雇用，政府进行监管，私人企业承担过失责任。

这场争论强调的事实是：对于有些物品，人们可能同意应当由公共部门来提供，但对于它们是应当由公共部门来生产还是应当由私人部门来生产，仍有分歧。这种争论部分源于对政府干预经济的程度在认识上存在根本性分歧（参见第1章）；还有一部分原因是对公私部门生产的相对成本有不同的看法。有人认为，公共部门的管理人员与私人部门的经理不同，他们无须考虑利润，也不必担心破产和被兼并。因此，公共部门的管理者几乎没有认真监管其企业活动的动机。这种观点由来已久。早在1776年，亚当·斯密就曾指出：

> 在欧洲的各大君主国，出售王室土地，会得到很大一笔收入；这笔收入若用于偿还公债，收回公债担保品，由此所得的收入，要比过去该土地给王室带来的收入多得多……王室土地一旦变为私人财产，经过几年，这些土地就会得到很好的改良和耕作。[①]

这种观点的证据比比皆是。比如说，卡特里娜飓风摧毁了密西西比州圣路易斯湾的一座国有汽车桥和一座私人火车桥。火车桥的私营业主在几周内开始重建并在6个月内完工，而国有汽车桥在卡特里娜飓风过去16个月后才开始打桩（Cooper，2007）。芝加哥用私人拖运公司代替市政府相关部门来拖运报废汽车，一年下来，净节省250万美元。1998年，一家私

① 引自 Sheshinski and Lopez-Calva（1999）。

人公司接管了南佛罗里达州精神病医院，这家医院过去一直被认为是病人受到虐待、杂乱无序的地方。精神病患者刚入院的时候感到恐惧，但一年之后，他们认为医院的条件改善多了。而且，这家公司说，它赚到了利润。

反对私有化的人提出质疑，认为这些例子高估了私人生产节省的成本。事实上，有关私人生产和公共生产的成本差异，其系统证据少得可怜。其中的一个重要原因是，这两种方式提供的服务质量可能不同，难以进行比较。例如，私立医院也许比公立医院的成本低，因为私立医院不接收医疗费用昂贵的病人。这就让我们看到了私人生产的反对者的核心论点，即私人承包商生产低档品。

不完备的契约　针对这种批评，一种可能的解决办法是，政府与私人提供者签约，详细规定政府所要求的服务质量。然而，正如哈特等人（Hart，Shleifer and Vishny，1997）指出的那样，有时不可能签订一份包罗万象的合同，因为人们不能预先确认所有可能发生的意外事件。例如，“政府不会把外交政策的执行承包出去，因为不测事件往往是外交政策的重要组成部分，而且私人承包商会拥有极大权力，在不违背合同字面意义的情况下使其自身利益最大化（比如拒绝派遣部队到某地）”（Hart，Shleifer and Vishny，1997，p. 3）。相反，对于比较确定的平常活动（如垃圾回收、扫雪），通过签订完备的合同让私人生产没有多大问题。总之，如果私人部门的成本比公共部门的成本低，且能够签订比较完备的合同，那么让私人生产的理由更充分。

支持私有化的人认为，即使不太可能签订完备的合同，还有其他一些机制可以让私人企业不偷工减料。倘若消费者自己购买物品，且有许多供应商，那么，消费者可以不购买提供劣质服务的供应商的东西。此外，树立信誉也是重要的——打算将来赢得更多合同的私人供应商有动力现在就避免无效率的成本缩减。希弗（Shleifer，1998）指出，在监狱的私人生产者中间树立良好信誉一直是比较重要的。

专栏

政策透视：机场安保应由公共生产还是私人生产?

订立契约分析框架为思考机场安保这一前面已提及的问题提供了一个很好的工具。支持机场安保由私人生产的人认为，像检查行李这类常规工作，完全可能签订完备的合同。政府可以制定标准，对执行情况实施监管。利润最大化的私人企业会积极利用技术，把劳动力成本降下来。他们还认为，由本地企业经营的私人体制比联邦体制更负责任。他们指出，以色列的机场安保可以说是世界上最好的，就是与机场当局签订了合同，私人雇员取代了政府雇员。以色列政府制定和推行安全标准，机场经营商负责运营并承担过失责任（Tierney，2001）。

相反，力主机场安保应由公共生产的人认为，不可能签订一份囊括所有意外事件的合同，而且私人企业为了增加利润会在职工培训上偷工减料。他们指出2001年的“9·11”事件就是因这种体制，机场安保是由航空公司出资的，安保人员的报酬低且缺乏培训（Krugman，2001）。还有一种批评意见是，私有化的体制会导致不同机场的安保水平不同（Uchitelle，2001，p. WK3）。

在美国，这场争论以支持公共生产机场安保者的胜利而告终。2001年11月，机场安保由一个新的联邦机构——运输安全管理局（Transportation Security Administration，TSA）

监管，安保人员成为联邦工作人员。新法律允许 5 家美国机场保留私人安保人员，并允许其他机场向运输安全管理局提出申请，从联邦检查员工转变为私人检查员工。虽然研究公共提供机场安保成效的成果不多，但政府问责办公室（Government Accountability Office，2007）发现，私人和政府工作人员在暗查各种潜在威胁方面表现相同。从成本方面来看，国土安全部（Homeland Security Department）的总检察长发现，运输安全管理局存在支出浪费现象，如为其新的危机管理中心购置超过 25 万美元的艺术品和超过 3 万美元的贵重植物。

市场环境 在私有化的争论中，最后一个重要问题是，公共企业或私人企业经营的市场环境。从社会角度看，私有垄断企业的生产可能效率很低，而处于激烈竞争环境中的公共企业也可能效率很高。以亚利桑那州的菲尼克斯市为例，看一下后一种情况的可能性。由于人们对市政工程部的成本和业绩极为不满，菲尼克斯市允许私人公司参加各地清理垃圾的竞标，市政工程部也可以参加竞标。开始，市政工程部一败涂地，因为私人部门可以以更低的成本把工作完成得更好。但是随着时间的推移，市政工程部尝试了各种措施，如让司机重新设计垃圾清理的路线，最终夺回了合同。

菲尼克斯市的故事告诉我们，公有制还是私有制并不重要，重要的是竞争是否存在。沿着这一思路，德温特等人（Dewenter and Malatesta，2001）对私有化的国际数据进行研究发现，虽然政府企业的盈利情况不如私人企业，但没有足够的证据表明，私有化本身会提高盈利性。不过，在私有化前的几年，盈利情况开始好转，因为企业在被卖给私人部门之前，可能进行了大量改组。德温特等人对这一发现的解释是，尽管政府能够提高效率，但随着时间的推移，这种收益可能会逐渐消失，因为政府没有保持这种收益的竞争压力。倘若如此，私有化的实际好处其实就是要使这种收益长存。

公共物品与公共选择

使用公共一词来描述具有消费的非竞争性和非排他性的物品，几乎就能对它们是否应由公共部门提供这一问题做出预先判断。的确，我们业已证明，私人市场不可能生产出纯公共物品的帕累托效率数量。这马上引出一个问题，即某种集体决策过程是否可以做得更好。因此，公共物品和公共选择在学科上存在着密切的联系。第 6 章将讨论和评价一系列的集体决策机制。

小结

- 公共物品的特征是消费的非竞争性和非排他性。因此，每个人消费的公共物品数量都相同，但不一定是其所偏好的数量。
- 公共物品的有效提供要求，个人的 *MRS* 之和等于 *MRT*，这与私人物品不同。在私人物品的情况下，每个人的 *MRS* 等于 *MRT*。

● 市场机制不可能有效地提供消费具有非竞争性的物品，即使它们具有消费的排他性。

● 随机观察和实验研究都显示，人们并没有完全利用免费搭车的机会。但在特定情况下，免费搭车行为可能是很严重的问题。

● 公共物品可以由私人提供，私人物品也可以由公共提供。

● 即使在某种物品由公共提供的情况下，还是要在公共生产和私人生产之间做出选择。决定由公共生产还是由私人生产更有效率，一个关键因素是市场环境。另一个重要问题是，与私人部门服务提供者签约的完备程度。

讨论题

1. 你认为下列哪些属于纯公共物品？哪些属于私人物品？为什么？

a. 自然保护区。

b. 卫星电视。

c. 医学院教育。

d. 公共电视节目。

e. 自动柜员机（ATM）。

2. 指出下列说法的对错或不确定，并说说你的理由。

a. 公共物品的有效提供水平是每一社会成员对最后一单位的评价都相同的水平。

b. 如果一种物品是消费非竞争性的和排他性的，它绝不会由私人部门来生产。

c. 一条道路是消费非竞争性的，因为一个人对它的使用不减少另一个人对它的使用。

d. 大社区往往要比小社区消费更多的非竞争性物品。

3. 塔珊和简独自生活在丛林之中，拥有一只训练有素的猎豹，让其在他们的居住区周围巡逻和采集热带水果。猎豹每小时能采集3磅水果，现在每天花6小时巡逻，花8小时采集水果，花10小时睡觉。

a. 在这个例子中，什么是公共物品？什么是私人物品？

b. 如果塔珊和简愿意减少1小时的巡逻来换取2磅水果，那现在猎豹的时间配置是不是帕累托效率的？它应该增加还是减少巡逻时间？

4. 2008年，美国政府花了160万美元寻找外星人（SETI）。这项研究是一种公共物品吗？政府花钱搞这种研究明智吗？

5. 在宾夕法尼亚州，州政府经营酒类商店已有80余载。《纽约时报》的一篇报道说，商店往往是惨淡经营："就像劳改营中的囚犯，这里的消费者只能幻想在竞争的自由市场上购买葡萄酒和白酒"（Seelye，2011）。运用本章所讲的标准评价酒类商店是应由政府经营还是应由私人经营。

6. 尽管墨西哥的石油储量丰富，但近年来其石油产量一直在下降。为了扭转这种下降局面，前总统费利佩·卡尔德龙（Felipe Calderon）试图将国营墨西哥石油公司（Pemex）私有化（Luhnow，2008）。这项提案的许多反对者认为，墨西哥电话公司（Telmex）的私有化就导致了垄断，定价过高。如果墨西哥石油公司私有化，你认为也会发生类似的情况吗？请把你的答案与评估私有化后果时所讨论的市场环境的作用联系在一起。

7. 一些民营机场提供便利设施，如豆荚旅馆（pod hotels），使乘客在等航班时小睡一会儿。国营机场通常没有这些设施。你会就基于这一点而建议机场要私有化吗？如果不是，你还需要什么其他信息？

8. 若干年前，佛蒙特州曼彻斯特镇的一些居民决定发起学校募捐活动。一个镇民的私人团体决定每个家庭和企业应当认捐多少，并形成一个强大的社会压力。宣传海报上写道："我们不能坐等让我们的邻居挑重担"（Tomsho，2001，p. A1）。基于本章讨论的免费搭车行为的实验结论，预测这项活动的结果。

9. 为了适应读者的需要，费尔法克斯县公共图书馆把在两年内从未被查阅的书籍下架，以便为更受欢迎的书籍腾出地方（Miller，2007）。这一举措使得威廉·福克纳（William Faulkner）和托马斯·哈代（Thomas Hardy）的经典作品以及约翰·格里沙姆（John Grisham）和詹姆斯·帕特森（James Patterson）的深受欢迎的作品有了放置空间。考虑到近年来在零售商店和网店查找图书变得更加容易和便宜，图书馆提供的是公共物品吗？通过大众市场或经典书籍文化宝库提供图书满足图书馆的公共物品特征吗？

10. 私营军事公司为美国驻阿富汗和伊拉克的军队提供了大量后勤支持，有些人主张用这种部队帮助制止苏丹达尔富尔地区的种族灭绝行为。这些雇佣军的批评者认为，他们要价太高，行为不负责任，不是长久之计。正如一位反对者所言，"没有理由认为雇用私营公司来履行公共服务就比政府直接雇用的人做得更好"（Krugman，2006b，p. A27）。请把这一争论与我们所讨论的合同在决定是否由私人生产公共物品中的作用相联系。

11. 假定只有两个渔民——扎克和雅各布，沿某一特定海岸捕鱼。如果沿他们捕鱼的海岸建造灯塔，他们每个人都会受益。多建造一座灯塔的边际成本是 100 美元。对扎克来说，每增加一座灯塔的边际收益是 $90-Q$，对雅各布来说的边际收益是 $40-Q$，这里，Q 是灯塔数量。

a. 请解释为什么我们不能指望找到沿该海岸建造灯塔的效率数量。

b. 灯塔的效率数量是多少？如果提供了灯塔的效率数量，扎克和雅各布的净收益是多少？

12. 如果只有一个牧羊人，每年可以在一片草地上放养 10 只羊。每增加一个牧羊人，每个牧羊人的羊群数量就会相应减少。如果一个人能放养的羊群不到 4 只羊，就宁愿待在家里（即机会成本是 4 只羊），每年有多少牧羊人会去放牧？这种结局的社会净收益是多少？这片草地符合效率的牧羊人数量是多少？这片草地是一种公共物品吗？

13. 特尔玛和路易丝是邻居。在冬季，如果要用扫雪机打扫特尔玛门前的雪，就不可能不打扫路易丝门前的雪。特尔玛从扫雪这项服务中得到的边际收益是 $12-Z$，Z 是街道被打扫的次数；路易丝的边际收益是 $8-2Z$。扫雪的边际成本是 16 美元。

画出这两人的边际收益曲线、总边际收益曲线和边际成本曲线，找出扫雪服务的有效提供水平。

附录：偏好表露机制

市场一般不可能诱使人们表露其对非排他性公共物品的真实偏好，因此，价格体系无法提供这种公共物品的效率数量。除了强迫每个人接受测谎实验外，还有其他方法可以让人们讲真话吗？有人已经设计出诱使人们表露其真实偏好的方法。现在介绍根据格罗夫斯和洛布（Groves and Loeb，1975）的研究而得到的一种方法。[①]

假如一个政府官员向夏娃提出这样的问题："请告诉我，你对焰火表演的需求曲线。我将用你的需求曲线和亚当的需求曲线决定烟花的帕累托效率数量，并确定你们各自应该缴纳多少税。但是，在你回答我的问题以前，我想让你知道，你将按下列方式交税：每当公共物品的供给量增加 1 单位时，你的应纳税额的变化将是，该单位公共物品的增量成本减去其他人对该增加单位的评价。"

政府官员走后，夏娃要做的第一件事就是，用代数方法演算税制。如果 $\Delta T^{夏娃}$ 是增加 1 单位公共物品后她的应纳税额的变化，MRT_{ra} 是 1 单位公共物品的增量资源成本，$MRS_{ra}^{合计}$ 是增加 1 单位公共物品给亚当和夏娃带来的边际价值，$MRS_{ra}^{夏娃}$ 是增加 1 单位公共物品给夏娃带来的边际价值，那么，

$$\Delta T^{夏娃}=MRT_{ra}-(MRS_{ra}^{合计}-MRS_{ra}^{夏娃}) \tag{4A.1}$$

面对式（4A.1），夏娃必须决定她是否要讲真话，也就是说，是否要表露出她对每一数量的焰火表演供给的真实边际评价。她知道，从她个人的利益出发，生产应当继续下去，直到多消费 1 单位的边际收益 $MRS_{ra}^{夏娃}$ 等于她付出的边际成本（这恰好是她应纳税额的增加额）。因此，夏娃希望公共物品的供给达到下式成立的数量，即

$$\Delta T^{夏娃}=MRS_{ra}^{夏娃} \tag{4A.2}$$

把式（4A.2）代入式（4A.1），得到：

$$MRT_{ra}-(MRS_{ra}^{合计}-MRS_{ra}^{夏娃})=MRS_{ra}^{夏娃}$$

等式两边都加上（$MRS_{ra}^{合计}-MRS_{ra}^{夏娃}$），得到：

① 另见 Tideman and Tullock（1976）。

$$MRT_{ra} = MRS_{ra}^{合计} \tag{4A.3}$$

由于条件式（4A.2）和（4A.3）是等价的，如果夏娃知道政府会利用她提供的信息实现与式（4A.3）所对应的配置，那么，她说实话是有利的。

可是，她马上意识到，这正是政府官员所要做的。为什么？回忆一下，该官员曾答应根据他获得的信息选择帕累托效率供给量。正文中式（4.2）描述了该供给量的特点。根据定义，既然 $MRS_{ra}^{合计} = MRS_{ra}^{亚当} + MRS_{ra}^{夏娃}$，那么式（4A.3）和式（4.2）就是完全相同的。这样，政府提供的焰火表演的数量满足式（4A.3），夏娃也就愿意讲真话。如果亚当也面临同样的税制，他也会讲真话。于是，免费搭车问题似乎就解决了。

要从直观上弄清为什么这种机制能解决问题，请看式（4A.1）的右边，它表明夏娃的应纳税额是如何确定的。请注意，($MRS_{ra}^{合计} - MRS_{ra}^{夏娃}$) 是除夏娃以外所有人的边际收益之和。因此，当产量增加时，夏娃的应纳税额并不取决于她自己的边际收益，因此她没有必要说谎。

这个机制和其他解决免费搭车问题的方法一样有若干缺陷。第一，纳税人可能不理解这套程序是如何运作的。（如果不信，可向你没有学过经济学的朋友解释一下这种办法。）第二，即使人们能理解，纳税人还要计算他们的整个需求曲线，并向政府报告。人们会感到不值得花时间做这件事。第三，政府决策涉及成千上万人，收集和处理所有信息的成本也太高。[①]（就相对小的团体来说，如社交俱乐部，这个问题也许不大。）我们的结论是，尽管这种偏好表露机制就解决免费搭车问题提供了令人感兴趣的思路，但至少对公共部门决策来说，它们不是实用的方法。

① 这里还有其他一些技术性问题。税收收入或许不能平衡预算，而且人们也可能联合起来反对这项制度。参见 Tideman and Tullock (1976)。

第 5 章

外部性

我们应当对我们的燃烧排放物征税，而不是对我们的收入征税。

——阿尔·戈尔（Al Gore）

造纸厂在生产过程中产生了副产品，那就是二氧化合物（二恶英），它是由用于漂白木浆的氯与木浆中的一种成分反应生成的。二氧化合物一旦排放到环境中，最后就会进入每个人的脂肪组织和哺乳母亲的乳汁中。根据一些科学家的研究，二氧化合物是造成新生儿畸形和癌症等健康问题的罪魁祸首之一。

经济学家通常认为，市场能有效配置资源（见第 3 章）。二氧化合物是市场运作的产物，这是不是意味着环境中有二氧化合物是有效率的呢？为了回答这个问题，首先要区分人们相互影响彼此福利的不同方式。

假设大量的郊区居民决定要体验城市生活。随着他们迁进城里，城市的地价上涨了。城市业主的境况得到了改善，但是租户的福利下降了。城里的商人获益于对他们商品需求的增长，但是郊区的商人却失去了生意。等到经济达到新的均衡状态时，实际收入的分配发生了巨大变化。

在这个移民的例子中，所有的影响都是通过市场价格的变化传递的。假设在偏好改变之前，资源配置具有帕累托效率。供给曲线和需求曲线的位移改变了相对价格，但竞争使得相关的边际替代率将等于边际转换率。因此，虽然有些人的行为对他人的福利产生影响，但不一定会造成市场失灵。只要这些影响是通过价格传递的，市场就是有效率的。[①]

二氧化合物的例子与移民例子所体现的相互影响不同。二氧化合物受害者的福利减少不是由价格变化引起的，而是造纸厂的产量选择直接影响了附近居民的效用。当某一实体（一个人或一个企业）的活动以没有反映在市场价格中的某种方式直接影响他人的福利时，这种影响就称为**外部性**（externality）（因为一个实体直接影响到另一个实体的福利，它是“外在于”市场的）。与通过市场价格传递的影响不同，外部性降低了经济效率。

① 当然，从收入分配的角度看，价格的新格局可能较好或较差，取决于个人在社会福利函数中所体现出来的道德判断。通过价格传递产生的福利效应有时被称为金钱外部性。米山（Mishan，1971）认为，因为这种影响是市场正常功能的一部分，所以这是一个含糊的名词。这里提到它，只是为了全面一些，以后就不再用这个词。

在本章，我们分析这些无效率的原因以及可能的对策。外部性理论最重要的应用之一是对环境质量的辩论，我们的讨论也大多集中在这个问题上。

外部性的性质

假设巴特经营一家工厂，该工厂把垃圾倒入一条没有人拥有所有权的河里。莉萨以在河中捕鱼为生。巴特的行为使莉萨付出代价，但没有反映在市场价格中，故巴特的市场决策并未考虑对莉萨的这种伤害。在本例中，清洁的水是巴特生产过程的一种投入品。清洁的水和其他诸如土地、劳动、资本和原材料等投入品一样，都会被耗尽。对于莉萨来说，清洁的水也是一种具有各种用途的稀缺资源，比如莉萨可以捕鱼。因此，效率要求，巴特要用水，就应当按价付费，该价格反映的是水作为一种可用于其他活动的稀缺资源的价值。可是，巴特支付的价格为零，结果是他在无效率地大量用水。

以这种方式提出外部性问题，有助于我们揭示它的根源。巴特有效地使用其他投入品，是因为他必须向资源所有者支付价格，该价格反映出这些资源用于其他用途时的价值。否则，这些投入品的所有者还不如干脆把它们卖给别人。但是，如果没有人对这条河拥有所有权，那么，它就没有使用市场，每个人都可以免费使用它。所以，外部性是没有或不能确立产权的结果。如果有人拥有这条河，谁使用它，谁就要支付费用，就不会出现外部性。

假定莉萨拥有这条河。她可以向巴特的污染行为收费，该费用反映出给她造成的捕鱼损失。巴特在作出生产决策时就会考虑这些费用，而不再无效率地用水。相反，如果巴特拥有这条河，他会向莉萨在河里捕鱼收费。莉萨为取得在河中捕鱼的权利而愿意向巴特付多少钱，取决于河水的污染程度。如此一来，巴特就有了动力避免污染过度，否则，他从莉萨那里收不到多少钱。

只要某人拥有某种资源，该资源的价格就反映出它在其他用途上的价值，就会得到有效的使用（至少在没有任何其他“市场失灵”的条件下）。相反，共有资源往往被滥用，因为没有人有节约使用资源的动机。

如果展开讨论，外部性还有以下特征。

企业和消费者都可能产生外部性 并非所有的外部性都是由企业产生的。在挤满人的屋子里吸烟的人，耗用了公共资源——新鲜空气，从而降低了他人的效用。

外部性在本质上具有相互性 在我们的例子中，把巴特看做“污染者”似乎是理所当然的。可是，也可以把莉萨这个捕鱼者想象为“污染”了这条河，因为她增加了巴特生产的社会成本。从社会的角度看，把这条河不作为捕鱼场所，而作为废物处理场，不一定就是明显的坏事。正如后面所说，这取决于两种活动的替代成本。

外部性可能是正的 假定你对天花袭击所作出的反应是打算自己先接种疫苗。你会有些成本：接种价格、由此引起的不舒服、引发疾病的些许风险等。对你来说的好处是，万一发生天花流行，可降低患病的可能性。倘若本社区的其他成员如果不受你的传染就不太可能感染上疾病，那么，你接种疫苗也会有益于他们。可是，不论是你还是其他人，在权衡接种疫苗的收益和成本时，都没有把这种外部收益考虑进来。因此，如果没有一定程度的政府干预，就不会有多少人接种疫苗。

公共物品可以被看做是一种特殊的外部性 具体来说，当一个人创造了一种有益于经济中每个人的正外部性时，这种外部性就是纯公共物品。有时候，公共物品和外部性的界限有点模糊。比如，我在我家后院安装了电蚊网。如果我杀死了整个社区的蚊子，那么我实际上创造了一种纯公共物品。如果只有少数邻居受到影响，那么它具有外部性。虽然从形式上看，正的外部性和公共物品颇为相似，但在实践中把它们区分开来还是有用的。

图解

图 5—1 分析了上述巴特和莉萨的例子。横轴表示巴特工厂的产量 Q，纵轴表示美元。*MB* 曲线表示每一产量水平下巴特的边际收益，假定它随着产量的增加而下降。[①] 与每一产量水平相关的还有边际私人成本 *MPC*。边际私人成本反映的是巴特购买生产投入品的支出，假定它随着产量的增加而增加。工厂生产的副产品是污染，污染损害了莉萨的利益。假设每单位产量的污染量固定，故随着工厂产量的增加，所产生的污染量也增加。在每一产量水平上，莉萨遭受的边际损害用 *MD* 表示。*MD* 向上倾斜，是因为我们假定随着莉萨遭受更多的污染，她的境况恶化速度越来越快。

如果巴特想使利润最大化，他生产的每一单位产品都必须使边际收益大于边际成本。在图 5—1 中，如果 *MB* 大于 *MPC*，他就进行生产；如果 *MPC* 大于 *MB*，他就停止生产。因此，他的最大产量位于 *MPC* 与 *MB* 的交点处，产量水平为 Q_1。

图 5—1　外部性问题

说明：生产的边际社会成本是巴特的边际私人成本加上对莉萨的边际损害。巴特的产量是 Q_1，此时他的边际成本等于边际收益。可是，效率产量是 Q^*，此时边际社会成本等于边际收益。

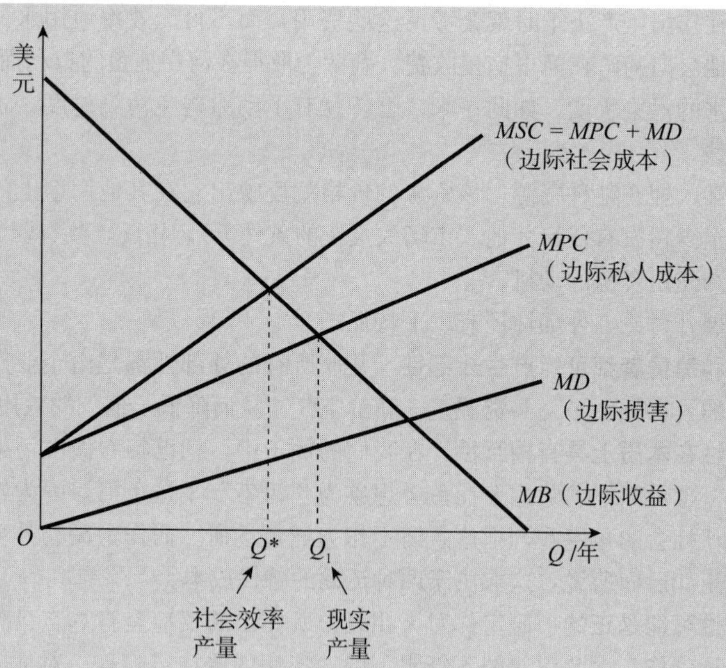

① 如果巴特消费其工厂的全部产品，那么向下倾斜的 *MB* 反映的就是产量的边际效用递减。如果巴特在竞争市场上出售他的产品，那么 *MB* 就保持在市场价格上不变。

从社会的角度看，只要边际社会收益超过边际社会成本，生产就应进行。边际社会成本包括两部分：一是巴特购买的投入品，其价值由 MPC 所示；二是莉萨遭受的边际损害，由 MD 所示。因此，边际社会成本等于 MPC 加上 MD。在图中，边际社会成本曲线是每一产量水平下 MPC 和 MD 的高度之和，即图 5—1 中的 MSC。请注意，MSC 和 MPC 的垂直距离是 MD（因为 MSC＝MPC＋MD，所以 MSC－MPC＝MD）。

从社会角度看，效率要求生产仅限于 MB 大于 MSC 的产量。因此，产量应定在这两条曲线的交点处，即 Q^*。

□ 含义

通过上述分析，可以得到以下几点结论。

第一，当存在外部性时，私人市场不一定生产具有社会效率的产量水平。特别是当一种物品产生负的外部性时，相对于效率产量来说，自由市场的产量太多。①

第二，该模型不仅表明产量从 Q_1 变为 Q^* 能提高效率，而且还提供了一种方法来测量由此带来的收益。如图 5—2 所示，当产量从 Q_1 削减到 Q^* 时，巴特的利润也随之减少。为了精确计算他的损失额，回忆一下，巴特的每单位产量的边际利润等于边际收益与边际私人成本之差。如果第 8 个单位的边际私人成本是 10 美元，边际收益是 12 美元，那么边际利润就是 2 美元。从图形上看，某一既定单位产量的边际利润等于 MB 与 MPC 之间的垂直距离。如果巴特被迫把产量从 Q_1 削减到 Q^*，那么，他损失的利润就是 Q_1 与 Q^* 之间每一单位产量的 MB 曲线与 MPC 曲线之差，即图 5—2 中的面积 *dcg*。

与此同时，莉萨的境况却有所改善，因为巴特生产得越少，对莉萨渔业的损害就越小。巴特每削减 1 单位产量，莉萨就得到与该单位产量引起的边际损害量相等的收益。在图 5—2 中，莉萨从巴特减少的每单位产量中得到的收益等于 MD 与横轴之间的垂直距离。因此，当产量从 Q_1 削减到 Q^* 时，莉萨的收益是 Q^* 和 Q_1 之间、边际损害曲线之下的面积 *abfe*。此时要注意，面积 *abfe* 等于面积 *cdhg*。从图中看出，这是因为 MSC 与 MPC 之间的垂直距离等

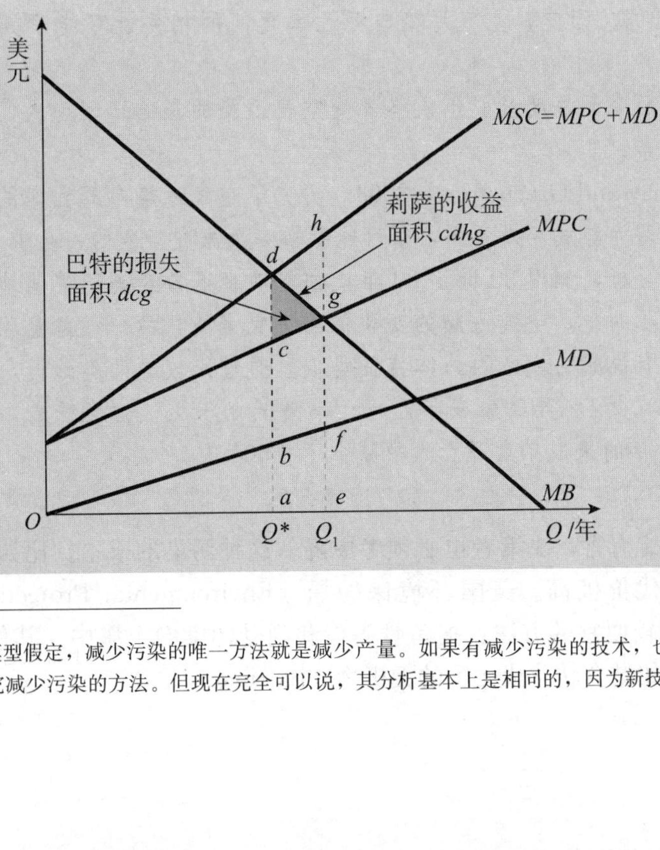

图 5—2　移动到效率产量水平的得失

说明：当产量从 Q_1 削减到 Q^* 时，巴特损失的利润是面积 *dcg*。然而，巴特的产量削减使莉萨福利增加的面积是 *cdhg*。因此，社会的净收益是面积 *dhg*。

① 这个模型假定，减少污染的唯一方法就是减少产量。如果有减少污染的技术，也许能在减少污染的同时保持产量不变。在本章的后面，我们将研究减少污染的方法。但现在完全可以说，其分析基本上是相同的，因为新技术的采用也需要使用资源。

于 MD，与 MD 和横轴之间的垂直距离相等。

总之，如果产量从 Q_1 削减到 Q^*，巴特损失的利润就是面积 dcg，莉萨得到的收益就是面积 $cdhg$。只要社会认为巴特的 1 美元和莉萨的 1 美元是等价的，产量从 Q_1 变为 Q^*，社会就会有净收益，等于面积 $cdhg$ 和面积 dcg 之差，即面积 dhg。

第三，分析表明，在一般情况下，污染为零并不是社会的理想状态。要找到合适的污染量，需要对成本和收益进行权衡，而权衡的结果往往是某一正的污染水平。因为几乎所有的生产活动都会有一定程度的污染，因此，要求污染为零就等于禁止一切生产活动，这显然是一种无效率的解决方法。这些看起来只不过是个常识性问题。但是，请注意，美国国会曾经把“在 1985 年以前消除向通航水域排放污染物”作为一个国家目标。

最后，要实际运用图 5—2 中的框架，不只是画出假设的边际损害和边际收益曲线，还必须确定它们的实际位置和形状，至少是大致的位置和形状。然而，在确认和评估污染损害时，存在着许多棘手的实践问题。

哪些污染物有害？ 在上述例子中，很清楚，巴特的工厂对莉萨有损害，即减少了她能捕获的鱼量。不过，在现实生活中，一般来说很难确定哪些污染物有害、程度有多大。我们现在讨论一些解决这一问题的实证方法。

专栏

经验证据：污染对健康有何影响？

总悬浮颗粒物（TSP）被广泛认为是最有害于健康的空气污染。许多研究建立了 TSP 与死亡率之间的相关关系，但很难确定其因果关系的程度。难点在于，科学家对污染的影响不可能进行随机化研究，而研究者必须依赖横截面或时间序列的观察证据。如果既影响空气污染又影响死亡率的其他因素在不同的地区或不同的时间不同，这些研究就会产生有偏结果。比如，空气污染比较严重的工业化地区，死亡率可能也比较高，因为这些地区吸引了低收入、不太健康的居民。因此，空气污染与死亡率之间的相关性可能不具有完全的因果关系。

更为复杂的是，这些研究无法度量成年人终身受空气污染的影响。因为人们搬进搬出城市，而非一生都生活在城市。

查依和格林斯通（Chay and Greenstone，2003）研究了空气污染对死亡率的影响。他们的研究重点是未成年人，因为与成年人不同，很可能知道一个未成年人的一生受污染的影响。他们还进行了一项准实验分析，利用 20 世纪 80 年代初经济衰退导致美国某些地区的总悬浮颗粒物锐减这一情况。重要的是，空气污染的变化似乎一直是随机的——总悬浮颗粒物锐减的地区与总悬浮颗粒物没有锐减的地区的总体特征类似。通过比较这两类地区，查依和格林斯通发现，总悬浮颗粒物减少 1%导致未成年人死亡率降低 0.35%。这意味着，由于总悬浮颗粒物减少，1980—1982 年的未成年人死亡人数减少了 2 500 人。

即使某种污染物被认定有害，决策者也必须考虑降低这种污染的成本。比如，用无污染的表土更换铅污染土壤代价极高。美国环境保护局（Environmental Protection Agency，EPA）最近采取了一个比较便宜的方法：把鱼骨头掺和到受污染的土壤中。其作用原理是，鱼骨头含有磷酸钙，它与铅结合转化成无害的无机物（Barringer，2011）。

哪些活动产生污染？　一旦一种有害的污染物被确认，我们还必须确定是哪一生产过程产生的。我们以酸雨为例，这是一种引起广泛关注的现象。科学家已经证实，排放到空气中的二氧化硫和氧化氮与水蒸气反应产生酸性物质，形成酸雨，这些酸性物质随雨或雪降到地面，提高了整个降水的酸度，对动植物造成潜在的危害。

但是，酸雨到底在多大程度上与工厂生产活动有关，在多大程度上与自然活动如植物腐化和火山喷发等有关，人们对此并不清楚。此外，某个地区排放的氧、硫有多少变成了酸雨也很难确定。这部分取决于当地的气候条件，部分取决于其他污染物如非甲烷碳氢化合物的排放情况。这更加说明了很难评估哪种生产活动引起酸雨并应成为政府干预的对象。

损害的价值是多少？　边际损害曲线表明了每增加一单位产量所造成的外部成本的货币价值。因此，污染造成的物理损害一旦被确定，就必须计算该损害的货币价值。经济学家在考虑衡量某物的价值时，通常想到的是人们对它的支付意愿。如果你愿意为一辆自行车支付 210 美元，那么这就是它对你的价值。

与自行车不一样，污染减少一般不存在明确的买卖市场（后面会简要讨论一些例外情况）。那么，如何衡量人们对消除污染的边际支付意愿呢？有人尝试通过研究住房价格来间接地推断。人们购房时，既考虑住房本身的质量，也考虑附近的一些情况，如街道的清洁状况和学校的质量。假设家庭也关心附近的空气污染程度。假定有两栋完全一样的住房，除了第一栋位于未污染区，第二栋位于污染区之内，附近其他条件都相同。我们估计，位于未污染区的住房价格会更高一些。这个价差就衡量了人们对清洁空气的支付意愿。

上述分析提出了一种自然策略来估计人们对清洁空气的支付意愿，即运用多元回归分析（见第 2 章），利用某一区域或地区的住房样本，估计住房价格与空气质量之间的关系。我们现在讲的只是采用这种策略的一种方法。

专栏

经验证据：空气污染对住房价值的影响

在让所有其他可度量的特征保持不变的情况下，研究人员利用回归分析，可以估计空气质量与住房价格之间的关系。不过，很难说这是否是一个因果关系，因为其他不能度量的特征可能既影响空气质量，又影响住房价格。例如，高度工业化的住宅区，其住房价格可能较低，因为它们在人们的视觉上没有吸引力，而且空气质量也较差，但这并不意味着空气质量导致住房价格较低。

查依和格林斯通（Chay and Greenstone，2005）进行了一项准实验，估计一个县的总悬浮颗粒物与平均住房价值之间的因果关系。他们的分析依据的是 20 世纪 70 年代的立法，该立法规定了总悬浮颗粒物排放的上限。超过该上限的县受到严厉管制，而低于该上限的县则不受此严厉管制。实际上，超过该上限的县作为实验组，低于该上限的县作为控制组。查依和格林斯通发现，由于这种管制，实验组中的县总悬浮颗粒物大幅下降，导致住房价格上升。根据他们的估计，空气质量因管制而得到改善，使 1970—1980 年间的住房价值总体增加 450 亿美元。

这类研究的一个根本问题是能否有效度量对清洁空气的支付意愿。人们可能不了解污染对他们健康的影响，因此低估了减少污染的价值。而且，支付意愿的度量忽略了公平问题。总之，经济计量方法是大有可为的，但它也不能确切地确定受损的价值。

□ 结论

按图 5—2 的框架进行分析，估计污染的边际损害，要具备生物学家、工程师、生态学家、保健医生以及其他专业技术人员的专业知识。研究污染问题绝对需要跨学科的方法。而且，必须强调，即使有了完备的工程学和生物学数据，不运用经济学家的边际分析工具，也不能作出有效的决策。

私人对策

在有外部性的情况下，市场可能会导致无效率结果。本节讨论的是，在某些情况下，私人个体自己采取行动，也可以避免外部性问题。

□ 讨价还价与科斯定理

回忆一下以前的论点，即外部性引起无效率，其根本原因是缺乏产权。在产权被确定之后，人们就会通过彼此之间的讨价还价来应对外部性。为此，假定把一条河的产权分配给巴特，再假定巴特和莉萨之间的讨价还价是没有成本的。双方能否通过谈判达成协议使产量从 Q_1 降下来呢？

一方面，就某一既定单位产量而言，只要巴特得到的收入大于生产该单位产量的净增收益（$MB-MPC$），他就愿意不生产这一单位的产量。另一方面，只要莉萨所付的钱小于对她的边际损害 MD，她就愿意为巴特不生产这一单位的产量所受到的损失付钱。只要莉萨愿意支付的钱超过巴特不生产的成本，双方就有讨价还价的机会。用代数方法来说，这一条件就是：$MD>(MB-MPC)$。图 5—3（根据图 5—1 复制而成）表明，当产量为 Q_1 时，$MB-MPC$ 等于零，而 MD 是正值。因此，MD 大于（$MB-MPC$），有讨价还价的余地。

同理，在 Q^* 右边的任一产量水平上，莉萨愿意支付的钱都大于 $MB-MPC$。相反，在 Q^* 的左边，巴特减少产量而索要的钱大于莉萨的支付意愿。因此，莉萨只愿意为巴特把产量正好减到效率水平 Q^* 而付钱。没有更多的信息，无法精确地确定莉萨最后给巴特多少钱，尽管支付总额至少为 dcg（即巴特把产量减少到 Q^* 而损失的量），但不超过 $cdhg$（即让巴特将产量减少到 Q^* 时莉萨获益的量）。确切数量取决于双方讨价还价的相对能力。不过，不管谈判的收益如何划分，产量最终会维持在 Q^*。

现在假设角色对换，莉萨拥有这条河的产权。如果没有首先得到莉萨的允许，巴特不能生产。现在讨价还价的过程成了巴特给莉萨钱来换取污染的许可。只要莉萨从巴特的每单位产量上收到的钱大于该产量对她的渔业造成的边际损害（MD），她就愿意接受一定程度的污染。巴特发现，只要付款小于该单位产量的（$MB-MPC$）的价值，为获得生产权而付款就是合算的。请注意，就巴特生产的第一个单位的产量来说，他的边际利润（$MB-MPC$）远远超过对莉萨的边际损害（MD），所以，还有很大的讨价还价空间，允许巴特生产该单位。把这一推理应用于每一额外单位的生产表明，双方愿意达成协议：莉萨卖给巴特生产 Q^* 单位产量的权利。

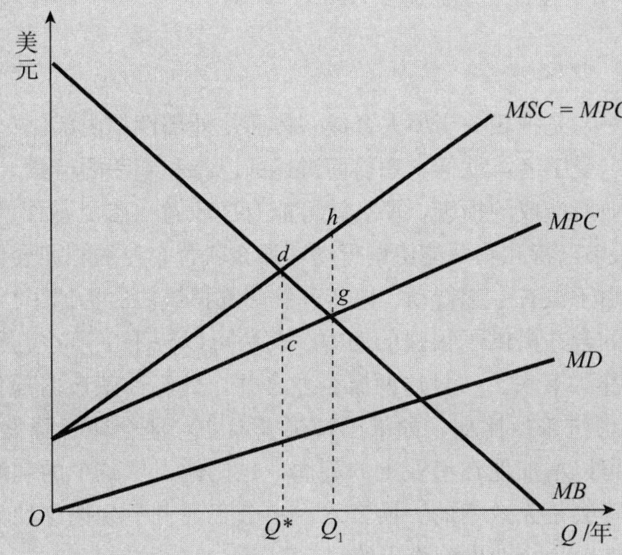

图 5—3 科斯定理

说明：如果巴特拥有一条河的产权，他将愿意减产一单位，只要他收到的钱超过他原本生产该单位时得到的增量利润（MB—MPC）。莉萨对巴特减少一单位产量愿意支付钱，只要该支付小于该产量给她造成的损害 MD。在任何大于 Q^* 的产量水平上，他们都有讨价还价的空间。

在上述分析中，有两个重要假设条件起关键作用：

第一，各方的讨价还价成本很低。

第二，资源所有者能识别使其财产受到损害的源头且在防止伤害上能得到法律保护。

围绕图 5—3 展开的讨论，具有下列含义：在这两个假设条件下，只要有人拥有产权，问题就会得到有效解决，不管谁获得了产权。这一结论称为**科斯定理**（Coase Theorem）［以诺贝尔经济学奖得主罗纳德·科斯（Ronald Coase）的名字命名］。它表明，产权一旦确立，就不需要政府干预来解决外部性问题（Coase，1960）。

但是，这两个假设条件并非总成立。例如，像空气污染这类外部性，涉及成千上万人（包括污染者和受污染者），很难想象他们坐在一起谈判的成本会很低。[①] 此外，即使确立了大气的产权，但空气所有者怎样才能在成千上万的潜在污染者中找出造成污染的人，确定每个污染者应负责多大比例的损害，这些问题仍不清楚。

科斯定理最适用于当事人很少且外部性来源很清楚的情况。即使这些条件都成立，从收入分配的角度看，产权的安排也是很重要的。产权是有价值的，如果莉萨拥有这条河，这会增加她相对于巴特的收入，反之亦然。

按照科斯的思路分配产权，有助于解决某些重要问题，比如扭转物种灭绝趋势。例如，为了保护南非的白犀牛种群，有一种方法就是直接限制打猎。这也正是南非 1991 年以前的做法。南非法律把野生动物界定为无主财产，所以没有人有动力去遵守严禁狩猎的任何限制。1991 年，南非改变了做法，允许私人拥有任何野生动物，这些野生动物按照一定标准（如一个烙印或耳标）来确认。政府也开始拍卖白犀牛。通过对白犀牛拍卖形成市场定价、建立强有力的产权，最终产生的综合效应是改变了私营牧场主的激励。效果如何？白犀牛的数量从 1991 年不到 6 000 头，增加到 2010 年的 20 000 多头（Sas-Rolfes，2012）。谁的地盘上的野生动物就归谁这一理念已流行开来。在南部非洲，许多农民发现，不再种植农作物，而是让土地恢复到自然状态，然后向观赏动物的游客收费，更有利可图。在面积约占非洲 1/3 的南

① 虽然交易成本可能带来一种通过讨价还价不太可能出现的效率结果，但政府解决办法的交易成本也不会太低。

部，现在大约有18%的土地都用于这种生态旅游（Heal，2003）

□ 合并

解决外部性问题的方法之一，是把相关当事人合成一体而使外部性“内部化”。为简单起见，假设只有一名污染者和一名受害者，就像本章前面讲述的巴特和莉萨的情景。如前所述，如果巴特考虑到他给莉萨的渔业所造成的损害，那么就可能有净收益（参见前面围绕图5—2所进行的讨论）。换句话说，如果巴特和莉萨能协调行动，那么联合企业的利润会比两个人不合作时的总利润高。事实上，由于没有一起行动，巴特和莉萨都把钱白白扔掉了！

于是，市场为这两个企业的合并提供了很强的动力。莉萨可以买下工厂，巴特可以买下渔业，或者第三方把两家企业都买下来。一旦这两家企业合并，外部性就被内部化了——产生外部性的企业会把外部性考虑进来。比如，如果巴特买了渔业，他会愿意降低产量水平，因为从边际角度上说，这样做可以增加他在渔业上的利润，且比他工厂减少的利润要多。结果，外部效应不存在，市场也不会是无效率的。换言之，一个旁观者不会把这种情况概括为“外部性”，因为所有决策都是在一个企业内部作出的。

□ 社会习俗

与企业不同的是，个人间无法通过合并把外部性内部化。不过，有些社会习俗可以迫使人们考虑他们产生的外部性。例如，教导学龄儿童乱扔垃圾是不负责任的，是“不乖”的。如果这种教导是有效的，小孩就会懂得，即使拿着糖纸直至找到垃圾箱才扔掉会给自己带来一点损失，他也应该承担这个损失，因为这比其他人由于不得不看到难看的垃圾而受的损失要小。想一想这个黄金律——“己所不欲，勿施于人。”这句话的一种不太优雅的表示方式就是，“在你采取某种行动之前，先考虑它的外部边际收益和成本。”同样的观念在犹太戒律中也有所体现：“如果一个人想在院子里开一家商店，他的邻居们会阻止他，因为人们进出商店的噪声吵得人不能入睡”。一些道德格言劝导人们将心比心，从而把自己的行为产生的外部性内部化。实际上，这些格言具有矫正市场缺位的作用。

外部性的公共对策：税收与补贴

倘若个体自己采取行动不能加以有效解决，政府可以通过对特定市场活动征税和补贴进行干预。[①]

□ 税收

巴特的生产无效率，是因为他的投入品价格低于社会成本。具体来说，由于他的投入品价格过低，他的产品价格也过低。英国经济学家庇古（A. C. Pigou）在20世纪30年代提出了一种自然的解决方法，就是向污染者征税，以矫正他的投入品定价过低问题。**庇古税**（Pi-

① 本节和下一节探讨政府解决外部性问题的许多方法，不过也只是部分可能的办法。斯塔文斯（Stavins，2003）对其他几种可供选择的方法进行了详细讨论。

gouvian tax）是对污染者的单位产量征税，其税额正好等于污染者在效率产量水平上造成的边际损害。图5—4复制了图5—1中的例子。在这种情况下，在效率产量水平 Q^* 上的边际损害是 *cd*，正是庇古税（回忆一下，*MSC* 与 *MPC* 之间的垂直距离是 *MD*）。

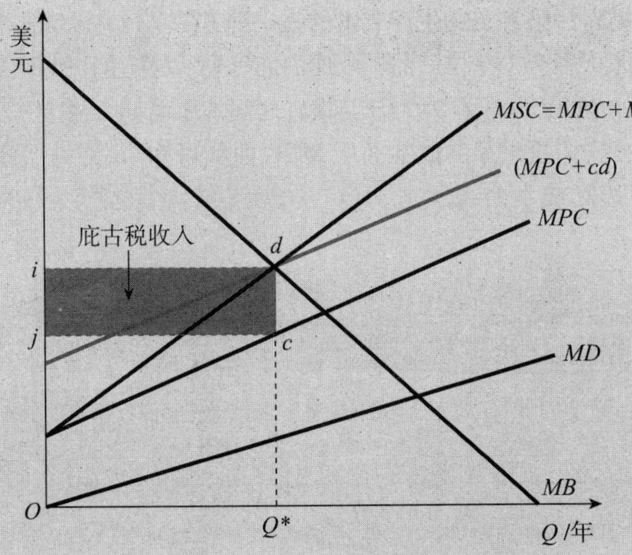

图5—4　对庇古税的分析

说明：庇古税使巴特的边际私人成本曲线上移，上移的幅度等于效率产量上的边际外部损害 *cd*。现在，巴特在效率产量 Q^* 上使利润最大化。

巴特对每单位产量被课征 *cd* 美元的税会作出怎样的反应？这种税提高了巴特的有效边际成本。巴特每生产一单位产品，要向投入品的供应商付款（用 *MPC* 表示），同时还要向征税者付款（用 *cd* 表示）。从图上看，巴特的新边际成本曲线是在每一产量水平上的 *MPC* 加 *cd* 得到的，即按垂直距离 *cd* 上移 *MPC*。

利润最大化要求，巴特的产量要保持在边际收益等于边际成本的水平上。现在，该水平就是由 *MB* 与 *MPC*＋*cd* 的交点决定的效率产量 Q^*。实际上，税收迫使巴特考虑他所造成的外部性的成本，促使他进行有效率的生产。请注意，对于所生产的 *id* 单位（$id=OQ^*$），每单位产生的税收收入是 *cd* 美元，因此，税收收入总额是 $cd\times id$，等于图5—4中的矩形面积 *ijcd*。也许用这些收入来补偿莉萨是很有吸引力的，这样虽然她仍受到巴特活动的伤害，但比税前受到的伤害轻多了。不过，我们必须谨慎从事。如果每个人都知道在河里捕鱼会收到一笔钱，一些本来不打算在河里捕鱼的人也会来捕鱼。前面说过，外部性具有相互性。补偿会导致捕鱼者忽略他们给巴特的生产造成的成本。结果会出现在这条河大量无效的捕鱼活动。问题的关键是，对污染的受害者进行补偿不一定能获取效率，而且的确有可能导致无效率。

庇古税制实施起来有些实践问题。如前所述，由于估计边际损害函数困难重重，故难以找到正确的税率。但是，仍然可以找到一些合理的折中办法。以汽车的有害气体排放这种外部性为例。从理论上说，按行驶里程数征税会提高效率。如果根据不同地点和不同时间按行驶里程数征税，效率可能会更高，因为在人口稠密地区、在交通拥堵高峰期的排放，污染更加有害。但是，根据不同的时间和不同的地点按里程征税，对管理者来说负担太重而不可行。政府也可以征燃油税，尽管外部性的大小不是由使用燃油本身决定的。燃油税不会导致最有效率的结果，但它会大大改善现状。

□ 补贴

假定污染企业的数量是固定的，通过向污染者支付一笔钱使其不污染，可以获得效率生产水平。虽然这种观点乍看起来比较奇特，但是它与征税方法有异曲同工之处。这是因为，对不污染行为进行补贴，是提高污染者实际生产成本的另一种方法。

假定政府宣布，巴特每停止生产 1 单位产品，政府向它补贴 cd 美元。巴特会怎么做？在图 5—5 中，巴特在产量为 Q_1 时的边际收益为 MB 与横轴之间的距离 ge。生产 Q_1 的边际成本由两部分构成，一部分是巴特购买投入品的成本（从 MPC 曲线可知），另一部分是他进行生产而放弃的补贴 cd。因此，边际成本曲线还是 $MPC+cd$。在产量为 Q_1 时，边际成本是 ek（$=eg+gk$）。

图 5—5　对庇古补贴的分析

说明：对巴特不生产的每一单位给予庇古补贴使其私人边际成本曲线上移，上移的幅度是每单位的补贴 cd，诱使他在效率产量水平上进行生产。

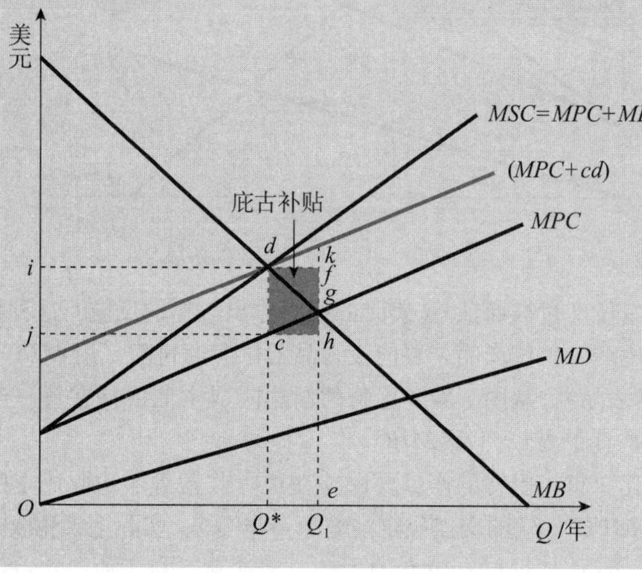

但是，ek 大于边际收益 ge。只要产量为 Q_1 时边际成本大于边际收益，巴特就没有理由生产这最后 1 单位产品。相反，他应该放弃生产，接受补贴。同理，巴特不会生产超过 Q^* 产量的任何产品。在 Q^* 右边的所有产量，边际私人成本和补贴之和大于边际收益。而在 Q^* 左边的所有点，巴特进行生产是有利可图的，即使他不得不放弃补贴。对于这些产量水平来说，总机会成本（$MPC+cd$）小于边际收益。因此，补贴促使巴特只生产效率产量 Q^*。①

征税方法和补贴方法对收入分配的影响截然不同。巴特不但不用缴纳 $idcj$ 这么多的税，还收到一笔补贴，这笔钱的金额等于他所放弃的产量 ch 乘以每单位的补贴 cd，即图 5—5 中矩形面积 $dfhc$。有效率的解决方法与不同的收入分配结果并存不足为奇。这和第 3 章中的结论类似——在埃奇沃思框图中，有无数个效率配置点，每一种配置都对应着不同的实际收入分配。

除了有像庇古税制所存在的那些问题以外，庇古补贴还有自身的问题。第一，回想一下，

① 在图 5—5 中，Q_1 是衡量巴特产量减少的基点。原则上，Q^* 右边的任何产量都可作为基点。基点的选择必定会影响图中的（$MPC+cd$）曲线。在所选定基点右边的任一点，补贴都为零，这意味着 cd 等于零，且 $MPC+cd$ 曲线与 MPC 曲线是相同的。庇古补贴的一个潜在问题是，企业可能会要花招，从事无效率的活动，增大其指定的基点。

图 5—5 的分析假定企业的数量是固定的。补贴会带来高利润，所以，长期而言会引起更多的企业在河边办厂。补贴会使河边的新企业增多，造成总污染实际上加重。

第二，补贴在道德上是不可取的，正如米山（Mishan，1971，p. 25）所说：

> 我们可以认为，营运有噪音的交通工具或经营有污染的工厂的自由，确实常常会损害他人的福利，而公众有在清洁安静的环境中生活的自由，这本身并不减少他人的福利。如果这种论点成立，就有理由……让污染者承担法律责任。

外部性的公共对策：排污费和总量控制与交易制度

上一节说明了对巴特的每单位产量征税导致社会效率结果的作用原理。这种方法的一个问题是，它没有给巴特适当的激励，寻找减少污染的方法而不是减产。巴特利用减少单位产量排放的污染控制技术不会改变他的应纳税额，他何必要这样做呢？

解决这一问题的方法就是对每单位排放而非每单位产量征收庇古税。这种税称为**排污费**（emissions fee）。为考察这种税，看一下图 5—6，横轴代表巴特的年度污染减少水平。图中，标以 *MSB* 的曲线表明的是巴特减少一单位污染给莉萨带来的边际社会收益。换言之，*MSB* 表明的是巴特的污染每减少一单位，莉萨的成本下降程度。把这条曲线画成向下倾斜，反映出这样的假设：污染每增加一单位，莉萨的境况以越来越快的速度变差。标以 *MC* 的曲线说的是巴特减少每单位污染的边际成本。巴特减少污染的成本可能来自减少产量、转用更清洁的投入物、采用控制污染的新技术等。我们假定这条曲线向上倾斜，表明巴特减少污染的成本以越来越快的速度上升。

倘若没有出现科斯式的讨价还价，政府也不干预，那么，巴特就没有动力减少污染，污染就会位于 *O* 点。然而，只有当巴特减少污染的边际成本等于污染减少给莉萨带来的边际收

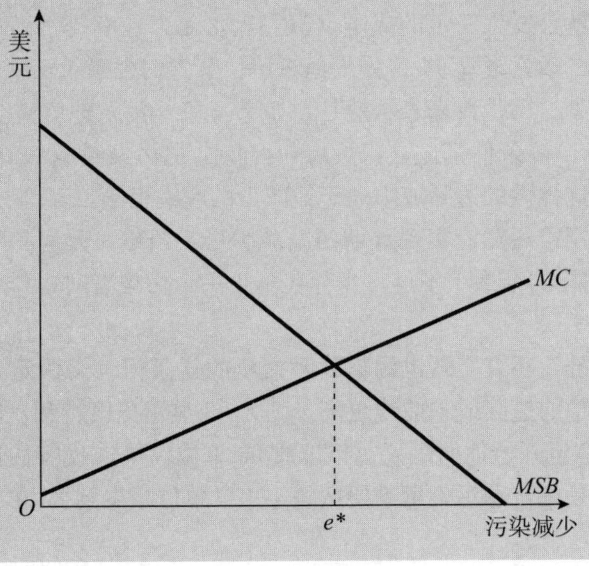

图 5—6　污染减少市场

说明：效率要求巴特减少污染，条件是这样做的边际社会收益（*MSB*）大于边际成本（*MC*）。因此，e^* 就是污染减少的效率数量。

益时才出现效率结果，这发生在 e^* 点。在 e^* 点左边的任何一点，进一步减少污染的收益都大于成本，故污染减少得更多会提高效率。在 e^* 点右边的任何一点，污染减少的最后一单位的收益都小于成本，故污染减少得少一些会提高效率。

为了达到 e^* 点（污染减少的效率数量），政府能做什么？我们将考察三种不同的方法，即排污费、总量控制与交易制度以及命令控制型管制。

□ 排污费

排污费的作用原理与前面讲的税收很相似。唯一的差异是，在这种情况下，是对每单位污染征税，而不是对每单位产量征税。图 5—7 复制了图 5—6 的曲线。回忆一下，在没有政府干预的情况下，巴特不会减少排放，故他位于 O 点。现假定政府征收排污费，每单位污染收费 f^*，f^* 就是在效率水平 e^* 上污染减少的边际社会收益。巴特会有怎样的反应？

图 5—7　利用排污费实现效率污染减少

说明：只要减少额外一单位污染的成本（MC）低于排污费，巴特就会多减少污染。因此，排污费规定为 f^*，导致效率污染减少量 e^*。

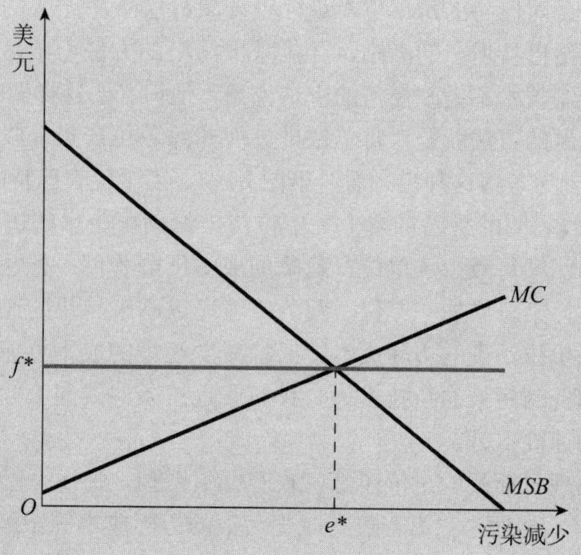

巴特每减少一单位排放就会发生一定的成本（MC）。可是，在有排污费的情况下，他每削减一单位污染，他的应纳税额就下降 f^*。如果他每单位节省的税额大于减少额外一单位污染的成本，巴特就会减少污染。用代数来表示就是，如果 $f^* > MC$，他就减少污染。图 5—7 表明，在 e^* 点左边的所有点，该条件都成立，所以，巴特会把污染量削减到效率点。此时，他就不会再减少污染，因为这样做的边际成本大于他减少的应纳税额。

这个例证表明，政府利用排污费能实现预期污染减少量。当然，政府只要要求巴特把他的污染减少 e^*，也能实现同样的结果。不过，当存在不止一个污染者时，排污费还是有一定的明显优势的。

我们假定，除了巴特之外，还有霍默也污染莉萨捕鱼的这条河。又假定，霍默比巴特减少污染付出的代价更大，故他的边际成本曲线更高。图 5—8 显示出巴特和霍默的边际成本曲线，分别为 MC_B 和 MC_H。假定开始他们每人每年排放 90 单位污染，政府估计效率污染减少数量每年为 100 单位。也就是说，总污染量需要从每年 180 单位减少到 80 单位。

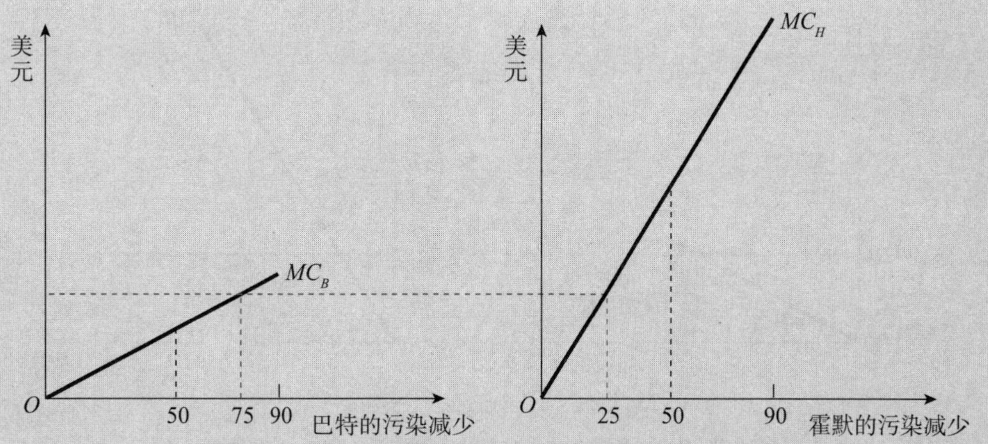

图 5—8　不同污染者之间统一污染减少不是成本有效的

说明：如果每一位污染者都减少 50 单位污染，巴特的边际成本小于霍默的边际成本。因此，要求巴特多减少污染、霍默少减少污染，也能实现相同的减少目标，而总成本比较低。当所有污染者减少污染的边际成本都相等时，减少某一既定数量污染的成本实现最小化。

该污染减少量在巴特和霍默之间应如何分配？政府的一种想法是要求每人每年减少污染 50 单位（意思是说允许每人每年污染 40 单位而非 90 单位）。这样做虽然会实现预期减少，但会增加不必要的成本。为了看清这一点，看一下图 5—8 就会知道，霍默减少第 50 单位的边际成本大于巴特减少第 50 单位的边际成本（亦即 $MC_H>MC_B$）。假定我们要求巴特多减少一单位，允许霍默少减少一单位，总排放减少量仍是 100 单位。可是，由于霍默的成本节省大于巴特的成本增加，这种变化会降低实现 100 单位污染减少的总成本。只要这两位污染者的边际成本不同，我们就可以重新分配负担，使总成本降低。换言之，只有当所有污染者之间的边际成本都相等时，排放减少的总成本才能最小化。这种以可能的最低成本实现的结果称为**成本有效**（cost effective）结果。在图 5—8 中，100 单位污染减少的成本有效措施是：巴特减少污染 75 单位，霍默减少污染 25 单位。

有人也许发现，成本有效结果不公平，因为它要求对污染减少负不同程度的责任。霍默的负担为什么就应当比较轻？就是因为他发现他减少污染的费用更多吗？不过，在征收排污费的情况下，有可能实现成本有效结果，同时奖赏减少污染更多的人。原因何在？我们看一下图 5—9，复制了图 5—8 的曲线。现考察把排污费规定为 f' 的情况。为简化起见，假定 f' 等于每单位污染收费 50 美元。回想一下，在征收排污费的情况下，如果减少污染的节税额大于其边际成本（即如果 $f'>MC$），污染者就会减少排放。在征收这种排污费的情况下，巴特减少 75 单位，霍默减少 25 单位，这是成本有效结果，因为这样分配的边际成本相等。从公平的角度看，霍默未得到奖赏，因为如果他继续生产，他要为每单位污染支付 50 美元。霍默在减少污染 25 单位之后，他每年仍然要污染 65 单位，每年必须支付税额 3 250 美元（=50 美元×65）。由于巴特减少污染 75 单位，他的年度应纳税额仅为 750 美元（=50 美元×15）。总之，削减污染少的企业实际上得不到任何好处，因为它承担的纳税义务比削减更多污染时的纳税义务重。

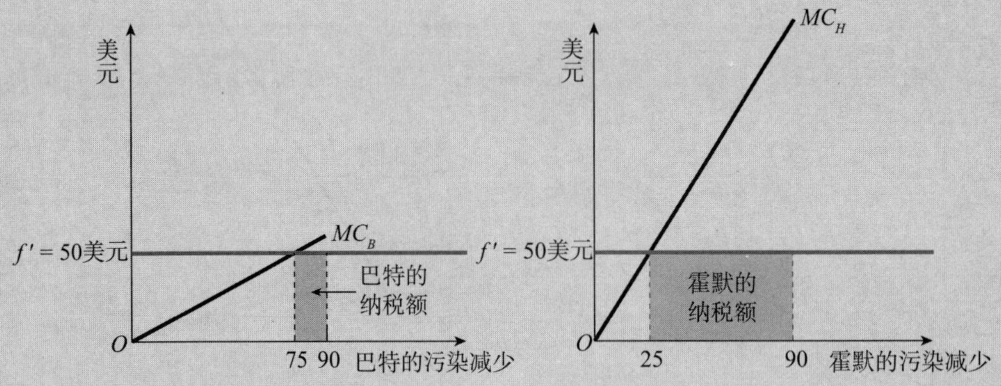

图 5—9 排污费是成本有效的

说明：排污费促使每一位污染者把污染削减到减少污染的边际成本等于收费额的程度，使得污染者之间的边际成本相等，这是成本有效的。

排污费的主要优势是，能以可能的最低成本减少污染。从图 5—9 中看到，不管排污费是多少，减少污染的边际成本对于巴特和霍默都相同（亦即 $MC_B = MC_H$），所以实现了成本有效结果。具体来说，高于 50 美元的收费都会导致每年多于 100 单位的污染减少，而低于 50 美元的收费都会导致每年少于 100 单位的污染减少。但是，不管污染减少多寡，收费都能以可能的最低成本来实现。

尽管我们讨论的是污染情况的排污费问题，但它同样适用于解决其他外部性问题。我们现在讨论这样一个案例。

专栏

政策透视：拥堵定价

在堵车的道路上，每位驾车者都加剧了拥堵程度，给其他驾车者造成成本。例如，在华盛顿和洛杉矶开车的外部成本，在非高峰时段大约是每英里 7 美分，在高峰时段大约是每英里 23 美分（Parry and Small，2009）。然而，没有一个人被迫考虑这些成本。这是一个典型的外部性的例证。对开车收取等于给其他驾车者造成的边际拥堵成本（如浪费汽油、时间等）的“排污费”，效率可能提高。为了有效率，这种收费可能要根据不同时间和不同地点进行调整。驾车者在城市的交通拥堵时间开车要比在乡村或非交通拥堵时间开车的付费高。这种**拥堵定价**（congestion pricing）政策使得这些成本内在化，会大大增加美国的福利。

有些城市已试行了拥堵定价。比如，新加坡就有电子通行税（费），根据一天当中的不同时段收取不同的数额。挪威的特隆赫姆市对进入市中心的车辆收费，时段不同收费标准也不同。在圣迭戈市，只有司机一人的车辆可以用快车道，但要付出代价，该代价视当时道路的拥堵状况而定。

荷兰进一步推动了这一理念。在一项实验中，在车上安装计价器，按汽车的燃油效率、一天的时段和行车路线计税（在繁忙的道路上开车的成本大于在车辆少的道路上开车的成本）。车主在每个月的月底收到账单，上面详细记载着开车的时间和每次出行的成本。一位早期的用户说，“看到这些钱数就让你意识到开车并不总是好的”（Rosenthal，2011）。

□ 总量控制与交易制度

作为取代排污费的一种政策，政府可以建立一种可交易污染许可证制度，即**总量控制与交易制度**（cap-and-trade）。在该制度之下，巴特和霍默必须为他们每年排放的每单位污染提交一份政府发放的许可证。此外，他们可以互相交易这些许可证。用我们的例子来说，为了把污染总量控制在80单位，政府每年发放80单位的许可证。

在巴特和霍默之间分配许可证的最佳方式是什么？从效率角度来看，只要许可证是可交易的，许可证在污染者之间的最初分配无关紧要——最终结果都是成本有效的。[①]为了说明这一点，我们看一下图5—10，它复制了图5—8的边际成本曲线。为简化起见，我们假定巴特获得政府发放的全部80单位许可证。由于巴特起初每年排放90单位，而只有80单位许可证，他现在要减排10单位，这使其位于图5—10中的a点。相反，由于霍默没有任何单位的许可证，他必须消除污染。这就意味着他要减排90单位，这使其位于图5—10中的b点。结果，MC_H远远大于MC_B，所以总成本大大高于他们所需的成本——这种配置不是成本有效的。

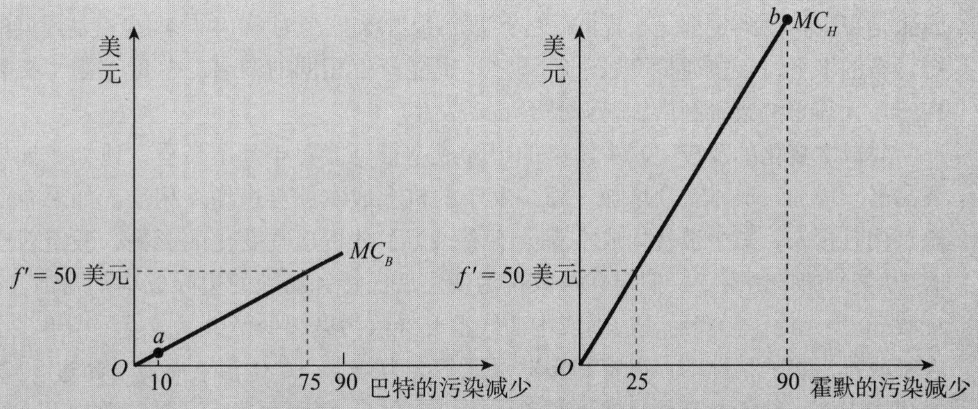

图5—10 总量控制与交易制度是成本有效的

说明：巴特获得全部80单位许可证，但巴特和霍默之间有讨价还价的余地。巴特把许可证卖给霍默，直到他们的边际成本相等为止，结果是成本有效的。

交易如何改变这种结果？如果巴特要把他的一单位许可证卖给霍默，巴特就必须多减少一单位污染。因此，如果他获得的报酬至少能补偿他额外减少一单位污染的成本，他才会卖出一单位许可证。通过购买一单位许可证，霍默就可以多污染一单位。因此，如果他购买一单位许可证的成本低于他多污染一单位所节省的成本，他才会购买一单位许可证。由于巴特在a点的边际成本小于霍默在b点的边际成本，因此他们之间有讨价还价的余地，巴特把他的一单位许可证卖给霍默。同理，巴特可不断地把许可证卖给霍默，直到$MC_B=MC_H$为止。但是，我们知道，$MC_B=MC_H$界定的是成本有效结果，故我们证明了总量控制与交易制度是一种成本有效政策。此外还要注意，此时，许可证的市场价格是f'（=50美元），这与前面讨论的排污费相同。

请注意，不管政府当初是如何在巴特和霍默之间分配许可证的，污染减少的程度都是相

① 这只有当许可证市场是竞争性市场时才成立（Hahn，1984）。

同的。当然，许可证的分配的确影响收入分配，因为他们每个人都想成为许可证的卖主而非买主。这应当不出所料。这是科斯定理的又一简单例子。科斯定理告诉我们，产权的配置产生分配效果，而没有效率影响。只要巴特和霍默彼此之间可以买卖许可证，最终结果就是成本有效的。

排污费和总量控制与交易制度是对称的政策。在我们的例子中，排污费规定为 f' 与政府每年发放 80 单位许可证的总量控制与交易制度，使巴特和霍默的污染减少程度相同。更一般地说，对于每一种排污费，理论上都存在着一种正好能实现相同结果的总量控制与交易制度，反之亦然。不过，在实践中，这两种制度在执行上还是有些差异。

□ 排污费和总量控制与交易制度的比较

我们现在考察排污费和总量控制与交易制度之间的一些实践差异。[①]

对通货膨胀的反应 我们还用以前的例子，即政府建立排污费制度，规定每单位污染收费 50 美元。假定该经济体正经历通货膨胀。如果排污费对每年的价格水平变化不进行调整，那么从实际值来看，随着时间的推移，巴特和霍默的排污费成本在下降。换言之，通货膨胀降低了实际排污费，污染量也减少得少了。相比之下，在总量控制与交易制度下，不管通货膨胀是多少，污染量都是一样的——年度污染总量控制为 80 单位，这正是污染的数量。如果排污费的水平每年按通货膨胀进行调整，也能产生相同的结果。总量控制与交易制度的优点在于，无须立法或管制措施，调整会自动发生。

对成本变化的反应 减少污染的边际成本很可能每年都不一样。比如，如果污染企业的商品需求增加，成本就会增加，缩减生产的机会成本就会递增。相反，如果企业学会更有效地利用其投入，减少浪费，成本就会下降。为了分析成本变化的影响，假定对巴特和霍默征收 50 美元的排污费，又假定在征收排污费之后巴特和霍默的边际成本都增加。根据图 5—9，征收 50 美元的排污费后，边际成本曲线上升导致污染减少得少了（或污染更多了）。请注意，在征收排污费的情况下，巴特和霍默保证不会为减少一单位污染而支付超过 50 美元。不管减排成本多高，他们总是可以选择每单位污染支付 50 美元而非多减排一单位。在征收排污费的情况下，随着边际成本的增加，污染减少量下降。

我们换一种假定，即政府实行总量控制与交易制度。如果巴特和霍默的边际成本增加，图 5—10 告诉我们，污染减少水平保持不变。如前所述，总量控制与交易制度规定了严格的污染上限，不随经济条件的变化而改变。但是，与排污费不同，实现污染减排目标的成本随着边际成本的上升而可能变得非常高。由于边际成本曲线向上移动，许可证的市场价格上升，使巴特和霍默承受更高的成本。在总量控制与交易制度下，污染减排的数量不因边际成本增加而改变。

总之，排污费限定的是减少污染的成本，但导致排放量随着经济条件的变化而改变；而总量控制与交易制度限定的是排放数量，但导致减少污染的成本随着经济条件的变化而改变。当污染减排成本变化时，这两种制度都不能自动导致有效率的结果。

一个有趣的选择是，把总量控制与交易制度和排污费结合起来。在这种混合办法下，政府建立总量控制与交易制度，固定可允许的污染数量。但政府也让公众知道，它将以预先确立的价格，按需出售额外的许可证。这种价格称为**安全阀价格**（safety valve price），可以定

---

① 还有其他一些差异，详见盖亚和霍罗威茨的著述（Gayer and Horowitz，2006）。

得相当高，以至于只有在污染减排成本大大高于预期时才能使用。实际上，如果污染减排的边际成本超出决策者可以接受的水平，安全阀放宽了污染总量控制。

对不确定性的反应　解决很多重要环境问题的成本是很不确定的。当这种不确定性存在时，排污费和总量控制与交易制度可能导致不同的结果。[①]

为简化起见，我们考虑只有一个污染者的例子。政府正在决定是征收排污费还是实行总量控制与交易制度。我们考察两种情况：一种情况是，减少污染的边际社会收益曲线缺乏弹性；另一种情况是，该曲线富有弹性。在缺乏弹性曲线情况下，污染减少的最初单位具有很高的价值，但随着污染减少得更多，它们的增量收益迅速下降。在富有弹性曲线情况下，污染减少的每单位边际价值基本上保持不变。

缺乏弹性边际社会收益曲线。图 5—11 描绘了缺乏弹性边际社会收益曲线。现假定政府对减少这种污染的边际成本不确定。政府的最佳猜测是，边际成本曲线是 MC^*。然而，它可能像 MC' 那么高。

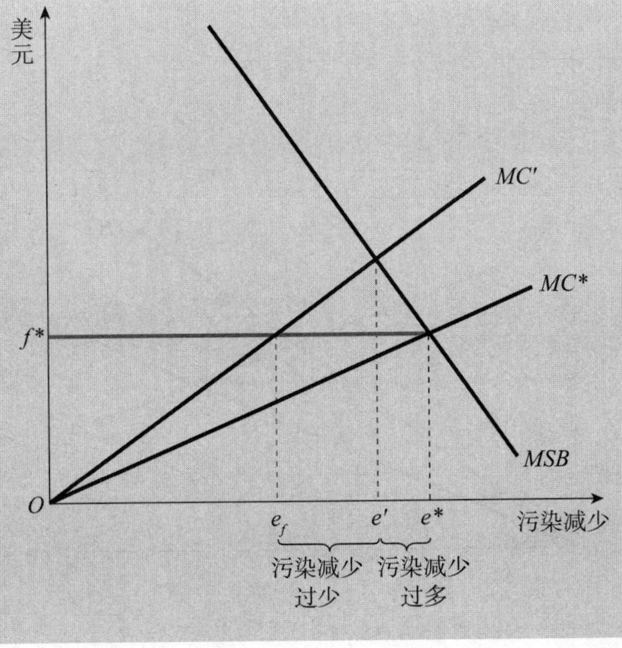

图 5—11　当边际社会收益曲线缺乏弹性且成本不确定时，总量控制与交易制度和排污费的比较

说明：当边际社会收益曲线缺乏弹性且成本比预期的高时，无论是总量控制与交易制度还是排污费，都不完全有效。总量控制与交易制度使污染减少得过多，而排污费使污染减少得过少。不过，总量控制与交易制度比较有效率。

如果政府依据对 MC^* 的最佳猜测估计，打算利用总量控制与交易制度，就会发放足够的许可证以实现减少量 e^*。如果 MC^* 证明就是真实的成本，那么，该结果是有效率的。然而，如果证明真实的边际成本曲线是 MC'，那么，效率结果是 e'，总量控制与交易制度（固定了污染水平而不管成本如何）导致污染减少过多（亦即 $e^* > e'$）。请注意，虽然在成本高于预期时，总量控制与交易制度的结果是无效率的，但从效率角度来看也不是太差，因为 e^* 毕竟与 e' 很接近。

如果在这种情形下政府利用排污费，情况会怎样？我们还是看图 5—11。依据对 MC^* 的最佳猜测估计，政府会把排污费定为 f^*，以实现减少量 e^*。如前所述，如果 MC^* 证明就是真实的成本，那么，该结果是有效率的。回想一下，在征收排污费的情况下，污染水平（故

① 韦茨曼（Weitzman，1974）最先探讨了这一问题。

而污染减少）随着成本曲线的变化而改变。如果证明真实的边际成本曲线是 MC'，那么，排污费将导致污染减少 e_f，而 e' 才是效率结果。

重要的是，在图 5—11 中，如果成本高于预期，总量控制与交易制度的结果只是有些无效率，而排污费的结果则是非常无效率的，因为 e_f 比 e' 小得多。我们的结论是，当边际社会收益缺乏弹性且成本不确定时，总量控制与交易制度比排污费更可取。直观地看，当边际社会收益缺乏弹性时，成本的变化对最优污染减少量的影响非常小。因此，总量控制与交易制度（可允许的污染数量固定）不会与新的效率水平偏离太多。虽然这里分析的是污染减少的边际成本高于预期这种情况，但当它们低于预期时，也能推导出类似的结果。（见本章末的讨论题 14。）

富有弹性边际社会收益曲线。图 5—12 复制了图 5—11 的边际成本曲线，但假定污染减少的边际社会收益曲线相对富有弹性。同上例一样，如果政府打算利用总量控制与交易制度，就会发放足够的许可证以实现减少量 e^*。如果证明真实的边际成本曲线是 MC'，那么，效率结果是 e'，总量控制与交易制度导致污染减少过多（亦即 $e^* > e'$）。

图 5—12　当边际社会收益曲线富有弹性且成本不确定时，总量控制与交易制度和排污费的比较

说明：当边际社会收益曲线富有弹性且成本高于预期时，无论是总量控制与交易制度还是排污费，都不完全有效。总量控制与交易制度使污染减少得过多，而排污费使污染减少得过少。不过，排污费更有效率。

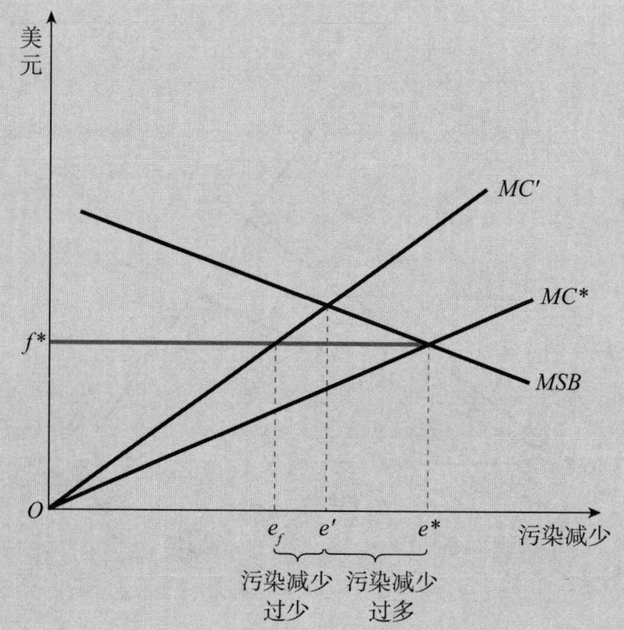

图 5—12 还说明了排污费的结果。如前所述，政府可能把排污费定为 f^* 以实现减排量 e^*。如果 MC^* 证明就是真实的成本，那么，该结果是有效率的。如果证明真实的边际成本曲线是 MC'，那么，排污费将导致污染减少 e_f，而 e' 才是效率结果。然而，与缺乏弹性边际社会收益曲线的例子不同，在这种情况下，e_f 比总量控制与交易制度实现的减排量 e^* 更接近效率结果。我们的结论是，当边际社会收益富有弹性且成本不确定时，排污费比总量控制与交易制度更可取。直观地看，当边际社会收益富有弹性时，成本的变化对最优污染减少量的影响很大。因此，总量控制与交易制度（可允许的污染数量固定）会大大偏离新的效率水平。

这种情况下我们怎么办？在不确定的情况下，我们确实不知道是排污费还是总量控制与交易制度更有效率。除了别的之外，这取决于减少污染的边际社会收益随着清除数量的增加而下降得有多快。这又让我们回到了本章反复出现的主题。形成明智的环境政策需要各学科共同努力——需要有来自不同领域的研究者提供各种关联技术的信息，包括边际社会收益曲线的形状。我们再以经济学的工具利用这些信息找到环境问题的效率解。

收入分配效应 即使在确定的情况下，从效率角度看总量控制与交易制度和排污费是等价的，它们也可能有不同的收入分配结果。在排污费情况下，污染者必须对每单位污染付税，税收收入归政府。而在总量控制与交易制度下，如果许可证免费直接分发给污染者，政府一分钱都得不到。不过，如果许可证由政府直接出售给污染者而非免费分发，总量控制与交易制度也能为政府创造收入。

专栏

政策透视：应对气候变化

在公共政策议题中，最突出的外部性问题是气候变化。各种经济活动释放的温室气体，像二氧化碳、一氧化二氮、甲烷等，在地球大气层内吸收太阳能。许多科学家认为，多余的热量使气候变暖，对经济、健康和生态环境造成影响。由于气候是一个复杂的系统，其影响也是全球性的，故难以准确估计温室气体排放对气候变化的影响的大小，相关的经济效应、健康效应和生态效应的确切程度也难以知晓。

虽然评估气候变化的原因和后果所涉及的问题很复杂，但本章建立的基本框架仍不失为一个明智的政策指导——把温室气体排放减少到边际收益等于边际成本的程度。诺德豪斯（Nordhaus，2008）利用这个框架估计，最优气候政策将使全球温室气体排放量到2015年减少15%，到2050年减少25%，到2100年减少45%。这些排放水平所对应的最优排放费分别是（按2005年美元计）每吨碳约42美元、90美元和202美元。

我们的理论表明，最优减排量可以通过排污费（即碳排放税）或总量控制与交易制度来实现。哪种方法更有效？大多数研究表明，减排量的边际社会收益比边际成本更富有弹性。鉴于减排成本具有不确定性，这表明，固定年度价格的碳税比固定年度排放量的总量控制更有效（Congressional Budget Office，2008b）。如果总量控制与交易制度具有某些灵活性特征，其效率就可以提高，比如允许排污者将未使用的许可证存起来供将来使用，或者把未来的许可证借来在当下使用。此外，若总量控制与交易制度内含一个安全阀，可使其更像碳税而提高效率。

□ 命令控制型管制

排污费和总量控制与交易制度都属于**激励型管制**（incentive-based regulations），因为它们用市场激励办法促使污染者减少污染。每种方法基本上都是增加污染的机会成本，促使污染者考虑其行为造成的边际外部损害。激励型管制使污染者如何减排的灵活性较大。巴特可能发现通过削减产量减排比较合算，而霍默可能认为通过买进技术减少污染成本更低。在激励型管制下，这两种选择都可以，因为目的就是找到减少污染的最便宜的可行方法。除了如何减少污染的灵活性之外，谁应当减少污染也有灵活性。比如，如果巴特减少边际单位污染的成本比霍默更低，那么，在总量控制与交易制度下，霍默就会从巴特那里买进许可证。实际上，这种内在灵活性可使霍默为减少污染而向巴特付钱。同样，在排污费情况下，巴特比霍默减少更多的污染，霍默则选择支付更多的税收。

对照这些灵活的方法，环境管制的传统方法主要是**命令控制型管制**（command-and-control regulations）。命令控制型管制形式多样，但比起激励型管制，它们都缺乏灵活性。**技术标准**（technology standard）就是一种命令控制型管制，要求污染者安装特定的技术，清除排放。如果污染者用别的方法减少污染，不管这种方法多有效，也是在违法。比如，若干年前通过的立法要求所有新的发电厂都要安装“清洁器”，而不是允许它们转用更清洁的燃料来清除排放。与激励型管制不同，技术标准没有激励企业寻找新的、更便宜的污染减少方法。如果法律不允许你用别的方法，你何必投资开发一种新的清洁技术呢？因此，技术标准一般不是成本有效的。

绩效标准（performance standard）这种命令控制型管制规定每个污染者的排放目标。污染者往往具有很大的灵活性，可选择符合这种标准的任何方法，所以，这种管制比技术标准更具成本有效性。不过，由于绩效标准给每个企业规定了固定的排放目标，减少污染的负担不能转移给能更便宜地实现目标的企业。结果，绩效标准不大可能是成本有效的。

许多实证研究试图比较分析利用成本有效方法和命令控制型管制来减少一定量污染的成本。具体结果取决于所考察的污染类型和污染地点。对这些研究结果的一项总结表明，命令控制型管制比成本有效方法的花费高出 1.07 倍到 22 倍不等（*Economic Report of the President*，*2003*）。

联邦政府对所有新客车规定的企业平均油耗（CAFE）标准就是无效率命令控制型管制方法的一个很好例子。这些标准规定了客车行驶必须达到的平均油耗里程数（2012 年，小汽车每加仑 32 英里，轻型载货汽车如运动型多功能汽车每加仑 25.2 英里）。该政策的目的是要减少汽油消耗。企业平均油耗标准限制了灵活性，因为制造商不能在彼此之间转移负担以降低总成本。另一种减少汽油消耗的方法就是对燃油征税，这是排污费的一种形式。国会预算办公室对等量减少燃油消耗的企业平均油耗标准提高和燃油税增加进行了比较，发现前者每年多花费 7 亿多美元（Congressional Budget Office，2004b）。

命令控制是更好的方法吗？　在某些条件下，命令控制型方法可能比激励型方法更好。激励型方法只有在排放能被监控的情况下才是可行的。如果不可能监控排放，或者监控排放的代价很高，那么，政府就不能按每单位排放收费或确认污染者是否有足够的许可证来满足其排放需求。有些形式的污染监控起来比较容易，比如发电厂的二氧化硫排放。而要了解其他形式的污染就比较困难，比如农田中化肥、沉积物、营养成分的流失。在这种情况下，技术标准也许更有效率，因为企业是否安装了技术装置比较容易监控。

激励型管制可能存在的另一个问题是使污染高度集中在某一地区。由于激励型制度限制所有污染源的排放总量，有可能出现在某些地区的排放量高于其他地区。如果排放集中于某一局部地区，它们带来的损害要比排放分散造成的损害大得多。排放的局部集中地被称为**热点**（hot spots）。命令控制标准通过限制来自每一污染源的排放而能避免出现热点。[①]

---

① 激励型方法也能解决热点问题。比如，排污费可以根据污染的来源收取不同的税额。同样，总量控制与交易制度也能要求某些污染源比其他污染源的每单位排放许可证“付钱”更多。不过，这会使激励型方法更加复杂化。

美国的对策

对于外部性问题，理论上提出了许多解决方法，那么，现实对策有哪些呢？就空气污染而言，联邦法律主要是《清洁空气法案》(Clean Air Act)，现已经过多次修正。[①] 在1970年通过的《清洁空气法案》的修正案中，国会授权环境保护局（EPA）制定国家空气质量标准。国会要求，该标准要在全国统一，而且水平定得能“保证适当的安全范围”。这些条件都不是基于效率考虑的。效率政策会允许这些标准在不同地区有差异（因为成本和收益有差异），而且会尽力把标准规定在使净收益最大化的水平上。相反，法院已作出裁定，该法律甚至不让环境保护局在设置标准时考虑成本。

20世纪70年代环境管制的主要措施都是基于命令控制方法。比如，1970年《清洁空气法案》修正案对新的空气污染源设立了技术标准和绩效标准，对小汽车、卡车和公共汽车规定了排放标准。设定标准时不能考虑成本且依赖命令控制型管制，在实现环境目标时无疑会增加成本。

清洁空气立法实现其目标了吗？自1970年以来，《清洁空气法案》管制之下的6种主要空气污染物都已减少了。然而，在把这些减少归功于环境管制时必须谨慎。比如，环境改善的原因可能是允许企业利用先进技术，更加有效率地使用投入物从而少产生污染。的确，戈克莱尼（Goklany，1999）提供的证据表明，美国的空气污染在《清洁空气法案》实施之前就在下降。然而，各种分析表明，《清洁空气法案》有助于把污染降低到若没有该法而发生的污染水平之下（Freeman，2002，p. 127）。正如已经强调的那样，这一发现并不意味着污染的削减是以成本有效的方式实现的。

在某些情况下，命令控制方法不仅效率低，而且无效。为什么会是这样呢？鲍莫尔(Baumol，1976，p. 445）强调指出，管制的效果取决于管制者的警惕性，这就是：

> 法令颁布的及时性，条款的严厉程度，管制者抵制修改要求的决心，侦察和记录违法行为的效率，对违法者起诉的魄力和成效，司法机制对违法行为的惩罚力度。

这是一个很苛刻的要求，如果考虑到管制者的行动可能遇到巨大的政治压力，则更是如此。相比之下，排污费“不取决于管制者的警觉，而取决于征税者的可靠的坚定意志。他们引诱污染者通过减少排放这个故意留下的漏洞来避税”(Baumol，1976，p. 446)。

此外，“否则将如何如何”的管制方法常常适得其反，最大的威胁是关闭污染性工厂。但是，在很多情况下，关闭工厂会在工人和（或）消费者中间引起很大混乱，故在政治上很难行得通。得克萨斯州议会一度认为，按照环境保护局的规定对小汽车和卡车的排放进行检测花费太大，立法机关干脆否决了环境保护局的命令，建立一套新制度。同样，印度一家法院命令德里当局用更清洁的天然气公交车取代10 000辆柴油公交车，结果没有什么成效。市政当局不愿与公交车主发生正面冲突，因为公交车主扬言绝食到底以示抗议。结果，就在该法院作出决定的两年后，德里又开始发放新的柴油公交车执照（Dugger，

---

① 波特尼（Portney，2000）对该法律条款有精彩的概括。

2001，p. A3）。

这并不是说命令控制型管制毫无用处。如前所述，当污染难以监控时，这也许是最好的解决方法。但一般来说，命令控制方法很可能是许多环境政策问题的根源。

□ 激励型方法的进展

命令控制方法在美国环境政策中一直唱主角，部分原因可能在于，有些人认为经济激励在道德上不可信。有人曾指出："对那些继续污染的人施予财政奖励似乎是不当的"（Waverly，2010）。尽管如此，经济学家们支持激励型方法的观点已经取得了一些进展。特别是，一些重要的总量控制与交易制度已予以实施，本节讨论其中之一。

专栏

政策透视：二氧化物的总量控制与交易制度

二氧化硫和氮氧化物排放到空气中，与水蒸气发生反应产生酸，从而形成酸雨。作为1990年《清洁空气法案》修正案的一个组成部分，"酸雨交易制度"是美国激励型方法的一个最有名的例子。该制度规定了全国每年二氧化硫排放的总量。所有电力部门（二氧化硫的主要来源）对于排放到大气中的每吨二氧化硫都有"排放配额"，总配额量等于控制总量。排放配额最初免费分配给现有的发电厂，分配完毕后，该配额可以买卖，如同我们理论模型所说的那样（见图5—10）。[①]

排放配额的交易市场很活跃。排放配额的每吨价格在150～600美元之间。有意思的是，这大大低于最初预期的价格，表明达到二氧化硫排放量目标的成本低于大多数人的预测。的确，有估计表明，与传统管制方法的成本相比，该制度每年能节省9亿～18亿美元（*Economic Report of the President*，*2004*，p. 185）。我们的理论预测，总量控制与交易方法向寻找新技术减少污染的企业提供了经济激励，而且这种预测已经得到证实。例如，有些企业通过把煤和各种含硫物质掺在一起也能减少排放量。在实施排放交易方法之前，这种掺和做法并不被认为是实用技术，而排放交易方法则激励企业想出有效方法（Burtraw，2002，p. 144）。总之，二氧化硫排放交易实验是一个成功的范例。

遗憾的是，几年前该市场崩溃了，每单位许可证的价格下跌至不足5美元。为什么会这样？法院的裁定和环境保护局后来出台的管制措施把重点从减少全国二氧化硫排放水平转向减少当地的排放水平。由于各地都有自己的总量控制，这意味着，实际上有许多州市场，而不是一个单一的国家市场。这限制了可以进行交易的数量，大大降低了储存配额的价值，提高了污染减排的总成本。

① 该制度每年留出2.8%的配额用于拍卖。拍卖收入按比例划转给电力部门，建立拍卖资金池。

对收入分配的影响

到现在为止，我们的重点一直放在外部性的效率方面。福利经济学表明，我们还必须考虑收入分配。然而，要评估环境改善对收入分配的影响，还需解决许多难题。

□ 谁受益?

在我们的简单模型中，收益的分配是件小事，因为只有一种污染和一个污染受害者。而在现实中，人们却遭受着各种外部性带来的不同伤害。有证据表明，穷人居住区一般比高收入者居住区更易受空气污染的危害（Gayer，2000）。如果确实如此，在其他条件不变的情况下，降低空气的污染程度会使实际收入的分配更公平。另一方面，改善娱乐休闲区（如国家公园）环境质量的环境保护计划，很可能主要使高收入家庭受益，因为它们是娱乐休闲区的主要使用者。

即使知道谁正在受到某种外部性的伤害，人们也不知道消除这些外部性的价值有多大。假定高收入家庭愿意为某种空气质量的改善支付比低收入家庭更多的钱。即使从实物量来看，一项清洁计划使低收入家庭比高收入家庭受到污染的程度减少得更多，但从价值量来看，该计划最终还是有利于高收入家庭。

□ 谁承担成本?

假定政府的政策促使大量污染企业减少产量。随着这些企业减产，它们对所使用的投入品的需求也降低，使得这些投入品的所有者的境况变差。[①] 一些污染企业的原有工人在短期会失业，在长期将被迫接受低工资。如果这些工人的收入本来就很低，那么，环境清洁计划会加剧收入不平等。

穷人在多大程度上负担了环境保护的成本，引起了激烈的争议。环境保护主义的批评者认为，不让在市中心贫民区办厂的种种努力，使居住在那里的“大多数穷人的经济困境更加恶化”(Ross，1999，p. A26)。环境保护主义者称这种主张为“工作讹诈”，并认为没有确凿的证据证明穷人真的受到了伤害。

另一个要考虑的问题是，如果污染企业被迫把边际社会成本考虑在内，那么它们的产品就会变得更加昂贵。从效率的角度看，这完全是可取的。因为，如果不是这样，价格就会对所有资源成本发出错误的信号。不过，这些商品的购买者的境况一般会变差。如果受影响的商品主要由高收入群体消费，那么实际收入的分配将更公平。因此，要评估减少污染对收入分配的影响，还需要知道污染企业所生产的产品的需求格局。

显然，确定污染控制成本的分配是一项艰巨的任务。一项研究发现，就总量控制与交易制度或征收碳税而言，在收入分配五等分情况下，处于收入分配最低阶层的家庭所承担的相对负担，是处于收入分配最高阶层家庭的1.4～4倍（Grainger and Kolstad，2009）。

倘若穷人是负担的主要承担者，不妨对产生外部性商品的消费进行补贴。但这样做可能

① 更具体地说，在某些条件下，在污染产品的生产过程中相对较多地使用的投入品，其价格会下跌。参阅第14章的“一般均衡模型”。

会事与愿违，因为补贴降低了产生外部性商品的价格，违背了该政策的初衷——确保消费者面对该商品的全部社会成本。总之，如果认为这种矫正外部性政策的分配效应不可取，那么，除了价格补贴，应该用其他一些机制来矫正这种情况。遗憾的是，政客们往往不了解或忽视这个道理。例如，众议院在 2009 年通过了气候总量控制与交易法案，把许可证的大部分价值转给了家庭，降低了家庭的节能激励。（这一举措最终在参议院遭遇挫败。）

正外部性

到目前为止，主要讨论的是负外部性。但我们也确实观察到，外溢效应也可能是正的，对这种情况的分析与对负外部性的分析是对称的。假定一个企业正在开展一项研发（R&D）活动，图 5—13 描绘了边际私人收益（*MPB*）和边际成本（*MC*）曲线。该企业选择的研发水平是 R_1，此时 $MC=MPB$。进一步假定该企业的研发成果使其他企业的生产成本下降，但这些企业又不必为使用该科技成果付费，因为这些成果成了一般知识的组成部分。[1] 在图 5—13 中，*MEB* 表示其他企业使用每单位研究成果的边际收益（即边际外部收益）。研究成果的边际社会收益是 *MPB* 加上 *MEB*，即图中的 *MSB*。

图 5—13　正外部性

说明：在正外部性下，边际社会收益等于边际私人收益加上边际外部收益。利润最大化企业的产量是边际私人成本等于边际收益时的产量 R_1。然而，效率要求边际成本等于边际社会收益，此时的产量为 R^*。

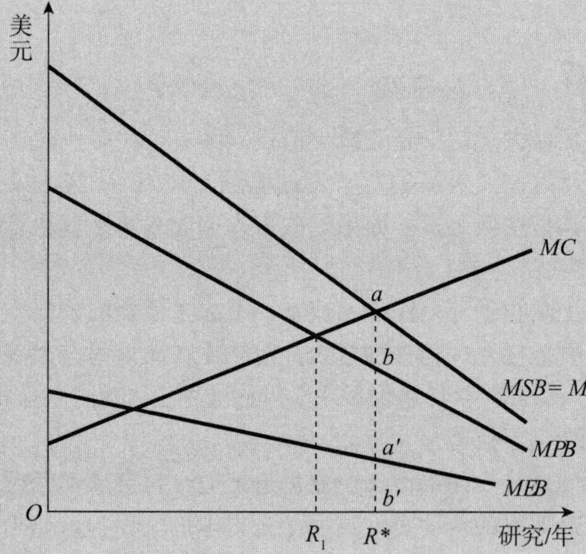

效率要求边际成本等于边际社会收益，这发生在 R^* 点，故研发活动提供不足。正如负外部性可以用庇古税来矫正一样，正外部性也可用庇古补贴来矫正。具体来说，如果从事研发活动的企业得到一笔补贴，补贴额等于最优状态下的边际外部收益——图 5—13 中的 *ab* 距离，企业的生产就是有效率的。[2] 从中可以明确得到的启发是：当个人或企业产生正外部性时，市场对这种活动或产品的提供是不足的，但适当的补贴可以改变这种情况。当然，外部性的数量和价值

---

① 有时这种情况可以通过专利法得到一定程度的避免。但在很多情况下，纯研究的成果即使具有商业用途，也很难得到专利保护。

② 请注意，在图中，$ab=a'b'$。

的计量依然困难重重。有研究表明，研发活动的私人收益率大约是 10%，而社会收益率大约是 50%。如果这些数字是正确的，那么研发活动所产生的正外部性是巨大的。

□ 注意事项

许多人虽然从来没有听说过正外部性这个名词，但在直觉上对这个概念及其政策含义也会有很好的领会。他们知道，如果能使政府相信他们的活动能产生有益的外溢效应，他们就能够得到财政补贴。不过，对于这种补贴的要求要谨慎对待，原因有二：

- 补贴无论如何要从纳税人那里取得财源。因此，一切补贴都体现了收入从整体纳税人到受补贴者的一种再分配。即使补贴的结果具有效率，但对分配的影响也许是不可取的。这取决于社会福利函数所体现的价值判断。
- 一种活动本身是有益的并不意味着从效率角度来看就需要补贴。只有当市场无法使从事该项活动的人取得全部边际收益时，给予补贴才是适当的。例如，一名优秀的外科医生对人类作出了许多贡献，但是，只要该医生的薪水反映了其服务的增量价值，他就没有产生正外部性。

我们下面用旨在提高住房拥有率的公共政策来讨论这些观点。一些评论家认为，这些政策导致了 2008 年和 2009 年的住房和金融危机。

专栏

政策透视：业主自用住房

美国联邦所得税法的各种条款使得业主自用住房得到大量补贴。（第 17 章详细讨论了这些条款。）这种补贴每年超过 1 200 亿美元（Joint Committee on Taxation，2012，p. 36）。这种补贴的理由何在？各种论点常常归结到一点上，即住房所有权产生正外部性。房主对其房产维护周到，保持清洁，这都使其邻居受益，因而就产生了外部性。此外，住房所有权把个人与国家的利害关系联系在一起，从而有助于社会稳定，这又是一种有益的外溢效应。

房产得到精心维护，的确会产生正外部性，而且房主比租户更爱护房子、花园等（Glaeser and Shapiro，2003）。但是，这种可取的行为是由住房所有权带来的吗？住房所有权产生的有益影响，也许只是由于美国 66%的拥有住房的家庭收入相对较高（业主的中位收入几乎是租户的中位收入的两倍）。也没有证据表明，住房拥有率低就一定会造成社会不稳定。在以无任何革命倾向著称的瑞士，大约只有 1/3 的住房是业主自住的。

当然，即使补贴不能提高效率，但从公平的角度来说也许有道理。不过，正如刚才所说，业主通常比租户的收入高。因此，除非分配目标是扩大收入不平等，否则，对业主进行补贴就讲不通。

小结

- 当一个人的活动在市场机制之外影响另一个人时，就产生了外部性。一般来说，外部性之所以存在，是因为缺乏可行的产权。
- 外部性造成市场价格偏离社会成本，导致资源配置效率低下。

● 科斯定理表明，如果确立了产权，私人各方通过讨价还价可以达到效率产量。但是，讨价还价的成本必须很低，并且外部性的原因也很容易确认。

● 庇古税是一种对污染课征的税收，税额等于效率产量水平时的边际社会损害。这种税使生产者具有生产效率污染量的私人激励。

● 对不产生污染的生产进行补贴，会促使生产者的污染不超过效率水平。但是，补贴可导致生产过多，在管理上很困难，并且有人认为它不符合道德规范。

● 排污费（对每单位污染征收的一种税）能以可行的最低成本实现某一既定的减排量。

● 总量控制与交易制度发放排污许可证并允许许可证买卖。这也能以可行的最低成本实现某一既定的减排量。

● 命令控制型管制的灵活性不如激励型管制，因而代价可能较大。

● 正外部性一般会导致某种活动提供不足。补贴可以解决这个问题，但必须注意避免滥用补贴。

讨论题

1. 航空公司现在对乘客的每件托运行李收费，但对随身携带行李不收费。如果机舱内行李架已装满了行李，航空公司就会在门口拦下行李并予以免费托运。请说明这种制度对随身携带上飞机的行李数量和大小以及行李架的空间配置效率的影响。

2. 在得克萨斯州的奥斯汀，一家喜剧俱乐部向房东投诉说，其演出时常被同楼内一个教会的喧闹聚会所打断。房东要求该教会搬走，而该教会反过来组织抗议活动并向律师咨询起诉事宜（Campoy，2009）。根据科斯定理，解决这个问题的有效途径是什么？

3. 在2008年民主党的总统竞选活动期间，州长比尔·理查德森（Bill Richardson）说，在碳监管上他支持总量控制与交易方法而非碳税，因为后者会"转嫁给消费者"，是"一个坏主意"。而参议员巴拉克·奥巴马则持不同意见，认为碳税和总量控制与交易方法都会让消费者付出更高的代价。从这两种政策的分配效应来看，哪个候选人是正确的？

4. 在下图中，横轴表示卡萨诺娃每月举办的聚会数量，纵轴表示金额。MC_p是举办聚会的边际成本，MB_p是卡萨诺娃举办聚会的边际收益曲线。

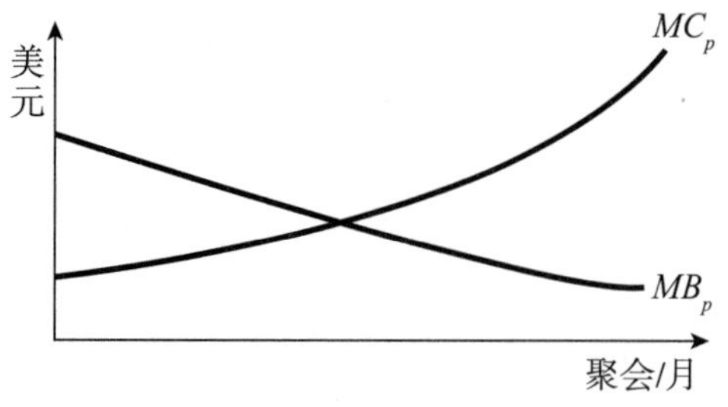

a. 在图中指出卡萨诺娃将举办的聚会次数。

b. 假定卡萨诺娃的朋友们从每次聚会中得到 b 美元的固定边际外部收益。请在图上把它表示出来。

c. 社会最优聚会次数是多少？社区委员会如何引导卡萨诺娃达到该次数？

d. 在你的图中，标明每次聚会的最优补贴以及向卡萨诺娃支付的总金额。在这个计划中，谁受益了？谁受损了？

5. 来自纽约的一家大公司——凯斯内斯能源公司（Caithness Energy）正在俄勒冈东部建设风力发电厂。施工前公司给每个居民5 000美元以签署一份弃权声明书，说他们不会抱怨风轮机旋转产生的过量噪音（Yardley，2010）。请用科斯定理分析这一开价。

6. 丹麦最近开征了"肥胖税"，对含饱和脂肪的食物每公斤征收3美元左右。一位评论家批评这种税是无效率的，因为它是对健康的投入征税而不是对健康的结果征税（Sexton，2011）。请对此批评进行评论。你的回答应该既要考虑到这种税可能让人选择其他不健康的食品，又要考虑到这一事实——尽管有些人有这样的饮食习惯，但他们通过运动或与生俱来的遗传基因能保持健康。

7. 科斯定理适用于以下各种情况吗？原因是什么？

a. 一位种植有机玉米的农民，其玉米有被邻居种植转基因玉米污染的风险。

b. 在巴西的锡尔韦拉斯，蚁后被视为美味佳肴。但是最近蚂蚁窝越来越少，因为给用于生产纤维纸和其他产品的桉树打药了（Barrionuevo and Domit，2011）。

c. 马达加斯加发生军事政变后，软弱的总统无法阻止国家公园被非法砍伐的红木外销。

d. 互联网用户在传递信息中发生的增量成本一般为零。结果出现拥堵现象，用户因延误而很沮丧。

8. 有些观察家认为，进口石油使美国成了沙特阿拉伯和中东地区其他国家政策的"人质"，使美国的外交政策复杂化。

a. 请解释为什么在这种情况下出现了外部性。

b. 假想一种庇古税来解决这种外部性。

c. 有些经济学家想限制国内的汽油消费，但又担心政府的收入比现在更多。于是，费尔德斯坦（Feldstein，2006b，p. A10）提出了一种可交易汽油权证（tradable gasoline rights，TGR）制度作为替代方案。

> 在可交易汽油权证制度下，政府给予每个成年人一张 TGR 借记卡。加油站现在读取信用卡和借记卡金额的加油泵，也要改为读取这些新的 TGR 借记卡。购买一加仑汽油，在付钱的同时还要用掉一单位可交易汽油权证。政府将决定每年应当消费多少加仑汽油，并将 TGR 总数分发出去。2006 年，美国人将购买大约 1 100 亿加仑汽油。……为了减少 5% 的汽油消费总量，（政府）可能把 TGR 数砍到 1 045 亿张。

请用图形说明可交易汽油权证的价格是如何决定的。假定每单位可交易汽油权证的市场价格是 75 美分，这将如何改变购买一加仑汽油的机会成本？

9. 在印度，治疗病牛的一种药物造成大量食用死牛的秃鹫死亡。在秃鹫数量减少之前，它们有时迎面撞进从新德里机场起飞的喷气式飞机的发动机里，严重威胁到飞机乘客的安全。可是，秃鹫数量的减少导致老鼠和野狗数量的急剧增加，它们现在成了主要的食腐动物（Gentleman，2006，p. A4）。目前已有人呼吁禁止使用这种治疗病牛的药物。

请指出这种情况下出现的外部性。谈谈禁止这种药物的效率。你将如何设计一种激励型管制达到效率结果？

10. 旧金山出台了一项实验性停车计划，根据占用程度规定停车价格。价格可上下浮动 25 美分，一旦占用率在 65%～85%之间，价格就要保持稳定。可是，价格通常在 25 美分～6 美元之间波动，在特殊情况下会高达一小时 18 美元（Gordon，2011）。你预期该计划对司机的行为和经济效率会产生怎样的影响？

11. 美国的郊区在不断地在向更多的农村地区扩展，同时养猪场的规模也在扩张（*Economist*，2007d，p. 36）。猪粪臭气熏天，对房产价值产生了不利影响。想象一下，“小猪”养猪场与 100 栋房子毗邻。对应于该养猪场的每一产量水平，每头猪的边际成本（*MC*）、该养猪场的边际效益（*MB*）和给房产价值造成的边际损害（*MD*）如下表所示：

产量	*MC*	*MB*	*MD*
1	400	1 600	400
2	800	1 600	800
3	1 200	1 600	900
4	1 600	1 600	1 000
5	3 200	1 600	1 200
6	6 400	1 600	1 400

a. 该养猪场养了多少头猪？

b. 猪的效率数量是多少？

c. 假设该养猪场的所有者通过改变猪的饮食可以把臭气的边际损害降低三分之二，但改变饮食会使每头猪的边际成本增加 100 美元。猪的效率数量是多少？

12. 商品 *X* 的边际私人收益为 10－*X*，其中 *X* 表示消费的单位数量。生产 *X* 的边际私人成本保持在 5 美元。每生产 1 单位 *X*，给社会成员带来的外部成本是 2 美元。在没有任何政府干预的情况下，会有多少 *X* 被生产出来？*X* 生产的效率水平是多少？产量从无效率水平变为效率水平的社会收益是多少？请提出一个能使产量达到效率水平的庇古税。这种税能筹措到多少收入？

13. 假定两家企业排放某一种污染物。每家企业减少污染的边际成本分别是：$MC_1=300e_1$，$MC_2=100e_2$，其中 e_1 和 e_2 分别是第一家企业和第二家企业的减排量（吨）。假定在没有政府干预的情况下，企业 1 产生 100 单位的排放量，企业 2 产生 80 单位的排放量。

a. 假定管制者决定减少总污染量 40 单位。为了实现成本有效，每家企业应削减多少单位污染？

b. 为了实现成本有效结果，应征收多少排污费？每家企业应缴纳多少税？

c. 假定不用排污费，管制当局采用可交易许可证制度，并发放 140 份许可证，每份许可证允许排放一吨污染物。企业 1 利用其政治影响力说服管制当局给其发行 100 份许可证，留给企业 2 仅 40 份许可证。如果有交易行为，那么在两家企业之间交易的许可证是多少？对这些许可证最低要支付的总额是多少？每家企业最终减少多少吨污染？

14. 图 5—11 阐释了当成本高于预期且边际社会收益缺乏弹性时，采用总量控制与交易制度和排污费的相对效率。图 5—12 阐释的问题是一样的，只是假设边际社会收益富有弹性。现考察边际成本被证明低于预期的情况。在总量控制与交易制度和排污费这两种方法下，说明减排量太多还是太少。当边际社会收益缺乏弹性、富有弹性时，哪种方法更有效？

第 6 章 政治经济学

我就喜欢赢。我不在乎什么意识形态。无论怎样，我都会做。

——阿诺德·施瓦辛格（Arnold Schwarzenegger）州长

教科书对市场失灵的讨论，往往使人对政府产生乐观的看法。一边征税，一边支出，国家可以轻而易举地矫正所有市场缺陷，同时又能以理想的合乎道德的方式进行收入分配。这种观点与公众对政府运行的普遍不满大相径庭。民意调查显示，只有不到 20%的人认可国会处理工作的方式。幽默作家奥罗克（P. J. O'Rourke）曾以讥讽的口吻道出了许多人的看法："对政府的良好感觉，就像在灾难中往好处想一样，如果你不往好处想，灾难也不会走。"

或许这只是一种无端的抱怨。从定义上说，我们能在民主制度中得到想要的政府。然而，另一种可能是，即使是民选政府，在代表国家利益上也有内在的困难。本章运用经济学原理来分析政治决策，该领域称为**政治经济学**（political economy）。政治经济学模型假定，人们把政府看做是追求自身利益最大化的机构。关于这一假设，需要指出两点：

- 追求自身利益并不必然导致无效率结果。正如在第 3 章所看到的，在某些条件下，市场利用自私来服务于社会目标。问题是在"政治市场"中，什么（如果有的话）能扮演这个角色？
- 这种最大化假设也许不完全准确，但它能为讨论提供一个良好的切入点。

首先，考察直接民主制，看一看它如何将公众的偏好变成集体行动。然后，转向考察不由人们自己而由他们选出的代表作出决策时出现的复杂情况。

直接民主制

民主社会利用各种投票程序来决定公共支出，本节就考察其中的某些程序。

□ 一致同意规则

第 4 章分析了免费搭车问题如何导致一种令人不安的情况——虽然每个人的境况在公共

物品得以有效提供的情况下都会变得更好，但是，由于人们是自私的，公共物品的提供不足。这表明，原则上，如果用投票来决定是否提供有效数量的公共物品，那么，只要有一个适当的税制为其筹资，全体选民就会达成一致意见。早在20世纪初，埃里克·林达尔（Erik Lindahl，1958/1919）就提出了导致这种一致同意的程序。

为了理解林达尔的程序，现在仍假定只有两个人——亚当和夏娃，一种公共物品——烟花（r）。假定亚当被告知，他要承担烟花提供成本的30%。如果每个烟花的市场价格为P_r，则亚当要负担的每个烟花的价格为$0.30\times P_r$。在烟花的价格、其他物品的价格、亚当的偏好和收入都一定的条件下，亚当将消费一定数量的烟花。更一般地说，令S^A表示亚当承担的烟花成本的份额，对于任何特定的S^A值，亚当都有一个烟花的需求量。随着他的税收份额的提高，烟花对他来说变得更贵，他的需求数量会减少。

在图6—1中，横轴表示烟花的数量。亚当的税收份额由从O点开始的垂直距离表示。曲线D_r^A表示亚当对烟花的需求量如何随其税收份额的提高而减少。

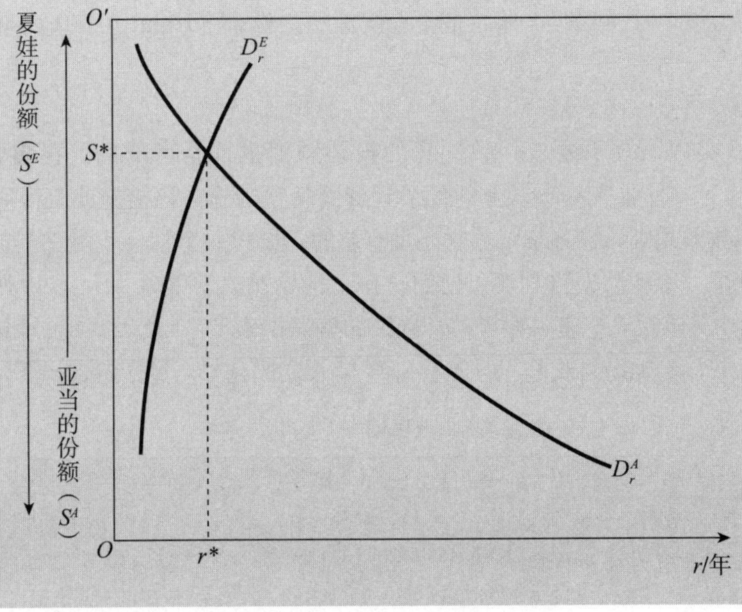

图6—1　林达尔模型

说明：亚当的烟花需求数量随着其成本份额的上升而减少。同时，夏娃的烟花需求数量增加。在均衡状态下，他们都投票赞成相同的烟花数量。

同理，以S^E表示夏娃承担的烟花成本的份额（按定义，$S^A+S^E=1$）。当S^E上升时，夏娃的需求量就会减少。在图6—1中，夏娃的税收份额由以O'为原点的纵轴表示；从O'点开始，沿纵轴向下移动，夏娃的税收份额随之上升（因此，OO'的距离等于1）。她的需求曲线是D_r^E，该曲线向上倾斜，因为沿纵轴向上移动时，她支付的价格下降。

税收份额在林达尔模型中的作用，与市场价格在一般需求理论中的作用，具有明显的相似性。但也有一个重要的差别：每个人面临的不是相同的价格，而是每单位公共物品的个人化价格，该价格取决于他或她的税收份额。税收份额被称为**林达尔价格**（Lindahl prices）。

均衡是一组林达尔价格，在这组价格上，每个人都投票赞同相同的公共物品数量。在图6—1中，亚当的均衡税收份额为OS^*，夏娃的均衡税收份额为$O'S^*$。在这些林达尔价格上，双方都同意应该提供r^*数量的烟花。

一致同意规则的可行性　林达尔模型表明，存在着每个人都同意的税收份额和公共物品提供数量。最大的问题是，如何实现这种均衡。不妨想象由一个拍卖者来宣布最初的一组税收份额。亚当和夏娃根据各自的需求曲线，以投票方式表明对烟花的需求量。如果意见不一致，拍卖者再宣布另一组税收份额。这一过程一直持续到出现亚当和夏娃一致同意的烟花数量为止（即图 6—1 中的 r^*）。因此，公共物品数量的这种决定方式与市场过程很相似。与市场决定的结果一样，可以证明这种配置具有帕累托效率。①

林达尔的程序作为提供公共物品的一种实用方法，存在两个主要问题。第一，它假定人们在投票时是诚实的。如果亚当能够猜到夏娃就像没有别人之时愿意为烟花支付的最大数量，亚当就会试图促使她支付那么多。当然，夏娃也有同样的动机。因此，亚当和夏娃的策略行为难以达成林达尔均衡。

第二，找到双方都同意的税收份额可能要花费很长时间。在这个例子中，当事人只有两个，但是在大多数重要场合，往往有许多当事人。要让每个人都同意，决策成本会很高。的确，虽然一致同意规则确保无人遭受“剥削”，但也往往造成作不出决策的局面。例如，为协调 156 个成员国之间的贸易而制定规则的世界贸易组织（World Trade Organization，WTO），就是按一致同意规则运作的。一位新闻记者在对 WTO 一次会议的报道中曾经说道，“如果他们设法做到在任何事情上都一致同意”，那才是令人震惊的一件事（Kahn，2001，p. A3）。

□ 多数票规则

由于一致同意难以实现，故不要求一致同意的投票制度也许是可取的。在**多数票规则**（majority voting rule）下，只要有一半以上的投票者赞同某项措施，该措施就获得通过。

虽然大家都熟悉多数票规则，但仔细考察它还是有益的。设想一个社会，由三个选民组成，这三个选民分别是布拉德、珍妮与安吉利娜，他们要在三种导弹提供量 A、B、C 中作出选择，A 表示小规模，B 表示中等规模，C 表示大规模。选民的偏好由表 6—1 所示，每一列都表示选民的选择排列次序，比如，珍妮最喜欢 C，但要她在 B 与 A 之间选择，她宁愿选择 B。

表 6—1　　达成均衡的选民偏好

选择	选民		
	布拉德	珍妮	安吉利娜
第一种	A	C	B
第二种	B	B	C
第三种	C	A	A

说明：给定这些选民的偏好，在 A 和 B 之间选择 B 获胜，在 B 和 C 之间选择 B 还获胜。B 战胜了所有其他选择，这正是多数票规则的选择结果。

假定在 A 和 B 之间进行投票选择。布拉德投票赞成 A，珍妮和安吉利娜则投票赞成 B，因此 B 会以 2∶1 的票数获胜。同样，如果在 B 和 C 之间投票选择，B 也会以 2∶1 的票数获胜。B 战胜了所有其他选择，成为多数票规则的选择结果。请注意，B 中选与投票顺序无关。

然而，多数票决策规则并不总会产生如此明确的结果。看一下表 6—2 所示的偏好。再经过几次二选一的选择过程，确定最偏好的提供水平。在 A 和 B 的选择中，A 以 2∶1 的票数获胜。在 B 和 C 的选择中，B 以 2∶1 的票数获胜。最后，在 A 和 C 的选择中，C 以 2∶1 的

① 直观地说，假定 $P_r=1$。夏娃使 $S^E P_r = MRS_{ra}^{夏娃}$，亚当使 $S^A P_r = MRS_{ra}^{亚当}$，故 $MRS_{ra}^{夏娃} + MRS_{ra}^{亚当} = S^E P_r + S^A P_r = P_r（S^E + S^A）= P_r$。但 P_r 代表 MRT_{ra}，因而 $MRS_{ra}^{夏娃} + MRS_{ra}^{亚当} = MRT_{ra}$，这正是式（4.2）帕累托效率的必要条件。

票数获胜。这是一个令人尴尬的投票结果。第一种选择表明，A 优于 B；第二种选择表明，B 优于 C。就一致性的常理来说，A 应该优于 C，但是在第三种选择中，选民的选择是 C 优于 A。虽然每个选民的偏好是前后一致的，但整个社会的偏好却不一致。这种现象被称为**投票悖论**（voting paradox）。

表 6—2 造成循环的选民偏好

选择	选民		
	布拉德	珍妮	安吉利娜
第一种	A	C	B
第二种	B	A	C
第三种	C	B	A

说明：给定这些选民的偏好，在 A 和 B 之间选择 A 获胜，在 B 和 C 之间选择 B 获胜，在 A 和 C 之间选择 C 获胜。因此，出现了投票悖论：虽然每个人的偏好是前后一致的，但群体的偏好却不然。

此外，就表 6—2 所示的偏好来说，最终结果关键取决于投票的顺序。一方面，如果第一种选择在 A 和 B 之间进行，胜者是 A，A 再与 C 进行比较，C 将成为最终的选择。另一方面，如果第一种选择在 B 与 C 之间进行，胜者是 B，B 再与 A 进行比较，A 将成为最终的选择。在这种情况下，控制投票顺序（议程）的能力会产生巨大权力。**议程操纵**（agenda manipulation）是指为确保产生有利结果而安排投票顺序的过程。

与此相关的一个问题是，成对投票能一直进行下去，但没有结果。在 A 与 B 中选择，A 获胜；在 C 与 A 中选择，C 获胜；如果在 B 与 C 中选择，B 获胜。这一过程无休止，这种现象被称为**投票循环**（cycling）。在历史上，有一个很好的例子，那就是美国宪法第 17 条修正案，该法案提出要直接选举美国参议员。该修正案的通过因投票循环而推延了许多年。

很清楚，多数票规则不一定会造成这些问题，毕竟表 6—1 所示的选举顺利通过了。问题出在哪里？结果发现，个人对于不同的导弹采购水平的偏好结构不同。再看看表 6—2 中的人。由于布拉德的偏好顺序是 A、B、C，由此可知，对于布拉德来说，A 的效用大于 B，B 的效用大于 C。在图 6—2 中代表布拉德的曲线描述的就是这种关系。标记为珍妮和安吉利娜的曲线表明的是其他选民的同样关系。

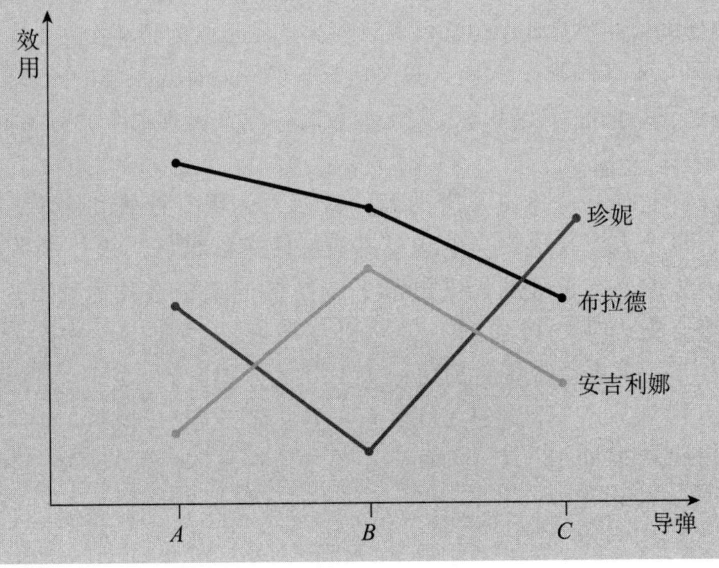

图 6—2 根据表 6—2 绘制的偏好图

说明：布拉德和安吉利娜具有单峰偏好，可是珍妮具有双峰偏好。

我们把一个人的偏好中比所有相邻点都高的点，定义为**峰**（peak）。[①] 如果一个选民偏离其最中意的结果，不论偏离的方向如何，他的效用都是下降的，那么，他就具有**单峰偏好**（single-peaked preferences）。如果他偏离其最中意的结果，其效用先降后升，那么，他就具有**双峰偏好**（double-peaked preferences）。因此，布拉德和安吉利娜都具有单峰偏好，分别在 A 点和 B 点；珍妮则具有双峰偏好，一个在 A 点，另一个在 C 点。可以看出，珍妮的偏好导致了投票悖论。如果珍妮有任一组单峰偏好，则多数票规则就会产生一致性决策。这就是表 6—1 中未出现投票悖论的原因。在表 6—1 中，每个选民都具有单峰偏好。更一般地说，如果所有选民的偏好都是单峰的，就不会出现投票悖论。

由于多峰偏好会破坏多数票规则，所以了解多峰偏好在实践中是否重要，就显得很必要。再看一下表 6—2 珍妮的双峰偏好。她对导弹支出的偏好是，要么很大，要么很小，而不是中间数量。虽然这种偏好不一定是不理性的，但似乎有点特别。也许珍妮认为，不多不少的导弹数量没有多大的实际保护意义，因而除非支出规模很大，否则还不如没有。

但是，假定选民表决的不是导弹支出，而是公园（一种存在私人替代品的物品）的支出水平。如果公园的支出规模比较小或是中等水平，选民文斯将参加私人乡村俱乐部；如果公园支出很大，他就愿意使用公园。如果文斯的税负随着公园支出的增加而上升，他会选择小公园而不是中等公园，因为在这两种选择都无益于他的情况下，他就会选择税负较轻的那种。但是，他最偏好的结果也许是支出很大的公园（这部分取决于相应的税负和乡村俱乐部费用的相对大小）。总之，文斯可能选择的或者是小公园，或者是大公园，但不是中等公园。所以，在公共提供物品存在私人替代品的情况下，可能很容易出现像图 6—2 中珍妮那样的多峰偏好格局。

此外，如果问题不能按一维顺序进行排序，多峰偏好也很可能出现。假定一个社区正在为如何使用一幢空楼而进行决策。选择 A 是用做人工流产诊所，选择 B 是用做成人书店，选择 C 是用做征兵室。和选择不同的导弹支出水平不一样，这里可供选择的方案不具备单一特征，很容易出现多峰偏好。

中位选民定理 现在，让我们回到一种简单的情况，在这种情况下，各种备选方案具有同一特征，只是在数量上有大有小。人们在这种特征的基础上对每一备选方案进行排序。以获取多少某种公共物品为例。**中位选民**（median voter）是指其偏好位于所有选民偏好序列中间的选民，一半选民想要的公共物品比中位选民多，一半选民想要的公共物品比中位选民少。**中位选民定理**（median voter theorem）表明，只要所有人的偏好都是单峰的，多数票规则的结果所反映的就是中位选民的偏好（当选民人数是偶数时，也许出现两个票数相同的中位选民，必须任选一个）。

为了说明该定理，假定有五位选民：唐纳德、戴西、休伊、杜威和路易。他们正在商定一次聚会的规模，每个人对这次聚会的规模都有一个单峰偏好。表 6—3 给出了每个选民最偏好的规模。由于偏好是单峰的，支出水平越是接近某个选民的峰点，他或她就越偏好该支出水平。聚会支出从 0 增加到 5 美元得到所有选民拥护；从 5 美元上升到 100 美元得到戴西、休伊、杜威和路易的赞同；从 100 美元上升到 150 美元得到休伊、杜威和路易的赞同。但是，支出水平一旦超过 150 美元，至少有三位选民抵制，他们是唐纳德、戴西和休伊。因此，多数票是赞同 150 美元，而这正是中位选民休伊所偏好的支出水平。投

① 对于这种分析，每一备选方案产生的绝对效用量无关紧要，垂直距离可以改变，但只要峰的格局保持不变，选举结果就不会变。

票结果反映的是中位选民的偏好。

表 6—3　　**聚会支出的偏好水平**

选民	支出（美元）
唐纳德	5
戴西	100
休伊	150
杜威	160
路易	700

说明：如果所有选民都是单峰偏好，那么，多数票规则所产生的结果反映的是中位选民的偏好。在这种情况下，多数票规则导致该聚会的开支是 150 美元。

总之，当所有偏好都是单峰偏好时，多数票规则会产生一个稳定的结果，所选出的结果反映的是中位选民的偏好。但是，如果某些选民的偏好是多峰偏好，就可能出现投票悖论。[①]由于多峰偏好在许多现实场合可能很重要，故不能指望多数票规则产生一致的公共选择。而且，正如我们马上就要讨论的，即使在多数票规则产生一致决策时，从总体效益大于总体成本的角度来考虑，这种决策也不一定具有效率。

□ 互投赞成票

简单多数票规则可能存在的一个问题是，它无法使人们表达他们对某一方案的偏好程度。某选民在 A 与 B 之间是仅勉强赞同 A，还是非常赞同 A，对投票结果没有影响。**互投赞成票**（logrolling）制度可使人们进行投票交易，从而表达他们对不同方案的偏好程度。假定选民史密斯和琼斯都不愿意有更多的导弹，但这种态度并不强烈。相反，布朗则强烈要求有更多的导弹。在互投赞成票制度下，布朗在许诺投票赞成修一条通向琼斯工厂的新路的条件下，也许能说服琼斯投票赞成有更多的导弹。

对于投票交易，存在着争议。支持者认为，投票交易会导致公共物品的有效提供，就像商品交易导致私人物品的有效提供一样。支持者还强调，这种投票交易可能有助于揭示出偏好的强度和建立一种稳定均衡。而且，投票交易所隐含的妥协是民主制度运行的必要条件。正如社会学家詹姆斯·Q·威尔逊（James Q. Wilson，2000）指出的那样，“投票交易被称为政治分肥（pork barrels）或互投赞成票，但这种交易对于找到某种方式来平衡各方利益是必不可少的，其中的每一种利益都由不欠其他任何议员的某个议员所捍卫。投票交易和政治分肥项目是实现权力和语言所不能实现的结果的必要方式。”

举一个数字例子有助于说明这些优势。假定一个社区正在考虑 3 个项目——医院、图书馆和游泳池，该社区有 3 位选民——梅兰妮、雷特和斯卡利特。表 6—4 给出了每个项目对于每位选民所产生的收益（负号表示净损失，即成本超过收益）。

我们在表 6—4 中首先看到，每个项目的净收益总额都是正值。因此，根据定义，如果每个项目都付诸实施，整个社区的境况就会变好。[②] 但是，如果每次投票只对一个项目进行表决，结果会如何？梅兰妮将投票赞同建医院，因为建医院对她来说，净效益是正值。但是，雷特和斯卡利特会投反对票，因为对他们来说，建医院的净效益是负值。所以，建医院会被

① 一个或多个选民的偏好是多峰偏好，并不一定导致投票悖论，这取决于选民的人数及其偏好结构。见本章末的讨论题 1。

② 假定不存在使私人成本与收益不等于社会成本与收益的外部性或其他任何因素。

否决。同理，图书馆和游泳池也不能通过。

表 6—4　　互投赞成票能改善福利

项目	选民			净收益总额
	梅兰妮	雷特	斯卡利特	
医院	200	−50	−55	95
图书馆	−40	150	−30	80
游泳池	−120	−60	400	220

说明：如果对每个项目单独投票，即使每一项目都能产生正的净收益，也不会通过。然而，在投票交易情况下，社会福利会得到改善。

投票交易可以改变这种状况。假定如果雷特投票赞同建医院，梅兰妮就投票赞同建图书馆。梅兰妮和雷特通过这种交易都很划算，得到的净收益分别是 160（=200−40）和 100（=150−50）。因此，他们达成交易，医院和图书馆都获得通过，社会福利得到改善。同理，梅兰妮和斯卡利特也可以做交易，梅兰妮支持建游泳池，以换取斯卡利特对建医院的支持，这也会改善社会福利。请注意，在这两种情况下，即使这三个项目都会提高社会福利，但互投赞成票也只是使三个项目中的两个项目获得通过。这三个项目有无可能都获得支持？如果存在用金钱而非选票进行交易的“补偿性支付”，三个项目就有可能都获得通过。在我们的例子中，梅兰妮愿意向雷特或斯卡利特支付以获得建医院的选票，支付额会大到足以补偿其他选民的损失。同样，雷特可以买支持建图书馆的选票，斯卡利特也可以买支持建游泳池的选票。

互投赞成票的反对者强调指出，这很可能导致特殊利益集团获得的收益不足以抵消总损失，造成大量浪费。例如，2009 年众议院通过的气候法案向各种特殊利益集团发放了数十亿美元，以获得它们的支持。受益者包括“农林业利益集团……公用事业单位、汽车制造商、钢铁企业、天然气钻探公司、炼油企业、大学以及房地产经纪人”（Broder，2009）。

表 6—5 说明了在一定情况下，互投赞成票导致了这种不可取的结果。假定仍然有同表 6—4 的 3 位选民和 3 个项目，但是净收益情况有所不同，每个项目的净收益都是负值。因此，每个项目都应该被否决，就像每次投票都只对一个项目进行表决那样。

但是，在互投赞成票制度下，有些或所有这些无效率项目都可能获得通过。假定梅兰妮为使雷特投票赞同建医院而支持建图书馆，这笔交易可以做成，因为两人都赚了——梅兰妮赚了 160（=200−40），雷特赚了 40（=150−110）。在梅兰妮和雷特的相互支持下，两个项目都得以通过。同样，雷特与斯卡利特也可以在游泳池和图书馆上做投票交易，从而使这两个项目得以通过。

表 6—5　　互投赞成票也能降低福利

项目	选民			净收益总额
	梅兰妮	雷特	斯卡利特	
医院	200	−110	−105	−15
图书馆	−40	150	−120	−10
游泳池	−270	−140	400	−10

说明：如果对每个项目单独投票，没有一个项目会通过。这是有效率的，因为每个项目产生的净收益都是负的。然而，在投票交易情况下，有些项目或所有项目都会通过，这是无效率的。

为了理解造成这个结果的缘由，想想梅兰妮和雷特在建医院和图书馆上的投票交易。请注意，斯卡利特在这两个项目上都是赔的。这表明大多数选民通过互投赞成票结成联盟，投票赞同符合自己利益的项目，而成本主要由少数人承担。因此，尽管对于多数人来说，项目的收益大于成本，但对于整个社会来说并非如此。我们的结论是，虽然互投赞成票有时能改善简单多数票规则的结果，但它也可以使事情变得更糟。需要指出的是，即使在这个例子中，如果允许补偿性支付，无效率的项目也将无法通过，因为斯卡利特可以收买梅兰妮和雷特。

□ 阿罗不可能定理

我们已经表明，无论是简单多数票规则，还是互投赞成票制度，都不能完全令人满意。人们也考虑过许多其他投票方法，但也都有不足之处。[①] 一个重要的问题是，有没有道德上可接受的方法，能将个人偏好轻易地转换为集体偏好。这取决于“道德上可接受”的含义。诺贝尔经济学奖得主肯尼思·阿罗（Kenneth Arrow，1951）认为，在民主社会里，集体决策规则应该满足下列标准[②]：

（1）无论选民的偏好结构如何，都能产生决策。举例说来，若某些人具有多峰偏好，选举程序仍不会瓦解。

（2）必须能对所有可能的结果进行排序。

（3）必须接受个人偏好。具体来说，如果每个人都认为 A 优于 B，那么，社会的排序必须是 A 优于 B。

（4）必须前后一致，也就是说，如果 A 优于 B，B 优于 C，则 A 必定优于 C。[③]

（5）社会对 A 和 B 的排序只取决于个人对 A 和 B 的排序。因此，载人太空旅行和外援的集体排序，并不取决于个人对这些项目相对于艾滋病防治研究的排序。这个假设有时被称为**不受无关选择影响**（independence of irrelevant alternatives）假设。

（6）不存在独裁。社会偏好绝对不能只反映单个人的偏好。

总的来看，这些标准似乎是相当合理的。它们基本上说明了，社会的选择机制应合乎逻辑，应尊重个人偏好。不幸的是，阿罗分析得出的一个令人惊讶的结论是，一般说来，要找到一个满足所有这些标准的规则是不可能的。[④] 不能指望民主社会能够作出一致同意决策。

这个被称为**阿罗不可能定理**（Arrow's Impossibility Theorem）的结论，使人们对民主制度的运作能力产生了怀疑。当然，该定理引起了很多争论，主要集中在是否还有其他一些标准能作为社会决策规则。事实证明，如果把上述六个标准中的任何一个去掉，就能形成一个满足其他五个标准的决策规则。但是，能否去掉其中任何一个标准，取决于人们对这些标准在道德上是否正当的看法。

阿罗定理并不是说肯定不可能找到一个一致同意决策规则，而只是说不能保证社会就能找到这样一个规则。对于某种类型的个人偏好来说，不会有什么问题。一个明显的例子是，当社会成员具有相同的偏好时，就没有什么问题。有些人认为，阿罗不可能定理的真正意义

---

① 包括计点投票法（给每人固定点数，可投在不同的备选方案上）、相对多数票法（得票最多者获胜）、博尔达计数法（每个选民都按优先次序排列所有备选方案，对所有排序相加后选择）、孔多塞特选举法（在两两选举中击败所有对手者获胜）、穷尽投票法（把大多数选民最不支持的建议一个个否决掉，直到剩下最后一个）。见莱文和纳尔布夫的详细论述（Levin and Nalebuff，1995）。

② 阿罗的前提条件有多种表述方法，这里的表述取自布莱尔和波拉克的著述（Blair and Pollak，1983）。

③ 更确切地说，这里所谓的“优于”是指“好于或同样好”。

④ 要证明这一点，会涉及相当复杂的数学问题。证明过程表明，如果同时考虑这 6 个条件，像投票悖论这样的现象就会发生。

在于，它表明，民主制度要正常运行，要求人们的偏好实质上是一致的。他们认为，许多制度的目标很明确，那就是要影响人们的偏好形成，以确保能产生一致性。一个例子就是强制性公共教育。这种言论与英国政治家本杰明·迪斯雷利（Benjamin Disraeli）的观点一致："只要有所谓的家长式统治的政府，就会有完备的国家教育。人们发现，确保盲目服从的最佳方法是，在孩提时代就开始进行专制教育。"洛特（Lott，1999）在分析了各国的教育支出格局后，发现了一个与迪斯雷利的观点在本质上相似的结果——在其他条件相同的情况下，越倾向于极权主义的政府，公共教育投资往往就越大。

一个截然不同的观点是，阿罗定理对民主过程的可行性其实并未讲太多。另一位诺贝尔经济学奖得主詹姆斯·布坎南（James Buchanan，1960，p. 83）认为，多数票规则的不一致性有其有利的一面：

> 多数票规则之所以为自由社会所接受，恰恰是因为它允许人们在没能达成相对一致的各种选择之间反复调整……确保各种竞争性的备选方案得到试验性的和临时性的采纳、检验，并被成员构成不断变化的多数人集团所认可的新折中方案所取代。这就是民主的选举过程。

阿罗定理引出的另一个重要问题与社会福利函数的使用有关。记得在第 3 章中说过，社会福利函数是衡量任何一组个人效用满意度的一把尺子。在民主社会里，社会福利函数必须由集体选择。但阿罗定理认为，也许不可能作出这样的决策，因而不能假定社会福利函数真的存在。可是，如果它不存在，经济学家又如何能运用社会福利函数来对各种状态排序？因此，有些经济学家拒绝使用社会福利函数。他们认为，社会福利函数仅仅是引入价值判断的一种方法，而不能代表"社会的"偏好。依此看来，社会福利函数无法确定最优资源配置。不过，大多数经济学家认为，社会福利函数是一个重要工具。它也许不能提供"这种"答案，但它可以用来揭示出各种价值判断的含义。按照这种解释来理解，社会福利函数提供了有价值的见解。

代议民主制

虽然到目前为止关于公共决策的讨论已阐明了某些重要的问题，但这都是基于对政府的不切实际的想法：政府实质上是一台功能强大的计算机，探得公民的偏好，并运用这种信息产生社会决策。国家没有自身利益，它是中立的和仁慈的。

当然，事实上，政府的事是靠人——政治家、法官、官僚和其他人来做的。现实的政治经济学模型必须研究执政者的目标和行为。本节讨论几个这样的模型。它们假定，政府中的人像其他个人一样，也试图使其自身利益最大化。

当选政治家

前面对直接民主制的讨论产生了中位选民定理：如果个人偏好是单峰的且是单维的，那么，多数票规则的结果反映的是中位选民的偏好。在现实中，就财政事务进行直接的全民投票是非常少见的。比较常见的做法是，公民选出代表，代表他们作出决策。然而，在某些假设条件下，中位选民定理有助于解释这些代表如何决定他们的立场。

以在两个候选人史密斯和琼斯之间进行选举为例。假定选民在政治观点上具有单峰偏好。选民投票是为了使其自身效用最大化，候选人则追求选票数量的最大化。

结果如何？在这些条件下，追求选票数量最大化的政治家，将采纳中位选民偏好的计划，中位选民的偏好恰好处于偏好分布的中间。为了说明这一点，假定选民按“保守派”或“自由派”对所有政治家的立场排序。图 6—3 描绘的是一个假想的选民分布情况，在各种政见中，每位选民都有一个最偏好的政见。假定候选人琼斯采取的是立场 M，即在分布图的中间，而候选人史密斯选择的是立场 S，即在中间靠右的位置。由于所有选民都具有单峰偏好，都想使自身效用最大化，因而每位选民都将支持和他意见最接近的候选人。史密斯将赢得 S 右边的所有选票，还能赢得在 S 和 M 之间的部分选票。由于 M 处于中间，一半选民在 M 的左边，因而琼斯会赢得 M 左边的所有选票和 M 右边的部分选票，他稳获多数票。史密斯防止被“击败”的唯一办法是，他自己要向 M 靠拢。所以，两位候选人要尽可能地接近中位选民的立场。

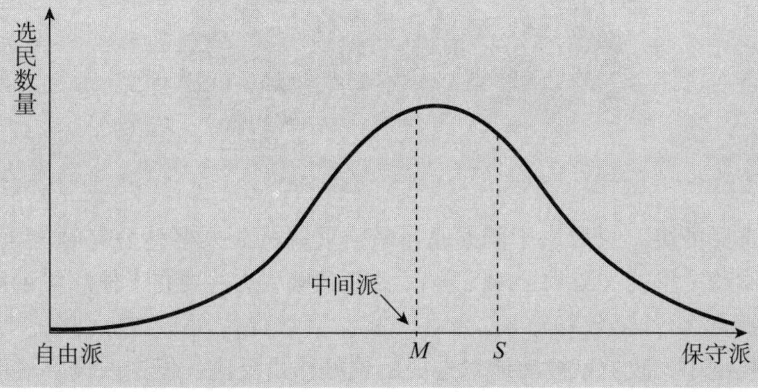

图 6—3　关于选举的中位选民定理

说明：采取中间立场（M）的候选人将击败采取偏离中间立场（S）的候选人因为前者将赢得 M 左边的所有选票（一半选民）加上 M 和 S 之间的部分选票。

这个模型具有一个引人注目的含义：从两党都保持接近“中间派意见”的立场来说，两党制通常是稳定的。从某些方面看，这是对美国政治生活的一个很好的写照。比如，那些被认为太偏离中间道路的总统候选人［1964 年的巴里・戈德华特（Barry Goldwater）和 1972 年的乔治・麦戈文（George McGovern）］，选民的支持率好像就很差。[①] 2012 年的共和党初选结束后，一位记者曾说，罗姆尼（Romney）州长“从共和党总统候选人提名包装之前所表现出来的根深蒂固的保守主义，逐渐向中间派靠拢”（Hurst，2012）。根据中位选民模型，这种现象不足为奇。正如下页漫画所暗示的那样，对于政治家来说，偏离中间派是危险的。

然而，在确信这些相当乐观的结果之前，还有几个问题需要仔细考虑。

单维排序　如果所有政治信念都无法按单一层面进行排序，中位选民定理就不会成立，因为究竟谁是中位选民，取决于所考察的问题。平权行动问题上的中位选民和国防问题上的中位选民可能不是相同的人。同理，与直接公民投票一样，如果偏好不是单峰的，就根本不会存在稳定的投票均衡。

思想意识　该模型假定政治家仅仅是选票最大化者，但他们关心的也许不只是当选。思想意识可能起很大作用。亨利・克莱（Henry Clay）在 1850 年就曾说过：“先生们，我宁愿不当总统也要做正确的事。”

① 戈德华特的一个竞选口号是：“要选择，不要做应声虫。”中位选民定理有助于说明，为什么应声虫如此普遍地存在。

漫画："陛下，或许您应当根据中间派的意见治国。"

人格魅力 假定选民的决定只取决于问题是不符合实际的。人格魅力有时也比较重要。例如，有人认为，罗纳德·里根（Ronald Reagan）总统的吸引力主要在于他那父亲般仁慈的个性。

领导才能 在该模型中，政治家被动地对选民的偏好作出反应，但这些偏好可能要受政治家本身的影响。这只是对政治家具有领导才能的另一种说法。一个有趣的极端例子是，如果政治家的举措真的改变了他或她的选区居民的构成，那么，领导才能就能改变选举结果。例如，一位市长的主要支持者是穷人，他可以实施试图把高收入者驱赶出本辖区的政策，从而就改变了中位选民的本体。有些证据表明，这种现象曾发生在 20 世纪上半期的波士顿和下半期的底特律（Glaeser and Shleifer，2005）。

是否投票 该分析假定，每个合格的公民都会行使他或她的选举权。但是，如果候选人的立场十分接近，有些人也许因为觉得无聊而不投票。持极端观点的人也许因观点对立而不去投票。该模型还忽略了获取信息和投票的成本。充分知情的选民要就候选人的施政纲领是否合适、候选人能够并愿意信守其承诺的可能性等作出判断。这样做的成本可能很高，再加上选民知道一张选票对选举结果没什么影响，可能使追求自身利益的公民放弃投票。这时就出现了免费搭车问题——每个人都有不去投票的动机，但如果没有一定数量的人参与投票，民主制度就无法运行。虽然人们经常抱怨选民参与率低（例如，在 2012 年的总统大选中，只有 54%的选民投了票），但是，令人费解的是，投票率为何还如此之高。部分答案也许是，教育制度成功地向公民灌输了投票是公民的责任这种思想，这种思想意识战胜了狭隘的私利考虑。

□ 公务员

我们接下来要考察的是公务员，也称为官僚。要了解他们的作用，请注意当选政治家通过的立法通常是模糊不清的，具体实施的方法掌握在公务员的手里。比如，《清洁空气法案》规定，政府必须制定“使公共卫生保持在适当的安全限度内的必要”标准［Clean Air Act，Section 104(b)(1)］。卫生状况如何衡量？用来决定“适当限度”的科学标准是什么？这个法案并没有说。填补这些空白的任务就落在了环境保护局的官僚身上，他们的回旋余地和权力很大。同样，2010年通过的《平价医疗法案》(Affordable Care Act) 全面修订了医疗保健制度，包括1 563种情况，要求卫生部部长解决各种设计问题，其中许多都是关键性问题 (*Wall Street Journal*，2011)。

官僚受到许多尖刻的批评。人们指责他们麻木不仁，制造了过多的繁文缛节，对公民的私人事务横加干涉，甚至连新潮的摇滚乐队也加入了攻击官僚的行列：

繁文缛节，我能看到，难道你看不到？
繁文缛节，发生在你我身上。
繁文缛节，华盛顿的官僚主义。
繁文缛节，你我深受其害。
征税，征税，就知道征税。
不要再有繁文缛节。①

但是，如果没有官僚，现代政府就一事无成。官僚们在拟定和执行计划方面拥有宝贵的技术专长，而且他们的任职时间往往长于选出来的官员，成为不可或缺的“制度存储器”。这样的知识也是官僚权威性的重要来源。例如，当选的日本政治家多年来一直试图遏制该国官僚们的权力，但成效甚微。为什么？正如一位观察家所言，“官僚们在管理国家代代相传的经验和专长上具有压倒性优势”(Fackler，2009)。

官僚的另一重要作用是，提供有关公共部门业务的准确文件，确保所有合格公民在特定公共服务上都能得到同等待遇，并防止各种形式的腐败。另一方面，如果认为官僚们的唯一目标就是解释和被动地履行选民及其代表的意愿，那就太天真了。相反，官僚们往往更加关注职务特权、公众声誉、权力和任免权。因此，公共支出很可能超过边际社会收益等于边际成本时的水平。

□ 特殊利益集团

到目前为止，我们一直假定公民只能作为单个选民来影响政府的政策。事实上，具有共同利益的人联合起来行动的威力要大得多。这种集团的力量源泉或许是该集团的选民参与率比整个人口的选民参与率高，或者是其成员可能愿意为竞选捐款并（或）行贿。例如，2008年的总统大选获得的竞选捐款达十亿美元。

这些利益集团形成的基础是什么？有多种可能。

收入来源：资本或劳动　根据正统的马克思主义，人民的政治利益取决于他们是资本家还是劳动者。这种观点用来解释当代美国利益集团的形成显得过于简单。虽然高收入者的收入中来自资本的收入比例相对较高，但富人的绝大部分收入仍来自劳动。因此，很难说清谁是“资本家”，谁是“劳动者”。的确，针对美国和其他西方国家的收入分配的研究表明，造

① 引自《繁文缛节》一曲，词曲作者是Circle Jerks的基思·莫里斯（Keith Morris）和格雷格·赫特森（Greg Hetson）。© 1980，Irving Music，Inc.，and Plagued Music (BMI). 版权所有。国际版权受保护。

成总收入不平等现象的主要原因是劳动收入的不平等（Lee，2005）。

收入规模　在许多经济政策问题上，富人和穷人的观点不同。比如，关于再分配性支出计划的优点，他们可能就持不同意见。同理，每个集团都支持对它们大量消费的物品进行明补或暗补的计划。因此，富人支持对业主自用住房的补贴，而穷人则支持对租用住房的特殊待遇。

收入来源：就业的行业　工人和雇主在要求政府支持他们所在行业方面有共同利益。例如，在钢铁、纺织和汽车等行业，劳资双方就会齐心协力，游说政府保护他们不受外国竞争的影响。

地区　同一地区的居民通常有共同利益。南部公民关注石油的税收优惠待遇；中西部居民关心农业补贴；东北部居民则为争取城市发展支出而游说。

人口和个人特征　老年人支持医疗补贴和慷慨的退休计划；年轻夫妇关心的则是好学校和低工资税；宗教信仰在资助堕胎和政府补助私立学校的争论中起很大作用；少数民族对政府的双语教育计划支出是否适当有不同意见。性别是利益集团形成的一个重要基础，在 2012 年大选中，绝大多数妇女支持民主党，这种性别差异引起共和党的高度关切。

诸如此类的名目可以无穷地列举下去。既然利益集团可以在许多基础上形成，那么，人们在某个问题上意见相左，而在另一个问题上又会保持一致，也就不足为奇了。“政治使同床者异梦”，这或多或少是对现实的写照。

上述讨论忽视了这样一个问题，即有共同利益的人如何设法组织起来？加入一个集团，可能需要交纳会费，还要花费时间，等等。每个人都想让别人耕耘，自己收获，成为免费搭车者。当人数少时，结成集团的可能性大些，而且可能对不参加者采取制裁措施。但是，在有些情况下，可能无法用金钱上的私利加以解释。有关政府资助堕胎的争论，就说明了思想意识和情感因素对决定加入一个集团的影响。

寻租　我们注意到，公民团体可以操纵政治制度，使收入再分配有利于自己。一般来说，这种活动称为**寻租**（rent-seeking），即利用政府获取比正常收益高的收益（“租金”）。寻租形式多种多样。一个重要的形式是，一群生产者诱使政府限制他们所在行业的产量，这会导致价格上升，使其赚取租金。例如，在美国，许多年来，只有得到政府许可，才能种植花生，而政府许可种植花生的土地仅有 150 万亩。政府通过限制用于种植花生的土地数量来减少花生的产量，为生产者创造了租金。

为了分析寻租行为，看一下图 6—4，该图描述了花生市场。需求曲线是 D。为简化起见，假定花生的供给 S 呈水平状。在没有政府干预的情况下，均衡状态由供求曲线的交点决定，此时，产量为 Q_c，价格为 P_c。（下标 c 提醒我们它是竞争的结果。）如果花生的生产者都同意减少各自的产量，从而抬高市场价格，那么，这对他们可能都有好处。更具体地说，如果他们联合起来使行业利润最大化，并在他们之间分配，那么，他们的境况都会变好。这实质上是形成了**卡特尔**（cartel），卡特尔是供给者联合起来，限制产量、抬高价格的一种安排。

他们为什么不这么做？因为即使作为卡特尔的成员集体受益，也并不意味着任何单个成员都从中受益。当卡特尔提高价格时，任何单个农场都有欺骗的动力，即都想把自己的产量提高到它已同意的配额之上。所有农场都有这样的动力，都想增加产量，结果价格又回落到竞争性均衡水平。这正是政府起作用的时候。如果生产者能设法让政府强制形成卡特尔，那么，他们就能维持高价而不必担心作弊。就拿花生行业来说，几十年来，政府强制形成卡特尔的方法很简单，即谁没有得到许可，谁种植花生就是犯法的！而且，即使有了许可证，可

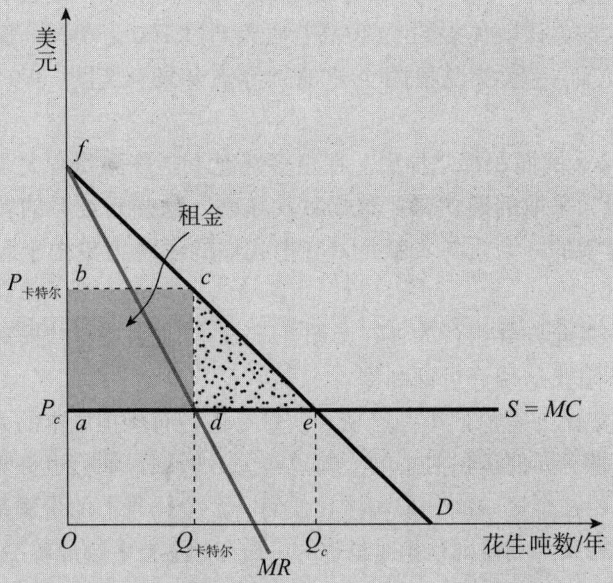

图 6—4　寻租行为

说明：如果花生行业成功地让政府强制形成卡特尔（或许是种植花生需要许可证或者规定花生配额），那么，现有的企业就可以人为地保持高价格，获取租金。

以种植花生的数量也要由政府的配额决定。从农场的角度来看，该计划非常成功。国内花生价格是国际价格的 2 倍，许可证的持有者获取了巨额租金。在国会于 2002 年取消了花生许可证之后，取而代之的是数十亿美元的直接补贴（Riedl，2002）。

从卡特尔的角度来看，最佳价格是多少？为了使行业利润最大化，卡特尔需要生产的产量是行业边际成本（生产 1 吨花生的增量成本）等于行业边际收入（销售 1 吨花生的增量收入）的产量。供给曲线代表生产的边际成本（*MC*），边际收入曲线是 *MR*。卡特尔产量 $Q_{卡特尔}$ 是由它们的交点决定的，相应的价格是 $P_{卡特尔}$。花生农场主通过销售 *ad* 单位中每吨花生获得高价（距离 *ab*），赚取了等于 *abcd* 面积的租金。

为了维持许可证制度，生产者也要花钱。他们大概要向国会的重要人物献上竞选捐款、雇用说客，等等。他们为维护这种制度而愿意支付的最大金额是多少？鉴于租金是超出正常收益的报酬，企业为保持有利地位而愿意支付的最大数量就是租金总量 *abcd*。

至此看来，寻租行为似乎只是导致收入从消费者（支付较高的价格）转至生产者（获取租金）。但问题不止于此。回忆一下，消费者剩余是价格之上与需求曲线之下的面积（见本书末的附录）。因此，在实行许可证制度之前，消费者剩余是 *fae* 的面积。同理，在实行许可证制度之后，消费者剩余是 *fbc* 的面积。所以，消费者的境况变差，其程度是这两个面积之差，即 *abce* 的面积。我们知道，*abcd* 归生产者，而剩下的剩余损失 *dce* 归谁了呢？答案是谁都没有得到——这正是社会的**无谓损失**（deadweight loss），没有任何收益的纯粹浪费。无谓损失之所以发生，是因为花生的价格上升扭曲了消费者在花生与其他商品之间的选择，导致花生的产量低于效率产量。

在对垄断的标准解释中，*dce* 的面积是仅有的无谓损失。但在寻租行为模型中，无谓损失实际上更大。如前所述，寻租行为可能消耗了资源——说客花时间来影响立法者和官员，顾问在监管机构那里陈述，广告商展开公关活动。这些资源本来可以用于生产新的商品和服务，而现在在现有商品和服务分配的争斗中被消耗掉了。因此，*abcd* 的面积不仅仅代表一次性转让，还度量了为保持市场权力地位而耗用的实际资源。总之，按照这种观点，寻租行为

的无谓损失是 *abcd* 和 *dce* 的总和，即 *abce*。寻租的资源成本可能很大。最近对华盛顿特区的说客薪酬水平的一项调查发现，该群体中的 89 位高管收入超过 100 万美元，医药行业的游说负责人收入近 450 万美元，而一家游说集团企业的领导者年收入超过 550 万美元（*Wall Street Journal*，2010）。

然而，我们不能断言 *abce* 的面积都是损失。在很多情况下，该面积夸大了寻租行为的效率成本。例如，有些寻租行为采取的形式是竞选捐款和贿赂，这些是纯粹的转让，没有“耗用”实际资源。寻租行为模型的一个重要贡献是，它把我们的注意力集中于政府权力产生租金而造成浪费的潜在规模。

最后一个问题是，为什么允许寻租行为存在？图 6—4 表明，消费者的损失毕竟大于生产者的收益，消费者为什么不阻止这种许可证制度？

其中一个原因是，利益集团与官僚们组织严密，信息灵通，而承担成本的人们没有组织起来，甚至都不知道是怎么回事。即使负担成本的人知道是怎么回事，他们也许觉得不值得费时间去反击。因为计划的成本要在全民中间分摊，摊在任何一个公民身上的份额都很小，不值得花时间和精力去组织反抗。相反，利益则是相对集中的，潜在的受益者结成政治团体是值得的。

□ 其他人物

我们并不想把形形色色的人都列举出来，只是列出影响政府财政决策的几种当事人。

法官通过法院裁决对政府支出有很大影响。从公立学校双语教育到监狱改造，法官对政府支出的强制裁定范围很广。最近的一个例子发生在新泽西州，州最高法院裁定，州长削减教育预算违反了法院关于充分满足最穷学区教育经费需要的法令。法院命令州政府再拿出 5 亿美元（Cooper，2011）。

记者通过引起公众对某些问题的关注，也能影响财政结果。例如，对破损的桥梁和道路进行广泛报道，使许多地区增加了基础设施支出。格伯等（Gerber，Karlan and Bergan，2006）最近的一项研究考察了报纸是否影响人们的投票方式。他们随机指定一些人收到《华盛顿邮报》（普遍认为这是一份自由主义报纸）或《华盛顿时报》（普遍认为这是一份保守主义报纸），还有人未收到任何报纸。他们发现，收到《华盛顿邮报》的人比没有收到报纸的人，投票支持民主党州长候选人的可能性高出 8 个百分点，这表明媒体确实会影响投票行为。

最后，在信息是一个重要的潜在影响力量的情况下，专家能够影响公共部门决策。对某些计划具有专长的立法助理，在立法起草过程中起着重要作用。还有一些不在政府供职的专家、学术界的社会科学家、环境工程师以及其他人，都试图利用他们的专长来影响经济政策。经济学家喜欢引用约翰·梅纳德·凯恩斯（John Maynard Keynes，1965/1936，p. 383）的那句名言：“经济学家和政治哲学家的思想，无论对错，都具有超乎寻常的影响力。的确，没有什么别的东西能统治这个世界。”不过，要想确定社会科学研究是否影响政策、通过什么渠道施以影响，那是极其困难的。

解释政府增长

政府的增长引起了人们对许多政治经济问题的关注。如第 1 章所述，长期以来，美国的公共支出不论是从绝对数还是从相对数来看，都有巨大增长。公共部门的不断增长并非美国所特有，其他一些西方国家也是如此，如表 6—6 所示。因此，在探求政府公共支出增长的原因时，必须注意，不要过分强调美国所特有的事件和制度。下面是一些最重要的理论，它们未必是相互排斥的，没有哪一种理论能单独解释整个现象。的确，即使这些理论放在一起，仍然有许多解释不清的地方。

表 6—6　　部分国家的政府支出占 GDP 的比例（部分年份）(%)

年度	加拿大	瑞士	英国
1900	9.5	—	14.4
1910	11.4	—	12.7
1920	16.1	—	26.2
1930	18.9	15.9	26.1
1940	23.1	19.2	30.0
1950	22.1	19.9	39.0
1960	29.7	17.7	31.9
1970	36.0	21.3	41.8
1980	41.6	29.3	45.2
1990	48.8	30.3	41.1
2000	41.1	35.1	39.1
2010	44.1	34.2	50.5

资料来源：1970 年以前数据来自 Pommerehne（1977）。之后年份的数据是根据 OECD（2012a）计算得出的。

公民偏好论　政府支出的增长是公民偏好的一种表达方式。假定中位选民对公共部门的物品和服务的需求（G）是公共部门物品和服务的相对价格（P）与收入（I）的某种函数（f）：

$$G = f(P, I) \tag{6.1}$$

这种需求函数能以很多不同的方式，使收入的增加部分用于购买公共部门的物品和服务。假定收入增加一定百分比，公共物品和服务的需求量会增加一个更大的百分比——需求的收入弹性大于 1。倘若如此，在其他条件相同的情况下，收入增长过程本身就会使不断上升的收入份额流向公共部门。[①] 同理，如果对 G 的需求价格弹性小于 1，且 P 随着时间的推移而上升，则政府的收入份额也会上升。

重要的一点是，公共部门相对规模的增长，并不一定意味着政治过程出了什么“问题”。政府增长也很可能是选民的愿望，选民理性地考虑了放弃私人部门消费的机会成本。于是，问题便成为，随着时间的推移，P 和 I 发生的现实变化能否解释 G 的历史变化。为了回答这一问题，一个自然的方法是先计算出 P 和 I 长期以来的实际变化率。然后，用 P 的变化率乘以 G 对 P 弹性的经济计量估计值，用 I 的变化率乘以 G 对 I 的弹性值，这样就得到了由 P 和 I 的变化所引起的 G 的变化率。再把这个数字与 G 的现实变化进行比较。基于这种方法进行的一项估计表明，在美国公共预算的增长中，大约只有 40%可以用公式（6.1）来解释（Holsey and Borcherding，1997）。虽然大家都认为这是一个粗略的计算，但它的确表明，简

① 政府服务的增长速度快于收入增长速度的假说，通常称为瓦格纳法则（Wagner's Law）。这是以提出这一理论的 19 世纪经济学家阿道夫·瓦格纳（Adolph Wagner）的名字命名的。

单的中位选民理论只能提供有限的解释。

马克思主义观点 有些马克思主义理论认为，国家支出的增长是政治—经济制度的固有产物。在马克思主义模型中，私人部门的生产往往会过剩，所以，由资本家控制的政府必须扩大开支以消化这种生产过剩。一般来说，这可以通过扩张军备支出来完成。与此同时，国家试图通过增加社会服务支出来缓和工人的不满情绪。最终，不断增长的支出超过了税收能力，导致政府垮台。

历史事实似乎与这一分析不符。例如，值得一提的是，在西欧，第二次世界大战后政府规模和范围的急剧膨胀，是由其他原因造成的，绝不是因为军国主义死灰复燃。马克思主义这种分析的主要贡献在于，明确认识到经济与政治制度之间的关联是政府增长的根源。

偶然事件论 与那些认为政府增长不可避免的观点不同，有些理论认为，这是偶然事件的结果。在"正常"时期，公共支出有适当的增长。但是，有时存在着对经济和社会体系的外部冲击，"要求"政府提高支出水平并采用新的筹资方法，即使在冲击消失之后，因为惯性而仍然会保持较高的支出水平。这种冲击的例子如大萧条、第二次世界大战、伟大社会、越南战争以及 2008 年金融危机造成的经济衰退等。

社会态度变化论 在流行的讨论中，有时认为，鼓励个人自作主张的社会趋势，导致人们对政治体系要求过高。与此同时，大规模的电视广告使人们产生了不切实际的过高期望，导致"圣诞老人心态"，使人们忘记了政府计划确有机会成本。

然而，也可以这样认为，人们低估的是政府项目的收益而不是成本。如果是这样，公共部门太小，而不是太大。更一般地说，虽然近来的社会现象也许能在一定程度上解释政府支出增长的变化，但这种增长趋势在很多地方已经持续了多年，故这种解释的可信度并不高。

收入再分配论 根据该理论，政府之所以增长，是由于低收入者利用政治制度进行有利于他们自己的收入再分配。这种观点是说，政治家通过给那些收入在中位或中位以下的选民提供利益，并让那些收入高于中位水平的选民承担净成本，以赢得前者的选票。只要平均收入高于中位水平，而且实现收入再分配的机制对工作积极性不造成太大的损害，政治家就有动力扩大政府的收入再分配范围。例如，假定有 5 个选民，其收入分别为 0.5 万美元、1 万美元、1.5 万美元、2.5 万美元和 4 万美元。中位收入是 1.5 万美元，平均收入为 1.9 万美元。支持政府将收入转移给低于 2.5 万美元的居民这种计划的政治家，将赢得多数票。该模型表明，随着中位收入和平均收入之间的差额增大，政府的再分配数量也相应增加——收入越集中于最高收入者，再分配给中位选民的转移性支出的潜在利益就越大。根据珀森和泰比里尼（Persson and Tabellini，1999）对文献的综合考察，这的确是发达国家收入转移政策的真实写照。

这个理论可能存在一个问题，即它不能解释公共支出份额为什么是渐进上升的（见表 1—1）。为什么不是一次性的巨额转移，就像穷人没收富人的收入那样？这是因为，西方国家在投票权上对财产或地位的要求直到 20 世纪才被逐渐取消。在美国，对投票所做的许多残存的限制，直到 20 世纪 60 年代才因民权法案的通过而被废止。投票权扩大到那些处在收入分布底层的人，会提高支持那些许诺再分配的政治家的选民比例。因此，选举权逐步扩大，导致政府持续增长，而不是一次性增长。这种猜想与赫斯特德和肯尼（Husted and Kenny，1997）对 1950—1958 年各州支出格局的分析相一致。在此期间，许多州都取消了人头税和文化水平测试，投票人数增加，尤其是穷人的投票人数增加了。在这些州，"福利支出剧增，而其他支出未变"（p. 54）。

这个理论的一个局限性是，它没能解释政府再分配收入所用的方法。如果该理论是正确的，那么，大部分收入就应该转移给穷人，而且应当采取使穷人福利最大化的方式，即直接的现金转移。但是，如将在第 12 章看到的那样，在美国，收入转移经常采取实物形式（也就是说，以商品和服务形式而非现金形式），而且受益者多是中上收入阶层。

另一种观点是，收入再分配主要有利于中等收入阶层。“公共支出主要有益于中产阶级，而用于筹资的税收大部分却由穷人和富人来承担。”① 不过，也有些政府计划把收入转移给了高收入者，比如将在第 10 章讨论的老人医疗保险制度。

有利于不同收入阶层的收入转移计划可以同时并存，因而，有关政府再分配的不同观点不一定互相排斥，重要的是它们存在着共同点。政治家、寻租的特殊利益集团和官僚，他们本身都会投票赞同规模不断扩大的计划。

□ 结论

公共决策很复杂，而且不太容易理解。与简单的民主模型相反，似乎存在着各种力量将政府支出偏离中位选民偏好的水平。然而，我们必须强调指出，断定现行财政制度不公正或无效率，不一定就意味着政府作为一个机构是“不好的”。拥护以市场化方式配置资源的人，看到市场缺陷后就千方百计寻求改善市场表现的方法；对待政府，也应抱以同样的态度。

小结

● 政治经济学把经济学原理用于分析政治决策。

● 经济学家已研究出若干方法来选择直接民主制度下的公共物品水平。

林达尔定价可产生一致性决策，提供公共物品的效率数量，但这要依赖于诚实的偏好表露。

多数票可能导致有关公共物品的不一致决策，原因是有些人的偏好不是单峰偏好。

互投赞成票可使选民通过投票交易表达他们的偏好强度。但是，少数人的得益可能以多数人的更大损失为代价。

● 阿罗不可能定理表明，在一般情况下，不可能找到一种能同时满足许多看似合理的标准的决策准则。这是因为，民主制度本质上容易产生不一致决策。

● 解释代议民主制度下的政府行为需要研究当选官员、公务员和特殊利益集团之间的互动关系。

● 在严格的假定条件下，当选官员的行为会遂中位选民所愿。

● 公务员对经济政策的制定与实施有很大影响。有一种理论认为，官僚竭力使其机构的预算规模最大化，从而导致该机构的服务供给过剩。

● 私人寻租者形成集团，影响政府活动。收入来源、收入规模、行业、地区乃至个人特征，都可以形成特殊利益集团的基础。

● 无论用哪种标准来衡量，政府增长都很快。这种现象的解释包括：

公民就想有一个大政府。

公共部门必须扩张，以吸收私人部门的过剩生产。

随机事件（诸如战争）加快了政府增长，而惯性又阻止了政府规模恢复到原来的水平。

不切实际的期望导致需求不断增加而忽视了公共计划的机会成本。

某些集团利用政府把收入再分配给它们自己。

---

① 该观点将以经济学家阿伦·迪雷克托（Aaron Director）的名字命名为迪雷克托定律（Director’s Law）。

讨论题

1. 假定有5个人——1、2、3、4、5，他们对A、B、C、D这四个项目的排序如下表所示：

1	2	3	4	5
A	A	D	C	B
D	C	B	B	C
C	B	C	D	D
B	D	A	A	A

a. 像图6—2那样画出这些偏好。

b. 能否按多数票规则选出项目？如果能，是哪一个？如果不能，请说明为什么。

2. 2007年国会通过了一项农业法案，用于“富裕农户”的支出超过3 000亿美元，以“确保已富农户增加收入”（*Economist*，2008）。来自农业区的国会议员为了能够获取城市议员的支持，也必须支持城市低收入家庭的食品补贴支出（“食品券”）。我们学过的哪个政治决策模型最能解释这种情形？

3. 有三位选民——A、B和C，用多数票规则来决定是否通过有关问题X和Y的法案。这两个问题中的每一个问题都将分别投票。通过每一项法案所产生的净收益（按美元计）的变化如下表所示：

选民	问题	
	X	Y
A	+6	−3
B	−1	+4
C	−2	−3

a. 如果用多数票规则来决定，哪个问题会通过？这是有效率的结果吗？

b. 如果允许互投赞成票，哪个问题会通过？互投赞成票会提高效率吗？能产生效率结果吗？

c. 假定一个选民以某种方式付钱给另一个选民来争取选票是合法的。从第b问来看，允许这种补偿性支付会提高效率吗？这会导致效率结果吗？

d. 如果允许付钱拉票，补偿性支付的金额会是多少？

4. 克里斯蒂安尼亚自由城（Freetown Christiania）是哥本哈根市内一个大约有850个成年人和250个儿童的社区，由“嬉皮士和其他人”建立，不受与丹麦其他地方相同的法律的约束。“没有管理委员会或其他管理机构，任何事情都是一致同意决定的……在实践中，这意味着在很多情况下都不会形成决定……对于如何分担和支付共同责任，在不同的居民群体中出现了越来越紧张的局势”（Kinzer，1996，p. A3）。这种结果与直接民主制下的投票理论一致吗？你认为克里斯蒂安尼亚自由城应该采取怎样的投票程序？

5. 2005年，科威特妇女赢得了国会选举的投票权。如今在科威特，女性选民的人数超过了男性选民，因为女性是自动注册，而男性必须亲自去注册。一位妇女说道，“过去议会中的部长们总是投票反对我们，现在他们央求我们投票支持他们”（Fattah，2006）。我们是否能从中看到中位选民定理预测的正确性？

6. 在1998年，波多黎各岛人民对下列五种选择进行了公民投票——维持自治状态、成为一个州、成为一个独立国家、成为“自由联盟”（授予美国一定权力的一种独立国家），以及“不属于上述任何一种情况”。请讨论当人民对这五种选择进行投票时可能会出现的问题。

7. 华盛顿特区的一些市议会议员最近提出一项议案，要求每辆出租车都要挂上一个圆牌，这实质上是开出租车的许可证。根据该议案，圆牌的数量少于现有的出租车数量。利用图6—4所示的模型，说明该议案对消费者坐出租车的价格和整体无谓损失会有何影响。

8. 假定牛奶的需求曲线为：$Q=100-10P$，其中，P是每加仑牛奶的价格，Q是每年的需求量，供给曲线是价格为2时的水平线。

a. 假定市场是竞争的，每加仑牛奶的价格是多少？卖出多少加仑牛奶？

b. 在某些政治家的纵容下，牛奶场场主能形成和维持卡特尔（这种卡特尔在美国的东北部就存在）。卡特尔的价格是多少？售出的牛奶有多少加仑？［提示：边际收入曲线（MR）是：$MR=10-Q/5$。此外，供给曲线表明的是每一产量水平的边际成本。］

c. 该卡特尔产生的租金是多少？

d. 假定为了维持卡特尔，牛奶场场主给予有关政治家一次性竞选捐款。他们愿意付出的最大捐款额是多少？该卡特尔造成的无谓损失是多少？

e. 假定牛奶场场主不给予政治家一次性捐款，而是雇用说客和律师在国会中为他们做事。这将如何改变你对这种寻租行为造成的无谓损失的估计？

9. 烟草行业的市场领导者菲利普·莫里斯公司（Philip Morris）支持 2009 年有关允许美国食品和药品管理局（Food and Drug Administration）限制香烟广告的法律（*Wall Street Journal*，2009）。本章所讲的哪个模型有助于解释这种行为？

10. 以一个三人（约翰、埃莉诺和阿比盖尔）社会为例，他们用多数票规则决定在公园上花多少钱。有三种支出选择，即 H（高）、M（中）、L（低）。这些人以下列方式对这三种选择进行排序（见下表）：

排序	约翰	埃莉诺	艾比盖尔
1	M	L	H
2	L	M	M
3	H	H	L

a. 看一下所有可能的两两选择：M 与 H、H 与 L 以及 L 与 M。每种选择的结果是什么？在这种情况下，多数票规则是否能导致公园支出的稳定结果？如果能，那种选择是什么？倘若让某一个人规定议程，这会影响结果吗？请解释。

b. 现假定埃莉诺的偏好排序有下列变化：第一选择＝L，第二选择＝H，第三选择＝M。多数票规则会产生稳定结果吗？倘若能，那种选择是什么？倘若让某一个人规定议程，这会影响结果吗？请解释。

第 7 章 教育

一国之根基在于年轻人的教育。

——第欧根尼·拉尔修（Diogenes Laertius）

前几章建立了思考政府干预市场经济的理论框架，现在我们把该理论框架应用于教育领域。就财政学分析工具的应用来说，教育是一个很好的案例研究；只因政府对其投入巨大这一点来说，教育就值得特别关注。在美国，地方、州和联邦三级政府的中小学教育总支出超过 5 240 亿美元（US Bureau of the Census，2012c，p. xiii）。[①] 如表 7—1 所示，自 1980 年以来，中小学的实际生均支出增长了 84%。然而，多年来，美国人认为国家公立学校的办学水平达不到标准（Phil Delta Kappa/Gallup，2011）。这些观察结果凸显了用我们所学的财政学分析工具缜密评价教育政策的重要性。

表 7—1　　公立中小学年实际生均支出（部分年度）

学年	生均支出（2010 年美元）
1980	5 762
1985	6 461
1990	7 995
1995	7 917
2000	8 752
2005	9 838
2010	10 615

说明：公立中小学的实际生均支出自 1980 年以来增长了 84%。

资料来源：US Bureau of the Census（2012c，p. 8）.

① 第 22 章讨论了各级政府间教育支出分配的合理性。

政府干预教育的合理性

福利经济学理论认为，我们首先应讨论一个基本问题：政府为什么要如此广泛地涉足教育，而不是让市场去提供？正如在前几章所看到的，当物品是公共物品或者产生外部性时，市场不能有效提供这些物品，所以我们要考察教育属于哪一种情况。

□ 教育是公共物品吗？

回想一下，公共物品具有非竞争性和非排他性。教育不符合这些标准。至少从某种程度上说，教育具有消费的竞争性。因为在一间教室里的学生数增加到某一点之后，每个学生从老师那里得到因人施教的机会减少，教室也变得更加拥挤，其他教育资源也会吃紧。与非竞争性物品不同，教育的"消费者"额外增加一个，就会给其他消费者带来成本。教育具有排他性，因为很容易不让一个学生获得学校提供的服务。总之，教育主要是一种私人物品，通过提高学生涉世处事的能力或更一般地说谋生能力来增进他们的福利。

□ 教育产生正外部性吗？

虽然教育主要是一种私人物品，但很多人认为，儿童教育会使社会上的其他人受益。

教育可能产生正外部性的原因在于，教育是使人们社会化的一种强大力量。就像希腊历史学家普鲁塔克（Plutarch）在《道德》（*Morals*）一书中所说："诚实和美德来源于良好的教育。"在民主国家中，教育为选民作出政治选择奠定了基础。乔治·华盛顿（George Washington）写道："政府机构赋予舆论以力量，舆论也要富有见地。"这两种观点表明，教育有助于公民见多识广且具有凝聚力，这在民主社会里尤其重要。格莱泽等（Glaeser，Ponzetto and Shleifer，2006）对各国的实证研究的确发现，教育水平与民主政治高度相关。

然而，这种传统观点最近受到了某些挑战。艾斯莫格鲁等（Acemoglu et al.，2005）考察了各国教育年限与民主之间的关系。（民主程度用基于问卷调查得到的一个指数来度量，其中的问题包括该国是否有公正的选举、当选者是否真能统治、是否有对立政党，等等。）正如所预期的那样，他们发现两者之间存在着正相关关系——学校教育的平均年限较长的国家，民主程度也较高。不过，他们也指出，各国的文化、历史、社会制度等千差万别，把这种横截面相关性说成是因果关系可能会造成误解。因此，他们把重点放在一国之内教育年限的变化如何改变民主指数上。实际上，他们通过聚焦国内的变化，控制了各国之间难以度量或不可能度量的特征差异。他们的分析表明，一旦局限于国内，教育与民主之间的相关性就消失了。他们得到的有争议的结论是，证据并不支持增加教育就能使一国更加民主这样的观念。我们必须小心谨慎地对待这一发现。在各国国内也许是其他原因发生了变化，而这些变化掩盖了教育的影响。不管怎样，这项研究提醒我们，许多看似理所当然的命题可能很难验证。

高等教育案例　教育的外部收益很可能因教育层次不同而不同。比如，如果教育的社会化收益表现出边际收益递减，那么，中小学教育的外部收益就会高于高等教育，这表明政府应该少干预高等教育。

联邦政府对高等教育的补贴的确低于中小学教育。不过，自20世纪60年代中期以来，联邦政府一直大规模支持高等教育。[①] 2011 年，联邦政府对大学生的直接补助和勤工俭学计划的支出近 380 亿美元。学生联邦补助也以贷款的形式提供了 1 170 亿美元。2011 年，获得联邦奖助金或贷款的学生超过 3 500 万人（US Bureau of the Census，2012，p. 186）。此外，个人所得税制还包含了若干高等教育补贴，其中包括美国机会税收抵免（American Opportunity tax credit）和终身学习税收抵免（Lifetime Learning tax credit）（2011 年政府补贴共达 160 亿美元），以及学生贷款利息扣除、某些教育费用列支和奖助金收入扣除（2011 年花费财政部 50 亿美元）（US Office of Management and Budget，2012，p. 251）。

有人认为，大学教育应该得到补贴，因为它可以提高生产力。大学教育提高生产力可能没错，但只要大学毕业生的收入反映了其较高的生产力，就不存在外部性。我们在后面将考察教育是否真的增加收入这一问题。现在的主要问题是，要让人相信具有外部性这个论点，我们就必须证明，高等教育提高了生产力而学生的未来收入没有增加。

即使高等教育具有正的外部性，也不能成为目前对所有符合条件的学生给予相同补贴的政府计划是有效率的理由。大学里所有专业的外部收益都相同吗？艺术史、会计、医学预科课程的外部性都一样吗？倘若不同，效率就要求补贴不应当一样。

支持补贴的人认为，如果取消补贴，上大学的人就会减少。这可能是真的，因为取消补贴增加个人的私人成本。然而，这种说法本身并不能证明补贴是合理的。如果对想开汽车修理店的年轻人给予补贴，而这些补贴被砍掉，那么汽车修理店的数量也会减少。为什么要对一个有潜力的汽车修理工与一个有潜力的古典文化研究者区别对待？

有人认为，这种推断忽略了私人部门贷款市场的缺陷。提供**人力资本**（human capital）——人们投资于自身以提高生产力——贷款的担保很难，故这些贷款市场可能不存在。在这种情况下，虽然有些学生接受高等教育的收益大于成本，但因缺钱而不能上大学，这是一个无效率的结果。对于这种市场失灵，有一种可能的补救措施，就是政府按市场利率向学生提供贷款。这一政策的反对者认为，学生不应该借钱上大学，因为债务负担扭曲了他们的职业选择：年轻人应该“基于他们真正的兴趣而非他们要支付的利率去选择职业”（Zimmerman，2007）。一个相反的观点是，“一想到毕业后就背负着沉重债务，无疑会使一些学生不敢借钱。但这也许是最明智的约束。最终总要有人来付账，看不懂为什么是纳税人而不是接受教育的直接受益者来偿还”（Passell，1985）。

□ 教育市场不公平吗？

上述有关政府干预的正反两方面的论点侧重的是经济效率。正如第 3 章所述，福利经济学也需要我们考虑公平，因而也有支持公共教育和补贴高等教育的论据。

第 4 章讲过商品平均主义观念，说公平要求某些商品人人有份。如果教育是一种正常品，那么我们就会料想到教育自由市场将导致不同收入阶层的人受到的教育水平不同，有些低收入者也许受到的教育很少或没有受到教育。商品平均主义观点表明，所有公民都应当得到教育而不管收益和成本如何。这种观点尤其在中小学教育方面很流行。

可是，这种公平观也认为政府补贴高等教育是合理的吗？大学生补贴表示全体纳税人向大学生的转让。大学生是家庭成员的一部分，教育补助计划似乎的确提高了收入公平性。获

---

① 有关更详细的论述，参阅凯恩的著述（Kane，1998）。地方政府和州政府对高等教育也有大量资助，每年总计超过 740 亿美元（US Department of Education，2012，Tables 369 and 370）。

得联邦补助的可能性随着家庭收入的增加而下降。不过，我们要知道，大多数大学生将来都要组建自己的家庭，大学毕业生的一生收入高于整个人群的收入。因此，如果获得补助就能上大学，那么，这种补助可能会使收入分配更加不公平。卡米伦和赫克曼（Cameron and Heckman，2001）发现，家庭收入并不影响上大学。相反，收入是衡量孩子长期成长环境的一个指标。当衡量能力的指标包括在大学入学率的统计分析中时，学费和家庭收入的重要性大大降低。

政府干预教育能取得什么成效？

如果教育产生正外部性，那么，政府就应当予以补贴。然而，如果公立中小学教育是免费的（由纳税人出钱）且是强制的，那就不只是补贴问题了。这种免费和强制教育制度虽然在很多国家都实行，但不能单凭效率就说是合理的。由于学生获得教育的私人收益，效率政策只会支付其一部分教育成本。必须有像商品平均主义这样的观念，以使提供一定程度教育的政策具有合理性，而不计成本或外部收益。

这种制度的另一个特征是，政府除了为教育提供资金外，还生产教育。为什么要这样？一种理论认为，政府需要生产教育以产生一定的正外部性。源于教育的生产力提高并不是外部收益，因为它们会带来工资增加，因而在决定是否接受教育时已有所考虑。不过，教育的社会收益是让公民更有见识、更加社会化，而不是单个学生所独有。根据这一理论，如果政府只出资但不生产教育，那么私立学校为了争夺生源，就会把其所有资源投入到提高生产力的技能而非公民技能的教学上。结论是，在免遭私人竞争的公立学校制度下，更容易共同承担已有民主进程发展的责任。然而，该理论正确与否很难评价。

□ 政府干预排挤私人教育吗？

不管提供免费公立学校的理由是什么，来自经济理论的一个令人惊讶的结论是，与在私人市场中的教育消费相比，这种制度不一定能促使大家消费更多的学校教育。以吉佩托为例，他正在考虑应该让儿子皮诺乔接受多少教育。在图7—1A中，教育数量用横轴表示，该家庭消费的所有其他商品数量用纵轴表示。（为了简化起见，把教育的数量看做在教室里学习的时间。一个更复杂的模型会考虑到提高教育质量的各方面问题。）在没有公立学校制度的情况下，吉佩托可以在私人市场上以市价购买教育，想买多少就买多少，预算约束线 AB 概括了他的各种选择。在这种约束下，他为皮诺乔购买 e_0 小时的教育，留下 c_0 用于购买其他商品。

现在假设开办了一家公立学校。吉佩托不用花钱就可以把皮诺乔送到该学校，每周学习 e_p 小时。[①] 该选择不用一条线表示，而只用一个 x 点表示，在该点教育消费量是 e_p，且吉佩托可以把他的全部收入花在其他商品上。由于无差异曲线 ii 经过 x 点，而且比无差异曲线 i 高，故吉佩托就让皮诺乔从私立学校转到公立学校。重要的问题在于，e_p 小于 e_0。皮诺乔的教育消费量反而减少了。直观地看，公共教育的存在导致私人教育的机会成本大增，促使吉佩托

① 我们现实一点地假定，吉佩托的应纳税额与他是否有子女在公立学校上学无关。

退出私人教育系统，从而减少了皮诺乔的教育消费量。如此一来，公共教育制度**排挤**（crowds out）了教育。然而，请注意，图 7—1A 把公共教育看做一种“鱼和熊掌不可兼得”的选择。如果公立学校提供的教育量可由私人课程补充，公立学校就不大可能排挤教育消费量。

图 7—1 公共教育排挤私人教育吗？

说明：在图 A 中，开办免费公立学校会导致教育减少，而在图 B 中则会导致教育增加。在图 C 中，教育数量不变。

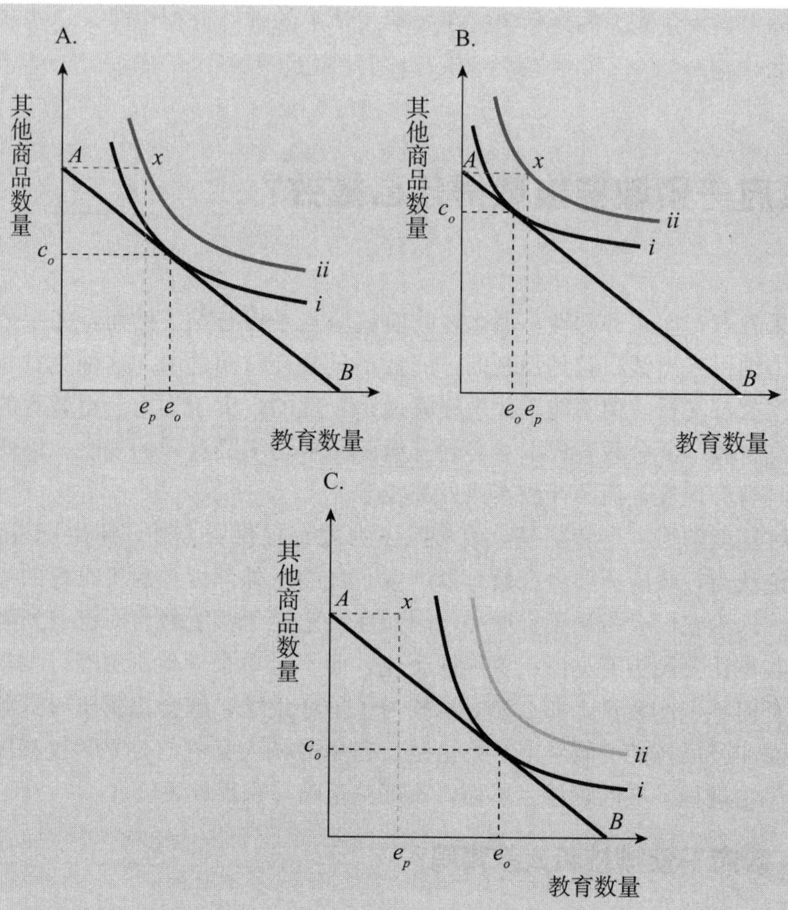

当然，如果有一组不同的无差异曲线，公共教育可能会促使吉佩托一家增加教育消费量。如图 7—1B 所示，开办公立学校使皮诺乔的教育消费从 e_0 增至 e_p。图 7—1C 显示出的一组无差异曲线表明，开办公立学校之后，教育消费没有变化。这种分析说明，我们不能想当然地认为，政府提供免费教育（或任何其他商品）会导致其消费增加。

□ 政府支出会改善教育成果吗？

假定我们接受支持政府干预教育的论点。这提出了一个悬而未决的问题，即较高的支出是否真的导致更好的教育。这实在是一个难题，因为什么是“更好的教育”尚不清楚。教育有很多目标，包括提高学生的认知能力，培养他们的责任感以及如何与人相处，帮助他们成为见多识广、环境适应能力强的公民，并从经济的、社会的角度全面提高他们的生活质量。上述任何一方面都很难量化，更不用说要把它们综合成一个精确的度量指标了。因此，大多数研究只集中于一组很窄的成果度量指标，这些指标至少具有可度量优点，比如考试成绩、出勤率、退学率、升学率以及收入等。

我们先从考试成绩谈起。图 7—2 表明，美国的生均支出高于几乎所有其他发达国家。然而，美国学生的考试成绩与这些国家的最好成绩相比相去无几。比如，在 34 个发达国家的 15 岁学生的考试中，美国学生的排名情况是：阅读水平第 14 位，科学素养第 17 位，数学能力第 25 位（Organization for Economic Cooperation and Development，2009）。这些数字让一些观察家确信，增加支出对考试成绩没有多大影响。我们现在考察一下与此问题相关的实证文献。

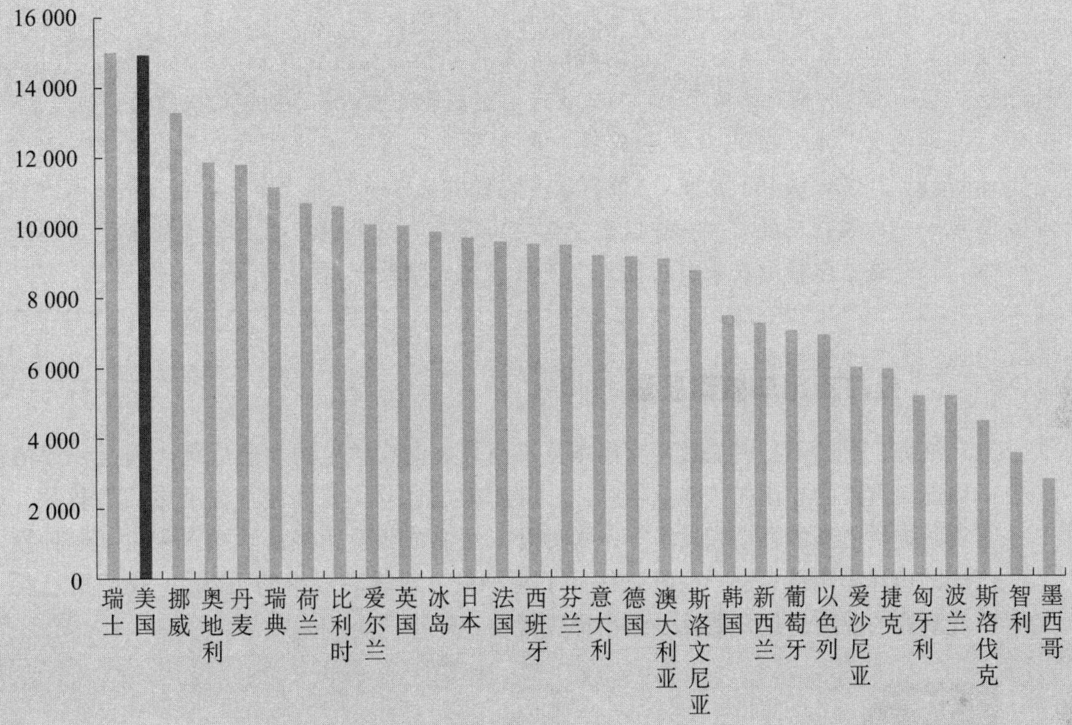

图 7—2　部分国家各级教育公立学校和私立学校年生均实际支出（2008 年）

资料来源：Organization for Economic Cooperation and Development（2011a）.

专栏

经验证据：教育支出能提高学生考试成绩吗？

试图评估支出对学生成绩的影响始于《科尔曼报告》（Coleman et al.，1966），该报告发现，不是办学的公共资金数量多寡，而是家庭背景和同伴效应（peer effects）解释了学生的表现。然而，这属于一种观察研究，正如第 2 章所强调的，这种方法很难评估因果效应。比如，倘若更多的教育资源投入补习班，那么即使支出帮助了学生，支出与学生成绩之间也可能是负相关的。

一种比较好的方法也许是进行一项实验，把学生随机分到高支出和低支出学区，然后测度考试结果的差异。虽然已有几项随机化研究（我们在后面予以讨论），但因很难进行实验而寥寥无几。

最近一些研究利用州法律变化（对某些学区增加资金）进行了准实验研究。由于公共教育传统上一直是用地方税来融资，故比较富裕的学区比其他学区的开支多。为了均等化支出，有些州开始对低收入辖区的教育给予较大的补助。马萨诸塞州已于 20 世纪 90 年代初采用了这种办法。古瑞安（Guryan，2003）把由再分配计划引起的资金变化部分分离出来之后发现，生均支出增加后，四年级和八年级学生的数学、阅读、自然科学和社会科学的考试成绩大大提高。

可是，问题并没有得到解决。哈努谢克（Hanushek，2002）在对以前的大量研究成果进行调查后发现，在大多数情况下，数据并不支持学生支出与学生表现之间的关系。关于这种主张的一个有争议的问题是，如何考虑花费在一小部分残障学生身上的支出？这部分支出数应予修正以只考虑在非残障学生身上花的钱吗？如果学校在成绩差的补习生或残障生身上花钱多，那么，在不作这种修正的情况下，对支出与学生成绩之间的关系所作的横截面分析可能产生误导。

即使我们承认支出对学生成绩的影响不大，这又能说明什么呢？正如哈努谢克（Hanushek，2002，p. 46）所说，“证据没有说钱和资源从来都不重要，也没有说钱和资源可能不重要……的确，对证据的一种似乎合理的解释是，有些学校在资源的使用上实际上是有效率的，只是这些学校的成果被其他无效使用资源的学校抵消了。”

□ 公共支出与教育质量

终究，目的不是增加教育支出本身，而是要提高学生的学业成绩。因此，评估各种支出的效能是重要的。比如，降低生师比、聘用教学经验丰富和教育程度更高的教师、增加教师工资、提供更新的书籍和设施等，哪种开支更有成效？用经济学术语来说，哪种投入对教育产出的边际影响最大？一些研究估计了各种投入对教育成果的贡献。[①] 我们重点看一下一种广受欢迎的政策选择，那就是缩小班级规模。

专栏

经验证据：缩小班级规模能否提高学生的考试成绩？

缩小班级规模既有成本，也有收益。有成本是因为要缩小班级规模，就得雇用更多的教师，提供更多的教室。这些成本比较容易度量。就全美而言，把班级规模缩小 10%的生均成本大约为 807 美元［笔者基于霍克斯比（Hoxby，2002a，p. 23）的研究所作的估计］。遗憾的是，很难估计班级规模与学生成绩之间的因果关系。如果小班制学生与大班制学生不同，而且如果这些差异导致考试成绩不同，那么关于班级规模影响的观察研究就会出现偏差。比如，如果比较富裕的家庭正好住在实行小班制的学区，这些家庭的孩子往往考试成绩比较好，那么我们就会高估小班制的独立影响。另一方面，如果学区对补习生和特殊需要的学生实行小班制，这种偏差也许是方向相反的。

随机实验为评估这种因果关系提供了较好的机会。田纳西州学生/教师成绩比实验（Tennessee Student/Teacher Achievement Ratio experiment，称为 STAR 项目），把幼儿园的学生随机分成小班制（每位教师 13～17 名学生）和大班制（每位教师 22～25 名学生）。迪纳斯基等（Dynarski et al.，2011）发现，小班制学生的考试成绩高于大班制学生，但中学的这

① 比如，艾伦森等（Aaronson，Barrow and Sander，2003）和哈努谢克等（Hanushek，Rivkin and Kain，2005）发现，教师质量影响学生成绩。可是，这类研究对于何种政策工具能改善教师质量没有讲得太清楚。

种考试成绩效应渐渐消失。不过，即使小班制对考试成绩没有长期影响，也的确能提高上大学和大学毕业的可能性。

田纳西州STAR项目实施的结果使决策者更加坚定地认为缩小班级规模是件好事。然而，我们对于在一种背景下进行的实验结果在另一种背景下也成立这样的假定必须小心谨慎。加利福尼亚州就因对这种劝告视而不见而吃了大亏。加利福尼亚州根据田纳西州的STAR项目实验，于1996年通过了一项法律，每个班级减少大约10名学生。从目前来看，还算不错。可是，要实现这一目标，该法律要求加利福尼亚州各学校雇用更多的教师。师资力量的扩张可没有包括在STAR项目实验中，因为该实验不涉及全州的班级规模缩小。加利福尼亚州要大量增加教师人数的唯一办法就是雇用教学经验不足、学历不高的教师。因此，师资力量的平均质量下降。值得一提的是，杰普森和里维金（Jepsen and Rivkin，2002）发现，班级比较小的优势被教师质量的下降抵消了。因此，在加利福尼亚州，缩小班级规模并没有提高公共教育的质量。

□ 教育增加收入吗?

尽管学校支出和学校质量对考试成绩的影响是一个既重要又有意思的问题，但它对另一关键变量——未来收入的影响，我们几乎一无所知。即使增加教育支出不提高考试成绩，但如果它能增加人们成年后的收入，那么，我们也不会太在意。同样地，如果增加教育支出提高了考试成绩，但对收入没有影响，那么我们也许要问这笔公共资金花得是否值得。

在教育上花更多的钱会使将来收入增加，这似乎是显而易见的。倘若支出提高了教育质量，那么学生将来就会成为更具生产力的工人。他们的人力资本增加了，应当能转化为较高的工资。然而，前面讨论过，增加支出是否真的能改善教育成果（至少表现为考试结果），还是一个模棱两可的问题，我们不能想当然地认为这种支出就会增加未来收入。就中小学教育而言，从边际角度来看，教育支出增加似乎对以后的收入影响很小。最乐观的估计结果表明，教育支出增加10%，以后的收入仅增加1%或2%（Heckman，1999）。不过，教育支出的效果取决于有关学生的年龄和经济状况。特别是，赫克曼（Heckman，2008）认为，对弱势儿童的早期教育投资的回报率最高。

还需要指出的是，这一发现与边际支出有关。换言之，虽然在教育上多花一美元可能不怎么影响未来收入，但这并不意味着，如果我们在教育上一分不花，也没有人去上学，收入会是一样的。的确，大量的经验文献表明，通过增加人力资本，多上学可大大增加以后的收入。[①] 劳动经济学家估计，每多上一年学可使年收入增加5%～13%（Card，1999）。一个重要的条件是并非所有年份的教育收获都相同；遇到高质量教师的一年比遇到不太好教师的一年收获要大。切迪等（Chetty，Friedman and Rockoff，2011）研究了3～8年级少儿被分配到高质量教师（定义为对学生考试成绩有积极影响的教师）对以后生活产生的影响。他们发现，这些学生更有可能上大学，拿到更高的薪水，积攒下更多的退休金，且很少在青少年时就有孩子。

① 然而，另一种理论认为，受教育年限长（特别是在大学层次）主要作为一种甄别工具，即未来雇主用来鉴别哪些人能力强。根据这一理论，生产力高的人需要让未来雇主知道这一特征，比如经得起严格的大学入学程序的考验并获得了学位。该理论的含义是，并不是教育本身导致生产力较高从而工资较高，教育只是一种表明已经具备了能力的信号。

公共教育的新方向

人们常常指责美国公立学校制度培养了大批平庸之辈，使得国家在经济上、社会上都处于危险境地。就像教育政策领域里的许多其他方面一样，这种断言是有争议的。虽然学术能力测试（SAT）成绩自20世纪60年代以来下降了，但也许是由于多年来参加考试的学生构成发生了变化——大学教育越来越普及，参加考试的、处在能力分布较低位置的学生增多等。美国教育部进行的全国教育进展评估（National Assessment of Educational Progress）不存在这种偏差，因为它一直测试的是美国学生的代表性样本。测试结果表明，在过去35年里，4年级、8年级和12年级学生的数学和阅读成绩有所提高（US Department of Education，2009）。成绩虽有所提高，但仍不足以平息批评。这些批评者认为，相对于多年来实际生均支出大幅度增加而言（见表7—1），这种进步远远不够。很多批评者认为，公共教育的结构需要进行重大调整。我们现在就讨论几种选择。

□ 特许学校

如果说增加教育支出不是解决问题的办法，那么有没有其他方法改善这种状况？经济学家一般会立刻想到引入竞争是否会有益于陷入困境的市场。这的确体现在有关教育政策何去何从的争论中。一些经济学家认为，如果学校不得不相互竞争生源，它们就会进步。这正是**特许学校**（charter schools）的部分动机。特许学校属于公立学校，它们在政府特许的情况下，按州立标准办学，但允许它们自主实验，而且它们在开支和雇佣决策上具有一定的独立性。目前，有41个州已出台法律，支持特许学校。通过让常规公立学校与特许学校竞争生源，期望公立学校反思自己的教育策略，提供给学生高质量的教育。

来自各州（如亚利桑那州，其特许法律是全国最宽松的）的许多证据表明，特许学校增加了选择的多样性。亚利桑那州的有些特许学校采取“回归本源”的方法，有些学校侧重表演艺术，有些学校则接受怀孕学生，等等。这些多样化选择提高了学生的成绩吗？要判定就读于特许学校与教育成果之间的因果关系很难，因为是家庭选择是否把孩子送到特许学校，因此家庭不同很可能导致学生成绩不同。

然而，有些准实验研究表明，特许学校提高了学生的成绩。霍克斯比和罗克夫（Hoxby and Rockoff，2004）考察了就读于特许学校对数学和阅读成绩的影响。他们用的主要是芝加哥的数据。在芝加哥，提出申请的学生太多，特许学校要用抽签的办法来确定。实际上，这一过程形成了一项实验，随机进入某一所特许学校的学生，就可与没有就读于特许学校的学生进行对比。霍克斯比和罗克夫发现，从小学就开始在特许学校读书的学生，其数学和阅读的考试成绩比较高。

在另一项研究中，霍克斯比（Hoxby，2002b）分析了密歇根州在引进特许学校后，普通公立学校面临竞争而发生了怎样的变化。她用的是第2章讲的那种双重差异分析方法。她比较分析了面临特许学校高度竞争地区的公立学校与极少面临这种竞争地区的公立学校的学生考试成绩的变化。霍克斯比发现，同没有面临特许学校竞争的普通公立学校相比，面临这种竞争的普通公立学校的学生的考试成绩提高了；而且，即使没有提高生均支出，这些学校似乎也做到了这一点。

□ 教育券

最近，人们非常关注这样一种计划，即通过一种**学校教育券**（school voucher）制度，大幅度扩大选择范围，以提高公立学校的质量。其基本方法是，向学生提供资助，而不是把钱直接给学校。例如，每个学生可能得到一张学费教育券，可在学生家长认为最适合的任何一所合格的私立学校充抵学费。这类似于瑞典自 1992 年起实行的计划，家长可以用公款支付给符合政府基本规定的任何学校（*Economist*，2007e）。学校教育券制度的支持者认为，教育市场与其他市场的竞争效果是一样的。质量极差的公立学校不进行改革就招不到学生，会被迫关闭。按照这种观点，家长和学生对教师质量的看法，可能会成为惩罚差老师和经营不善公立学校的依据。此外，学费券会促使企业家在现有学校表现不佳的地区创办新的私立学校。

教育券制度的批评者提出了一些反对意见。

- 教育市场的消费者信息不畅，因此，竞争的结果远不能令人满意。这种观点的支持者指出，那些不合标准的职业学校泛滥，靠招收那些有资格获得联邦学生贷款和助学金的学生度日。
- 送孩子上私立学校可能会降低教育的正外部性。学校间的竞争越大，就越使它们更加强调增加学生的私人收益（如提高他们的挣钱潜能），而忽视教育产生的社会收益（如建立起共同的民族认同感）。
- 比较好的学生可能会利用教育券逃离表现不佳的公立学校，剩下的都是差学生。由于学生的教育质量在一定程度上取决于其同学的质量，结果可能是差学生的教育质量比实行教育券制度之前更糟糕。智利在若干年前实施教育券制度时，能力较强的学生确实都纷纷退出了公立学校（Ladd，2002，p. 19）。
- 教育券制度可能不公平。教育券制度的目的是允许家庭选择他们想上的私立学校。可是，有些家庭即使没有教育券，也会选择私立学校，所以，给他们提供教育券只是增加了他们的收入。倘若这类家庭的收入高于平均收入，最终结果会是加剧了收入分配的不公平。

教育券制度的拥护者认为，上述这些缺陷大都能通过恰当的制度设计而得以解决。比如，通过将教育券主要提供给低收入家庭来解决公平问题。总之，这些争论让我们更加关注在实施国民教育券过程中需要解决的制度设计细节问题。学校在课程安排上有多大的自由度？学校能否雇用没有文凭的教师？生源过多的学校应采取何种标准录取学生？教会学校能否被纳入这个计划？家长们可否向其选择的学校捐赠额外的资源？还是说这样会违背教育公平准则？学生家长如何得到有助于他们择校的信息？

许多社区已经试行了教育券制度，且研究表明该制度产生了一系列影响。一项研究发现，能在一个地区内选择公立学校的学生高中毕业的可能性更大（Deming et al.，2011）。还有一些证据表明，教育券计划使竞争更加激烈，从而提高了公立学校的考试成绩（Figlio and Hart，2010）。

□ 学校绩效责任制

20 世纪 90 年代，一些州开始试行一种不同的学校改革，即**学校绩效责任制**（school accountability）。这项改革的想法是，如果能以某种方式让学校对其学生的表现负责，它们就会做得更好。这些州要求学生参加标准化考试来监督学习成绩。有些州只对学校的表现发布

“成绩单”，有些州则根据考核结果制定了具体的奖惩制度。截止到2000年，39个州实行了学校绩效责任制，但基于考核绩效的奖惩制度千差万别。比如，有些州对考核结果好的学校教师发奖金，有些州对绩效差的学校教师予以惩罚，还有些州允许学生择校。

2002年，布什总统签署了《2001年有教无类法案》(No Child Left Behind Act of 2001，NCLB)*，把学校绩效责任制扩大到所有州。该法案规定每个州都要对3～8年级所有学生进行年度考试，并要求学校发布成绩单，同其他学校的考试成绩进行比较。[①] 连续2年没有一定进步的学校，必须允许学生转到其他公立学校。对一个学区的一项研究发现，收到NCLB通知的家长，有16%选择了把孩子转学至考试成绩较好的学校（Hastings and Weinstein，2007)。连续3年考试成绩停滞不前或下降的学校，必须为低收入家庭的学生支付家教或补习班的费用。4年之后仍无进步，学校必须撤换特定的员工或开设新课程。

学校绩效责任制的支持者认为，该制度激励学校管理者和教师改变官僚作风，注重给学生提供核心教育技能。劳斯等（Rouse，Hannaway，Goldhaber and Figlio，2007）发现，面临问责压力的学校以各种有效的方式来改变自己的教学实践。迪伊和雅各布（Dee and Jacob，2009）通过比较NCLB之前已实行和未实行学校绩效责任制各州的考试成绩变化，研究了NCLB的影响。他们发现，NCLB提高了数学成绩，但没有提高4年级和8年级的阅读成绩。

对学校绩效责任制的最普遍的批评是，过分注重标准化考试是有害的。所担心的问题是，教师没有任何积极性去培养学生的创造力、解决问题的能力和适应社会的能力，而是强调“应试教学”。雅各布（Jacob，2005）发现，在芝加哥，学校绩效责任制的确导致教师注重影响学校绩效的考试技能。有意思的是，有些国家也出现了非常类似的担心，他们的学生比美国学生在标准化考试上表现得更好。具体来说，像日本和韩国等国家的一些观察者担心，他们的教育制度过分强调考试成绩，管得过死，完全忽视了社会情感发展、创造力和个性的培养（Lee，2001）。

批评者还指出，学校绩效责任制导致对学生没有任何帮助的策略博弈。比如，雅各布（Jacob，2005）发现的证据表明，在芝加哥，学校绩效责任制导致某些教师把低能学生放置特殊教育中而不让他们参加考试。菲格利奥（Figlio，2005）的研究表明，在临近考试期，学校给受纪律处分的差学生放长假。雅各布和莱维特（Jacob and Levitt，2003）发现的证据表明，学校绩效责任制导致芝加哥的某些教师采取欺骗行为，更改学生的标准化考试答案。

总之，这些论文表明了学校绩效责任制的政策设计所固有的权衡取舍问题。把奖惩制度与明确的绩效标准捆绑在一起，激励了学校求变；但也使它们出现了意想不到的行为，比如与该制度进行博弈，甚至出现欺骗行为。另一种方法是直接激励学生或他们的家庭而不是学校。弗赖尔（Fryer，2010）对250多所城镇学校进行随机试验后发现，付钱给学生做作业、看书、按时上学对学生的成绩会产生积极影响。还有一种计划，如果孩子不上学就减少其福利金的家庭表现出入学率和出勤率均提高（Dee，2009）。更一般地说，有关学校绩效责任制文献阐明了一个在财政学中反复出现的主张：人们会对激励做出反应，而若没有考虑到这一点，即使是善意的公共政策也可能会产生意想不到的负面结果。

---

① 《2001年有教无类法案》允许各州自行设计考试和分数线标准来衡量学生是否有进步。

* 亦译为《不让一个孩子掉队法案》。——译者注

小结

● 自1980年以来，美国中小学教育的实际生均政府支出增长了84%左右。

● 尽管教育通常是公共提供的，但它不是一种公共物品。然而，很多人认为，教育产生正的外部性。

● 正外部性的存在不能证明当前政府的高等教育制度——向所有符合条件的学生提供等额补贴就是合理的。

● 公平常常用来说明政府补贴教育的合理性。按照商品平均主义观念，有人建议，教育应当提供给每一个人，不管他们的偏好如何。

● 教育的公共提供可能排挤私人提供。

● 公共教育支出增加是否提高平均考试成绩，证据是模糊的。

● 有证据表明，教育支出的边际增加对未来收入的影响很小。用于年幼、弱势儿童的教育支出增加，其影响的估计值较大。

● 有些经济学家认为，公立学校面临竞争就会有所改进。按照这种思路提出的一种建议是开办特许学校，这是在开支和雇佣决策方面拥有更大自主权的公立学校。

● 另一种建议是实行教育券制度，即把教育资助给学生家庭，而不是直接给学校。这种教育券可在家庭喜欢的任何合格的学校中使用。

● 最近的一项改革措施是学校绩效责任制，是通过标准化考试监管学校表现的一种制度。政府或发布学校表现的"成绩单"，或把考试结果与财政激励挂钩。

讨论题

1. 政府提供教育有哪些不同的理由？政府提供高等教育与提供初中级教育的理由是否不同？请解释。

2. 许多研究发现，高质量的教育（用考试成绩来衡量）会提高国民收入增长率（Jamison，Jamison and Hanushek，2006）。这一发现对教育是否应该由政府补贴的含义是什么？

3. 一位评论家认为，政府应该给予大学生助学贷款，而贷款的资金来源是对受助人"所有收入按一生单一税率课征的什一税"，因而"未来的银行家最终支付的（比未来的小学教师）更多"（Zimmerman，2007）。请讨论这样的计划是否有效。

4. 围绕图7—1的分析假定，公立学校是一种"鱼和熊掌不可兼得"的选择。也就是说，不能用私人课程补充公共教育。倘若相反，如果父母可以为其在公立学校就读的子女购买额外的教育时间，此图要如何修正？该模型暗含的另一个假设是，公共教育是"免费"的，父母不用为它支付任何税收。如果公立学校用对父母的征税来融资，该模型应如何修正？

5. 宾夕法尼亚大学的官员最近说，富裕的学生应该支付更高的学费，且应用这些收入给贫困生提供更多的奖学金（Ansberry，2010）。这种想法引起了相当大的争议。请评估该方案的效率与公平。

6. 假定有一个家庭（只有一个小孩）每年挣50 000美元，住在一个没有公共教育的社区。

a. 画出该家庭的预算约束线，表明孩子的教育数量与其他所有商品数量之间的取舍关系。

b. 现假定可选择免费公共教育，其价值是每个学生8 000美元。说明这将如何改变该家庭的预算约束。

c. 在有免费公共教育后，该家庭减少了其教育消费。利用第b问，画出一组与此结果相一致的无差异曲线。

d. 请说明可抵价值8 000美元教育的教育券将如何改变该家庭的预算约束。该家庭为孩子购买的教育数量会发生什么变化？

7. 假定某个州正在考虑是否要求所有公立学校教师都要有硕士学位。目前，该州只有40%的教师有此学位。

a. 一位研究人员进行了横截面分析，比较了其教师拥有硕士学位的州的学生考试成绩与其教师无硕士学位的州的学生考试成绩，发现教师拥有硕士学位的学生的标准化考试成绩明显较高。这项研究为什么会有偏误？

b. 现假定另一个州进行一项实验，随机选择500名学生，一部分人在有硕士学位教师的班级（实验组），另一部分人在无硕士学位教师的班级（控制组）。这项实验发现，实验组的考试成绩大大高于控制组。这项实验对州政府决定是否要求有硕士学位有何帮助？

第 8 章

成本—收益分析

为了巴黎做弥撒是值得的。

——据说出自法国亨利四世

假如你在 1991—2007 年间来到波士顿，可能会注意到，闹市区交通十分拥堵。原因是“大兴土木”，一个涉资 146 亿美元的公共工程项目——涉及建新路和通往洛根机场的另一条隧道。很多人都在疑惑，值不值得花这笔钱。人们如何思考这个问题？像这类大兴土木的基础设施项目，仅仅是任何特定时间存在的上千个公共工程的一类，从一项乳腺癌检查计划到空间探索，无所不包。政府应当如何确定是否要从事某一特定项目？福利经济学理论提供了一个决策框架：对项目实施前后的社会福利函数进行评估，看社会福利是否增加了。如果社会福利增加了，就可推进该项目计划。

这种方法固然是正确的，但用处不大。确定并评估社会福利函数，需要巨大的信息量。虽然社会福利函数有助于思考一些概念性问题，但对于解决日常的项目评估问题一般用处不大。不过，福利经济学确实为**成本—收益分析**（cost-benefit analysis）奠定了基础。成本—收益分析是指导公共支出决策的一套实用程序。[①]

大多数政府项目和政策都会使私人部门的某些稀缺商品增加，而使另一些商品减少。成本—收益分析的核心就是提供一组评价这些商品的系统方法，使政策分析人员可以确定，一个项目就总体而言是否有益。成本—收益分析让决策者努力去做运转良好的市场自动做的事——只要一个项目的边际社会收益大于边际社会成本，就把资源配置到该项目上。

现值

项目评估通常需要比较不同时期的成本与收益。例如，贫困儿童的学前教育眼前需要大量开支，而将来才有收益。本节讨论在比较不同时期的货币价值时出现的一些问题。

① 博德曼等（Boardman et al.，2006）讨论了福利经济学与成本—收益分析之间的关系。

□ 把现在的钱折算成未来值

假定存入银行 100 美元，税后利率为 5%。到年底，会有（1+0.05）×100 美元=105 美元，即 100 美元的初始存款，再加上 5 美元的利息。再假定，把这笔钱再存一年。到第二年年底，会有（1+0.05）×105 美元=110.25 美元。这可以重新写成（1+0.05）×（1+0.05）×100 美元=（1+0.05）^{2}×100 美元。同理，如果这笔钱存 3 年，到第三年年底就值（1+0.05）^{3}×100 美元。一般地说，假定有 R 美元投资 T 年，利率为 r，到第 T 年年末，这笔钱会值 R 美元×$(1+r)^T$。这个公式表明的是现在投资款项的未来价值。

□ 把将来的钱折算成现值

现在假定，有人提供一份合同，承诺在一年之后向你支付 100 美元。这个人是值得信赖的，不必担心他到时赖账（同时假定没有通货膨胀）。你对这项承诺现在愿意支付的最大数额是多少？人们很容易说支付 100 美元的承诺就值 100 美元。但是，这个答案忽略了下列事实，即这承诺的 100 美元在一年之后才兑现，且同时你还放弃了本来可以得到的利息。如果只要把 100 美元在今天存入银行，一年后便可拿到 105 美元，你为什么要为一年后才能获得的 100 美元而在今天就付出 100 美元呢？因此，一年以后才能支付的 100 美元的现今价值小于 100 美元。一笔未来款项的**现值**（present value），是你为在将来有权获得这笔款项而在今天所愿意支付的最大数额。

为找到你为一年后取得 100 美元而现在愿意放弃的最大数额，你必须求出一个数，用它乘以（1+0.05）恰好等于 100 美元。根据定义，这个数就是 100 美元/(1+0.05)，约合 95.24 美元。因此，如果利率为 5%，则一年后支付的 100 美元的现值为 100 美元/(1+0.05)。请注意，这与上述讨论的把钱折算成未来值是对称的。为了找到现在一笔钱在一年后的价值，用这笔钱乘以 1 与利率的和；为了找到一年后一笔钱的现在价值，用这笔钱除以 1 与利率的和。

接下来考虑一项从现在起两年后付 100 美元的承诺。在这种情况下，计算要考虑下列事实，即如果你将 100 美元投资两年，到第二年年底的价值是 100 美元×(1+0.05)^2。你为两年后得到 100 美元而在今天愿意支付的最大数额是这样一个数，该数额乘以（1+0.05）^{2}的结果恰好等于 100 美元，就是说该数为 100/(1+0.05)^2，或者约为 90.70 美元。

一般来说，当利率为 r 时，承诺 T 年之后支付 R 美元的现值是 R 美元/$(1+r)^T$。① 因此，即使没有通货膨胀，将来 1 美元的价值也小于现在 1 美元的价值，必须按某一数额“打折”（贴现），该数额取决于利率的高低和收到货币的时间长短。因此，r 通常被称为**贴现率**（discount rate）。同理，$(1+r)^T$被称为未来 T 时期的货币的**贴现因子**（discount factor）。请注意，承诺支付的未来期限越长（即 T 值越大），则现值越小。直观地看，在其他条件相同的情况下，你要获得一笔钱而等待的时间越长，你现在愿为它支付的钱就越少。

最后，考虑这样一种承诺：现在支付 R_0美元，一年后支付 R_1美元，两年后支付 R_2美元，依此类推，直到 T 年。这笔交易的价值是多少？现在已经很清楚，天真地认为是（R_0+

① 这里假定利率为常数 r。假定利率随着时间的推移而变化，故在第一年为 r_1，第二年为 r_2，如此等等。于是，T 年后应付的总额 R_T 的现值就是：R_T美元/[$(1+r_1)\times(1+r_2)\times\cdots\times(1+r_T)$]。

$R_1+\cdots+R_T$）美元是错误的，因为这完全把未来的 1 美元与现在的 1 美元看做是等价的。如果不除以贴现因子，把不同时点的钱数加起来，就像把苹果和柑橘相加一样。正确的方法是，先把每年的钱数转变为现值，然而再把它们加起来。

表 8—1 给出了每年支付金额的现值。为了找到收入流 R_0，R_1，R_2，…，R_T美元的现值（PV），只要把最后一列的数字相加即可：

$$PV=R_0+\frac{R_1}{(1+r)}+\frac{R_2}{(1+r)^2}+\cdots+\frac{R_T}{(1+r)^T} \tag{8.1}$$

表 8—1 **计算现值**

应付美元	将来年份	贴现因子	现值
R_0	0	1	R_0
R_1	1	$(1+r)$	$R_1/(1+r)$
R_2	2	$(1+r)^2$	$R_2/(1+r)^2$
:	:	:	:
R_T	T	$(1+r)^T$	$R_T/(1+r)^T$

说明：为了计算收入流的现值，每年的收入额除以相应的贴现因子，然后进行加总即可。

计算现值的重要性不论怎么强调都不会过分。如果忽视现值计算，就会犯大错。特别是，如果不贴现，就会使投资的未来收益看上去很有利。例如，假定有一个项目，它在 20 年后的收益为 100 万美元。如果利率为 5%，现值为 376 889 美元［$=1\ 000\ 000/(1.05)^{20}$］。如果$r=$ 10%，现值只有 148 644 美元［$=1\ 000\ 000/(1.10)^{20}$］。

□ 通货膨胀

如果考虑到价格水平将来要上升，如何修正该计算程序？首先，假定有一个项目，如果按现价计算，它在每年产生的收益是一样的，该收益为R_0美元。现在假定每年的通货膨胀率为 3%，收益的美元价值也按价格的上升而同步上升。因此，一年后收益的美元价值为$\tilde{R}_1=(1.03)\times R_0$美元。同理，两年后收益的美元价值为$\tilde{R}_2=(1.03)^2\times R_0$。一般地说，$T$ 年后，同样收益的美元价值为$\tilde{R}_T=(1+0.03)^T\times R_0$。

美元值$\tilde{R}_0$，$\tilde{R}_1$，$\tilde{R}_2$，…，$\tilde{R}_T$ 称为**名义数额**（nominal amounts）。名义数额是按收益发生的那个年份的价格水平计算的价值额。也可以按某年的价格来计算所有收益额，计算出来的收益额称为**实际数额**（real amounts），因为它不反映价格水平变化所引起的变化。在我们的例子中，实际数额假定是用现价计算的常数 R_0美元。更一般地说，如果以本年价格计算的实际收益是 R_0，R_1，R_2，…，R_T美元，而每年的通货膨胀率为 π，那么名义收益就是：

$$R_0,\ R_1\times(1+\pi),\ R_2\times(1+\pi)^2,\ \cdots,\ R_T\times(1+\pi)^T$$

但问题并非到此为止。如果预期价格会上涨，债权人就不再愿意按价格稳定时的利率 r 放款了。债权人认识到，偿还他们的将是贬了值的美元，要保持其实际值，他们第一年得到的支付额必须增加（$1+\pi$）倍。同理，第二年的支付额必须增加$(1+\pi)^2$倍。换言之，市场利率上升的幅度大致等于预期通货膨胀率，即从 r%上升到（$r+\pi$）%。①

① （$1+r$）与（$1+\pi$）的乘积为（$1+r+\pi+r\pi$），因此，名义利率实际上比实际利率高出（$\pi+r\pi$）。但是，就数值的大小来说，$r\pi$ 可以忽略不计，因而（$r+\pi$）是名义利率的最佳近似值。在有些情况下，名义利率不能与通货膨胀率完全同步上升。见第 17 章“税收与通货膨胀”中的讨论。

于是，当我们预期到要发生通货膨胀时，收益流和贴现率都增大。如果用名义值表示，收入流的现值为：

$$PV = R_0 + \frac{(1+\pi)R_1}{(1+\pi)(1+r)} + \frac{(1+\pi)^2 R_2}{(1+\pi)^2\,(1+r)^2} + \cdots + \frac{(1+\pi)^T R_T}{(1+\pi)^T\,(1+r)^T} \tag{8.2}$$

显然，如果把（$1+\pi$）项都消去，式（8.2）与式（8.1）就完全一样了。上述讨论在于说明，不论用名义值还是用实际值，所得到的答案是相同的。然而，美元值和贴现率的计算必须一致。如果计算 R 时用实际值，计算贴现率时也必须用实际值，即市场利率减去预期通货膨胀率。或者，如果贴现率用的是市场利率，则收益也必须按名义值来计算。

私人部门的项目评估

本章开头时就曾指出，成本—收益分析的核心问题在于评估政府项目的投入与产出。为此，先从私人企业的角度开始研究这样的问题。

假定一家企业正在考虑两个不能兼得的项目，一个是 X 项目，另一个是 Y 项目。X 项目的实际收益和成本分别为 B^X 和 C^X；同理，Y 项目的实际收益和成本分别为 B^Y 和 C^Y。这两个项目的收益和成本都是即刻实现的。这家企业必须回答两个问题：第一，两个项目都是应该做的吗？两个项目都是可接受的吗（该企业可以选择都不做）？第二，如果两个项目都可接受，哪个项目更好？由于收益和成本都会马上发生，所以要回答这两个问题就很容易。计算 X 项目的净收益，即 B^X-C^X，并把它与 Y 项目的净收益 B^Y-C^Y 进行比较。只有当净收益是正数，即收益大于成本时，该项目才是可行的。如果两个项目都可行，而且该企业又只能二选一，那么，企业就应当选择净收益较高的那个项目。

在现实中，大多数项目的实际收益都是在长时期内逐步实现的，并不是即刻发生的。假定项目 X 的初始收益和成本为 B_0^X 和 C_0^X，第一年末的收益和成本为 B_1^X 和 C_1^X，最后一年末的收益和成本为 B_T^X 和 C_T^X。我们可以把项目 X 的净收益流（有时可能是负数）表示如下：

$$(B_0^X-C_0^X),\ (B_1^X-C_1^X),\ (B_2^X-C_2^X),\ \cdots,\ (B_T^X-C_T^X)$$

该收入流的现值（PV^X）为：

$$PV^X = B_0^X - C_0^X + \frac{B_1^X - C_1^X}{(1+r)} + \frac{B_2^X - C_2^X}{(1+r)^2} + \cdots + \frac{B_T^X - C_T^X}{(1+r)^T}$$

式中，r 是私人部门项目适用的贴现率（下面会讨论贴现率的选择问题）。

同样，假定项目 Y 在 T' 年内产生的收益和成本流是 B^Y 和 C^Y（不能认为 T 和 T' 是相同的）。项目 Y 的现值为：

$$PV^Y = B_0^Y - C_0^Y + \frac{B_1^Y - C_1^Y}{(1+r)} + \frac{B_2^Y - C_2^Y}{(1+r)^2} + \cdots + \frac{B_T^Y - C_T^Y}{(1+r)^T}$$

由于这两个项目都可以按现值计算，我们就可采用上述瞬时项目的计算规则。项目评估的**现值标准**（present value criteria）是：

- 只有当一个项目的现值是正数时，该项目才是可行的。
- 如果两个项目只能选其一，应优先选择现值较高的项目。

贴现率在分析中起关键作用。在对项目的可行性进行比较分析时，r 的值不同可能得到不同的结论。

以表 8—2 中的两个项目为例，一个是研发（R&D）项目，另一个是广告活动。两个项目所需要的初始支出都是 1 000 美元。研发项目在第一年底产出 600 美元的收益，在第三年底有收益 550 美元；而广告活动在第三年只有一笔大额收益 1 200 美元。

表 8—2 比较两个项目的现值

年份	年度净收益		$r=$	*PV*	
	R&D（美元）	广告（美元）		R&D（美元）	广告（美元）
0	−1 000	−1 000	0	150	200
1	600	0	0.01	128	165
2	0	0	0.03	86	98
3	550	1 200	0.05	46	37
			0.07	10	−21

说明：贴现率的选择会对哪个项目的现值更高产生影响。在本例中，贴现率较低使广告项目比较有吸引力，而贴现率较高使研发项目更具吸引力。

表中的计算表明，选择贴现率是很重要的。如果 r 的值较低，则做广告项目优于研发项目。如果贴现率较高，则不利于广告项目（因为它的收益集中在将来实现），甚至使该项目成为不可行的项目。

因此，必须特别小心，选定的 r 值必须尽可能地接近企业资金的实际机会成本。如果选定的贴现率太高，对收益在比较遥远的未来才能实现的项目不利，反之亦然。在这一点上，企业的纳税情况也很重要。如果现行市场收益率是 10%，但企业的税率为 25%，那么企业的税后收益率只有 7.5%。由于税后收益率代表了企业的机会成本，所以它应当用来代表 r。

项目评估除了用现值标准以外，还经常用其他一些标准。我们将看到，这些标准有时会给出错误的答案，因而现值标准是更可取的。不过，由于这些方法都很流行，故我们有必要了解它们，并知道它们的问题所在。

□ 内部收益率

一家企业正在考虑下列项目：现在在新的计算机网络上花费 100 万美元，一年后通过利润增加而获得 104 万美元的收益。如果让你计算该计算机网络的“收益率”，你可能回答是“4%”。无疑，你通过解下列等式，找到 ρ 值：

$$-1\ 000\ 000\ \text{美元}+\frac{1\ 040\ 000\ \text{美元}}{(1+\rho)}=0$$

可以把这一计算程序概括如下：如果一个项目在 T 时期内产生收益流（B）和成本流（C），则**内部收益率**（internal rate of return，ρ）就是解下列方程的 ρ 值：

$$B_0-C_0+\frac{B_1-C_1}{(1+\rho)}+\frac{B_2-C_2}{(1+\rho)^2}+\cdots+\frac{B_T-C_T}{(1+\rho)^T} \tag{8.3}$$

内部收益率是恰好使项目的现值等于零的贴现率。

一个项目是否可行，一个明显的标准是，ρ 大于企业资金的机会成本 r。比如，如果一个项目的收益率是 4%，而企业在其他投资上的收益率是 3%，那么就应该做这个项目。相应的比较标准是，如果两个项目都可行，但只能二选一，就选择 ρ 值高的那个项目。

但是，按内部收益率来选择项目可能会导致不良决策。假定项目 X 现在需要支出 100 美元，一年后可得收益 110 美元，故其内部收益率为 10%。另一个项目 Y 现在需要支出 1 000 美元，一年后可得收益 1 080 美元，其内部收益率为 8%（两个项目都不可复制）。假定企业可以按 6%的利率自由借贷。

按照内部收益率标准，项目 X 显然优于项目 Y。但是，企业在项目 X 上只挣得 4 美元（10 美元减去 6 美元的利息成本），而它可以在项目 Y 上挣得 20 美元（80 美元减去 60 美元的利息成本）。与根据内部收益率标准得到的结论相反，企业应该选择项目 Y，因为它的利润更高。简言之，在项目规模不同时，内部收益率标准的指导作用很差。[①] 相比之下，即使项目规模不同，现值标准也能给出正确的答案。项目 X 的现值为 $-100+110/1.06=3.77$，而项目 Y 的现值是 $-1\,000+1\,080/1.06=18.87$。根据现值标准，项目 Y 更可取。

□ 收益—成本比率

假定一个项目的收益流为 B_0，B_1，B_2，…，B_T，成本流为 C_0，C_1，C_2，…，C_T。收益的现值 B 为：

$$B = B_0 + \frac{B_1}{(1+r)} + \frac{B_2}{(1+r)^2} + \cdots + \frac{B_T}{(1+r)^T}$$

成本的现值 C 为：

$$C=C_0+\frac{C_1}{(1+r)}+\frac{C_2}{(1+r)^2}+\cdots+\frac{C_T}{(1+r)^T} \tag{8.4}$$

收益—成本比率（benefit-cost ratio）定义为 B/C。

可行性要求一个项目的收益—成本比率大于 1。运用此规则总可以得到正确的指导。为什么？原因很简单，因为 $B/C>1$ 就意味着 $B-C>0$，而这正好是可行性的现值标准。

可是，如果项目都可行，以收益—成本比率作为比较标准实际上就没有什么用了。例如，某个州正在研究两种处理有毒垃圾的方法。方法Ⅰ是建造一个垃圾场，$B=2.5$ 亿美元，$C=1$ 亿美元，因而收益—成本比率为 2.5。方法Ⅱ是用火箭把垃圾送到土星上去，$B=2$ 亿美元，$C=1$ 亿美元，因而其收益—成本比率为 2。该州的领导人选择了垃圾场，因为它的 B/C 值更高。现在假定，在对垃圾场方案进行分析时，分析家们无意中忽略了垃圾泄漏对农作物造成的价值 4 000 万美元的危害，如把这 4 000 万美元看做是垃圾场收益的减项，则 B/C 就成为 2.1 亿美元/1 亿美元=2.1，垃圾场方案仍然比火箭方案好。但是，这 4 000 万美元也可以看做是垃圾场成本的增项，在这种情况下，$B/C=2.5$ 亿美元/1.4 亿美元=1.79。这样，火箭方案就优于垃圾场方案！

上述例子说明，在计算收益—成本比率时，本身就存在着模棱两可的地方，因为收益总是可以被视为“负成本”，反之亦然。因此，通过对收益和成本进行有目的的分类，就可以人为地提高一个可行项目的收益—成本比率。相反，看一眼式（8.1）就知道，这套把戏对现值标准不起作用，因为现值标准的基础是收益与成本的差额而不是它们之间的比率。

我们的结论是，内部收益率和收益—成本比率这两个标准，可能会导致不正确的判断。现值标准是最可靠的。

---

① 该结果取决于这样的假设，即两个项目都不能复制。否则，项目 X 重复 10 次可能会产生 100 美元利润，这大于项目 Y 的 80 美元利润。

政府项目的贴现率

政府要做出明智的决策也需要计算现值。但是，公共部门计算的成本、收益和贴现率不同于私人部门。本节讨论公共部门选择贴现率的种种问题，然后讨论评估成本和收益时所遇到的问题。

如前所述，私人选定的贴现率应当反映其他投资项目能获得的收益率。虽然在实践中难以确定该比率，但从理论上说，企业资金的机会成本就是正确的 r 值。

对于政府项目，人们对理论上适当的贴现率，意见并不一致。现在讨论几种可能性。[①]

□ 基于私人部门收益率的贴现率

假定私人投资最后 1 000 美元的年收益率为 5%。如果政府把这 1 000 美元从私人部门中抽走，用于一个政府项目，私人部门投资就会相应减少 1 000 美元，社会由此损失该私人项目本可以获得的 50 美元。因此，政府项目的机会成本是私人部门的 5%的收益率。由于这 5%衡量的都是机会成本，所以它是适当的贴现率，该收益是否课税无关紧要。不管收益是都留在投资者手里，还是有一部分给了政府，税前收益率衡量的都是这笔资金为社会所创造的产品的价值。

在实践中，某一既定项目的资金是通过征收各种税筹集的，每种税对消费和投资的影响都不同。因此，与以前的假设有所不同，政府项目的部分资金可能是以减少消费和投资为代价的。减少消费的那部分资金的机会成本是多少？例如，肯尼正在决定本年消费多少、储蓄多少。他今年每消费 1 美元，明年就要少消费 1 美元加上将这 1 美元存起来所挣得的利息。因此，对肯尼来说，现在消费 1 美元的机会成本，等于他把这 1 美元存起来所能挣到的收益率。假定肯尼有一个税前收益为 5%的投资机会，但他必须按其收益的 50%向政府纳税。这样，肯尼现在每多消费 1 美元，实际上放弃的是 2.5%的税后收益率。由于税后收益率衡量的是个人消费减少时的损失，故通过减少消费而筹措的资金应当按税后收益率来贴现。

由于公共部门筹资减少私人部门消费和投资，因此，一个自然的解决办法是用税前收益率和税后收益率的加权平均数来贴现。税前收益率的权数为来自投资的资金比例，税后收益率的权数为来自消费的资金比例。在上述例子中，如果所筹措的 1/4 的资金以投资减少为代价，3/4 的资金以消费减少为代价，那么公共部门的贴现率就为 3.125%（即 1/4×5%＋3/4×2.5%）。遗憾的是，在实践中很难确定某一政府项目到底有多少资金是由消费减少转化过来的，有多少资金是由投资减少转化过来的。即使知道每种税对消费和投资的影响，但在实践中，也难以确定哪种税是为哪一个政府项目筹资的。由于无法准确确定一系列权数，这种方法在确定贴现率时的实用性要打折扣。

□ 社会贴现率

另一种观点认为，应当用**社会贴现率**（social rate of discount）来评估公共支出。社会贴

① 见特里西（Tresch，2002，Chapter 24）对不同观点的进一步讨论。

现率衡量的是社会对牺牲目前消费的评价。但是，为什么从社会角度来看放弃消费的机会成本不同于市场收益率所表示的机会成本？社会贴现率可能比较低，理由如下。

家长主义　根据这种观点，人们可能缺乏足够的远见来适当地考量未来收益，因此，他们会用过高的贴现率对这种收益进行贴现。政府使用的贴现率，应当与个人认为对其有好处时会采用的贴现率一样。这是一种家长主义论点，即政府强迫公民减少现在的消费，以换取将来更多的消费，到那时，人们可能会感激政府的远见。与所有家长主义的论点一样，这种论点也引起一个基本的哲学问题，即政府的偏好应在何时强加于个人身上？

与此密切相关的观念是，私人部门产生的利率不考虑未来几代人的利益，因此，政府对那些影响后代人的项目必须使用较低的利率。怀疑论者认为，把政府看做是后代人利益的无私守护者的观点，假定政府万能且仁慈到不切实际的程度。况且，即使是完全自私的人，也经常从事造福于后代的项目。如果预期到后代人会从某些项目中获益，那么预期利润率会很高，这反过来会鼓励现在的投资。例如，私人企业现在栽树，为的是将来出售木材时取得利润，但这种利润可能要到多年之后才能实现。[①]

市场无效率　企业投资时会产生一些知识和技术诀窍，其他企业也能从中受益。从某种意义上说，投资产生了正外部性，于是根据通常的看法，私人市场不能提供足够的投资（见第 5 章“正外部性”）。政府通过使用一种低于市场水平的贴现率，就可以纠正这类无效率现象。这里最大的实践问题是，如何衡量外部性的现实规模。此外，外部性理论认为，一种更为合适的补救办法是，先确定最优边际外部收益规模，然后按边际外部收益额提供补贴（见第 5 章）。

因此，在反对使用市场利率的种种论点中，似乎还没有一个论点能为公共部门贴现率的选择提供更具体的指导。应该怎么办？我们很难强烈反对介于私人部门税前收益率与税后收益率之间的任何公共贴现率。一种可行的方法是，先以某一区间的贴现率来评估一个项目的现值，然后观察该现值是否在所有合理的 r 值下都保持正值。如果确实如此，分析者就可以有一定把握地认为其结论对贴现率不敏感。敏感度分析是在一组可选择的合理假设条件下进行成本—收益分析并观察实际结果是否变化的过程。

□ 贴现与气候变化经济学

社会贴现率的支持者强调，基于私人部门的贴现率太高，没有适当反映后代人的利益。反对者认为，私人部门的贴现率足以完成这项任务。在考虑应对全球气候变化的政策时，如何评价后代人的福利至关重要。例如，经济学家尼古拉斯·斯特恩（Nicholas Stern）为英国政府准备的一份很有影响力的报告计算出，未来气候变化的成本现值巨大，因此，当今社会应该愿意斥巨资来减少温室气体排放（Stern，2006）。倘若将斯特恩的建议付诸实施，现今可能要花费约 27 万亿美元（Nordhaus，2008）。

该数字比其他一些著名研究成果的结果高出好几个数量级。为什么？在估算气候变化造成的未来损失的现值时，斯特恩使用的是几乎为零的社会贴现率。在用如此之低的贴现率的情形下，斯特恩的结果并不令人惊讶，因为它意味着，任何持续到未来的问题（无论多么小），其成本现值都将有一个巨大的现值。如果斯特恩选择的贴现率更贴近市场收益率，他的

---

① 人们为什么要投资于他们死后才能见效的项目？投资者可以把未来获利的权利卖给年轻一代人，从而在有生之年消费他们那份预期利润。

结论就会完全不同。正如一位经济学家所说：

> 毫不夸张地说，气候变化经济学中最大的不确定性是难以确定用哪种利率进行贴现。这个小小的秘密在气候变化经济学的小圈子里都心知肚明，但这需要大多数经济学家予以更广泛的重视（Weitzman，2007，p. 705）。

□ 政府贴现实践

从历史来看，联邦政府使用的贴现率五花八门，视项目的类型和实施部门而定。根据美国行政管理和预算局（Office of Management and Budget，OMB，2003）的规定，联邦政府各部门在评估它们的项目时，现在要作两项单独分析：一是用7%的实际贴现率，二是用3%的实际贴现率。这种规定很符合本章前面讲的经济学推理。7%是对私人投资收益率的估计，所以对于从私人投资中抽走资源的项目来说，它是适当的贴现率。3%是社会对未来消费贴现率的估计，所以对于主要从私人消费中抽走资源的项目来说，它是适当的贴现率。鉴于一般难以知道政府项目是从私人投资还是从私人消费中抽走资源，所以OMB建议用两种贴现率，我们便能看出实际结果对不同的贴现率是否敏感。此外，对于影响未来各代人的政府项目，OMB建议采用1%～3%的贴现率进行额外的敏感度分析。这与前面讲过的观念——考虑到后代人的社会贴现率可能低于市场收益率相一致。

在联邦预算计划中，贴现的做法有很大分歧。当实行一项新的税收计划或支出计划时，必须考虑这项计划在今后5年内的影响，以便确认是否会导致预算不平衡。[①] 为此，重要的是要把有关的税收或支出汇总，未来流量按零利率贴现。比如，现在增加支出10亿美元并通过今后5年增加10亿美元的税收来融资的政策，可能被认为对赤字没有影响，但从现值来看，这项政策会造成损失。

5年的时间规定忽略了预算议案的财政后果。实际上，它们是以无穷大的利率来贴现的！比如有这样一种政策，在头5年里筹措50亿美元，但在10年后损失200亿美元。按照现在的预算规则，这种政策被说成是产生预算盈余的政策；然而，如果用任何合理的贴现率，这种政策的长期效应将造成政府损失。实际上，有些证据表明，这种特别的贴现方式会造成政府的决策有失偏颇——偏向在短期增加收入但在长期减少收入的政策（Bazelon and Smetters，1999）。

评估公共收益与成本

项目评估的下一步是计算收益与成本。从私人企业的角度看，这种计算比较简单。项目的收益就是取得的收入，成本就是企业的投入费用，两者都按市场价格计算。对于政府来说，评估问题就比较复杂了，这是因为市场价格没有反映社会收益和社会成本。以扩建一条公路为例，这项扩建工程可能对环境有一定程度的破坏。我们知道，私人部门和公共部门都可以干这项工程，但私人部门的成本—收益分析和公共部门的成本—收益分析会大相径庭，因为

① 出于某些目的，参议院要求报告10年内的收支情况。

私人部门忽略了包括外部性在内的社会成本。

现在讨论计量公共部门项目的收益与成本的几种方法。

□ 市场价格

如第 3 章所指出的那样，在一个正常运行的竞争性经济中，一种商品的价格同时反映出生产它的边际社会成本和它对消费者的边际价值。如果政府使用的投入物和（或）所生产的产品都是在私人市场上交易的，那么市场价格似乎就应该用来进行项目评估。

问题是，现实市场有许多缺陷，比如垄断、外部性，等等。在这种情况下，价格就不一定反映边际社会成本和边际社会收益。然而，重要的不是市场价格是否完美，而是市场价格是否比其他价值尺度更好。而那些价值尺度不是编造出来的，就是从非常复杂的（且很值得怀疑的）经济模型中推导出来的。尽管市场价格有这样那样的问题，但它毕竟以很低的成本提供了大量信息。大多数经济学家认为，只要市场价格没有明显的缺陷，就应当用来计算公共收益和成本。

□ 调整后的市场价格

在不完全市场中交易的商品的价格，一般不能反映出这些商品的边际社会成本。[①] 这类商品的**影子价格**（shadow price）就隐含着其边际社会成本。虽然在不完全市场中商品的市场价格偏离影子价格，但是在某些情况下，市场价格可以用来估算影子价格。接下来就讨论有关情况。在每种情况下，关键点在于影子价格取决于经济体系对政府干预作出怎样的反应。

垄断　在南非这个国家，啤酒的生产被一家名为南非啤酒有限公司（South African Breweries，Ltd.）的企业所垄断。假如教育部正在考虑为进行一项可控实验而购买一些啤酒，该实验的目的是确定啤酒消费对大学生成绩的影响。该计划的成本—收益分析应如何考虑啤酒是垄断生产的这一情况？

在完全竞争情况下，价格等于边际成本，相比之下，垄断价格高于边际成本（见第 3 章）。政府对啤酒的估价，应当用其市场价格（衡量的是啤酒对消费者的价值），还是用其边际生产成本（衡量的是其生产所用资源的增量值）？

答案取决于政府购买对市场的影响。一方面，如果啤酒的产量预期将增加，且增加的数量正好等于该计划的需要量，那么社会机会成本就等于增加生产所用的资源的价值，即边际生产成本。另一方面，如果啤酒的产量不增加，政府的购买就会减少私人的消费，而私人消费者是按其需求价格对啤酒评价的。如果要综合考虑到这两种反应，就应采用价格和边际成本的加权平均值（请注意这与上述贴现率问题的相似性）。

税收　如果投入物要缴纳销售税，则该投入物的生产者所得到的价格就会低于购买者所支付的价格。这是由于购买价格的一部分被征税者拿走了。当政府购买一种投入物需要缴纳销售税时，应当用生产者价格还是购买者价格来计算成本？与垄断情况的基本原则相同：如果生产预期会扩大，用生产者的供给价格比较合适；如果生产预期保持不变，就应当用消费者价格；如果综合这两种反应，就需要用二者的加权平均值。

失业　如果公共部门项目的工人是来自正在从事私人部门工作的人，那么社会机会成本就是该工人在私人部门的工资率，因为它反映出失去的工人原本生产的产出价值。当该项目

---

① 更详细的讨论，参见博德曼等的著述（Boardman et al.，2006）。

所雇用的人是目前正处于非自愿失业状态的人时，问题就有些棘手了。由于雇用失业工人不会降低经济中其他方面的产出，所以付给这种工人的工资并不代表机会成本。该工人受雇时所放弃的一切，只是他或她正在享受的休闲，如果该失业者属于非自愿失业者，其休闲的价值是很低的。但是也有两种复杂情况：(1) 如果政府实施的稳定政策是要维持某个不变的就业率，那么雇用失业工人就意味着要减少经济中其他方面的就业与产出。在这种情况下，这种工人的社会成本便是他（她）的工资；(2) 即使该工人在项目开始时处于非自愿失业状态，但他（她）并不一定在整个期间都处于这种状态。可是，要预测一个人的未来就业前景，确实不是一件容易的事。由于目前对失业的原因与性质缺乏共识，因而对于失业资源如何定价，仍然没有一种公认的方法。如果不存在严重的经济萧条，则从实用角度出发，按现行工资率对失业劳动力进行估价，也许是一个比较好的近似办法。

□ 消费者剩余

一般来说，一个私人企业与整个经济相比非常渺小，它的产量变化不会影响其产品的市场价格；相反，公共部门的项目可以大到足以改变市场价格的地步，从而影响到应有的收益计算方法。比如，一项政府灌溉工程能把农业生产的边际成本降低到足以使食品的市场价格下降的程度。但是，如果市场价格发生了变化，应如何对增加的食品进行估价？是按其原来的价格，还是按项目实施后的价格，抑或按二者之间的某个价格？

图 8—1 描述了一个假想的鳄梨种植区的情况。鳄梨的磅数用横轴表示，每磅价格用纵轴表示，D_a是鳄梨的需求曲线。在灌溉工程完工之前，供给曲线为 S_a，市场价格和产量分别为 2.89 美元和 A_0（为方便起见，供给线画成水平线，即使它向上倾斜，主要结论也依然不会改变）。

图 8—1　消费者剩余变化的衡量

说明：政府灌溉工程减少了鳄梨的生产成本，故将供给曲线移至 S'_a。价格下降使消费者剩余增加 $bcgd$。

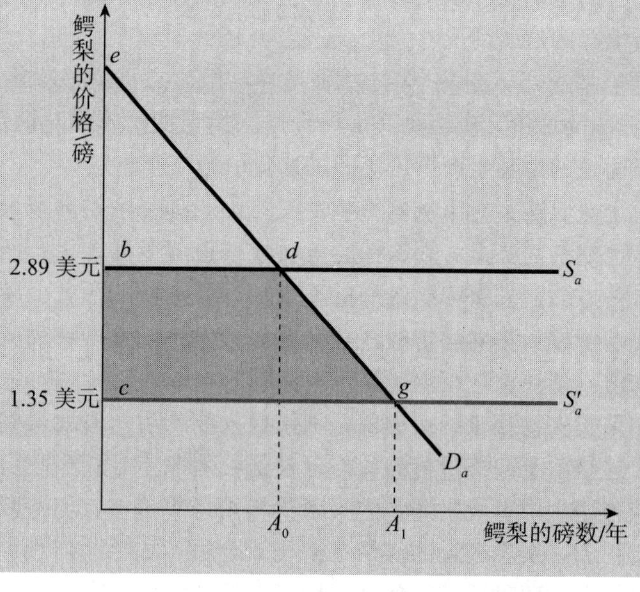

假定灌溉工程使更多的土地变成了可耕土地，鳄梨的供给曲线位移至 S'_a。在新的均衡状态下，价格降为 1.35 美元，鳄梨消费增至 A_1。消费者的境况改善多少？或换一种问法，“消费者按价格 1.35 美元消费 A_1磅鳄梨，而不是按价格 2.89 美元消费 A_0磅，为此，消费者愿意支付多少？”

回答这一问题的经济学工具便是**消费者剩余**（consumer surplus）——个人愿意支付的数额超过他们实际所付数额的差额。正如本书附录说明的那样，消费者剩余等于需求曲线之下、市场价格水平线之上的面积。因此，当价格为 2.89 美元时，消费者剩余为 *ebd*。

当灌溉工程使鳄梨价格下降到 1.35 美元时，消费者剩余仍然是需求曲线之下、现行价格水平线之上的面积，但是，由于现在的价格是 1.35 美元，这一面积为 *ecg*。消费者剩余增加了，增加的部分就是面积 *ecg* 和面积 *ebd* 之差，即面积 *bcgd*。因此，需求线之下、两个价格之间的面积，衡量的是消费者能以低价购买鳄梨而得到的价值。如果计划者能估计出需求曲线的形状，就可以估算出项目的收益。

如果所考察的商品的供给曲线向上倾斜，也会有生产者剩余的变化（在本书末的附录中也有解释）。例如，在房租管制的成本—收益分析中，如果知道了出租住房的供给曲线形状，房东剩余的变化就可以估计出来。

□ 根据经济行为推断

到目前为止，我们讨论的情形一直是市场数据可以作为评估社会成本和社会收益的出发点。但有时所研究的物品并没有公开交易，因而不存在市场价格。下面讨论两个例子，说明如何估计人们对这类商品的支付意愿。

时间价值　本章开头提到的波士顿大兴土木工程中一项重要的工程是花费 65 亿美元建设一条 3.5 英里的高速公路。据估计，这条高速公路建成后，从市区到机场的时间将从 45 分钟缩短到 8 分钟。这是否划算？虽然“时间就是金钱”这句话没有错，但是成本—收益分析要求我们知道时间值多少钱。估计时间价值的通常方法是利用休闲—收入选择理论。如果人们能够控制自己的工作量，他们的工作时间就会达到其休闲的主观价值等于额外工作 1 小时的收入（税后工资率）为止。这样，可以用税后工资来对所节省的时间进行估价。[①]

虽然这种方法很有用，但也有两个主要问题：(1) 有些人不能选择自己的工作时间。非自愿失业就是一个极端的例子。(2) 并非所有工作以外的时间都是等价的。例如，为了避免把时间花费在路上，即使是讨厌开车的人也要开车，而开车的代价可能高于其工资率。相反，如果一个人在周末只是出于娱乐而开车兜风，则可能不太在乎时间的机会成本，特别是在周末又不用工作。

由于交通方式不同，所花费的旅行时间也不同，因此，有些研究人员通过观察人们对不同交通方式的选择来估计时间价值。假定在某个社区里，人们可以乘火车或公共汽车上下班，火车省时，但是比较贵。通过观察人们愿为乘火车而额外支付多少钱，可以推断出人们为减少通勤时间而愿意付多少钱，从而推断出他们对时间的估价。当然，人们的其他特征，比如收入水平，也会影响人们对出行方式的选择。也可以利用第 2 章描述的那些统计方法，把这些变量考虑进来。根据若干这类研究成果，一个合理的估计是：交通时间的实际成本大约为税后工资率的 50%（参见 Winston，2010）。

生命价值　《纽约时报》2007 年有一篇文章在讨论“9·11”恐怖袭击受害者的赔偿时指出，“一个人的生命用货币价值来衡量似乎是不可能的，也是难以想象的”(Marsh，2007)。的确，我们的宗教和文化价值观认为，生命是无价的。看一下几年前发生的一件事：几年前，遥远的智利发生了一起矿难，33 名矿工被困在半英里的井下长达 69 天。救援工作极其复杂，

---

① 更详细的讨论参见第 18 章中的“劳动供给”。

美国国家航空航天局（National Aeronautics and Space Administration，NASA）派出救援队，日本、德国和其他国家也提供了关键技术。在新闻报道这件事时，没有一个人质疑挽救矿工的生命是否值得。若有人认为拯救他们的生命代价太高，那简直是不可思议的。同样，如果你被问到你的命值多少钱，你回答说天地间能容得下多少钱就值多少钱也是不足为奇的。

这显然给成本—收益分析带来了难题。如果生命是无价的，那么任何一个哪怕是只挽救了一条生命的项目，其现值也是无穷大的。这不是决定项目是否可行的明智方法。如果美国的每条公路都变成四车道的高速公路，交通事故死亡率肯定会下降，但这会是一个好的项目吗？同样，任何项目哪怕只是牺牲了一条人命，其价值就无穷小。倘若如此，我们看看这样一种情况：汽车制造厂为了满足政府规定的节能标准而改为生产小型车，可是小型车的事故死亡率比较高，难道节能标准一定不会通过成本—收益检验吗？

经济学家们考虑过两种方法，赋予生命以有限价值。一种是收入损失法，另一种是死亡概率法。

收入损失　按照收入损失方法，生命的价值等于一个人一生净收入的现值。如果一个人因某个项目的实施而亡，则社会成本就是他原本能生产的产出的预期现值。法院常用这种方法来确定事故中死者亲属应得的赔偿。然而，从字面上来理解，这种方法就意味着，如果老年人、体弱多病的人或重残疾人统统被处死，社会也不会有什么损失。这显然不合乎情理，故大多数经济学家都拒绝用这种方法。

死亡概率　第二种方法的出发点是认为大多数项目实际上不一定会影响一个人的寿命，但很有可能会改变相关人员的死亡概率。例如，你并不知道癌症研究是否会拯救你的生命，但可以肯定的是它或许能降低你的死亡概率。这种区别很重要，因为尽管人们把自己的生命视为无价之宝，但为了得到有限的金钱还是常常同意将自己的死亡概率提高。在其他条件相同的情况下，驾驶轻型车的人在交通事故中的死亡概率要高于驾驶重型车的人。但是，人们为了省钱，还是愿意冒较大的死亡风险去买轻型车。

人们表露其风险偏好的另一种方式是职业选择，有些职业的死亡概率要比别的职业高。假定有两个工人，他们的工作资格和工作特征完全相同，但其中一个人的工作风险更大。我们来比较一下这两个人的情况。从事高风险工作的人，预期有更高的工资，以补偿较高的死亡概率。这两种工资之间的差额，就是人们对死亡概率下降的评估值。①

本着同样的精神，也有许多研究成果表明，人们愿意为安全设施（如烟雾报警器）付钱，以便降低一定程度的死亡概率。虽然不同的研究结果大相径庭，但基于这类研究而得到的大致推测是，生命的价值在400万～1 000万美元之间（Viscusi，2006），这也是大多数政府机构的依据所在。例如，美国环境保护局赋予生命的价值为910万美元，而食品和药品管理局和交通运输部分别采用的是790万美元和600万美元（Appelbaum，2011）。这些估计值在淘汰没有意义的项目时很有用。例如，有关在商务飞机上安装应急地灯的规定，每解救一人的成本大约是90万美元。这些规定显然能通过可行性标准。相反，政府的石棉清除规定在每解救一人上的成本超过1亿美元。

这种对生命的估价方法有一点具有吸引力，即它以支付意愿作为分析基础，而这种基础在其他方面的分析中很有成效。然而，这种方法仍然有很多争论。批评者认为，一旦确认了某人的生命危在旦夕，这种概率方法就没有什么用了。我们无法得知谁会死这件事已无关紧

① 对这类估计的进一步讨论，参阅维斯库斯等的著述（Viscusi and Aldy，2003）。

要。这又使我们回到了出发点，即根本无法对涉及人类生命的项目给出估价。

由于各种提案要求政府的安全与环境管制都要进行成本—收益分析，因此，这种学术争论已经引起了公众的关注。反对在成本—收益分析中对生命估价的人说，“生命无价，因为生命的价值是无法估量的”（Ackerman and Heinzerling，2004）。遗憾的是，在一个资源稀缺的世界里，我们对此别无选择，唯一的问题在于设定价格的方法是否明智。

□ 评估无形资产

不管研究人员多么聪明，有些收益和成本是无法估价的。乔治・W・布什（George W. Bush）总统认为，空间探索“是人们心底里的一种渴望”。修建国家公园是让人们在欣赏美丽景色时获得愉悦。我们简直无法想象如何赋予这些“物品”以货币价值。如果无形资产很重要，我们必须牢记以下三点。

第一，无形资产可以将整个成本—收益分析推翻。倘若任凭说无形资产的价值非常大，那么任何项目都会是可行的。例如，国家航空航天局的一位官员说，美国太空计划的“最重要”原因是“情感驱动或价值驱动的”，“可不是财务报表所能反映出来的”（Griffin，2007）。可想而知，支持某项特定计划的人都可以找到受其“情感”左右的理由。那么，如何在计划之间作出选择呢?

第二，成本—收益分析的工具有时可以用来迫使计划者说出他们对无形资产估价的上限。例如，美国国会于 2007 年通过了一项法律，要求安装汽车后视摄像头。该法律的出台是因为一个两岁大的孩子倒在了他父亲倒车时的车轮下。美国国家公路交通安全管理局（National Highway Traffic Safety Administration，NHTSA）发现，该技术能救命，但成本要比收益高出 10 多亿美元。这其实就表明了这项规定是否值得所需要的无形收益水平。

第三，有些收益虽然不可能测定，但也许可以通过别的办法来实现。为了实现某一既定的目标，应当系统地分析各种备选方案的成本，以便找到最便宜的方法。这有时被称为**成本—有效性分析**（cost-effectiveness analysis）。因此，虽然无法确定国家安全的货币价值，但仍可以对各种武器系统的成本进行仔细分析。

成本—收益分析人员玩弄的花招

除了上述讨论的问题之外，特里西（Tresch，2002）还指出了成本—收益分析中许多常见的错误。

□ 连锁反应花招

一项议案的支持者通过把间接利润算做收益，可使该议案显得十分诱人。如果政府修建一条公路，其直接收益是减少了个人和企业的运输成本。与此同时，当地的饭馆、汽车旅店、加油站的利润也可能增加，这又会使卖给餐馆食品的农民、汽车旅店的清洁工、加油站的修理工等的收入增加。如果把这些次生效应统统加在收益一方，到头来，任何项目的现值实际上都会是正数。

这种方法忽略了下列事实，即一个项目既有间接利润，也有间接损失。一条道路建成以后，有些乘客就会改乘汽车，而火车运营者的利润就会因此减少。使用汽车的人增多了，就会导致汽油价格上涨，许多汽油消费者的福利就会下降。

总之，连锁反应花招的问题是，它把那些仅仅是收益的转移计算成了收益的增加。比如，汽油价格的上涨把汽油消费者的收入转到了汽油生产者手中，但这并不表示该项目有净收益。正如后面所指出的那样，对于决策者来说，分配上的考虑确实重要。倘若如此，一致性就要求，间接收益和间接损失都要计算在内。

□ 劳动力花招

2012年，加利福尼亚州的立法机构批准了一项价值数十亿美元的项目——修建一条最终连通洛杉矶和旧金山的高速铁路。州长杰里·布朗（Jerry Brown）说，“立法机构今天的果敢行为让加利福尼亚州人回到工作岗位。”① 他的说法正是下列论调的一个典型例子：有些项目因其能“创造”就业而应当实施。实际上，所雇用工人的工资被当做该项目的收益，这种推理是有问题的，因为工资属于成本，不该算在收益一方。当然，如前所述，如果工人处于非自愿失业状态，其社会成本确实低于他们的工资。但是，即使在高失业率地区，该项目所雇用的工人也不可能都是失业者，或者失业者也不可能总是处于失业状态。

□ 重复计算花招

假定政府正在考虑对一些目前不能耕种的土地进行灌溉，并把下列两项之和算做该计划的收益：（1）土地价值的增加；（2）耕种土地所获得的净收入流的现值。这里的问题是，农场主可以耕种土地并取得净收入流，也可以将这块土地卖给别人。在竞争条件下，土地的售价恰好等于耕作这片土地所获得的净收入流的现值。由于农场主不可能同时做这两件事，故把这两项收益相加是对其真实收益的重复计算。

这种错误看起来很傻，没有人会犯这种错误。但是，特里西（Tresch，2002，p. 825）指出，重复计算曾经是美国内务部（Department of the Interior）垦务局（Bureau of Reclamation）的官方政策。该局的成本—收益分析员操作指南规定，土地灌溉收益的计算方法是土地的增加值加上耕种取得的净收入的现值。

收入分配考量

在私人部门，一般不考虑谁是一项工程的受益者，谁是成本的承担者。不论涉及谁，1美元就是1美元。有些经济学家认为，在公共工程的分析中也应采用这种观点。如果一项工程的收益现值是正数，不管谁受益谁受损，都应当实施。这是因为，只要收益现值是正数，受益者除了能补偿受损者之外，还能享有净增的效用。这种观点有时称为**希克斯-卡尔多标准**（Hicks-Kaldor criterion）②，以是否有潜在的帕累托改进为基础来确定项目，并不要求实际补偿。也就是说，如果一个项目能给某些人提供更大的净收益，就可以让另外一些社会成员承

① Judy Lin, *California High-Speed Rail Gets Green Light*, Associated Press, July 7, 2012.

② 这是以经济学家约翰·希克斯（John Hicks）和尼古拉斯·卡尔多（Nicholas Kaldor）的名字命名的。

担费用。

有些人则认为，由于政府目标是使社会福利最大化，故要考虑一个项目对收入分配的影响。而且，由于真正重要的是收益和成本的现实格局，所以**希克斯-卡尔多**标准并没有令人满意地解决收入分配问题。

避免收入分配问题的一个方法是，假定政府能够并且愿意不花代价地在受益者与受损者之间进行适当的转移，以纠正项目所产生的任何不合意的分配问题。① 政府会在幕后不断努力，以确保收入的最佳分配，因而成本—收益分析员只需要专注于现值的计算。但是，现实终究是现实，政府可能既没有权力也没有能力实现收入的最优分配（见第 12 章）。②

假定决策者认为，人口中的某个群体应当得到特别关照。如果要考虑这种收入分配偏好，就要假定，1 美元对于该群体的成员的好处大于 1 美元对其他人群的好处。当然，这往往会使项目的选择偏向于尤其有益于优先照顾群体的项目。虽然有关分配问题的讨论大多集中在用于划分人群的收入上，但也可以使用种族、民族、性别等特征来划分人群。

分析师在得到了受照顾集团成员的资格标准之后，必须面临的问题是如何精确计算该集团成员相对于社会其他成员得益多少。1 美元对于穷人的价值，相当于 1 美元对于富人的价值的 2 倍还是 50 倍？这类问题的解决取决于价值判断。分析师所能做的，只是引导决策者明确表达其价值判断并理解这些价值判断的含义。

考虑分配因素的一个潜在危险是，政治因素可能对整个成本—收益分析过程产生决定性影响。任何一个项目，不管它的效率多么低下，只要选对了权数，都可以产生正的现值。此外，如果考虑分配问题，成本—收益分析的信息需要量就会大大增加。分析师不仅需要估算收益和成本，而且还要估计这些成本和收益在人口中的分配情况。正如第 12 章所指出的那样，很难评估政府财政活动对收入分配的影响。

不确定性

2005 年，新奥尔良的防护大堤在卡特里娜飓风中决口，洪水泛滥。这场灾难残酷地提醒人们，公共工程的结果是不确定的。围绕着项目议案展开的许多重要争论，其实核心就在于谁都不知道结果是什么。一项职业培训计划能使福利受益者的收入增加多少？一种高科技武器系统在实战中能否正常使用？

假定正考虑两个项目。它们的成本相同，而且都只影响一个公民——凯尔。项目 X 的收益确有保证，为 1 000 美元。项目 Y 的收益有两种可能，各有 50%的概率：一种可能是零收益，另一种可能是 2 000 美元的收益。凯尔会选择哪个项目？

请注意，平均来看，Y 和 X 具有相同的收益。这是因为，Y 的预期收益为 1/2×0 美元＋1/2×2 000 美元＝1 000 美元。然而，如果凯尔是风险规避者，他会认为 X 比 Y 好。③ 因为项

① 这里“不花代价”的含义是，转移制度对管理者来说不需要花一分钱，而且转移还可以用不扭曲人们行为的方式来实行（见第 15 章）。

② 而且，当政府在幕后改变收入分配状况时，相对价格很可能会改变。但是，随着相对价格的变化，收益和成本的计算也要发生变化。因此，效率和公平问题就不像这里所说的那样容易分开。

③ 我们将在第 9 章更为详细地讨论风险规避问题。

目 Y 使凯尔有风险，而 X 则是一个完全确定的项目。换言之，如果凯尔是风险规避者，他愿意用项目 Y 换取低于 1 000 美元的某金额——他愿意放弃一定的收入，换取一定的安全。人们实际上愿意出钱躲避风险的最明显证据，就是人们普遍持有各种各样的保单（见第 9 章）。因此，当一个项目的收益或成本具有风险时，它们必须转换为**确定性等价**（certainty equivalent），即个人愿意与该项目产生的不确定结果进行交换的确定收入量。计算确定性等价，既需要知道该项目的收益分布情况，也要知道有关人的风险厌恶程度。本章附录描述了确定性等价的计算方法。

计算确定性等价的前提条件是，事先已知成本和收益的随机分布状况。在有些情况下，这是一个合理的假定。比如，运用工程和气象数据，可以估算出一座拟建大坝减少水灾的概率。但是，在许多重要的案例中，很难确定各种结果的发生概率。比如，2011 年日本福岛县的核反应堆灾难表明，我们没有足够的经验来评估各种故障发生的可能性。同样，如何估计一种新的艾滋病疫苗有效的概率？成本—收益分析者通常所能做的，至多是作出明确的假设，并确定这些假设改变时实际结果的变化程度。

应用：缩小班级规模值得吗？

第 7 章讨论了有关班级规模对学生考试成绩影响的研究。有关文献研究了在其他条件相同的情况下，小班级儿童成人之后的收入是否比较高。卡德和克鲁格（Card and Krueger，1996）在对班级规模与收益间关系的经济计量分析中估计，班级规模缩小 10%，将来年收入就会增加 0.4%～1.1%。倘若这项估计结果是正确的，就说明缩小班级规模会产生货币收益。

尽管如此，这项研究结果本身仍然不能告诉我们缩小班级规模到底是不是一项明智的政策。缩小班级规模毕竟要有花费——需要雇用更多的老师、扩建教室，等等。这样做的收益能大于成本吗？佩尔兹曼（Peltzman，1997）利用成本—收益分析工具来回答这一问题，他的分析阐明了本章提出的许多重要问题。

成本—收益分析首先要选择贴现率，然后确定每年的成本和收益。现在依次讨论佩尔兹曼是如何解决这些问题的。

□ 贴现率

理论分析并不能确定一个具体的贴现率，因而佩尔兹曼采取了明智的做法：选择两个贴现率，并观察实际结果对这种差异是否敏感。他选择的（实际）贴现率是 3%和 7%。

□ 成本

佩尔兹曼假定，在公立学校教育中，班级规模缩小 10%，所有投入就需要增加 10%，包括教师、教室、设备，等等。因此，班级规模永久性减少 10%，会使年度成本上升 10%。1994 年，美国公立学校的生均成本是 6 500 美元左右，要增加 10%的话，就是 650 美元。学生在校的这 13 年间，这种成本每年都发生。由于这些成本是在长时间内发生的，故必须对它们进行贴现。表 8—3 的第（1）行给出了这 13 年中，650 美元在 $r=3\%$ 和 $r=7\%$ 两种情况下的现值。倘若用以前的记号，这些数字代表的就是 C，即该项目成本（生均）在每一种贴现率下的现值。

表 8—3　　班级规模缩小 10%的成本和收益

	现值	
	$r=7\%$	$r=3\%$
（1）成本（1994—2006 年每年 650 美元）	5 813 美元	7 120 美元
（2）收益（2007—2056 年每年 225 美元）	1 379 美元	4 060 美元
（3）收益减去成本	−4 434 美元	−3 060 美元

说明：这些估计表明，缩小班级规模 10%的成本按 3%和 7%贴现后大于收益。

上述在计算 C 时，进行了各种简化，其中一个最重要的简化是每年的学校教育成本是不变的。实际上，高中的生均成本一般高于小学，而未来几年分配的成本比例较高往往会降低成本的现值。

□ 收益

如上所述，卡德和克鲁格（Card and Krueger，1996）估计，班级规模缩小使收益增加 0.4%～1.1%。佩尔兹曼则取其中间值，即 0.75%。他假定，人们离开学校就开始工作，并工作 50 年。因此，在今后的 50 年当中，每年的收入增加 0.75%。1994 年，25 岁以上男性工人的年收入中间值是 30 000 美元，该总额增加 0.75%就意味着，在今后 50 年的时间里，每年增加 225 美元。像成本一样，收益也要贴现。请注意，在这些 225 美元中，第一个 225 美元发生在将来的第 13 年，因此，它的现值是 225 美元$/(1+r)^{13}$。表 8—3 的第（2）行给出了两种贴现率下每个学生的收益现值（B）。

同计算成本一样，收益的计算也有很多重要的简化。男性一般比女性挣得多，因此，使用男性的中间收入会使收益的估计值偏高。另一方面，随着时间的推移，收入一般都会增加而非保持不变。此外，该分析还忽略了教育的非货币收益，比如减少犯罪的可能性、选举中比较清楚选谁，等等。倘若存在这类效应，那么佩尔兹曼对教育的社会收益估计值就太低了。

□ 结果与评价

现在，计算该项目的净现值就很容易了：在每一贴现率下，用表 8—3 第（2）行的收益减去第（1）行的成本。计算结果如第（3）行所示，从中看出，当 $r=7\%$时，成本大于收益 4 434 美元；当 $r=3\%$时，成本大于收益 3 060 美元。因此，不论按哪种贴现率计算，（$B-C$）的值都小于零，故缩小班级规模 10%无法满足可行性标准。据此，佩尔兹曼（Peltzman，1997，p. 226）半开玩笑地下结论说：如果班级规模扩大 10%，学生的境况可能会更好，且省下来的钱可用于发给每个学生一张支付市场利率的债券。

缩小班级规模这种分析反映出成本—收益分析实践中的一些重要问题：

● 成本—收益分析通常是跨学科的，因为经济学家并不具备评估所有成本和收益的专业知识。例如，必须由工程师来确定教室扩大 10%需要花多少钱。同理，倘若想把犯罪减少算在收益中，就必须请教研究犯罪行为的社会学家。

● 评估成本和收益，尤其是评估未来发生的成本和收益，可能需要特定的假设。比如，像刚刚说过的，佩尔兹曼关于收入在长时期内不变这种简化的假设，肯定是不对的。但为了做得更好，就需要另外的关于收益随着时间推移而增加（或减少）的假设，而到底怎样做，并不清楚。

● 在有如此之多的不确定因素的情况下，倘若再让成本—收益分析考虑分配问题，也许负担就太重了。例如，研究人员连班级规模对整个收入产生怎样的影响都不能准确预测出来，更不能指望其估计出收益在不同收入阶层中的分配状况。

● 虽然成本—收益分析有这样或那样的局限性，但它仍然是一种非常有用的信息归纳方法。它还要求分析者作出明确的假设，故其最终建议的理由是清楚的。例如，就拿佩尔兹曼关于班级规模缩小的研究来说，由于有些假设本身就存在疑问，结论最终被证明是不对的。不管怎么说，这项研究很有价值，因为它建立了一个可用于将来讨论这个重要问题的合理框架。

政府是否采用

本章明确指出，成本—收益分析并不是万能的，不可能对每个问题都能给出明确的“科学”答案。不过，它有助于政府对所要解决的问题作出一致性决策。这些方法被政府使用过吗？自 20 世纪 30 年代以来，联邦政府就要求各类项目都要进行成本—收益分析。里根总统、布什总统、克林顿总统和奥巴马总统都曾发布过行政命令，要求所有重大的管制措施都要进行成本—收益分析。

据说，不论是民主党执政，还是共和党执政，都经常忽视或回避对成本—收益分析的要求，国会也不热心。联邦各机构一般都不遵从要求其进行成本—收益分析的指令，即使进行成本—收益分析，质量往往也很差。哈恩和杜德利（Hahn and Dudley，2007）研究了有关联邦环境法规的 74 项成本—收益分析，发现其中有相当大一部分没有报告基本的经济信息，诸如净收益数据和政策选择。还有一个问题是，有些因素本来就很难衡量，但要求必须予以考虑，致使整个成本—收益分析可能被推翻。例如，奥巴马总统发布行政命令，让行政机关在进行成本—收益分析时要考虑像“公平、人格和公正”等一些模糊的特征。

成本—收益分析对政府决策方式为什么没有产生更多的影响？部分原因是，在进行成本—收益分析时，遇到许多实际问题，特别是对于政府目标是什么出现分歧时，困难更大。此外，许多官僚或缺乏能力，或没有耐心去进行这种分析，要是涉及他们自己的项目，就更不用说了。政治家们也不愿看到其钟爱的项目受到严格的审查。

我们看到的更为糟糕的情况是，在某些极其重要的领域，实际上一直明确禁止使用成本—收益分析：

●《清洁空气法案》在设定空气质量标准时禁止考虑成本。1997 年，当总统的首席环境顾问面对一些新的环境法规的成本可能大于收益上千亿美元时，她回应说：“这根本不是钱的问题……这些都是健康标准”（Cushman，1997，p. 28）。任何其他立场都是不合法的！

●《清洁空气法案》还要求公司安装尽可能减少污染的设备，不管进一步减少污染所带来的收益多么小，或者不管这些设备增加的成本有多大。

●《濒危物种法案》要求渔业和野生动物局（Fish and Wildlife Service）不惜一切代价保护美国一切濒临灭绝的物种。

●《食品、药品和化妆品法案》要求食品和药品管理局禁止在食品中加入任何会使动物或人致癌的添加剂，不管这些物质的危险性有多小，或不管这些物质的好处有多大。

1995 年，许多国会议员试图改变其中一些法律，但均未成功。此外，2001 年联邦最高法院支持《清洁空气法案》禁止成本—收益分析的合宪性。虽然从法律层面讲，这是正确的决定，但从政策角度讲，这是不恰当的。尽管成本—收益分析无疑还是一个不完美的工具，但它是唯一可用来作出一致性决策的分析框架。禁止成本—收益分析，就等于宣布明智的决策不合法。

小结

● 成本—收益分析是运用福利经济学对潜在项目进行评估的一种实用方法。

● 为了使来自不同年份的净收益具有可比性，必须计算它们的现值。

● 其他方法，如内部收益率、收益—成本比率等，可能导致错误的决策。

● 在成本—收益分析中，选择贴现率是关键。在公共部门分析中，有三种可能的衡量方法，即税前私人收益率、税前和税后私人收益率加权平均数以及社会贴现率。选择其中的哪一种，取决于被取代的私人活动的类型（投资还是消费），同时取决于私人市场反映社会偏好的程度。

● 在实践中，美国政府使用的贴现率无一定之规。

● 公共工程的收益和成本可以用多种方法来衡量：

如果没有充分理由认为市场价格偏离了边际社会成本，市场价格就是很好的尺度。

影子价格调整了市场价格与边际社会成本之间因市场不完善而产生的偏差。

如果劳动力目前处于失业状态，且在该工程的整个建设期间都处于失业状态，那么机会成本会很小。

如果大型政府工程改变均衡价格，那么消费者剩余可以用来衡量收益。

对于不能在市场上交易的物品，其价值有时可以通过观察人们的行为来推断，计算节约时间的收益和降低死亡概率的收益就是两个例子。

● 某些无形收益和成本根本无法衡量。最保险的办法是把它们排除在成本—收益分析之外，然后计算如果要推翻原先的决策，无形收益和成本应为多大。

● 成本—收益分析有时还会落入一些陷阱中：

连锁反应花招——包括间接收益而不包括相应的间接成本，使议案看上去更有利。

劳动力花招——把工资当做项目的收益而不是成本。

重复计算花招——错误地将收益计算两遍。

● 在成本—收益分析中，对是否要考虑分配问题，众说纷纭。有些分析师认为，金钱的价值对于所有人都一样，而有些人则利用权数偏向特定人群所偏好的项目。

● 在不确定情况下，如果其他条件相同，人们不喜欢有风险的项目。一般地说，不确定项目的成本和收益必须转换成确定性等价。

讨论题

1. “如果你来管理政府，你是要求阻燃性儿童睡裤的制作成本要节省呢，还是要求制造商只管做好该产品？倘若童床制造商对你说，要把童床的板条做得更紧凑一些，会花一大笔钱，你会因为这类借口而改变主意吗？”（Herbert, 1995）你如何回答这些问题？

2. 2006 年，印第安纳州车辆管理局对各分局进行了改革，据说顾客的等待时间从平均 61 分钟缩短到 7 分钟。这应如何纳入该新做法的成本—收益分析中？

3. 一个项目从下一年起的年收益为 25 美元，并永远保持这一收益。如果利率为 10%，该收益的现值是多少？[提示：无穷和 $x+x^2+x^3+\cdots=x/(1-x)$，其中，x 小于 1。] 把你的答案一般化来证明，如果年度收益永远为 B，且利率

为 r，那么现值就为 B/r。

4. 假定你正计划用一年假期骑车周游美国。有人愿意以500美元卖给你一辆新自行车。年底，你预期这辆自行车能转卖350美元。你用这辆自行车的收益相当于170美元。

a. 内部收益率是多少？

b. 如果贴现率是5%，你应该买这辆自行车吗？

5. 比尔每次乘坐地铁要花75美分，但如果价格再高一点，他就改乘其他交通工具。他唯一可选择的交通工具是公共汽车，乘车的时间要多出5分钟，但票价只有50美分。他每年往返10次。这座城市正在考虑整修地铁，整修后旅行时间可缩短10分钟，但票价要上涨40美分，以弥补成本。票价上涨和旅行时间缩短在同一年实现且永远如此。利率为25%。

a. 就比尔而言，该项目的收益和成本的现值是多少？

b. 该城市人口中有55 000名像比尔一样的中产阶级，还有5 000人是穷人。穷人或者处于失业状态，或者工作地点离家很近，因而可以不用任何形式的公共交通。就整个城市而言，该项目的总收益和总成本是多少？该项目的净现值是多少？

c. 一些市议会议员建议搞另一个计划，对属于中产阶级的个人征收一种即期税，每人交1.25美元，以便在今后两年中为穷人提供“免费”法律服务。穷人对该法律服务的估价为每年值62 500美元（假定这一数额在这两年的每年年底收到）。该计划的现值是多少？

d. 如果该市必须在地铁项目与法律服务项目之间进行选择，应当选择哪一个？

e. 穷人收到的每一美元的“分配权数”应是多少，才能使这两个项目的现值正好相等？也就是说，相对于一个中产阶级人士来说，一个穷人收到的每一美元收入必须加权多少？请解释你的答案。

6. 假定政府正在讨论现今是否要花1 000亿美元解决气候变化问题。据估计，这笔开支可避免价值达7 000亿美元的损害，但这些收益在100年后才会得到。这项议案的批评意见认为，用这1 000亿美元进行投资可能更好，每年赚取平均实际收益率5%，然后在这100年中用这些收益修复气候变化的损害。这种批评意见正确吗？

7. 国际空间站计划在几年后脱轨，寿终正寝。但主张延长空间站使用期的人认为，人们不应忘记其已花的钱。正如参议员比尔·纳尔逊（Bill Nelson）所说，“如果我们花了上千亿美元，我想我们不能到2015年就把它关闭”（Achenbach，2009）。请评论这位参议员的推理。你将如何确定空间站是否应停运？

8. 最近有一部讽刺小品主张强迫出租车公司把出租车都换成由一个人骑的两轮黄包车。作者指出，这将给黄包车的司机和生产者创造新的就业岗位，而且由于这种人力车不像出租车那样会产生污染，故这是绿色工作岗位（Brookes and Foster，2009）。请问这个提议与本章所讨论的“劳动力花招”有何关联？

9. 根据维斯库斯和盖尔（Viscusi and Gayer，2005）的研究，在美国拯救每条人命的成本规定有很大不同。例如，汽车安装被动安全装置的规定拯救每条人命的成本为60万美元，而消除工作场所石棉的规定拯救每条人命的成本是1.8亿美元。根据这些情况，你认为这些规定能否通过成本—收益检验？资源如何在这些规定之间转移以降低成本或挽救更多的生命？

附录：计算确定性等价的值

本附录介绍如何计算一个不确定项目的确定性等价的值，同时也作为对不确定经济学的初步介绍，详细讨论见第9章。

假设琼斯现在的收入为 E 美元。他参加了一个就业培训计划，但无法预料这对他未来的收入有多大影响。该计划使他年收入保持不变的概率为1/2，收入增加 y 美元的概率也为1/2。[①] 该计划的收益正是琼斯愿意支付的数额，因而问题的关键在于确定这个数额。一个自然的回答是 $y/2$ 美元，即其预期增加的收入。[②] 但是，这个值太高，因为它忽略了下列事实，

① 取概率为1/2是为了简化，不管概率如何取值，一般性结论都不会改变。

② 预期收入的计算方法是，每一可能结果乘以其对应的概率，然后再相加：$(1/2\times0)+(1/2\times y)=y/2$。

即结果是不确定的，因而琼斯要冒风险。只要琼斯不喜欢冒险，他就会放弃一些收入，以换取某种程度的安全。当某一项目的收益和成本都有风险时，它们就必须转换成确定性等价，即个人愿意与该项目产生的不确定结果进行交换的确定收入量。

图8—A说明了确定性等价的概念。横轴表示琼斯的收入，纵轴表示他的效用量。曲线OU是琼斯的效用函数，它表明与每一收入水平相对应的效用总量，用代数形式来表示，与任一既定收入水平I相对应的效用量是$U(I)$。曲线的形状反映出随着收入的增加效用也以递减比率上升的合理假设，即边际收入效用递减。

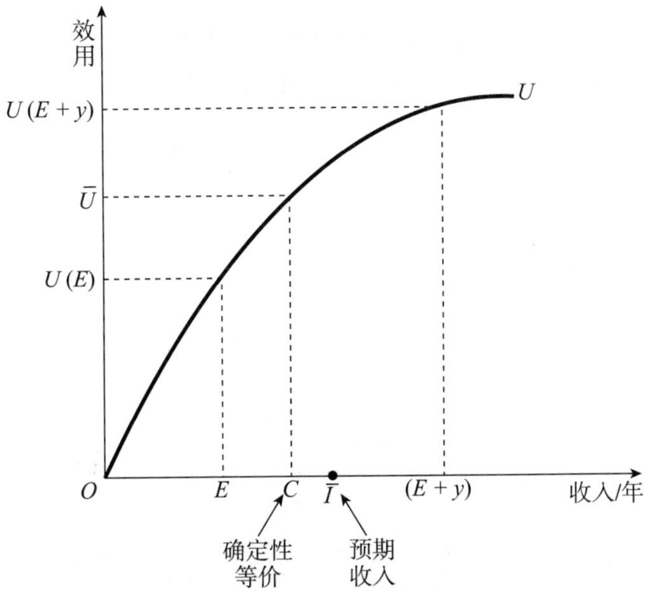

图8—A 计算风险项目的确定性等价

为了找到与任何收入水平相对应的效用，只要从横轴垂直向上到OU，再转而对应到纵轴即可。比如，如果培训计划不能产生收益，琼斯的收入是E，则他的效用是纵轴上的$U(E)$。同样，如果该计划成功了，琼斯的收入增加了y美元，他的总收入就是$(E+y)$，他的效用是$U(E+y)$。

由于每种结果出现的概率都是1/4，因而琼斯的平均收入或预期收入为$E+y/2$，位于E和$(E+y)$之间的一半处，用$\bar{I}$表示。然而，琼斯真正关心的不是预期收入，而是预期效用。[①] 预期效用正好是两个结果的效用平均值，即$U(E)/2+U(E+y)/2$。从几何图形上看，预期效用位于$U(E)$和$U(E+y)$的中间，用$\bar{U}$表示。

现在我们可以准确地求出这项职业培训计划对琼斯来说究竟价值几何。我们只需要找到与效用水平$\bar{U}$相对应的收入量，即横轴上的C点，按定义，它就是确定性等价。需要注意的是，C小于$\bar{I}$，即职业培训计划的确定性等价小于预期收入。这与先前的直觉是一致的。琼斯愿意支付数额为$(\bar{I}-C)$的溢价，以换取确定事情的安全结果。于是，我们业已证明，要正确地评估不确定项目的成本和收益，该项目的期望值就必须减去风险溢价，而风险溢价的大小取决于个人效用函数的形状。

① 熟悉不确定性理论的人都会知道这里的隐含假定是个人有“冯·诺伊曼-摩根斯顿效用函数”(Von Neumann-Morgenstern utility functions)。

从某种意义上说，这是一个令人失望的结果。因为，计算期望值比计算确定性等价简单多了。幸运的是，在许多情况下，事实证明计算出期望值就足够了。假定正在考虑建造一种新型无人机，由于分析师并不完全明白这种技术，因而无法确知其最终成本。该成本也许是每户平均 15 美元，也许是每户平均 25 美元，概率各为 1/2。虽然从总量上看要砸进去一大笔钱，但从家庭平均来看所涉及的金额与其收入相比是微不足道的。从图 8—A 来看，两种结果在曲线 *OU* 上非常接近。在其他条件相同的情况下，随着 *OU* 上的点越来越接近，期望值和确定性等价变得几乎是相同的。从直观上看，如果冒险涉及的收入数额很小，人们就不会要求风险溢价。

因此，对于风险分散在很多人头上的项目来说，期望值就是衡量不确定收益和成本的一种很好尺度。但是，在风险相对于个人收入而言很大的情况下，就必须计算确定性等价。

第3篇

公共支出：社会保险与收入维持

政府预算的很大一部分专门用于提供各类保险计划。本篇利用福利经济学框架研究这些计划，这些计划统称为社会保险。第 9 章用医疗保健这个具体例子来说明保险市场是如何运作的，以及它们为何不能产生有效率和公平的结果。第 10 章讨论和评估政府在医疗保健市场中的作用。第 11 章讲社会保障，这是针对退休者的一种计划，是对人们在去世前有可能把其储蓄用光而提供的保险（还有其他方面）。

从某种程度上说，政府再分配收入计划也是一种保险形式，以使人们免遭生活在赤贫中的风险。第 12 章运用福利经济学理论讨论收入再分配的基本概念，第 13 章分析美国主要的反贫困计划。

第 9 章 医疗保健市场

愿你好运永相伴。

——电影《饥饿游戏》

医疗保健的特殊性

多年来，医疗保健在公共政策议程中一直占据突出的地位。其中的部分原因是，我们普遍认为医疗保健有其独特性，且不相信单凭私人市场就能决定医疗保健的结果。当然，医疗保健不同于智能手机和电子图书阅读器这类商品，因为医疗保健是生死攸关的大事。另一方面，虽然食品和住房对生存来说也至关重要，但国民对于私人市场是不是提供这些商品的良好方式并无异议。

医疗保健为何如此引人注目的另一个原因是，我们在医疗保健上耗资巨大，而且随着时间的推移这笔开支还在迅速增加。图 9—1 显示出美国医疗保健支出占 GDP 比例的快速增长情况。1960 年，医疗保健支出占 GDP 的比例是 5%，到了 2010 年，该比例达到 18%。我们现在花费在医疗保健上的开支占 GDP 的比例高于食品、衣服或住房。

但孤立地看，医疗保健成本急剧增加并不一定意味着有问题。近年来，用于有机食品和智能手机的开支也急剧上涨了，但没有人对此感到忧心忡忡。诺贝尔经济学奖得主罗伯特·福格尔（Robert Fogel）就曾说道，“全球花费在医疗保健上的收入份额不断提高并不是灾难，而是我们这个时代经济和社会明显进步的标志”（Fogel，2004，p. 107）。

医疗保健的哪些独特性证明政府介入该市场是合理的？

保险的作用

生活充满了不确定性，这是不言而喻的。虽然时运不济的后果不可能像虚构的《饥饿游戏》电影里的人物那么严重，但一定会令人讨厌。保险的目的就是让人们避免或至少减少风

图 9—1　美国部分商品和服务的开支占 GDP 的比例（1960—2010 年）

说明：自 1960 年以来，美国医疗保健支出占 GDP 的比例大大提高。美国现在花费在医疗保健上的开支占 GDP 的比例高于食品、服装或住房。

资料来源：Centers for Medicare & Medicaid Services, National Health Expenditure Data, and National Income and Product Accounts（www.bea.gov/national/nipaweb/index.asp）.

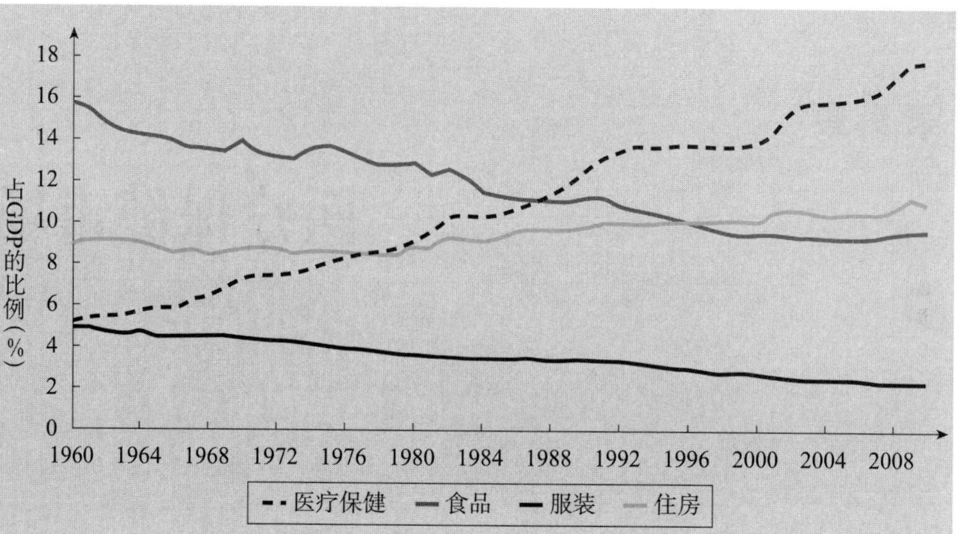

险。为了理解医疗保健市场的独特性，我们首先必须了解保险的一般作用。了解保险理论有助于我们理解医疗保健问题，同时也有助于我们分析帮助人们防范各种不利事件的政府计划。这些计划当中，有些计划要在以后各章陆续讨论，所有这些计划都统称为**社会保险**（social insurance）。

医疗保险的基本运作方式是，保险的购买者向保险的提供者付钱，称为**保险费**（insurance premium，简称保费）；投保人一旦发生不良的健康事件（像疾病），保险的提供者同意向其支付一定数额。在其他条件相同的情况下，保费越高，投保人一旦生病所获得的补偿也越多。

人们为什么愿意花钱买保险？我们看一个具体的数字例子，有助于我们理解这个问题。比如，埃米莉的年收入是 50 000 美元。又假定在某一年她得病的概率是 1/10，且一旦得病要花掉 30 000 美元（该费用由两部分组成，即医疗费用和误工损失费），这一年她的收入仅剩下 20 000 美元。

为了评估埃米莉面临的选择，我们需要理解一个统计概念，即**期望值**（expected value）——当一个人面临不确定结果时期望获得的“平均”数额。期望值是对每一不确定结果加权求和而得，权数是各结果的概率。用代数形式表示为：

$$\text{期望值}(EV)=\text{结果 1 的概率}\times\text{结果 1 的支付额}+\text{结果 2 的概率}\times\text{结果 2 的支付额} \tag{9.1}$$

例如，假定在玩扑克牌时，如果你抓到红桃，你赢 12 美元；如果你抓到黑桃、方块或梅花，你输 4 美元。抓到红桃的概率是 1/4，抓到其他牌的概率是 3/4。因此，对你来说，该不确定事件的期望值是：

$$EV=1/4\times 12\text{ 美元}+3/4\times(-4\text{美元})=0\text{ 美元}$$

就这种不确定情况来说，期望值为零——平均而言，你既不会赢钱也不会输钱。

现在回到埃米莉所面临的问题。表 9—1 考察了她每年可供选择的两种情况。选择 1，她不买保险。因此，她保持年收入 50 000 美元，但会有如果生病而损失 30 000 美元的风险。如果是选择 1，埃米莉面临两种可能的结果：要么她不生病，收入为 50 000 美元（（A）列）；要么生病，收入为 20 000 美元（（B）列）。第一种结果的概率为 9/10，第二种结果的概率为 1/10。利用式（9.1），我们在（C）列计算出这种选择的期望值（也称为她的预期收入）：

$$EV(\text{选择1})=9/10\times 50\,000\text{ 美元}+1/10\times 20\,000\text{ 美元}=47\,000\text{ 美元} \tag{9.2}$$

表 9—1　　**为何买保险？**

保险选择	收入（美元）	健康概率	生病概率	若生病损失的收入（美元）	(A)	(B)	(C)
					若健康的收入（美元）	若生病的收入（美元）	期望值（美元）
选择 1：不买保险	50 000	9/10	1/10	30 000	50 000	20 000	47 000
选择 2：买全险	50 000	9/10	1/10	30 000	47 000	47 000	47 000

说明：对埃米莉而言，以精算公平保费购买全额保险单与不买保险具有相同的期望值。然而，如果她不愿意承担风险，买保险会使其境况更好。

现在看一下选择 2。埃米莉不想冒若生病只有 20 000 美元的风险，而是向保险公司每年支付保费，这样，万一生病她将得到补偿。本保单要花费多少？**精算公平保费**（actuarially fair insurance premium）收取的恰好是期望赔偿费用。换言之，精算公平保费收取的是该损失的期望值，所以，平均而言，保险公司既不赔也不赚。（保险公司的收费可能要高于精算公平保费，以弥补间接成本。但为了简化起见，我们现在假定没有这种费用。）如果没有收入损失的概率为 9/10，损失 30 000 美元的概率为 1/10，那么，损失的期望值为 9/10×0 美元＋1/10×30 000 美元＝3 000 美元。所以，精算公平保费每年应是 3 000 美元。我们站在保险公司的角度想一想。有 10 个人，损失 30 000 美元的概率是 1/10，每人收费3 000美元，保险公司预期每年收到 30 000 美元，这刚好弥补保险公司该年预期的支付。正如下面的漫画以幽默的方式所表明的，当不利事件的风险增加时，要做到收支平衡，保险公司收取的保费也要增加。

漫画：“像您这种年龄的人，5 000 美元保单的年保费是 8 000 美元。”

在选择 2 的情况下，不管是否生病，埃米莉每年都要支付 3 000 美元保费。如果她是健康的（(A) 列），她的收入是 47 000 美元。如果她生病了（(B) 列），她仍支付 3 000 美元保费，但因生病而损失的 30 000 美元将由保险公司全额补偿。因此，她的收入仍是 47 000 美元。总之，在选择 2 的情况下，不管是否生病，埃米莉都得到 47 000 美元。

鉴于选择 1 和选择 2 提供的期望收入都一样，因此人们会猜测这两种选择对埃米莉是无差异的。然而，这种推理忽视了如下事实，即选择 2 使埃米莉得到 47 000 美元是确定的（不管是否生病），而选择 1 使埃米莉得到 47 000 美元是平均来看的。我们可以证明，一般来说，埃米莉偏好选择 2，因为该选择虽然提供相同的期望收入，但是确定无疑的。[①]

要知道这是为什么，请回忆一下，经济理论的一个标准假设是，人们喜欢收入多而不喜欢收入少，但每增加一单位收入所带来的效用越来越小。这种“边际效用递减”意味着，额外损失一美元的痛苦大于额外获得一美元的快乐。

埃米莉的问题可用图 9—2 来说明，纵轴表示她的效用，横轴表示她的收入。该函数（U）呈凹状，反映出边际效用递减假设。如果在这一年她生病了，那么她位于 A 点，效用为 U_A。如果她在这一年是健康的，那么她位于 B 点，效用为 U_B。面对这样的风险，一个人的行为将如何？一个合情合理的观点是，她将采取使其平均效用或**期望效用**（expected utility）最大化的策略。为计算期望效用，我们利用期望值公式背后的同样逻辑，并用结果发生概率来加权每一结果的效用水平。因此，

$$\text{埃米莉的期望效用}(EU)=9/10\times U(50\ 000\ \text{美元})+1/10\times U(20\ 000\ \text{美元}) \quad (9.3)$$

其中，U(50 000 美元）是 50 000 美元的效用，U(20 000 美元）是 20 000 美元的效用。

图 9—2　人们为何购买保险?

说明：不管埃米莉是按精算公平保费买全险（D）还是不买保险（C），她的期望收入是相同的。但是，由于边际收入效用递减，如果买全险，她的境况会更好。

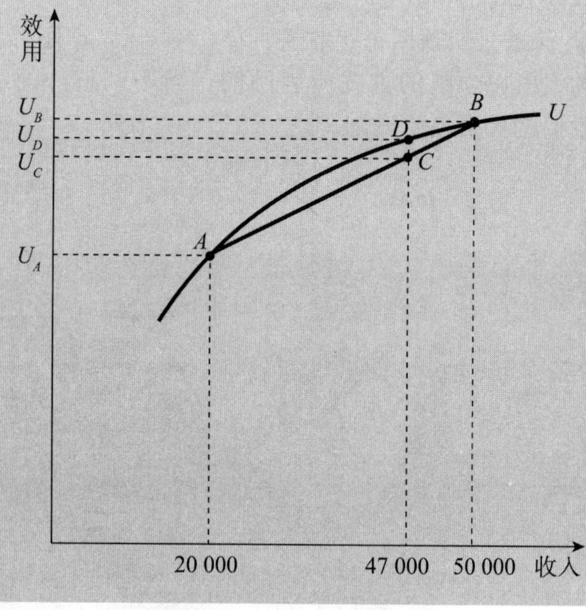

从图形来看，式（9.3）等于说，沿纵轴从 U_A 向 U_B 上移 90%，沿横轴从 20 000 美元向 50 000美元右移 90%，对应的是 C 点，该点位于 A 点和 B 点的连线上。所以，如果埃米莉选择不买保险即选择 1，她位于 C 点，效用为 U_C。但是，如果埃米莉买保险，她肯定得到 47 000美元，那么她位于 D 点，效用为 U_D，这要比她不买保险情况下（选择 1）获得的效用高。因此，虽然两种选择的期望值相同，但具有确定性的选择会有较高的期望效用。由于人们的边际效用递减，所以他们会偏好**风险平滑化**（risk smoothing），这意味着在高收入年度

① 我们在第 8 章的附录讨论过确定性的价值。

要减少收入以防低收入年度的消费大幅下降。

这个例子阐明了一个基本结论：在边际收入效用递减这一标准假设下，当一个人有精算公平保险可供选择时，她就会买全险以防生病可能造成的收入损失。[①]

但是，如果保险公司不提供精算公平保险，情况会怎样？我们再看图 9—2 的例子，此时的精算公平保费是 3 000 美元。假定损失赔偿相同，但保险公司收取的保费提高了，比如每年的保费为 4 000 美元。这是否意味着埃米莉不会买保险了？不一定。

图 9—3 表明，答案取决于她的效用函数形状。如果她的效用函数形状像图 9—3A，她宁可不买这种保险。这是为什么？如前所述，如果她不买保险，其期望收入为 47 000 美元（C 点）。请注意，图中的 C 点和 E 点对她来说是无差异的，因为它们代表的期望效用相同。E 点对应的是她肯定会得到 46 500 美元，也就是说，如果她交 3 500 美元保费保了全险，就能得到这一结果。因此，她愿意支付最高 3 500 美元的保费购买保险。如果保险公司收取 4 000 美元，她就不会购买。

不过，如果埃米莉的效用函数形状像图 9—3B，那么，她愿意支付最高 10 000 美元买保险（这使其位于 E' 点）。由于保险公司仅收取 4 000 美元，因此她会购买该保险，获取的效用比不投保时更高。

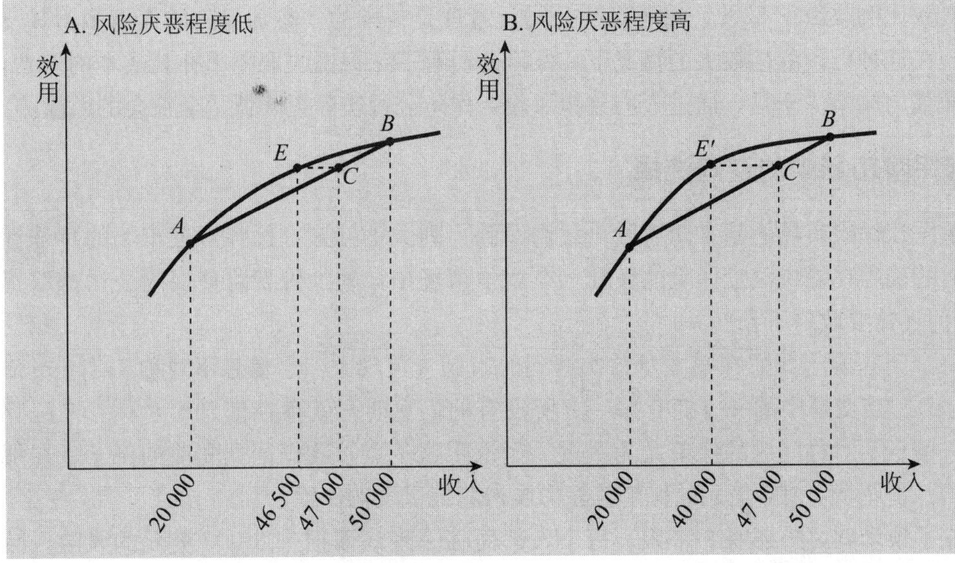

图 9—3　在附加保费的情况下人们还会买保险吗？

说明：如果一个人的风险厌恶程度足够高，他就会购买全额保险，即使是精算不公平全险。在图 A 中，一个人只愿意最高付 3 500 美元购买全额保险，而在图 B 中，她愿意最高付 10 000 美元购买全额保险。

图 9—3A 和图 9—3B 之间的差异在于，图 9—3B 中的效用函数曲线更加弯曲。这说明了一个一般性结论：保险需求取决于效用函数的曲率，又称为**风险厌恶**（risk aversion）程度。风险厌恶程度比较高的人（即图 9—3B 中的效用函数而非图 9—3A 中的效用函数）愿意支付的金额大于精算公平保费，其中的差额被称为**风险溢价**（risk premium）。直观地看，这完全合乎常理——曲率越大，边际收入效用递减速度越快。也就是说，风险厌恶程度越高，失去收入的相对效用损失就越大，投保防损的支付意愿也就越大。

保险公司能收取高于精算公平费率的保费说明人们实际上是风险厌恶的。即使在竞争市

① 一个重要的假设是，当一个人生病时，基本的效用函数不会改变。如果生病提高了边际收入效用，那么高于全额收入的赔偿是最优的；如果生病降低了边际收入效用，那么低于全额收入的赔偿是最优的（Viscusi，1992）。

场中，保险公司也要收取高于精算公平费率的保费，使其能弥补像管理成本和税收这样的费用。保险公司收取的保费与精算公平保费之间的差额称为**附加保费**（loading fee）。衡量附加保费的一种简便方法是市场保费除以支付的保险金。目前私人保险公司的平均附加保费比率是 1.20 左右（Phelps，2010）。

□ 风险共担的作用

上面的例子让我们看到，保险公司在让人们共担风险上发挥着极其重要的作用。我们首先看一下很不现实的情况，在这种情况下，保险公司仅承保埃米莉，不向其他任何人提供保险。埃米莉通过从该公司购买保单，可以消除生病带来的经济风险。但是，现在该保险公司陷入风险之中。从整个社会角度来看，风险并未减少，只是从个人转移到保险公司。

现假定该公司有 10 个客户而不是 1 个。如果它向每个人收取精算公平保费，且每个人生病的概率都是 1/10，那么，一旦 10 个人当中有 1 个人生病，该保费足以弥补开支。没人能知道谁会生病，但保险公司对于将支付多少早已胸有成竹，风险已大大降低。不过，可以想象，如果两个人生病，会使保险公司有资金短缺 50%的风险。现假设保险公司承保的是 100 000 人而非 10 个人。为了理解投保人增加的结果，我们想一想在轮盘赌中，停在黑色和红色上的概率各为 50%。你或许比较幸运，接连停在黑色上两三次，但随着轮盘转动次数的增加，停在黑色上的次数比例收敛于 50%。对于保险公司，道理是一样的：参加保险的人越多，其支出越可预测。在这种可预测性较大的情况下，保险公司有一定把握收取能弥补其成本的保费，降低了它所面临的风险。于是，通过人们共担风险，保险公司实际上降低了全社会的风险。①

□ 医疗保险市场中的逆向选择

在掌握了医疗保险市场的基本知识后，我们回到下列关键问题：医疗保健市场的特殊性是什么？既然的确存在提供医疗保险的激励（在竞争市场中，附加保费可使保险公司赚取正常利润），为何还需要政府干预？

其中的一个问题源于我们在第 3 章首次遇到的市场失灵现象——**信息不对称**（asymmetric information）。当交易中的一方拥有另一方所没有的信息时，就存在信息不对称。在医疗保险市场中，信息不对称问题的保单尤为严重。为说明这一点，我们回到先前的例子，在那里我们曾说，一份花费 3 000 美元的保单就能为埃米莉提供全额保险。

现假定除了埃米莉之外还有 9 个人，每个人都面临因生病而损失 3 000 美元的风险。然而，虽然他们当中的某些人像埃米莉一样面临生病的概率是 1/10，但其他人面临生病的概率是 1/5。又假定每个人只有自己知道他或她处于生病的高风险或低风险中。（个人知道其家族病史、卫生习惯、工作压力等情况，而保险公司缺乏这些信息。）我们分析一下这种情况，见表 9—2，假定 10 个人当中有一半人面临 1/5 的风险。如表中的（C）列所示，高风险人群的预期收入损失为 6 000 美元，低风险人群的预期收入损失为 3 000 美元。现在，如果保险公司知道谁是高风险的人，它就会对他们收取较高的保费，以弥补其成本（（D）列）。可是，问题在于保险公司并不知道——本例中的个人比保险公司更了解他们自己的健康状况。因此，

---

① 虽然较大的保险集团有助于消除风险，但只有当风险在投保人之间分开发生时才起作用。比如，地震的风险不是分开发生在加利福尼亚北部的居民身上。如果该地区的一座房屋被毁，那么该地区的其他房屋也很可能被毁，保险公司没有足够的钱来赔偿每个人。传染病可能是个例外，因为这在很大程度上不属于医疗保险问题。

保险公司除了向每个人收取相同的保费之外别无选择。如果保险公司收取 3 000 美元保费（（E）列），那么对于生病的风险概率为 1/5 的投保者来说，这是一笔好买卖，因为他们的预期补偿是6 000美元，而他们只付了 3 000 美元的保费。可是，保险公司预计全年净亏损15 000美元，因为它没有收取足够的保费来弥补预期的支付。每年预期有亏损的保险公司不可能长期经营下去。

表 9—2　　信息不对称是如何导致保险市场失灵的？

投保人	(A)	(B)	(C)	(D)	(E)	(F)
	生病的概率	若生病而损失的收入（美元）	预期收入损失（美元）	预期收益减去保费（差别保费）（美元）	预期收益减去保费（保费＝3 000 美元）	预期收益减去保费（保费＝4 500 美元）
埃米莉	1/5（高风险）	30 000	6 000	0	3 000	1 500
雅各布	1/5（高风险）	30 000	6 000	0	3 000	1 500
埃玛	1/5（高风险）	30 000	6 000	0	3 000	1 500
迈克尔	1/5（高风险）	30 000	6 000	0	3 000	1 500
马迪森	1/5（高风险）	30 000	6 000	0	3 000	1 500
乔舒亚	1/10（低风险）	30 000	3 000	0	0	−1 500
奥莉维亚	1/10（低风险）	30 000	3 000	0	0	−1 500
马休	1/10（低风险）	30 000	3 000	0	0	−1 500
汉纳	1/10（低风险）	30 000	3 000	0	0	−1 500
埃塞恩	1/10（低风险）	30 000	3 000	0	0	−1 500
保险公司的净利润				0	−15 000	0

说明：倘若保险公司知道哪些人处于高风险中，哪些人处于低风险中，就会向每个人收取精算公平保费，正好使收支平衡（（D）列）。可是，它分不清谁是高风险者谁是低风险者，就收取了统一保费 3 000 美元，致使公司亏损（（E）列）。如果收取的统一保费等于两组人的平均精算公平保费，就可使公司弥补成本（（F）列），但会促使低风险者退出，保险公司最终还要亏损。

在有这些损失的情况下，保险公司或许转而决定向这 10 个人中的每个人收取 4 500 美元的保费，这是全部 10 个人平均的预期收入损失（（F）列）。这 10 个人支付的保费总额为45 000美元，预期赔付额也是45 000美元。因此，保险公司还可继续经营（为简化起见不考虑附加保费）。

但是，这里还存在着一个问题。如果保费是 4 500 美元，这项保险计划对于高风险人群来说仍然是一笔很好的交易。虽然他们只付 4 500 美元保费，但他们每个人都指望获得 6 000 美元医疗保健补偿。可是，对于低风险人群来说，保费 4 500 美元是一笔不划算的买卖。他们预期的医疗保健补偿是 3 000 美元，而他们要支付的保费是 4 500 美元。结果，这项保险计划对高风险人群具有吸引力，而比较健康的人不会购买。总之，站在保险公司的角度看，由于信息不对称，保险公司得到的客户恰恰是有毛病的人。这种现象称为**逆向选择**（adverse selection）。更一般地说，逆向选择是指保险公司基于人口的平均风险确定保费，但低风险人群不买保单，导致保险公司赔钱。

但是，问题还未了结。如果 5 个健康的人决定不买保险，对保险公司来说，4 500 美元的保费不足以抵补剩下 5 个人的预期赔付额，保险公司必须提高其保费。如果在剩下的客户当中生病的风险有所不同，保险公司还有可能失去风险相对低的人。总之，如果保险公司对其客户面临的健康风险所掌握的信息不如客户，那么按照平均风险程度确定的保费，很可能促使低风险人群离开保险市场。按精算公平费率可能得益于保险的人没有保险也行，再加上随着保险公司提高保费，会有越来越多的参与者选择退出，这样保险市场就会停止运转。这种现象有时被生动地描述为“死亡螺旋”（death spiral）。

我们业已证明，信息不对称可以毁灭但不一定就会毁灭市场。回忆一下我们对图 9—3 的讨论，一个人的风险厌恶程度越大，此人越有可能购买不是精算公平的保单。如果保险公司收取对高风险人群来说统一的精算公平保费，这对于低风险人群来说是一笔不划算的买卖。然而，由于大多数人都是风险厌恶者，低风险人群可能还是想买保险。在这种情况下，保险市场就不会垮，尽管对某些低风险人群提供的保险不足。最终，信息不对称是否真的会导致市场失灵，还是一个经验问题。

专栏

经验证据：死亡螺旋出现在哈佛大学？

由于存在逆向选择，如果保费根据社会的平均健康风险来确定，相对健康人群的投保比例就会下降。这将导致保费提高，健康人选择退出。这种“死亡螺旋”会导致市场瓦解。但是，这种真实现象很重要吗？

柯特勒和雷伯（Cutler and Reber，1998）分析了哈佛大学对其员工医疗保险的改革。改革之前，哈佛员工参加保额较高的保险计划所缴纳的保费，仅比参加保额不高的保险计划所缴纳的保费高出少许。因此，哈佛大学对这种高保额的保险计划给予了大量补贴。由于预算问题，哈佛大学于 1995 年进行了制度改革，不管员工选择哪种保险计划，学校对每种保险计划的拨款都一样。每位员工都得到一笔钱，用于购买任何一种保险。结果，参加高保额保险计划的人比参加保额不高的保险计划的人每年要多付 700 美元。

因此，突然之间，哈佛人要想参加保额较高的保险计划就得多付钱。正如标准的经济学理论所预期的那样，很多人退出了高保额的保险计划，转而参加了保额不太高的保险计划。但是，转换了保险计划的人不是最初参加者的随机子样本。具体来说，离开高保额保险计划的那些人比决定留下来的那些人年轻（假定也比较健康），这正如逆向选择理论所预测的那样按健康状况分类。果然，一年后，高保额计划的保费大大增加了（翻一番！），以弥补让老龄人口（假定不太健康）投保而增加的成本。这又导致比较年轻的人退出高保额保险计划。没有再进一步提高保费，而是在来年砍掉了这项计划。所以，在这项改革的两年当中，逆向选择淘汰了健康的保险计划。

到目前为止，我们在讨论逆向选择时依据的标准假设是：在保费既定的情况下，高风险人群更愿意购买保险。然而，我们讲过，相对厌恶风险的人群特别愿意购买保险。现假设这类人群的预期医疗费用比较低，因为他们往往会避免如吸烟这种高风险行为。倘若如此，在保费既定的情况下，低成本的风险规避者更倾向于购买保险。这种现象被称为正向选择（advantageous selection），抵消了高成本、高风险人群更有可能购买保险的逆向选择。最近的实证研究在保险市场中找到的证据表明，人们在承担风险的意愿上的确有差异，所以逆向选择问题可能没有像人们所担心的那么严重（Einav and Finkelstein，2011）。

逆向选择证明政府干预是合理的吗？ 鉴于逆向选择会导致保险的供给效率低下，那么，一个自然的问题是，有无某种方法消除引发这一问题的信息不对称。如果私人市场能做到，政府干预就是多余的。私人市场承保人实际上可以采取某些措施减少信息不对称。的确，研究表明，在某些保险市场，提供者获取有关其客户的足够信息来避免逆向选择问题。[①]

就医疗保险而言，保险公司可筛选其客户，基于客户的风险状况向其收取不同的保费，这种做法称为**经验费率法**（experience rating）。我们的确观察到，当健康状况不佳或健康状况有不良历史记录的人申请保险时，承保人要么不提供保险（或仅提供有限的保险），要么收取较高的保费。保险公司获取的有关其客户健康风险的信息越多，逆向选择的不良影响就越低。

然而，通过获取更好的信息来提高保险市场的效率，会引起严重的公平问题。在没有信息不对称的世界里，可能也有麻烦，因为那些在遗传上容易生病的人不得不支付更多的钱来购买保险，甚至因保费过高而被挤出市场。随着科学家们在识别长寿倾向的遗传标记（genetic markers）方面不断取得进展，这一问题变得越来越突出。

政府可以解决这种公平问题：向全美国人（或其中的部分人）提供医疗保险，强制参保，并确定统一的保费率。雇主提供保险也可以做到这一点，尤其是那些大雇主，可以把许多风险不同的员工集中在一个保险计划中。对具有不同健康风险的个人所组成的团体收取统一保费称为**团体费率法**（community rating）。团体费率法的效率低下，因为有些人缴纳的保费超出其所值，而有些人愿意多付钱以购买更多的保险。不过，团体费率法能消除按健康风险分类而产生的不公平问题。问题是，这种公平收益是否大于效率损失。

经验费率法的倡导者认为，团体费率法实际上没那么公平，因为它没有奖励那些生活方式健康的人。有些研究表明，在现实的私人医疗保健市场中，经验费率法无论如何都没有任何实践意义。保利等（Pauly and Herring，1999）的一项研究具有挑战性，他们对私人保险公司是否真能成功地向不同风险类别的人收取不同保费提出质疑。他们发现，个人保险的保费没有与预期的医疗费用成比例提高。的确，预期的医疗费用是其他客户2倍的人，缴纳的保费仅高出20%～40%。保利等推测，个人保险购买者能"货比三家"，寻找到费率较低的承保人，而且他们常常选择长期可续订的保单。出于这两种原因，保费不一定与健康风险成正比上升。

不过，我们看到，政府可能具有的作用是，在降低逆向选择所引起的无效率与解决对具有不同健康风险的人收取不同保费而引起的公平问题之间，找到一个平衡点。

□ 保险与道德风险

逆向选择的产生，是因为承保人对投保人的健康风险状况不完全了解。而各种信息不对称的产生，是因为有了保险会扭曲人的行为方式，而这又是承保人无法确切知晓的。

我们再考察一种简单的情况，即每个人每年生病的风险都相同。因此，存在一个运行良好的医疗保险市场，每个人都支付精算公平保费（还是不考虑附加保费）。人们采取风险平滑化行为，以使预期效用最大化。但是，风险平滑化的收益可能是以牺牲效率为代价取得的。因为生病的成本将得到完全补偿，投保人就更有可能干有风险的事，比如吃许多垃圾食品、不怎么锻炼、抽烟，等等。由于危险行为的不良后果得到了保险而增加这种行为的激励称为**道德风险**（moral hazard）。道德风险的存在，给保单的设计带来了一个根本性的压力：一项保险计划越是通过弥补医疗保健成本来使风险平滑化，就越会导致危险行为增加而无效率地

① 奇亚波里等（Chiappori and Salanie，2000）在法国汽车保险市场中没有发现逆向选择的证据，考利等（Cawley and Philipson，1999）在人寿保险市场中、卡登等（Cardon and Hendel，2002）在医疗保险市场中也都未发现逆向选择的证据。

过度使用医疗保健服务。

另一个相关的效率问题是由保单会支付部分或全部医疗保健的增量成本所致。这更加激励投保人寻求更多的医疗保健服务（如磁共振成像扫描）。为了探讨这一观察结果，我们首先需要详细说明医疗保险计划的基本结构。保险计划要求人们缴纳保费（通常按月缴纳），以便一旦发生某些不利事件而能确保赔付。大多数保单也会要求个人自付一部分医疗保健费用。保单的**自付额**（**免赔额**，deductible）是保险公司在开始赔付之前，个人每年必须支付的医疗保健成本额。例如，1 000 美元自付额意味着，投保人每年必须自己先支付 1 000 美元医疗保健费用，剩下的部分才由保险公司支付。

不过，除了自付额之外，投保人一般还要支付一部分医疗费用。投保人支付的这笔数额，可采取两种形式。第一种形式是**共付额**（copayment），即支付一笔固定数额的医疗服务费用。比如，保险公司可能要求你在每次找初级医生看病时负担 20 美元的共付额。第二种形式是**共保**（**共同保险**）（coinsurance）费率，即由投保人负担医疗费用总额的一定比例。比如，若共保费率为 20%，意思就是投保人要支付 200 美元收费（自付额之上的）当中的 40 美元。

我们现在可以利用传统的供求曲线来分析医疗服务的过度消费问题。在图 9—4 中，医疗服务的市场需求曲线为 D_m。为简便起见，假定生产医疗服务的边际成本为常数 P_0。所以，供给曲线 S_m是一条位于 P_0点的水平线。像往常一样，均衡点是供求曲线的交点，价格和数量分别为 P_0和 M_0。医疗服务的总支出是单位价格与单位数量的乘积，即 OP_0乘以 OM_0，或矩形 P_0OM_0a 的面积（图中的阴影区域）。

图 9—4　医疗服务因保险而消费过度

说明：具有 20%共保费率的保单会导致医疗服务的需求量增加。该保单的总支出是 P_0OM_1b，增加额为 aM_0M_1b。在新的均衡点上，个人消费的医疗服务超过了边际收益等于边际社会成本的点，这是无效率的。

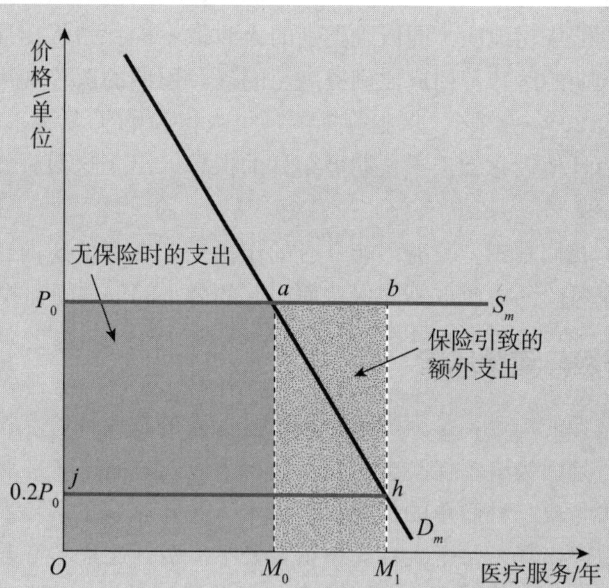

有了保险会对市场产生怎样的影响？为简便起见，假定该保单没有自付额，但有 20%的共保费率。也就是说，该保单覆盖的患者对他们在本年得到的全部医疗服务只需支付 20%的成本。当然，这些人为了获得保险必须支付保费；但他们一旦支付了这笔保费，他们面临的边际成本就仅为医疗服务价格的 20%。

分析保险影响的关键在于要认识到，20%的共保费率相当于患者支付的价格降低了 80%——如果每住一天医院的增量成本为 800 美元，患者只需要支付 160 美元。在图 9—4

中，患者面对的价格不再是 P_0，而只是 0.2 乘以 P_0。在这个较低的价格下，需求量增加到 M_1，患者的医疗服务支出为 $OjhM_1$ 的面积。

在新的均衡点上，尽管患者对每单位医疗服务支付的是 $0.2P_0$，但提供医疗服务的边际成本仍然是 P_0，差额（$0.8\times P_0$）由保险公司支付。所以，总支出为 OP_0 乘以 OM_1，或矩形 P_0OM_1b 的面积，其中保险公司支付 P_0bhj。因此，由于有保险，医疗保健支出从 P_0OM_0a 增加到 P_0OM_1b，或净增加 aM_0M_1b。下面的漫画以幽默的方式调侃了因保险而导致医疗服务消费过度。

漫画：“首先我们要做全面检查。像您有这么好的医疗保险计划，我们一定要找出点什么病来。”

这里的问题是，个人消费的医疗服务超过了其边际收益等于边际成本的点。这是无效率的，因为在超过 M_0 之后每增加购买一单位医疗服务，其额外成本（用边际成本度量）都超过额外收益（用个人的边际支付意愿来度量，即到需求曲线的垂直距离）。[①] 我们可以度量这种无效率——**无谓损失**（deadweight loss）的大小，即把从 M_0 到 M_1 所购买的每单位医疗服务的边际成本与边际收益之间的差额加总起来。因此，无谓损失就是三角形 abh 的面积。

在这个例子中，保险导致每年购买 M_1 的医疗服务，但在需求曲线上的这一点，额外医疗服务的增量收益非常小。额外的医疗服务对健康的影响很小（即平直）这种观念，有时被称为**曲线平直的医疗**（flat-of-the-curve medicine）。重要的是，即使是在医疗的平直曲线上，也并不意味着医疗保健没有显著的收益，它只是说额外的医疗保健所产生的边际收益很小。

美国在医疗的平直曲线上吗？相信的人指出，美国花费在医疗保健上的人均支出高于其他发达国家，但并没有取得较好的医疗保健效果。美国的人均医疗保健支出是发达国家平均水平的 2.5 倍，比位居第二的国家高出 50%，但平均预期寿命和婴儿死亡率还不如所有发达国家的平均水平（OECD，2012）。然而，我们根据这种简单的比较作出推断要小心谨慎。各国间的支出差异有一部分是由一国在医疗技术研发上的开支所致，而医疗技术研发会对所有国家产生正外部性。此外，各国间的医疗保健效果也许因为生活方式、文化等诸多因素的不同而不同。例如，加拿大人比美国人的预期寿命长，部分是由文化和行为因素的差异所致，

① 参阅本书末的附录对消费者剩余的讨论。

如美国的肥胖症患病率、意外事故率、凶杀案件率就比较高（O'Neill and O'Neill，2007）。最后，尽管预期寿命和婴儿死亡率很重要，但它们终究只是衡量总体健康状况的粗略指标，因为它们并没有考虑医疗保健的质量。比如，如果两个国家的预期寿命相同，但其中一个国家不向其公民提供髋关节置换手术，那么我们就不能说两国的医疗保健效果是相同的。

医疗服务的需求弹性 图 9—4 清楚地表明，支出增加的实际数额取决于需求曲线的形状。请注意，本图通过把需求曲线表示为向下倾斜，来假定价格上升导致人们减少其对医疗保健的消费。但人们生病时，人们不是要听从医嘱而不管价格吗？当你的阑尾炎发作时，你还会跟医生讨价还价吗？如果不会，那么医疗服务的需求曲线是完全垂直的，因而保险不会导致道德风险的无效率。然而，这个推理忽略了这样一个事实，即许多医疗方法实际上可以自主决定。比如，不是每个人对其过敏症都选择诊断检查和可的松药物治疗。当患者对医疗服务必须付一定价格时，他们也许有选择地做检查或者购买医生推荐的部分处方药。

医疗保健支出对医疗保健价格变化作出怎样的反应，终究是个实证问题。我们如何估计这种需求弹性？一种方法是对高保额保险计划中的人与保额不太高保险计划中的人所购买的医疗服务数量进行比较。可是，这不太可能提供可信的结果，因为不同类型的人会选择不同的保险计划。例如，对医疗服务有高需求的人可能选择共保费率低的高保额保险计划，所以，正是他们的这种固有的高需求导致购买更多的医疗服务，而不是因为这种保险计划的实际价格比较低。

20 世纪 70 年代末和 80 年代初，兰德公司（RAND Corporation）采用了随机实验方法来估计医疗服务的需求弹性。它把来自 6 个城市的大约 2 000 个无老人家庭随机分到 14 个服务价格不同的保险计划中。这些计划的共保费率不同（0、25%、50%、95%），家庭自费的限额各异（占家庭收入的 5%、10%、15%，最大限额为 1 000 美元）。由于分到每一保险计划是随机的，医疗服务消费量的任何差异都归因于保险计划的特征，而非参保人的特征。结果表明，医疗服务的价格上涨 10%，需求量降低大约 2%（Newhouse et al.，1993）。因此，医疗服务的需求的确会对其价格作出反应，这告诉我们，保险的道德风险可能导致无效率。顺便提一句，兰德公司的研究还发现，实验中的人得到了更多的医疗服务，但同其他人相比的健康改善程度微乎其微，这与平直曲线假说相一致（Newhouse et al.，1993）。

最近，一项准实验研究观察了年轻的成年人当他们太大已不适合在父母的保单之列而突然失去保险时利用医疗保健服务情况的变化（Anderson，Dobkin and Gross，2010）。他们发现，失去保险后医疗保健服务的利用大量削减。例如，急诊量下降 40%，住院病人下降 61%。这些结果表明，扩大医疗保险的覆盖面会导致目前没有投保的人对医疗保健服务的需求大幅增加。

道德风险证明政府干预是合理的吗？ 在存在道德风险的情况下，如果病人不直接承担他们购买医疗服务的成本，我们就可推测，医疗保健支出会很高且无效率。不过，如前所述，倘若人们是风险厌恶者，那么，购买保险以免自己承担医疗成本会有一个明显的效用收益。因此，我们面临一种权衡取舍：保单越慷慨，防范因生病而出现的财务风险的保障作用就越大，但道德风险也越大。有效率的保险通过要求低成本医疗服务的自付费用更高、高成本医疗服务的赔付更多，来平衡降低风险所带来的收益与道德风险所造成的损失。

政府能改善这种权衡关系或完全消除道德风险吗？道德风险引起的效率问题不是私人医疗保险市场所独有的，只要**第三方**（third party）支付部分或全部医疗服务的边际成本，它们就会出现。在以前的例子中，私人保险公司是第三方，承担了 80%的边际成本。当公共提供保险时，政府是第三方，但道德风险的分析都是一样的。表9—3表明，如果我们把医疗保健的私人提供与公共提供放在一起考察，第三方支付则随着时间的推移而日益重要。医疗保健支出总额中由消费者直接负担的比例已大幅度下降，如今自费支出占医疗保健支出总额的比例已降低到12%。

关键的问题是，政府提供医疗保险会导致同私人保险情况下完全一样的道德风险问题，因为它也会降低患者的医疗服务价格。正如第10章将要讨论的，私人部门和公共部门通过尽量限制消费者的选择来解决道德风险问题，但都不怎么成功。与逆向选择的情况不同，在解决道德风险问题上很难说政府就一定比私人部门好，即使在理论基础上也是如此。

表9—3 美国部分年度的自费支出

自费支出占医疗保健总支出的比例（%）					
1960	1970	1980	1990	2000	2010
47.8	33.4	22.8	19.1	14.7	11.6

自费支出占每类医疗保健支出的比例（%，2010年）	
住院治疗	3.2
医生和临床服务	9.6
牙科服务	41.3
处方药	18.8
疗养院护理	28.2

说明：自1960年以来，美国医疗保健的自费支出已大幅度下降。住院治疗、医生和临床服务的这类支出尤其低。

□ 医疗保健市场的其他信息问题

医疗保健市场的另一个问题是，人们可能不完全了解他们所购买的服务。在平板电视市场中，消费者知道它们都有哪些功能，而且也很容易知道和理解不同款的平板电视所具有的特征。可是，医疗保健要复杂得多。找到治疗肺癌的最佳方法要比选择一台平板电视困难得多。因此，患者不得不依赖医生的专业知识。很难想象在其他市场中，消费者会如此依赖服务推销员的建议。由于患者缺乏良好的信息，甚至对其主治医生是否能胜任都不太清楚，问题就变得更加复杂。

信息问题能证明政府干预是合理的吗？ 患者缺乏信息是许多政府管制措施的理由。比如，医生要获得在某一州行医的执照，就必须从美国医学会（American Medical Association）认证的医学院获得医学学位。其想法就是确保难辨医生好坏的患者不必担心由不胜任的医生来治疗。在此，我们同样也面临权衡问题。让医生进入合格的医学院，实际上就是要控制医生的供给量。由于供给受到限制，医生能把他们的收入抬高到竞争水平之上，这本身就会导致效率低下。事实上，有一些统计证据表明，医疗保健提供者利用他们设定标准的能力，提高他们自身的收入。比如，安德森等（Anderson et al.，2000）发现，在那些限制使用替代疗法（非传统疗法）的州，医生的收入比较高；克雷纳等（Kleiner and Kudrle，2000）证明，在执照资格要求比较苛刻的州，牙科医生的收入就比较高。总之，医疗保健提供者在如何提供医疗保健方面拥有最佳信息，而如果政府赋予他们制定标准的权力，他们可能利用这种权力来提高他们自身的收入。

□ 医疗保健的外部性

即使不存在信息不对称问题，医疗保险的自由市场也会导致无效率。购买医疗服务会产生外部性，也许是正的，也许是负的。如果你接种了流感疫苗，就会产生正外部性，因为这降低了他人被传染的概率。相反，如果你过度使用抗生素，产生新种类的免疫细菌，其他人的境况就会变糟。通常认为（见第5章），在出现外部性的情况下，政府干预能提高效率。然而，在很多情况下，医疗保健没有外部性。治好了你的一只断臂会提高你的福利，但不会增加他人的效用。

我们想要有效率的医疗保健提供吗？

至此，我们讨论了医疗保健市场可能是无效率的各种原因。不过，即使医疗保健市场是有效率的，社会也可能认为其结果是不公平的。特别是，一个有效率的医疗保健市场会导致不同收入群体在医疗保健服务上的消费差异。这种差异唤起我们对那些买不起保险或支付不起高质量医疗费用之人的关切。下面讨论各种公平问题，用来证明政府干预医疗保健市场的合理性。有效率的医疗保健市场可能导致医疗保险范围不同，导致医疗保健服务因收入不同而不同。

□ 家长主义

在一个有效率的医疗保险市场，人们购买不同数量的保险，而有些人无疑不买任何保险。那些人不买医疗保险，是因为他们认为（不管对错）他们生病的风险很低，或者他们不是很厌恶风险。家长主义的看法是，这种人要么有“错误的”偏好（他们本应比较厌恶风险），要么有“错误的”预期（他们本应对不良结果出现的概率赋予较高的权重）。无论在哪种情况下，家长主义的观点都是，应该强制人们参加医疗保险，更一般地说，医疗保健决策太复杂而不能由人们自己说了算。比如，克鲁格曼（Krugman，2006a）就认为，“被迫自掏腰包支付医疗保健费用的人，没有能力对他们购买何种医疗保健服务作出良好的决定。”

□ 无保险问题

而有些人可能不买医疗保险，因为他们的收入太低，且对他们来说成本太高。请注意这种现象与家长主义之间的区别——人们可能有“正确的”偏好和风险评估，但仍不买医疗保险，因为它太昂贵。随着近年来医疗保健成本的急剧上升（如图9—1所示），这种观念备受关注。如今在美国，16%的人口（大约4 700万人）既无公共医疗保险，也无私人医疗保险。正如第10章将要讨论的，穷人和老年人由公共计划覆盖。（然而，大约1 400万人符合联邦或州医疗保险援助资格，但却没有参加。）一般来说，正是低薪工作者、无固定工作的人以及个体劳动者是无保险者。柯特勒（Cutler，2003）发现，近来，无保险的人数急剧上升，是由于在雇主资助的医疗保险计划中，向个人收取的保费大幅度增加。在20世纪80年代末，个人参加医疗保险一般每年支付190美元，如今保费每年超过950美元（Kaiser，2012）。

谁是无保险者？　无保险者是一个相当多样化的群体，因年龄、收入、种族、移民身份、就业状况等的不同而不同。不满18岁的少年中有10%的人无保险，18～24岁的人中有30.4%的人无保险，这两类人群各自占无保险总人数的32.4%。在收入低于贫困线的家庭中大约有32%的人无保险，但收入在75 000美元以上的家庭中也有9.1%的人无保险。生活在收入高于50 000美元家庭的人占无保险总人数的39%。这些人处于收入分配的上半部分，因此他们可能买得起保险但决定不买保险。大约有16%的白人、21%的黑人以及32%的西班牙裔美国人没有保险（US Bureau of the Census，2012c，p. 111）。

大约有20%的无保险者是非公民，因此很可能不在任何拟议的医疗改革计划之列。从就业状况来看，大约有27%的无保险者是失业者，而大约有27%的兼职人员和31%的全职人员是无保险者（US Bureau of the Census，2012a）。一个人所在企业的规模越大，拥有医疗保险的概率就越高。这种差异可能是因为保险的成本取决于企业的规模。随着员工数量的增加，保险计划的管理成本分摊到每位参保员工身上的部分会下降。而且，拥有很多员工的企业可以在大量人员中分散严重医疗保健问题的风险，因而可以获得较好的费率。

显然，对美国医疗保健状况的担忧主要源于对无保险者的关切。然而，关键是要认识到，缺乏医疗保险与缺乏医疗保健是两回事。有些人自己掏腰包支付医疗保健费用，但平均来看无保险者为他们使用的医疗服务仅支付了35%。这种（对于他们的）免费医疗保健主要是通过医院提供的，这本身可能导致无效率，因为技术先进和费用昂贵的医院承担了常规医疗保健服务。2008年，无保险者获得了大约560亿美元的无偿医疗保健服务，而美国医院提供的这种无偿医疗保健服务大约占61%，其资金主要是通过提高其他各方的费用来筹措的（Hadley et al.，2008）。需要注意的是，虽然这笔钱数目不菲，但只占医疗保健支出总额的24%——无偿性医疗保健服务并不是医疗费用增长的主要驱动力。不管怎样，没有医疗保险的人通常比有相似健康问题的参保者消费的医疗保健服务要少。然而，令人惊讶的是，我们目前还搞不清楚不良的健康状况在多大程度上是因缺乏医疗保险所致。

专栏

经验证据：医疗保险能改善健康状况吗?

对美国医疗保健制度的一个主要担忧是4 900万美国人没有保险。这种担忧的原因是，这些人被认为因缺乏保险而健康状况比较差。虽然这个命题似乎简单明了，但在实践中很难验证保险与健康之间的因果关系。之所以难以建立这种因果关系，是因为没有医疗保险的人与那些参保者在很多方面都是不同的，而可能正是这些不同造成了健康状况的差异。比如，比较年轻的成年人最有可能没有保险，但他们往往比较健康。依赖观察数据来估计医疗保险与健康状况之间的联系，这种研究的可靠性是有限的，因为难以控制健康以及投保者与未投保者之间差异的影响因素（Brown et al.，1998）。

实验可能是估计这种因果关系的一个比较好的方法，即随机把一些人分为投保者，把另一些人分为未投保者。出于道德方面的考虑，这种实验从未做过。然而，先前讲过的兰德实验就把人们随机地分到具有不同的保险覆盖水平的保险计划中，发现更高的保险覆盖水平对多数人的健康状况没有影响，但的确发现视力差和血压高的人健康状况有些改善。

鉴于难以进行随机化实验，有些研究代之以准实验，即依赖于州或联邦法律的变化所导致的医疗保险覆盖水平的变化。比如，卢尔等（Lurie et al.，1986）利用加利福尼亚州的一项政策变化：有些人失去州提供的医疗保险，有些人没有失去该保险。他们发现，平均来看，失去该保险的人舒张压上升具有统计显著性。

在另一项研究中，芬克尔斯坦等（Finkelstein and McKnight，2005）估计了老年人在获得政府医疗保险后死亡率的变化。为了控制可能影响健康状况的其他因素，他们比较了老年人的健康状况变化与接近老年人（没有获得政府保险）的健康状况变化。由于这两组人类似，我们有理由把他们的健康状况变化差异都归因于政府保险的存在。芬克尔斯坦等还比较了部分州的老年人死亡率，其中一些州因政府计划而使得医疗保险覆盖水平大幅度提高，而另一些州只是小幅提高。在这两种情况下，他们没有发现对健康状况有影响的证据。

利维和梅尔泽（Levy and Meltzer，2004）综合分析了有关医疗保险对健康状况影响的文献，并特别强调每项研究是利用实验法还是利用准实验法来解决因果关系问题。他们发现，这些文献只有微弱的证据表明州或城市层次的医疗保险的小规模变化对健康状况产生积极的影响。然而，考察联邦层次的大规模变化的研究表明，保险与健康之间的联系有比较坚实的证据，尽管其中的某些研究指出，这种联系比我们猜想的要微弱。利维和梅尔泽的最终结论是，“医疗保险能改善健康状况”，但他们又说，没有确凿证据表明是扩大保险覆盖范围好还是增加可以改善健康状况的其他干预措施（诸如社区医疗保健中心或改善营养的广告宣传）的公共支出好。

□ 高额医疗保健成本

图 9—5 对美国的医疗保健支出进行了国际比较，可以看出，美国的医疗保健支出占 GDP 的比例要比澳大利亚、加拿大、法国、德国、日本以及英国高得多。有趣的是，虽然美国的医疗保健支出占 GDP 的比例比这些国家都高，但长期以来美国医疗保健支出的增长率与这些国家相差无几。就图 9—5 中的这些发达国家来说，医疗保健支出占 GDP 的比例从 1960 年的平均 4.2%上升到 2009 年的 11.5%。其他 6 个发达国家与美国的医疗保健融资制度大不相同。

图 9—5　部分国家的医疗保健支出占 GDP 的比例（1960—2009 年）

说明：同其他发达国家相比，美国的医疗保健支出占 GDP 的百分比较高。但是，这笔支出的增长率与其他国家差不多。

资料来源：Organization for Economic Cooperation and Development（20012a）.

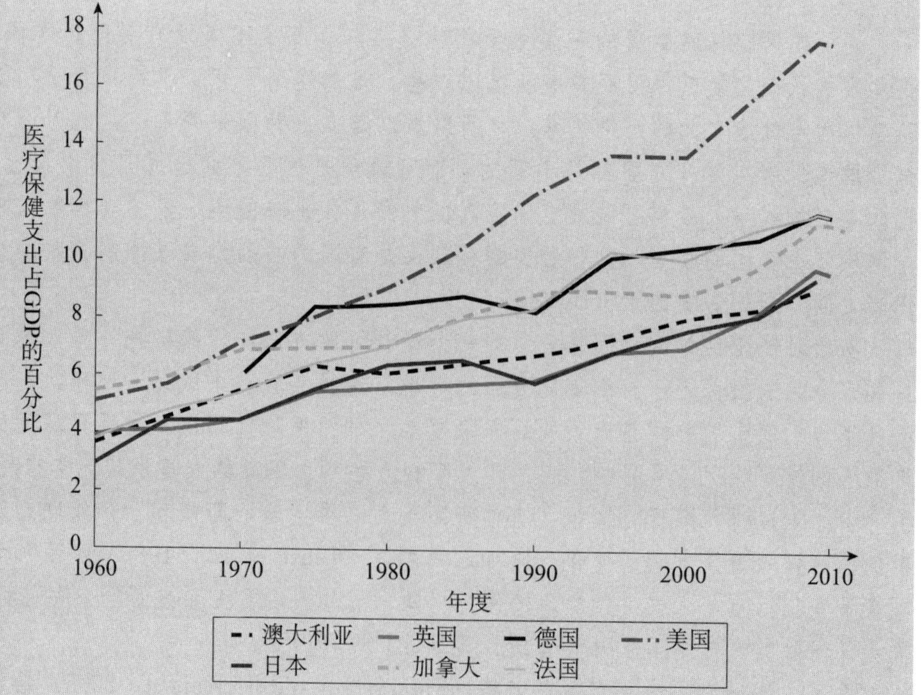

医疗保健成本为何增长得如此之快？回想一下，像第三方支付引起的道德风险这类市场失灵，可能是高额医疗保健成本的原因。不过，如果第三方支付是医疗保健支出增长的原因，那么保险覆盖范围必然是在扩大。虽然保险覆盖范围的确在一直扩大，但有证据显示，解释支出增长的主要因素不是投保人数的变化而是其他因素。本节讨论几种可能性。鉴于全世界的医疗保健成本都在上涨，因此，我们在评估这些可能性时，不应该只关注美国制度的特有因素。

美国的老龄化　1980 年，美国人口当中有 11.3%是 65 岁以上的老年人，目前该数字是 13%。同期，年龄在 85 岁以上的人口比例从 1.0%上升到 1.8%（US Bureau of the Census，2012c，p.11）。可以预见，随着人口的老龄化，医疗保健支出也将增加，因为老年人对医疗保健服务的需求较大。这种现象能在多大程度上解释医疗保健支出的上升？实证研究表明，老龄化不是医疗保健成本不断上升的主要因素。例如，斯塔克和金斯伯格（Struck and Ginsburg，2002）发现，老龄化对年人均医疗保健支出增加的贡献度不足 10%。

收入增长　1960 年以来，美国的实际人均收入几乎增长了 2 倍。医疗服务的需求随着收入的增加而增加，从这个意义上说，收入增加也会推动医疗保健支出增加。阿齐默鲁等（Acemoglu，Finkelstein and Notowidigolo，2009）估计，医疗保健支出的需求收入弹性为 0.7，也就是说，收入增加 10%会导致医疗保健需求增加 7%。作者将该弹性值乘以过去的实际收入增长率得到的结论是，不断上升的收入不是医疗保健支出增长的主要因素。

质量的改善　诺贝尔经济学奖得主肯尼斯·阿罗（Kenneth Arrow）最近声称，美国医疗保健支出增长的最重要原因是医疗技术的改进：

> 医疗费用增加的基本原因是，医疗保健是一件好事！因为现在能做的东西更多了！想想所有这些诊断所需要的费用吧。计算机断层（CT）扫描、X 光片、核磁共振，现在还有质子驱动的什么东西。一个足球场大小的东西，价值 5 000 万美元，里面装着各种诊断设备。这么多的技术现在能清楚地诊断出以前无法诊断的病症。这是毫无疑问的。诊断方法改善了，技术得到了提高，但这些东西都是昂贵的。

长期以来，医生培训、医疗技术和设备都得到了改进。在过去的几十年里，我们目睹了医疗技术的惊人发展。正如阿罗所说的，一直以来，由于诊断技术、外科手术和各种健康问题的治疗方法等变得越来越好，因此医疗保健的质量得到了提高。

就拿心脏病的治疗来说，如今的心脏病治疗的确比几十年前要昂贵得多（用实际值来衡量）。不过，如今的心脏病治疗与 1950 年的心脏病治疗绝非相同的“商品”。当年，心脏病治疗的标准做法（1955 年艾森豪威尔总统心脏病发作后的治疗方法）就是建议休息、吗啡止痛和输氧（Cutler，2004）。现在的治疗方法已大不相同，自艾森豪威尔总统以来，心血管疾病死亡率下降了一半多，心脏病发作后的死亡概率下降了近 3/4（Cutler，2004）。根据柯特勒和卡迪亚拉（Cutler and Kadiyala，2001）的研究，这种急剧下降的原因主要表现在三个方面：(1) 心脏病和中风的药物治疗方法更加先进；(2) 控制血压、糖尿病和胆固醇等的非急救性药物取得了进展；(3) 行为因素得到了改善，比如吸烟减少。因此，尽管像冠状动脉搭桥手术和心脏导管插入术等技术创新增加了每位心脏病患者的开支，但它们实际上降低了获得各种医疗保健结果（如心脏病发作因住院治疗而保住性命）的价格（Newhouse，2001）。

医疗保健质量提高伴随着开支增加的另一个例子是，治疗低出生体重婴儿的技术发展飞速（Cutler，2004）。新生儿（出生 28 天以内）的死亡率从 1950 年的 20.5‰下降到 2002 年的 4.7‰，婴幼儿（出生 28 天到 11 个月以内）的死亡率从 1950 年的 8.7‰下降到 2002 年的 2.3‰（US Centers for Disease Control and Prevention，2005，Table 22）。

医疗保健成本增加的这种技术论，也有助于解释为什么医疗保健筹资制度和提供制度不同的国家，医疗保健支出都增长了（见图 9—5）。虽然这些国家的医疗保健提供制度相当不同，但至少有一点是相同的，那就是它们都同样有昂贵的技术创新。

关键是，医疗技术开支的增加导致了医疗保健质量的提高，且不一定预示着无效率或市场失灵。这种技术论的解释把对成本控制的争论放在了一个新的视角上。倘若成本上升的主要原因在于质量改进，那么这是件坏事吗？关键的问题在于，人们是否按其边际社会成本来评价这些创新。柯特勒和麦克莱伦（Cutler and McClellan，2001）考察了五种不同病情的医疗技术进步。他们发现，其中有四种病情的医疗技术进步的收益大于成本：心脏病、低出生体重婴儿、抑郁症和白内障；治疗第五种病情（乳腺癌）的医疗技术进步的收益与成本基本一样。柯特勒（Cutler，2007）发现，搭桥手术或血管成形术用于治疗心脏病发作的患者很划算，预期寿命延长一年的费用为 40 000 美元。纽豪斯（Newhouse，1992，p.16）对于医疗技术进步是否合算提出了一个挑衅性观点："倘若许多消费者认为新技术不值，那么奇怪的是，我们为什么没有看到一些企业力图以 20 世纪 60 年代的价格生产和提供至少具有部分 60 年代特征的药品。"

默菲和托佩尔（Murphy and Topel，2000）的计算结果支持这个论点：预期寿命延长，使美国国民财富在 1970—1990 年间每年增加 2.8 万亿美元（按 1992 年美元计算）。这类计算只能看做是近似计算，其原因如下。第一，如何计算寿命延长的货币价值？默菲和托佩尔采用的方法是对增加的工资进行统计估计，而这部分增加的工资是工人要求对其工作期间面临高死亡风险的补偿。这种方法已在第 8 章描述过。第二，预期寿命的延长到底是否都由医疗保健的改进所致，尚不清楚。尽管如此，他们还是认为，"在每年增加的 2.8 万亿美元国民财富中，大约有 1.5 万亿美元是由心脏病死亡率下降所致，而心脏病的预防和急救方面的医学进步非常显著"（p.24）。第三，尽管预期寿命延长很重要，但医疗保健的改进提高了生活质量也非常重要。想想髋关节置换、万艾可（伟哥）、溃疡治疗药物（如善胃得）、关节镜手术等，虽然很难或不可能用货币价值来衡量这些进步，但好处还是相当可观的。因此，尽管默菲和托佩尔的计算有些粗糙，但其基本思想是令人信服的：医疗保健支出的收益是巨大的。

上述讨论的焦点在于医疗支出是不是由技术进步驱动的。不过，让人感兴趣的一种可能情况是，在另一方面存在着一定程度的因果关系——支出增加提高医疗创新的盈利能力，从而鼓励技术进步。这是一个难以检验的命题，但有些证据表明，该命题似乎有道理。布卢姆-科霍特和苏德（Blume-Kohout and Sood，2008）发现，老人医疗保险（Medicare）涵盖处方药就与药物研发活动的明显增加有关。

倘若医疗保健市场是有效率的，但导致如此高的价格以至很多人最终得不到医疗保险，那么社会就要决定牺牲多少效率以换取更大的公平。**商品平均主义**（commodity egalitarianism）观（第 4 章和第 7 章讲过）认为，有些特殊商品应当人人有份，不考虑他们的境况，也不考虑社会的净收益如何。实际上，这似乎产生了一种强烈的社会共识：每个人都应当至少获得基本的医疗服务。第 10 章将讨论提高各种政府计划的可获取性和改进这些计划的建议。

小结

● 政府提供的保险（称为社会保险）占联邦预算的很大一部分，而且还在不断提高。

● 对于风险厌恶者来说，收取精算公平保费的保险计划将提高预期效用，因为它使风险平滑化。

● 一个人的风险厌恶程度越高，他（她）就越愿意购买保险。

● 从社会角度来看，保险公司通过把人们都归拢到一项保险计划中，可以降低风险。

● 当投保人对其风险的了解比保险公司更清楚时，就会出现逆向选择。这使得保险公司无法按每个人的预期损失收取保费。如果保险公司在所有客户之间收取平均保费，那么，低风险的人就会退出保险计划，保险公司就会亏本。

● 从理论上说，政府通过向全民提供医疗保险并收取统一的保费，就可以解决逆向选择问题。这虽然是无效率的，但可能会消除按风险分类的问题。

● 道德风险的产生是因为获得保险后导致行为改变，增大了出现不良后果的可能性。

● 在提供保险时会出现权衡取舍问题：保单越慷慨，防范因生病而出现的财务风险的保障作用就越大，但道德风险也越大。有效率的保险要在降低风险所带来的收益与道德风险所造成的损失之间保持平衡，这要求低成本医疗服务的自付费用更高，而高成本医疗服务的赔付更多。

● 美国一直有大约 16%的人口没有医疗保险。65 岁以下的人口中，没有保险的比例在不断上升。

● 美国医疗保健支出占 GDP 的比例一直在迅速上升，目前大约占 GDP 的 18%。一些可能的原因包括人口的老龄化、收入的增加、第三方支付的盛行以及技术进步。有证据表明，技术进步是一个主要因素。

讨论题

1. 仔细阅读下面这段引文：“经济学家似乎总是谈论医疗保健的成本，好像这种开支是件坏事似的。这些钱究竟到哪里去了？是给了医生、护士还是医疗用品的生产者？他们难道不买尿布、通心粉和汽车吗？国家会因为有更多的音箱且更少的青霉素、更多的指甲油且更少的抗菌药膏而变得更好吗？只要钱能转手并产生就业，还管钱是怎么花出去的吗？”（*New York Times Magazine*，December 12，1993，p. 28）。

a. 经济学家会认为医疗保健支出是一件“坏事”吗？

b. 引文的最后一句暗示出了一种医疗保健支出的评价标准。经济学家会用什么标准？

2. 联邦法律允许工人在离开工作岗位后继续参加通过从前的雇主获得的医疗保险，但他们必须按月支付全额保费（包括雇员和雇主的部分）以及 2%的管理费。这种高价格导致许多人尤其是比较健康的人退出保险。保险公司说，这些计划使其赔钱。请利用本章给出的概念来解释这一情况。

3. 荷兰的德拉赫滕小镇在拆除了所有的交通信号灯后，发现交通事故死亡人数下降了。在有交通信号灯的时候，每三年都有一起道路死亡事故，但自从七年前拆除之后就再未发生道路死亡事故。一位城市交通规划师解释说，“因为这很危险，因而很有效，这正是我们想要的”（Millward，2006）。请利用本章给出的概念来解释这一现象。

4. 最近的一项研究发现，医疗保健的需求价格弹性是 −2.3（Kowalski，2009）。如果该估计值是正确的，那么，20%的共保费率会对个人的医疗服务需求产生怎样的影响？其效率含义是什么？

5. 田纳西州对年度医疗费用提供的保额高达 25 000 美元。在 25 000 美元当中，可花在医院的费用不能超过 15 000 美元，超过该上限的费用州保险计划不予赔付。请问田纳西州的做法与有效率的保险理论一致吗？

6. 假定某个人每年看病的需求曲线由下列方程给定：$P=100-25Q$。其中，Q 是每年看病的次数，P 是每次看病的价格。又假定每次看病的边际成本是 50 美元。

a. 每年看多少次病是有效率的？有效率的看病次数的总成本是多少？

b. 假定此人获得保险。没有自付额（免赔额），共保费率是 50%。现在去看病的次数会是多少？个人自付的费用是多少？保险公司为此人看病支付多少？

c. 这种保险引起的无谓损失（如果有的话）是多少？

d. 如果看病的边际外部收益是 50 美元，无谓损失的大小会有何变化？

7. 要回答本问题，你需要一台能计算对数或有电子表格程序的计算器。假定你的效用函数是 $U=\ln(4I)$，其中 I 是你在某一年所挣的收入。假定你一般每年挣 30 000 美元，但下一年有 5%的概率生病，并因医疗费用而损失 20 000 美元。

a. 倘若你没有保险来防范这种不利事件，你的预期效用是多少？

b. 假定你可以买保险，若生病，就可弥补你的损失。精算公平保费是多少？倘若你买了该保险，你的预期效用是多少？

c. 你愿意为该保单支付的最大数额是多少？

*8. 假定你们市政府正在整治乱丢垃圾行为。目前，对乱丢垃圾行为的罚款是 100 美元，乱丢垃圾被逮住的概率是 10%。市政府正在考虑两种不同的政策：（1）增加警察数量来监管乱丢垃圾行为，这会使乱丢垃圾被逮住的概率为 20%而非 10%；（2）保持监管力量不变，而把罚款从 100 美元提高到 200 美元。（请注意，在这两种政策下，乱丢垃圾行为的预期成本相同。）如果乱丢垃圾的人是风险厌恶者，哪种政策会使乱丢垃圾行为减少得更多？如果乱扔垃圾的人是风险偏好者（也就是说，他们的效用函数呈凹状，在期望值相同的情况下，相对于确定的结果而言更喜欢不确定的结果），又是哪种政策会使乱丢垃圾行为减少得更多？

9. 根据比格斯（Biggs，2009）的研究，宠物的医疗保健支出水平比人的低得多，但支出的增长率大致相同。如何解释这种支出水平虽然差异很大但增长率很接近的现象？

第 10 章

政府与医疗保健市场

我国的医疗保健成本不断上升，已把太多的家庭和企业逼临财务破产的境地，还让太多的人根本买不起任何保险；无论是民主党人还是共和党人，也无论是小企业主还是首席执行官，所有人都认为，这种状况是不可接受的，再也不能继续下去了。

——巴拉克·奥巴马（Barack Obama）总统

我们的医疗保健制度有几个突出的问题：成本不仅高而且不断攀升，没有保险的美国人数量庞大，以及质量和效率方面的明显差距。

——2012 年总统候选人米特·罗姆尼（Mitt Romney）

在第 9 章我们运用福利经济学理论分析了医疗保健市场，从中了解到自由市场可能导致无效率或不公平结果的各种方式方法。有了这些背景知识，我们现在来讨论美国医疗保健市场的关键特征以及政府在医疗保健市场中的作用。

美国的医疗保健业非常庞大，不仅有医院、疗养院、医生、护士以及牙医等，还有眼镜、处方药和非处方药、假肢和其他设备的生产者。该行业雇用了 1 400 万人左右，年度支出大约为 2.6 万亿美元，占 GDP 的 18%。

图 10—1 说明了这些钱是如何使用的。到目前为止最大的两类是住院治疗（占 31%）和医生与门诊服务（占 20%）。图 10—2 说明了医疗保健资金的来源。消费者自付支出仅占医疗保健费用的 11%，其余费用由第三方支付——私人医疗保险和其他私人来源（比如慈善机构）支付 39%、政府支付 50%（主要通过老人医疗保险和穷人医疗保险计划，见本章后面的内容）。私人保险公司的资金来自消费者缴纳的保费，政府的资金来自纳税人缴纳的税收收入。不过，这些资金仍然算作第三方支付，因为在购买之时，消费者并没有承担其医疗保健服务的全部成本。

2011 年，大约有 84%的美国人都有某种形式的保险。近 64%的美国人有私人医疗保险，超过 32%的美国人有政府医疗保险——主要包括老人医疗保险和穷人医疗保险（US Bureau of the Census，2012a）。有些人拥有多种保险。下面我们依次考察私人和政府医疗保险市场。

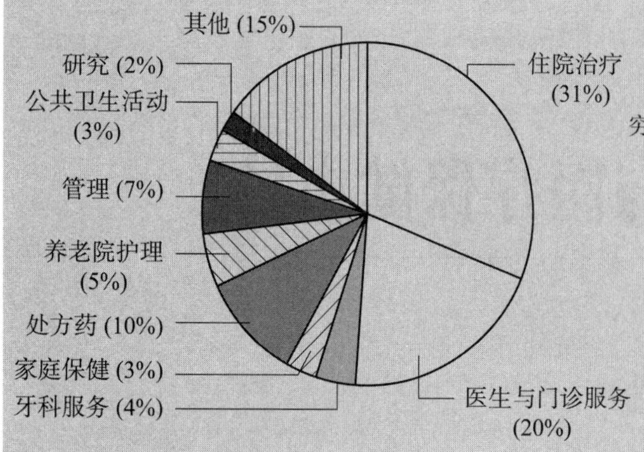

图 10—1 美国医疗保健资金的使用（2010 年）

说明：住院治疗占美国医疗保健支出的 31%，是最大的一项开支。医生与门诊服务占美国医疗保健支出的 20%。

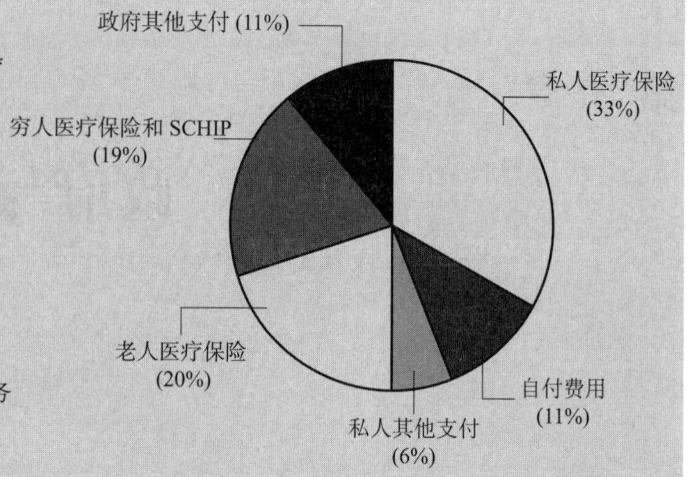

图 10—2 美国医疗保健资金的来源（2010 年）

说明：消费者自付支出仅占医疗保健费用的 11%，其余费用由第三方支付，主要来自私人医疗保险和政府计划如老人医疗保险和穷人医疗保险计划。

私人医疗保险

美国私人保险的一个重要特征是，大部分人（65 岁以下的人约占 90%）的保险都是通过雇主提供的，被雇主当作对其雇员的一种福利。

□ 对雇主提供保险的隐性补贴

为什么有如此之多的美国人通过其雇主购买医疗保险？我们毕竟不能通过我们的工作来购买食品或者衣物。这种现象在一定程度上是第二次世界大战期间政府实行工资和价格管制无意产生的一种副产品。虽然这些管制限制了雇主可以发放多少工资，但像医疗保健保险这样的其他报酬形式不受管制。可以预见，雇主为了在供不应求的劳动力市场上吸引工人而开始提供医疗保险（以及其他非工资福利）。1940—1950 年，拥有私人医疗保险的美国人所占比例从 9.1%急剧上升到 50.3%（Santerre and Neum，2004，p. 314）。

推动雇主提供医疗保险的一个重要因素是联邦所得税制。工资形式的所得要纳税，而雇主支付医疗保险的保费形式的所得不纳税。结果，联邦税制实际上对雇主提供医疗保险给予了补贴。为了看清这一点，假定钱德拉每年的工资所得为 50 000 美元。又假定她的工资税税率为 35%；其雇主不提供任何医疗保险，她自己每年要花 5 000 美元购买保险。

现假定钱德拉的雇主给她支付每年 5 000 美元的保单，并同时等量削减她的工资。是支付 5 000 美元工资还是等额医疗保险福利对雇主来说没有差异，但对钱德拉来说就不同了。当她的工资减少5 000美元时，她的境况并非变差 5 000 美元，因为这 5 000 美元本应纳税。她的境况变差的程度只是 5 000 美元减去这 5 000 美元本应缴纳的税额。由于她要对这 5 000 美元的收入缴纳 1 750 美元的税（=0.35×5 000 美元），因此当她的工资减少 5 000 美元时，她的境况仅变差3 250美元（＝5 000 美元－1 750 美元）。总之，钱德拉的税后工资减少了3 250美元，但节省了 5 000 美元的医疗保险付费。这对她来说是合算的。实际上，对雇主提供医疗保险的这种免税制度，降低了以工资度量的医疗保险的机会成本。这就是补贴的来源。其他公司也有相同的积极性来提供医疗保险，否则，它们就面临工人跳槽到别家公司的风险。

对雇主提供医疗保险的隐性补贴规模很大。根据伯曼等（Burman，Garrett and Khitatrakun，2008）的估计，这使得雇主提供医疗保险的相对成本降低了 30%左右。雇主提供的医疗保险和医疗保健不包括在所得税税基中，使得美国财政部每年大约损失 1 090 亿美元的税收收入（Joint Committee on Taxation，2012，p. 42）。

就像任何其他商品一样，当保险的价格下降时，其需求量增加。因此，这种隐性补贴使得工人希望加大医疗保险形式的报酬份额。结果，医疗保险计划变得更加慷慨——自付额减少，且保单还可能包括视力、针灸、常规牙科福利等项目。

买保险没有什么不对。正如第 9 章所讲，它在使人们防范生病的财务风险中起关键作用。不过，第 9 章也曾表明，保险会导致人们过度消费医疗服务。同样，隐性补贴因鼓励人们购买更多的保险，也会导致过度消费医疗保健服务。虽然许多分析人士因此认为，对雇主提供的医疗保险福利应当征税，但这样的举动在政治上可能不得人心。正如一位工会领导人最近所说的，“我们坚决反对改变员工医疗福利的税收待遇。这将危及我们一直在努力维持的由雇主提供医疗保险的现行制度”（Pear，2009）。然而，2010 年《平价医疗法案》（Affordable Care Act，ACA）* 已朝这个方向迈出了一步。该法规定，从 2018 年开始，雇主提供的健康计划有总额限制，个人保额超过 10 200 美元、家庭保额超过 27 500 美元的部分按 40%的税率征税。

□ 雇主提供医疗保险的优点

提高风险共担程度　第 9 章讨论了保险公司如何通过在个人之间共担风险来降低风险。参加保险的人越多，对保险公司来说，结果越可预测，从而降低风险。雇主提供医疗保险（特别是对大雇主来说）的一个优点是，可以为一大群人提供一种保单。当然，一家保险公司可以通过向不同雇主的员工提供保单来扩大投保人群，但如果低风险者不参加该计划，就可能会产生逆向选择。

减少逆向选择　像由雇主提供的团体医疗保险计划也会减少逆向选择问题。我们在第 9 章已知，团体费率法的医疗保险市场可能运转不下去，因为有些人的生病风险低于平均生病风险，他们可能会退出该市场。保险公司通过向一家企业的全体员工卖保单，就不必过于担心客户的逆向选择问题。因此，保险公司在卖保险时，就不用再花太多的时间和财力去筛选买保险的人。

然而，这只有在雇主对员工的选择不是基于其健康状况时才可行，而这样的条件可能很难成立。要知道这是为什么，请回想一下，医疗保险只是员工报酬的一个组成部分。在其他条件不变的情况下，一家企业如果提供的保险福利计划不怎么慷慨，就可能要支付较高的工资。生病风险低于平均水平的人会主动选择其报酬中工资比例高而保险比例低甚至无保险的雇主。同样，保险福利比较慷慨的企业会发现，其员工的生病风险高于平均水平。为了支付这种高风险群体的保费，雇主不得不降低报酬中的工资比例，造成该工作只对风险更高的人

* 亦有许多人将该法案译为《负担得起的医疗法案》。——译者注

有吸引力。这是一个典型的逆向选择现象，很可能导致没几家企业提供有效率的保险。总之，虽然雇主提供保险可能会减少逆向选择，但并不能完全消除它。

降低管理成本 团体保险相对于个人保险表现出来的另一种可能的优势是，管理成本较低。开发和推销一项保险计划要有固定成本，而团体保险可以把这些成本分摊到更多的人身上。显然，团体保险比个人保险的附加保费低。2000 年，团体保险的保费大约比保险赔付金高出 19%，而在个人保险计划下大约要高出 50%。保费与保险金的比率随着团体保险中雇员人数的增加而下降（Phelps，2010，p. 349）。

□ 雇主提供医疗保险与工作套牢

当一个拥有雇主提供的医疗保险的员工离职时，他也就失去了他享有的医疗保险。这种制度很可能会降低劳动力市场的流动性，这种现象称为**工作套牢**（job lock）。工作套牢如果抑制了员工转到最能体现其价值的工作上，就会损害经济效率。

估计工作套牢的流行程度具有挑战性，因为选择有医疗保险工作的人与选择无医疗保险工作的人可能在很多方面都不同，而这些方面又无法观察到。因此，简单地比较这两群人之间的工作流动性，可能会使人产生误解。另一种方法利用下列事实，有些州的法律要求雇主向以前的雇员继续提供至少一定时间的保险（按一个价格）。如果在有这些法律的州，流动性比较高，那么，在其他条件不变的情况下，这就与工作套牢相符。证据是含混的，但有些研究表明，工作套牢的确存在，使工作流动性降低 25%～50%（Madrian，2006，p. 19）。

□ 成本控制与私人保险

20 世纪 80 年代初之前，大多数保单对医疗保健机构的支付都是以医治病患的实际费用为基础的，这种制度称为**按费用补偿制度**（cost-based reimbursement，实报实销制度）或一次一付医疗费制度（fee-for-service）。从第 9 章可知，第三方支付（如一次一付医疗费）助长了医疗保健服务的过度消费，因为这种制度对人们节约消费没什么激励；而病人花的钱越多，医疗保健提供者获得的钱就越多。

面对日益增长的高额医疗保健费用，雇主改变了做法，从市场的供给面而非需求面入手，限制使用并压低价格。这种做法一般称为**管理型医疗保健**（managed care），让医疗保健提供者有动力去压低成本。这种激励的一个例子就是**按人头收费**（capitation-based reimbursement）。在这种制度下，医疗保健提供者每年向其医治的每位病人收费，而不管该病人实际接受的医疗服务是多少。

管理型医疗保健的做法多种多样。比如**健康维护组织**（Health Maintenance Organizations，HMOs），一群医生只为某一特定计划工作，病人也只能请该计划中的医生看病。因此，健康维护组织把医疗保健的融资和提供融入一个组织中，向预付保费的参保者提供医疗保健服务。在健康维护组织内，一个基本的医疗保健提供者首先把关，认为必要时，再给病人找专家。

又如**优先提供者组织**（Preferred Provider Organizations，PPOs），一群医生同意低收费以获得该网络提供的供给稳定的病人。参保者有积极性从该网络的医生处获得医疗保健服务，因为如果他们到该网络之外去看病，就必须支付较高的费用（通过较高的共保费率或自付额）。**服务点计划**（point-of-service（POS）plans）与优先提供者组织的类似之处在于，它们都使病人有积极性在该网络内看病。不过，服务点计划也给每位参保者安排一个基本的医疗保健提供者，由他作为给病人推介专家的把关人。

这些情况出现了很多变化。如今，大约 99%的美国投保人都在某种管理型医疗保健计划中，而 1980 年时仅为 5%。在增加的人当中，大部分都在优先提供者组织计划和服务点计划中。优先提供者组织的参保者从 1988 年保险覆盖工作者的 11%提高到 2012 年的 56%；服务点计划参保者从 1993 年的 7%提高到 1999 年的 24%，2012 年下降到 9%（Kaiser Family Foundation，2012，Exhibit 5.1）。

管理型医疗保健是否有助于抑制医疗保健成本？在 20 世纪 90 年代的大部分时间里，似乎起到了抑制作用。如图 9—1 所示，在 20 世纪 90 年代的大部分时间里，医疗保健成本的上升速度稳定下来。但是，这种现象好景不长，跨入 21 世纪后成本上升又死灰复燃。其中的一种解释是，转向管理型医疗保健仅使支出一时降低，但医疗技术在不断进步，导致支出随之增长。

管理型医疗保健计划存在着一个令人苦恼的问题，即在促使医疗保健提供者节省成本的同时，还促使他们不注意医疗保健的质量，因为不管提供的服务怎么样，都会得到相同的支付。不过，柯特勒（Cutler，2002）的调查研究表明，在其他条件相同的情况下，加入管理型医疗保健计划的人，健康状况没有变差。

医疗保险的政府提供：老人医疗保险与穷人医疗保险

在美国，政府在医疗保健市场中起很大作用。例如，它向医生颁发行医执照，监测环境变化对健康的威胁，拥有一些医院，主办疾病防治研究，实施儿童免疫计划等，不一而足。如前所述，政府还对雇主提供的医疗保险予以隐性补贴。本节重点讨论联邦政府直接提供医疗保险的两大计划，即老人医疗保险和穷人医疗保险。

□ 老人医疗保险：概述

资格条件　1965 年实施的**老人医疗保险**（Medicare）计划，是向 65 岁以上的老人和伤残人提供的医疗保险。其主要目的是增加老年人获得高质量医疗保健服务的机会。它是仅次于社会保障（Social Security）的第二大国内支出项目。图 10—3 显示出老人医疗保险支出过去的实际规模和占 GDP 的比例。2010 年，老人医疗保险支出达 5 250 亿美元，占 GDP 的 3.6%。可以预期，老人医疗保险支出还会快速增长，到 2040 年将达到 GDP 的 6%，到 2085 年将达到 GDP 的 6.7%（Centers for Medicare and Medicaid Services，2012）。

老人医疗保险几乎覆盖了 65 岁及以上的所有人口，且无须调查经济状况（means tested）。唯一的要求是，此人（或其配偶）已工作并缴纳工薪税至少 10 年。不同于社会保障的是，一个人在 65 岁之前不能领取医疗保险金。如今，65 岁及以上的参保者大约有 4 000 万人（Centers for Medicare and Medicaid Services，2012）。[①] 该计划由联邦政府管理，资格标准在各州是统一的。

① 已伤残 2 年以上者和致命的肾病患者也可参加老人医疗保险。这类参保者大约有 700 万人。

图 10—3 老人医疗保险支出（1966—2010 年）

说明：老人医疗保险是仅次于社会保障的第二大国内支出项目。2010 年，老人医疗保险支出高达 5 250 亿美元，占 GDP 的 3.6%。

资料来源：Centers for Medicare and Medicaid Services (2012c).

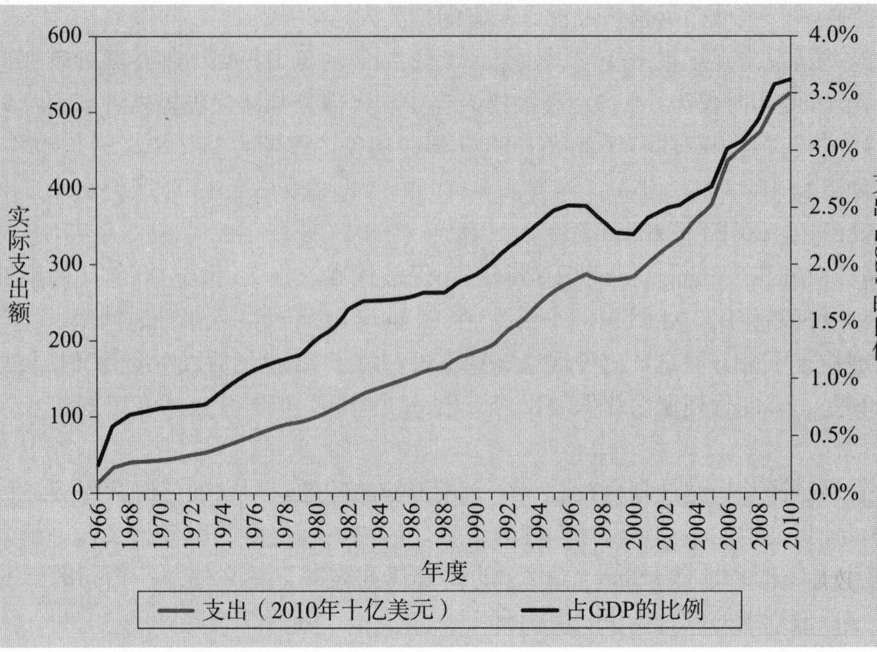

保险金 政府一旦决定涉足医疗部门，就必须作出一项基本决策：医疗保健服务是由政府生产还是由私人部门生产？不同的国家作出的决策大相径庭。比如在英国，政府拥有并经营医院，相反在美国，医疗保健主要由私人部门提供。因此，老人医疗保险是一种政府筹资而非政府生产的医疗保健制度。

老人医疗保险计划的最大组成部分是 A 部分和 B 部分（D 部分将在后面讨论）。A 部分是**住院保险**（hospital insurance，HI），2011 年支出达 2 570 亿美元（Centers for Medicare and Medicaid Services，2012，p. 10）。参加住院保险是强制的，它覆盖住院病人的医疗保健。病人必须支付住院治疗头 60 天的自付额 1 156 美元，超过这一数额的全部费用都由住院保险负担。在 61 天到 90 天之间，病人须每天支付 289 美元。90 天之后，住院保险不再承担住院费用。但是，每一参保者一生都有额外的 60 天，所以，住院时间在 91 天到 150 天之间，病人仍可获得住院保险，但每天必须支付 578 美元。此外，住院保险还承担病人一生当中在专业护理机构不超过 100 天的护理费用，但 20 天之后病人每天要支付 144.5 美元。[①]

老人医疗保险的 B 部分是**补充医疗保险**（supplementary medical insurance，SMI），2011 年的支出大约为 2 250 亿美元（Centers for Medicare and Medicaid Services，2012，p. 10）。这是支付给医生、医生订购的药品以及医院之外提供的医疗服务的费用。与住院保险不同，补充医疗保险是自愿的，参保者必须每月支付保费，该保费不是一成不变的，2012 年为 99.9 美元。收入在 85 000 美元（夫妇为 170 000 美元）以上的人，现在要支付更高的保费，支付额随着收入的增加而增加。病人还必须支付一笔小额年度自付额（140 美元）和 20%的共保费率。大约有 92%的符合条件的人选择参加了补充医疗保险。

筹资 住院保险的资金是通过对现在工作之人的收入课征工薪税筹集的。对雇主和雇员的税率均是 1.45%，税率总额为 2.9%。老人医疗保险税适用于全部收入，没有上限。收缴上来的税收收入存入住院保险信托基金，由此基金支付给医疗保健提供者。自 2013 年以来，

① 本段的自付额和共付额是 2012 年的数额。

对工资收入超过 200 000 美元的单身纳税人（已婚纳税人为 250 000 美元）再额外征收 0.9%的工薪税，对收入在 200 000 美元及以上的单身纳税人（夫妇收入在 250 000 美元及以上）的投资所得课征 3.8%。前者的收入存入住院保险信托基金，而后者的收入作为政府的一般性收入。故此，老人医疗保险在很大程度上实行的是现收现付制：现在退休者的住院保险支出中，大约有 76%是由现在工作的人支付的。

住院保险面临着严峻的财政挑战。根据目前的预测，住院保险支出很快就会超过通过工薪税筹措的收入，而且缺口会越来越大。从长期来看，老人医疗保险中的住院保险将面临巨额且不断增加的赤字。

与住院保险不同，补充医疗保险依靠一般性收入来筹资，而不是依靠工薪税。[①] 在今后 10 年当中，补充医疗保险金支付预计每年增加 6.4%（Centers for Medicare and Medicaid Services，2012，p. 101）。鉴于补充医疗保险是由一般性收入来筹资的，其信托基金不会出现破产问题。但是，正如我们将在第 11 章讨论社会保障时所说的，权利性信托基金实质上只是一种核算工具。如同住院保险支付一样，花费在补充医疗保险计划上的钱有机会成本，因为这笔政府收入不能再干别的事情。

处方药保险　在 20 世纪 60 年代初，药品并不是医疗保健的重要组成部分，老人医疗保险也不覆盖其参保者的处方药。但从那时起，药品在疾病治疗中的作用越来越大。2010 年，美国人花费在处方药上的支出大约为 2 660 亿美元，开出的药方超过 36 亿份（Centers for Medicare and Medicaid Services，2012）。《2003 年医疗保险处方药改进与现代化法案》（Medicare Prescription Drug，Improvement，and Modernization Act of 2003）在老人医疗保险中增加了处方药保险（D 部分），自 2006 年 1 月 1 日起生效。

2011 年，大约有 3 600 万老年人参加了处方药医疗保险，耗资 671 亿美元（Centers for Medicare and Medicaid Services，2012，p. 10）。到 2021 年，预计将有 4 800 万老年人参加，耗资 1 559 亿美元。从长期来看，老人处方药医疗保险支出占 GDP 的比例预计将从 2011 年的 0.44%上升到 2085 年的 1.5%（Centers for Medicare and Medicaid Services，2012b，pp. 122 and 128）。一个重要的问题是，这种处方药医疗保险是否会导致老年人的处方药保险净增加。恩格尔哈特和格鲁伯（Engelhardt and Gruber，2010）最近的研究表明，当可以获得处方药保险时，老年人在很大程度上会直接减少其私人药物保险。这是另一个政府排挤的例子，我们在其他场合如教育（第 7 章）讲过这一现象。

□ 老人医疗保险的成本控制

预先支付制度（预付制度）　正如第 9 章所讲，自 1965 年实行老人医疗保险制度以来，医疗保健成本激增。不断上升的医疗保健成本所造成的财务负担，被老人医疗保险最初使用的补偿办法——**诊后支付制度**（retrospective payment system）雪上加霜。按照诊后支付制度，医院向老人医疗保险（A 部分）的病人提供治疗服务，在治疗结束后，医院向老人医疗保险提交账单以获得偿付。这种第三方支付制度对医疗服务的成本节省没有多大激励。

面对快速增长的成本，老人医疗保险于 1983 年转向**预先支付制度（预付制度）**（prospective payment system，PPS），即在治疗期之前规定一个固定的偿付水平。老人医疗保险的预

① 补充医疗保险也从前面提到的月保费中获得资金，这是从受益人的社会保障金中直接扣除的。最初，其目的是让该保费弥补补充医疗保险计划成本的一半。目前，该保费弥补了补充医疗保险成本的 26%左右，故联邦政府还要给予大量补贴。

先支付制度是通过其大致划分的 500 个**诊断相关组**（diagnosis related groups，DRGs）来实施的。老人医疗保险 A 部分的每位病人在入院时先被分到一个诊断相关组中，然后再根据诊断相关组的类别确定预付款。每个诊断相关组的支付额根据诊治成本的国家标准来确定，再考虑医院之间影响成本差异的因素进行调整。

这种制度与按人头收费的私人制度很相似，激发了医院节省成本的积极性。倘若医院在病人身上的花费低于预付制度的付款，它可以拿到这笔差额。相反，倘若医院治疗一个病人的花费超过预付制度的付款，那么超出部分自行承担。有证据表明，自 20 世纪 80 年代实行预付制度之后，住院的时间的确缩短了。老人医疗保险的病人短期住院时间，1981 年平均为 10.5 天（预付制度实行之前），1984 年平均为 9.1 天（预付制度逐步采用），1985 年平均为 8.5 天（预付制度全面实施）；而住院时间的缩短似乎并没有导致不良的医疗保健结果。在实行预付制度后，无论是重新入院率还是病人死亡率都没有上升（Phelps，2010）。

虽然预付制度最初降低了老人医疗保险中住院支出的增长率，但随着时间的推移，支出又开始增长。这与在私人部门实行管理型医疗保健所观察到的情形完全一样——开始时增长速度暂时放缓，随后又大幅增加。正如在管理型医疗保健中所讲的，部分原因是技术变革所导致的成本上升。另一个原因是医院懂得了与这种制度进行博弈——它们开始把病人划分到费用大的诊断相关组类别中，这种做法称为“诊断相关组爬升”（DRG creep）。比如，只要把病人诊断成“细菌性肺炎”而非“病毒性肺炎”，医院就可从老人医疗保险中获得更大的偿付。

为了控制老人医疗保险 B 部分的成本，国会于 1989 年改变了医生服务的收费制度。这项制度的基础是**资源型相对价值标准制度**（resource-based relative value scale system），即根据各种医疗服务的医生投入的时间和努力程度计算出来的一组相对价值。该制度基于这些相对价值确定医生的收费水平，旨在激励医生降低成本。虽然该制度向预付制度迈进了一步，但它仍然按每项服务而非每个病人来规定付费。因此，对于医生而言，仍然没有动力去节省成本。

请注意，资源型相对价值标准制度实际上是一种价格管制——是政府而非市场来规定每种服务的价格。的确，自 20 世纪 80 年代以来，对治疗老人医疗保险病人的医生进行价格管制，是政府控制老人医疗保险成本的一项重要策略。比如，老人医疗保险 B 部分对医生的收费冻结期延长，并设置了业绩量化标准，依此规定医生服务支出的年度合理增长率，如果突破了目标，就进行处罚。这种价格管制执行起来很复杂（老人医疗保险条例大约有 100 000 多页），会有不良的副作用。这里的一个主要问题是，这种管制使医疗保健提供者不太愿意给老人医疗保险的病人看病。比如，老人医疗保险于 2002 年宣布医生的偿付全面下调 5.4%之后，大量医疗机构停止接收老人医疗保险的病人，包括佛罗里达州杰克逊维尔市的梅奥诊所（Mayo Clinic）分部（Rosenberg，2002，p. 11）。这种价格管制也限制了能提高医疗保健质量的新医疗技术的开发。如第 9 章所讲，成本不断上升不一定是坏事，只要反映出医疗保健改善，且病人愿意支付。

□ 老人医疗保险：对支出和健康的影响

我们已经知道，老人医疗保险是一项耗资巨大的政府计划，即使在控制成本方面作出了种种努力，依然阻挡不住增长势头。这种支出产生了什么好处？

为了寻找答案，首先要解决的一个问题是，老人医疗保险是否真的增加了老年医疗保健支出。找到答案的一个简单的方法就是比较老人医疗保险实施前后的老年医疗保健支出。但是，这样做的启发意义不大，因为随着时间的推移，其他事情也在变化，也会引起这种支出差异。比如，在此期间，技术进步率提高也会促使医疗费用上升而与老人医疗保险无关。

为了寻找更为精确的答案，芬克尔斯坦（Finkelstein，2005）利用了下列事实：在老人医疗保险实施之前，各地区的私人医疗保险差异很大。比如，在老人医疗保险实施之前，新英格兰州有一半老年人购买了医疗保险，而在美国中部的东南地区仅有 12%的老年人有医疗保险。由此来推断，就某些地区而言，实行老人医疗保险后，老年人的保险覆盖面会有很大变化，而有些地区的保险覆盖面变化很小。芬克尔斯坦利用这种差异来估计对不同类型医疗支出的影响。具体来说，如果老人医疗保险使保险覆盖面扩大最大的地区支出增加最多，那么我们就有理由认为这是老人医疗保险造成的差异。她发现，实行老人医疗保险确实导致了支出大量增加。例如，在实行老人医疗保险的头 5 年，住院支出总额上升了 23%。

医疗保健支出的这种增加是否改善了健康状况？芬克尔斯坦和麦克奈特（Finkelstein and McKnight，2005）仍然用实行老人医疗保险前保险覆盖面的地区差异进行研究，得到的结论也许让人意想不到：老人医疗保险的实施并没有影响老年人的死亡率。倘若我们回想一下第 9 章的内容，这个结论也许就没那么不可思议了：医疗保险与健康状况之间的关系不像人们所想的那样密切。芬克尔斯坦和麦克奈特提出下列证据来支持他们的发现：在实行老人医疗保险之前，患有致命疾病的老年人即使没有保险，也会获得医疗保健服务。斯基纳、费希尔和温伯格（Skinner，Fisher and Wennberg，2005）提供了进一步的证据：老人医疗保险与健康状况之间的关系是脆弱的。他们发现，老人医疗保险支出在各地之间差异很大，但花钱多的地区老年人的健康状况并非更好。他们的结论表明，将近有 20%的老人医疗保险支出无助于提高生存率。

老人医疗保险对健康状况的影响很小或没有影响就意味着它没有带来任何好处吗？不是的。我们从第 9 章可知，消除或减少风险会实实在在地提高人们的福利。芬克尔斯坦和麦克奈特估计，老人医疗保险通过降低大量自付医疗保健费用的风险，使每位受益人每年获得好处大约 500 美元，或总额每年达 100 亿美元（按 2000 年美元计）。在一项相关研究中，麦克莱伦和斯基纳（McClellan and Skinner，2005）发现，这些风险降低的好处大部分由低收入者获得，这表明，老人医疗保险计划具有收入再分配作用。总的来看，这项研究表明，老人医疗保险的实际好处在于降低老年人的风险，而不在于改善其健康状况。

□ 穷人医疗保险：概述

资格条件　从目前来看，**穷人医疗保险**（Medicaid）是政府针对低收入者的最大支出计划。该制度始于 1965 年，向现金福利计划的受益者提供医疗保险，由联邦政府和州政府共同管理。到了 20 世纪 80 年代，立法放宽了穷人医疗保险的资格条件，涵盖了低收入双亲家庭的儿童。收入大大超过贫困线家庭的儿童和孕妇也符合条件，不管该家庭是否获得现金福利。

1997 年，美国国会颁布了**国家儿童医疗保险计划**（State Children's Health Insurance Program，SCHIP），允许各州将穷人医疗保险资格进一步扩大，以涵盖家庭收入高于穷人医疗保险上限的儿童。各州只要采用被批准的计划来减少未保险的儿童数量，就有资格获得国家儿童医疗保险计划资金。各州可自行决定是通过其现有的穷人医疗保险计划来扩大覆盖面，还是为儿童开发新的、独立的保险计划。

20 世纪 80 年代和 90 年代的资格条件放宽，使得受益人的数量大增。1990 年，有 2 290

万受益人，到 2009 年，该数字翻了一番多，达到 6 240 万人（包括国家儿童医疗保险计划），其中儿童占 48%（Centers for Medicare and Medicaid Services，2012）。随着受益人数的增加，该计划的成本也增加了。图 10—4 显示出联邦政府和州政府的穷人医疗保险和国家儿童医疗保险计划的实际支出及其占 GDP 比例的情况。2010 年，支出总额为 4 130 亿美元，占 GDP 的 2.8%（Centers for Medicare and Medicaid Services，2012c）。

图 10—4　穷人医疗保险支出（1966—2010 年）

说明：穷人医疗保险的范围在不断扩大。2010 年，联邦政府和州政府的穷人医疗保险和国家儿童医疗保险计划的总支出高达 4 130亿美元，占 GDP 的 2.8%。

资料来源：Centers for Medicare and Medicaid Services (2012c).

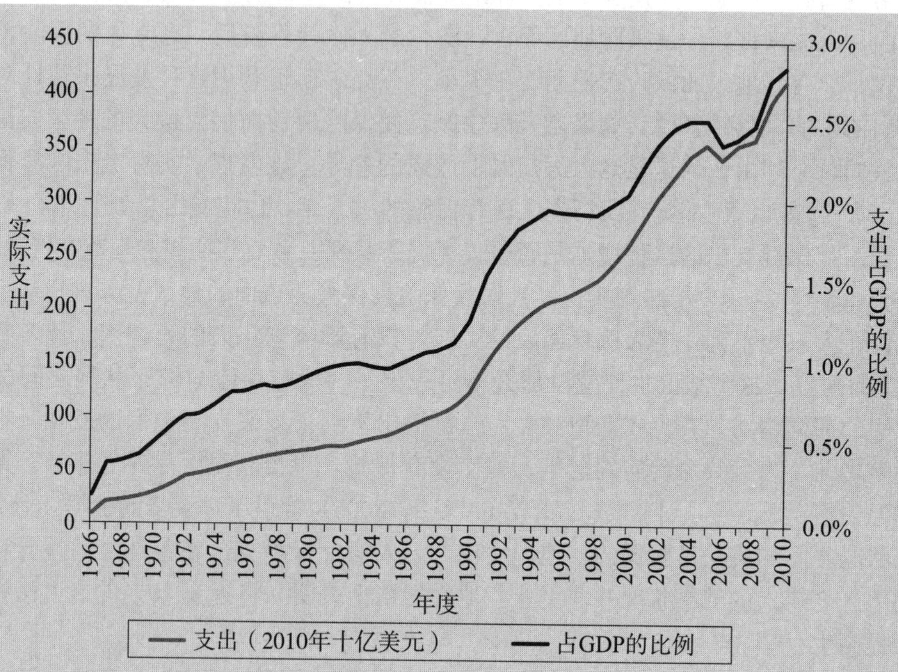

筹资和管理　穷人医疗保险由联邦政府和州政府共同筹资。联邦政府向州政府提供一定比例的配套资金，以弥补成本。收入水平较低的州获得的配套资金比例较高，从高收入州的 50%到低收入州的 83%不等。联邦政府的这笔资金来自一般性收入而非工薪税。

穷人医疗保险由各州管理。为了获得联邦资金，各州必须允许某些群体具有资格，其中包括大多数享受联邦福利计划的人、家庭收入等于或低于贫困线 133%的 6 岁以下儿童和孕妇、家庭收入等于或低于贫困线的所有 19 岁以下儿童。不过，各州有权放宽资格条件，这导致各州的差异很大。2010 年通过的医疗保健法调动了各州向所有等于或低于贫困线 133%的个人提供穷人医疗保险的积极性。

补助金　各州还必须提供最低补助金，以支付基本的医疗服务费用，比如去医院和找医生看病、产前护理、儿童接种疫苗等。各州可以提供更多的补助金，最大限度地扩大医疗服务的范围，这使得受益人最终可能很少或不必自付费用。

各州在如何管理该计划上有一定的灵活性。例如，它们可以实行按人头收费制度，在这种制度下，私人管理医疗保健计划按月收取固定费用，向特定的个人或人群提供医疗保健服务。如前所述，实施这种制度的一个原因是降低成本。然而，如果这种人头费超过受益人在传统的穷人医疗保险计划中本应开支的数额，那么就没有实现成本节省。估计这种成本节省很难，因为选择穷人医疗保险管理型医疗保健的人很可能与没有选择这种计划的人不同，而我们又无法观察到这些不同，很可能正是这些不同导致了成本上的差异。

为解决这一问题，杜甘（Duggan，2004）利用了加利福尼亚州穷人医疗保险制度提供的自然实验。在加利福尼亚州的某些县，穷人医疗保险的受益人必须参加管理型医疗保健，所以无须担心只有比较健康的人才被选入。杜甘比较了受益人在被迫参加穷人医疗保险管理型医疗保健前后的人均支出。他发现，管理型医疗保健计划并不能减少政府的穷人医疗保险成本，而事实上增加了成本。

□ 穷人医疗保险：对健康的影响

业已表明，穷人医疗保险一直在扩大，无论是从受益人的数量来看，还是从成本来看。这是否改善了穷人的健康状况？

排挤　即使更多的人决定参加穷人医疗保险，参加者人数的增加也不一定一一对应地转化为低收入者投保人数的增加。倘若一个人因符合穷人医疗保险条件而放弃了私人保险计划，那么，投保人数没有变化。实际上，公共保险**排挤**（crowd out）了私人保险。如图 10—5 所示，此图说明了医疗保险与所有其他商品之间的取舍，其中，医疗保险以其投保额来衡量。倘若没有公共提供的医疗保险，预算约束线是 AC。

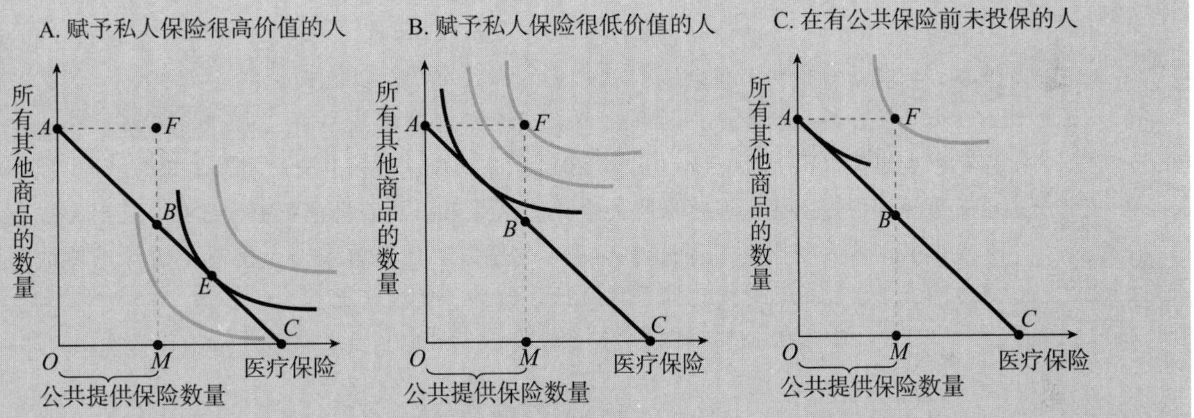

图 10—5　公共保险排挤私人保险吗?

说明：在图 A 中，公共保险对私人保险没有影响。在图 B 中，公共保险排挤私人保险。图 C 显示了某人不买私人保险的偏好，但在有公共保险后，他参加了公共保险。

现假定政府免费提供医疗保险，且不能在市场上转卖。政府保险计划提供 M 单位的保险。又假定获得政府保险的人不能再购买承保额更多的补充性私人保险。这种免费的公共保险会如何改变预算约束？由于穷人医疗保险的受益人不能再购买补充性私人保险，那么，接受这种公共保险的人就必须正好消费 M 单位的保险。这种选择由唯一的 F 点表示，它表明，公共保险受益人的保险消费是 M 单位，且他们可把全部收入都用于所有其他商品的开支上。如果他们想要比 M 更多的保险，就必须放弃政府的这种保险计划，回到原来的预算约束线。

这种政府提供对个人拥有的保险总量将产生怎样的影响？图 10—5A 显示的无差异曲线表明某人对私人保险的评价很高，所以他愿意放弃许多其他商品，以便获得更慷慨的保险。引入公共保险后，对这个人并没有影响，因为不管政府是否提供保险，他都选择 E 点。相反，图 10—5B 显示的无差异曲线表明某人对私人保险的评价比较低。此人放弃了私人保险，以便获得 M 水平的公共保险。在这种情况下，公共保险排挤了私人保险。最后，图 10—5C 显示出某人没有任何私人保险，但当有公共保险时，他选择了公共保险。

由于穷人医疗保险是免费提供的（对受益人来说），故我们预期会有一定程度的排挤。关键的问题是，图 10—5B 描绘的情况是不是典型情况。穷人医疗保险制度开始实施时，图 10—5B 描绘的情况根本不是典型情况。享受穷人医疗保险的人都是穷人，这些受益人不大可能有什么私人保险可放弃。但是，随着穷人医疗保险资格条件的不断放宽，排挤就变成了一个很严重的问题。由于扩大穷人医疗保险的目的是提高对穷人的保险覆盖面，因此，决策者要打算进一步扩大，一定要考虑排挤问题。虽然这样说，但我们也应该指出，排挤未必都是坏事，因为这可让家庭抽出部分收入花在其他方面，比如增加营养或改善住房，而这些都会改善儿童的健康状况。

专栏

经验证据：穷人医疗保险扩大有成效吗？

排挤是一个令人担忧的重要问题吗？自 20 世纪 80 年代以来，穷人医疗保险的参保人数增加了，而私人保险的覆盖率则下降了。虽然这与排挤假说相符，但是，很难评估其因果关系，因为当时美国经济的其他因素发生了变化，而这些因素有可能导致穷人医疗保险的参保人数增加、私人保险的投保者减少。比如，在这一时期，制造业（传统上提供比较慷慨的保险金）的劳动力比例不断递减。

为了估计排挤的程度，一些研究采用了准实验研究设计，即利用不断变化的资格条件。芬克尔斯坦等（Finkelstein et al.，2011）分析了这样一种自然实验，即依据俄勒冈州发行彩券来选择谁将进入穷人医疗保险的名单。这是第一次随机分配穷人医疗保险计划。作者发现，与未中彩券的人相比，那些被选入穷人医疗保险计划的人大大提高了医疗保健的利用程度，同时降低了自付的医疗支出和医疗负债，改善了健康状况。

2010 年《平价医疗法案》

本章讨论了美国为实现扩大医疗保险覆盖面和控制医疗保健成本双重目标而作出的种种努力。我们也阐明了这些努力通常与效率目标相冲突，从而使社会面临难以权衡取舍的困境。尽管各种政策不断在改进，但很多评论人士认为，成本仍然增长过快，还有很多人没有保险，而且整个制度缺乏效率和公平。2010 年，奥巴马总统签署了《平价医疗法案》，扩大现有保险计划并要求人人都要购买医疗保险，以试图解决这些挑战。

为了解决没有保险的问题，《平价医疗法案》要求大多数公民和合法居民都要有医疗保险。这是对其全职员工在 50 人及以上的雇主如果不提供保险而强制征收的一种税，也是对那些没有保险的个人的一种惩罚。《平价医疗法案》建立起医疗保险市场（health insurance exchange），在州政府的监管下（要满足联邦政府的某些要求），私人提供一系列标准化医疗保险计划，个人可以从中选择。通过这种医疗保险市场购买保险的个人，只要他们的收入在联邦贫困线的 133%～400%之间，就可以获得税收抵免（tax credit）这种形式的补助。为了把保险覆盖面扩大到联邦贫困线的 133%以下的人，《平价医疗法案》规定联邦政府资助各州扩大穷人医疗保险的覆盖面。从 2014 年到 2016 年，联邦政府承担扩大穷人医疗保险的全部费用，到 2020 年逐步降低到 90%。根据最高法院的裁决，不能强迫各州扩大穷人医疗保险。

最后，《平价医疗法案》将人均老人医疗保险支出的增长限定在高出通货膨胀 1 个百分点。倘若超出了这一限定，《平价医疗法案》建立的独立费用咨询委员会（Independent Payment Advisory Board）将提交立法提案，建议削减对老人医疗保险提供者的支付，以便降低人均支出的增长。

《平价医疗法案》是一部冗长、复杂的法案（多达 2 700 页！），且在政治上饱受争议。截止到 2014 年有些关键条款仍不能生效，而且其中的有些条款如何实施还有很大的不确定性。因此，尚需假以时日，经济学家们才能评估该法律对医疗保健的享有、保险计划的成本以及联邦预算等的影响。

□ 医疗保健改革的路径选择

《平价医疗法案》虽然获得了通过，但有关医疗保健改革的争论并未就此偃旗息鼓。事实上，自从该法案通过之后，从某些方面来说，有关最佳方法的讨论反倒愈演愈烈。我们现在来讨论一下争论比较大的两种可供选择的改革方法。

□ 单一支付人方法

这种改革方案是废除现行的医疗保险市场，代之以医疗保险的单一提供者。单一支付人制度（single-payer system）通过税收来筹资，向所有公民（不管其收入或健康状况如何）提供一系列既定的医疗保健服务，投保人不承担（或承担很低的）直接成本。

国际经验　加拿大和欧洲一些国家所用的单一支付人方法有些不同。在加拿大，医疗保健服务是私人部门生产，政府按协议给予赔付。在英国，医疗保健服务通过国民医疗保健制度（National Health Service）由公共部门提供。在美国，要想实行单一支付人制度，最容易的办法也许是把老人医疗保险扩大到全部人口。

单一支付人制度不让个人直接承担其医疗保健的增量成本，这既是它的最大优点（对于支持者而言），也是它的最大缺点（对于批评者而言）。支持者认为，市场主导方法是不道德的——病人不应当被迫要通过成本—收益分析来决定是否接受医疗保健服务。支持者还对这种计划"人人有份"的特征大加赞赏。这种立场接受了商品平均主义，认为不管成本如何，人人都应当享有医疗服务。

由于在单一支付人制度下病人对医疗保健服务付费极少或不付费，因此这种制度就必须利用其他机制来限量配给医疗保健服务。在英国和加拿大，限量配给是通过对该制度的供给方设置限制条件来实现的。在英国，患者必须先去看全科医生，全科医生的报酬由政府按人头来支付。全科医生作为医疗保健制度的把关人，决定病人是否可以转院进行更专业的治疗。接下来，医院再决定如何向患者提供服务。英国的这种配置决策方式，使个人很容易获得基本治疗和急诊，但要获得特殊治疗和新技术治疗，可能要等待很长时间且会受到限制（Folland，Goodman and Stano，2006）。

加拿大的医疗保健服务主要是由私人医生提供的，按一次一付医疗费制度付费，但各地政府规定了价格上限。加拿大的单一支付人制度实际上是通过对医疗服务的直接价格管制来降低成本的。尽管如此，无论是英国还是加拿大的配给制度，在成本控制上似乎都没有充分发挥作用：正如我们在第 9 章所看到的，这些国家同美国一样，医疗保健成本一直在不断增加。

单一支付人制度下医疗服务限量配给无疑会遭受批评，被指责这等于让政府（而不是病人和医生）来决定在某种情况下提供哪种医疗服务。例如，美国男性接受前列腺癌检查的比例大大高于瑞典和法国，使得这种疾病的死亡率在美国下降得比较快（Preston and Ho，2009）。而且，在加拿大，“人们对排长队等待门诊和手术的抱怨日增……损害了人们对加拿大国民医疗保健制度的信心”。一项研究发现，在加拿大的这种制度下，每名患者因等待非急诊外科手术而损失的工资额达 3 500 美元（Prior，2012）。结果，“越来越多的人转向私人管理的医疗服务，并愿意付费以换取更快速的医疗服务”（Krauss，2003，p. A3）。

英国和加拿大的单一支付人制度与美国的制度相比，其中的利弊得失可见表 10—1。美国的人均医疗保健支出大约是加拿大和英国的 2 倍，且美国的行政管理成本也明显较高。然而，美国的制度更有利于技术创新。例如，美国的核磁共振成像（magnetic resonance imaging，MRI）的单位数是英国或加拿大的 3 倍以上。又如，就需要等待 4 个多月的可择期手术来看，在美国这样的患者只有 7%，而在英国和加拿大则分别有 21%和 25%。

表 10—1　　加拿大、英国和美国的医疗保健成本和医疗保健结果

	加拿大	英国	美国
医疗保健支出（人均美元）	4 445	3 433	8 233
行政管理成本（人均美元）	144	74	570
核磁共振成像量（每百万人）	8.2	5.9	31.6
需要等待 4 个月以上的可择期手术（占需要手术的百分比）	25	21	7
预期（平均）寿命（年）	80.8	80.6	78.7
婴儿死亡率（‰）	5.1	4.2	6.1

说明：除了英国的行政管理成本是 1999 年数据之外，其他所有数据均为 2008 年或 2010 年数据。金额按 2010 年美元计。

资料来源：Organization for Economic Cooperation and Development 2012b and Commonwealth Fund (2010).

单一支付人制度的辩护者指出，相对昂贵的美国制度，虽然比较有利于医疗技术的创新，专业治疗的等待时间也比较短，但是，这些特征并没有转化为美国有更好的医疗健康结果。事实上，如表 10—1 所示，与英国和加拿大相比，美国的预期寿命比较低，婴儿死亡率比较高。当然，正如第 9 章所讨论的，各国间的医疗健康结果，除了取决于医疗保健支出以外，还取决于文化和行为因素。这使得有关不同医疗保健制度孰优孰劣的辩论难以平息。

□ 市场主导方法

医疗保健制度改革的市场主导方法（market-oriented approach）的目标就是要降低成本，并通过加强市场竞争来提高参保率。这样的建议有很多，但大多数建议的一个核心思想是，政府向消费者提供固定的补贴，消费者用以从私人企业购买医疗保险。比如，一个人可能以少缴所得税的形式（称为税收抵免）获得一笔补贴，然后用这笔钱来购买任何得到正式认可的私人医疗保险。

如果员工想购买的保险成本超过了补贴怎么办？他们可以购买这种保险，但超过税收抵免额的部分必须自掏腰包。同样，选择低保费保险计划的人，可把节省下来的钱据为己有。根据这项提议，税收抵免取代了联邦政府对雇主提供医疗保险的税收免除。在这种办法的支持者来看，取消对雇主提供医疗保险的补贴，代之以激励消费者寻找比较便宜的保险计划的制度，会使保单的自付额（免赔额）较小而共保费率较大。消费者越“有利益在其中”（skin in the game），他们在选择医疗服务时对价格就会越敏感，这会降低医疗保健成本。支持者还认为，让消费者在医疗保健市场中拥有更多的选择，会促进保险业的竞争，从而导致医疗保健服务提供的成本更低、创新更多。

老人医疗保险制度的改革也可以采取相似的方法。政府提供一笔固定的资金，通称为“保费资助额”（premium support），受益人可用以选购保险。保费资助额将设置得足够高以支付标准的老人医疗保险计划——该计划在政府监管下提供预先确定的保险金。像税收抵免一样，保费资助额也会激励受益人寻找最物有所值的保险。

反对向医疗保健制度注入更多竞争因素的人士认为，消费者在购买保险时缺乏作出明智选择的信息。所有市场化改革方法都面临的另一个重大挑战是，如何对待投保前已患疾病的人。利润最大化的保险公司可能不愿意把保单卖给重病患者，或可能收取高昂的保费而使其根本买不起保险。针对这个问题，人们提出了各种各样的解决方案。其中的一种解决方案是，要求保险公司直接为从雇主提供的保险计划转成个人保单的员工提供保险。（事实上，现有法律允许换工作单位的员工接续到另一个雇主提供的保险计划。）为了防止投保前已患疾病的人因要价太高而被挤出市场，政府可以限制保费并向保险公司提供补贴以弥补其损失。这类建议无论如何都需要解决各种实践问题。例如，哪些疾病属于“投保前已患疾病”？补贴的大小如何确定？诸如此类。反对市场化改革的人士认为，这些问题几乎是不可逾越的；而支持者则认为，这些问题可以得到解决。可以预料，这场激烈的辩论还将继续。

□ 最后的思考

我们在思考有关未来医疗保健制度改革的争论时，值得强调以下几点：

- 提出一种解决办法实属不易，因为在设计所有社会保险计划时都会出现相同的困境——提供保障的目标很可能与效率目标相冲突。
- 世上没有免费的午餐。保险全覆盖与成本控制的目标是互相矛盾的。我们无法让数百万人纳入医疗保健制度而又想把成本降下来；同理，我们也不可能指望保险全覆盖而又不增加政府管制，因为如果没有特殊规定，一些高危人群根本无法在私人市场获得保险。这并不意味着保险全覆盖是一个不合适的目标，但我们必须实事求是地估计到实现这一目标所需要的一切。
- 虽然我们分析的重点主要是医疗保健支出，但我们最终关心的是人们的健康状况。这两个问题是紧密相连的，尽管这方面的统计证据比我们猜测的要脆弱。许多评论者指出，发达国家在医疗服务上花更多的钱也不大可能改善健康状况或至少降低死亡率，而诸如抽烟、饮食、锻炼等生活方式，可能更为重要（Fuchs，2000）。

小结

- 美国医疗保健支出每年为 2.6 万亿美元，占国内生产总值（GDP）的 18%。
- 消费者仅自行支付医疗保健费用的 11%。私人保险和私人资金支付 39%，政府支付 50%。美国人口当中大约有

84%的人都有某种形式的医疗保险。

● 在美国，大多数私人医疗保险是由雇主提供的，作为对其雇员的一种福利。

● 根据联邦税法的规定，雇主提供的医疗保险不纳税，这是对医疗保险的一种隐含补贴（每年放弃的税收收入大约为 1 090 亿美元）。

● 雇主提供医疗保险相对于个人保险的一个优点是，它可以提高风险共担程度，减少逆向选择，降低管理成本。

● 雇主提供医疗保险可能抑制工作流动性，这种现象称为工作套牢。

● 老人医疗保险计划为 65 岁及以上的老年人提供医疗保险。该制度的主要组成部分是住院保险（HI）以及对医生和相关医疗服务付费的补充医疗保险（SMI）。

● 住院保险的资金是通过对现在工作之人的收入课征工薪税筹集的，雇主和雇员分别按 1.45%的税率缴纳。补充医疗保险的资金来源于政府的一般性收入。照现在的趋势发展下去，老人医疗保险的支出很快就会超过收入。

● 从 2006 年起老人医疗保险增加了处方药保险。

● 多年来，政府一直致力于控制老人医疗保险的成本，从诊后支付制度转向预先支付制度、对老人医疗保险实行管理型医疗保健。

● 老人医疗保险计划并没有明显改善老年人的健康状况，但它的好处突出表现在降低了因医疗费用而大幅减少消费的风险。

● 穷人医疗保险计划为穷人提供医疗保险。在过去几十年里，穷人医疗保险的覆盖面已扩大到包括低收入双亲家庭的儿童、收入超过贫困线家庭的其他儿童和孕妇。

● 穷人医疗保险的扩大排挤了私人保险。但总的来说，穷人医疗保险改善了低收入人群的健康状况。

● 2010 年《平价医疗法案》规定，大多数公民和合法居民都要拥有医疗保险。这是对其全职员工在 50 人及以上的雇主如果不提供保险而强制征收的一种税，也是对那些没有保险的个人的一种惩罚。

●《平价医疗法案》仍然是有争议的。另一种方法是单一支付人制度——政府提供所有保险，用税收收入筹资。还有一种政策选择是在医疗保健制度中引入更多的竞争元素，向个人提供补贴，他们可用以从私人公司购买保险。

讨论题

1. 1997 年，很多健康维护组织都遭遇了其股票价值的下跌。一家报纸报道说，“正当健康维护组织对高涨的医疗保健成本这一棘手的问题似乎提供了一个解决办法时，股市暴跌了。本行业最知名的一些企业损失惨重，同时还要努力解决出乎意料的医疗费用上涨问题……在消费者、医生和政治家的强烈不满情绪下坐立不安”（Anders and Winslow，1997）。你为什么认为健康维护组织无法把其成本降下来？健康维护组织制度的哪些方面会导致消费者不满？

2. 在捷克共和国，人们就诊或住院并不直接付费。的确，该国的宪法规定，“在公共保险制度下，公民在符合法律规定的条件下享有免费医疗和免费医疗救助的权利。”然而，捷克政府最近推出了一项规定，就诊每次收费 1.85 美元，住院每天收费 4 美元（Kulish，2008，p. A9）。这项政策对捷克共和国的医疗保健服务效率会产生怎样的影响？

3. 在佛罗里达州的博卡拉顿镇，医生在午餐时常常锁门，以防老人医疗保险病人在他们离开时涌入办公室。一位医生说，这些病人没什么大病，而是把看病变成一种社会活动，病人“带着他们的老伴儿，根据大夫预约情况来安排他们的一天”（Kolata，2003）。老人医疗保险制度的哪些方面会导致这种情况？

4. 当立法机构正考虑老人医疗保险的处方药保险时，有人提出，该计划应当要求个人来决定他们在加入老人医疗保险制度时是否接受处方药保险且永远遵守此决定。也就是说，个人要么接受处方药保险并一旦有资格即开始付保费，要么就永远不加入该计划。请从效率角度解释这种建议的合理性。

5. 老人医疗保险受益人可购买补充私人保险（即俗称的医疗缺口保险（Medigap insurance）），以填补老人医疗保险计划留下的保险缺口。该缺口包括共付额、自付额和老人医疗保险未覆盖的处方药费用等。几年前，政府颁布了一些法规，规定了医疗缺口保险单中必须覆盖项目的最低标准。这使得这类保单更加昂贵，其结果是，大约有 25%原本会购买某种医疗缺口保险的老年人根本不买了（Finkelstein，2004）。

举例来说，一个人消费两种物品，一种是“保险”，另一种是“所有其他商品”。1 单位医疗缺口保险的成本是 1 美元，1 单位所有其他商品的成本也是 1 美元。请画出符合下列情况的一条预算约束线和一组无差异曲线：在一个不受管制的市场中，一个拥有 30 000 美元收入的人，购买了价值

5 000美元的医疗缺口保险。然后，政府要求把医疗缺口保险单的最低价格提高到 8 000 美元；也就是说，个人必须至少购买 8 000 单位的医疗缺口保险，或者根本不买。这个人权衡之后，决定不购买医疗缺口保险。

6. 围绕图 10—5 的分析假定，获得政府医疗保险的人不能购买补充私人保险。相反，倘若个人可以购买额外的医疗保险，请问该图要如何修正？此模型的另一个假设是，政府的医疗保险是“免费的”，因为个人不需要为此缴纳任何税收。倘若政府的医疗保险用税收来融资，请问该模型要如何修正？

7. 图 10—5 中的三个图显示了在引入政府提供的保险之后，医疗保险要么增加要么保持不变的情况。请画出一组无差异曲线来说明引入政府保险而造成医疗保险总量减少的情形。

第 11 章

社会保障

当我 64 岁时，你还需要我吗？你还愿意养我吗？

——约翰·伦农（John Lennon）和保罗·麦卡特尼（Paul McCartney）

2008 年的总统大选期间，当时的参议员巴拉克·奥巴马说，“如果我们大家都关心社会保障，这便是我的任务，并且如果我们坚定地承诺确保它延续到下一代而不只是为我们这一代，那么，我们就需要弄明白如何稳定该制度。”4 年后，米特·罗姆尼州长在竞选时表示，他的首要任务之一，就是让社会保障“具有偿付能力，确保后代人能享有社会保障”。很明显，共和党人和民主党人都认为社会保障是非常重要的。的确，社会保障是最大的一项国内支出计划。图 11—1 显示了社会保障实际规模和占 GDP 比例的增长情况。2010 年，该计划耗资 7 361 亿美元，占 GDP 的 4.9%。从以上两位的讲话中还能看到另外一点，那就是社会保障似乎出了问题。本章分析社会保障的运作及其面临的挑战。

图 11—1　社会保障支出(1937—2011 年)

说明：社会保障是美国最大的国内支出项目。2011 年，社会保障支出大约为 7 361 亿美元，占 GDP 的 4.9%。

资料来源：Social Security Trustees (2012).

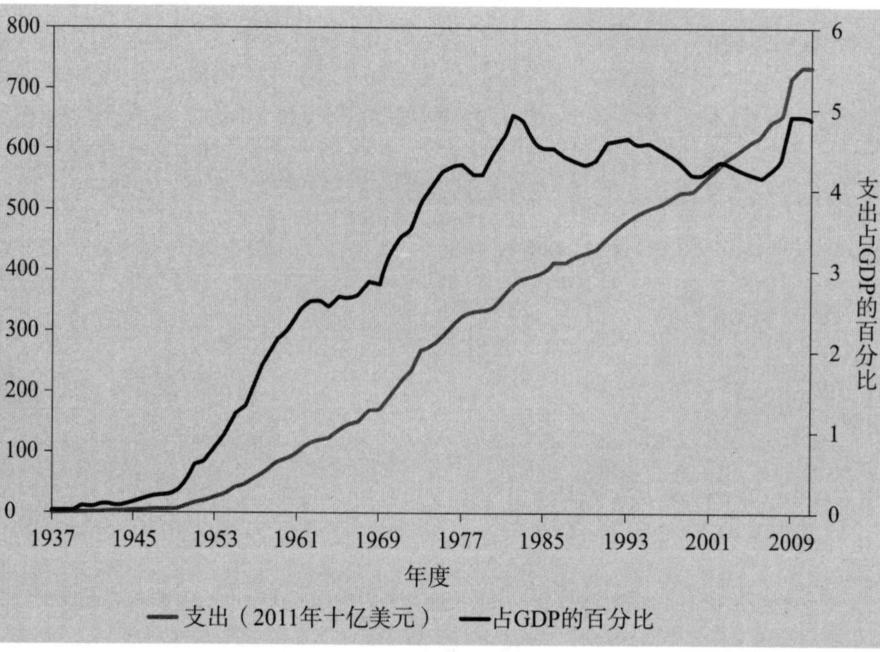

为什么要有社会保障?

首先，我们利用福利经济学来考察社会保障——官方称之为老年遗属和伤残保险（OASDI）。这里的一个关键问题是，社会保障能否矫正某种市场失灵。

□ 消费平滑化与年金市场

简单地说，社会保障的运作方式是：参加社会保障制度的成员在工作期间，他们及其雇主通过缴纳工薪税来缴款；退休后，成员便有资格按月得到报偿，该报偿额部分取决于过去的缴款。这种报偿从实际值来说是固定的，而且只要受益人活着就一直有。因此，社会保障实际上为一个人可能出现的下列情况提供了保险：他活得比预期寿命要长，从而可能过早地用完了他为退休积累起来的全部资产。[①] 为了理解政府提供这种保险的理由，我们首先要讨论人们为何需要它。

每个人都知道谁都有过早去世而没有给家里留下足够收入的风险。但是，或许也有一种不太明显的风险——过于长寿。比如，拉里・霍伯纳（Larry Hobner）活了 107 岁，早就用尽了他的储蓄。即使朋友筹措了 56 000 美元来帮助他支付其辅助生活中心的开支，他的钱还是用光了（Brown，2009）。

霍伯纳如何能防范这种资金问题？一个人要想避免因长寿而其储蓄不够用的问题，他可以购买某种保单，称为**年金**（annuity）。要购买年金，他就要支付给保险公司一笔钱，这笔钱就是该保单的保费。只要他还活着，他每年就会收到一笔固定的收入作为回报。[②] 在其他条件相同的情况下，保费越高，他将来得到的年度报偿就越大。请注意这与人寿保险的对称性。在人寿保险情况下，只要你活着，你每年要向保险公司支付一笔钱；在你去世时，保险公司会一次性支付一笔钱作为回报。在年金情况下，你一次性支付给公司一笔钱；只要你活着，公司每年固定支付给你一笔钱。人寿保单和年金的基本功能是一样的：它们能使人们**消费平滑化**（consumption smooth）；也就是说，减少高收入时期的收入，以增加低收入时期的消费。风险厌恶者愿意通过购买人寿保险减少其消费，以保障他万一去世后其家庭的消费水平。同样，他愿意通过购买年金减少其消费，以保障他退休后的收入水平。[③]

□ 逆向选择与年金市场

我们现在可以把本节开头提出的问题重述如下："社会保障向受益人提供年金，受益人在工作年度缴纳工薪税。为什么不能用私人市场来提供年金?" 一个可能的原因是，年金市场因**信息不对称**（asymmetric information）而存在失灵现象。年金卖方的利润取决于买方的预期寿命。买方的寿命越长，卖方赚的钱就越少。这意味着，卖方的要价必须考虑到买方的预期

---

① 社会保障也为伤残员工以及伤残员工和退休者抚养的遗属提供救济金。

② 在实现中，年金合约可能比较复杂。比如，有些年金的偿付有固定年限，有些年金在每一时期按可变比率而非固定数额偿付。

③ 该讨论忽略了第 8 章提到的事实，即鉴于货币的时间价值，今天消费的一美元要比以后时期消费的一美元的价值大。因此，该结论更加准确的表述是，消费平滑化意味着想让各时期的消费现值相等。

寿命。问题就出来了，即年金的买方要比卖方更清楚自己的预期寿命。如果卖方基于买方的平均预期寿命收取保费，那么，对于预期寿命低于平均预期寿命的人来说不合算，而对于预期寿命高于平均预期寿命的人来说合算。如果预期寿命低于平均预期寿命的人不买年金，那么，留给卖方的是一群特别健康的人，就得提高保费，以便应付预期的赔付。反过来说，这使预期寿命比较短的人退出这种保险。由于卖方得到的是买方的**逆向选择**（adverse selection），故从理论上说，该市场可能陷入第 9 章讲过的那种“死亡螺旋”。因此，证明社会保障合理性的一个理由是，它通过强制每个人购买政府年金，解决了年金市场上的逆向选择问题。

正如第 9 章所强调的，虽说逆向选择有可能妨碍效率，但并不意味着它最终会妨碍效率，因此，我们必须问，年金市场上的逆向选择是否在经验上重要得足以表明有必要通过社会保障来提供政府年金。这是一个有争议的问题。的确，美国年金市场很小，也不发达，不像人寿保险市场那样红火。有人把这种情况看做是市场失灵的证据。但是，也有人认为，年金市场不应该比人寿保险市场更容易失灵，因为它们都取决于相同的死亡风险评估。有鉴于此，或许更加稳健的市场尚未发展起来是因为社会保障排挤了私人年金；也就是说，很多潜在的买方不买私人年金，是因为他们实际上已经有了公共提供的年金。

□ 其他理由

除了逆向选择以外，其他因素也可用来说明社会保障是合理的。

缺乏远见和家长主义　有人认为，如果让人们自己计划，大多数人都不会积累足够的资产以维持退休后的适当消费水平，即使他们没比预期活得更长。这可能是因为人们缺乏远见，没有为自己的将来作适当打算。或许是人们非常清楚自己的未来，但基于他们的偏好，节省的钱低于社会认为适当的水平。无论是哪种情况，家长主义的观点是，应该强制人们储蓄，故而政府必须提供强制性年金计划，使人们在退休的岁月里保持适当的生活水平。

这种观点提出了两个问题。首先，如果没有社会保障，人们是否真的无法维持适当的生活水平？要弄清楚这一点，就要估计人们在没有这个计划时的行为。如后面所指出的，要做到这一点非常困难。其次，即便确实如此，也不是每个人都认为政府必须插手。那些信奉高度个人主义哲学观的人认为，应该让人们自主作出抉择，即使这样做偶尔会导致一些错误。还有人认为，社会不能容忍对贫困老年人不管不顾，即便这是他们自己的错误酿成的。

道德风险　另一个相关的考虑是那些退休储蓄不足的人可能会认为，如果他们到了走投无路的地步，政府会觉得有义务向他们提供帮助。在这种观念下，年轻人在其工作期间可能故意不怎么储蓄或不买年金，因为他们知道在他们年老时政府会伸出援助之手。因此，政府帮其摆脱困境的可能性会导致无效率的私人储蓄不足。这个例子说的就是**道德风险**（moral hazard）——因有（或预期有）保险而提高了不良结果的可能性时出现的情况（见第 9 章）。强制性社会保障的一个理由，就是要解决这种道德风险所引起的无效率的低储蓄问题。

节省决策和管理成本　一个人为了使消费平滑最优化，需要决定为退休准备多少储蓄，投资于哪些资产，购买哪种年金计划。此外，每项选择都取决于一个人的寿命。这些决策是复杂的，要花费大量的时间和精力。如果公共决策者能为每个人选择适当的年金计划，个人就不必在决策上浪费资源了。然而，相反的观点认为，没有理由相信政府就一定能为每个人选择适合的保单。毕竟，不同的人有不同的偏好，让人们按照自己的意愿选购会更好些。

一个相关的问题是，从市场的供给方来说，其管理成本可能很高。如前所述，年金提供者需要获得购买者的详细信息，以便在确定保费时估计预期寿命。同时，年金要向其四处寻找买者的销售人员支付大笔佣金。这两笔费用会使管理成本很高。政府计划通过要求所有人都参加社会保障，并限制参保人的选择，在管理上就会比私人计划省很多钱。相反的观点与上一段的意思基本相同：多样化固然成本高，但这并不意味着多样化就是不可取的。这取决于允许人们按自己的偏好选择保单所获得的好处。

收入再分配　在社会保障制度下，一生收入高的人比一生收入低的人在他们的纳税回报上小得多。这样，从某种程度上说，社会保障具有再分配收入功能，这是私人年金所不具备的。这有助于解释为什么社会保障是强制性的。如果不是强制性的，那些获得回报较少的人就可能会选择退出，转而购买私人年金。

改善老年人的经济状况　社会保障制度的一个主要目的是保障老年人的收入。这项计划是否实现了这一目标？我们让数字说话，情况还是相当乐观的。老年人通常是一个比较贫困的群体。1970 年，大约有 1/4 的老年人生活在贫困线之下。如今，老年人的贫困率不仅下降了，而且还低于全部人口的贫困率。2011 年，在 65 岁人群中，贫困人口比例是 8.7%，而非老年成年人的贫困率是 13.7%，少儿的贫困率是 21.9%。在最近的几十年里，老年人的收入增长率快于其他人群。1974—2011 年，15 岁以上人口的实际中位收入增长了 9%，而 65 岁以上人口的实际中位收入增长了 52%（US Bureau of the Census，2012a）。

下面我们依次说说几个注意事项。第一，尽管社会保障毫无疑问地减少了老年人的贫困，但没有消除贫困。老年女性特别是寡妇经济拮据。第二，难以可靠地估计社会保障对老年人生活水平的影响。刚才提到，随着社会保障支出的增加，老年人的贫困率下降了。可是，对这类时间序列数据因果关系的严格推断必须谨慎。鉴于社会保障制度在全国同步实施，要建立准实验研究设计来评估是否存在因果关系，难于上青天。英格尔哈德和格鲁伯（Engelhardt and Gruber，2004）用过去社会保障金的某种剧烈变化来估计对老年人贫困状况的影响，他们发现，社会保障看上去的确降低了贫困水平。

第三，尽管社会保障收入占老年家庭全部收入的 37%，但社会保障金不一定代表了退休后可用资金的净增加（Social Security Administration，2012）。人们可能会因知道有社会保障而减少储蓄，或者为符合领取养老金资格而离开工作岗位。社会保障如何影响个人决策问题，是评估该制度影响的关键，本章稍后讨论这个话题。

社会保障制度结构

无论对社会保障的合理性怎样争论，如今在美国工作的每个人都在该制度或其他政府退休计划的覆盖之下。该制度相当复杂，下面解释其中的一些主要规定。①

□ 基本要素

现收现付制筹资　社会保障计划于 1935 年开始实行时，就与私人保险制度大体相同。个

① 更详细的情况请访问社会保障网站（www.ssa.gov）。

人在工作期间，将一定比例的薪金存入基金。随着时间的推移，该基金会积累利息，到退休时，本金和应计利息用来支付退休金。这种计划被称为**完全积累制**（fully funded）计划。这种方法没实施几天就被废弃了。

1939 年，该制度改成**现收现付制**（或**非积累制**）（pay-as-you-go，or unfunded）计划，即现在退休者领取的养老金来自目前正在工作的人的缴款。因此，每代退休者的养老金都由现在正在工作的这一代人来支付，而非来自通过多年储蓄形成的基金。转变为现收现付制的一个重要原因是，人们感到许多老年人的储蓄在大萧条中已化为乌有，而他们应该得到比完全积累制仅有几年的缴款要多的养老金。转向现收现付制的另一个原因是，担心当时有些政治家造成政府对完全积累制收上来的资金管理不善，或者甚至被花费在其他政府项目上而没有用于已承诺的退休金上。

由于 1983 年的制度改革，如今社会保障制度已成为一种部分积累制。也就是说，社会保障已在信托基金积累了一定的盈余收入，故通过税收征收上来的每一美元并非都立即花在了退休金上。可是，正如在后面所说的，信托基金实质上是一种核算工具。因此，说这种制度还是现收现付制仍是最准确的。

显性转移 1939 年立法的另一个重要变化是扩大了保障的范围。1935 年法案主要为 65 岁及以上的投保员工按月支付退休金。1939 年，增加了对投保员工的家属和遗属按月支付退休金。这样一来，社会保障不仅为长寿者的退休储蓄不足提供了保险，而且还在人们之间转移收入。这种转移职能的重要性与日俱增，并在 1972 年实施**补充性保障收入**（Supplemental Security Income，SSI）时达到顶峰。尽管补充性保障收入也由社会保障局（Social Security Administration）管理，但是按照传统定义，它并不是保险。它是一项福利计划，是联邦政府为老年人和伤残人提供的最低收入保障。补充性保障收入与其他福利计划将在第 13 章一起讨论。

养老金构成 一个人的社会保障金取决于其过去的收入、年龄和其他个人状况。第一步是计算**月均指数化收入**（average indexed monthly earnings，AIME），代表一个人最高 35 年的月平均工资。为了使不同年份的工资可比，年度收入要按自收入发生以来全国平均工资的增长情况上调。

月均指数化收入的计算只包含上限内的年度工资，该上限与应缴社会保障工薪税的最高收入额相同（在后面讨论）。

下一步是把月均指数化收入代入养老金计算公式，求出个人的**基本保障额**（primary insurance amount，PIA），即在正常退休年龄退休的人或伤残人应得的基本养老金。这种养老金是对退休者的一种年金支付，也就是说，受益人在其去世前每月收到养老金（每年按通货膨胀进行调整）。

养老金计算公式的设计思路是，月均指数化收入越低，月度养老金的比例就越高。2012 年，基本保障额计算如下：

月均指数化收入中头 767 美元的 90%，加：

月均指数化收入中 767 美元至 4 624 美元部分的 32%，加：

月均指数化收入中 4 624 美元以上部分的 15%。

因此，一个在 2012 年退休且月均指数化收入为 200 美元的人，其基本保障额为 180 美元（月均指数化收入的 90%）；而一个月均指数化收入为 1 600 美元的退休者，其基本保障额约为 957 美元（月均指数化收入的 60%）。① 公式中 767 美元和 4 624 美元数称为“弯曲点”(bend points)，每年按平均工资增长率进行调整。对于在 2012 年 65 岁时退休的典型低收入者（其工资为全国平均工资的 45%）来说，社会保障金大约是退休前年收入的 55%；对于一般收入者来说，该比例为 40.8%；对于高收入者（处于最高纳税上限的人）来说，该比例为 33.8%（Social Security Trustees，2012，pp. 111 and 142）。

退休后，养老金每年按消费价格指数进行调整，剔除通货膨胀的影响。很少有金融资产提供这种抵御通货膨胀的保护。

开始领取养老金的年龄　一个人够资格领取全部社会保障退休金的年龄称为**正常退休年龄**（normal retirement age）。② 在 1937 年或更早出生的人，正常退休年龄是 65 岁。然而，20 世纪 80 年代通过的立法要求，随着时间的推移，正常退休年龄要逐渐延长。结果，1938—1942 年间出生的人，正常退休年龄每年要加 2 个月。1943—1954 年间出生的人，正常退休年龄为 66 岁。由于每年要加 2 个月，那么，1960 年及以后出生的人，正常退休年龄为 67 岁。

一个工人最早可在 62 岁时开始领取退休金，但这样做会造成每月领取的养老金永久性地减少。在正常退休年龄前的 36 个月里，每月的退休金将减少 1%的 5/9。比如，如果一个人在 62 岁而不是 65 岁退休，他的退休金比在正常退休年龄时退休少 20%。如果正常退休年龄达到 67 岁，那么，在 62 岁时就退休，其退休金将减少 30%。③ 对于一个有平均预期寿命的人来说，如此规定的减少率使得每月减少的退休金正好抵消多出来这些年所获得的退休金。

同样，工人只有在正常退休年龄之后开始领取退休金，才能获得月退休金的永久性增加。超过正常退休年龄后每推迟一年退休，退休金就会增加 8%。④

受益者的家庭状况　当一个单身工人在正常退休年龄退休时，其实际月养老金恰好等于基本保障额。需要养活配偶或孩子的工人，可获得额外一笔钱，相当于基本保障额的 50%。换言之，社会保障受益人的配偶有权获得其自身的基本保障额和其配偶基本保障额的 50%当中的数额较大者。在受益人去世后，生存者可获得已故配偶的基本保障额和其自身基本保障额当中的较大者。

收入检验与退休金课税　未达到正常退休年龄的社会保障受益者，当他们的收入在 14 640美元以上时（每年按平均工资增长率进行调整），收入每增 2 美元其退休金就减少 1 美元。这项规定称为收入检验（earnings test）。不过，因收入检验而失去退休金的人，其以后的退休金可能会增加（加上滋生的利息）。因此，“收入检验绝不是一种税：当一个人完全到了退休年龄时，社会保障会增加退休金以弥补早些年收入检验所造成的损失”（Biggs，2008）。

此外，有些获得社会保障金的人要对这笔钱缴纳所得税。综合所得超过某一基本额的人，其获得的养老金要缴纳联邦个人所得税，应税的养老金额最高可达社会保障金的 85%。⑤ 这个基本收入额是：单身纳税人为 25 000 美元，已婚纳税人为 32 000 美元。

筹资　社会保障用工薪税来筹资。这种税是对某一限额内的雇员年工资总额按固定比例课征，一半由雇主缴纳，另一半由雇员缴纳。立法意图显然是要让社会保障计划的费用由雇

① 法律还规定了提供给长期低薪工作者的特殊最低养老金，比按正常公式计算出的养老金数额要高。

② 要符合领取社会保障金的资格条件，受益人在一生中必须缴够 40 个季度（10 年）的工薪税。

③ 对于在正常退休年龄前超过 36 个月的月份，每月的减少率为 1%的 5/12。

④ 对于 69 岁后的延期退休，不再额外增加退休金。

⑤ “综合所得”的计算是：调整后毛所得加上不纳税利息再加上社会保障金的一半。

主和雇员均摊。然而，雇主也许会通过降低税前工资，把他们那部分费用部分或全部地“转嫁”给雇员。这种转嫁是否会发生，是一个复杂的问题，第 14 章将对此进行讨论。眼下，我们只是指出，要真正做到社会保障费用的五五开，实际上是极不可能的。

在养老金随着时间的推移而增加的同时，工薪税税率也在提高。如表 11—1 所示，现行综合税率是 12.4%（即对雇主和雇员各征 6.2%），是最初水平的 6 倍多。1977 年通过的法律规定，最高应税所得额每年随着平均工资的增加而自动提高。2012 年，最高应税所得额是 110 100美元。

表 11—1　　社会保障税税率（部分年份）

年份	最高应税所得（美元）	对雇主和雇员课征的综合税率（%）
1937	3 000	2.00
1950	3 000	3.00
1960	4 800	6.00
1970	7 800	8.40
1980	29 700	10.16
1990	51 300	12.40
2000	76 200	12.40
2010	106 800	12.40
2012	110 100	12.40

说明：这些税率不包括为老人医疗保险筹资的工薪税税率。老人医疗保险工薪税对雇主和雇员课征的税率分别是 1.45%，且没有最高所得限额。

资料来源：Office of the Chief Actuary，Social Security Administration（ww. ssa. gov）.

表 11—1 中的税率不包括为老人医疗保险的医院保险计划（见第 10 章）筹资的附加工薪税。老人医疗保险工薪税的税率目前为 1.45%，分别对雇员和雇主课征，且单身纳税人超过 200 000 美元的工资所得（已婚纳税人超过 250 000 美元的工资所得）附加 0.9%。自 1993 年以来，老人医疗保险工薪税不再设置最高应税所得限额。这样，对于一个收入低于社会保障最高应税限额的人来说，其社会保障和老人医疗保险的工薪税综合税率为 15.3% [=2×(6.2%+1.45%)]。

一个自然的问题便是，社会保障为什么要通过特殊的工薪税来筹资，而不是用一般性收入？用工薪税筹资，与其说是经济上的原因，还不如说是政治上的原因。税收与养老金联系在一起（不管多么脆弱），就促使政府承担起责任，维持承诺发放养老金的制度。福兰克林·罗斯福（Franklin Roosevelt）总统以他雄辩的口才阐明了这一立场：

> 这些税收从来就不是什么经济学问题，而是彻头彻尾的政治问题。我们建立工薪缴款制度，是要赋予缴款者以法律上、道义上以及政治上领取养老金的权利。由于设置了这些税种，没有哪个该死的政治家敢废除我的社会保障计划。

然而，罗斯福的名言在最近几年遭到践踏。2010 年 12 月颁布员工的工薪税税率削减 2 个百分点，为期一年（后被延长）。这导致存入信托基金的收入不足，其差额需要用一般性收入来弥补。一些评论家认为，从政治角度来看，这项措施长此以往会使社会保障制度不稳。原因在于，这会打破人们早已认可的向该制度缴款与获取养老金之间的联系，致使人们把社会保障仅看做是另一种福利计划，从而会对养老金的削减更加敏感。

□ 分配问题

社会保障与退休保险计划显然是不同的。如果提供退休保险是唯一的目标，那么所有人得到的回报都应该大致与其缴款相同。具体地说，每个人都会得到**精算公平收益**（actuarially fair return），也就是说，平均来看，所获得的养老金应等于已缴付的保费（这必须按“平均”计算，因为养老金总额取决于个人寿命的长短，而这在事先是无法确知的）。事实上，有些人从社会保障中获得的收益高于其他人。下面我们就是要说明，社会保障不仅在各代人之间再分配收入，而且也在同代人的不同群体之间再分配收入。

代际再分配　为了理解社会保障如何在各代人之间再分配收入，回想在纯粹的现收现付制度下，退休者在某一年领取的退休金等于工作者在同年缴纳的数额。如果 N_b 是养老金领取者人数，B 是每一退休者的平均养老金数额，那么，养老金总额就是 $N_b \times B$。在某一年工作者缴纳的税收数额是税率（t）乘以覆盖的工作者数量（N_w），再乘以每个工作者限额内的平均工资（w）：$t \times N_w \times w$。因此，在某一年领取的养老金总额与该年缴纳的税收总额要求相等的情况下，我们得到：

$$N_b \times B = t \times N_w \times w \tag{11.1}$$

整理该等式，得到每位退休者在某一年的平均退休金是：

$$B = t \times \frac{N_w}{N_b} \times w \tag{11.2}$$

式（11.2）有几个重要的含义。首先，倘若我们假定税率一直不变，那么，当且仅当工资增加或工作者人数相对于退休者人数增加（即人口增长）时，平均退休金才会增加。倘若这两种情况都未发生，那么退休者每年收到的平均退休金就正好等于他们所缴纳的税收，所以他们赚取的隐性收益率为零。（我们把来自现收现付制的这种收益称为“隐性”收益，目的是把它们与投资于资本品获得的收益区别开来。）然而，倘若工资和人口都按某一不变比率增加，那么退休者在缴纳给社会保障的税收上获得正的收益，而该收益率则等于工资增长率和人口增长率之和。比如，工资的年增长率为 1.5%，人口的年增长率为 1%，那么所缴纳税收的收益率就是 2.5%。[①]（本章后面将讨论在一个社会中，当工作者与受益者比率下降时所出现的问题。）重要的是，现收现付制中的这种隐性收益率，完全是由工资和人口增长率决定的。

式（11.2）还表明，增加退休者平均退休金的一种方法是提高税率。但是，这并不能导致隐性收益率的永久性提高。的确，当前的退休者会享有较高的收益，因为他们在工作期间按老的、比较低的税率向社会保障制度纳税，因而他们会收到较高的平均退休金。可是，未来的退休者就没有这么好的运气，他们的隐性收益率没有提高，因为他们也必须缴纳较高的税。这又强化了刚才的说法：只有人口增长和工资增长，现收现付制的收益才能实现可持续增加。

一代退休者从现收现付制收到非常高收益的一个极端例子，发生在该制度刚开始时。具体来说，当该制度启动时，退休者收到等于式（11.2）右边的平均退休金，而他们在工作期间还没有缴纳任何工薪税。这个无穷大的收益率的确非常慷慨。另一个与此类似的例子是艾达·梅·富勒（Ida May Fuller）的情况，她是第一位社会保障的受益人。她在社会保障制度建立后只工作了 3 年，仅缴纳了 24.75 美元的工薪税。她于 1940 年 65 岁时拿到退休金，后

① 更准确地说，所缴纳税收的收益率是 2.515%，其计算公式是：100×（1.015×1.01−1）。

来活到了 99 岁，她一生领取的退休金是 20 897 美元。

正如在该制度开始时的退休者得到一笔意外之财一样，如果在将来某一特定时间现收现付制废止，那么那时的新退休者就会陷入一种很糟糕的境况——他们在工作期间向该制度缴了税，但收不到退休金。

在实践中，工资和人口增长率总在变，工薪税也是如此，所以，三言两语很难说清楚社会保障引起的代际再分配问题。探讨分配问题的最简单的方法，就是找出几个有代表性的个人，实际计算一下他们的**社会保障财富**（Social Security wealth）。社会保障财富是来自社会保障的一生预期净收益。其计算方法是，预期未来退休金支付额的现值与预期工薪税缴纳额的现值之差额。[①]

图 11—2 是 4 个“典型”个人的长期社会保障财富估计值：一个是始终挣平均工资 45%的“低收入者”，一个是挣平均工资的“平均收入者”，一个是挣平均工资 160%的“高收入者”，还有一个是总是挣社会保障税最高应税工资的“最高收入者”。这 4 个小图分别对应的是单身男性、单身女性、单收入者夫妇、双收入者夫妇。总的来看，这些图示表明，比较老的一代人比最近一代人获得的社会保障财富多——社会保障向比较老的一代人再分配收入。比如，看一下都有平均收入的两个单身男性，一个在 1980 年退休，另一个将在 2015 年退休。就前一个人来说，社会保障的净收益是 94 104 美元，而对于后者，这笔净收益是负的 89 343 美元。下面的漫画中肯地说明了这一点：社会保障把财富从年轻一代人再分配给老一代人。

漫画：“对了，萨姆，既然日后你会为我的养老金付钱，我在这儿就先谢谢你啦！”

代内再分配 图 11—2 还揭示出社会保障如何在代内各收入阶层之间再分配收入。对于近期退休者和未来退休者，一般而言，收入越高，从社会保障中获取的收益就越小。比如，

① 由于领取的社会保障金的多少取决于寿命长短，故其实际值是不确定的，必须用精算表来计算“平均”值或“预期”值。由于养老金和缴费是在相当长的时期内发生的，因而两者的一生值必须按“现值”计算。对现值概念的讨论见第 8 章。

一个高收入单身男性在 2015 年退休，因其参加社会保障而预期要损失 196 350 美元；而一个低收入单身男性在同年退休，预期损失仅为 8 605 美元。

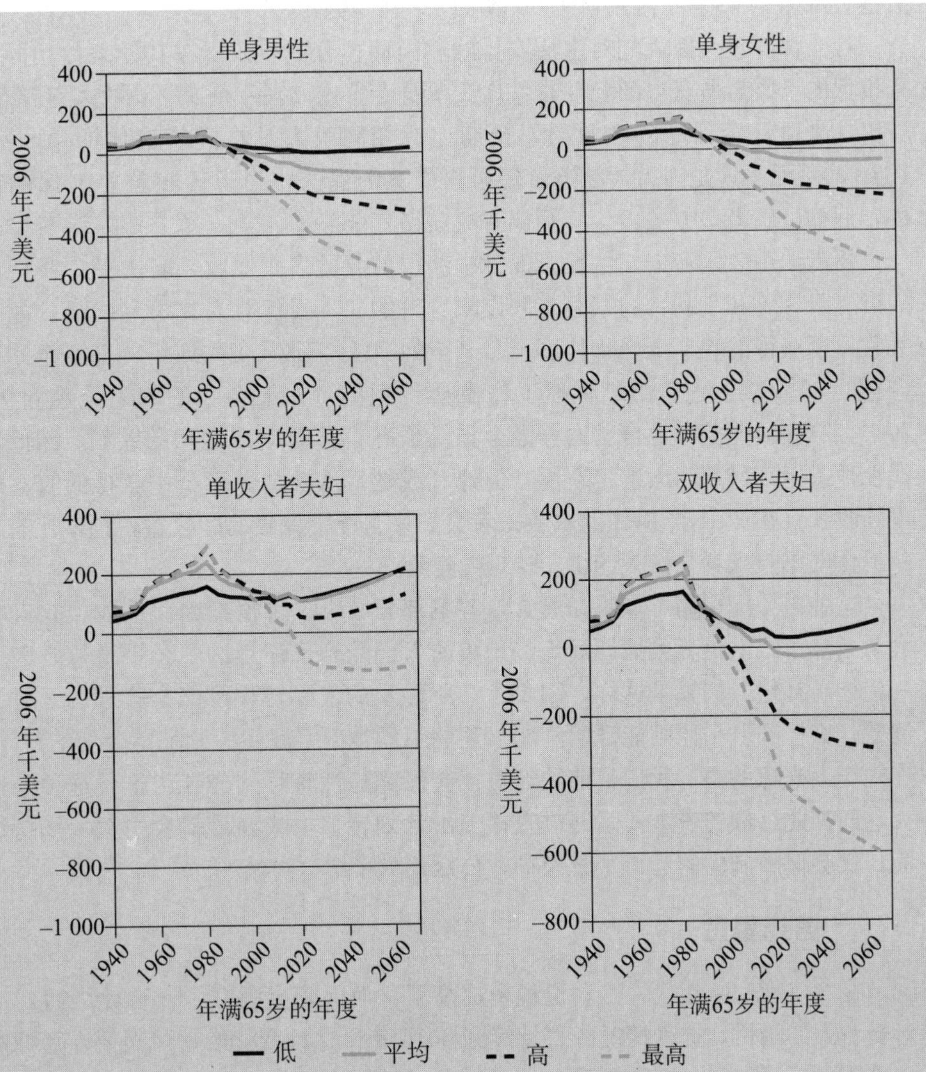

图 11—2　典型个人的社会保障财富

说明：目前，社会保障的一生净转移，对低收入者比对高收入者的高，对单收入者夫妇比对双收入者夫妇的高，对女性比对男性的高。随着时间的推移，这些转移也都有下降的趋势。

所有值都以 2006 年美元计。

资料来源：Updated tables (for 2006) provided by C. Eugene Steuerle and Adam Carasso. See Steuerle and Bakija (1994) for original tables and methodology.

然而，不能由此推断，所有低收入者从社会保障中获得的收益都是不相称的。这是因为一个人的一生社会保障金不仅取决于每年的社会保障金，而且取决于他领取社会保障金的年数。因此，同代人中预期寿命比较低的人（像非洲裔美国人），获得的一生社会保障金往往比较低；反之亦然。比如，利布曼（Liebman，2001）计算出，在 20 世纪 90 年代退休的非洲裔美国人，来自社会保障的一生净收益是负的 2 514 美元，而白人则是正的 250 美元。可是，如果这些非洲裔美国人与其他人具有相同的预期寿命和教育程度，他们的净收益会增至正的 18 259 美元。这在一定程度上降低了社会保障制度的整体累进性（Congressional Budget Office，2006）。如果考虑预期寿命，还会因性别而产生一些有趣的差异。女性比男性寿命长，所以她们的一生收益更多。根据利布曼的计算，在20世纪90年代退休的人当中，平均来看，男性大约赔了43 000美元，而女性赚了37 000美元。

社会保障也会因人们对生活安排的不同而再分配收入。在其他条件相同的情况下，配偶未投保的已婚者所获得的隐性收益多于单身者。比如，一个有平均收入且在2015年退休的单身男性来自社会保障的净收益，预期比有相同收入且在同年退休的单收入者夫妇大约少138 000美元。这是因为，已婚者还可享受其配偶的相当于其养老金50%的额外养老金。此外，假如已婚者一方去世，其配偶有权获得其全部养老金。

再者，单收入者夫妇从社会保障中获得的收益多于双收入者夫妇。我们看一下有两个收入者（凯瑟琳和亨利）的家庭。假设凯瑟琳的一生投保收入比亨利的高。如果亨利基于其过去收入所获得的养老金低于其妻子养老金的50%，那么丈夫应得的养老金不会超过凯瑟琳养老金的50%，这是亨利即使不工作也会得到的。如果亨利的养老金超过凯瑟琳养老金的50%，亨利只能获得他自己的养老金和凯瑟琳养老金50%之间的差额。因此，尽管低收入配偶在他或她工作期间缴纳工薪税，但他（或她）从社会保障金中获得的收益也没有多少。有平均收入且在2015年退休的双收入者夫妇来自社会保障的净收益，预期比有相同收入且在同年退休的单收入者夫妇大约少114 000美元。

这些再分配格局可取吗？通常，答案部分取决于价值判断。例如，有人会这样认为，在大萧条和第二次世界大战期间历经劫难的人们受到了命运的不公平对待，因而应该由年轻的一代作出补偿。如果是这样，图11—2所显示的代际转移可能是合理的。另一方面，我们不清楚什么样的公平原则能证明刚刚描述的不同类型家庭间的分配是合理的。

令人吃惊的是，我们目前缺乏对社会保障隐性转移的公开讨论。这种隐性转移的数额巨大，而如此巨额的资金要是通过直接支出计划转移，或许早就会引起一场持续的大辩论。然而，社会保障制度的运行十分模糊，公众不太了解这种情况。

□ 信托基金

在20世纪80年代，工薪税税率提高了，而保障金削减了。自此之后，工薪税收入超过对受益人的给付，这种情况一直持续到2010年。这种变化的动机是要在短期产生盈余，以便用来支付以后“婴儿潮”一代人的退休金。具体来说，这笔盈余收入用来购买政府债券，然后“存入”**社会保障信托基金**（Social Security Trust Fund）。加引号的原因是提醒大家，不要误认为该信托基金是一个能在将来支取用于支付养老金的款项的巨额储蓄账户。相反，该信托基金在很大程度上只是一种会计手段，在联邦预算中记录社会保障部分所产生的年度盈余。信托基金本身对将来政府支付养老金的能力没有任何帮助。

要知道这是为什么，我们必须首先认清一个基本事实：在将来的任何一年，退休者和工作者的消费都必须来自当年的生产。因此，信托基金只有在增加产出的情况下，才有助于为将来退休者的消费融资。而它能增加未来产出的唯一方法是增加现在的资本存量，因为更多的资本存量会提高未来工作者的生产率。换句话说，除非信托基金的资金积累伴随着国民储蓄增加，否则，它们无助于提高未来养老金的支付能力。

现假定社会保障体系盈余100亿美元，并“存入”社会保障信托基金。如果这100亿美元变成储蓄，那么，它将提高未来的生产率，工资会增长，就会有更多的收入支付给未来的社会保障受益人。反之假定国会将这100亿美元盈余花在其他项目上。信托基金仍然有100

亿美元入账。这笔账代表着拥有 100 亿美元公债的所有权，在将来偿还的时候，要通过增税、借公债或削减其他支出等来筹资。但这 100 亿美元并没有增加国民储蓄，因为它被政府支出的增加抵消了。所以，社会将来支付养老金的能力实际上并没有提高。

因此，切中要害的问题是，信托基金的收入是否相当于新储蓄，或者说是否被增加的政府支出所抵消而未产生新储蓄。法律规定，信托基金属于**预算外资金**（off budget），意即国会在安排支出时不应把它看做是可利用的收入。然而，政府每年也报告**统一预算**（unified budget），包括存入信托基金的盈余收入。倘若决策者在安排支出预算时从统一预算来考虑，结果很可能是，信托基金收入不会变成新储蓄——他们把社会保障资金看做是能花费在各种项目上的钱，与来自其他任何来源的收入没什么两样。结果，自 20 世纪 80 年代中期以来，尽管社会保障产生了大量盈余，但有些经济计量分析表明，这些盈余大部分（虽然不是全部）已被联邦预算其他部分的巨额赤字所抵消（Nataraj and Shoven，2004）。可是，信托基金对政府支出的独立影响很难剥离出来，仍然是富有争议的问题。我们在后面讨论社会保障的改革建议时，还会谈到这个问题。

社会保障对经济行为的影响

有些经济学家认为，社会保障制度扭曲人们的行为，损害经济效率。大多数讨论的焦点是社会保障对储蓄和劳动供给决策的影响。我们现在就来讨论这些问题。

□ 储蓄行为

有关社会保障和储蓄的研究，大多数都以储蓄的生命周期模型（life-cycle model）为出发点。该理论认为，个人的消费和储蓄决策是从一生来考虑的。在工作时期，人们把一部分收入储蓄起来，在退休后，把这些积累起来的财富用于消费。[①] 这笔资金在使用前可用于投资，因而能增加社会资本存量。如前所述，在其他条件相同的情况下，边际效用递减的人喜欢从长远角度平滑消费。储蓄提供了实现这一目的的机制，即把工作时期的消费挪到退休时期。社会保障制度的实行，可以大大改变人们的一生储蓄量。这种变化是下列三种效应的结果：(1) 财富替代效应；(2) 退休效应；(3) 遗赠效应。

财富替代效应　据此理论，工人们意识到，他们向社会保障缴款，可以相应地得到一笔有保证的退休收入。如果他们把社会保障税看做是取得这些未来收益的“储蓄”手段，他们就会减少自己的储蓄。实际上，社会保障“排挤”了私人储蓄。这种现象被称为**财富替代效应**（wealth substitution effect）。如前面强调的，在现收现付制下，社会保障缴款支付给了当前的受益者，因此，公共储蓄没有增加，无法抵消私人储蓄的减少，这意味着资本积累总量减少了。

图 11—3 在生命周期模型框架下分析了财富替代效应。假定老梁的一生分为两个时期：“现在”（时期 0）和“将来”（时期 1）。老梁现在有收入 I_0美元，并知道将来他的收入是 I_1美

① 当然，储蓄也有其他目的，例如为购买耐用消费品或子女的高等教育筹资。关于生命周期理论更为全面的讨论，见莫迪利安尼的著述（Modigliani，1986）。

元。（把“现在”看做是工作时期，I_0是劳动收入；把“将来”看做是退休时期，I_1是固定的养老金收入。）他的问题是决定每时期消费多少。当老梁决定消费多少时，他同时也就决定了储蓄或借债多少。如果他的本期消费超过其目前的收入，他必须借债。如果他的消费小于目前的收入，他有储蓄。

图 11—3　现在和将来消费的预算约束

说明：预算约束线 MN 表明的是老梁现在消费与将来消费之间的取舍。老梁可在他取得收入之际就将其全部消费掉，亦即他可现在消费 I_0，将来消费 I_1。这将使他位于其禀赋点 A。如果他转而决定消费比其现在收入少 S 美元，那么他将来的消费能多出（$1+r$）S 美元，即位于 D 点。倘若他改为决定消费比其现在收入多 B 美元，那么他将来的消费就会少（$1+r$）B 美元，即位于 F 点。

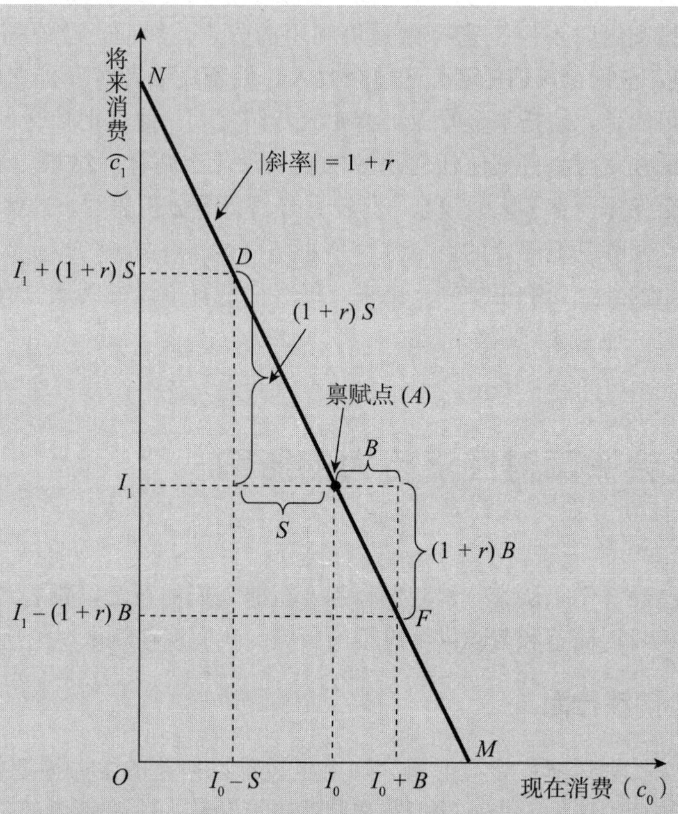

分析储蓄决策的第一步是描述老梁现在和将来消费的可能组合——他的预算约束。在图 11—3 中，现在消费量 c_0 由横轴表示，将来消费量 c_1 由纵轴表示。老梁的一种选择是，消费掉他取得的全部收入——现在消费 I_0 和将来消费 I_1。这个组合称为**禀赋点**（endowment point），如图 11—3 中的 A 点所示。在禀赋点上，老梁既不储蓄，也不借债。

另一种选择是，为了将来消费得更多，把当期收入的一部分储蓄起来。假定老梁决定现在储蓄 S 美元。如果他把该储蓄资金投资于一项资产，收益率为 r，那么他的将来消费就可以增加（$1+r$）S——本金 S 加上利息 rS。他通过减少现在消费 S，能使将来消费增加（$1+r$）S。从图上看，这种可能性表现为从禀赋点 A 向左移动 S 美元，再向上移动（$1+r$）S 美元，达到图 11—3 中的 D 点。

另外，如果老梁能借到钱预支其将来的收入，他现在的消费就能多于 I_0。假定老梁能以其放款的相同利率 r 借款。如果他借入 B 美元，增加现在消费，那么他的将来消费要减少多少？将来一到，老梁就必须归还 B 加上利息 rB。因此，只有当老梁愿意使将来消费减少 $B+rB=$（$1+r$）B 时，他才能使现在消费增加 B 美元。在图中，这个过程就是从禀赋点向右移动 B 美元，再向下移动（$1+r$）B 美元，到达图 11—3 中的 F 点。

对 S 与 B 取不同的值来重复这一过程，就可以确定在现在消费既定的情况下，将来消费可能是多少。在这一过程中，我们可描绘出经过禀赋点 A 的预算线 MN，其斜率的绝对值为 $(1+r)$。和往常一样，预算线的斜率表示一种物品用另一种物品衡量的机会成本。预算线的斜率为 $(1+r)$，表明现在消费 1 美元的成本就是放弃将来消费 $(1+r)$ 美元。[1] 由于 MN 表示的是消费在不同时期之间的取舍，所以称为**跨时预算约束线**（intertemporal budget constraint）。

为了确定在 MN 上选择哪一点，现引入老梁对将来与现在消费的偏好，这些偏好可用传统形状的无差异曲线在图 11—4 中表示出来。在图 11—4 中，我们重新画出老梁的预算约束线 MN，再加上几条无差异曲线 i、ii、iii。根据人们愿意多消费而不愿少消费这样的合理假定，无差异曲线越向右上方位移，表明效用水平越高。

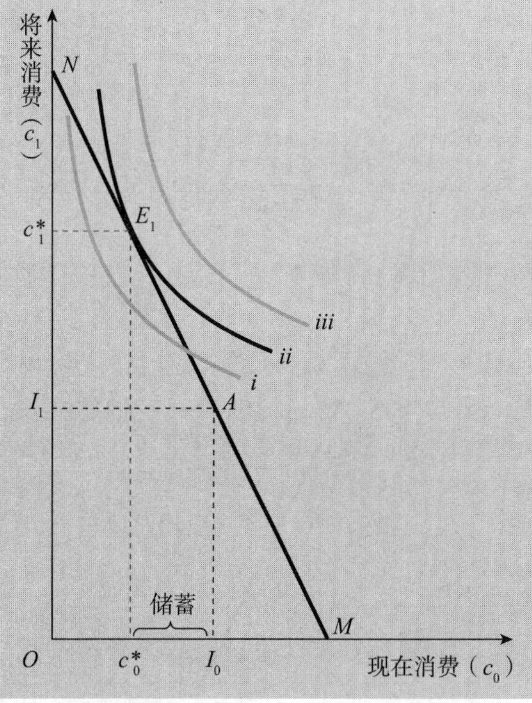

图 11—4　效用最大化的现在消费与将来消费的选择

说明：老梁通过储蓄 $I_0-C_0^*$ 使效用最大化，这可使其将来消费 C_1^*。

在预算约束线 MN 的条件下，老梁的效用最大化点为 E_1 点。在该点，老梁现在消费 c_0^*，将来消费 c_1^*。据此，很容易找到老梁的储蓄数量。由于现在收入 I_0 大于现在消费 c_0^*，因此，根据定义，I_0 与 c_0^* 的差额就是储蓄。当然，这并不证明储蓄总是合理的。如果可能的最高无差异曲线与预算线的切点在 A 点之下，现在消费就会大于现在收入 I_0，老梁就要借债。

我们现在把社会保障纳入该模型。为了简化分析，我们假定，社会保障的隐性收益率正好等于市场利率。也就是说，如果老梁在其工作时期缴纳 T 美元的社会保障税，那么他退休时的社会保障金即为 $(1+r)T$ 美元。[一个有趣的相关分析（作为章末的讨论题）考察了社会保障隐性收益率不同于私人储蓄收益率的影响。]

实行社会保障计划如何改变老梁的储蓄行为？图 11—5 中的预算线还是图 11—4 中的预

---

① 为了用代数式来表示该预算线，请注意，老梁面临的基本预算约束条件是他的消费现值等于他的收入现值（见第 8 章对现值的解释）。他的消费现值为 $c_0+c_1/(1+r)$，而他的收入流量现值为 $I_0+I_1/(1+r)$。这样，他对 c_0 和 c_1 的选择，必须满足 $c_0+c_1/(1+r)=I_0+I_1/(1+r)$。读者可以验证，如果把这一方程看做是 c_0 和 c_1 的函数，它就是一条斜率为 $-(1+r)$ 的直线，而且经过 (I_0, I_1) 点。

算线 MN。从 A 点开始，社会保障税把老梁向左移 T 单位——现在消费减少 T 美元。但同时，该计划使他向上移动的距离是 $(1+r)T$，因为他的未来消费增加了这么多。总之，现在的税收与将来的保障金合起来把老梁置于最初预算约束线 MN 的 R 点上。实际上，R 点已取代 A 点成为禀赋点。因此，只要老梁继续储蓄并按市场利率借债，预算约束线就仍然是 MN。由于预算约束线相同，所以，老梁的最优消费组合是 E_1。然而，即使他最终的一生消费格局相同，老梁的行为也仍然有很大不同。为了达到 E_1 点，老梁现在只需储蓄 $I_0^T-c_0^*$，小于社会保障前的储蓄。换言之，老梁把他向社会保障缴纳的税收看做是其储蓄的一部分，故而他减少了自己的储蓄。因此，社会保障在一定程度上排挤了私人储蓄。这就是财富替代效应。重要的是，由于现收现付制没有把税收用于资本积累，公共储蓄并没有抵消私人储蓄的减少。

图 11—5　社会保障对私人储蓄的排挤

说明：社会保障税使老梁的现在消费减少 T 美元，使其将来消费增加 $(1+r)T$ 美元。老梁现在只需储蓄 $I_0^T-c_0^*$，就可实现其最优消费组合。这小于社会保障前的储蓄。因此，社会保障在一定程度上排挤了私人储蓄。

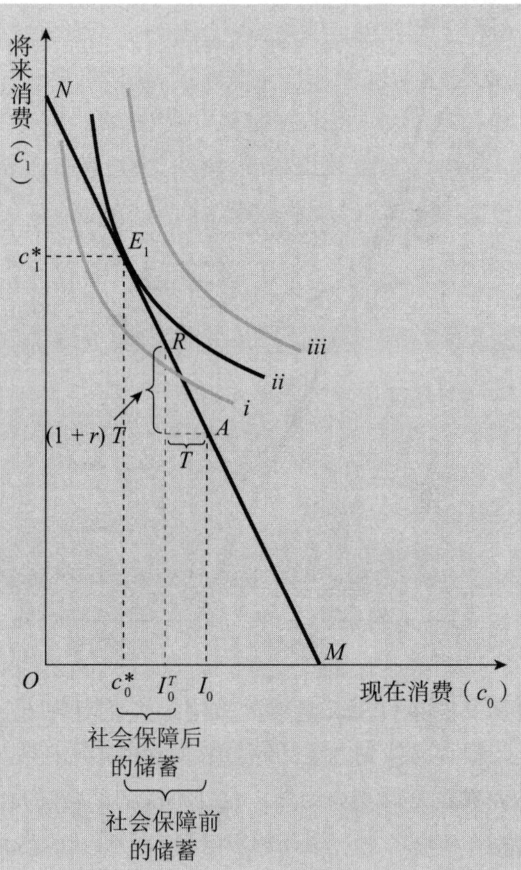

退休效应　社会保障对储蓄的另一个影响由社会保障可能促使人们提早退休所致。如果一个人的退休时间延长，他不工作的年数就会增加，而积累资金的工作年数就少了，但这期间的消费必须有资金来源。这种**退休效应**（retirement effect）往往使储蓄增加。

遗赠效应　假定储蓄的另一个重要原因是遗赠动机——人们想为子女留下遗产。回忆一下图 11—2，社会保障制度往往把收入从子女（工作者/纳税人）那里转移到父母（退休者/养老金领取者）那里。父母也许因此会更多地储蓄，以便给子女留下更多的遗产，以抵消社会保障的分配效应。人们增加储蓄以消除社会保障对其子女收入的影响，被称为**遗赠效应**（bequest effect）。

专栏

经验证据：社会保障会减少私人储蓄吗？

鉴于财富替代效应减少储蓄，退休效应和遗赠效应增加储蓄，故单凭理论无法了解社会保障如何影响储蓄。由于该计划在全国范围内同时铺开，因此也很难从实证角度探讨这个问题。我们可以考察该计划的慷慨程度随着时间的推移而改变时私人储蓄格局的变化，但是，问题又来了，随时间而改变的其他因素也许是储蓄格局变化的原因。

另一种方法是把个人储蓄作为社会保障财富的函数，用横截面数据来估计。其中的大多数研究发现，社会保障财富与储蓄之间是负相关关系，但也有少数研究发现了正效应。横截面估计的结果大相径庭不足为奇。如前所述，社会保障财富取决于个人特征，如性别、婚姻状况等。然而，同样是这些特征，它们本身就可能影响储蓄行为。因此，要把社会保障的单独影响分离出来很难。[①]

最近的一些研究对其他国家进行了准实验检验，这些国家对其计划所进行的改革，导致某些人而非其他人的预期净收益急剧变化。比如，阿塔纳西奥和布鲁贾维尼（Attanasio and Brugiavini，2003）研究了意大利 1992 年社会保障制度重大改革的影响。这次改革大大削减了退休金，但不同家庭的减少程度千差万别。这可以让他们进行双重差异分析，比较受改革很大影响的人与未受明显影响的人储蓄行为的变化。他们发现，社会保障财富对私人储蓄有巨大影响——每 100 美元社会保障财富排挤大约 40 美元私人储蓄。[②] 综合所有这些实证研究，一个似乎可靠的说法是，社会保障减少了储蓄，但这种影响的程度并不清楚。

□ 退休决策

1930 年，65 岁以上男性的劳动参与率为 54%，到 1950 年，这一年龄段的男性劳动参与率为 45.8%，而到 2011 年下降到 22.8%（ Bureau of Labor Statistics，2012）。这种下降现象产生的原因无疑有以下几个方面：收入增加、预期寿命变化、职业差异，等等。许多研究者还认为，社会保障在退休格局的显著变化中起了关键性作用。

为了理解社会保障产生的退休激励，我们必须回过头来看一个概念，即社会保障财富——一个人有权获得的预期净收益（退休金）现值。回忆一下，一个人开始有资格领取社会保障金的年龄是 62 岁。假定阿迪芭今年 62 岁，正在决定是否再工作一年。一个关键的问题是，如果她推迟一年退休而继续工作，她的社会保障财富会发生什么变化。如果她的社会保障财富变化是正的，这会增加她的（税后）收入，从而提高工作激励。如果社会保障财富变化是负的，这会降低多工作一年的激励。

倘若阿迪芭继续工作、推迟领取社会保障金，她就要多缴纳一年工薪税，少领一年保障金，二者都会减少社会保障财富。但是，由于又工作一年并放弃社会保障金，在计算月均指数化收入时，她的 35 年平均工资中就多出一年的收入，而且如前所述，多等待一年也会使每月退休金增加。最后这两个因素通常会增加社会保障财富。最后，等待一年再申请领取退休金的净收益还取决于阿迪芭预期活多长——她的预期寿命越长，等待的激励就越大，获得的

① 国会预算办公室（Congressional Budget Office，1998）回顾了社会保障对储蓄影响的文献。

② 阿塔纳西奥和罗韦德尔（Attanasio and Rohwedder，2003）基于英国的社会保障制度改革，进行了类似的双重差异分析，发现对私人储蓄的影响甚至更大。

每月退休金就越多。

总之，从理论角度来看，对于62岁的人，社会保障对退休具有正的还是负的激励作用，尚不清楚。我们必须明确计算出社会保障财富的各种变化，看看其净变化是正的还是负的。戴蒙德和格鲁伯（Diamond and Gruber，1999）得到的结论是，总的来看，对于62～65岁之间的人退休和领取退休金，既无激励作用也无抑制作用。也就是说，在这个年龄段，推迟退休的养老金调整是精算公平的。然而，他们发现，对65岁以后继续工作、放弃社会保障金有抑制作用，因为在这一时点之后，每月退休金增加不足以弥补损失的年退休金和必须支付的额外工薪税。

退休决策对这种工作抑制作用如何反应？一些经济计量研究考察了社会保障制度是否影响退休年龄。例如，格鲁伯和怀斯（Gruber and Wise，2004）对12个工业化国家的社会保障制度进行了研究，发现开始领取养老金的年龄对退休的可能性有很大影响。

□ 含义

已有的证据是混合的，但暗示社会保障制度很可能抑制储蓄和工作努力。不过，即使保障制度确实扭曲经济决策，这也不一定意味着它是一个糟糕的计划。如果社会希望老年人获得某种水平的收入保障，而这种保障又无法通过私人市场来实现，那么，想必社会愿意为这一保障牺牲一定程度的效率。也就是说，如果有方法可以在减少无效率的同时获得相同的社会收益，就应当考虑这种制度改革。

社会保障的长期压力

如前所述，自2010年以来，社会保障金支出已超过工薪税收入，该缺口要动用信托基金积累的存款来弥补。为了获取资金来偿还这些存款，支付已承诺的退休金，政府要么提高税收、削减其他支出，要么向公众借债。即使人们错误地认为，信托基金是一个巨大的储蓄账户，前景也不容乐观：最近的估计表明，该基金将于2033年消耗殆尽（Social Security Trustees，2012）。

今后75年内工薪税收入与退休金之间的缺口预测见图11—6，二者都用占GDP的比例来表示。从2010年开始，这个缺口长期存在，而且，随着时间的推移，缺口越来越大。总之，在现行制度下，社会保障的资金不稳固。

图11—6 社会保障收支占GDP比例的预测

说明：从2010年起，社会保障的年度养老金支出已超过年度税收收入。据预测，该缺口将扩大且长期存在。

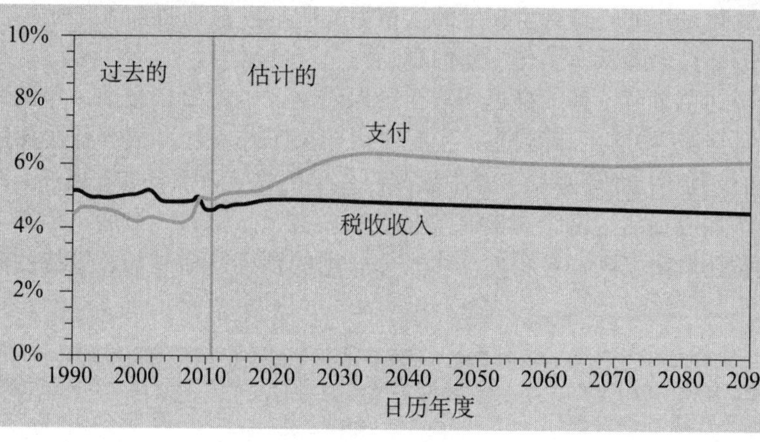

为了说明这一问题的根源，我们回到式（11.1）。此式反映的情况是，在现收现付制下，现在退休者获得的养老金等于现在工作者缴纳的税收。重新整理该式得到：

$$t=\frac{N_b}{N_w}\times\frac{B}{w} \tag{11.3}$$

右边的第一项是**依赖率**（dependency ratio），即受益者人数（N_b）与参保工作者人数（N_w）的比率。第二项是**替代率**（replacement ratio），即平均养老金（B）与参保者平均工资（w）的比率。美国社会保障制度的长期问题是由人口老龄化引起的，这意味着依赖率会逐渐提高。目前，依赖率大约为 0.35，意即大约有 2.9 个工作者养活 1 个退休者。到 2030 年（"婴儿潮"一代人到时已到正常退休年龄），依赖率将为 0.48，这意味着只有大约 2.1 个工作者养活 1 个退休者（Social Security Trustees，2012）。

式（11.3）告诉我们，在依赖率不断上升的情况下，有若干种方法来保持现收现付制的支付能力。一种方法是提高参保者的工资。可是，工资增加的主要驱动力在于资本存量增加所带来的生产率提高。就美国目前的储蓄率来看，有关工资增长的合理预测表明，工资增加不足以应对不断提高的依赖率。剩下的办法就是令人不愉快的选择：要么提高税率，要么削减退休金。其他很多国家也面临相同的问题。中国、加拿大、澳大利亚以及西欧、拉丁美洲和亚洲的大多数国家的依赖率都在提高（Congressional Budget Office，2005a）。

社会保障改革

社会保障的资金问题受到广泛关注。从长期来看，现状是不可持续的。社会保障制度到底如何改革，已经发生了激烈的争论。

在讨论具体建议前，必须解决一个重要的问题：社会保障制度的资金偿付能力应当保持多长时间？有人认为，规划 75 年足已。这个时间足够长吗？虽然 75 年的确离我们还远着呢，但在这一时期获得偿付能力的政策变化，可能只在一年"起作用"。这是因为，如图 11—6 所示，在未来的日子里，每年的支出永远都会超过每年的收入。因此，当 75 年时间段往后移动一年而形成新的 75 年时间段时，新的第 75 年（以前没有计入偿付能力的计算中）会使该制度重新回到赤字状态。因此，许多分析人士主张，有关社会保障计划的任何改革建议，都应当在无限的未来使之具有偿付能力，这个条件称为**可持续偿付能力**（sustainable solvency）。

克里斯托弗·巴克利（Christopher Buckley）在他的讽刺小说《世界末日》中提出，要解决社会保障偿付能力问题，唯有确信有 1/5 的"婴儿潮"一代人（baby boomers）会自杀。令人高兴的是，可用一些不那么极端的选项。

□ 维持现行制度

一种观点认为，社会保障制度并非真的"危机四伏"。正如戴蒙德和欧尔萨格（Diamond and Orszag，2005，p. 11）指出，"社会保障的长期财务健康状况，可以通过微调或动大手术来恢复。依我们之见，动大手术既无必要也不可取——可持续偿付能力和社会保险改善可通过渐进改革来实现，即适度地降低退休金与增加收入并举。"我们现在讨论基于这种思路的几种方法。

提高工薪税 根据社会保障信托理事会（Social Security Trustees，2012）的报告，只要将工薪税税率提高 3.9 个百分点，就可实现可持续偿付能力。而 75 年时间段的偿付能力，可以通过将工薪税税率提高 2.52 个百分点来实现。

提高最高应税收入水平 前面说过，超过 110 100 美元（每年按通货膨胀调整）的收入不缴纳社会保障税。倘若该最高收入限额上调，工薪税适用于全部收入，那么，税收收入和退休金都会增加。然而，鉴于退休金制度具有累进性，未来退休金的增加会低于税收收入，最终会使社会保障制度的长期赤字减少。基于同样思路的另一个想法是，取消应税所得上限，但在计算退休金时保留它。这会在不改变退休金的情况下增加税收收入，由此产生的税收收入等同于工薪税税率提高 2.34 个百分点。

提高退休年龄 社会保障的长期财政压力，部分源于实施该计划以来的预期寿命大幅度延长。人们活得越长，处于退休状态的时间就越长，领取的养老金就越多。如前所述，1983 年改革认识到了这个问题，要求把正常退休年龄逐渐提高到 67 岁。正常退休年龄每 2 年增加 1 个月，直到达到 68 岁为止，这等同于工薪税税率提高 0.32 个百分点。[1] 这虽然不算小，但我们必须指出，这与实现可持续偿付能力所需的工薪税税率提高 3.5 个百分点相比还差得很远。

降低生活费用调整 在现行制度下，退休者的养老金每年按照消费价格指数（Consumer Price Index，CPI）衡量的生活费用来提高。降低生活费用调整也会减少退休金，从而使该制度具有偿付能力。比如，生活费用调整降低 1 个百分点，相当于工薪税税率提高 1.64 个百分点。有些经济学家认为，消费价格指数高估了老年人面临的价格上涨，因此，如果目的是要保持不变的实际消费水平，那么这种调整幅度低于消费价格指数是完全合理的（Boskin et al.，1998）。

改变退休金公式 退休金向下调整的方法多种多样。比如，我们知道月均指数化收入是按一个工作者的最高 35 年收入平均值计算的。倘若改用最高 38 年收入，一生平均收入就会下降，平均退休金也会下降。这种改变相当于工薪税税率提高大约 0.29 个百分点。

我们知道，目前的 35 年收入是按平均工资增长率调整的，以使其在各年可比。由于价格的上涨往往慢于工资，倘若指数化改用消费价格指数，退休金就会减少，该制度的财政前景就会改善。值得注意的是，从工资指数化转变到价格指数化，这本身就会实现可持续偿付能力。这种想法的一个变体是，对低收入者（比如说处于月均指数化收入分布最底层的 30%的人）继续用工资指数化，对其他人综合使用工资指数化和价格指数化。这实际上会减少退休金总额，但又不使处于收入分配最底层之人的境况变差（Pozen et al.，2004）。

各种选项的比较 在比较这些选项时要谨慎一些，因为这些改变对社会保障制度的偿付能力可能具有相同的影响，但对经济的影响或许千差万别。比如，我们将在第 15 章中看到，增加税收对资源配置的扭曲程度可能会大于等量削减退休金对资源配置的扭曲程度。同样，不同选项筹措的资金量相同，但它们的收入分配效应可能不同。总之，对偿付能力的影响只是用来评估社会保障改革建议的一个标准。

---

① 这些估计和本节的其他估计来自社会保障局的首席精算师（Chief Actuary of the Social Security Administration），并可在 www.ssa.gov/OACT/solvency/provisions/index.html 中找到。

□ 社会保障制度的私有化

近年来，决策者和学术界都认真思考过社会保障制度私有化的可能性。“私有化”一词指具有下列共同特征的各种方案：员工和雇主的社会保障缴款专门存入一个**个人账户**（personal account），然后，员工把这些资金投资于各种金融资产，特别是共同基金（各种股票和债券的组合）。员工退休之后，他们可从其账户中提取已积累的资金。原则上，一个人去世后，其个人账户中未使用的资金可遗赠给其后代。实际上，私有化是把社会保障朝完全积累制养老制度发展，与现行的现收现付制反其道而行。

就像在维持现况的情况下进行增量改革一样，社会保障制度的私有化也有许多不同的方式、方法。近年来，一些国家的确在尝试着各种私有化方法，包括英国、瑞典、智利、澳大利亚、墨西哥和阿根廷。

我们现在谈谈社会保障私有化的一些利弊。

对偿付能力的影响 很多人发现私有化很有吸引力，因为从长期来看，股票赚取的收益率往往大大高于现行社会保障支付给参保者的隐性收益率。按此观点，如果社会保障税投资于私人市场，这些高收益率会让退休者享有很大的收益且不用对目前工作者课征高额税收。偿付能力会很轻松地实现。

为评价这种观点，假定实行部分私有化计划，让工作者把其部分工薪税放入个人账户。把钱放入其个人账户的工作者，向传统社会保障的缴款因此而减少。在现行现收现付制情况下，这意味着对目前退休者支付养老金的可用资金减少了。为弥补这种减少，私有化计划不得不要求，工作者在个人账户中每放入一笔钱，就相应减少该工作者将来从传统社会保障计划获得的退休金。社会保障的总体财政状况是否改善，取决于长期退休金减少是否足以抵消该制度直接损失的税收收入。如果退休金减少的预期现值正好等于税收收入减少，那么，该制度的偿付能力不受影响。如果退休金减少的预期现值小于税收收入减少，那么，社会保障制度的偿付能力就会变差。

因此，没有理由认为，私有化本身会改善偿付能力状况。除了制度设计的其他特征之外，这还取决于将来退休金减少的程度。同样的逻辑表明，对私有化的批评——认为它一定会有损于社会保障的偿付能力，恰恰也没有抓住其本质。私有化对偿付能力的影响如何，取决于具体的方案怎样处理未来的养老金。

对储蓄的影响 正如我们先前强调的，不论是退休者还是工作者，他们在某一年的消费都必定来自该年的生产。因此，增加未来产出，才是有助于为将来退休者的消费筹资的唯一途径。而增加未来产出的唯一方法是增加储蓄，这便出现了私有化是否能增加国民储蓄的问题。在思考这个问题时，请注意，政府无论如何都要以某种方式为其支出筹资。目前，一部分预算资金来源于从信托基金盈余中的借款。也就是说，信托基金购买债券，这与向政府提供贷款相同，政府将来要支付利息。如果个人账户减少了信托基金中的资金量，政府仍然必须想办法为其支出筹资，因而必须向私人投资者出售其债券。为了诱使私人投资者接受本来应由信托基金购买的政府债券，政府债券的收益率必须提高，或者股票的收益率必须下跌，或二者同时并举。到头来所发生的一切，只是信托基金与私人市场之间的公私证券交换——私有化并没有产生新的储蓄。

有些经济学家认为，这种推理忽视了重要的政治经济因素。他们认为，如果考虑到预算过程的真实情况，私有化很可能增加国民储蓄。这种论点的关键是，社会保障盈余包括在政府的统一预算中。把社会保障盈余从政府那里拿走并放入个人账户中，会导致统一预算赤字增大。倘若决策者根据统一预算的状况作出他们的支出决策，他们会削减公共支出，在其他条件不变的情况下，这将增加国民储蓄。根据这种观点，私人账户实际上从政府那里“切割出”一块资金，降低了政府借这笔资金为其支出融资的能力。有些证据表明，在过去，社会保障盈余实际上导致了政府支出增加，故这种观点并非牵强（Nataraj and Shoven，2004）。然而，这种影响在量上是否显著并不清楚。

由于国民储蓄增加是为将来退休者提供必要资金的关键，故有些私有化计划要求把工薪税收上来的钱挪到私人账户中［称为**分拆**（carve out）］，工作者自己掏腰包拿出额外一部分钱以与之配套［称为**附加**（add on）］。比如，利布曼等（Liebman et al.，2005）提出：建立个人退休账户，资金来源于年度缴款，缴款额等于应税收入的3%；最终一半通过工薪税筹措，另一半通过工作者的额外缴款筹措。他们的理由是，自掏腰包的缴款至少有一些是新储蓄，而且这种新储蓄可能会导致资本存量和未来产出的长期增加。

风险 如前所述，大多数私有化计划都要求，来自传统社会保障的未来退休金按挪到个人账户中的资金相应减少。私有化的提倡者认为，个人账户将增加受益人的养老金，因为转入个人账户的资金可以投资于股票，而从过去来看，股票的收益率要比社会保障的隐性收益率高。可是，这种较高的预期收益要冒比较大的风险。2008年和2009年全球股票市场的暴跌就生动地表明，股票市场起伏跌宕。因此，私有化的一个缺陷是，它会使人们冒更大的金融风险。个人账户的支持者对此进行了反驳，认为多样化的投资组合可使人们把风险降低到可控水平。的确，有些私有化建议具体到要求个人账户仅投资于几只广布的共同基金，确保高度多样化的投资组合。

私有化的支持者还认为，现状貌似确定无疑，其实不然——人们面临着未来的立法者遭遇式（11.3）那种必然结果时会减少养老金的可能性。实际上，许多国家，包括美国，已经在改革其社会保障制度，而改革的结果就是减少当代年轻人和中年工作者在退休后能领取的养老金（Shoven and Slavov，2006）。实际上，私有化的支持者颠覆了风险论点——私有化通过降低政治风险，会导致一种更安全而非风险更大的制度。

管理 任何养老金制度的管理都花钱。要花钱雇人募集资金、保持记录、管理资产、计算养老金等。有人担心，私有化后这些成本会非常高。要知道这是否会成为一个问题的一个顺理成章的方法是，看看目前提供退休储蓄账户或向退休者提供收入的制度的成本。不出所料的结果是，这些成本主要取决于该制度的细节。投资者可获得的选择和服务越多，管理成本就越大。例如，人们越能频繁地改变其投资，该制度的花费就越大。各种计划可以通过限制人们重新配置其资产的频率来削减管理成本，但要以降低灵活性为代价。管理成本也可以通过限制资产选择和减少向投资者报告情况得到控制，但又以牺牲灵活性为代价。关键的一点是，如果私有化制度所提供的服务能够适当地融合，那么其管理成本似乎就会比较低（Congressional Budget Office，2004a）。

分配 如前所述，虽然社会保障被称为保险，但它的一个重要目标是再分配收入。现行制度实际上有两个明显不同的目标：一是迫使人们自我投保，把他们工作年份的收入重新配置于退休的年份；二是把收入分配给那些若无保险就无法维持适当生活水平的老年公民。社会保障的诸多问题就源于它试图通过单一的养老金和税收制度来同时实现这两个目标。

许多私有化计划分开来对待这两个目标。退休筹资目标在很大程度上由个人的“个人账户”积累资金来实现。一般来说，个人账户没有任何收入再分配作用，因为每位退休者获得的支付都是基于在该账户中存放了多少钱及其所挣的收益率。可是，如果人们期望通过个人账户实现某种程度的收入再分配，那么，政府可以对低收入者存放在账户中的钱提供特别配套资金（Feldstein and Samwick，2002）。

收入再分配目标也可由一个独立的转移制度来完成，这种收入转移针对的是那些其个人账户无法提供适当生活水平的人。由政府一般性收入出资的补充性保障收入（见第 13 章的讨论），是实现这种收入转移的现有机制。这种机制想必可以扩大，使得对贫困老年人的收入再分配尽可能像社会所期望的那么多。

私有化的一个重要结果是，家庭状况不会再对个人的社会保障财富价值有重大影响。如果单收入者夫妇和双收入者夫妇把相同的数额投入相同的基金，那么他们就会获得相同的养老金。对于无工作配偶的供养问题，可以通过下列方法来处理，即把该夫妇的缴款总额平分在每个人的名下。这样，即使离婚，每一方也能带走各自的余额以支付退休金。

当然，由一般性收入融资的社会保障转移性支出部分，要与政府其他优先项目支出进行公开竞争。决策者和公众必须明确判断对老年人的转移性支出相对于其他社会目标来说的价值有多大。私有化的反对者认为，这最终会破坏整个计划（Munnell，1999），但私有化的支持者不同意这种看法。

结论

社会保障是我国最大的单项国内支出项目。从福利经济学的角度看，其主要目的是提供保险，以防范一个人长寿而退休储蓄不足的风险。该计划可能会明显改善老年人的生活水平。尽管如此，该计划也无疑产生了意想不到的后果。比如，难以想象社会保障的创建者真想要基于婚姻状况或一个家庭的工作者数量来产生巨大的收入再分配作用。也有证据表明，社会保障减少了国民储蓄，继而阻碍了生产率的提高。

社会保障目前面临着资金问题，因为退休者与工作者的比率在提高——美国正在老龄化。解决这一问题需要削减退休金或提高税收，无论哪一个在政治上都不受欢迎。这种改革特别困难，因为可追溯到 20 世纪 30 年代的现行制度变成了几乎是神圣不可侵犯的。但是，人口老龄化趋势却毫不留情，决策者别无选择，迟早要面对该制度的问题。因此，我们可以预期，在未来几年激烈的辩论仍将继续。

小结

- 社会保障是美国国内最大的计划。2011 年，社会保障支出大约为 7 361 亿美元，占 GDP 约 4.9%。
- 社会保障向长寿者的退休储蓄不足提供保险。它就像年金一样，帮助人们平滑其消费，提高福利水平。
- 社会保障的一个理由是，私人年金市场因逆向选择而失灵。另一个理由是，人们缺乏远见，储蓄水平低于社会认为适当的水平。
- 社会保障制度大体上是一种现收现付养老制度，即个人的退休金用目前工作者的收入来支付。相反，在完全积累制下，个人的退休金用他在工作时期攒下的存款加上累积的利息来支付。

● 社会保障金分两步计算。首先根据工作者过去的收入来确定月均指数化收入，并确定基本保障额。然后，根据退休年龄、家庭状况和其他收入来调整基本保障额，计算出实际养老金。

● 社会保障金由工薪税筹资，税率为 12.4%（最高收入限额为 110 100 美元），雇主和雇员各缴一半。

● 笼统地讲，社会保障把收入从高收入者再分配给低收入者，从男性再分配给女性，从年轻人再分配给老年人。单收入者夫妇往往比双收入者夫妇或单身个人获益更多。

● 从 20 世纪 80 年代初直到最近，社会保障年税收收入超过年退休金支付，余额放入信托基金。信托基金实质上是一种核算工具，本身并不能提高社会照顾未来退休者的能力。

● 随着时间的推移，老年人的经济状况有了很大改善。有证据表明，社会保障金在这个变化过程中起到了十分重要的作用。

● 社会保障可能减少私人储蓄（财富替代效应）或增加储蓄（退休效应和遗赠效应）。根据经济计量分析的结果，得出的一个合理结论是，储蓄减少了，但减少了多少并不清楚。

● 自从实行社会保障制度以来，老年退休工作者的比例大大增加了。有一些证据表明，这在一定程度上是由社会保障制度造成的。

● 目前，社会保障税已收不抵支。这种入不敷出现象预计会长期持续存在，这表明社会保障的财源不稳固。

● 应对这种资金问题的一种可能对策是维持现行制度，但通过增加税收和减少退休金的某种综合措施，以获得偿付能力。

● 另一种可能的对策就是将该制度私有化——允许个人将其社会保障缴款的一部分或全部投资于个人账户。私有化对偿付能力的影响，取决于转入个人账户的每笔钱能减少多少未来退休金。

● 为了减轻未来的养老负担，改革计划必须能增加储蓄。私有化是否能增加储蓄，取决于具体计划的制度结构。

讨论题

1. 在对法国汽车保险市场信息不对称进行的一项测试中，基亚波里和萨拉尼（Chiappori and Salanié，2000）考察了个人保单全面性与每单位承保成本之间的关系。他们的论点是，在信息不对称的情况下，承保范围越全面，每法郎承保成本就越高。请解释支持这种论点的理由。（顺便说一下，他们以此为基础并没有发现信息不对称的证据。）

2. 作为其社会保障私有化改革计划的一部分，诺贝尔经济学奖得主爱德华·普雷斯科特（Edward Prescott）主张强制实行个人账户，以防理性个人故意储蓄不足（Prescott，2004）。请解释，如果用自愿的个人账户取代社会保障，道德风险将如何导致人们储蓄不足。

3. 1990 年，英国 65 岁及以上的人口与 20～64 岁的人口之比为 26.7%，到 2050 年，该比例预计为 45.8%。假定实行的是现收现付制社会保障制度，工薪税税率在 1990—2050 年间需要怎样变化，才能维持 1990 年的养老金与工资的比例？如果该税率保持不变，养老金与工资之比会发生怎样的变化？

4. 在巴西，伟哥的出现造成老年男性与年轻女性结婚的数量急剧增加。同美国一样，巴西的社会保障制度即使在主要劳动收入者去世后也向无劳动收入的配偶提供养老金。利用式（11.3）讨论伟哥的出现对巴西公共养老金制度的偿付能力所产生的影响。

5. 简·奥斯汀（Jane Austen）在她的小说《理智与情感》（*Sense and Sensibility*）中写道："你是否发现，享有年金的人总是活得非常久。"请把这句引语与年金市场的逆向选择问题联系在一起。

6. 围绕式（11.1）的讨论指出，在依赖率不断提高的人口中，保持相同的替代率可能会出现问题。假定公共政策的目标不是保持替代率长期不变，而是保持退休金的水平不变。请解释这将如何改变人们看待依赖率不断提高的影响，尤其是如果随着时间的推移工资因生产率提高而增长。

7. 请讨论："从长期来看，股票的收益率高于政府债券的收益率。因此，如果社会保障信托基金投资于股票而非政府债券，那么照顾未来退休者便容易一些。"

8. 在一个人的一生分为两个时期的模型中，个人消费的边际效用递减，在时期 1 获得的收入为 20 000 美元，在时期 2 获得的收入为 5 000 美元。每时期的私人利率均为 10%，此人按该利率借贷。又假定此人在其一生中消费掉全部收入（即不给其后代留下任何钱财）。

a. 如果没有社会保障计划，此人在每时期的最优消费是多少?

b. 现假定有社会保障计划，在第一时期从此人那里拿走 3 000 美元，在第二时期向他支付此数额加利息。该制度对此人的储蓄有何影响?

9. 图 11—5 假定，社会保障的隐性收益率与老梁私人储蓄的私人收益率相同。现假定社会保障的隐性收益率低于私人收益率。实行社会保障制度对图 11—5 中的预算约束线有何影响? 你认为老梁的储蓄额会有怎样的变化?

10. 请讨论以下引语："社会保障从工薪税融资部分转向所得税融资（进一步削减工薪税……且以一般性收入取代基金）的不懈努力，可能会迅速结束长期以来人们把社会保障作为一种通过工作者缴款获取退休金的制度"（Blahous，2011）。

11. 社会保障制度改革的一种方案是，年轻工作者可把最高为 1 000 美元的工薪税转入个人账户。可是，这种资金转移后，换来的是他退休时领取的养老金减少。规定的养老金减少量等于按既定利率复利计算（称为冲抵率）的转入个人账户的金额。利用现收现付制公式，解释这种改革方案对社会保障偿付能力的影响。要使该方案对偿付能力没有影响，所需要的冲抵率是多少? 所选择的冲抵率与年轻工作者的预期社会保障财富之间是什么关系?

第 12 章

收入再分配：概念问题

能否给穷人提供一个体面的生活保障，是对文明社会的真正考验。

——塞缪尔·约翰逊（Samuel Johnson）

“一般说来，执政的艺术在于尽可能多地把钱从一个公民阶层分给另一个公民阶层。”虽然伏尔泰（Voltaire）的说法有些言过其实，但实际上每一重大政治问题都涉及收入分配。即使有时它们并非显而易见，但公共政策争论的背后都隐藏着谁将受益谁会受损问题。本章构建一个分析框架，从规范和实证角度讨论政府的收入再分配政策。第 13 章再利用这个框架，分析政府维持穷人收入的主要计划。

在继续分析之前，我们必须先讨论一下经济学家是否应当考虑分配问题。并非所有人都认为应当考虑分配问题。有关“恰当的”收入分配理念是一种价值判断，并没有“科学的”方法来解决道德问题的差异。因此，有些人认为，讨论分配问题会破坏经济学的客观性，经济学家应仅限于研究社会问题的效率方面。

这种观点有两个问题。第一，正如在第 3 章所强调的那样，福利经济学理论表明，效率本身作为一种规范标准不大合适。在比较各种资源配置时，还必须考虑效率之外的其他标准。当然，人们也可以说只有效率才是重要的，但这种说法本身就是一种价值判断。

第二，决策者关心政策对收入分配的影响。如果经济学家忽视分配问题，那么决策者就会忽视经济学家。决策者也许最终只关心分配问题，根本不在乎效率。系统考虑分配问题的经济学家，能使决策者既关注效率问题，也关心分配问题。虽然经济学方面的训练的确不能使人具有超群的道德价值判断能力，但是经济学家确实善于揭示不同价值观的含义，衡量实现各种道德目标需要的成本。

一个相关的问题是，政府是否应该插手去改变收入分配？正如第 1 章所指出的那样，一些重要的政治哲学传统理念表明，政府不应扮演再分配的角色。可是，即使是最小的政府，也可以看到它对收入分配的影响。比如，当政府在为提供公共物品而购买物资时，某些企业获得了订单，而另一些企业没有得到；那些获得订单的企业主，相对收入就会增加。更一般地说，政府的收支活动必然会改变实际收入的分配状况。

收入分配

我们首先研究收入分配的一些情况。表 12—1 给出了美国人口普查局公布的自 20 世纪 60 年代末以来部分年度的收入分配数据。从表中可以看出，收入分配相当不公平。2010 年，最富有的 20%人口的收入约占总收入的 50%，而最穷的 20%人口的收入占总收入的比例稍高于 3%。本表还表明，随着时间的推移，不公平程度加剧了。如今最穷的 40%人口的收入占总收入的比重比几十年前要低。更有意思的是，不公平程度的加剧不仅限于美国，在所有发达国家都出现了这种情况，只是程度轻一些（Glaeser，2005）。

表 12—1　　**家庭间货币收入的分配（部分年份）**

年度	比重					
	最低的 20%	次低的 20%	中间的 20%	次高的 20%	最高的 20%	顶端的 5%
1967	4.0	10.8	17.3	24.2	43.6	17.2
1977	4.2	10.2	16.9	24.7	44.0	16.8
1982	4.0	10.0	16.5	24.5	45.0	17.0
1987	3.8	9.6	16.1	24.3	46.2	18.2
1992	3.8	9.4	15.8	24.2	46.9	18.6
1997	3.6	8.9	15.0	23.2	49.4	21.7
2002	3.5	8.8	14.8	23.3	49.7	21.7
2007	3.4	8.7	14.8	23.4	49.7	21.2
2010	3.3	8.5	14.6	23.4	50.2	23.1

说明：这些数据未包含实物转移的价值。

收入不公平程度加剧了。1967 年，最富有的 20%人口的收入占总收入的 43.6%，而最穷的 20%人口的收入占总收入的 4%。2010 年，最富有的 20%人口的收入占总收入的 50.2%，而最穷的 20%人口的收入占总收入的比例仅为 3.3%。

资料来源：US Bureau of the Census（2011a，Table H-2）.

另一种评估收入分配的方法是计算处于**贫困线**（poverty line）以下的人数。贫困线是足以维持适当的最低生活水平所需的固定实际收入水平。① 虽然在确定何为“适当的”时有很大的随意性，但是，贫困线仍然是一个很有用的基准。2011 年，四口之家的贫困线为 23 021 美元；同年，中位收入（一半家庭的收入在其上，一半家庭的收入在其下）是 62 273 美元。在 2011 年，约有 4 620 万人在贫困线之下，占总人口的 15.0%（US Bureau of the Census，2012a）。

表 12—2 给出了不同人口群体中生活在贫困线以下的人口比例。在目前没有丈夫的女性户主家庭中，贫困现象尤其普遍，这类家庭有 31.2%处于贫困线以下。黑人和西班牙后裔的贫困率也远远高于总人口的贫困率。

① 为了计算贫困线，第一步是估计达到足够营养标准所必需食物的最低成本，第二步是找到不同规模家庭用于购买食品的收入比例。然后用“足够的”饮食成本乘以该比例的倒数，就可得到贫困线。

表 12—2 **谁是穷人**

群体	贫困率（%）	群体	贫困率（%）
所有人	15.0	18 岁以下	11.9
白人	9.8	65 岁以上	8.7
黑人	27.6	目前无丈夫的女性家庭	31.2
西班牙后裔	25.3		

说明：表中数字为 2011 年数字。
不同人口群体的贫困率差异很大。
资料来源：US Bureau of the Census（2012a）.

图 12—1 描绘了贫困率长期以来的变化情况。图中的数据说明，美国目前的贫困率大大低于 50 年前。可是，这种趋势并不是持续稳步下降的。

图 12—1　贫困率（1959—2011 年）

说明：贫困率低于 50 年前，但这种趋势并不是持续稳步下降的。

资料来源：US Bureau of the Census（2012a）.

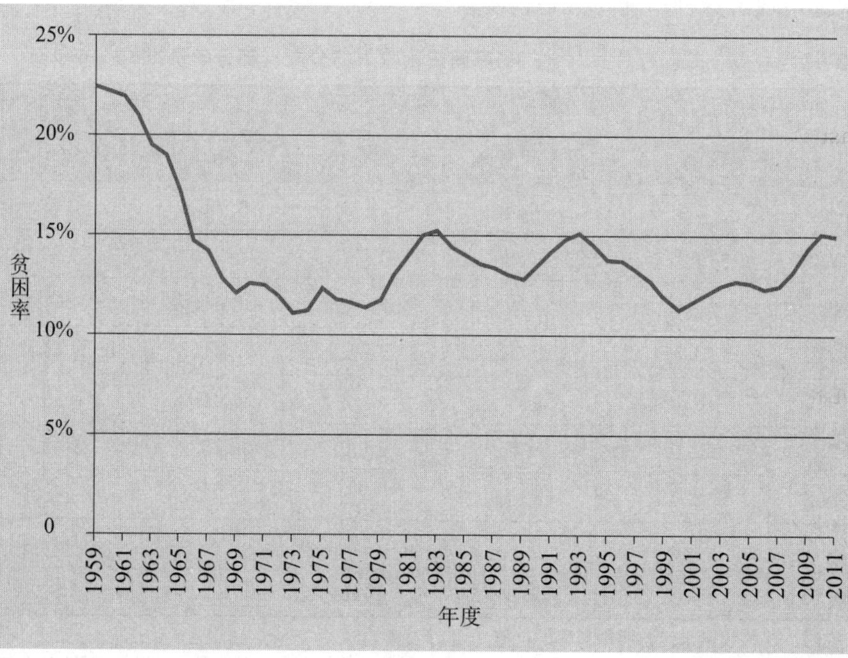

收入差距为什么如此之大？长期以来，这个问题一直是经济学研究的一个核心问题，至今仍没有得到解决。[①] 在美国以及其他西方国家，家庭收入不平等的最重要原因是户主（family heads）的工资差异。财产收入（利息、股息等）的差异只能解释一小部分收入不平等现象。这些发现虽然非常重要，但并不足以真正解释收入不平等现象——我们还必须说明造成劳动收入巨大差异的原因。劳动收入取决于很多因素，诸如体力、智力、努力程度、健康状况、教育、婚姻决策、种族和性别歧视状况、公共福利计划以及运气，等等。许多经济学家认为，近年来，造成不公平程度加剧的主要因素是教育的经济收益提高——由于像计算机广泛运用于工作场所这样的技术变化，受过高等教育的人比那些受教育程度低的人获得的收入高。但是，没有哪一个因素可以解释所有贫困状况。正像即将看到的，这种情况一直困扰着试图制定明智的收入再分配政策的人们。

① 霍恩斯等（Hoynes et al.，2006）分析了收入分配的各种决定因素。

□ 解释分配数据

美国人口普查局的收入分配和贫困率数据引起了公众的热烈讨论。然而，这些估计数据是有争议的。许多经济学家都同意这样的批判性评价："官方的衡量方法不符合现实。它没有弄清楚到底有多少穷人或他们需要多少。没有人真的会相信这些数据"（DeParle，Gebeloff and Tavernise，2011）。因此，了解用来构建这些数据的传统方法及其局限性很重要。

普查收入只包括家庭的现金收入　一个人在某一时期的收入，等于他在此时期消费和储蓄的总额（第 17 章更详细地讨论了收入的界定）。一个家庭的收入除了所获得的现金之外，还有**实物转让**（in-kind transfers）——以商品或服务的形式而非现金的形式支付给个人。官方的收入定义没有包含实物所得，可能导致对贫困率的错误估计。比如，设想一下，你所在的社区向穷人提供代金券，他们可以用这种代金券住本镇最好的旅馆，在最高级的饭馆吃饭，而官方的贫困率却不会有任何改变。虽然政府并没有给穷人提供奢侈品，但的确提供了食品券、低收入家庭的住房计划以及医疗保健补贴。根据美国人口普查局（US Bureau of the Census，2011b）的估计，如果把政府给予的各种非现金福利都包括在内，官方的贫困率会从 14.3%降低到 9.7%。

实物收入的一个主要形式是，成年人做家务的时间价值。官方数据忽略了单亲家庭与双亲家庭之间、双亲家庭中双方都在工作与只有一方在工作之间，在经济来源上的重大差异。耐用品也产生实物收入。最重要的例子是住房，住房为其业主不断提供住房服务，这些服务的价值等于该业主租用同样住房的成本。因此，如果一个家庭拥有一幢住房，每年能收 5 000 美元租金，那么，这 5 000 美元应包括在其收入中。这是有说服力的，因为在收入低于15 000 美元的家庭中，有 30%以上的家庭拥有住房（US Bureau of the Census，2011b）。

普查收入没有考虑税收　所有收入数据都是税前的。因此，所得税制从高收入家庭比从低收入家庭拿走的比例大这一事实，并没有在官方数字中反映出来。向穷人进行收入再分配的最重要的计划之一——劳动所得税收抵免（earned income tax credit，EITC)，就是通过所得税实施的（第 13 章会讨论该计划）。劳动所得税收抵免向低收入家庭每年转让近 600 亿美元，但这些转让在贫困统计中被忽略了。

普查收入是按年度衡量的　收入这个概念只有当在一定时期内衡量它时才有意义，但这个时间应当是多久，尚不清楚。按天或周来衡量收入是荒谬的，因为即使是一个富翁，在某个短时间内也可能分文未得。按年衡量收入流量会合理得多，官方数字也正是这样做的。但是，即使是按年度衡量，也未必能反映出一个人的真实经济状况。收入在不同的年份毕竟会有很大波动。从理论上说，一生收入也许较为理想，但估算一生收入会遇到许多实际问题。

虽然区分不同时期似乎有点学究气，但实际上这很重要。人在年轻时的收入往往较少，中年时的收入较多，但老年和退休后的收入又会变少。因此，一生收入相同但处于不同年龄段的人，年收入会不同。如表 12—1 和表 12—2 那样按年收入来衡量，比按更为合适的一生收入来衡量，显得较为不公平。与使用年度收入来衡量相比，使用较长时期的福利指标会使贫困家庭的比例降低三四个百分点（Jorgenson，1998）。

消费数据也许能更好地评价境况　官方的贫困率和收入分配数据都是基于收入估计的。有人认为，从观念上说，基于消费的衡量方法可能更好，因为人们的效用取决于消费而不是收入（Hagopian and Ohanian，2012）。这个问题很重要，因为消费和收入数据针对穷人的生活水平所展现出来的画面可能十分不同。例如，就拿单身母亲的消费支出和收入的分配来说，迈耶和沙利文（Meyer and Sullivan，2009）发现，最低5%收入阶层的消费水平比收入水平高出50%。低收入单身母亲的消费和收入为何如此不同？作者认为，这种差异在很大程度上是因为低估了收入，特别是遗漏了食品券补助和福利金等转移性收入。

类似地，基于收入而非消费来推断不平等状况的变化可能会导致误解。迈耶和沙利文（Meyer and Sullivan，2007）考察了20世纪90年代单亲母亲为户主的家庭的经济状况，他们发现，处于收入分配最底层的20%的家庭，收入下降约15%，而处于收入分配最高层的20%的家庭，收入上升约15%。这显然意味着不平等程度提高了。然而，消费趋势表明，收入分配最底层20%家庭的消费增加5%，与收入分配最高层20%家庭的消费增幅一样。也就是说，如果用收入分配最高层与最底层家庭之间的消费比例来衡量，不平等程度没有变化。

如何界定观察单位还尚不清楚 大多数人都是与别人一起生活的，至少在某种程度上共同作出他们的经济决策。收入分配应当按个人还是按家庭进行衡量？如果一起生活能省钱，这笔省下的钱应不应当算做个人的收入？例如，总收入为3万美元的两口之家，是否比收入为1.5万美元的单个人的境况好？虽然两个人的生活费不可能与一个人的生活费完全一样，但可能与一个半人的费用相同。倘若如此，这对夫妇的实际境况会好一些。但是，要找到正确的调整系数并非易事。在这方面，我们从表12—2看到有这样一类家庭，即“目前无丈夫的女性家庭”。然而，根据鲍曼（Bauman，1999）的计算，如果把在法律上不是家庭成员（如未婚同居者）的收入包括在家庭成员收入中，那么，在官方界定的穷人当中，大约有55%的人要被重新划定在贫困之外。

当家庭结构随着时间的推移而发生变化时，会出现一个相关的问题。当收入增加，让祖父母搬入自己的公寓，而不是与其成年子女同住时，会发生什么情况？这将产生一个新的经济单位，其收入水平相当低。如果用官方的统计方法来衡量，事情变糟了——平均收入下降，经济不平等程度提高。但是，这种新的生活方式想必使得所有相关的人境况都变得更好。

我们的结论是，虽然收入分配和贫困水平的衡量标准提供了一些有用的信息，但在解释它们时要小心谨慎，特别是在进行跨期比较时尤其如此。

收入再分配的理论依据

虽然收入分配无疑是不公平的，但是，人们对于政府是否应该采取再分配政策却颇有争议。本节就讨论在这个问题上的不同观点。

□ 简单功利主义

传统的福利经济学假设，社会的福利取决于其社会成员的福利。用代数来表述，如果社会中有 n 个人，第 i 个人的效用是 U_i，则社会福利 W 就是个人效用的某种函数 $F(\cdot)$[①]：

$$W = F(U_1, U_2, \dots, U_n) \tag{12.1}$$

式（12.1）有时被称为**功利主义社会福利函数**（utilitarian social welfare function），因为

① 这里的讨论忽略了因社会成员不能就社会福利函数达成一致意见所产生的问题，见第6章的“直接民主制”。

它与 19 世纪功利主义社会哲学家的观念有关。[①] 假定在其他条件相同的情况下，任何一个人的效用 U_i 增加，W 就会增加。任何变化，只要使某人的境况变好而不使任何人的境况变差，就会增加社会福利。

功利主义对政府是否应进行收入再分配持什么观点？答案简单明了，但不很翔实——只要能增加 W，就进行收入再分配。为了得到更具体的指导，让我们考察一下式（12.1）的一个重要特例：

$$W = U_1 + U_2 + \ldots + U_n \qquad (12.2)$$

这里的社会福利就是个人的效用之和，称为**加总性社会福利函数**（additive social welfare function）。

假定政府的目标是使式（12.2）中的 W 值最大化。有了这个社会福利函数，再加上几个假设条件，我们就能得到有说服力的结论。假定：

1. 人们具有相同的效用函数，且只取决于各自的收入。
2. 这些效用函数都表现出边际收入效用递减——随着个人收入的增加，他们的境况会变好，但变好的速度是递减的。
3. 可获得的收入总量是固定的。

根据这些假定条件和加总性社会福利函数，政府应该再分配收入，以实现完全均等。

为了证明这一点，假定社会只有两个人——彼得和保罗（可以很容易地将此论点推广到许多人的社会）。在图 12—2 中，横轴距离 OO' 表示社会可获得的收入总量，保罗的收入以 O 点向右的距离表示，彼得的收入以 O' 点向左的距离表示。这样，OO' 上的任何一点都表示保罗与彼得之间的收入分配。问题是找到“最佳点”。

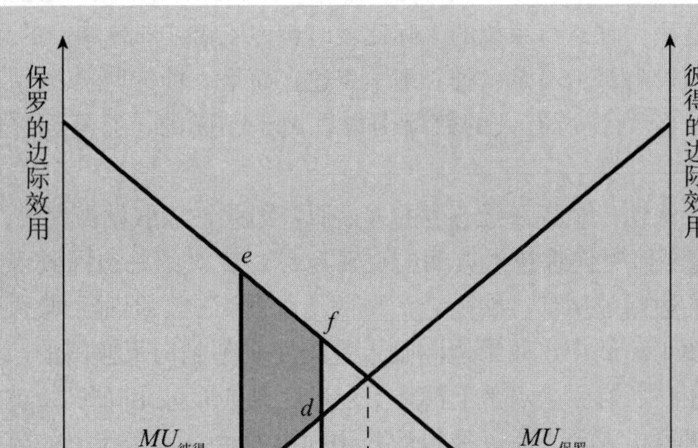

图 12—2　最优收入分配模型

说明：如果彼得和保罗的效用函数（仅取决于他们的收入）相同，如果该效用函数表现出边际收益递减，如果总收入是固定的，那么，当收入平分时，效用总和最大。

保罗的边际收入效用以 O 点向上的垂直距离表示。根据假定 2，把保罗的边际收入效用与其收入水平联系起来的曲线向下倾斜，记为 $MU_{保罗}$。彼得的边际收入效用以 O' 点向上的垂

---

① 实际上，功利主义假定社会福利就是效用之和，即式（12.2），但现在常用更为一般的表达式即式（12.1）来表述。

直距离表示，他的边际收入效用曲线记为 $MU_{彼得}$。（注意，沿横轴向左移动表示彼得的收入增加。）由于彼得和保罗具有相同的效用函数，因此，$MU_{彼得}$ 就是 $MU_{保罗}$ 的映像。

假定最初保罗的收入为 Oa，彼得的收入为 $O'a$。如果收入在保罗和彼得之间进行某种再分配，社会福利还能再提高吗？或者，效用总和还能增加吗？假定把 ab 数量的美元从彼得那里转移给保罗，显然，这使彼得的境况变坏，使保罗的境况变好。但是，关键的问题是，两人的效用之和会发生什么变化？由于彼得比保罗富有，彼得的效用损失会小于保罗的效用增加，因而，两人的效用之和会增加。从图形上看，每个人的边际收入效用曲线之下的面积都表示的是收入变化所引起的效用变化。把 ab 数量的美元分配给保罗，使其效用增加 $abfe$ 的面积。从彼得那里拿走 ab 数量的美元，使其效用减少 $abdc$ 的面积。因此，两人的效用之和增加了 $cefd$ 的面积。

同样的推理表明，只要收入不相等，边际效用就不会相等，两人的效用之和就能通过把收入分配给比较穷的人而增加。只有在 I^* 点，两人的收入、边际效用才相等，社会福利才能最大化。所以，政府应尽一切努力使收入均等。

这个结论的政策含义是惊人的，因而需要对其背后的那些假定进行仔细推敲。

假定 1　人们是否具有相同的效用函数根本无法确定。我们根本无从知道个人在消费物品中是否得到相同的满足程度，因为满足程度无法客观地度量。不过，对于这一假定，仍有两种可能的辩解。

第一，虽然无法证明人们是否能从等量收入中获得相同的效用，但这是一个合理的猜测。毕竟，如果人们外观特征如体重、身高等差别不是很大，为什么他们的效用函数就该不同呢？而且，正如诺贝尔经济学奖得主阿马蒂亚·森（Amartya Sen，1999，p. 358）所指出的，“如果不与其自身的思想和情感进行比较，就难以想象人们如何能理解其他人的思想和情感。这种比较也许不十分精确，但……在进行系统的人际比较时也许不需要非常精确的人际比较”。

第二，我们可以把该假设解释为不是一种心理学表述，而是一种伦理学表述。具体来说，政府在设计再分配政策时，应当把所有人的效用函数看做是相同的，而不管它们是否真的相同。

显然，这两种辩解都无法使一个持怀疑态度的人信服，因此，该假设仍存疑。

假定 2　另一个同样重要但更偏重技术方面的反对意见，针对的是边际收入效用递减的假定。虽然任何既定物品的边际效用都可能随着消费的增加而减少，但整个收入的边际效用是否也如此尚不清楚。在图 12—2 中，如果边际收入效用曲线不是向下倾斜的，结果就会大相径庭。假定边际收入效用在所有收入水平上都是不变的，则 $MU_{彼得}$ 和 $MU_{保罗}$ 就会成为同一条水平线。每当从彼得那里取走 1 美元时，彼得的效用损失会恰好等于保罗的效用增加。因此，他们的效用之和与收入分配无关，政府的再分配政策也就无法改变社会福利。

假定 3　这一假定意味着，社会的总收入（即距离 OO'）是固定的。这块馅饼的大小并不会因政府对其进行再分配而改变。但是，假定个人的效用大小不仅取决于收入，还取决于休闲。每个人为了使效用最大化，都要作出选择，应该放弃多少休闲（即选择工作多少）。旨在进行收入再分配的税收和补贴，一般都会改变人们的工作决策，减少实际收入总额。因此，目标在于追求效用总量最大化的社会，必然面临着进退两难的境地。一方面，它倾向于均等地分配收入，但另一方面，这样做又会减少可分配的收入总量。最优收入分配必须考虑到追求更公平的分配所付出的代价（实际收入的减少）。有些研究表明，这些代价是相当大的。库欣和迈克加维（Cushing and McGarvey，2003）分析了一个假想的从高收入者到低收入者的现金转移计划，并估计出，这项政策使受损者的福利损失是受益者的福利收益的 1.11～10.97 倍。不过，关于这个问题的研究仍处于形成阶段。

因此，即使效用函数相同假设成立，也不足以证明政府的分配政策应该以完全均等为目标。答案究竟如何，还要看收入再分配的方法及其对人们的行为有怎样的影响。

□ 极大极小准则

在功利主义框架中，社会福利函数的形式在决定恰当的政府再分配政策上起着至关重要的作用。到目前为止，我们考察了简单的加总性社会福利函数式（12.2），按此函数，社会对效用的分配漠然置之。如果一单位效用从一个人那里转移给另一个人，效用之和不变，那么按照定义，社会福利也不变。

其他功利主义社会福利函数并没有这一含义，从而产生的政策措施也不同。以下列社会福利函数为例：

$$W = \text{Minimum}\ (U_1,\ U_2,\ \cdots,\ U_n) \tag{12.3}$$

根据式（12.3），社会福利只取决于效用最低者的效用。这个社会目标通常被称为**极大极小准则**（maximin criterion），因为该目标是使效用最小的那个人的效用最大化。极大极小准则意味着，收入分配应该是完全公平的，除非偏离公平分配能使境况差的那个人的福利增加。举例来说，一个社会有一个富人彼得，他雇用了一个穷人保罗，政府对彼得征税，把征上来的收入给保罗。但是，彼得被征税后，减少了生产，解雇了保罗，而且，保罗从政府那里得到的收入低于他失去工作的损失。在这个假想的经济里，要满足极大极小准则，仍需允许有收入差距。

极大极小准则已经得到相当的重视，主要是由于哲学家约翰·罗尔斯（John Rawls，1971）断言，这一准则特别要求道德上的正当性。罗尔斯的论点立足于他的**初始状态**（original position）概念，这是一种虚构的情况，在这种情况下，人们对于他们在社会中处于什么位置并不清楚。罗尔斯认为，正因为人们不知道自己最终是富还是穷，所以，在初始状态下，人们对分配目标的意见是公正和公平的。于是，罗尔斯认为，在初始状态下，人们会采用极大极小社会福利函数，因为这个函数保证不会有灾难性的后果。人们都担心自己会处于收入分配的最底层，因而希望尽可能提高最底层人的收入。

罗尔斯的分析是有争议的。一个重要的问题是，人们在这种初始状态下所作出的决策，是否对道德上的正当性有更高的要求。人们的道德观和自私观为什么要在初始状态下被赋予特殊的道德意义？此外，就算罗尔斯的初始状态观点具有道德上的正当性，理性的自私行为也并不会明显导致极大极小准则。罗尔斯式的决策者是如此地厌恶风险，以至于他们不愿意冒任何风险。但是，如果有获得高收入的好机会，人们也许愿意冒一点有可能变得更穷的风险。

最后，批评者还指出，极大极小准则有某些特别的含义。费尔德斯坦（Feldstein，1976，p.84）曾说过下列情况："有一个新机会，能使境况最差的人的福利稍有增加，但除了个别人因此而成为极富有的人之外，几乎其他所有人的境况都明显变差。"由于只有境况最差之人的福利是最重要的，因此，极大极小准则表明，社会应该追求这种机会。但是，从直觉来看，这种做法似乎不得人心。

□ 帕累托效率的收入再分配

我们在讨论加总性社会福利函数和极大极小社会福利函数时，假定再分配使某些人的境况变好，而使另一些人的境况变差。从使所有人的境况都至少与现状一样好这个意义上说，再分配从来都不是一种帕累托改进，这是假设每个人的效用都只取决于其自身收入的结果。与此相反，设想高收入者是利他主义者，故他们的效用不仅取决于自己的收入，还取决于穷人的收入。在这种情况下，再分配实际上可以是帕累托改进。

假定（富裕的）彼得准备给（贫困的）保罗 1 美元收入，彼得从助人为乐中获得的满足可能超过其消费减少造成的损失。与此同时，假定保罗在收到这 1 美元后，效用增加。两人的境况都因为这一转让而得到改善。确实，效率要求，进行收入再分配直到使得彼得给保罗 1 美元而增加的效用，恰好等于彼得因消费减少而损失的效用为止。假定彼得要亲自进行这种收入转移很难，也许是因为他不知道谁是真正的穷人。于是，如果政府能无偿地替彼得进行这种收入转移，效率就会提高。

若正式地说，这恰恰是一个外部性问题。保罗的行为（他的消费）以市场之外的某种方式影响彼得的福利。一般来说，在这种情况下，政府有可能提高效率。把这种推理方法推向逻辑的极端，则收入分配可视为一种公共物品，因为每个人的效用都会受到不平等程度的影响。假定收入分配更加平等，每个人都会感到境况变好了。然而，没有一个人会愿意只有自己把收入转移给穷人。如果政府利用其强制力迫使每个富人向穷人再分配收入，经济效率就会提高。

虽然利他主义在人类行为中无疑具有重要作用，但不能因此说利他主义动机可以解释大部分政府的收入再分配计划。这种观点假定，如果没有政府强制，人们向穷人的捐赠就会低于效率数量。但是，也有人认为，如果人们真想帮助穷人，他们会这样做——每年几十亿美元的慈善捐赠便是明证。

还有一些理由可以说明，人们可能出于自身的利益而支持收入再分配。举例来说，人总有可能遇到某些无法改变的情况而变穷。收入分配政策有点像保险。当你较富裕时，以缴税的形式向现在的穷人支付“保费”；如果你遭遇不测，“保单”就会给你补偿，你将得到救助。政府应该提供一个安全网这种想法由来已久。早在 17 世纪，政治哲学家托马斯·霍布斯（Thomas Hobbes，1963/1651，pp. 303－304）就指出，“许多因意外事故而无法凭其劳动来维持生活的人，不应成为私人施舍的对象，而应由国家法律来保障提供其生存所需的必需品”。

此外，有人认为，收入分配计划有助于换取社会稳定。这种观点根植于这样的认识，即经济差距和社会不平等会导致社会动荡不安（International Labour Organization，2011）。但是，社会稳定与收入分配变化之间的联系并不十分清楚。有些社会评论家指出，至少在美国，收入分配一直不是重要的政治问题，也许是因为公民生性就强调个人主义（Kristol，1997）。

□ 非个人主义观点

到目前为止所讨论的各种收入分配观点，虽然含义各有不同，但都具有功利观。每种观点都认为，社会福利是个人效用的某种函数，而最优再分配政策的性质都源于这种社会福利函数。有些思想家探讨了这一问题，具体分析了与个人偏好无关的收入分配形态。比如，柏拉图曾认为，在一个良好的社会里，最富者与最穷者的收入之比最高不应超过 4∶1。与此密切相关的一个观点是，不公平本身是不可取的。例如，假定在低收入者的境况不变差的同时，高收入者的收入增加。标准的功利主义思想认为，这对于社会来说是件好事；而反对不公平的人会把它看成是一件坏事，这些人当中的许多人认为，收入平均分配是首要原则。[①]

一个不那么极端的建议是，只有特殊商品才应被平均分配，这种观点有时被称为**商品平均主义**（commodity egalitarianism）。在有些情况下，这种观点很有吸引力。大多数人认为，选举权应平均分配给所有人，如同战时某些基本食品的消费一样。其他类型的商品平均主义则争论较多。是所有美国儿童都应消费同样质量的小学教育，还是应允许某些家庭购买更多呢？每个人都应得到同样的医疗保健吗？显而易见，要限定那些“特殊”商品的范围是很难的。

有趣的是，与商品平均主义很相似的一种情况可根据传统的福利经济学来找到理论依据。假定亨利关心凯瑟琳的福利，具体来说，亨利的效用不仅取决于他自己的收入，还取决于凯瑟琳的食品消费水平，但不取决于凯瑟琳的收入（这也许是因为亨利不赞同凯瑟琳消费其他商品）。这样，凯瑟琳的食品消费实际上产生了一种正的外部性。根据第 5 章阐明的逻辑，如果对凯瑟琳的食品消费进行补贴，或者直接向她供应食品，效率就可能提高。总之，当捐赠者关心受捐赠者对某些商品的消费时，利用这些商品进行收入再分配的政策，就可以被视为纠正外部性的一种办法。

□ 其他考量

过程与结果　上述种种观点都想当然地认为，个人收入是一种共同财产，只要“社会”认为恰当，就可以进行再分配，而没有注意到初次分配的决定过程或再分配的程序是否公平。与此相反，有人认为，收入的公平分配是由分配的过程决定的。比如，在美国，一种流行的看法是，如果人人都有“公平的机会”（以某种方式定义的），那么，不管收入分配的具体情况如何，其结果一定是公平的。因此，如果产生收入的过程是公平的，政府就没有必要进行收入再分配。

沿着这一思路，哲学家罗伯特·诺齐克（Robert Nozick，1974）反对用功利主义原则为收入分配的变化来辩护。他指出，“社会”应该如何再分配其收入这个问题没有意义，因为“社会”本身并无可供分配的收入。只有“人”才有收入，政府再分配活动的唯一可能理由是，财产占有格局有些不合理。诺齐克的研究方法把重点从寻找“好”的社会福利函数，转移到寻找一组“好”的社会治理规则上。问题在于如何评价社会过程。抛开过程所产生的结果，就很难评价过程。如果一组“好”的规则总是形成不可取的结果，能说这些规则是好的吗？即便如此，有人还是认为，市场产生的收入分配实际上与传统的正义观念相符：“市场就是奖酬努力工作、勤奋、诚实、节俭等等，这与大多数正义概念相一致……问题……不在于市场分配是完全公正的，而在于涉及的面广，它很可能比其他方式更接近大多数人的正义观念”（Browning，2002，p. 511）。

流动性　反对政府实行再分配政策的另一种观点是，在有充分的社会流动性的情况下，收入分配不再具有特殊的伦理意义。假定处于收入分配最底层的人（或其子女）在将来能位居较高的经济阶层，同时其他一些人至少相对而言会降下来，那么，即使收入分配统计在相当长的时期内保持相对不变，也掩盖了收入分配内部相当大的变动。即使处于最底层的人相当穷困，如果他们的境况会随着时间的推移而改变，那也不会成为重大的社会问题。有趣的

① 这个观点比罗尔斯的观点强硬得多，罗尔斯认为，只要能提高境况最差者的福利，就允许有不平等存在。

是，这种观念似乎与关于人们对收入再分配的态度的调查情况相一致。倘若他们意识到有机会向社会上层爬，那么，即使比较贫穷的人也会说，他们不支持收入再分配政策（Alesina and La Ferrara，2005）。

对于收入流动性问题，目前已有一些研究成果。根据奥滕和吉（Auten and Gee，2009）的计算，处于收入分配最底层的20%的纳税人，在十年间大约有一半的人上升到更高的收入阶层。关于代际的收入流动性，也有一些证据。赫茨（Hertz，2006）发现，在20世纪60年代末处于收入分配最底层的20%家庭的儿童，到了20世纪90年代他们成年后，有近60%的人步入了较高的收入阶层。显然，美国不是一个等级森严的社会。另一方面，也许社会流动性还不够，不足以使功利主义者相信收入不平等是不重要的。

腐败 支持再分配的一种观点是，极端的不平等会破坏法律、政治和监管制度。除非产权得到妥善保护，否则一个社会就无法实现经济繁荣。这是因为，增长需要投资，而如果人们担心其财产会被其他人或政府拿走，他们就不会投资。极端不平等成为再分配政策的一个理由，原因在于，如果一些人比另一些人富得多，他们也许就能用钱去贿赂法院和政治程序，从而对他人强取豪夺而不受惩罚。俞和卡格拉姆（You and Khagram，2004）发现，各国的不平等程度与腐败之间存在正相关关系。格莱泽、施可曼和施莱弗（Glaeser，Scheinkman and Shleifer，2003）发现的一些证据表明，在法治相对薄弱的国家（如东欧转型经济国家），不平等的确有损于经济增长。

支出归宿

现在，我们从政府是否应当进行收入再分配的讨论，转向对政府现实再分配计划效果评估问题的分析。支出政策对实际收入分配的影响称为**支出归宿**（expenditure incidence）。政府既通过税收政策影响收入分配，也通过支出政策影响收入分配（把税收方面的讨论放到第14章）。由于下列原因，支出归宿难以确定。

□ 相对价格效应

假定政府决定对低收入者的住房消费实行补贴，这对收入分配有什么影响？首先可以推测的是，获得补贴的人得益，而纳税的人受损。如果纳税人的收入比受补贴者的收入高，收入分配变得更为公平。

遗憾的是，这个简单的说法会使人误入歧途。如果补贴致使穷人要求更多的住房，补贴前的住房成本可能会上升。这样，受补贴者并不能享受全部补贴，房东分得了其中的一部分。但是，单从理论上看，根本无法确定房价究竟会被抬高多少。正如第14章将要说明的那样，这取决于住房供求曲线的形状。

住房补贴计划也会影响房屋建筑投入品供给者的收入。建筑行业工人的工资会提高，建筑材料的价格也会上涨。如果这些投入品的所有者属于中上收入阶层，住房补贴就会使收入分配更加不公平。

更为一般地说，任何政府计划只要引发价格的连锁变化，都会影响商品消费者和投入品供给者的收入。在其他条件相同的情况下，提高你所消费物品的相对价格的支出计划，会使你的境况变差；同理，提高你所供给要素的相对价格的支出计划，会使你的境况变好。问题在于，很难追踪一项具体政策所造成的所有价格变动。经济学家从实际出发，通常假定一项既定政策只有益于接受者，其他价格变动对收入分配的影响很小。在许多情况下，这也许是一个合理的假设。

□ 公共物品

大量的政府支出用于公共物品，即那些可由多人同时消费的物品。正如第 4 章所指出的，市场并不强迫人们表露他们对公共物品的评价。但是，如果不知道每个家庭对公共物品的评价，该如何确定公共物品对收入分配的影响？2011 年，政府的国防支出超过 7 050 亿美元。这使每个家庭的实际收入增加了多少美元？每家的获益相同吗？如果不同，穷人的得益比富人多还是少？

确切回答这类问题是不可能的。不幸的是，基于同样似乎有理的假定所得到的各种答案，具有非常不同的含义。张伯伦和普兰特（Chamberlain and Prante，2007）利用两种不同的假定，研究了像国防这类公共物品的支出分配：（1）一个家庭的受益份额与其财富成正比；（2）每个家庭的受益份额相等。在假定（1）之下，收入最高层 20%的人获得政府公共物品总支出的 27%；而在假定（2）的情况下，该收入阶层只获得公共物品支出的 17.1%。结果显然对这些假定极为敏感。

□ 实物转让评价

在过去的几十年里，农业部（Agriculture Department）向穷人发放的剩余奶酪、黄油和奶粉超过 30 亿磅。剩余食品计划只是实物转让政策的一个例子。我们常常把实物转让看成是针对低收入个人的，如食品券、医疗补助以及公共住房等。但是，中上收入阶层也是实物转让的受益者，教育就是一例。

与纯公共物品不同，实物转让并非每个人都能消费。尽管如此，也难以估计它们对受益者的价值。一个方便的假定是，政府用于实物转让 1 美元，相当于受益者的收入增加 1 美元。不幸的是，受益人不一定以一比一的方式来评价实物转让。

为了弄清这一点，假定布瑞娜是一个典型的福利计划受益者，她将月收入 300 美元用于购买奶酪和“所有其他物品”。奶酪的市场价格为每磅 2 美元，“所有其他物品”的市场价格是每单位 1 美元。在图 12—3 中，布瑞娜消费的奶酪用横轴表示，消费的所有其他物品用纵轴表示。布瑞娜的预算约束线是 AB。[①] 假定布瑞娜追求效用最大化，她消费的商品组合是 E_1，由 260 单位的其他物品和 20 磅奶酪组成。

现假定政府每月向布瑞娜提供 60 磅奶酪，并规定不得在市场上倒卖。政府实施的奶酪计划使布瑞娜的境况发生怎样的变化？不管所有其他物品的消费处于什么水平，布瑞娜现在可比以前多消费 60 磅奶酪。从图上看，她的新预算线比原 AB 线向右位移 60 单位，得到 AFD。在预算约束为 AFD 的情况下，她所能达到的最高无差异曲线是图 12—3 中的曲线 U，它与预算约束线在拐点处相切——在 F 点，布瑞娜消费的奶酪为 60 磅，所有其他物品的消费量为 300 单位。

---

① 有关构建预算线的详细内容，见本书末的附录。

图 12—3　实物转让比现金转让产生的效用水平低

说明：60 磅奶酪的实物转让给出布瑞娜的预算约束线 *AFD*，其效用最大化的消费组合为 *F*。市价相同的现金转让（120 美元）给出布瑞娜的预算约束线 *HD*，其效用最大化的消费组合为 E_3。因此，实物转让比现金转让产生的效用低。

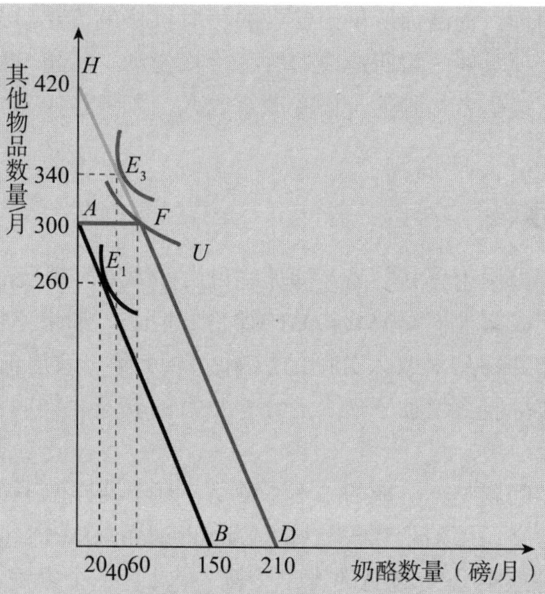

与原来的消费组合相比，布瑞娜消费的奶酪和所有其他物品都增加了。由于政府免费向她提供奶酪，布瑞娜可以把她本来用于买奶酪的钱用于购买更多的所有其他物品。

现假定政府发给布瑞娜的不是 60 磅奶酪，而是与 60 磅奶酪市价相当的现金 120 美元（＝60 磅×2 美元/磅）。增加的这 120 美元收入，使其新预算线比原来的 *AB* 线在每个点恰好都高出 120 单位，如图 12—3 所示的 *HD* 线。请注意，现金转让能使布瑞娜沿线段 *HF* 进行消费。这样的机会在奶酪计划下是没有的，因为政府不允许布瑞娜用给她的奶酪换取其他任何物品。

面对预算线 *HD*，布瑞娜的效用最大化点是 E_3。在该点，她消费 340 单位的所有其他物品、40 磅奶酪。比较 E_3 点和 *F* 点，可以得出如下结论：(1) 同奶酪计划相比，布瑞娜在现金转让计划下消费的奶酪少、消费的所有其他物品多；(2) 就改善布瑞娜的境况来说，价值 120 美元的奶酪比不上 120 美元的收入，原因在于 E_3 点比 *F* 点所在的无差异曲线高，现金转让使她的境况变得更好。直观地说，奶酪计划的问题在于，它迫使布瑞娜消费全部 60 磅奶酪，但她更愿意卖掉一部分奶酪，并用这笔收入来购买其他物品。

实物转让是否总不如等价的现金转让？不一定。图 12—4 描绘了吉瑞的情况。他的收入与布瑞娜一样，因而所面临的预算约束线是相同的（奶酪计划实行前为 *AB*，实行后为 *AFD*）。但是，吉瑞有不同的偏好，因而有一组不同的无差异曲线。在补贴前，他的最大效用点是 E_4，消费 136 单位所有其他物品和 82 磅奶酪。补贴后，他消费 168 单位所有其他物品和 126 磅奶酪。由于奶酪补贴计划已使他在 *HD* 线上找到最偏好的点，所以现金转让计划不会使吉瑞的境况变得更好。由于吉瑞愿意消费超过 60 磅的奶酪，因而，要求他至少消费 60 磅奶酪的限制对他没有不利影响。

因此，实物转让的价值是否就比直接收入转让的价值低，还很难说。最终，答案必须通过经验分析来寻找。比如，一项研究估计，以食品券形式（只能用于购买食品的凭证）获得 1 美元，仅相当于以现金形式获得 80 美分（Whitmore，2002）。

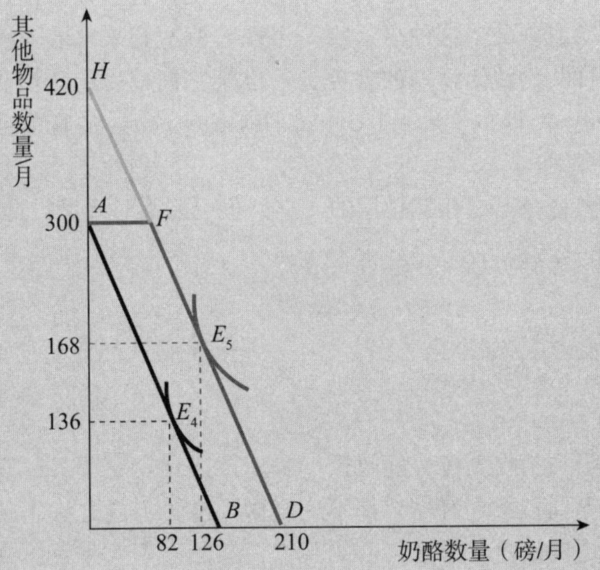

图 12—4　实物转让与现金转让产生的效用水平相同

说明：给定吉瑞的无差异曲线，实物转让与现金转让产生的效用水平相同。

实物转让计划的另一个问题是，它往往需要大量的管理成本。在上述的奶酪计划中，奶酪的储藏、运输和配送等都会有成本（这些成本确实很大，有些社区不愿参与这一计划）。同样，如果受益人直接拿到支票而非食品兑换券，食品券计划的管理成本就可能降低。

□ 实物转让的理由

我们将在第 13 章看到，涉及食品、住房、医疗保健等的实物转让计划，在美国收入维持政策中起着重要的作用。如果从受益者的角度来说，实物转让计划没有现金转让计划的好处大，而且需要更多的管理成本，那么，我们该如何解释它们的存在？有许多可能的解释。有些解释与前面讨论的规范问题有关。尤其是在分配政策中，商品平均主义是一个发挥重要作用的因素。比如，美国国会曾经明确宣布，国家的目标之一是：“每个美国家庭都拥有体面的住房和舒适的生活环境。”请注意，这一目标与下列目标是有区别的：“每个美国家庭都拥有足够的收入，如果他们愿意的话，都可以住进体面的住房。”

此外，实物转让也许有助于扼制福利欺诈行为。到目前为止的讨论都假定，在辨别谁有资格谁无资格获得转让时，不存在任何问题。但实际上并非如此，不具有资格的人有时也能受益。实物转让有可能阻止不具备资格者的申请，因为有些中产阶级很愿意撒谎来骗取现金，但不愿意撒谎来骗取他们实际上不想要的实物。如果商品（比如公共住房计划中的一套公寓）难以转售，则更是如此。同理，为福利受益者制造种种麻烦（比如排队、填写一大堆表格），也会阻止那些并非“真正贫困”的人去申请。因此，这里有一个权衡取舍问题：一方面，比起价值 500 美元的公共住房，一个穷人更喜欢 500 美元现金；但另一方面，如果实物转让能减少欺诈，更多的资源就会流向真正需要它们的人。但是，许多人认为，政府为福利受益者所设置的管理障碍，已经超过了其最优程度。例如，在 2003 年，布什政府提议，要获得学校的免费午餐，学生必须提供其家长的收入足够低的证据，诸如工资单。一些观察家认为，这对孩子来说是一种不公平的负担。

最后，实物转让之所以在政治上具有吸引力，是因为它们不仅帮助了受益者，也帮助了那些实物的生产者。一项增加住房需求的转让计划有益于建筑业，该行业愿意支持赞成这一计划的政治联盟。同理，农业利益集团一直是食品券的狂热支持者。几年前，俄勒冈州要求许可福利接受者将食品券转换成现金，这种想法刚一出现，就遭到来自农业各州的国会议员的反对。同样，具体实施各种实物转让计划的公务员，也是它们幕后的政治支持者，比如住房和城市发展部（Department of Housing and Urban Development）的官员强烈反对以现金补助逐渐取代福利性住房的提案。

上述这些对实物转让的解释并不是相互排斥的，它们很可能都对政策设计产生影响。

结论

对于政府是否应该采取明确的收入再分配政策，我们广泛地考察了各种观点。这些不同观点从主张机械式的完全均等到主张政府什么都不应当做，意见分歧之大不足为奇。确立一个分配目标，无异于对什么是良好社会形成自己的观点，必然会引起争议。最优分配理论是规范性的，而不是实证性的。我们将在第 13 章看到，任何统一的规范理论是否能将美国收入分配的现实做法合理化，尚不清楚。

小结

● 贫困的程度难以衡量。政府的官方贫困数据存在着一些问题，包括：(1) 只包括现金收入；(2) 没有考虑税收；(3) 按年度收入来衡量；(4) 没有考虑家庭构成的变化。

● 如果 (1) 社会福利是相同效用函数之和且效用函数仅取决于收入，(2) 收入的边际效用是递减的，且 (3) 收入总量是固定的，那么，收入就应当均等地分配。这些假定条件是非常严格的，如果放宽条件，会得到非常不同的结果。

● 极大极小准则表明，最佳收入分配是使效用最低之人的效用最大化。这一命题在伦理上的合理性受到质疑。

● 收入分配也许像公共物品——每个人都能从收入的均等分配中获得效用，但政府必须强制实行再分配。如果一种转让没有使任何人的境况变差，就产生了帕累托效率再分配。

● 收入分配的其他观点不同意功利主义框架。有人认为，收入，或至少是某类物品，应当均等地分配，这是首要原则。另一些人认为，只要收入分配的过程是“公正”的，收入分配结果就是无关紧要的。

● 政府计划可以改变相对价格，使某些人受益，使某些人受损。而要追踪所有价格的变化，无疑困难重重，因此，经济学家一般只关注直接受到影响的市场价格。

● 由于人们并不表露他们对公共物品的评价，因此难以确定这些公共物品是如何影响实际收入的。

● 许多政府计划提供物品和服务（实物转让）而不是现金。在法律上，接受者不能出售这些获得的物品和服务。如果接受者不愿意消费那么多数量，实物转让的价值就低于其市场价格。

● 实物转让计划的盛行或许应归因于家长主义、商品平均主义、管理上的可行性或政治上的吸引力。

讨论题

1. “我不介意非常富有的人有多富。我在乎的是他们是否以不道德的方式变富，或者他们是否以某种特别粗俗或令人厌恶的方式使用他们的财富……我不会关心他们是否失去财富或财富被税收拿走了……我也不关心他们是否还持有这些财富……但我真的觉得赤贫者的贫困讨人嫌……在我看来，这种状况值得我们给予极大关注。我认为，目前强调的收入不平等，转移了国家对这种状况的注意力”（Stein，1996，p. A14）。你同意这种说法吗？它是否与功利主义相一致？

2. 假定只有两个人——西蒙与夏丽蒂，分割 100 美元的固定收入。对西蒙而言，边际收入效用为：

$$MU_s = 400 - 2I_s$$

对夏丽蒂而言，边际收入效用为：

$$MU_c = 400 - 6I_c$$

式中，I_s和I_c分别是西蒙和夏丽蒂的收入额。

a. 如果社会福利函数是加总性的，最优收入分配是什么？

b. 如果社会只重视夏丽蒂的效用，最优收入分配是什么？如果社会只重视西蒙的效用，最优收入分配又是什么？请评论你的答案。

c. 最后，如果西蒙和夏丽蒂的边际收入效用都是常数：

$$MU_c = 400 \qquad MU_s = 400$$

你的答案会如何改变？请对此进行评论。

3. 俄罗斯总统普京最近提出，以每月 20 美元到 120 美元不等的现金补贴，取代像免费公共交通、政府员工的免租金住房等实物补贴。此建议一出，俄罗斯人怨声载道，因为现金补贴不够。一则报道问：“这笔额外津贴值几何?”(Chivers，2004)。利用无差异曲线分析说明，如何将实物补贴转变为现金补贴而让人们的境况保持不变。

4. 美国人口普查局最近创建了一个新的贫困补充标准，把贫困线界定为最穷的 1/3 人口花在食品、衣服、住房和公用事业上的钱数。记者罗伯特·萨缪尔森（Robert Samuelson，2010）提出了以下思想实验（thought experiment）：假设所有美国人明天的收入都翻了一番，并假设他们在食品、衣服、住房和公用事业上的支出也翻了一番。根据这一新的补充标准，贫困人口数量会发生什么变化？你觉得这是一个可取的标准吗？

5. 在过去的 30 年里，低收入移民不断涌入美国。这对本章所讨论的各种分配和贫困衡量方法将产生怎样的影响？

6. 把收入从中产阶级转移给穷人和富人的政府计划，会得到具有极大极小社会福利函数的人的支持吗？

7. 假定一个经济体由林恩和乔纳森两个人组成，他们的效用水平分别为U_L和U_J。

a. 假定社会福利函数是：

$$W = U_L + U_J$$

判断对错：社会对于给予林恩 1 美元和给予乔纳森 1 美元是无差异的。

b. 但现在假定社会福利函数是：

$$W = U_L + 8U_J$$

判断对错：社会对乔纳森的幸福感的评价高于对林恩的幸福感的评价。

c. 现假定社会福利函数是：

$$W = \min\,[U_L,\ U_J]$$

判断对错：在这个社会里，最优收入分配是完全均等。

8. 看一下图 12—3 的实物转让模型。假定奶酪的接受者转卖奶酪是违法的，不过，存在着黑市，每磅奶酪可以卖 1 美元。请说明黑市的存在对这个人的预算约束会产生怎样的影响，会使她的境况变好吗？

9. 谢丽的效用是U_S，她的收入是Y_S。玛莎的效用是U_M，她的收入是Y_M。假定情况如下：

$$U_S = 100Y_S^{1/2}$$

$$U_M = 100Y_M^{1/2} + 0.8U_S$$

给出帕累托效率再分配的定义，并解释该概念在这种情况下为什么是重要的。假定谢丽和玛莎最初都有 100 美元收入，又假设社会福利函数是加总性的。如果从玛莎那里拿走 36 美元并给予谢丽，社会福利会发生怎样的变化？

第 13 章

扶贫支出计划

按每个人的所需来分配。

——《圣经·使徒行传》第 4 章第 35 节

美国人在政府应当帮助穷人这一点上具有强烈的共识，但应当采取怎样的方式予以帮助，争议颇大。本章讨论美国旨在帮助穷人的主要支出计划。

福利支出概览

在美国，“福利”是由主要向低收入者提供救济的几十项计划组成的。这些计划是**根据经济情况调查结果确定**（means-tested）的——只有那些经济状况低于一定水平的人才能获得救济。2009 年，联邦政府根据经济情况调查结果确定的援助，约占国内生产总值（GDP）的 5.1%，现金援助占援助总额的 18.3%（Spar，2011）。政府转让计划的增长主要是实物援助的增长。1968 年，现金援助在全部联邦政府按经济情况调查结果确定的援助中占到了 44%，现在仅占到总额的 18%（Spar，2006 and 2011）。自 20 世纪 80 年代初以来，接受者的构成也发生了变化。按比例来说，老年人、残疾人和没有孩子的家庭比以往获得了更多的援助，而单亲家庭和双亲家庭获得的援助下降了（Moffitt and Scholz，2009）。

从表 13—1 中可以看出实物转让的重要性，本表列示了联邦政府的各类福利支出计划。虽然该表给出了充分的总体情况，但它并不是一个全面的联邦“贫困预算”。这是因为，有些计划表面上不具有再分配性质，但最终把数量相当大的款项转移给了穷人。社会保障通常被认为是一种保险计划，而不是分配计划（见第 11 章）。但是，社会保障金是 20%的接受者的唯一收入来源。同样，穷人也获得一些失业保险金和退伍军人养老金。此外，许多生活在贫困线以上的家庭，也能从扶贫计划中获得一些援助。例如，在获得补充营养援助（“食品券”）的家庭中，大约有 15%的家庭位于贫困线以上（US Department of Agriculture，2011）。

表 13—1　　联邦政府根据经济情况调查结果确定的主要项目支出（2009 年，十亿美元）

项　目	联　邦
医疗	319.3
现金援助	129.6
食品补助	77.5
住房	59.9
教育	58.2
社会服务	44.3
能源补助	10.3
就业和培训	8.6

说明：2009 年的支出可能暂时比较高，这是因为 2009 年 2 月出台了经济刺激法案——《美国经济复苏与再投资法案》（ARRA），导致支出增加。到目前为止，根据经济情况调查结果确定的计划中，穷人医疗保险是最大的一项。

资料来源：Spar（2011，p. 9）.

贫困家庭的暂时援助

1935—1996 年，政府的主要现金转让计划是**抚养未成年人家庭的援助**（Aid to Families with Dependent Children，AFDC）。顾名思义，这项计划的重点是有未成年子女的家庭，而且，一般来说，只有父母一方不在的单亲家庭才符合条件。它由联邦政府和州政府共同管理。每个州自行确定本州的救济水平及资格标准，只要遵守联邦政府的大政方针即可。联邦法律规定，一个人每获得 1 美元的收入，就相应减少 1 美元的抚养未成年人家庭的援助额，但有些小额收入不受此限。

1996 年，美国通过了《个人责任与工作机会协调法案》（Personal Responsibility and Work Opportunity Reconciliation Act），废除了抚养未成年人家庭的援助。这项立法产生了一个新的福利计划，即**贫困家庭的暂时援助**（Temporary Assistance for Needy Families，TANF）。贫困家庭的暂时援助主要包括下列内容[①]：

● 无应得权益。在抚养未成年人家庭的援助制度之下，任何人只要其收入低于某一特定水平并满足其他特定条件，就有权无限期地获得现金补助。贫困家庭的暂时援助废止了抚养未成年人家庭的援助以及这种现金应得权益。贫困家庭的暂时援助中的“暂时”（T）强调的是，现在可获得的现金补助只是暂时或临时性补助。目前，每月大约有 400 万个家庭获得贫困家庭的暂时援助补助。

● 时间限制。一般来说，每个人获得现金补助不能超过 5 年（虽然各州可允许高达 20% 的申请者不受此规定的限制），各州也可以视情况而设置更短的时间限制。

● 工作要求。如果至少有 50% 的单身母亲受助者和 90% 的双亲家庭没有正在工作或准备工作，那么，该州就会受到财政处罚。

● 对各州的固定拨款。在抚养未成年人家庭的援助之下，联邦支出没有固定限额；而在贫困家庭的暂时援助之下，各州从联邦政府获得一笔拨款，用于福利支出，这笔拨款的规模是预先确定的。各州利用该拨款（再加上其自有资金）来实施其认为适当的福利计划。目前，

① 更为详细的内容，请参阅斯帕的著述（Spar，2006）。

各州几乎完全控制着其福利制度的结构，包括哪些家庭需要资助。州政府可以用其拨款支付现金补助、职业培训计划、消除少女怀孕和鼓励结婚计划等。（但是，各州不能放宽上面提到的工作要求和支付限制。）

● 福利补助减少比例。各州拥有福利计划制度控制权的必然结果是，当福利接受者取得了收入时，各州能决定减少多少补助。回想一下，在抚养未成年人家庭的援助制度下，补助减少比例（大致）是1比1——收入每增加1美元，补助就减少1美元。有几个州仍然实行这种政策，而其他各州则修改了这项规定。有些州的福利补助减少比例比较大。例如，在内布拉斯加州，收入每增加1美元，补助减少80美分。相反，在伊利诺伊州，减少比例只有33.3%。加利福尼亚州规定，福利接受者每月的收入在225美元之内，不减少福利补助；在月收入超过225美元之后，收入每增加1美元，就减少福利补助50美分。各州不仅在有效税率上有别，在支付给无收入家庭的福利补助上也不同——就拿三口人的单亲家庭来说，亚拉巴马州是215美元，缅因州是1 023美元。总之，目前，福利接受者的收入受到各种各样的政策约束（Office of Family Assistance，2012）。

收入维持与工作激励

福利是否会降低工作努力，增加对政府的依赖程度，这一问题多年来一直是福利政策讨论的主要话题。本节将讨论贫困家庭的暂时援助如何影响接受者的工作决策。

□ 基本取舍关系

如果我们对贫困家庭的暂时援助计划的复杂内容进行归纳，就可以用两个变量来描述一个州的政策特征。第一个变量是基本补助（G），即一个人没在工作而获得的补助。第二个变量是补助减少比例（t），即当接受者赚取收入时补助减少的比例。例如，假定某个州每月向福利接受者提供300美元，而此人每赚取1美元收入，补助就减少25美分。于是，$G=300$，$t=0.25$。如果一个人挣500美元，那么他的补助就减少125美元（$=0.25\times500$美元），给他的补助为175美元，总收入是675美元。请注意，补助减少比例实际上是对收入课征的一种税，这就是为什么我们要用t来表示它。还需注意的是，福利接受者的收入高到超过某一点时，他就不能再领取任何福利。在这个例子中，当他的收入达到1 200美元时，补助减少额恰好等于他的基本福利支付额。超过了这一点，t就不再适用，因为他的补助已经为零。

如果用代数来表示，所获得的补助（B）与基本补助额、税率和收入水平（E）相关：

$$B=G-tE$$

当$E=\frac{G}{t}$时，或者E更高时，补助就为零（$B=0$）。

这两个等式凸显出收入维持制度设计时所面临的主要困惑。第一个等式告诉我们，在该计划的成本既定的情况下，基本补助额越大，税率就必须越高。也就是说，具有良好工作激励的制度（t的值较低）对那些不能工作的人提供的补助较少。第二个等式告诉我们，在基本补助额既定的情况下，税率越低，补助为零时的收入水平越高。但是，随着补助为零时的收入水平的提高，有资格享受福利的人数也增多，也会增加福利制度的成本。

□ 工作激励的分析

用于个人在休闲与收入之间选择的无差异曲线分析，也是分析贫困家庭的暂时援助如何影响劳动供给的一个有用方法。以玛杰为例，她正在决定每月要有多少时间用于工作，多少时间用于我们称为休闲的非市场活动。在图 13—1 中，横轴表示用于休闲的小时数。玛杰即使不工作，她能消费的休闲时间也有一个上限，因为一个月只有那么多时间。这个小时数被称为**时间禀赋**（time endowment），用图 13—1 中的距离 OT 表示。我们假定，没有用于休闲的所有时间，都用于工作。因此，横轴上的任何一点同时都表明了休闲时数和工作时数。例如，在 a 点，Oa 小时用于休闲，Oa 与时间禀赋 OT 的差额 aT 表示工作的时数。

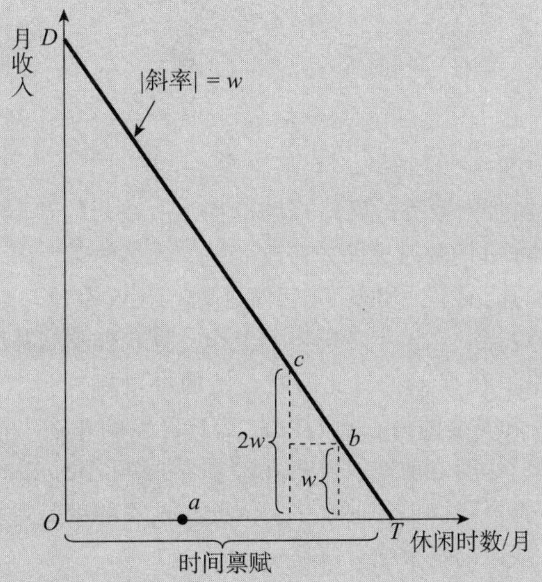

图 13—1 休闲与收入选择的预算约束

说明：玛杰的预算约束表明了其休闲时数和收入之间的取舍关系。在没有福利的情况下，如果玛杰根本不工作，则她的收入就为零（由 T 点表示）。她每工作 1 小时，获得的工资率是 w 美元。

第一个问题是要说明，用纵轴表示的玛杰的收入如何随着其工作时数的变化而变化。假定她的小时工资是 w 美元，同时假定，眼下还没有福利补助。于是，她工作任何时数所得的收入，就是 w 美元与工作时数的乘积。例如，假设玛杰完全不工作，如果劳动是其唯一的收入来源，则她的收入就为零。这种不工作与零收入的选择由 T 点表示。

如果玛杰每周工作 1 小时，那么她的休闲消费就等于其时间禀赋减去 1 小时。在横轴上，这一点就是从 T 向左移 1 小时。她工作 1 小时的总收入为 w 美元，1 小时工作与 w 美元总收入的组合用 b 点表示。如果玛杰工作 2 小时，即从 T 向左移 2 小时，她的收入总额为 $2w$ 美元，用 c 点表示。如果继续计算与每一工作时数相对应的收入，就能画出玛杰的所有休闲与收入的可能组合点的轨迹，即直线 TD，其斜率的绝对值是工资率。TD 与通常分析两种物品间选择时的“预算约束线”相似（见本书末的附录），只是这里的两种物品分别为收入和休闲。休闲 1 小时的价格是其机会成本（该小时没有工作而放弃的收入），正好是工资。

要想确定玛杰在 TD 上的选择，需要知道她的偏好。在图 13—2 中，重新画出预算约束线 TD。假定对休闲和收入的偏好可由正常的凸向原点的无差异曲线表示。在图 13—2 中，这三条曲线分别标为 i、ii 和 iii。玛杰选择 E_1 点时，其效用最大化；在该点，她的休闲时数是 OF，工作时数是 FT，劳动收入是 OG。

图 13—2 效用最大化的收入和休闲选择

说明：玛杰选择 E_1 点时效用最大化，此时她工作 FT 小时，收入为 OG。

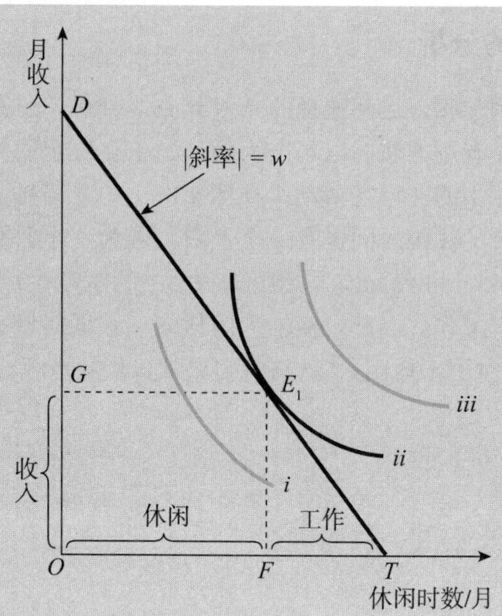

现在假定，玛杰有资格参加贫困家庭的暂时援助，且她所在州的基本补助额是每月 100 美元，隐性税率是 25%。贫困家庭的暂时援助如何改变她的预算约束？图 13—3 说明了这种情况。如前所述，在没有福利的情况下，玛杰工作 FT 小时，收入为 OG。在有贫困家庭的暂时援助的情况下，一种选择是 Q 点，在该点，玛杰不工作，且获得福利补助 100 美元。如果玛杰工作 1 小时，她从雇主那里获得 w；与此同时，她的补助额减少 $1/4w$，但仍然多出 $3/4w$。因此，我们得到预算约束线上的另一点 U，它位于 Q 点的左边 1 小时、Q 点之上的 $3/4w$ 处。同理，玛杰在工作 VT 小时之前，一直获得 $3/4w$ 的实际小时工资；在她工作满 VT 小时时，她的收入已经达到不能再获得福利的水平。因此，预算约束是弯折线 QSD。QS 线段的斜率绝对值是 $3/4w$，SD 线段的斜率绝对值是 w。

图 13—3 贫困家庭的暂时援助制度下的预算约束

说明：如果玛杰符合条件领取贫困家庭的暂时援助每月 100 美元，且面临 25% 的隐性税率，那么她的新的预算约束线就是 QSD。

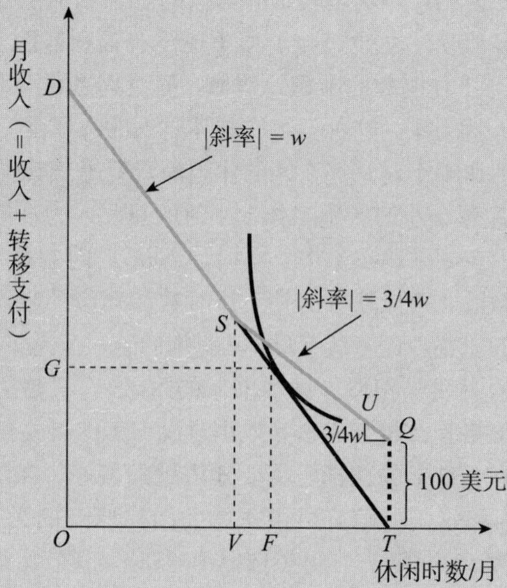

通常，最终的工作决策取决于个人的无差异曲线的形状，如图 13—4 所示。玛杰的工作时间少于实施贫困家庭的暂时援助制度之前的工作时间（以前是 FT 小时，现在是 KT 小时）。

前面曾经说过，有些州对福利接受者的收入实际上课征了 100%的税。因此，分析这种特殊情况产生的预算约束和工作激励还是挺有意思的。具体来说，比如在这种制度下，一个人的基本补助额是 338 美元。[①] 在图 13—5 中，很显然，这种福利制度使玛杰可作出的一个选择是 P 点，在该点，工作零小时，从该福利制度获得 338 美元。现假定玛杰工作 1 小时。在图中，她从 P 点向左移动 1 小时。当玛杰工作 1 小时时，她从其雇主那里获得工资 w，但与此同时，她的福利等额减少。工作让她什么都没得到——她的总收入依然是 338 美元。这由 P_1 点表示，此时，她工作 1 小时，总收入为 338 美元。这一过程一直持续到 R 点。超过 R 点，每 1 小时工作将使其收入增加 w 美元。[②] 因此，预算约束是弯折线 PRD。PR 线段的斜率为零，RD 线段的斜率绝对值为 w。

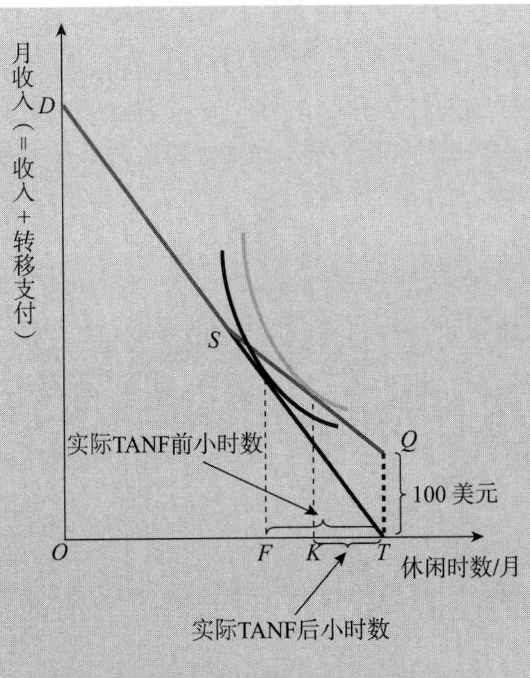

图 13—4 贫困家庭的暂时援助制度下的劳动供给决策

说明：给定玛杰的无差异曲线，实行贫困家庭的暂时援助制度使其少工作。现在，她工作 KT 小时，而不是实行贫困家庭的暂时援助制度之前的 FT 小时。

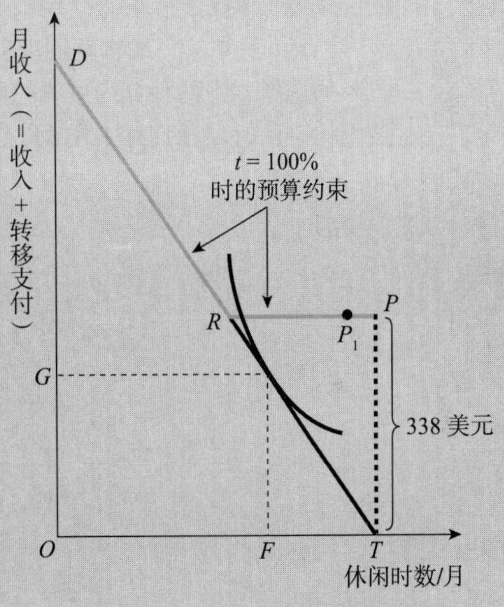

图 13—5 对额外收入课征 100%税率的福利制度下的预算约束

说明：隐性边际税率为 100%的福利计划使预算约束线变为 PRD。

玛杰对这种激励会作出何种反应？图 13—6 给出了一种明显的可能性：她选择 P 点使其效用最大化，在该点不提供任何劳动。一个理性的人，其工作时间绝不会在零和 PR 小时之间。如果她不工作照样能得到同样的收入，她为什么还要工作呢？[③]

① 这是特拉华州在 2009 年对有两个孩子且没有收入的单亲家庭的月补助额。

② 为了简化起见，不考虑玛杰挣的收入被课征工薪税和所得税的情形。

③ 在更复杂的模型中，一个人可能在 PR 线段上选择某一点，以掌握工作技能，或向未来的雇主证明，她有连续工龄——是一个合格的雇员。

图 13—6 对额外收入课征100%税率的福利制度下的工作决策

说明：给定这组无差异曲线，隐性税率为100%的福利计划使工作小时数为零。

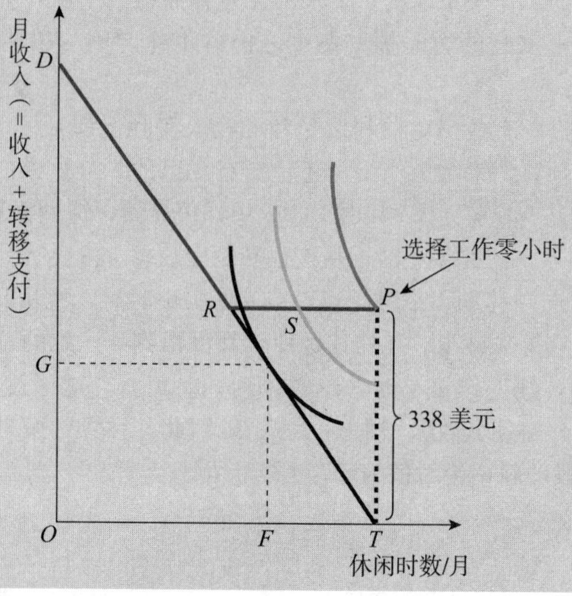

当然，$t=100\%$的福利制度并不必然导致人们停止工作。图 13—7 描绘了琼斯对休闲与收入的选择，她的预算约束线与图 13—5 中玛杰的完全一样。然而，琼斯选择 E_2点使其效用最大化，此时，她每月工作 MT 小时。

图 13—7 一个人在 100%税率下选择工作

说明：给定这组无差异曲线，隐性税率为100%的福利计划使劳动供给不变。

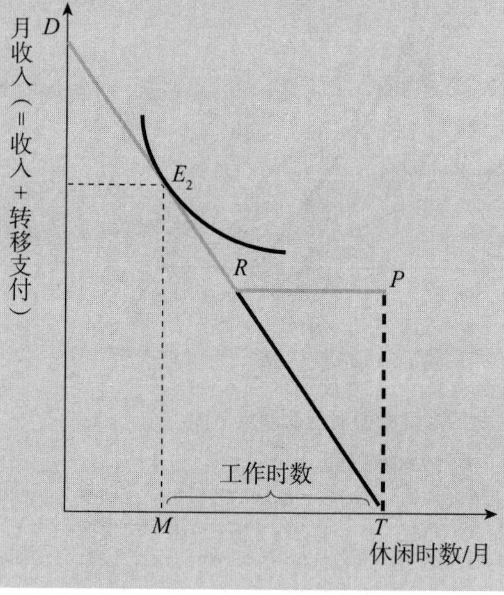

图 13—6 反映出福利制度对工作激励的负面影响，这也正是人们对抚养未成年人家庭的援助批评的主要原因之一。的确，有大量证据表明，抚养未成年人家庭的援助大大降低了接受者的劳动供给。莫菲特（Moffitt，2003）在对该领域的研究成果进行综合考察之后得到结论：抚养未成年人家庭的援助使福利接受者的劳动供给减少了 10%～50%。

如前所述，尽管在 1996 年通过了贫困家庭的暂时援助计划之后，一些州仍然隐性课征100%的税，但现在，许多州的这种税率比以前低多了。这些隐性税率的降低对福利接受者的劳动供给行为有影响吗？1996 年之后，享受福利计划的人，就业大大增加了。例如，单身母亲的劳动力参与率，从 20 世纪 80 年代到 90 年代中期没有多大变化，但在 1994—2001 年间，她们的劳动力参与率从 44%上升到 66%。到 2001 年，享受该福利的数量只是 1994 年的 40%（Blank，2005）。不过，在把这种变化归因于隐性边际税率的差异时，必须小心谨慎。第一，如前所述，贫困家庭的暂时援助改变了福利制度的其他方面，包括工作要求。第二，美国经济在 20 世纪 90 年代末，经历了前所未有的繁荣，这本身就会增加所有人群的就业。根据布兰克（Blank，2002）的调查研究，贫困家庭的暂时援助的隐性边际税率变化的确提高了人们的工作努力程度，但到底提高了多大程度并没有达成共识。

□ 工作要求

到目前为止，我们的分析假定福利接受者可以选择自己的工作时间。如果某人在接受了福利补助之后选择不工作，就随他便吧。有一种替代方案是**工作福利制**（workfare）。体格健全的人，只有当他们同意从事与工作有关的活动并接受所提供的岗位时，才能领取转移支付款。我们的劳动供给选择模型可以很容易地解释工作福利制。回过头来看图 13—6，并回忆一下我们是如何阐释一个没有限制的个人不会自愿在线段 RP 上选择任何一点的。工作福利制只是加上一个限制条件，即如果这个人不选择像 S 这样的点，在该点他工作 SP 小时，那么，他就得不到任何福利。

根据贫困家庭的暂时援助计划，大多数接受者实际上必须参与某种工作活动。强制性工作对福利接受者产生怎样的影响？许多州进行随机实验来回答这个问题。一些接受者被分到福利工作制一组，另一些接受者即控制组不适用工作福利制。布兰克（Blank，2002）的调查研究表明，这些方案几乎都使就业和收入明显增加了，并减少了福利的使用。遗憾的是，强制性工作方案对增加总收入作用不大——接受者的收入增加了，但只比他们的福利补助减少多了一点点（Blank，2006）。而贫困家庭的暂时援助的确导致了支出格局的变化，接受者转向购买便于外出工作的物品，如交通和服装（Kaushal，Gao and Waldfogel，2006）。

这一观察迫使我们正视这样一个问题，即公众对福利接受者工作多少是否多虑了。的确，任何福利制度的一个重要方面是它所产生的激励结构。很多人认为，应该赋予工作以特殊价值，因为它有助于增强人们的自尊心。也就是说，如果福利政策的目标仅仅是使工作努力最大化，那么，政府只要把穷人赶进工厂就行了，就像 1834 年《英国济贫法》（English Poor Law）要求的那样。要设计良好的转移制度，就需要认真权衡激励与公平。

□ 时间限制

贫困家庭的暂时援助的一个最引人注目的创新是引入了时间限制——人们在其一生中只能获得 5 年的福利补助。这项政策真的能排除人们享受这种福利吗？对于这个问题的任何回答，都必须从贫困家庭的暂时援助最引人注目的统计数字开始——1996—2007 年，福利案件数量下降了 60%以上（US Department of Health and Human Services，2008）。我们不能把福利案件数量下降全都归因于时间限制（或贫困家庭的暂时援助的任何其他方面），因为在 20 世纪 90 年代，经济繁荣，这本身就会减少福利接受者的人数。不过，大多数的分析表明，贫困家庭的暂时援助及其时间限制的确起了作用。

格罗格（Grogger，2003）沿着这些思路进行了一项有意思的研究。他指出，如果时间限制重要，那么它对有小孩而接受福利救济家庭的影响，就应当比对有较大孩子家庭的影响更大。为什么？当一个家庭最小的孩子长到 18 岁时，就不符合贫困家庭的暂时援助的条件了。

如果你的孩子是13岁或更大，你不妨用完你的补助，因为这些补助在5年后就会消失。然而，如果你的孩子不到13岁，你就尽可能地别碰这种福利，这样，你就可以把剩下的时间配额“存起来”，在日后需要钱的时候再用。格罗格对数据的分析表明，事实上，时间限制一直很重要，大约占福利案件数量下降的12%。

□ 家庭结构

1996年能通过贫困家庭的暂时援助的一个主要原因是，人们认为抚养未成年人家庭的援助刺激了低收入女性生育非婚子女。基本思想是，福利享受权使低收入女性的单身母亲生活还过得去。在有些州，这种趋势愈演愈烈，因为只要这些女性结了婚，就失去了福利补助。人们寄希望于贫困家庭的暂时援助的时间限制能扭转这种行为。与此同时，许多州还出台了特定的方案，抑制少年母亲。一个例子就是强迫少年母亲与其父母生活在一起，这样才能符合享受福利的条件。

贫困家庭的暂时援助真的能影响低收入家庭的结构吗？遗憾的是，经验结果是不明朗的。有些研究说贫困家庭的暂时援助具有正效应（例如，实施贫困家庭的暂时援助后，有更多的儿童与已婚父母生活在一起），而其他研究则发现没有任何影响。不出所料的是，这些结果都没有定论。适婚年龄和生育年龄格局只能是随着时间的推移而缓慢调整，贫困家庭的暂时援助是否改变了家庭结构，现在下结论还为时尚早。

□ 由联邦管理还是由州管理

在对贫困家庭的暂时援助的争论中，人们很担心把福利制度移交给州管理会导致“避高就低”（race to the bottom）现象发生，因为只要某个州实施了慷慨的福利制度，大量穷人就会从别的州涌入该州，迫使该州降低补助。这的确是有可能的，而且确实有些统计证据表明，贫困家庭的暂时援助制度规定上的差异影响了受教育程度低的女性的跨辖区迁移格局（Kaestner et al.，2003）。不过，初步的证据表明，在贫困家庭的暂时援助制度下，并没有出现避高就低现象。大多数州的基本补助额都保持在大致相同的水平，有些州实际上还提高了补助水平（Gallagher et al.，1998）。当然，还是不能忘记一般注意事项，特别是贫困家庭的暂时援助是在经济繁荣时期出台的，在将来经济下滑时期，各州的动作也许十分不同。

不管怎样，有些评论人士认为，各州现在可以设计大不相同的制度，正是其优点所在。“任何一个州政府可能并不比华盛顿做得更好，但前者的多样性弥补了后者的单调性。而且在各州，实施机构是市级和县级，这些基层政府了解普通民众的心声……以改善生活为己任”（Wilson，1994，p. A10）。

当然，穷人的福利不仅取决于贫困家庭的暂时援助，还取决于其他福利计划。现在我们就转向讨论这些计划。

劳动所得税收抵免

当你得知对低收入者的最大现金转让计划，并不是通过福利机构实施的，而是通过税收制度实现的时候，你也许会很惊讶。**劳动所得税收抵免**（earned income tax credit，EITC）就是对低收入家庭的一种收入补助。只有正在工作的穷人，才有资格获得劳动所得税收抵免。从这个意义上说，它完全与贫困家庭的暂时援助制度所强调的相同，即福利与工作挂钩。顾名思义，劳动所得税收抵免所产生的补助，是以税收抵免的形式存在的，即应纳税额的减少。例如，如果你应当向政府缴纳 1 000 美元的所得税，而你又有 600 美元的税收抵免，那么你只需向政府缴纳 400 美元。重要的是，如果劳动所得税收抵免大于你的应纳税额，其差额要退还给你——政府送给你一张支票。实际上，你得到税收抵免，就等于获得一笔现金。如今，劳动所得税收抵免的年度成本超过了 590 亿美元（Joint Committee on Taxation，2012）。

对一个家庭的补助大小，取决于该家庭的孩子数量。在此，我们看一下有两个孩子的补助。在 2012 年，这类家庭的工资和薪金收入不超过 13 090 美元，就可享有其全部工薪收入 40%的税收抵免，因而最大税收抵免额为 5 236 美元（=0.40×13 090 美元）。为了确保只有穷人享受税收抵免，在收入介于 17 090～41 952 美元之间时，抵免额逐步减少。在该收入区间内，收入每增加 1 美元，税收抵免额就减少 21.06 美分；当收入达到 41 952 美元时，抵免额为零。图 13—8 概括了这种制度，展示出每一收入水平的税收抵免额。①

劳动所得税收抵免的理论依据是，它能提高穷人的工作积极性。在抵免额逐步增加阶段，穷人每增加 1 美元收入，联邦政府就追加 40 美分，这实质上相当于对收入课征 40%的负边际税率（该税率之所以是“边际的”，是因为该税率仅适用于增加的那 1 美元收入）。然而，在抵免额逐步减少阶段，抵免额减少会产生一种隐性正边际税率——对于每 1 美元收入，抵免额会减少 21.06 美分，这实质上是一种 21.06%的边际税率（见图 13—8B），它比适用于最低收入档次的一般所得税税率 10%要高。

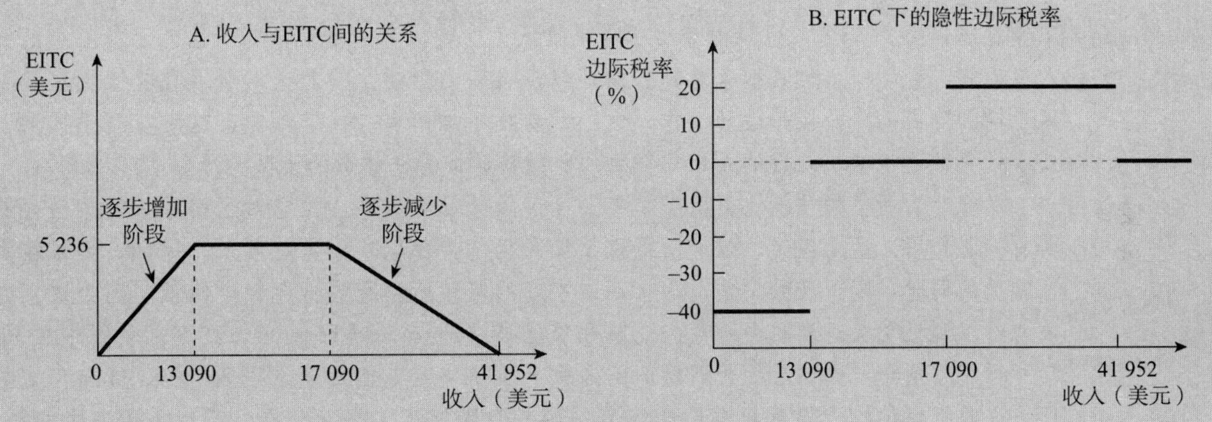

图 13—8　劳动所得税收抵免

说明：本例说明的是 2012 年有两个孩子单亲家庭的情况。图 A 说明的是每一收入水平的劳动所得税收抵免额。图 B 说明的是劳动所得税收抵免的隐性边际税率。

因此，劳动所得税收抵免的激励效果取决于个人的情况。劳动所得税收抵免实施之前不工作的人，如果她决定加入劳动力大军，现在面临的边际税率比较小，因此，劳动所得税收抵免将提高她的工作积极性。已工作的且处于劳动所得税收抵免逐步减少阶段的低收入者，面临较高的边际税率，促使她减少工作时间。对于已工作的且处于劳动所得税收抵免逐步增加阶段的低收入者，这种激励效应会变得复杂一些。边际税率较低提高了休闲的机会成本，促使她多工作、少休闲。同时，这种补助增加了她的收入，且由于休闲属于正常品，这又将

① 2009 年通过的法案把有 3 个或更多孩子的家庭的劳动所得税收抵免从 40%提高到 45%，并扩大了联合申报的抵免额逐步减少的收入区间。这些变化适用到 2013 年。

鼓励她消费更多的休闲；也就是说，减少工作。倘若没有实证研究，我们并不知道哪种效应占优，所以就这个人来说，劳动所得税收抵免对工作激励的最终影响是模棱两可的。[①]

专栏

经验证据：劳动所得税收抵免对劳动供给的影响

有大量实证文献研究了劳动所得税收抵免对低收入者的劳动力参与和工作时数的影响。[②]为了估计劳动所得税收抵免的影响，很多研究采用的是基于个人特征（例如家庭状况、家庭规模、收入水平等）的劳动所得税收抵免额的差异，估计劳动供给行为如何随着劳动所得税收抵免额的变化而改变。此外，20 世纪 90 年代的政策变化产生了一个良好的自然实验：抵免额水平大幅提高，而且不同的人提高的数额不同。比如，有两个和两个以上孩子的家庭比只有一个孩子的家庭获得的劳动所得税收抵免额高，这种差异在 20 世纪 90 年代还扩大了。这使得我们可进行双重差异估计。具体来说，我们可以观察在这种政策变化前后，有两个和两个以上孩子家庭的就业变化，然后将它与只有一个孩子家庭的就业变化相比较。这样计算的结果表明，政策变化之后，有两个和两个以上孩子家庭比只有一个孩子家庭的就业率提高了 1.2～3.2 个百分点（Hotz et al.，2006）。

实证文献一致发现，劳动所得税收抵免鼓励单身女性加入劳动力大军，这与理论预测相一致。比如，迈耶和罗森鲍姆（Meyer and Rosenbaum，2001）发现，1984—1996 年间单身母亲就业增加的 8.7 个百分点当中，有 60%归因于劳动所得税收抵免。而且，1992—1996 年工作参与率提高 35%，也是由劳动所得税收抵免所致。另一方面，对于已处于就业中的低收入者而言，劳动所得税收抵免对其工作时数没有多大影响。倘若劳动所得税收抵免在抵免额逐步增加阶段的净效应是鼓励工作，这一发现就不难解释。倘若如此，这可能几乎抵消了对处于抵免额逐步减少阶段的人工作努力的负效应，使得总体影响大致为零。

尽管劳动所得税收抵免激励了单身女性加入劳动力大军，但它对已婚母亲的劳动力参与具有抑制作用。这是因为，劳动所得税收抵免额的大小取决于家庭收入。比如，如果在丈夫已就业的同时，妻子开始工作，那么，该家庭的劳动所得税收抵免额会降低，因为该家庭的收入进入到抵免额逐步减少阶段。艾萨和霍因斯（Eissa and Hoynes，2006）利用 1993 年劳动所得税收抵免扩大前后的数据对此问题进行了研究。他们发现，在 20 世纪 90 年代，劳动所得税收抵免的扩大导致已婚母亲的工作参与率降低了 1 个百分点。不过，实证文献表明，劳动所得税收抵免在增加总体就业特别是低收入单身母亲的就业方面是有成效的。

补充性保障收入

补充性保障收入（Supplemental Security Income，SSI）实施于 1972 年，是为老年人、

① 用更专业的术语来说，在劳动所得税收抵免的逐步增加阶段，替代效应使此人的工作时数增加，收入效应使她的工作时数减少。本书末的附录深入讨论了收入效应和替代效应。

② 参阅霍茨和舒尔茨（Hotz and Scholz，2003）对这类文献的综述。

盲人和伤残人每月提供基本补助的一项联邦计划。2010 年，老年人的月平均补助额为 400 美元（US Social Security Administration，2012，p. 7. 1）。补充性保障收入领取者的资产不能超过下列特定限额：个人为 2 000 美元，夫妇为 3 000 美元。[①] 补充性保障收入领取者的月收入不足 65 美元时，补助额不减少；月收入高于 65 美元时，每挣 1 美元收入，补助额就减少 50 美分。

补充性保障收入与非盲人、老年人或残疾人享受的福利计划类型有很大差别。第一，补充性保障收入有一个统一的联邦最低保障额，而其他计划则没有。[②] 第二，补充性保障收入的补助额大大高于其他计划的平均补助额。第三，与其他许多福利计划相比，补充性保障收入制度所产生的工作激励比较大。在补充性保障收入制度下，对增加的收入课征的隐性税率只有 50%，而且没有工作要求。

穷人医疗保险

从目前来看，穷人医疗保险是针对低收入者的最大支出项目。第 10 章曾详细讲述了穷人医疗保险制度，并对穷人医疗保险是否排挤私人保险的证据进行了探讨。但有一个问题当时没有讲，那就是穷人医疗保险对工作激励的影响。本章前面说过，从历史上看，当家庭收入达到一定程度而不能再享受福利待遇时，他们就会立即失去其穷人医疗保险补助金。这些补助金的潜在损失，可能导致隐性边际税率超过 100%，是人们不愿离开福利救济的主要因素。然而，在贫困家庭的暂时援助制度下，挣到的收入使其足以离开福利救济的家庭，仍然可以享受 12 个月的穷人医疗保险。此外，20 世纪 80 年代和 90 年代的穷人医疗保险范围扩大到与福利制度没有任何其他联系的低收入家庭儿童和孕妇。例如，6 岁以下儿童在其家庭的收入超过贫困线 33%之前，都符合穷人医疗保险的条件。

丧失穷人医疗保险可能会产生工作抑制作用，这可以用休闲—收入选择模型来分析。在图 13—9 中，DT 是玛杰在获得穷人医疗保险之前的预算约束。现假定实施穷人医疗保险制度。玛杰有一个 3 岁的孩子，符合穷人医疗保险条件，且玛杰每年获得的穷人医疗保险保单价值为 1 000 美元。进一步假定，当她的收入达到 Z 美元时，她的孩子就失去了享受穷人医疗保险的资格。为了简化起见，不考虑玛杰获得的转让或支付的税收，穷人医疗保险对她的预算约束会产生怎样的影响？在新的预算约束线上的一点恰好高于 T 点 1 000 美元——她工作零小时，也有 1 000 美元的实物所得。该点用 N 表示。从 N 点向左移动，玛杰的收入增加等于其工资率。穷人医疗保险并没有改变她的工资率，故从 N 点开始移动的曲线的斜率与 DT 的斜率相同。在工作时数为 XT 时，她的收入是 Z，在该点，她的孩子失去了享受穷人医疗保险的资格。这实际上是她被拿走了 1 000 美元，也就是说，她从 R 点移动到 S 点。随着她向 S 点的左方移动，她又获得了每小时工作的工资率，并沿 DS 线段移动。

---

① 这不包括金额不大的住房、汽车和人寿保单。

② 然而，各州可以自由选择在联邦补助之外增加补助。

图 13—9 穷人医疗保险凹口

说明：倘若没有穷人医疗保险，玛杰的预算约束是 DT。倘若有穷人医疗保险，且玛杰获得的穷人医疗保险值 1 000 美元，则该预算约束向 X 的右上方移动 1 000 美元。然而，在工作时数为 XT 时，她失去了享受穷人医疗保险的资格，故从 R 点移动到 S 点。因此，在有穷人医疗保险的情况下，她的预算约束是 $NRSD$。

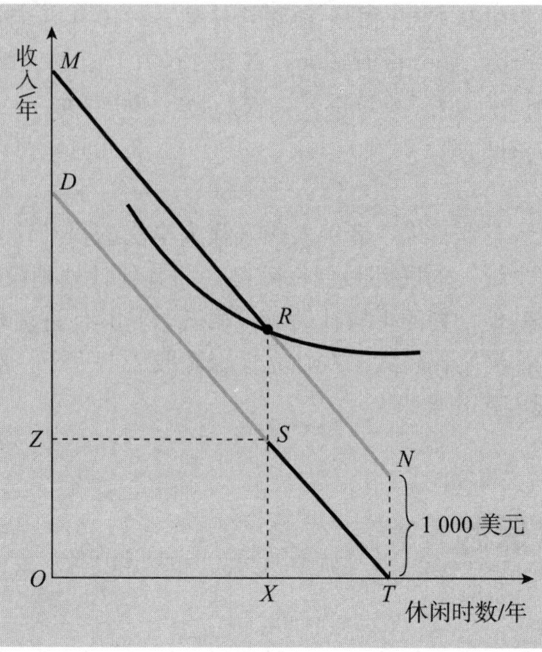

把所有这些放在一起，在有穷人医疗保险的情况下，玛杰的预算约束是 $NRSD$。看一下这条预算线，你就会发现，穷人医疗保险对工作激励的影响为什么被说成是一个“凹口”。玛杰工作的时间是多少？极有可能的情况是，她能达到的最高无差异曲线与预算约束线恰好在凹口处即 R 点相接触。这是最明智的——她挣的钱正好不到 Z 美元，因为如果她再多挣 1 美元，她就会失去 1 000 美元！因此，穷人医疗保险会促使人们将其收入保持在临界水平之内。

失业保险

1935 年，即建立社会保障制度的同一年，国会通过了立法，让各州建立失业保险（UI）计划，该计划的目的是弥补失业引起的收入损失。该计划几乎覆盖了所有工薪阶层，2011 年大约有 950 万人首次领取失业保险金。平均每周的失业保险金约为 300 美元（US Department of Labor，2011）。

政府为什么要对失业的可能性提供保险？回忆一下第 9 章的内容，在逆向选择和道德风险比较严重的情况下，私人市场无法提供足够的保险，而失业恰恰满足这些条件。那些最有可能失业的工人对失业保险的需求最大（逆向选择）。因此，试图提供这种保险的私人企业必须收取相当高的保费才能获利，这导致许多人不买保险。同时，那些设法得到保险的人，也许比没有保险的人更容易失业（道德风险）。由于承保人难以确定工人被解雇是不是该工人的“过错”，所以私人保险公司很可能要支付大笔的虚假索赔款。总之，对私人保险公司来说，很难想象提供失业保险是一笔有利可图的买卖。同理，逆向选择使雇主不愿意为雇员提供失业保险。原因在于，雇主提供失业保险作为附加福利，可能会吸引那些对长期雇佣关系不感兴趣的工人。

强制性的政府计划可以避免逆向选择问题。因此，政府提供失业保险有可能提高效率，但是政府提供失业保险并不能消除道德风险。正如在第 9 章所述，保险所产生的道德风险可以通过让保单包含自付额和共保费率而得以减轻。在失业保险的情况下，可作出一个类似于自付额的规定，即一个人在他（或她）失业的最初几周不会得到任何救济金。类似于共保费率的规定是失业救济金只能弥补一部分收入损失。正如下面将要看到的，现实中的保险制度只具备这种制度的部分特征——没有自付额，但确有共同保险之意。

□ 失业保险金

一个人能够领取多少星期的失业保险金是由一个复杂的公式决定的，该公式取决于个人的工龄和工作所在的州。在大多数州，最长时间一般是 26 周。然而，如果该州失业率超过一定水平，这个时间还可以再延长 20 周，但国会经常批准额外延长时间。例如，从 2008 年起，一系列的失业保险展期使得领取失业保险金的持续期最多可达 99 周。在大多数州，失业保险金公式按毛替换率（gross replacement rate，失业保险金取代税前收入的比率）为 50%左右来设计。（不过，规定了一个最高失业保险金水平，不得超过该水平。）失业保险金要缴纳联邦个人所得税，但不缴纳社会保障工薪税。

□ 筹资

失业保险的资金来源是工薪税。与社会保障制度不同，在大部分州，这种税仅由雇主支付，而不是由雇主和雇员共同支付。[①] 雇主为某职工应缴纳的失业保险税，等于雇主的失业保险税率 t_u 乘以该职工应纳失业保险税上限之内的年收入额。联邦法律规定，失业保险税基最低为每一投保工人年收入的前 7 000 美元。目前，除了一个州之外，其他各州的失业保险税基都高于联邦税基，夏威夷州的最低应税收入高达 38 800 美元。

工薪税的一个重要特点是，t_u 在不同雇主之间是有差别的，因为失业保险采用的是**经验费率法**（experience rated）——t_u 取决于企业的解雇情况，解雇员工相对较多的企业会对失业保险的需求较多，对这类企业规定的 t_u 也就比较高。但是，如果一名员工被解雇了，雇主因较高的 t_u 而增加的成本一般低于该员工领取的失业保险金。出于这个原因，经验费率制度被认为是“不完善的”。

□ 对失业的影响

自从失业保险制度建立以来，人们就一直担心它会增加失业，其中一个可能的原因是经验费率法有缺陷。为了理解这一点，假定某企业的产品需求暂时疲软，所以该企业打算临时解雇部分员工。在不完善的经验费率制度下，雇主因失业保险税而增加的成本小于员工得到的失业保险金。因此，暂时解雇员工可能对双方都有利。如果该制度的经验费率法是完善的，那么失业保险就不会刺激暂时解雇。

无论在学术上还是在政治上，有关失业保险激励作用的讨论，大多都集中于比较高的替换率对失业的影响。如前所述，从某种程度上说，一个人的就业状况掌握在自己手中。一个人的工作表现会对其失业的概率产生影响，同样，一个失业工人也可以控制其寻找新工作的力度。失业保险的存在，也许使工人更容易接受将来解雇概率较大行业的工作。此外，失业保险可能促使失业者花更多的时间去寻找工作。

---

① 即使由雇主缴税，其部分或全部也会转嫁到雇员身上。第 14 章将探讨这一问题。

从经验上看，这种道德风险问题重要吗？这个问题已成为许多经济计量研究的主题，其中一些研究采用的是准实验方法（见第 2 章）。这些研究探讨了不同的州、不同的收入阶层以及不同的时间失业保险金的差异。比如，考察某一收入阶层的失业保险金突然大幅度提高而本州内另一收入阶层未提高的情形。双重差异分析可以对保险金增加的获得者（实验组）的失业持续时间变化与未获得者（控制组）的失业持续时间变化进行比较。迈耶和莫克（Meyer and Mok，2007）利用这种研究设计分析了纽约州高收入者的失业保险金提高 36%的影响，结果发现，这导致失业保险索赔数量大量增加以及人们处于失业状态的时间拉长。尽管如此，可以想象，失业保险的影响将取决于整个经济的失业率。具体而言，在经济衰退期间，失业率上升，人们几乎不可能自行决定何时重返工作。与此观点相一致，罗斯坦（Rothstein，2009）针对高失业率时期失业保险金的就业效应的研究发现，对失业者找到工作的可能性只有很小的负面影响。

事实上，失业保险延长失业持续期，未必就不可取。如果工人花更多的时间去寻找工作，也许会找到更适合自己特长的工作，因而会增进效率。这种观点假定，在没有失业保险的情况下，用于寻找工作的时间是次优的。如果失业者在求职期间无法通过借钱来维持其消费水平，情况可能是这样。更一般地说，如果社会认为维持非自愿失业者的消费水平是值得的，那么也许愿意付出代价——增加一些自愿失业。

这个问题在全国持续高失业率时期具有特别重要的意义。在经济衰退时期，政策制定者在考虑延长救济期限时，必然面对帮助长期失业者与加剧失业之间的权衡问题。正如我们前面所讨论的，最优保险制度会在失业的前几周不提供保险金，并在之后还要部分取代个人的工资。可是，保险金要提供多长时间？答案是不明确的。诺贝尔经济学奖得主加里·贝克尔（Gary Becker）认为，在经济衰退期间，失业保险期应该扩展到 9 个月左右（Becker，2010）。

补充营养援助计划

补充营养援助计划（Supplemental Nutrition Assistance Program，SNAP）——以前被称为食品券计划（Food Stamp Program），提供一种政府发放的代金券，只能用来购买食品（动物食品、酒类、烟草和进口食品不在其列）。2011 年，平均每月有 4 200 万人获得补充营养援助计划的救济，总金额达 780 亿美元（Congressional Budget Office，2012c）。补充营养援助计划的直接成本由联邦政府负担，但该计划的管理（包括代金券的分发）则由各州负责。

几乎所有穷人都有资格得到补充营养援助计划的救济，包括没有儿童的贫困家庭和无子女的单身男女。一个家庭的月补充营养援助计划救济额视其规模和收入而定。2010 年，平均每月每户的补充营养援助计划救济额为 287 美元（Congressional Budget Office，2012c）。分配额随着家庭收入的增加而减少，但对补充营养援助计划救济额的隐性税率仅为 30%。[①]

由于补充营养援助计划救济不能用来购买食品以外的任何东西，故可以预料，它们对人们来说比等额现金的价值要低。几年前进行的一系列社会实验所得到的一些证据，证明了这一点。一组食品券领取者得到的是支票而不是食品券，而控制组仍继续领取食品券。当我们

① 此外，法律允许在适用 30%的税率之前，可以扣除一定的数额。

对这两组进行比较时发现，在给予食品券领取者以现金而非食品券之后，他们当中有 20%～30%的人减少了用于食品的支出（Whitmore，2002）。

补充营养援助计划救济比现金补助能让领取者消费更多的食品，这是好事还是坏事？我们在第 12 章对实物转让的分析表明，补充营养援助计划是无效率的——如果以现金补助取代该计划，领取者的境况可能会在无任何额外费用下变得更好。的确，根据惠特莫尔（Whitmore）的计算，代金券领取者对其总救济额的估价仅为代金券面值的 80%。另一方面，如果"社会"认为穷人不会自行消费足够的食品，那么诱使他们更多地消费是可取的。此外，从政治角度来看，"消除饥饿"的计划也许比直接发现金更容易得到支持。然而，有趣的是，惠特莫尔基于食品日志资料发现，用现金取代食品券，虽然减少了食品消费，但似乎没有对营养造成不良影响。食品支出的减少大多是由碳酸饮料和垃圾食品的消费减少所致。

补充营养援助计划的一个令人感兴趣的特点是，大约只有 70%的合格家庭实际参与了这项计划。为什么人们不利用这个计划呢？一种可能是人们不知道他们够条件，另一种可能是觉得参与这项计划丢人，也就是说，参与过程本身会造成效用降低。的确，耻辱感的存在可能是政府不用现金取代补充营养援助计划救济的一个原因。如果参与该计划的人感到难堪，那么，他们就不大可能参与，因而成本就会缩减。不过，经验证据表明，耻辱感并不是补充营养援助计划接受率低的主要原因（Currie，2004）。

住房补贴

美国从 1937 年开始向穷人提供住房补贴。直到最近，最大的补贴计划仍然是公共住房。公共住房由地方政府（市、县或几个县组成的联合体）负责开发、所有和经营，联邦政府对建房费用和住户负担的部分营运费用给予补贴。现在，大约有 120 万套公共住房。

据估计，公共住房的月平均价值对住户而言约为现金价值的 90%。公共住房申请者的收入限额由当地政府规定。与其他福利计划不同的是，满足经济情况调查结果的家庭，并不意味着能自动申请到公共住房。如上所述，只有 120 万套公共住房，而收入在贫困线以下的人却有 4 600 多万，公共住房远远不能满足需要。总之，公共住房给予每个接受者相当大的价值，但大多数穷人从该计划中却一无所获。此外，公共住房落了个滋生犯罪和其他社会病态的温床的恶名。出于这些原因，自 20 世纪 70 年代初以来，联邦公共住房建造得很少。

许多经济学家认为，如果要对穷人提供住房补贴，就应该切断补贴与公共提供住房之间的联系。如果补贴适用于私人部门住房，公共部门就不必再参与公寓建设和管理了。此外，补贴接受者不必集中居住在一起，也不再被公开地打上公共住房居住者的烙印。

按这些思路形成了两种联邦住房计划，即分别于 1974 年和 1983 年出炉的"第 8 条款资格证明和代金券计划"。[①]* 在这些计划下，有近 300 万户家庭符合条件，接受者可在私人市场上寻找住房。如果该住所符合一定的质量标准，房租也被政府认为是公平的，那么政府会将房租补贴直接支付给房东（房客支付的房租是其家庭收入的一个固定比例，目前定为

① 奥尔森（Olsen，2003）详细讨论了这些计划的具体实施情况。

* 这里的第 8 条款指的是《住房和城市发展法案》第 8 条款，通常简称为第 8 条款。——译者注

30%）。和传统的公共住房计划不同，第 8 条款试图让穷人在现有住房中得到住房，而非试图增加新的住房存量。但是，第 8 条款的接受者在选择住房时受到限制，而且用于房租的开支不能超过其收入的 40%。

公共提供并予以补贴的低收入住房真的会增加住房存量吗？如果这种住房只是等量地取代了原先由私人提供的低收入住房，那么，这项住房计划对穷人的住房消费没有多大实际影响。这是我们前面讲过的另一种排挤现象。西奈和瓦尔德弗格尔（Sinai and Waldfogel，2002）在假设影响住房需求的其他变量保持不变的情况下，考察了公共提供并予以补贴的住房较多的地区，住房总量是否会更多。他们发现，政府计划的确增加了住房总存量，但并不是一一对应。政府补贴的住房每增加三个单位，私人市场提供的住房就减少两个单位。总之，还是发生了一定程度的排挤。西奈和瓦尔德弗格尔发现，像第 8 条款这类计划不像公共住房计划的排挤程度那么大，这可能是支持前者的另一论点。

有关公共住房计划的一种担忧是，它会降低公共住房住户的经济自立能力。例如，公共住房的位置比较远，住户不太容易找到工作。还有，公共住房位于穷人聚居区，年轻住户缺乏寻找工作的好榜样和门路。而且，公共住房提供的生存环境可能对人们的健康有害。

如果说公共住房计划会产生这样的负效应，那么，代金券计划的另一个好处就是让低收入家庭得到更好的环境。在一项有趣的社会实验中，随机选取一组公共住房住户，并给予第 8 条款的住房代金券，把他们随后的社会经济状况与依旧住在公共住房的人进行比较。在随机分组后的 4～7 年里，代金券接受者的经济自立能力、子女考试成绩以及自身健康状况等并没有统计上的显著改善（Sanbonmatsu et al.，2006；Kling et al.，2007）。然而，同还住在公共住房的人相比，他们生活的社区贫困率较低，的确比较安全（Kling et al.，2007）。因此，有关代金券计划总体效果的证据是混合的。

增加收入的计划

大部分扶贫支出旨在提高穷人当期的消费水平。相比之下，有些计划是为了提高他们未来的自立能力，其中包括教育和职业培训计划。

□ 教育

一个流行的观点认为，在美国，贫困的很大原因在于困难家庭的孩子缺乏认知能力和社会技能的开发。诺贝尔经济学奖得主詹姆斯·赫克曼（James Heckman）的研究表明，在年幼的时候，政府干预可以提高这些技能，改善接受者的长期经济和健康结果（Heckman，2008）。的确，赫克曼发现，针对困难家庭儿童的计划比以后的干预措施（诸如降低生师比或职业培训计划）具有更高的经济效益。（见第 7 章的进一步讨论。）

根据 1965 年通过的立法，联邦政府出资，对各学区的贫困生进行中小学教育补贴。最有名的例子是启智计划（Head Start Program），该计划向贫困家庭的四五岁儿童提供学前教育，这种想法的目的是确保这些儿童进入幼儿园时，能够和来自较富裕家庭儿童的水平相当。路德维希和菲利普斯（Ludwig and Phillips，2007）对研究启智计划的文献进行了综述，得到的结论是，启智计划给接受者带来了长期收益，而且这些收益大于成本。

□ 就业和职业培训

联邦职业培训计划针对的是导致贫困的另一个可能原因——缺乏就业市场所需的技能。假定穷人得不到提供良好培训的工作是因为受到了歧视，或者是因为他们的居住地附近没有这类工作。这些计划的目的是，政府提供机会，开发市场需要的技能。

这些计划有用吗？赫克曼（Heckman，2000）综述的研究结果表明，它们并不怎么有效。就享受福利计划的成年女性而言，这些计划常常会增加收入，而且这些收入大于计划的成本。可是，其效果并不足以使很多参与者摆脱贫困。对于男性而言，提供求职帮助的计划似乎是成功的，因为以工资增加形式表现出的收益大于该计划的成本，但是，这些增加的收入并没有大到足以使生活水平有很大变化。总之，“已知的最佳证据表明，对于低技能成年工人来说，培训计划是一种无效率的转移机制，且是一种无效率的投资政策”（Heckman，2000）。

综述

评价福利制度的一个合理方法是考察它对贫困率的影响。这种影响相当大：各种计划使贫困率降低超过 50%（Ben-Shalom，Moffitt and Scholz，2011）。当然，这个数字没有考虑如下事实：在没有福利制度的情况下，人们的收入也许会更高。不过，政府福利计划常常被比喻成一个安全网，虽然有许多人漏网了，但也有许多人被网住了。关于这一点，有意思的是，在最近的经济衰退期间，非现金计划（如补充营养援助计划的救济）的使用增加了，即使时间限制和工作要求限制了贫困家庭的暂时援助的扩大（Bitler and Hoynes，2010）。这是非常重要的，因为在对贫困家庭的暂时援助进行辩论期间，很多人都担心时间限制和工作要求会削弱政府保护穷人的能力。

这其中的一个重要问题是，在所有收入再分配过程中，工作激励是如何受到影响的。这是一个复杂的问题，原因有三个。第一，劳动所得税收抵免在对某些工人的收入给予补贴的同时，又对其他人的收入进行征税。第二，如前面所强调的，各州在决定其福利计划的隐性边际税率时拥有相当大的自主权，因而这些税率在各州间差异很大。第三，本章虽然把重点放在福利制度的隐性边际税率上，但州和联邦政府对收入课征的显性税收也影响工作激励。基于这些考虑，一个人面临的工作激励不仅取决于他（她）所居住的州，还取决于收入分配状况。

因此，虽然没有“典型的”福利接受者，但看看一些说明性的计算还是大有裨益的。图 13—10 显示的是霍尔特（Holt，2005）针对 2000 年居住在威斯康星州且有两个孩子的单亲家庭计算出来的收入边际税率。该计算考虑到了联邦和州的所有税种，也考虑到了食品代金券、贫困家庭的暂时援助和穷人医疗保险补助金减少，还考虑到了威斯康星州予以补贴的儿童看护和医疗保险计划。收入阶层最底端的边际税率为负，反映出劳动所得税收抵免的补贴效果。但是，该图也清楚地表明，这很快就被各种隐性和显性边际税率所压倒。的确，在收入分配的某些部分，食品代金券的削减再加上劳动所得税收抵免逐步减少，使边际税率达到 100%！于是，我们得到的结论是，各种福利计划和税制的累积效应对工作努力没有鼓励作用。

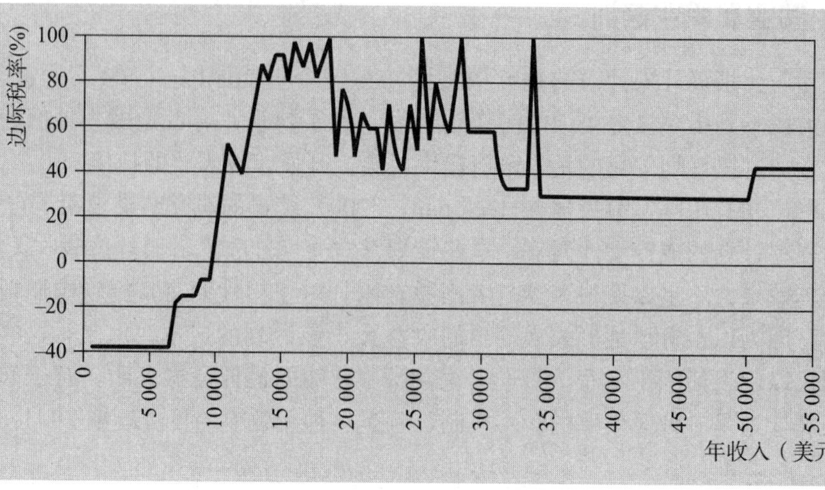

图 13—10　居住在威斯康星州且有两个孩子的单亲家庭的边际税率估计（2000 年）

说明：联邦和州的各种福利计划以及税收的累积效应会导致很高的有效边际税率。

资料来源：Holt（2005，Part D，Figure 1）．

美国福利制度多年来一直不受欢迎，其原因不只是工作激励问题。学院派的经济学家们，不论是自由派还是保守派，其批评意见大多集中在现行福利制度的杂乱无章上。该制度确实是一个大杂烩。有些是现金补助计划，有些是实物补助计划；有些是公民权利性计划，有些则是即使收入大大低于贫困线的人也得不到的计划。管理职责和资金筹措在联邦、州和地方政府之间随意划分，每项计划都各行其是。

为什么不用单一的现金补助计划取代各种计划？默里（Murray，2006）提出了这样一个计划，取消联邦、州和地方各级政府的所有转让计划，代之以从 21 岁开始的每年现金补助 10 000 美元的计划。他认为，这种计划便于管理，能有效地减少贫困，还能提高效率。

这种建议有许多问题。首先，如在本章前面所说，这在政治上似乎行不通。其次，从效率角度看，分门别类的计划可能有一些优点。如果大量补助的对象是那些劳动供给激励不很重要的人群（如伤残人士），那么，该制度的总体效率可能会提高。因此，虽然现行制度不尽理想，但其分类结构并不一定是一个致命的缺陷。

或许现行制度最具争议的问题在于福利水平是否足够高。标准的福利经济学表明，正确的答案取决于人们对收入均等的偏好强度以及该制度对工作激励造成的扭曲程度。一个完全不同的观点是，贫穷有其道德和精神上的根源，而且由于政府没有把这些因素考虑进来，所以传统的政府福利计划注定会失败。近年来，还尝试了以信仰为基础的社会服务（faith-based social services），即政府向教会或其他宗教机构提供资金，由它们来管理这些计划。事实上，联邦政府增加对以信仰为基础的福利计划的支持，是前总统乔治·W·布什立法议程的一个重要元素。传闻有证据表明，这类计划是有效的，但系统分析并不多。

基于现行制度忽视了精神因素这一事实，有一种极端的批评如是说："人们如果失去自尊，就不可能有真正的快乐；靠救济金过日子，不是不可能但很难获得自尊（哪怕他们至少能自给自足）"（Browning，2002，p. 527）。扶贫支出的支持者马上就会指出，穷人并非公共"慈善"的唯一受益者，众多政府支出和税收计划也有益于中高收入阶层。政府用于研发的支出，增加了科学家的收入（Goolsbee，1998）；对能源生产的补贴，增加了油井所有者的收入；国防计划增加了军火制造商的收入。有时，有些计划表面上是为了其他目的而推行的，而实际上只不过是有利于特殊利益集团的收入分配计划。例如，大多数经济学家都认为，各种商品（像糖、花生等）的进口配额目的不在于提高效率，只是向政治力量强大的农业（特别是富有的大农场主）转移收入的一种隐蔽方法。然而，并没有贴上“给富人的福利”这样的标签，或许这正是为什么没人担心富人会失去他们的自尊。

小结

- 根据经济情况调查结果确定的计划，向收入低于某一水平的人转移收入，政府这类计划的支出约占 GDP 的 5%。
- 目前的现金援助计划是 1996 年实施的贫困家庭的暂时援助，废除了现金补助的公民权利性计划。一般来说，接受者获得现金转让不得超过 5 年，2 年之后他们必须参加一些与工作有关的活动。
- 根据贫困家庭的暂时援助，各州实际上拥有对其福利制度结构的全面控制权。当接受者取得收入时，各州在补助额的减少比率上差异很大。
- 任何收入维持制度都必须解决几个问题，其中包括适当的补助与良好的工作激励之间的冲突、福利依赖性、工作要求以及是由州政府管理还是由联邦政府管理。
- 劳动所得税收抵免向符合条件的低收入者提供工资补贴。在收入超过一定水平之后，劳动所得税收抵免的逐步减少相当于对收入课征了较高的隐性边际税率。虽然是通过税制来进行管理的，但它现在是向穷人转移现金的最重要的计划。
- 补充性保障收入向老年人、盲人或伤残人提供现金补助。
- 穷人医疗保险是扶贫支出的最大项目，免费提供某些医疗服务。
- 对雇主来说，失业保险制度的经验费率制度是不完善的，而且失业保险金占以前收入的比例往往很大，这两个因素会增加失业。
- 补充营养援助计划的救济或食品券是只能用来购买食品的代金券。补充营养援助计划的救济似乎比等量的现金能引致更多的食品消费。
- 在过去，美国的住房援助主要是为穷人建造公共住房。现在，第 8 条款计划向少量接受者提供房租代金券，用来支付他们所选住房的房租。
- 教育和职业培训计划的目的在于提高穷人未来的自立能力。职业培训计划的功效似乎并不很大。不过，儿童的补偿教育，诸如启智计划，使教育成效和教育状况得到长期改善。

讨论题

1. 在加利福尼亚，一个福利接受者每月可以挣到 225 美元而其补助不会减少。超过 225 美元，收入每增加 1 美元，补助额就会减少 50 美分。有一位加利福尼亚的居民伊丽莎白，她每小时能挣 10 美元。如果她完全不工作，她能得到福利补助 645 美元。

a. 如果她工作 10 小时，她的劳动收入是多少？她的福利补助是多少？她的总收入是多少？

b. 当伊丽莎白工作若干小时时，她得不到任何补助，这时的工作小时数是多少？

c. 根据前两个问题的答案，画出她的预算约束线。

d. 画出一组与伊丽莎白参与劳动市场相一致的无差异曲线。

2. 假设你想用计量经济学方法研究参加启智计划对未来收入的影响。你决定把参加启智计划儿童作为实验组，把家庭背景相似但未参加启智计划的儿童作为控制组。这种分析为什么会产生误导性结果？估计这种影响的更可靠方法是什么？

3. 一位评论人士最近针对福利制度的改革提出如下建议：“废除失败的福利计划……确保每个人都有一个基本收入。然后简化税法，重塑激励措施……让每个人都努力工作”（Ferguson，2012）。请评价这项建议。（提示：为了使该计划在预算上具有可行性，要考虑到“基本收入”补助会逐步减少。这对“努力工作”的激励会产生怎样的影响？）

4. 菲利普的住房需求曲线如下页图所示（假定住房数量简单地用平方英尺来度量，其他质量因素忽略不计）。住房的市场价格为 P_1，菲利普在这个价格上愿意购买多少就能购买多少。另外，菲利普可按每平方英尺 P_2 的价格居住在公共住房中，但他唯一能得到的公寓为 H_2 平方英尺。

菲利普选择公共住房还是在私人市场上租房？请详细解释。［提示：比较这两种可能情况下的消费者剩余（参见本书末的附录）。］

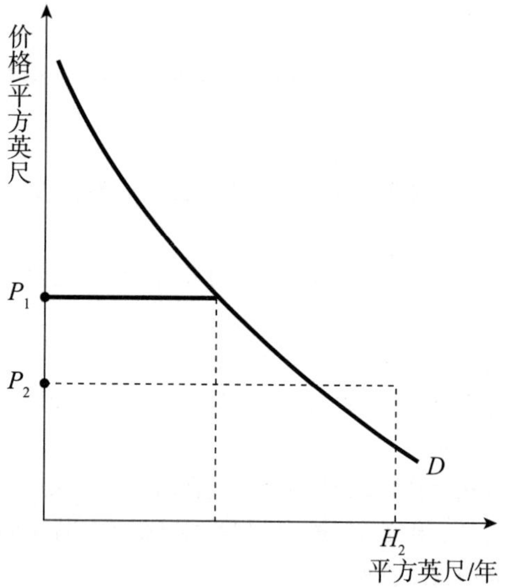

5. 补充营养援助计划的救济额逐步减少的方式复杂多样，各州不同。然而，在接近贫困线的某一点，价值 1 250 美元的补充营养援助计划救济突然被取消。不考虑税收和转让制度等其他方面，勾画出这种规定下的收入—休闲预算约束线（别管该约束线的特定斜率和截距，只大致画出其一般形状）。

6. 在图 13—4 分析贫困家庭的暂时援助的工作激励时，此人虽然获得福利补助，但仍继续工作。复制该图的预算约束线，并画出她获得福利补助而选择不工作时的一组无差异曲线。

7. 本章讨论的第 8 条款住房补助计划，实际上使某一特定社区的低收入住房的需求曲线向外移动。请画出与下列结果相一致的供求图。

a. 低收入住房的价格被抬高，而低收入住房的存量并没有增加。

b. 低收入住房的价格没有上升，而低收入住房的存量增加了。

c. 低收入住房的价格上升，且低收入住房的存量增加。

在这些情况中，哪一种情况与本章讨论的西奈和瓦尔德弗格尔的研究最为一致？

8. 假定埃莉诺符合享受图 13—8 描述的劳动所得税收抵免的条件，她每小时能挣 8 美元。只考虑劳动所得税收抵免，忽略税收和转让制度等其他方面。

a. 当她每年的劳动供给从零增加到 1 000 小时时，她的收入增加多少？

b. 当她每年的劳动供给从 1 000 小时增加到 1 500 小时时，她的收入增加多少？

c. 当她每年的劳动供给从 1 500 小时增加到 2 000 小时时，她的收入增加多少？

在每一种情况下，计算工作努力增加所带来的收入增量，请把你的答案与劳动所得税收抵免所包含的隐性边际税率相联系。

9. 自 20 世纪 80 年代以来，个人的失业保险金要缴纳联邦个人所得税（但不缴纳社会保障税）。然而，2009 年对某些人的失业保险金暂停征税。假设老王的收入按 15%的税率缴纳个人所得税，按 7.45%的综合税率缴纳社会保障和老人医疗保险工薪税。又假设如果老王失业了，失业保险替代了其税前收入的 50%且可领取两个星期的保险金。

a. 2009 年该法律出台前，老王的税后收入被失业保险替代的比率是多少？2009 年该法律实施后，该替代率发生了什么变化？失业保险对失业的影响会因此有何变化？

b. 请画出老王的预算约束钱，说明失业保险金被征税和不被征税情况下的每周收入与每周休闲时间之间的取舍关系。如果领取失业保险金的时间被延长而超过两周的限制，这会对工作时间产生怎样的影响？

10. 2010 年《平价医疗法案》向收入在联邦贫困线 133%～400%之间的家庭提供医疗保险补贴。例如，一个居住在高成本地区的 4 口之家，户主年满 55 岁，收入为 31 389 美元（为联邦贫困线的 134%），可获得补贴 22 740 美元。一个类似的家庭，收入为 93 699 美元（为联邦贫困线的 400%），得到的补贴为 14 799 美元。可是，如果一个家庭的收入多出 1 美元——93 700 美元，就得不到任何补贴。请在一个图示中（横轴表示休闲时数，纵轴表示消费），画出描述这种补贴制度的预算约束线，并讨论对劳动供给的影响。

第4篇

税收分析框架

1899 年，美国最高法院宣称："征税权是一种支撑整个国家组织的巨大力量。它对一个国家的存在和繁荣的必要性，犹如一个人需要呼吸空气一样。它不仅是毁灭的力量，也是生存的力量"（Nicol v. Ames，1899）。政治家和经济学家早就认识到了税收的重要性，而且一直都在寻找一套指导税收政策的原则。几百年以前，法国政治家让-巴普蒂斯特·柯尔贝尔（Jean-Baptiste Colbert）就曾经说过："征税的艺术就像拔鹅毛，获取的羽毛尽可能最多，而听到的尖叫声尽可能最小"（Armitage-Smith，1907，p. 36）。现代经济学不会采用如此见利忘义的方法，强调应如何征税来提高经济效率，并促进收入的"公平"分配。这正是接下来 3 章的主题。我们的目标在于构建一个思考税收政策的理论框架，而有关美国现行税制的深入讨论将放到第 5 篇。

第 14 章 税收与收入分配

纵使你竭尽全力，费尽心机，随你怎么征税，商人也会出于自身利益而把税收转嫁出去。

——约翰·洛克（John Locke）

关于美国税制的政策争论，主要集中在税收负担是否公平分配这个问题上。要明智地讨论这个规范问题，就需要理解下列实证问题，即税收如何影响收入分配。确定税收如何改变收入分配的一个简单方法是：进行一项调查，询问每人每年向税务局缴纳了多少钱。这种方法固然简单，但常常是错误的。用一个例子就可说明，正确评估税收负担是一个很复杂的问题。

假定一瓶葡萄酒的价格是 10 美元，政府对每瓶葡萄酒征税 1 美元。征税方式是：每出售一瓶葡萄酒，税务人员（潜伏在商店里）在卖葡萄酒者还没把钱放进收款机之前，就从他手里拿走 1 美元。碰巧看到这种情形的人由此得出结论说，此税是由卖葡萄酒者支付的。

可是，假设征税几个星期后，这种税使每瓶葡萄酒的价格上升到 11 美元。显然，店主每卖一瓶葡萄酒得到的钱数与纳税前一样，这种税并没有使他的境况变差，消费者以支付更高价格的形式缴纳了全部税款。另一种情况假设征税后，价格只上升到 10.30 美元。在这种情况下，店主每卖一瓶葡萄酒只得到 9.30 美元，他的境况变差了，因为每瓶葡萄酒的收益减少了 70 美分。不过，消费者的境况也变差了，因为他们要为每瓶葡萄酒多付 30 美分。[①] 在这种情况下，生产者和消费者分担了税负。还有另一种可能是，征税后价格仍是 10 美元，如果发生了这种情况，消费者的境况不变，卖方承担了全部税负。

税收的**法定归宿**（statutory incidence）表明的是，谁在法律上负责纳税。从法定归宿是卖方这个意义上说，上述三种情况都一样。但是，到底谁真的承担了税负，情况就大不一样了。由于价格会因征税而发生变化，故知道法定归宿对于弄清谁真正付税无济于事。相反，税收的**经济归宿**（economic incidence）是指税收引起的私人实际收入的分配变化。本章考察的重点正是讨论法定归宿和经济归宿之间的差异程度——**税收转嫁**（tax shifting）数量的决定因素。

① 实际上，消费者和生产者所面临的价格变化只是问题的一部分，还有税收导致的选择扭曲所造成的负担。参阅第 15 章。

税收归宿：概述

在讨论税收如何影响收入分配时，首先要牢记一些基本情况。

□ 只有人才能负担税收

在讨论一项曾经被国会考虑过的税收法案时，《华尔街日报》的一位专栏作家评论说，“参议院投票批准了一项主要针对公司的重大税法修改案，但立法议员也批准了将有益于很多人的重要变化”（Herman，2004a）。通过把“公司”与“人”截然分开，上述这种说法反映出一种常见的谬误——企业具有独立负担税收的能力。的确，美国法律制度把像公司等一些机构看做是人。虽然从很多目的来看，这是一种方便的假设，但有时也会造成混乱。在经济学家看来，只有人——股东、员工、业主、消费者等——才能负担税收，而公司不能。

既然只有人才能负担税收，那么在进行税收归宿分析时，应如何对人进行分类呢？一般都是按人在生产中的作用进行分类，即他们在生产过程中提供什么样的投入品（投入品通常被称为生产要素）。这种分类强调的是税制如何改变收入在资本家、劳动力和地主之间的分配，即所谓的**功能收入分配**（functional distribution of income）。

以这种方式设计分析框架似乎有些过时了。或许在 18 世纪的英国，财产所有者不用工作，而工人没有财产。但在当代美国，很多人靠劳动取得大部分收入，也有储蓄账户和（或）普通股票（这些资产通常是以个人的养老金形式持有）。同样，也有腰缠万贯而整天工作的人。因此，似乎更为重要的是研究税收如何影响总收入在人们之间的分配——**规模收入分配**（size distribution of income）。在得知人们的收入来自资本、土地和劳动的比例之后，功能分配的变化可以转化为规模分配的变化。例如，降低资本相对收益的税收，往往会损害处于收入分配最高层的人，因为富人来自资本的收入比例比较高。[①]

在某些特定问题上，其他分类方法也许令人感兴趣。当联邦政府提出增加烟草税时，区域归宿将备受关注。（烟草种植州的人是否会遭受更大的伤害？）而且，当有建议要改革城市土地税时，分析人员常常要考察种族归宿。我们还可以很容易地想到其他一些例子，比如按性别、年龄等对税收归宿分类。

□ 应同时考虑收入的来源和用途

在前面提到的葡萄酒税的例子中，人们很自然地要假定，税收的分配效应主要取决于人们的支出格局。由于葡萄酒价格上涨，喝酒较多的人境况会变差。然而，如果税收使葡萄酒的需求下降，葡萄酒生产过程中所用的要素也要遭受收入损失。因此，税收通过影响收入来源，也会改变收入分配。假定穷人用于购买葡萄酒的收入比例比较大，但葡萄园往往都是由富人拥有。于是，从收入的用途方面看，税收再分配是把穷人的收入拿走，而从收入的来源方面看，税收再分配是把富人的收入拿走，总体归宿取决于收入的来源和用途受到怎样的影响。这种区别对于理解前副总统戈尔（Gore）提议整治佛罗里达湿地（Florida Everglades）

① 不过，有些低收入退休者的大部分收入也来自资本。

所引起的争论非常重要。由于佛罗里达湿地的生态环境遭到甘蔗地径流的破坏，所以戈尔提出，对糖品征收一种特别税，所筹措的资金用于环境治理。反对派不仅来自消费者群体，也来自佛罗里达州的工人：前者担心以糖为原料的产品价格会上涨，后者认识到这种税会降低糖的需求，从而会减少他们的收入。

在实践中，经济学家们在研究商品课税时，常常忽略税收对收入来源的影响；而在分析对投入品课税时，又常忽略税收对收入用途的影响。如果商品税主要对收入用途产生系统性影响，要素税主要对收入来源产生系统性影响，那么这种分析方法是合适的。这种假设简化了分析，但必须在每种情况下考虑其正确性。

□ 税收归宿取决于价格是如何决定的

我们曾经强调指出，从根本上讲，税收归宿问题是确定税收如何改变价格的问题。显然，对于谁真正负担税收这个问题，不同的价格决定模型所得到的答案可能完全不同。本章考察几种不同的模型，并比较其结果。

与此密切相关的一个问题是，在分析时要考虑时间维度。税收归宿取决于价格变化，而价格变化需要时间。在大多数情况下，长期反应大于短期反应。因此，税收的短期归宿和长期归宿可能有别，在分析某项政策问题时，就必须具体说明相应的时间长短。

□ 税收归宿取决于税收收入的用途

平衡预算归宿（balanced-budget incidence）计算的是，政府课税和以这些税收融资的支出的综合效应。一般说来，税收的分配效应取决于政府如何花这些钱。例如，用于艾滋病研究的支出与用于小学生午餐的支出，分配效应极其不同。有些研究假定，政府对税收收入的支用，与消费者如果得到这笔钱对它的支用，是完全一样的。这与把这笔钱一次性全部退还给消费者并让他们自己花费是等价的。

税收收入通常并不专用于特定的支出。因此，最好能把政府如何花钱这个问题抽象掉。其思路是，在政府预算保持不变的情况下，考察一种税取代另一种税时，税收归宿有何不同，这就是所谓的差别税收归宿（differential tax incidence）。由于差别归宿考察的是税种的变化，所以有必要找一个参照点。在假设上作为比较基础的“其他税”，通常被假定为**一次总付税**（lump sum tax），这是一种个人应纳税额并不取决于其行为的税。（例如，10%的所得税并不是一次总付税，因为它取决于个人收入的多少。但是，500 美元的人头税因与收入无关，就是一次总付税。）

最后，绝对税收归宿（absolute tax incidence）考察的是某种税在其他税种和政府支出都不变时产生的影响。宏观经济模型在分析改变税收水平以实现某种稳定目标时最关注的是绝对归宿。

□ 税收累进性可用几种方法衡量

假设一个研究者试图计算出每个人负担某种税的实际份额——即前面定义的经济归宿。这样做的主要目的通常是界定这种税是比例的、累进的还是累退的。**比例制**（proportional）的定义很简单，即不管收入水平是多少，应纳税额与收入的比率都保持不变。[①]

界定累进税和累退税并不那么容易，而且不幸的是，含糊不清的定义有时还会使公众辩

① 不过，收入的定义并不简单。参阅第 17 章。

论陷于混乱之中。定义这些名词的一个自然方法是用**平均税率**（average tax rate），即纳税额与收入的比率。如果平均税率随着收入的增加而上升，则该税制是**累进制**（progressive）；如果平均税率随着收入的增加而下降，则该税制就是**累退制**（regressive）。

造成混乱的原因是，有些人以**边际税率**（marginal tax rate）来定义累进性。所谓边际税率，是指纳税额随着收入的变化而改变。为了说明平均税率与边际税率的差异，举一个很简单的所得税例子。每个人在计算他的应纳税额时，先从收入中扣除 3 000 美元，剩下的收入按 20%计算纳税额（如果差额是负数，他可以得到该差额 20%的补贴）。表 14—1 表明了几种收入水平下的应纳税额、平均税率和边际税率。平均税率随着收入的增加而上升，但边际税率始终是 0.2，因为不管收入水平如何，个人收入每增加 1 美元都要多付 20 美分的税。因此，人们可能不同意该税制具有累进性，而且每个人按照他们自己的定义都没有错。看来，在使用累进制和累退制这些术语时，做出明确的定义是极其重要的。本章以后的内容都假定以平均税率来界定。

表 14—1　　假设税制下的应纳税额

收入（美元）	应纳税额（美元）	平均税率（%）	边际税率（%）
2 000	−200	−0.10	0.2
3 000	0	0	0.2
5 000	400	0.08	0.2
10 000	1 400	0.14	0.2
30 000	5 400	0.18	0.2

说明：在这种假设税制下，每个人的应纳税额计算如下：先从收入中扣除 3 000 美元，然后剩下的余额乘以 20%。边际税率固定为 20%，而平均税率随着收入的增加而提高，意即这种税是累进的。

衡量一种税制的累进程度，比定义累进性还要难。人们已经提出很多合理的备选方法，我们只考察两种简单的方法。第一种方法是说，随着收入的增加，平均税率上升得越多，税制的累进性就越强。用代数方法表示，假设 T_0 和 T_1 分别是收入水平为 I_0 和 I_1（$I_1 > I_0$）时的真实（相对于法定）应纳税额。累进程度 v_1 的衡量公式是：

$$v_1 = \frac{\frac{T_1}{I_1} - \frac{T_0}{I_0}}{I_1 - I_0} \tag{14.1}$$

研究人员一旦计算出 T_1 和 T_0 的值，并把它们代入式（14.1），v_1 值越大，税制的累进性就越强。

第二种可能的方法是说，如果一种税制的税收收入弹性（即税收收入变化的百分比除以应税收入变化的百分比）较大，则这种税制与另一种税制相比累进性就较强。此时累进程度 v_2 的衡量公式为：

$$v_2 = \frac{T_1 - T_0}{T_0} \div \frac{I_1 - I_0}{I_0} \tag{14.2}$$

现在考虑下列建议：每个人的应纳税额将比他现在缴纳的数额增加 20%。这一建议将使原支付 T_0 税额的人，其应纳税额增加到 $1.2 \times T_0$，原来支付 T_1 的人，其应纳税额增加到 $1.2 \times T_1$。国会议员 A 认为这个建议会使税制更具有累进性，而国会议员 B 则认为这对累进性毫无影响。谁是对的？这要取决于累进程度的衡量方法。用 $1.2 \times T_0$ 和 $1.2 \times T_1$ 分别替换式（14.1）中的 T_0 和 T_1，v_1 的值提高了 20%，故该建议提高了累进程度。另一方面，如果在式（14.2）中进行同样的替换，v_2的值不变（分子和分母都乘以 1.2，故对分数值没有影响）。这里的教训是，即使直观上很吸引人的累进性衡量方法，也可能得出不同的答案。[①] 这再一次说明，明智的公众辩论要求人们必须明确各自的定义。

局部均衡模型

有了这些基本知识后，我们现在转入本章的根本问题：税收如何影响收入分配。我们曾说过，这个问题的实质是税收引起相对价格变化。因此，弄清价格是如何决定的，成为分析的关键。在本节，我们分析价格决定的**局部均衡模型**（partial equilibrium models）——只分析征税的市场，不考虑税收对其他市场的影响。当课税商品的市场与整个经济相比很小时，这种分析方法最为恰当。我们的分析工具是完全竞争下的供求模型。

□ 对商品课征的单位税

我们首先研究**单位税**（unit tax）的归宿。之所以称为单位税，是因为这种税按销售的每单位商品，征收一个固定的税额。例如，联邦政府对每加仑香槟酒课征 3.40 美元的税，对每包香烟课征 1.01 美元的税。假定香槟酒的价格和数量是由图 14—1 中的供给（S_c）和需求（D_c）竞争决定的。征税前，需求量和价格分别为 Q_0 和 P_0。

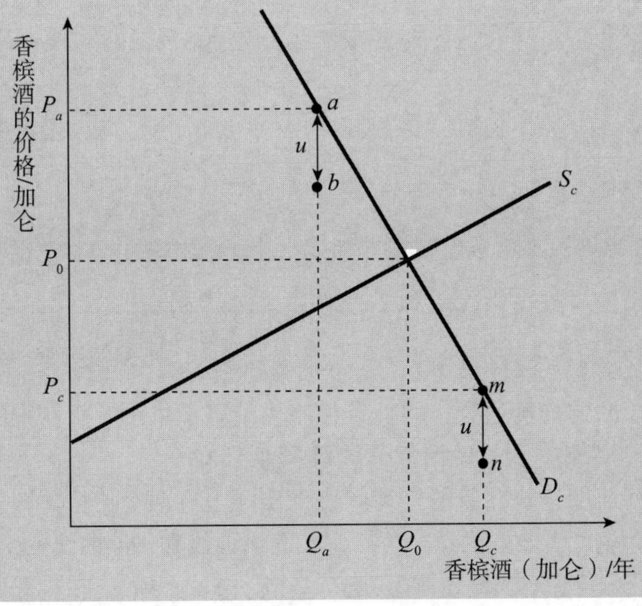

图 14—1　税前价格和数量

说明：每加仑征 u 美元的单位税会改变供给者可获得的需求曲线。比如，人们购买 Q_a 加仑，每加仑愿意支付的最高价格是 P_a。在课税后，人们支付的价格仍然是 P_a，但生产者只能得到每加仑（P_a-u）（对应的是 b 点）。新需求曲线的位置正好在比原需求曲线低 u 美元。

现假定在每次购买香槟酒时按每加仑 u 美元征单位税，法定归宿是购买者。归宿分析的关键一步是要认识到，由于征税，消费者支付的价格和供给者得到的价格不同。以前，可以

① 还需要指出，一般来说，v_1 和 v_2 取决于收入水平。也就是说，即使是单一税制，v_1 和 v_2 通常也不是固定不变的。这使得有关累进程度的讨论更加复杂了。

用供求分析来决定单一市场价格；而现在，这种分析必须加以修正，以包含两个不同的价格，一个是买方价格，另一个是卖方价格。

首先确定税收对需求曲线的影响。在需求曲线上取任意一点 a。该点表明，人们购买 Q_a 加仑的香槟酒，每加仑愿意支付的最高价格是 P_a。在课征 u 美元单位税后，人们购买 Q_a 加仑香槟酒所愿意支付的最高价格仍然是 P_a。没有理由认为，税收影响了人们对香槟酒的基本评价。然而，当人们对每加仑支付 P_a 时，生产者不再能得到全部数额，而只能得到（P_a-u），正是图 14—1 中 b 点所示的数额。换言之，征收单位税后，a 点不再是供给者可获得的需求曲线上的点，b 点才是供给者可获得的需求曲线上的点，因为他们知道，如果供给量为 Q_a，每加仑只能得到（P_a-u）。对于供给者而言，消费者对每加仑支付多少价钱无关紧要，重要的是他们每加仑能收到多少钱。

当然，a 点是任意选定的。在需求曲线上的其他任何一点，道理都是一样的。例如，征税之后，供给者在产量为 Q_c 时得到的是 n 点对应的价格，n 点是由 m 点减去 u 的距离得到的。如果在需求曲线的每一点上都重复这个步骤，就会得到一条新的需求曲线，它的位置正好比原需求曲线低 u 美元。在图 14—2 中，如此构建出来的需求曲线是 D'_c。对于供给者来说，曲线 D'_c 才是重要的，因为它表明了他们每销售一单位能收到多少钱。

图 14—2　对需求方课征单位税的归宿

说明：对消费者课征单位税后，新的均衡数量是 Q_1。生产者收到的价格是 P_n，消费者支付的价格是 P_n 加上 u，即 P_g。

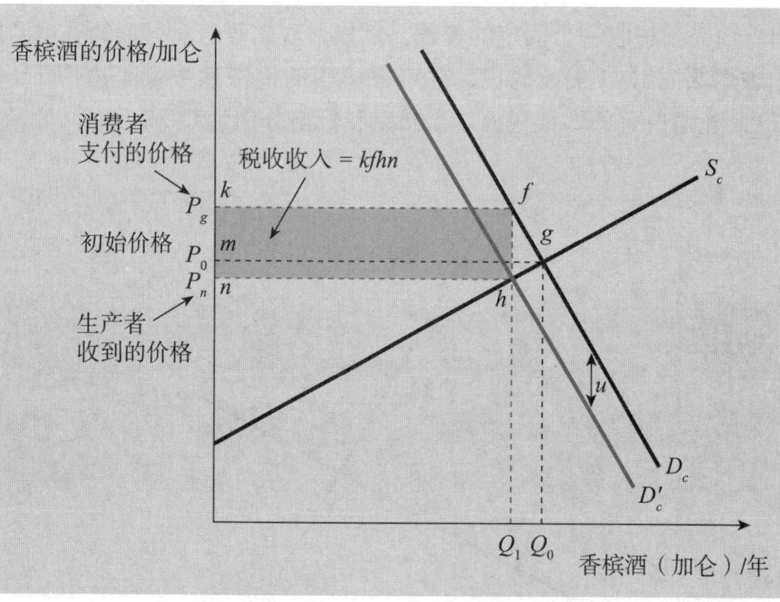

现在可以找到课征单位税后香槟酒的均衡数量。均衡点位于供给等于供给者可获得的需求的地方，即图 14—2 中的产量 Q_1。因此，税收使销售量从 Q_0 降低到 Q_1。

下一步是找到新的均衡价格。如前所述，在新的均衡状态下实际上有两个价格，即生产者收到的价格和消费者支付的价格。生产者收到的价格位于有效需求曲线和供给曲线的交点，即 P_n。消费者支付的价格是 P_n 加上单位税 u。要在图上找到这个价格，必须从 P_n 点开始向上垂直移动距离 u。不过，这要通过图形构建来完成，即让曲线 D_c 和 D'_c 之间的距离等于 u。因此，要找到消费者支付的价格，只要从 D'_c 和 S_c 的交点开始向上到原需求曲线 D_c 即可，由此决定的价格为 P_g。由于 P_g 包含了税收，故通常称为含税价格（price gross of tax）；相反，P_n 则是不含税价格（price net of tax）。

税收使消费者的境况变差了，因为他们面临的新价格 P_g 比原价 P_0 高。但是，消费者支付的价格并没有按全部税额足额上升——（$P_g - P_0$）小于 u。生产者也支付了部分税收，表现为每加仑得到的价格降低了。现在，生产者只得到 P_n，而税前他们得到 P_0。因此，这种税使生产者和消费者的境况都变差了。① 请注意，消费者价格上涨（$P_g - P_0$），生产者价格下跌（$P_0 - P_n$），两者相加正好等于 u 美元，从这个意义上说，消费者和生产者"分担"了税收。

根据定义，税收收入等于所购买的单位量 Q_1 乘以每单位税额 u。从图形上看，Q_1 是长方形 $kfhn$ 的长度，u 是高度，所以税收收入是这个长方形的面积。

这一分析有两个重要含义：

单位税的归宿与对消费者课征还是对生产者课征无关　假定不是对消费者而是对香槟酒的供给者课征同样的单位税 u 美元。考察图 14—3 中原供给曲线上的任意价格 P_i。供给曲线表明，供给者要生产 Q_i 单位，每单位得到的价格至少是 P_i。课征单位税后，供给者仍然要得到每单位价格 P_i。然而，这样一来，消费者必须支付的单位价格就是 $P_i + u$，即图形中的 j 点。现在，我们要论证什么也就清楚了。要找到消费者可获得的那条供给曲线，S_c 必须向上位移，移动的距离正是单位税的数额。这条新的供给曲线就是 S'_c，曲线 S'_c 与 D_c 相交，决定的税后均衡产量为 Q'_1。该交点决定的价格为 P'_g，是消费者支付的价格。要找到生产者收到的价格，必须从 P'_g 中减去 u，得到 P'_n。看一下图 14—2 就可发现，$Q'_1 = Q_1$，$P'_g = P_g$，$P'_n = P_n$。因此，单位税的归宿与对市场中的哪一方课征无关。

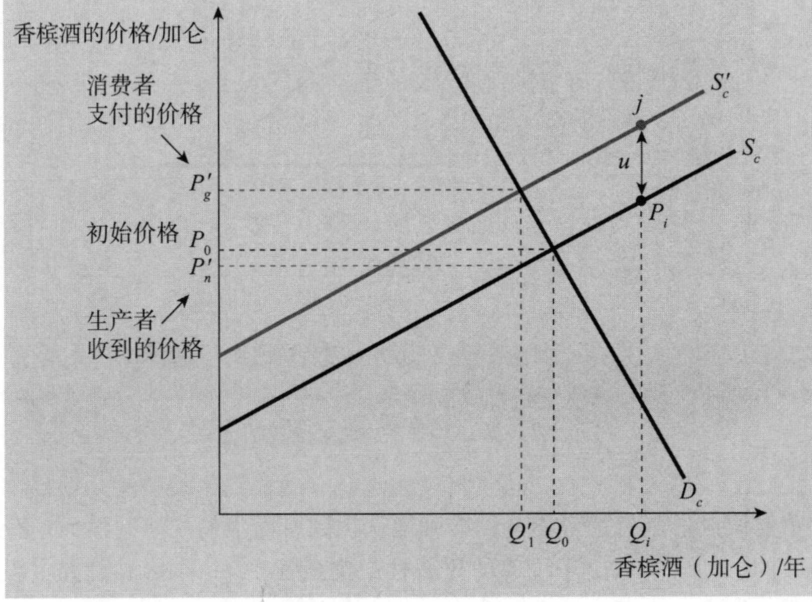

图 14—3　对供给方课征单位税的归宿

说明：对供给者课征单位税，使供给曲线按单位税额上移。税后的均衡数量、消费者支付的价格以及生产者收到的价格，都与法定归宿落在消费者身上时的一样。

这与我们前面所说的一样——税收的法定归宿不能说明其经济归宿。形象地说，税务人员是站在消费者身边，在他们每买一加仑香槟酒时就从其付款中拿走 u 美元，还是守在销售者身边，在他们每卖一加仑香槟酒时就从其收款中拿走 u 美元，这都无关紧要。图 14—2 和图 14—3 已经说明，重要的是税收使消费者支付的价格与生产者收到的价格之间的差额有多大，而不在于该差额落在市场中的哪一方。税收引起的消费者支付价格和生产者收到价格之

① 若以消费者剩余和生产者剩余来衡量，消费者和生产者的境况都变差了，其程度分别用面积 $mkfg$ 和面积 $mghn$ 表示。剩余总损失比税收收入大出三角形的面积 fhg，这就是将在第 15 章解释的税收的超额负担。有关消费者剩余和生产者剩余的内容，请参阅本书末的附录。

间的差额，称为**税收楔子**（tax wedge）。

单位税的归宿取决于供求弹性　在图14—2中，消费者承担了大部分税收，因为他们多支付的数额比生产者少收到的数额大得多。这一结果完全是由供求曲线的形状决定的。一般来说，在其他条件相同的情况下，需求曲线的弹性越大，消费者负担的税收就越少。同理，在其他条件相同的情况下，供给曲线的弹性越大，生产者负担的税收就越少。直观地看，弹性可大致衡量经济行为主体逃避税收的能力。需求弹性越大，当商品价格上升时，消费者越容易转向购买其他商品，因而供给者必须承担更多的税负。相反，如果消费者不管价格高低都购买相同的数量，那么全部负担都会转嫁到他们身上。同样的推理也适用于供给方。

图14—4和图14—5说明的是两种极端情况。在图14—4中，商品X的供给完全无弹性，征收单位税后，有效需求曲线变为D'_X。和以前一样，生产者收到的价格是S_X与D'_X的交点决定的P_n。请注意P_n正好比P_0少了u。这样，生产者收到的价格下跌的幅度恰好等于税额。同时，消费者支付的价格P_g（$=P_n+u$）依然是P_0。当供给完全无弹性时，生产者承担了全部税负。图14—5说的是一个相反的极端情况。商品Z的供给具有完全弹性。征收单位税使需求曲线移至D'_Z。在新的均衡点，需求量为Z_1，生产者收到的价格（P_n）依旧是P_0。因此，消费者支付的价格P_g是（P_0+u）。在这种情况下，消费者承担了全部税负。①

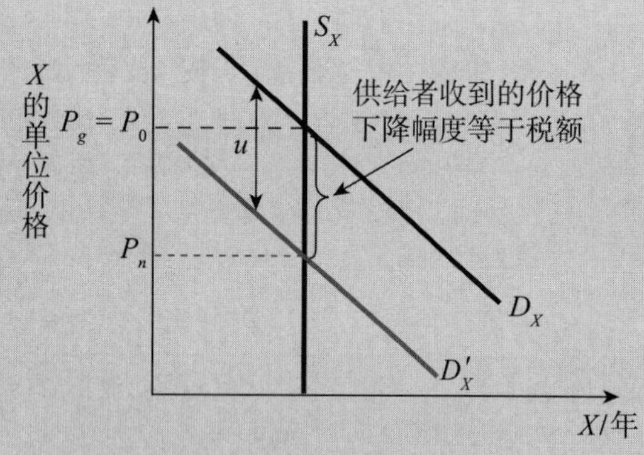

图14—4　供给完全无弹性时的税收归宿

说明：对一种供给完全无弹性的商品课征单位税，使生产者收到的价格正好下降了等于税额的幅度。因此，生产者承担了全部税负。

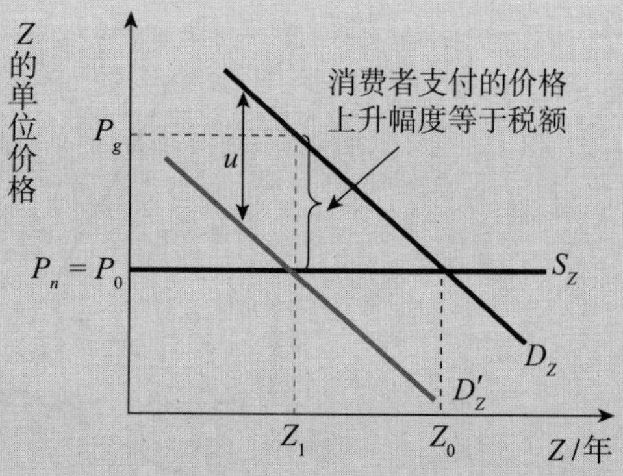

图14—5　供给具有完全弹性时的税收归宿

说明：对一种供给具有完全弹性的商品课征单位税，使消费者支付的价格正好上升了等于税额的幅度。因此，消费者承担了全部税负。

这种分析背后的一个重要假设是，消费者能全面准确地认识到所面临的税率。然而，有些证据表明，消费者对税收的感知可能取决于税率的**显著性**或**突显性**（salience）。例如，假定对便利店的一种商品征税。切迪、鲁尼和克罗夫特（Chetty，Looney and Kroft，2009）发现，这种税被要求标明在货架上（让消费者在选购时看到它）比被附加在收银机里的价格中对需求量的影响更大。若将此例推而广之，那么，我们在评估一种税的归宿时，必须考虑到非突显性税种对需求弹性的影响。

烟草税　美国联邦政府对香烟课征单位税。2009年，联邦税从每包烟39美分提高到1.01美元。提高税额的支持者当中，一部分人的用意主要是抑制吸烟，另一部分人则主要是

① 请注意，只要投入成本是固定的，竞争市场的长期供给曲线就如图14—5中的水平线。因此，在这些条件下，从长期来看，消费者承担全部税负。

惩罚烟草生产商。想抑制吸烟的人隐含地假定，这种税会上抬消费者支付的价格；而想惩罚烟草生产商的人则认为，烟草生产商收到的价格会下降。现在的问题是，哪种效应会占上风？税收归宿模型告诉我们，需要找到烟草市场的供求弹性。

□ 从价税

现在来讨论**从价税**（ad valorem tax）的归宿。从价税是税率为价格一定比例的一种税。例如，田纳西州对食品购买课征 5.5%的税。实际上，所有州和地方政府对餐饮和服装课征的税都是从价税。

幸运的是，从价税与单位税的分析差不多。基本方法也是找出税收如何改变有效需求曲线，计算出新的均衡点。不过，单位税是使曲线按绝对额下移，而从价税则是使曲线按相同比例下移。为了说明这一点，请看图 14—6 中食品的需求曲线（D_f）和供给曲线（S_f）。没有征税时，均衡价格和均衡数量分别是 P_0和 Q_0。现在，假定对食品消费征税，按含税价格的 25%征收。[①] 看一下曲线 D_f上的 m 点。征税后，P_m仍然是消费者购买 Q_m磅食品所愿意支付的最高价格；生产者收到的那部分价格等于 m 点与横轴之间垂直距离的 75%，以 n 点表示。因此，n 点是生产者可得到的需求曲线上的一个点。同样，r 点向横轴垂直下移 25%的距离得到 s 点。对于 D_f上的每一点都重复这一步骤，供给者面临的有效需求曲线也就确定了，即图 14—7 中的 D'_f。从此开始，以后的分析与单位税的分析相同：均衡点是 S_f与 D'_f的交点，交易量为 Q_1，食品生产者收到的价格是 P_n，消费者支付的价格是 P_g。和以前一样，税收归宿由供求弹性决定。

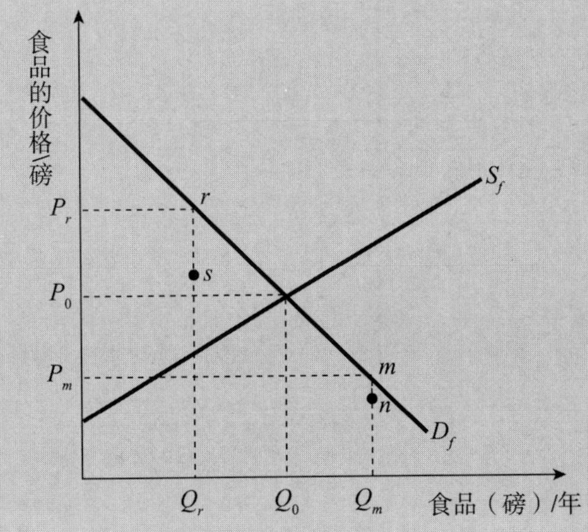

图 14—6　课征从价税

说明：对消费者课征从价税，使需求曲线在每一产量水平上按相同比例向下移。

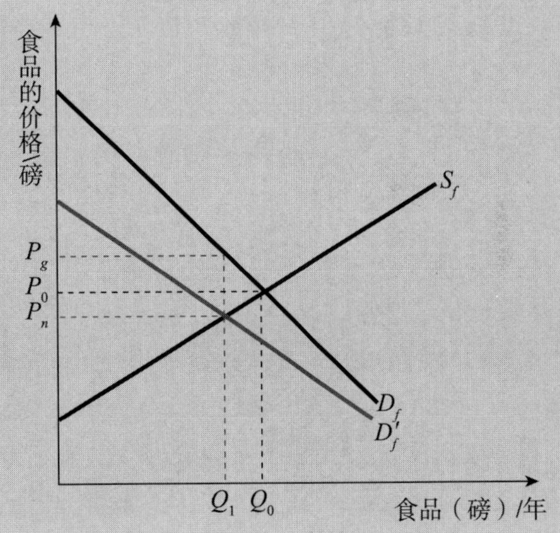

图 14—7　从价税的归宿

说明：课征从价税后，新的均衡数量是 Q_1，生产者收到的价格是 P_n，消费者支付的价格是 P_g。

这种分析适用于各种情况。假定图 14—7 说明的不是食品市场，而是住房租赁市场。可以证明，财产税的负担不取决于是房东还是房客支付财产税。这与只因房东交税就以为他们

① 在衡量从价税的税率时，有一个基本问题比较含糊：该税率是税额与含税价格之比，还是与不含税价格之比？在本例中，按含税价格课征 25%相当于按不含税价格课征 33%。如果消费者支付的价格为 1 美元，应纳税额为 25 美分，而生产者收到的价格为 75 美分。若把 25 美分的应纳税额表达为占 75 美分的比例，即得到 33%的税率，这正是占不含税价格的比例。

承担税负的通常看法相左。

□ 要素税

到目前为止，我们讨论的都是商品课税，但这种分析也适用于生产要素。

工薪税 以为社会保障制度筹资的工薪税为例。如第 11 章所述，雇主按员工收入的 7.65%纳税，员工自己也按相同的税率纳税，合起来的税率是 15.3%。[①] 这种分摊由来已久，是立法者坚持工薪税应由雇主和雇员平均分担这种信念的结果。但是，员工和雇主之间的这种法定区分是无关紧要的。如前所述，这种劳动税的归宿只取决于雇员得到的工资与雇主支付的工资之间的税收楔子。

这一点可以用图 14—8 来说明。图中，D_L是劳动需求，S_L是劳动供给，为了便于说明，假定S_L完全无弹性。征税前，工资为 w_0。对劳动课征从价税，使有效需求曲线位移至 D'_L。和往常一样，D_L与D'_L之间的距离就是需求者支付的价格与供给者收到的价格之间的税收楔子。征税后，员工得到的工资下降到 w_n。另一方面，雇主支付的价格 w_g仍为 w_0。在这个例子中，尽管法律上规定了这种税的分摊，但员工得到的工资率正好下跌了等于该税额的程度，也就是说，员工承担了全部税负。

图 14—8 劳动供给无弹性时的工薪税归宿

说明：如果劳动供给是完全无弹性的，工薪税使工人得到的工资正好下降了等于税额的幅度。因此，员工承担了全部税负。

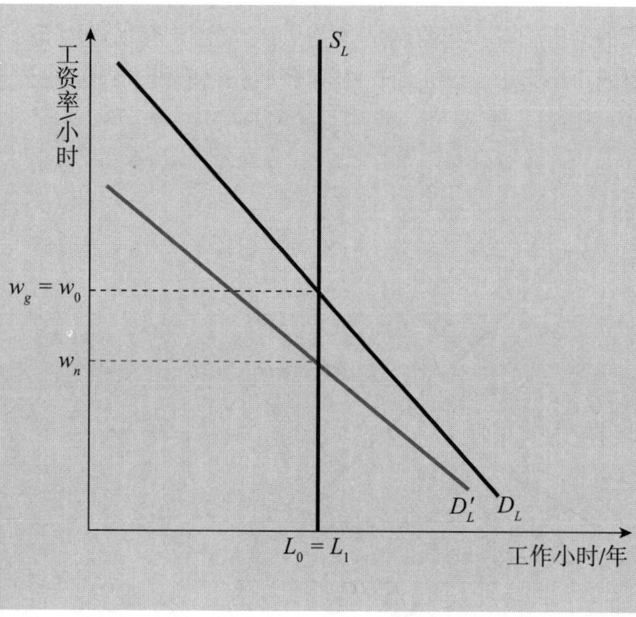

当然，我们也可以把供给曲线画成具有完全弹性，从而得到正好相反的结果。这里要记住的关键问题是：如果不知道有关行为的弹性，就无法确定税收归宿。事实上，虽然劳动供给弹性的估计值千差万别，但很多经济学家认为，它接近于零（Fuchs et al.，1998）。虽然国会试图让税负公平地分担，但至少在短期，员工很可能承担了大部分工薪税。

全球经济中的资本课税 资本税与工薪税的分析方法基本相同：画出供求曲线，按税额的大小（取决于税率）移动或转动相关曲线，比较税前和税后的均衡点。在封闭经济中，下列假设是合理的：资本的需求曲线向下倾斜（资本价格上涨时，企业对资本的需求减少），资

① 收入高于一定水平之后，工薪税率开始下降。见第 11 章。

本的供给曲线向上倾斜［当储蓄收益率上升时，人们会提供更多的资本（即储蓄更多）］。[①] 在这种情况下，资本所有者承担部分税收负担，具体承担多少，取决于供求弹性。

现假定在开放经济中，资本在各国间完全自由流动，实际上就是存在着一个单一的全球性资本市场。如果资本的供给者在某一国不能挣到现行的世界收益率，就会把资金从该国抽走，投入另一个国家。用供求图形表示，对某一国家来说，资本的供给具有完全弹性：该国公民可以在现行收益率下想买多少资本就能买多少，但要是低于这个收益率，就一点都买不到。资本税归宿的含义十分明显。如图 14—5 所示，资本使用者支付的税前价格正好上升了等于该税额的程度，而资本供给者不承担丝毫负担。直观地说，只要让资本承担一点税收，它就会流向国外，因此税前收益率必将上升。

即使在今天高度一体化的世界经济中，资本在各国间也不是完全流动的。而且，即使是美国这样的国家，其资本市场相对于世界市场来说虽然比较大，但其供给曲线是否为水平状态，也值得怀疑。不过，忽视全球化的政策制定者会高估他们把税收负担放在资本所有者身上的能力。只要资本具有国际流动性，对资本家课征的税就会转嫁到他人身上，资本税具有明显的累进性就是一种错觉。

□ 无竞争情况下的商品课税

在分析中，竞争市场假设具有关键性作用。现在讨论在其他市场结构下，其结果会发生怎样的变化。

垄断　与竞争相反的另一极端是垄断——只有一个卖者。图 14—9 描述了一个垄断者，它生产商品 X。征税前，垄断者面临的需求曲线是 D_X，相应的边际收入曲线为 MR_X。生产 X 的边际成本曲线是 MC_X，平均总成本曲线为 ATC_X。像往常一样，利润最大化的条件是生产保持在边际收入等于边际成本的点上，在这一点，产量为 X_0，售价为 P_0。每单位经济利润等于平均收入与平均总成本之间的差额，即距离 ab，出售的单位数量为 cb。因此，总利润为 ab 乘以 cb，即长方形 $abcd$ 的面积。

现在假定对 X 征收单位税 u。生产者面临的有效需求曲线下移垂直距离 u，其理由和以前完全一样。[②] 在图 14—10 中，这条需求曲线是 D'_X。同时，企业面临的边际收入曲线也下移距离 u，因为这种税减少企业每销售一单位的增量收入。新的有效边际收入曲线是 MR'_X。

MR'_X 和 MC_X 的交点决定了利润最大化产量 X_1。从产量 X_1 向上到垄断者所面临的需求曲线 D'_X，就可找到它所获得的价格 P_n。消费者所支付的价格是 P_n+u，即图中的 P_g。税后单位利润是垄断者得到的价格与平均总成本之间的差额，即距离 f_g。出售的单位数量为 if。因此，税后垄断经济利润是面积 $fghi$。

税收的影响是什么？需求量下降了（$X_1<X_0$），消费者支付的价格上升了（$P_g>P_0$），垄断者得到的价格也下降了（$P_n<P_0$）。请注意，征税使垄断利润减少了——图 14—10 中的面积 $fghi$ 比图 14—9 中的面积 $abcd$ 小。尽管垄断者具有市场力量，但由于对它出售的产品征收单位税，因而通常会使它的境况变差。在公众辩论中常常假定，具有市场力量的企业能

① 然而，储蓄不一定随着收益率的提高而增加。参见第 18 章。

② 或者，我们可以把边际成本曲线向上移动 u 的距离，最终结果是一样的。

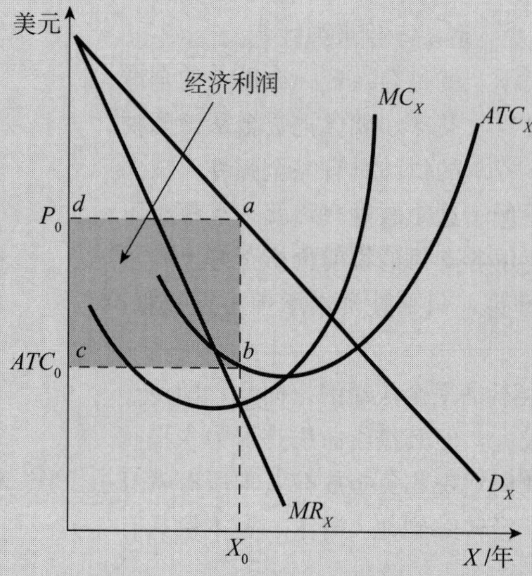

图 14—9　垄断者均衡

说明：垄断者每年生产 X_0，售价为 P_0，故获得的利润为 $abcd$ 的面积。

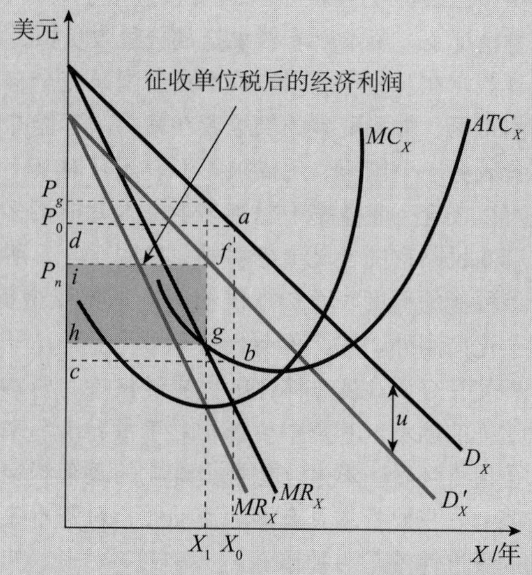

图 14—10　对垄断者课征单位税

说明：对垄断生产的商品征收单位税，使有效需求曲线和边际收入曲线正好下移了等于税额的幅度。此税把均衡数量从 X_0 减少到 X_1，把消费者支付的价格从 P_0 提高到 P_g，把生产者收到的价格从 P_0 降低到 P_n，把垄断者的利润从 $abcd$ 的面积减小到 $fghi$ 的面积。

轻易地把所有税收都转嫁给消费者。这里的分析表明，即使是贪得无厌的垄断者，也必须承担一部分税负。和以前一样，消费者到底承担多大份额税负，取决于需求曲线的弹性。

对垄断者课征从价税，只要重复上述步骤即可（D_X 和 MR_X 不是向下平行移动，而是向下转动），留给读者自己去做。

寡头垄断　介于完全竞争与垄断两极之间的市场结构，是只有“几个”卖主的寡头垄断。不幸的是，寡头垄断情况下的税负归宿理论尚不成熟。造成这种尴尬局面的原因很简单：税收归宿主要取决于征税之后相对价格如何变化，可是，还没有一个被普遍接受的寡头垄断价格决定理论。

不过，通过想象企业在寡头垄断市场中所面临的问题，仍可对相关问题有所认识。从企业的角度来看，最理想的情况就是勾结起来，联合生产全行业利润最大化的产量。这种产量水平被称为卡特尔解。[一个卡特尔就是一个共同行动使利润最大化的生产者群体。国际石油卡特尔——石油输出国组织（OPEC）就是最著名的例子。] 卡特尔解要求每个企业减产，以促使市场价格上扬。对企业来说，问题在于卡特尔解很难达成。为什么？因为一旦达成了每家企业应当生产多少的协议，各家企业随后就有违背协议的动机——都想利用高价，生产高于其配额的产量。（仍以石油输出国组织为例，想想它在控制其成员不要生产“太多”石油时遇到的问题。）结果，寡头垄断市场上的产量一般都高于卡特尔解。倘若存在某种机制，能迫使所有成员企业减少产量，那么这些企业的境况都会变好。

如果整个行业的产量被征税，情况会怎样？如同在竞争和垄断两种情况下一样，企业会减产。但是，与其他市场结构不同的是，这对于寡头垄断企业来说不一定是坏事。可以肯定的是，在税前利润水平既定的情况下，企业因为要缴税，故境况必然会变差。但是，由于企业减产，它们越来越靠近卡特尔解，所以税前利润将增加。从理论上说，税前利润的增加幅度可能非常大，乃至即使在交税之后，企业的境况也会变好（Delipalla and O'Donnell，2001）。当然，企业的境况也有可能变差。要获得明确的答案，必须知道企业减产的确切数量。

随着对寡头垄断条件下的经济行为有更深入的了解，税收归宿模型也逐步完善起来。同时，大多数经济学家对依赖竞争模型产生的预测感到比较安心，尽管他们也知道这些预测都只是近似的。

□ 利润税

到目前为止，我们所讨论的是对销售的课税，当然也可以对企业的**经济利润**（economic profits）课税。经济利润是指企业所有者获得的超过生产中所用要素的机会成本的收益（经济利润还被称为超常利润或超额利润）。现在要证明，对于利润最大化企业来说，对经济利润课征的税收不能转嫁，只能由企业的所有者承担。

首先以一个短期均衡状态下的完全竞争企业为例。企业的产量是由边际成本曲线和边际收入曲线的交点决定的。对经济利润课征比例税，既不改变边际成本，也不改变边际收入，故所有企业都没有动力去改变其产量决策。由于产量不变，消费者支付的价格也不变，所以消费者的境况不会变差。这种税完全由企业自行承担。用另一种方法也能得到相同的结果。如果对经济利润课征的税率是 t_p，企业的目标是实现税后利润 $(1-t_p)\Pi$ 最大化，其中，Π 是税前经济利润水平。不过，从数学角度来看，使 Π 最大化的方法与使 $(1-t_p)\Pi$ 最大化的方法完全相同。因此，消费者面临的产量和价格都保持不变，企业负担全部税收。

在长期竞争均衡状态下，对经济利润征税不会有税收收入，因为经济利润为零——它们由于竞争而消失。对垄断者来说，即使在长期也可能有经济利润，但是，由于上面提到的理由，税收由垄断者承担。如果在课征利润税前，企业追求利润最大化，则税收无法被转嫁出去。[①]

经济利润税因不扭曲经济决策，可能是很有吸引力的政策选择。例如在 2008 年，两党一些成员呼吁对石油公司征收“利润税”。然而，利润税很少得到财政专家的支持，主要原因是，要使经济利润这个理论概念具有可操作性，还存在着巨大问题。经济利润的计算方法通常是，先计算出企业资本存量的收益率，然后把该收益率与政府规定的某种“基本”收益率相比较。显然，如何计算资本存量很重要，应该用原始成本，还是用重置成本？而且，如果收益率高并不是因为超额利润，而是由于企业冒很大风险必须有高收益率来补偿投资者，这又该怎么办？类似这些问题使税收征管与纳税遵从遇到很大困难。

□ 税收归宿与资本化

几年前，加利福尼亚的海滨城市怀尼米港对海滨房地产课征一种特别税，这种税的多寡部分取决于应税财产距离大海的远近程度。靠近海边的房地产所有者，每年要额外交 192 美元的税，故他们怨声载道。

这件事让我们思考对土地征税所出现的特殊问题。从分析这些问题的角度来说，土地有两个鲜明特征：一是供给固定性，二是持久耐用性。假设本年度土地的年租金率为 R_0 美元，

---

① 另一方面，如果企业追求其他目标，它也许会通过提价来对付利润税。如果不追求利润最大化，还可以追求收入最大化，企业在赚取“合理的”收益率条件下，尽可能扩大其销售额。

就可知明年的租金为R_1美元，两年后的租金为R_2美元，依此类推。购买土地的人会愿意支付多少？如果土地市场是竞争的，那么土地的价格恰好等于租金流量的贴现值。因此，如果利率为r，则土地价格（P_R）为：

$$P_R = R_0\text{ 美元} + \frac{R_1\text{ 美元}}{1+r} + \frac{R_2\text{ 美元}}{(1+r)^2} + \cdots + \frac{R_T\text{ 美元}}{(1+r)^T} \tag{14.3}$$

式中，T是土地带来收益的最后一年（可能是无穷大）。

现在政府宣布对土地征税u_0美元，明年课征u_1美元，两年后课征u_2美元，依此类推。从图14—4得知，由于土地供给是固定的，所以土地所有者收到的年租金要减少，减少额等于全部税额。因此，土地所有者的收益在一开始下降到（R_0-u_0）美元，第一年下降到（R_1-u_1）美元，第二年下降到（R_2-u_2）美元，依此类推。潜在的土地购买者就会考虑到，如果他们购买土地，不但买下了未来的收益流，而且还买下了未来的纳税义务流。因此，在政府宣布课税之后，土地购买者愿意支付的最高价格（P'_R）为：

$$P'_R = (R_0-u_0)\text{ 美元} + \frac{(R_1-u_1)\text{ 美元}}{1+r} + \frac{(R_2-u_2)\text{ 美元}}{(1+r)^2} + \cdots + \frac{(R_T-u_T)\text{ 美元}}{(1+r)^T} \tag{14.4}$$

比较式（14.4）和式（14.3），我们看出，由于征税，土地价格下跌了

$$u_0 + \frac{u_1}{1+r} + \frac{u_2}{(1+r)^2} + \cdots + \frac{u_T}{(1+r)^T}$$

因此，就在征税之时，土地价格下跌了，下跌的幅度是所有未来应纳税额的现值。这种税收流量变为资产价格一部分的过程叫做**资本化**（capitalization）。

由于资本化，征税之时的土地所有者永远是承担全部税负的人。的确，未来的土地所有者要向税务局纳税，但这不是真的“负担”，因为它们只是与购买土地时支付的低价相抵消。对供给固定的耐用项目课税的资本化，使这种税的归宿评估复杂化了。只知道现在的土地所有者是不够的，还必须知道征税之时的土地所有者是谁。难怪怀尼米港海滨房地产的所有者是如此的沮丧！①

一般均衡模型

局部均衡模型的一个巨大吸引力在于它比较简单——一次只考察一个市场，相对来说不复杂。然而，在有些情况下，不考虑对其他市场的影响，税收归宿的分析是不完整的。假定提高对香烟课征的税率。由于对香烟的需求下降，烟草的需求也会降低，以前种植烟草的农民，现在可能改种其他作物，比如棉花。随着棉花的供给增加，棉花的价格就会下跌，从而使一直种棉花的人受损。因此，棉花的生产者最终还要承担一部分香烟税的负担。

更一般地说，当对一个相对于整个经济来说“很大”的部门征税时，仅仅考察那个部门的市场是不够的。**一般均衡分析**（general equilibrium analysis）就是要考虑各种市场相互关联的方式。

① 如果在开征土地税前，人们就已预期到要征税，那么当这种预期变得非常普遍时，大概至少部分税负要由当时的土地所有者承担。倘若如此，即使找到开征此税时的土地所有者，可能也是不够的。

局部均衡分析的另一个问题是，它对谁是课税商品的“生产者”问题重视得不够。再来看一下香烟税，一些政策制定者想用它作为惩罚“烟草行业”的工具。只有人才能付税，而烟草生产者包括出资购买机器的股东、拥有土地并种植烟草的农民、工厂的工人等。税收负担在这些人群中如何分配通常是很重要的，一般均衡分析就为此提供了一种研究框架。

在讨论一般均衡分析的具体内容之前，我们必须指出，局部均衡模型的基本结论依然成立，即由于相对价格的调整，税收的法定归宿一般不能说明谁真正承担了税负。

□ 税收等价关系

乍一看，用一般均衡框架分析税收归宿的想法有点让人望而却步。因为在经济中，毕竟有成千上万种不同的商品和投入品在交易。我们如何能理清它们之间错综复杂的相互关系？幸运的是，从分析许多问题的角度来说，从只有两种商品、两种生产要素且没有储蓄的模型中，可以获得很有用的一般均衡结果。为了说明这一点，假定有两种商品，一种是食品（F），另一种是制造品（M）；有两种生产要素，一种是资本（K），另一种是劳动（L）。在这样一个模型中，共有九种可能的从价税：

t_{KF}——对食品生产中所用的资本课税；

t_{KM}——对制造品生产中所用的资本课税；

t_{LF}——对食品生产中所用的劳动课税；

t_{LM}——对制造品生产中所用的劳动课税；

t_F——对食品的消费课税；

t_M——对制造品的消费课税；

t_K——对两个部门的资本课税；

t_L——对两个部门的劳动课税；

t——一般所得税。

前四种税是对特定用途的生产要素课税，称为**部分要素税**（partial factor taxes）。

这些税种的特定组合与其他税种是等价的，其中的一种等价关系在消费者理论中已经很熟悉了。[①] 食品课税（t_F）和制造品课税（t_M）如果税率相同，就与所得税（t）是等价的。[②] 要看清楚这一点，只要注意到下列情况即可：对所有商品按相同比例课税，与比例所得税对消费者预算约束的影响相同，两者都使预算线向内平行位移。

现在考察对资本和劳动分别课征比例税 t_K 和 t_L。由于在这个模型中，所有收入不是来自资本，就是来自劳动，故按相同税率对两种生产要素课税也与所得税（t）是等价的，这只是一个简单的算术问题。

对食品行业的资本和劳动按某一既定税率（$t_{KF}=t_{LF}$）课征部分要素税，与按相同税率（t_F）对食品课税是等价的，这种情况只是表面上看不那么明显。因为资本和劳动是食品生产过程中仅有的两种投入品，使这两者的价格按一定比例提高，和使食品价格按相同比例提高是等价的。

更一般地说，任何两组税种，只要它们产生的相对价格变化是相同的，它们的税收归宿就一样。利用相同的逻辑，就可推导出全部等价关系，如表 14—2 所示。给定一个从价税率，

---

① 本书末的附录概述了消费者理论。

② 请注意，在所有收入都被消费掉的假设条件下，所得税与消费支出税也是等价的。

从该表的行或列就可看出上述等价关系。要确定任何一行或一列三种税的归宿，只要仔细分析两种税就够了，第三种税的归宿通过加加减减就能确定。例如在第三行，如果我们知道了资本税和劳动税的归宿，也就知道了所得税的归宿。

表 14—2　　**税种等价关系**

t_{KF}	和	t_{LF}	等价于	t_F
和		和		和
t_{KM}	和	t_{LM}	等价于	t_M
等价于		等价于		等价于
t_K	和	t_L	等价于	t

说明：使相对价格变化相同的任何两组税种，都会有相同的归宿结果。比如，对资本和劳动课征的比例税（t_K，t_L），与所得税（t）是等价的。

资料来源：McLure (1971，p. 29)．

下面我们讨论四种税的归宿，即食品税（t_F）、所得税（t）、一般劳动税（t_L）和对制造业资本课征的部分税（t_{KM}）。得到这四种税的结果后，利用表 14—2 就可以确定其他五种税的归宿。

□ 哈伯格模型

哈伯格（Harberger，1974）是把一般均衡模型运用于税收归宿分析的先驱，他的模型有以下一些主要假设条件。

（1）技术。各部门的企业都使用资本和劳动来生产其产品。在每一部门，两种投入品同时增加 1 倍，产量也增加 1 倍，即所谓的规模收益不变（constant returns to scale）。然而，各部门之间的生产技术可能不同。一般来说，生产技术的不同表明在两个方面，一是资本替代劳动的难易程度——**替代弹性**（elasticity of substitution）不同，二是生产中使用的资本与劳动的比率不同。例如，食品生产中的资本—劳动比率是纺织品生产中资本—劳动比率的 2 倍（Congressional Budget Office，1997）。资本—劳动比率相对较高的行业，被称为**资本密集型**（capital intensive）行业，反之被称为**劳动密集型**（labor intensive）行业。

（2）要素供给者行为。资本和劳动的供给者都追求总收益最大化。而且，资本和劳动是完全流动的，按照其所有者的意愿在部门间自由流动。因此，每个部门的资本净边际收益率必然相等，劳动净边际收益率也必然相等。否则，重新配置资本和劳动，就有可能使净收益总额增加。[①]

（3）市场结构。企业是互相竞争并追求利润最大化的，所有价格（包括工资率）都具有完全弹性。因此，生产要素应得到充分利用，而且各生产要素得到的收益都等于其边际产品价值——最后一单位投入品所生产的产品给企业带来的价值。

（4）要素总供给。在整个经济中，资本和劳动的总量是固定的。但是如上所述，这两种要素在部门间是完全自由流动的。

（5）消费者偏好。所有消费者都有相同的偏好。因此，税收不可能通过影响人们的收入用途产生任何分配效应。这个假设让我们能集中讨论税收对收入来源的影响。

（6）税负归宿分析框架。该分析框架是差别税负归宿框架：考察的是以一种税替代另一

---

① 本书末的附录解释了最大化行为为什么会导致边际收益率相等的资源配置。

种税。因此，税前和税后可利用的收入数额大致相同，而不必考虑总收入变化如何改变需求和要素价格。

显然，这些假设条件的约束性有些大，但会使分析大大简化。在后面的分析中，我们将去掉某些假设，看看会有什么结果。现在利用哈伯格模型分析几种不同的税种。

□ 不同税种的分析

商品税(t_F)　对食品征税时，其相对价格会上升（虽然上升数额不一定与税额相同），因此消费者用制造品替代食品。结果，食品的生产减少，制造品的生产增加。由于食品生产下降，以前用在食品生产上的一部分资本和劳动不得不在制造业中寻找被使用的机会。鉴于资本—劳动比率在两大部门之间可能不同，要使制造业愿意吸收来自食品生产的失业要素，资本和劳动的相对价格就必须改变。比如，假定食品行业是资本密集型行业（实际上，美国农业所用的资本设备——拖拉机、联合收割机等，的确比很多制造业用的还多）。因此，大量的资本必须由制造业来吸收。而让制造业部门使用这些资本的唯一方法，就是资本的相对价格下降——包括已经在制造业部门使用的资本。于是，在新的均衡状态下，所有资本的境况都相对变差，不仅仅是食品部门的资本。更一般地说，对某一特定部门的产品征税，将造成该部门密集使用的投入品的相对价格下跌。

要使上述定性分析进一步深入，就需要更多的信息。食品的需求弹性越大，从食品消费转向制造品消费的程度就越大，最终导致资本收益率下降得就越多。食品和制造品之间的要素比例差异越大，资本价格的降低程度就必须越大，这样资本才能被制造业所吸收（如果食品和制造品的资本—劳动比率相同，两种要素相比彼此都不会受损）。最后，在制造品的生产过程中，资本替代劳动越难，吸收额外资本所需要的资本收益率下降幅度就越大。

所以，从预算的来源方面来看，食品税使那些主要收入来源于资本收入的人受损。由于假定所有人的偏好都相同（假设 5），故对用途方面没有显著影响。然而，如果去掉这一假设，食品消费量大的人显然要承担比较大的税负。这样，食品税的总归宿取决于预算的来源和用途。例如，一个消费大量食品的资本家会从两个方面受损。相反，一个消费大量食品的劳动者，从收入来源看会受益，但从收入用途看会受损。

所得税(t)　如前所述，所得税与按相同税率课征的一组资本税和劳动税是等价的。由于要素供给是完全固定的（假设 4），故这种税无法转嫁，按人们初始收入的比例承担。这一结果的直观解释与局部均衡模型的解释差不多；既然生产要素不可能（通过放弃生产）“逃避”纳税，就只好承担全部税负。

一般劳动税(t_L)　一般劳动税是对所有用途的劳动课征的税，不管是用于生产食品，还是用于生产制造品。结果，在两个部门之间不存在转移劳动的激励。而且，要素供给固定这个假设也意味着劳动必须承担全部税负。

部分要素税(t_{KM})　如果只对制造业部门所用的资本征税，就会产生两个初始效应：

(1) 产量效应（output effect)。制造品价格会上升，导致消费者的需求量减少。

(2) 要素替代效应（factor substitution effect)。随着制造业部门的资本变得越来越昂贵，生产者就会少用资本、多用劳动。

图 14—11 以流程图的形式描述了这两种效应的结果。

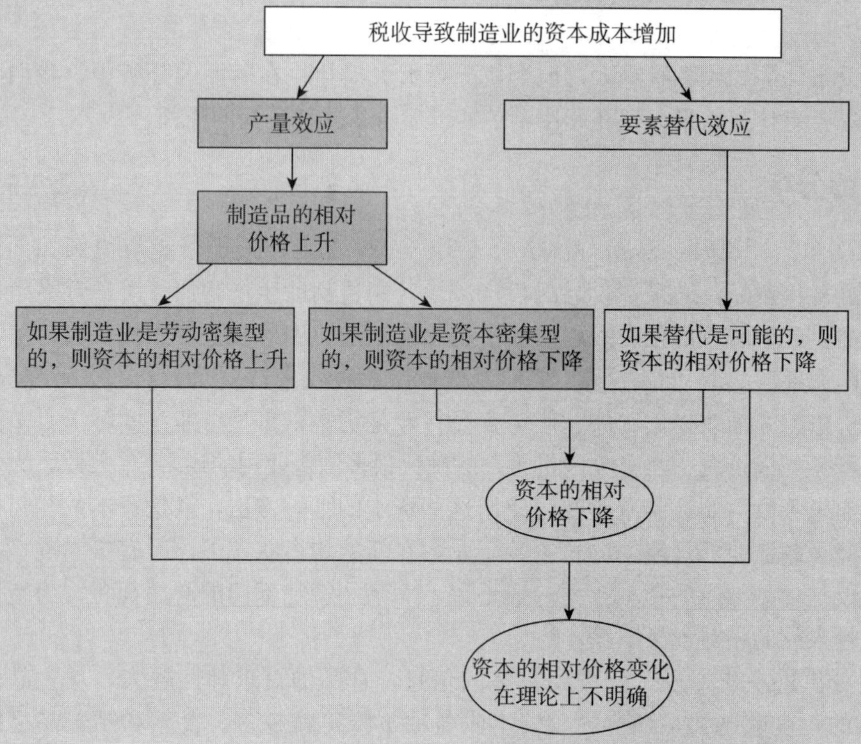

图 14—11　一般均衡模型中部分要素税的归宿

说明：对制造业部门的资本征税，产生产量效应和要素替代效应。产量效应导致制造品的价格上升，继而减少用于制造业的资本和劳动数量。如果制造业部门是资本密集型的，资本的相对价格下降；如果是劳动密集型的，资本的相对价格上升。要素替代效应使生产者少用资本，多用劳动，导致资本的相对价格下降。

图 14—11 左边描述的是产量效应。顾名思义，产量效应是由制造品减产造成的。当制造品价格上升、需求减少时，从制造业中被释放出来的资本和劳动，必须在食品生产中找到出路。如果制造业部门是劳动密集型的，（相对的）大量的劳动就必须被食品部门吸收，而使资本的相对价格上升。另一方面，如果制造业部门是资本密集型的，资本的相对价格就会下降。这样，产量效应对资本和劳动相对价格的最终影响是不明确的。

要素替代效应就不存在这种不确定性。图 14—11 的右边说明了要素替代效应的情况。只要资本和劳动之间的替代是可能的，资本价格的上升就会促使制造商少用资本、多用劳动，从而降低资本的需求及其相对价格。

综合这两种效应，我们发现，如果制造业是资本密集型的，则两种效应的作用方向相同，而且资本的相对价格必然下跌。但是，如果制造业部门是劳动密集型的，最终结果在理论上是含糊不清的。即使是对资本征税，也会使劳动力的境况变差！一般来说，只要生产要素可以在不同用途之间流动，对其中一个部门的某一要素征税，最终也会影响到两个部门两种要素的收益率。这种见解在本章前面的局部均衡模型中是得不到的。

在一般均衡模型中，对税收归宿的大部分应用性研究都集中于公司所得税。在这类研究中，假定两个部门是“公司”和“非公司”，而且公司所得税是只对公司部门使用的资本课征的一种从价税。由于部分要素税对资本需求的影响在理论上说不清楚，故需要用实证研究来确定其归宿。不同的研究得到的结论各异。国会预算办公室（Congressional Budget Office，

2012a）最近基于文献综述得到如下结论：资本所有者承担了联邦公司所得税的 75%，劳动力承担了 25%，这是一个合理的估计。

□ 某些限定条件

改变一般均衡模型的假设条件，将以下列方式影响税收归宿。

个人偏好的差异　根据假设 5，所有消费者对两种商品都具有相同的偏好。如果他们的偏好不同，税收引起的收入分配变化就会改变总支出决策，从而改变相对价格和收入。以对公司部门的资本征税为例。如前所述，大多数分析人士认为，这种税将转嫁给所有资本的所有者，而且由于资本往往是高收入者比较重要的收入来源，故这种税可能具有累进性。可是，这种税也会提高资本密集型行业（如农业、石油加工业等）产品的相对价格，而这些行业的产品（如食品、汽油等）有相当高的比例是由处于收入分配最底层的家庭购买的（Fullerton and Rogers，1997）。因此，当我们考虑到高低收入家庭的收入用途差异时，这种税就没有那么大的累进性。

不流动要素　根据假设 2，资源可以在不同部门间自由流动，以寻求可能的最高收益率。然而，由于制度或技术方面的原因，有些要素是不能流动的。例如，如果把某些土地划为住宅用地，则不管收益率是多少，都不能用做制造业。放弃生产要素完全流动性的假设，会对税收归宿产生很大影响。例如，前面曾经说明，如果要素具有流动性，部分要素税的归宿就是不确定的，取决于几个互相冲突效应的结果。然而，如果要素是不流动的，税收归宿的结果就很明确：被征税的要素承担全部税负。直观来看，这是因为要素不能通过流向其他部门而“逃避”税收。还要指出的是，由于被征税的不流动要素的收益降低程度正好等于税额，故不课税部门的资本和劳动的价格保持不变，征税部门的商品的价格也不变。

可变要素供给　根据假设 4，两种要素的总供给是固定的。但从长期来看，经济中的资本和劳动的供给都是可变的。如果要素供给增加，静态模型的结论可能全部被推翻。以对资本课征的一般要素税为例。当资本存量固定时，这种税就会全由资本所有者负担。但从长期来看，资本供给可能因征税而减少。[①] 如果出现这种情况，整个经济中的资本—劳动比率就会下降，劳动的收益率也会降低（这是因为，在其他条件相同的情况下，劳动所用的资本减少了，劳动生产率会下降）。因此，一般资本税也可能使劳动力受损。

一方面，由于“长期”的到来需要经过很长的时间，所以短期效应很重要。另一方面，明智的政策还需要考虑税收的长期影响。

□ 税收归宿的一项应用性研究

美国税制对收入分配有何影响，这是很多人想研究的，而研究这一问题的分析框架则是税收归宿理论。表 14—3 列出的是国会预算办公室（Congressional Budget Office，2012a）最近一项研究的发现。这项研究估计了所有联邦税种的归宿。平均税率从 20%最低收入家庭的 1.0%，到收入最高 1%人口的 28.9%，后者缴纳了全部联邦税收的 22.3%。这些数字表明，联邦税制的累进性很强。

然而，到现在我们应当很清楚，所有税收归宿的结果关键取决于潜在的假设条件。这项研究假定，个人所得税不能转嫁，工薪税由工人承担，商品税由消费者按各自对课税商品的

---

① 但是，资本供给并不一定会减少。请参阅第 18 章。

消费比例来承担。这些假设有助于大大简化问题。但是，税收归宿理论表明，这些假设是值得怀疑的，从长期来看尤其如此。

表 14—3　按收入五分位数计算的平均联邦税率和占联邦税收收入的份额（2009 年）

收入分类	平均联邦税率（%）	占联邦税收的比例（%）
最低的 20%	1.0	0.3
第二低的 20%	6.8	3.8
第三低的 20%	11.1	9.4
第四低的 20%	15.1	18.3
最高的 20%	23.2	67.9
全部	17.4	100.0
最高的 1%	28.9	22.3

说明：根据这项税收归宿应用研究，平均联邦税率从 20%最低收入家庭的 1.0%，到收入分配最高 1%家庭的 28.9%。最高 1%家庭缴纳了全部联邦税收的 22.3%。

资料来源：Congressional Budget Office（2012a）.

该分析的另一个局限性是，它是以年收入为基础进行分析的。倘若以一生收入作为衡量标准，也许更合适，结果也会有很大变化。要弄清这一点，我们首先注意到，大量实证研究表明，人们的消费决策往往与一生收入而非年度收入联系得更加紧密。因为一个人的收入在某一年的暂时变化——或高或低——不会对他的消费产生重大影响。

假定商品 X 的消费量与一生收入成正比，又假定 X 的供给曲线是水平线，因而对 X 课征的全部税收都由消费者承担。于是，对 X 课征的税与一生收入也成正比。但是，在任何特定的一年，总有一些人的暂时收入比其永久收入高，还有一些人的暂时收入比其永久收入低。暂时收入高的人，花费在 X 上的支出占其年收入的比例比较小，因为他不会因收入的暂时增加而增加对 X 的消费。同样，暂时收入低的人，用于购买 X 的收入比例比较高。总之，如果按年度收入来说，购买商品 X 的预算份额随着收入的增加而下降，对 X 课征的税看起来是累退的。与此理论相一致的是，一些研究者发现，税收归宿结果对于是使用年度收入还是使用一生收入十分敏感。例如，哈塞特、马瑟和梅特卡夫（Hassett，Mathur and Metcalf，2007）发现，碳税用年度收入比用一生收入来衡量的累退性要强。我们的结论是，虽然基于年度收入的研究有一定参考价值，但对其结果应谨慎对待。

结论

我们在本章开头提出了一个天真的问题：谁承担了税收负担？我们看到，价格变化是找到税收负担的关键，但价格变化取决于许多因素，如市场结构、供求弹性、生产要素的流动性，不一而足。到了现在这一步，一个明显的问题是：我们真正知道了什么？

对于可以进行合理的、单独分析的税种，答案是：知道得不少。局部均衡归宿分析只要求知道市场结构和供求曲线形状的情况。除了明显的垄断之外，竞争性市场范式提供了一个合理的出发点，供求曲线可以利用第 2 章讨论的实证方法来估计，归宿分析因而有了坚实的基础。

即使在一般均衡模型中，有关不流动要素课税的归宿分析也很明确——完全由被征税的要素负担。但更一般地说，如果一种税影响许多市场，税收归宿就要取决于众多产品和投入品供求曲线的反应。相应地，答案也就不那么清晰了。

不幸的是，许多重要的税种，如公司税，似乎就属于后一类。为什么？最重要的原因可能就是很难确定税收归宿。（如果一种税明显地伤及人口中某一重要群体，那么它在政治上通过的可能性有多大？）对于政治家来说，复杂的税制实际上反而比较简单，因为没有人能真正知道谁实际上承担了税负。

不管怎样，本章的模型告诉了我们理解税收归宿（哪怕是非常复杂税种的归宿）所需要掌握的信息。如果这些信息现在还无法得到，该模型还可以衡量我们无知的程度。这并非一无是处。正如圣杰罗姆（St. Jerome）所说："更糟糕的是还不知道自己的无知。"

小结

- 法定归宿是税收的法定义务，而经济归宿则是税收的实际负担。了解了法定归宿并不等于就知道了经济归宿。
- 经济归宿是由税收引起的价格变化决定的，并取决于个人收入的来源和用途。
- 根据所考量的政策的不同，可以研究平衡预算归宿、差别归宿和绝对归宿。
- 在局部均衡竞争模型中，税收归宿取决于供求弹性。这种一般方法也可以用来研究垄断市场的税收归宿。不过，对于寡头垄断市场，目前还没有一个得到公认的税收分析框架。
- 由于资本化，供给无弹性的耐用商品（如土地），其未来的税收负担可能由现在的所有者承担。
- 一般均衡归宿分析常用两部门、两要素模型，该框架可以分析九种可能的税种，这些税种的某种组合与其他税种是等价的。
- 在一般均衡模型中，对只用于某一特定部门的某种要素课税，可能影响到所有部门的所有要素的收益。
- 应用性税收归宿研究表明，联邦税制的累进性很强。但是，这类研究所依据的假设可能有问题。

讨论题

1. 得克萨斯州最近出台了一项规定，对脱衣舞俱乐部按每位顾客 5 美元征税（Fernandez，2011）。请讨论这种税的可能归宿。请利用适当的图示作为你讨论的基础。

2. 以一个只有两个人的社会为例：一个是富人，另一个是穷人，他们的效用函数相同。这些效用函数表现出边际效用递减。假定所课征的税收使每个人损失的效用总量相同，据此能得到这种税是累进的吗？请解释。

3. 假定商品 X 在每一产量水平下平均成本都等于边际成本。又假设商品 X 的市场是竞争市场且需求曲线是线性的。请分析对它课征 u 美元单位税时的影响。现在假设商品 X 的市场是垄断市场，请分析这种税的影响。请讨论这两种市场结构下这种税的影响差异。

4. 《纽约时报》（*New York Times*，August 19，2012，p. SR10）刊登了一篇题为《老人医疗保险的真理与谎言》的社论，在讨论 2010 年《平价医疗法案》的资金筹措时说："大部分［收入］将来自对医药制造商、设备制造商和保险公司的收费或课税——这笔费用它们肯定负担得起，因为覆盖范围扩大到没有保险的人将扩大它们的市场，增加它们的收入。"

a. 以一个企业为例，该企业在某种特定医疗器械的生产上具有垄断地位，对该企业的销售额按 10%征税。这篇社论对这种税的归宿所作的隐含假设是什么？

b. 假设该企业具有标准的线性平均收入曲线和边际收入曲线，且在正的固定边际成本下进行生产。请说明课征这种税之前和之后该企业的利润和医疗器械消费者支付的价格。[提示：课征10%的税收会使 *AR* 曲线和 *MR* 曲线发生转动。适当转动这些曲线，找到税后 *MR* 曲线与边际成本曲线的交点。]

c. 如果你把第b问回答正确了，你就已表明这篇社论的作者不懂得如何思考税收归宿。请简要解释其错在哪里。

5. 为了减少酒精消费，政府正在考虑对出售的每加仑白酒征税1美元（这种税对生产者课征）。假定需求曲线是 $Q^D=500\ 000-20\ 000P$（其中，Q^D 是以加仑为单位的白酒需求量，P 是每加仑价格），白酒的供给曲线是 $Q^S=30\ 000P$（其中，Q^S 是以加仑为单位的白酒供给量）。

a. 请计算税收对消费者支付的价格和生产者收到的价格的影响。

b. 这种税为政府筹措了多少收入？其中有多少来自消费者？多少来自生产者？

c. 假定年轻饮者比老年饮者对白酒的需求弹性更大。这种酒税对减少年轻饮者白酒消费的效果是比较大、比较小还是相同？请解释。

6. 假定某种商品的需求曲线是 $Q^D=a-bP$。式中，Q^D 是需求量，P 是价格，a 和 b 是常数。该商品的供给曲线是 $Q^S=c+dP$，式中，Q^S 是供给量，c 和 d 是常数。找到均衡价格和均衡产量并将它们作为常数 a、b、c、d 的函数。

现假定对这种商品征收 u 美元的单位税。请证明：不管这种税是对该商品的生产者课征，还是对其购买者课征，新的均衡点都是一样的。

7. 假定某国的所得税按5%的统一税率征收，但对应税所得超过50 000美元的部分不征税。应税所得的计算是个人的所得减去10 000美元，即每个人的扣除额是10 000美元。对于下列三个工人来说，每个工人的边际税率和平均税率是多少？(按每个人的目前收入水平来评估边际税率。)

a. 一个年收入9 000美元的非全日制工人。

b. 一个年收入45 000美元的售货员。

c. 一个年收入600 000美元的广告经理。

相对于收入而言，这种税是累进的、比例的还是累退的？

8. 假定在某一国家，税收收入（T）取决于收入（I），如下列公式所示：

$$T=-4\ 000+0.2I$$

如果一个家庭的收入为50 000美元，其税收负担为 $-4\ 000+0.2\times 50\ 000$，即6 000美元。这是一种累进税制吗？(提示：计算几种不同收入水平的平均税率。)

现在，把上述问题的税率表一般化为：

$$T=a+tI$$

其中，a 和 t 是数值（例如，在前一个问题中，$a=-4\ 000$，$t=0.2$）。请写出公式，把平均税率表达为收入水平的函数。证明：如果 a 是负的，则该税制是累进的；如果 a 是正的，则该税制是累退的。(提示：平均税率是 T/I。)

9. 为了举办冬季奥运会，温哥华市背负了巨额债务，将来是要偿还的。一位温哥华居民在反思这一事实时抱怨说，“我们百姓就等着增税吧”（Austen，2010）。谁将承担这些未来的税收负担？[提示：利用资本化理论。]

10. 2011年，古巴政府出台了一项规定，对购置房地产课征8%的税，并在“买卖双方之间平摊”（Cave，2011）。这种税真的能在买家和卖家之间五五开吗？请利用适当的图示作为你讨论的基础。

11. 根据克莱文、兰戴斯和赛斯（Kleven，Landais and Saez，2010）最近的一项研究，欧洲收入最高的足球运动员的国际移民决策对所得税税率非常敏感——当他们在本国面临税率大幅度提高时，他们会搬到另一个国家。这一发现对这些球员的所得税归宿意味着什么？请用图示来说明你的答案。

12. 美国两党的政治家们有时建议只在夏天价格往往上涨的几个月里，削减联邦汽油税（这是一种单位税）。假设在夏季炼油厂几乎在满负荷运转，所以它们无法在短期内增加供给。又假定汽油消费者有一定能力减少汽油消费（例如，通过减少行车里程数）。如果这种建议得以付诸实施，减税的好处在汽油的消费者和供给者之间将如何划分？请用图示来说明你的答案。

13. 以一个只有两人的社会为例，其中一个人的收入为200 000美元，另一个人的收入为20 000美元。假设在现行税制下，富人缴纳的税收为50 000美元，穷人缴纳的税收为1 000美元。如果国会通过一项法律，富人的税收削减2 000美元，穷人的税收削减200美元。请利用式（14.1）和式（14.2），评估这种税收变化是提高了还是降低了累进性。

第 15 章

税收与效率

一看到浪费我就很生气。

——白瑞德（Rhett Butler），《飘》

税收是强加给纳税人的成本。人们很容易把这种成本简单地看成是交给税务人员的一笔钱。然而，用一个例子可以说明，事情没那么简单。

就拿布雷耶·戴斯（Breyer Dazs）来说，他一般每周消费 10 个蛋卷冰淇淋，单价为 1 美元。政府对他消费的蛋卷冰淇淋课征 25%的税，这样他现在面临的单价为 1.25 美元。[①] 面对价格上涨，戴斯作出的反应是将其蛋卷冰淇淋的消费减为零，而每周把 10 美元花在其他商品和服务上。显然，由于戴斯不消费蛋卷冰淇淋，冰淇淋税的收入也就为零。我们能说戴斯不受这种税的影响吗？回答是否定的。戴斯的境况变差了，因为税收迫使他消费没有以前那么满意的商品。我们之所以知道他在税后消费的商品不那么满意，是因为在课税以前，他本可以不消费蛋卷冰淇淋；既然他选择每周买 10 个蛋卷冰淇淋，一定是因为这比把钱花在其他商品上更好。因此，虽然这种税没有产生任何税收收入，但它却使戴斯的境况变差了。

在现实中，有许多税种都能说明这一点。比如，许多城市对机场出租车课以高税，作为从外地人身上取得收入的一种方法（Johnson，2005）。一位经常乘飞机的旅客解释说，他不直接飞到波士顿，以躲避该市对机场出租车课征的 10 美元税，而是经芝加哥飞到新罕布什尔州的曼彻斯特。另一位到俄勒冈州梅德福市的旅客说，他为了躲避机场出租车税，乘坐社会上的出租车到市区，在那儿再租一辆车（无税）。显然，虽然这些旅客不直接支付对机场出租车课征的税，但它却使他们的境况变差。

这些例子有点极端。在一般情况下，可以预期，价格上涨，需求量下降，但不至于降为零。不过，基本结论仍然成立：由于税收扭曲了经济决策，故产生了一种**超额负担**（excess burden）——福利损失超过所征收上来的税收收入。超额负担有时被称为福利成本（welfare cost）或无谓损失（deadweight loss）。[②] 本章将讨论超额负担的理论及其衡量，并阐述它在评价现实税制时的重要性。

---

① 正如第 14 章所强调的，消费者支付的价格，其增幅一般不会等于全部税额。我们在本例假定供给曲线是水平线的。

② 有关一些支出项目的无谓损失，请参阅第 6 章和第 9 章的相关讨论。

超额负担的界定

鲁思有 I 美元的固定收入，并只花在两种商品上：大麦和玉米。大麦每磅价格为 P_b，玉米每磅价格为 P_c。在该经济中，不存在税收或像外部性、垄断之类的“扭曲因素”，所以商品的价格反映的是它们的边际社会成本。为了简化起见，假定边际社会成本不随产量的增减而变化。在图 15—1 中，横轴表示鲁思的大麦消费数量，纵轴表示她的玉米消费量。她的预算约束线为 AD，其斜率为 $-P_b/P_c$，横截距为 I/P_b。[①] 假定鲁思想使其效用最大化，她在无差异曲线 i 之上选取一 点，如 E_1 点，在该点上，她消费 B_1 磅大麦和 C_1 磅玉米。

图 15—1　税收对预算约束线的影响

说明：预算约束线为 AD 时，鲁思使效用最大化的点是 E_1 点。大麦税提高了大麦的价格，且把她的预算约束线改变为 AF 线。

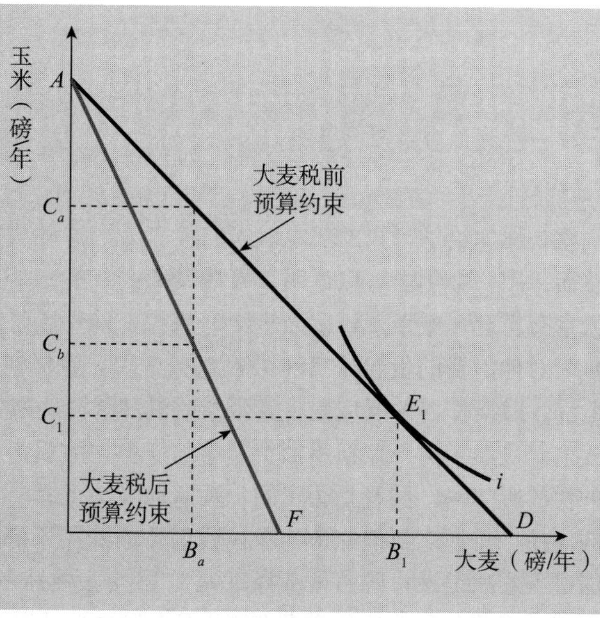

现在假定政府按一定比例对大麦征税，税率为 t_b，这样鲁思面临的价格就变成了 $(1+t_b)P_b$。（由于我们假定边际社会成本保持不变，故税前价格没有变化。）这种税改变了鲁思的预算约束。现在，该预算约束线的斜率为 $-[(1+t_b)P_b/P_c]$，横截距为 $I/[(1+t_b)P_b]$，如图 15—1中的 AF 线所示。（由于玉米的价格仍然是 P_c，故 AF 线和 AD 线具有相同的纵截距。）

请注意，在每一个大麦消费水平下，AD 与 AF 之间的垂直距离表示的都是以玉米衡量的鲁思所纳税额。为了说明这一点，在横轴上任意选取大麦数量 B_a。在征税前，鲁思可以消费 B_a 磅大麦和 C_a 磅玉米。但征税后，如果她消费 B_a 磅大麦，那么，她最多只能买得起 C_b 磅玉米，C_a 与 C_b 之间的差额（距离）就代表了以玉米磅数衡量的政府征收的税额。我们可以把税收收入转换成货币额，即用距离 C_aC_b 乘以每磅玉米的价格 P_c。为了方便起见，我们就用玉米的单位价格 $P_c=1$ 来衡量。在这种情况下，距离 C_aC_b 则代表以玉米量或货币额衡量的税收收入。

到目前为止，我们还未说明鲁思在新预算线 AF 上选择哪一点。图 15—2 表明，她最喜

---

① 关于预算约束线的构建及其斜率、截距的解释，请见本书末的附录。

欢的组合是无差异曲线 ii 上的 E_2 点，在该点上，她的大麦消费量为 B_2，玉米消费量为 C_2，应纳税额是 AD 与 AF 之间的垂直距离，即 GE_2 点。显然，鲁思在 E_2 点的境况不如 E_1 点。不过，任何税收都会使她处于较低的无差异曲线上。[①] 重要的问题在于，大麦税使鲁思损失的效用，是否大于筹措税收收入 GE_2 所必需的效用损失。或者说，是否还有其他办法，既能筹措到税收收入 GE_2，又能使鲁思的效用损失小一些。如果有，就说明大麦税有超额负担。

为了阐明这个问题，我们需要确定，鲁思被迫从无差异曲线 i 移到无差异曲线 ii 所蒙受的损失相当于多少金额。一种衡量办法就是**等价变化**（equivalent variation）——（在课征大麦税之前）要使鲁思从 i 移动到 ii 就必须从她那里拿走的收入量。等价变化是用与税收导致相同效用降低的收入减少量来测度税收造成的损失。

为了用图形描述等价变化，我们回想一下，从个人手里把收入拿走，导致此人的预算线向内平行位移。因此，为找到等价变化，只要把 AD 向内位移，直到它与无差异曲线 ii 相切为止。AD 必须向内位移的量就是等价变化。在图 15—3 中，预算线 HI 与 AD 平行，并与无差异曲线 ii 相切。因此，AD 与 HI 之间的垂直距离 ME_3 点就是等价变化。在鲁思看来，损失收入 ME_3 点与缴纳大麦税没有任何差异。

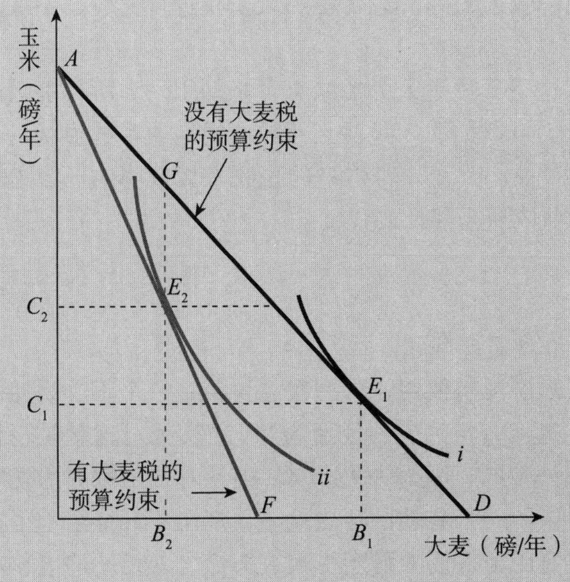

图 15—2　税收对消费组合的影响

说明：征税后，鲁思使效用最大化的点是 E_2 点。她的应纳税额是 AD 与 AF 之间的垂直距离，即 GE_2。

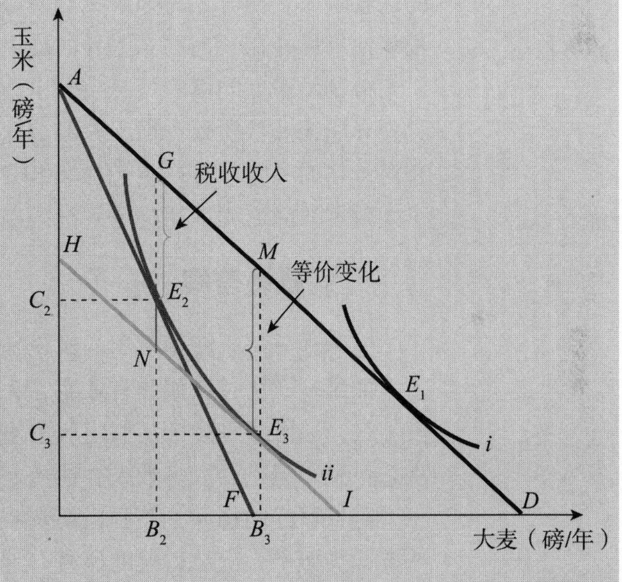

图 15—3　大麦税的超额负担

说明：垂直距离 ME_3 就是大麦税的等价变化。在鲁思看来，损失 ME_3 美元收入与缴纳大麦税没什么区别。超额负担 E_2N 是等价变化与大麦税收入之间的差额。

请注意，等价变化 ME_3 大于大麦税收入 GE_2。要知道这是为什么，只要注意到 ME_3 等于 GN 即可，而 ME_3 之所以等于 GN，是因为两者都是平行线 AD 和 HI 之间的距离。因此，ME_3 大于 GE_2 的距离为 E_2N。这真是一个不同寻常的结果，因为它意味着大麦税使鲁思境况变差的程度实际上超过了其所产生的税收收入。在图 15—3 中，福利损失（用等价变化衡量）

① 这里忽略了从该税融资的支出中可能获得的好处。

超过所征税收的数量是距离 E_2N，即超额负担。

每种税都会产生超额负担吗？**一次总付税**（lump sum tax）可定义为纳税人必须支付一定数额，而与纳税人的行为无关。如果政府向鲁思征收 100 美元的一次总付税，那么，她没有办法来避免支付 100 美元，除非离开这个国家或者死亡。相反，大麦税并不是一种一次总付税，因为税收收入的多寡取决于鲁思的大麦消费量。

我们来分析一下使鲁思的境况与征收大麦税时一样的一次总付税。首先要画出有关的预算线，它必须具有两个特征。第一，它必定与 AD 平行（由于一次总付税只是从鲁思那里拿走钱，不会改变大麦和玉米的相对价格；两条包含相同价格比率的预算曲线必然是平行的）。第二，由于假定鲁思获得的效用水平与课征大麦税时的相同，故预算线必定与无差异曲线 ii 相切。

在图 15—3 中，与无差异曲线 ii 相切于 E_3 点的预算线 HI，同时满足了这两个条件。如果面临这条预算线，鲁思将消费 B_3 磅大麦和 C_3 磅玉米。一次总付税的税收收入是 E_3 点与税前预算约束线之间的垂直距离，即 ME_3。而我们在前面指出，ME_3 也是无差异曲线从 i 移到 ii 的等价变化。这并不奇怪，因为一次总付税只是使预算线平行位移而已。由于一次总付税的税收收入等于它的等价变化，所以一次总付税没有超额负担。

总之，使鲁思处在和课征大麦税时相同无差异曲线上的一次总付税，能给政府带来更多的税收收入。换言之，如果我们对筹措相同收入的一次总付税和大麦税进行比较，一次总付税将使鲁思处在较高的无差异曲线上。

持怀疑态度的读者可能会提出质疑，这只不过是人为的结果，是图 15—3 所特别画成的无差异曲线形状所致。情况并非如此。我们可以证明，只要无差异曲线是通常的形状，改变相对价格的税收就会产生超额负担。[①] 或者说，改变相对价格的税收是无效率的，因为它使个人效用的降低程度超过了筹措既定税收收入所需降低的程度。

□ 问题和答案

上一小节关于超额负担的讨论提出了一些重要问题。

如果一次总付税如此有效率，为什么政府没有使用？ 一次总付税是一个不受欢迎的政策工具，原因多种多样。假定政府宣布，每人每年的应纳税额为 2 000 美元，这就是一种一次总付税。但是，大多数人会认为它是不公平的，因为失去 2 000 美元对贫困家庭的伤害大于对富裕家庭的伤害。英国撒切尔政府提供了一个有趣的历史例子，即当年开征了一个在某些方面类似于一次总付税的税种。地方政府用来筹资的财产税被人头税（head tax）所取代；每一地方辖区征收的税额取决于该辖区的人均财政收入需要。从一个人的应纳税额不随着所挣的收入额或所拥有的财产额的变化而变化这一点来讲，这是一次总付税，但有所不同的是，它又与人们所选择的居住地有关。这种税让人感觉到不公平，成为首相撒切尔夫人于 1990 年下台的诱因之一，并由其继任者约翰·梅杰（John Major）在 1991 年废除。政治家们似乎从这一事件中领悟到了什么——从此以后，就再也没有出现过政府课征这类一次总付税的重大实例。

为了产生更加公平的结果，可以考虑让人们按其收入水平来缴纳不同的一次总付税。不管其经济决策如何，一个富人每年要缴纳 2 万美元，而一个穷人每年只需缴纳 500 美元。问题是，进入职场的人很快就认识到，他们的最终税收负担取决于他们的收入，并相应调整他

① 如前所说，这假定在经济中不存在其他扭曲。其证明可参卡普洛（Kaplow，2008b）。

们的工作和储蓄决策。总之，由于个人挣取的收入额至少在一定程度上受其控制，故以收入为税基的税种不是一次总付税。

最后，要建立一个公平的一次总付税制度，这种税就必须对某些能代表人们取得收入的潜能的基本“能力”特征课税。这样，就可以对潜能高低不同的人差别课税。由于税基是潜能，故个人的税收负担就不取决于行为。然而，即使有衡量能力的方法，税务当局也很难发觉。有趣的是，一个可观测特征出人意料地与收入高度相关，那就是人的身高——越高的人往往收入越多。在此基础上，曼昆和魏因齐尔（Mankiw and Weinzierl，2010）认为，基于身高来征税，不仅具有累进性，而且还有效率。具有累进性的原因在于，它对高收入者课征的税收占其收入的比例比较大；具有效率的原因在于，它不会扭曲行为（人们不可能因为征税而改变身高）。当然，这种论点只是随便说说而已。曼昆和魏因齐尔并不是真主张按身高来征税；相反，他们提出这样的论点，是要我们冷静地思考最适税收理论的政策含义。

福利经济学有何成果能帮助我们理解超额负担产生的原因？　回忆一下第 3 章，帕累托效率资源配置的一个必要条件是，消费中大麦替代玉米的边际替代率（MRS_{bc}）等于生产中大麦替代玉米的边际转换率（MRT_{bc}）。在征收大麦税的情况下，消费者面临的大麦价格为（$1+t_b$）P_b。因此，他们使

$$MRS_{bc}=\frac{(1+t_b)P_b}{P_c} \tag{15.1}$$

式（15.1）是图 15—3 中均衡点 E_2 点的代数表达式。

生产者通过让边际转换率等于其收到的价格比率来作出决策。虽然鲁思支付的大麦单价为（$1+t_b$）P_b，但大麦生产者只收到 P_b，其差额跑到了税务人员手里。因此，利润最大化的生产者使

$$MRT_{bc}=\frac{P_b}{P_c} \tag{15.2}$$

显然，只要 t_b 不为零，MRS_{bc} 就大于 MRT_{bc}，违背了有效资源配置的必要条件。

直观地看，当 MRS_{bc} 大于 MRT_{bc} 时，大麦消费替代玉米消费的边际效用，大于这种替代所必需的生产成本变化。因此，进行这样的调整会提高效用。然而，在课征大麦税的情况下，没有促使这种调整的财务动机。超额负担衡量的正是这种效用损失，而造成这种损失的原因是，大麦税在消费者支付的价格与生产者收到的价格之间产生了一个楔子。相反，在一次总付税下，消费者和生产者所面临的价格比率相同。由于没有税收楔子，故帕累托效率的必要条件得到满足。

所得税有超额负担吗？　答案一般是“有”，但对其原因无须过多地思考。在图 15—3 中，课征一次总付税表现为从 AD 到 HI 平行向下位移。通过一种将鲁思的收入按比例拿走一部分的税收，也能产生这种位移。与一次总付税一样，收入的减少只是使预算约束线的截距更靠近原点，但斜率保持不变。这样，一次总付税与所得税或许是等价的。如果收入是固定的，则所得税会是一种一次总付税。然而，当人们的选择影响其收入时，所得税与一次总付税一般是不等价的。

还是以鲁思为例，她现在消费三种商品：大麦、玉米和休闲时间 l。鲁思放弃休闲（亦即提供劳动），挣得的收入花在大麦和玉米上。在生产部门，鲁思的休闲是这两种商品生产的一种投入品。她的休闲时间可以转换为大麦的比率为 MRT_{lb}，转换为玉米的比率为 MRT_{lc}。就像追求效用最大化的个人使两种商品的边际替代率等于它们的价格比率一样，休闲与某种商

品之间的 MRS 也应等于工资（休闲的价格）与该商品价格的比率。

再次利用福利经济学理论，在这三种商品情况下，帕累托效率资源配置的必要条件是：

$$MRS_{lb}=MRT_{lb}$$
$$MRS_{lc}=MRT_{lc}$$
$$MRS_{bc}=MRT_{bc}$$

比例所得税相当于按同一税率对大麦和玉米课征的一种税，不会使第三个等式发生变化，因为生产者和消费者面临的大麦和玉米的相对价格仍然相同（这种税使二者的价格按相同比例上升，故它们的比率保持不变）。然而，它在前两个条件中加进了一个税收楔子。要弄清这一点，假定鲁思的雇主支付给她的税前工资为 w，所得税税率为 t。鲁思的决策取决于其税后工资 $(1-t)w$，因此，她使 $MRS_{lb}=(1-t)w/P_b$。另一方面，生产者的决策取决于其所支付的工资率（即税前工资率 w），因此，生产者使 $MRT_{lb}=w/P_b$。结果，$MRS_{lb}\neq MRT_{lb}$；同样，$MRS_{lc}\neq MRT_{lc}$。相比之下，一次总付税能使所有三个等式都保持不变。因此，所得税和一次总付税通常是不等价的。

所得税会使两个等式不成立，而对大麦和玉米按不同税率征税会使三个等式都不成立，这实际上与确定哪种税制更有效率不相干。一旦任何一个等式不成立，就会导致效率损失，而福利损失的大小不能单靠计算税收楔子来比较。相反，必须计算出每种税制的超额负担，然后再进行比较。我们无法推定，所得课税比按不同税率征税的商品税制（称为差别商品课税）更有效率。这也许是真的，但这是一个实证问题，单凭理论是回答不了的。

倘若征税后商品的需求不变，这是否意味着没有超额负担？ 直观来看，超额负担源于决策被歪曲。如果课税商品的需求不变，有人可能就会得到结论说没有超额负担。我们用图15—4来考察这种推测。以内奥米为例，她与鲁思的收入相同，而且二者所面临的价格和税收也一样。因此，她的初始预算约束线为 AD，课征大麦税后为 AF。然而，与鲁思不同的是，内奥米的大麦消费量并没有因为课征大麦税而改变，也就是说，$B_1=B_2$。大麦税收入为 E_1E_2，有没有超额负担？大麦税的等价变化为 RE_3，这比大麦税收入 E_1E_2 多出 E_2S。因此，即使大麦税没有改变内奥米的大麦消费，它也仍然产生了超额负担 E_2S。

图 15—4　对一般需求曲线完全无弹性的商品征税的超额负担

说明：内奥米在税后和税前购买的大麦数量相同。不过，这种税仍然产生了超额负担 E_2S。

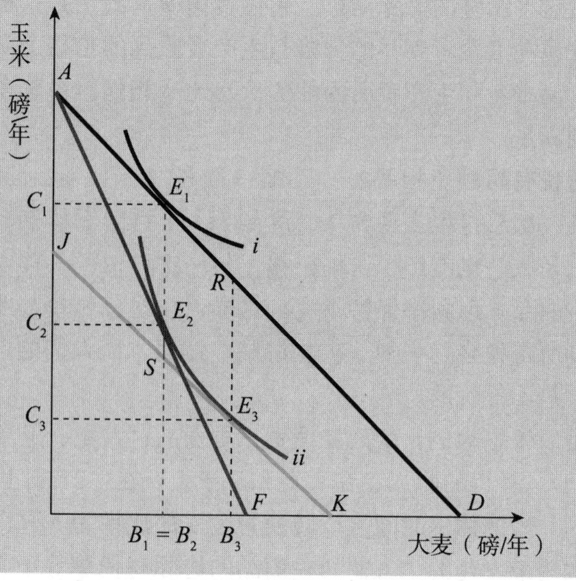

要解释这种情况，就需要我们区分大麦税所引起的两种反应。从 E_1 点到 E_2 点的移动是非补偿性反应（uncompensated response），它表明的是税收所导致的消费变化并包含了收入损失和税收引起的相对价格变化的影响。现在，可以设想把从 E_1 点到 E_2 点的移动分解为从 E_1 点到 E_3 点，再从 E_3 点到 E_2 点的移动。从 E_1 点到 E_3 点的移动表明的是一次总付税对消费的影响。这种变化叫做**收入效应**（income effect），完全是由收入损失引起的，因为相对价格并没有受到影响。然后，从 E_3 点到 E_2 点的移动实际上纯粹是由相对价格的变化所致。这是通过下列方式实现的：给予内奥米足够的收入，以使其在大麦税引起大麦价格上涨后仍在无差异曲线 ii 上。由于内奥米因大麦价格上涨而得到额外收入补偿，故从 E_3 点到 E_2 点的移动被称为补偿性反应（compensated response），也常叫做**替代效应**（substitution effect）。①

补偿性反应对于计算超额负担来说很重要。为什么？从构图上看，超额负担的计算涉及无差异曲线 ii 上 E_2 点和 E_3 点的税收比较，而沿无差异曲线 ii 从 E_3 点到 E_2 点的移动恰好是补偿性反应。还要注意的是，只有从 E_3 点向 E_2 点移动时，边际替代率才受影响。如前所述，这种变化违背了帕累托效率商品配置的必要条件。

一般需求曲线描述的是价格变化时商品需求量的非补偿性变化，而**补偿性需求曲线**（compensated demand curve）表明的是，在价格变化的同时收入也得到补偿，从而使个人的商品组合仍然在相同无差异曲线上的情况下，需求量是如何变化的。对这种讨论概而言之，即超额负担取决于沿补偿性需求曲线而非一般需求曲线的移动。

虽然这些分析像是在理论上钻牛角尖，但在现实中十分重要。政策讨论常常集中于某一种税是否影响可观察到的行为；如果没有影响，就不会产生严重的效率问题。例如，有些人认为，如果课征所得税后，工作时数不改变，那么，这种税就不会对效率产生不良影响。业已证明，这种观念是错误的。即使课税商品的非补偿性反应为零，也可能产生大量的超额负担。

用需求曲线衡量超额负担

超额负担概念也可以用（补偿性）需求曲线来重新解释。这种解释在很大程度上依赖于消费者剩余概念——消费者剩余是人们购买一种商品愿意支付的金额与他们实际支付的金额之间的差额。如本书末的附录所说明的，消费者剩余是由需求曲线与市场价格水平线之间的面积衡量的。假定大麦的补偿性需求曲线是图 15—5 中的直线 D_b。为方便起见，我们依然假定大麦的边际社会成本固定为 P_b，因而供给曲线就为水平线 S_b。② 在均衡状态下，大麦的消费量为 q_1 磅。消费者剩余即为价格线和需求曲线之间的面积 aih。

再假定按比率 t_b 对大麦征税，这样，新的价格为（$1+t_b$）P_b，相应的供给曲线为 S'_b，供求曲线在产量为 q_2 时相交。新的均衡有下列特征：

① 关于收入效应、替代效应以及补偿性需求曲线的详细讨论，参见本书末的附录。

② 这种分析很容易推广到供给曲线向上倾斜的情况，请参阅接下一个注释。

图 15—5 商品税的超额负担

说明：这种税使消费者剩余减少 $gfih$，而使税收收入仅增加 $gfdh$，其差额 fid 就是这种税的超额负担。

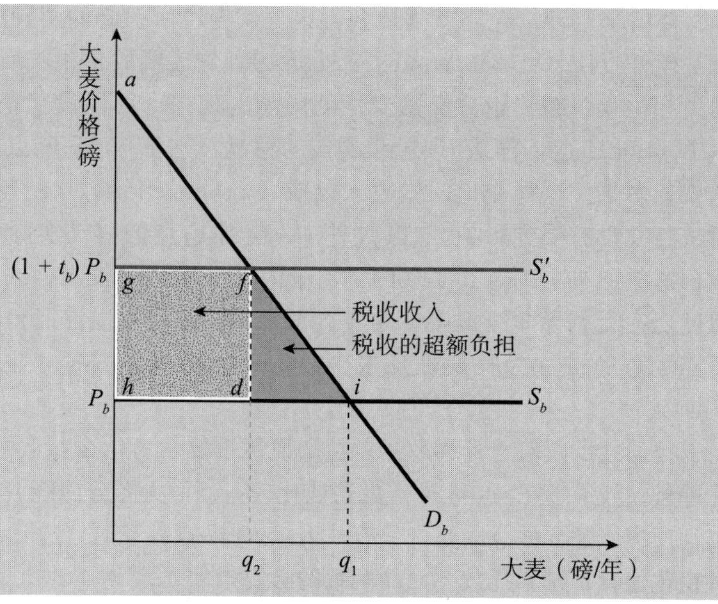

● 消费者剩余减少为需求曲线与 S'_b之间的面积 agf。

● 大麦税的税收收入为长方形 $gfdh$ 的面积。这是因为，税收收入等于购买单位数（hd）乘以每单位应纳税额：$(1+t_b)P_b-P_b=gh$。而 hd 和 gh 恰好分别是长方形 $gfdh$ 的底和高，因此它们的乘积就是长方形的面积。

● 税后消费者剩余与征收上来的税收收入之和（即 $hafd$ 的面积），比原来的消费者剩余（ahi）少了 fid 的面积。实际上，即使把税收收入一次性全额返还给大麦消费者，他们仍然损失了一个三角形 fid 的面积。这样，这个三角形的面积就是税收的超额负担。

这一分析为计算超额负担的实际金额提供了一个简便方法。三角形 fid 的面积是其底边（税收引起的大麦数量变化）与高（每磅税额）之积的一半。这个乘积可用简单的代数式表示为：

$$1/2\eta P_b q_1 t_b^2 \tag{15.3}$$

其中，η 是大麦的补偿性需求价格弹性的绝对值。[①]（其证明见本章末的附录 A。）

式（15.3）有些重要含义。首先，它表明，对补偿性需求价格弹性比较高的商品征税，超额负担比较大。η 值（绝对值）较高，表明补偿性需求量对价格的变化很敏感。这样，出现在式（15.3）中的 η 从直觉来说是有意义的——税收对（补偿性）消费决策的扭曲程度越大，超额负担就越大。$P_b\times q_1$ 是最初花费在大麦上的总收入，它包含在公式中表明，最初花费在课税商品上的支出越大，超额负担就越大。

式（15.3）还表明，只对几种商品课以高税率，不如对很多商品课以低税率。换言之，宽税基税收比窄税基税收的超额负担小。这是因为有 t_b^2，这意味着，随着税率的提高，超额负担会按其平方增加，即在其他条件相同的情况下，其超额负担增加至原来的 4 倍。因此，

---

① 该公式只有在税收无穷小且没有任何其他扭曲的条件下才能成立，因而只能看做是一个近似公式。当供给曲线向上倾斜而不是水平时，超额负担三角形不仅包含消费者剩余，还包含一些生产者剩余。这样，超额负担公式不仅取决于需求弹性，还取决于供给弹性。在这种情况下，超额负担为：

$$1/2\frac{P_b q}{\frac{1}{\eta}+\frac{1}{\varepsilon}}t_b^2$$

式中，ε 是供给弹性。请注意，当 ε 趋于无穷大时，该表达式就与式（15.3）一样了。这是因为，无穷大的 ε 对应于图 15—5 中水平的供给线。

在其他条件相同的情况下，两个比较小的税种要比一个筹措等量收入的大税种的超额负担小。由于超额负担按税率的平方增加，故增加 1 美元税收收入的边际超额负担大于平均超额负担。也就是说，增加 1 美元税收收入所增加的超额负担，超过了超额负担总额与税收收入总额的比率。这个事实对于成本—收益分析有重要意义。例如，假定每 1 美元税收收入的平均超额负担为 12 美分，但每增加 1 美元税收收入的边际超额负担为 27 美分（Jorgenson and Yun，2001，p. 302）。为某一项公共工程每筹措 1 美元的社会成本，等于该 1 美元加上增加的 27 美分超额负担。这样，如果一项公共工程要能改善福利，该工程的每 1 美元显性成本必须产生超过 1.27 美元的边际收益。

机票征税　我们用一个现实例子来阐释式（15.3）。联邦政府按 10%的税率对飞机票征税，这种税的超额负担是多少？式（15.3）告诉我们，必须先知道需求价格弹性。根据严和温斯顿（Yan and Winston，2012）的研究，合理的估计值约为 1.1。我们还需要知道每张票的价格与售出的票数之乘积——机票的收入。这个数字每年大约是 910 亿美元（US Bureau of the Census，2012c，p. 677）。把所有这些数字代入式（15.3）就可得知，机票税造成的年度超额负担为 $1/2\times1.1\times910\times(0.10)^2$ 亿美元，即 5.01 亿美元。

□ 事先存在的扭曲

上述分析假定，经济中除了税收之外不存在其他扭曲。然而在现实中，当开征一种新税收时，早已存在其他扭曲——垄断、外部性和已经存在的税收。这使得超额负担的分析更加复杂。

假定消费者把杜松子酒和朗姆酒视为替代品，又假设朗姆酒现已征税，并产生了超额负担，如图 15—5 中的“三角形”所示。现在，政府决定对杜松子酒征税。杜松子酒的超额负担是多少？在杜松子酒市场上，杜松子酒税产生了一个税收楔子，即杜松子酒消费者所支付的价格与其生产者所收到的价格之间的差额。和往常一样，这将产生超额负担。但是，事情并没有结束。如果杜松子酒和朗姆酒是相互替代品，那么，杜松子酒税造成的消费者价格上涨，会导致朗姆酒的需求增加。结果，朗姆酒的需求量增加了。由于朗姆酒已被课税，故它现在的消费量“太少”。杜松子酒税引起的朗姆酒消费增加，有助于朗姆酒消费恢复到其效率水平上。这样，朗姆酒市场的效率提高，有助于抵消杜松子酒市场的超额负担。从理论上说，杜松子酒税实际上能降低总体超额负担。这是**次优理论**（theory of the second best）的一个例子：在已有扭曲的情况下，孤立地看能增进效率的政策反而会降低效率，反之亦然。（本章末的附录 B 对这一现象进行了图解。）

由此我们看到，不能孤立地分析税收或补贴对效率的影响。由于其他市场存在着扭曲，且这些市场上的商品又是彼此相关的（或替代或互补），因此，总体效率影响取决于所有市场发生的情况。在计算一组税收和补贴的总体效率影响时，分别计算每一市场的超额负担，然后再把它们相加，其结果一般来说是不正确的。总效率损失并不等于“各部分损失之和”。

这一结论可能令人沮丧，因为严格说来，这意味着要评价任何一种税或补贴的效率影响，就必须对经济中的每个市场都进行研究。在大多数情况下，研究者只是假定，他们考察的市场与其他市场的相关性很小，以至于完全可以忽略其交叉影响。虽然这显然是为了方便而作出的假定，但其合理性必须针对每一具体情况予以评估。

环境经济学提供了一个实例，说明了事先存在的扭曲是重要的。从第 5 章得知，如果存在外部性，课征等于边际外部成本的税收（即“庇古税”）会产生效率结果。但这个结果考虑的只是存在外部性的市场，忽略了劳动力市场的效率结果。庇古税与劳动力市场之间有联系，因为这种税通过提高能源和交通等商品的价格，实际上会降低工人的实际工资。我们还知道，美国所得税制很无效率，因为它扭曲了工作激励。把这两项观察结果联系在一起，庇古税显然增大了劳动力市场的超额负担，而且这种税收**交互效应**（tax-interaction effect）降低了这种税的总体效率。总之，庇古税一方面会提高效率，另一方面又会降低效率。不幸的是，经济学家不知道哪种效应更大。

这种税收交互效应所产生的无效率是可以降低的，比如利用庇古税收入来降低无效率的税率（如对所得课征的有关税率）。这种思想被称为**双重红利效应**（double-dividend effect）。例如，梅特卡夫（Metcalf，2007）建议，征收碳排放税，并以其收入来降低工资税。具有双重红利效应的庇古税，其总体效率包括污染商品市场的效率提高、劳动力市场的税收交互效应所造成的效率损失以及利用其收入降低扭曲性税率所获得的效率提高。

□ 补贴的超额负担

商品补贴是许多国家财政制度的重要组成部分。实际上，补贴恰似一种负税收，且像税收一样，它也有超额负担。为了说明补贴的超额负担是如何计算的，以业主自用住房补贴为例——联邦政府通过个人所得税的特定条款，对业主自用住房进行补贴（见第 18 章对这项法律的详细解释）。这种补贴引起了人们的极大关注，因为有人认为，2008 年和 2009 年的金融危机是由人们购房太多造成的，而人们大量购房在一定程度上可能是由这种补贴所致。

假定业主自用住房服务的需求是图 15—6 中的直线 D_h，供给是在价格 P_h 上的水平线，它衡量的是生产住房服务的边际社会成本。最初，均衡数量为 h_1。现假定，政府提供给住房生产者的补贴比例为 s。因此，住房服务的新价格为 $(1-s)P_h$，相应的供给曲线为 S'_h。于是，该项补贴使住房服务的消费量上升到 h_2。如果补贴的目的是增加住房消费，那么目的达到了。但是，如果补贴的目标是使社会福利最大化，那么，这是否还是一项适当的政策？

图 15—6　住房补贴的超额负担

说明：住房补贴使消费者剩余增加 *nouq*。可是，政府的这项补贴成本（*nvuq*）大于消费者剩余的增加，其差额 *ovu* 就是该补贴产生的超额负担。

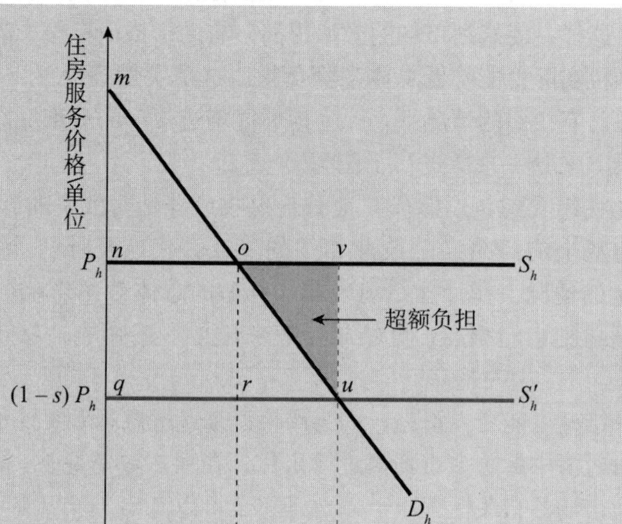

在补贴前，消费者剩余是 mno 的面积；补贴后，消费者剩余是 mqu 的面积。住房消费者得到的好处是其剩余的增加，即 $nouq$ 的面积。可是，获取这一好处的成本是多少？补贴计划的成本是住房服务的消费量 qu 乘以每单位的补贴额 nq，即长方形 $nvuq$ 的面积。这样，补贴成本实际上超过了它带来的好处，存在的超额负担相当于 $nvuq$ 的面积与 $nouq$ 的面积之差额，即 ovu 的面积。对于拥有价值 50 万美元住房的人来说，其超额负担估计为每年 1 600 美元。[①]

补贴像住房这样的好事怎么会无效率呢？回忆一下，住房服务需求曲线上的任何一点，都表示人们对这一具体消费水平的评价。在 h_1 的右边，虽然个人从更多的住房消费中获得了效用，但其价值却小于提供住房的边际社会成本 P_h。换言之，补贴促使人们消费其价值低于成本的住房服务，故这是无效率的。[②]

从这一分析中可得出一个非常重要的政策含义。我们经常听到这样的建议，即要帮助某一人群，就对他们大量消费的商品予以补贴。但我们已经证明，这不是帮助人们的一种有效方法。如果把钱直接给他们，就可以用较少的钱使他们的境况得到相同的改善。在图 15—6 中，尽管住房补贴计划花费了政府更多的钱，但人们对于花费 $nvuq$ 的补贴计划与花费 $nouq$ 的直接补贴不会感到有何差异。[③] 这正是许多经济学家偏好直接收入转移而非商品补贴的原因之一。

□ 所得税的超额负担

适用于商品课税的超额负担理论，也完全适用于生产要素课税。在图 15—7 中，雅各布的工作时数由横轴表示，其小时工资率由纵轴表示。雅各布的补偿性劳动供给曲线由 S_L 表示，表明的是，要使他增加工作 1 小时必须支付的最低工资。开始时，雅各布的工资为 w，相应的工作时数为 L_1。正如消费者剩余是需求曲线与市场价格之间的面积一样，劳动者剩余则是供给曲线与市场工资率之间的面积。当工资为 w 时，雅各布的剩余是 adf 的面积。

现在假定课征一种税率为 t 的所得税，这样，税后工资为 $(1-t)w$。给定供给曲线 S_L，则劳动供给量降至 L_2 小时。雅各布的税后剩余为 agh，政府征收上来的税收收入为 $fihg$。税收引起的工作选择扭曲所造成的超额负担，等于雅各布的福利损失（$fdhg$）大于征收上来的税收收入的部分，即 hid（$=fdhg-fihg$）的面积。与式（15.3）相似，hid 的面积约为：

$$1/2\varepsilon\omega L_1 t^2 \qquad (15.4)$$

其中，ε 是工时相对于工资的补偿弹性。

对于美国的男性来说，ε 的合理估计值约为 0.2。为了说明起见，假定征税前，雅各布在每小时工资 20 美元的情况下，每年工作 2 000 小时，对收入课征的税率是 40%。把这些数字代入式（15.4），税收的超额负担每年约为 640 美元。从另一个视角来看，这 640 美元大约相当于税收收入的 4%。因此，平均来说，每 1 美元税收收入的超额负担为 4 美分。

当然，工资率、税率和弹性在人们之间是不同的，所以不同的人承受的超额负担也不同。而且，劳动课税的超额负担还取决于对其他生产要素课征的税率。费尔德斯坦（Feldstein，2006a）估计，个人所得税税率普遍上调，会使每 1 美元的税收收入产生 76 美分的超额负担。可是，正如在第 18 章将看到的，某些关键的弹性值具有相当大的不确定性。所以，必须谨慎

---

① 这个数字基于下列假设：边际税率是 0.35，补偿性价格弹性是 0.8，正常利率是 5%，财产税是房产价值的 2.5%，住房投资的风险溢价是房产价值的 4%，维修和折旧成本都是房产价值的 2%。

② 或者说，补贴后，消费的边际替代率取决于 $(1-s)P_h$，而生产的边际转换率取决于 P_h。因此，边际转换率不等于边际替代率，资源配置不可能是有效率的。

③ 这一结论与第 12 章考察实物补贴计划时得到的结论很相似。第 12 章还讨论了商品补贴计划为什么在政治上仍受欢迎。

对待这种特定的估计。不过，它对于了解超额负担的大小还是很有意义的。

图 15—7　劳动课税的超额负担

说明：在此例中，劳动课税产生的超额负担是 hid。

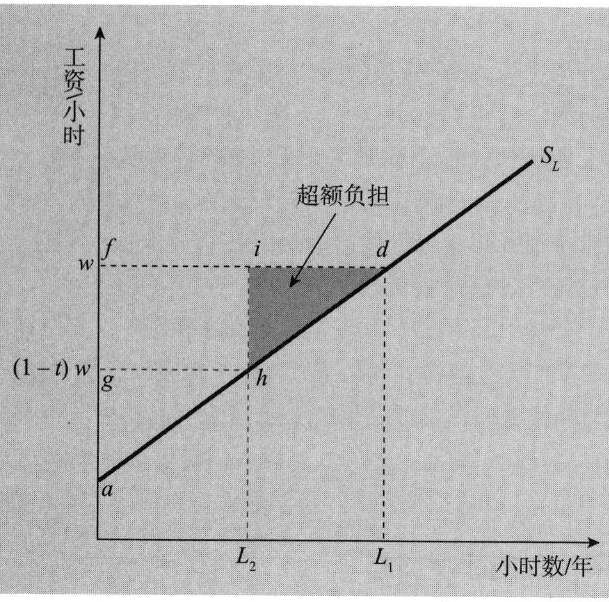

专栏

财政学的轻松一面：美式征税

幽默大师拉塞尔·贝克（Russell Baker）在下面这篇转载的专栏文章中从未提及超额负担这个概念。但是，他却对这一现象给出了精彩描述。

纽约——税务官对菲格十分不满。菲格的生活方式与政府想让其追求的方式不同，没有什么比任性而傲慢地蔑视政府的愿望更让税务官生气的了。他把菲格叫到征税大堂之上。

“菲格，你是怎么想的，住在城里熟食店上面的租赁公寓中?”他问道。菲格解释说，他喜欢都市生活。鉴于此，税官说要增加菲格的城市销售税和所得税。“如果你想少缴税，你必须住到郊区去”，他说。

为了顺从当地政府，菲格放弃了城市生活，在郊区租了一间住房。税务官又把他叫到了征税大堂。

“菲格，”他说，“你的生活方式令我很恼火，我要对你征收更多的联邦所得税。”他要把菲格的钱包榨干为止。

“善良的税务官，请行行好吧，”菲格喘着气说，“请告诉我，我怎样生活才能取悦于政府，我一定照办。”

税务官让他退租，然后买房。政府希望每个人都能接受银行的大笔抵押贷款。如果菲格照办了，政府将减他的税。

尽管菲格并不想买房，也不想住在郊区，但他还是在郊区买了一套房，并邀请亲朋好友来出席宴会，来庆祝他屈服于取悦政府的生活方式。

税务官大为恼怒，双眼充血，来到宴会上。“我受够了，菲格，”他大叫道，“政府不希望你招待亲朋好友，这会让你花费很多钱。”

菲格立刻送走了所有亲戚朋友之后，问税务官政府希望他招待什么样的人。“生意伙伴，”税务官说，“多宴请生意伙伴，我会减你的税。”

为了让税务官和政府高兴，菲格开始在他不喜欢的郊区、不想住的房子里招待他不喜欢的人。

税务官又被激怒了。“菲格，”他怒吼道，“你邀请的都是小工头、卡车司机、修路工，我不会减你的税。”

“为什么不减？”菲格说，“这些人都是与我有生意往来的人。”

“是什么生意？”税务官问。

“挣的都是血汗钱呀。”菲格说。

“政府不会因为你是挣工资的劳力而讨好你，”税务官说。“你这个白痴，你不知道工资收入比其他收入的税率高吗？”

税务官按该税率对他的血汗钱课税，使得菲格发出痛苦的尖叫声；而华盛顿却传来了微弱的欢呼声，因为课征来的血汗钱已超出维持联邦政府批准的生活方式之所需。

“进入商业、采矿业或国际石油业，”税务官警告说，“否则我要对你加 10 倍征税。”

菲格进入了他所讨厌的商界，在他不想去的郊区、不喜欢住的房子里，款待他不喜欢的人。

又过了一段时间，税务官召来了菲格，怒斥了他一顿。他想知道为什么菲格不买一个新的塑料厂，以取代他原先的金属厂和木材厂。“我讨厌塑料，”菲格说。“菲格，政府十分厌烦金属和木材以及这些原料制品散发的气味，”税务官咆哮着，抓住菲格的钱包，“你的折旧期到头了。”

菲格别无选择，只好买塑料厂。税务官奖励了他一个全新的折旧表，外加一项最低的投资税收抵免。

资料来源：Russell Baker，*International Herald Tribune*，April 13，1977，p. 14.

投入品的差别课税

在刚刚讨论过的所得税例子中，我们假定，不管劳动用在哪里，对劳动所得课征的税率都是相同的。但是，对投入品的课税，有时取决于它用在哪里。例如，因为有公司所得税，公司部门使用的资本所面临的税率，就比非公司部门资本所面临的税率高。另一个例子是，家庭部门的劳动和市场部门的劳动，征税有差别。如果一个人干家务，生产很有价值的服务，但不用缴税。[1]［家庭生产的价值是巨大的；根据布里奇曼等（Bridgman et al.，2012）的研究，这大约相当于 GDP 的四分之一。］另一方面，同样是这个人，如果他在市场上工作，他

① 《圣经》作者对家务的价值作了很好的表述，在他写作的年代，家务也许都是由女性操持的。在《箴言》第 31 章中，他详细讨论了一个“持家有方”（v. 27）的妇女所做的许多家务。他的结论是：“她的价值远胜过红宝石”（v. 10）。不幸的是，我们无法得到《圣经》时代有关红宝石的价格数据。

就要缴所得税和工薪税。劳动在一个部门被课税而在另一个部门不被课税，这会扭曲人们在不同部门之间的选择。

为了衡量效率成本，请看图 15—8。横轴距离 OO' 是全社会可利用的劳动总量。用于家务的劳动量是从 O 点开始向右的距离；用于市场工作的劳动量是从 O' 点开始向左的距离。因此，OO' 上的任何一点都代表着劳动在家庭与市场间的某种配置。

图 15—8　时间在家务与市场工作之间的配置

说明：横轴距离表示的是社会可利用的劳动总量。个人在家务与市场间配置劳动，使两部门的边际劳动产品价值相同，这发生在 H^* 点。

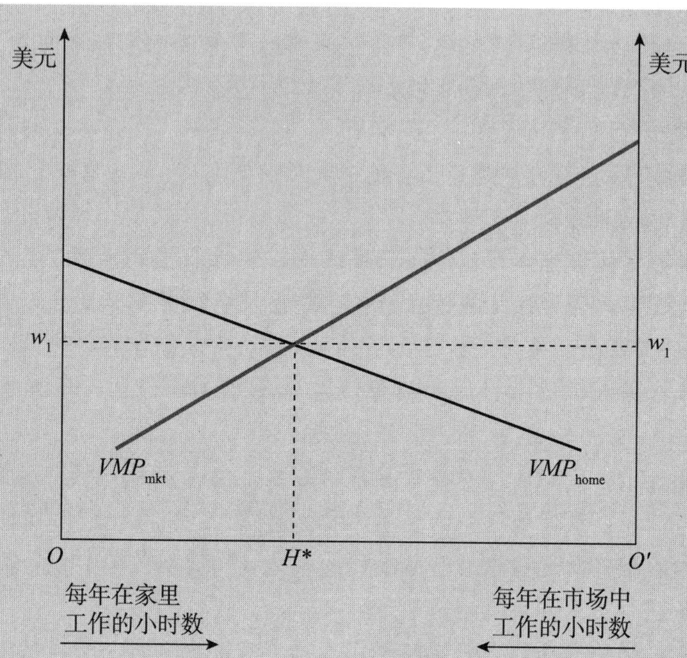

现在，我们把家庭部门工作时数的边际产品价值（value of marginal product，VMP），定义为每一工时生产的额外产品的货币价值。图 15—8 中的曲线 VMP_{home} 表示家务的边际产品价值，它向下倾斜表示做家务的小时数越多，这些时数的增量价值就会越少，这是一个合理的假设，也是边际收益递减规律的一个例子。同样，曲线 VMP_{mkt} 表示市场部门工作时数的边际产品价值（回忆一下，向横轴的左边移动，表示配置给市场部门的劳动量增加）。虽然我们预期这两条线在各自部门中随着劳动使用量的增加而递减，但没有理由预期这两条线的形状相同，所以它们不能作为彼此的映像画出来。

劳动在两个部门的配置是如何决定的？假定人们为了使其总收入最大化，在家务与市场工作之间配置其时间。可以推断，两个部门的边际劳动产品价值相同；如果不相同，人们就会在部门间重新配置劳动，以增加收入。[①] 在图 15—8 中，均衡状态是 OH^* 小时用于家务，$O'H^*$ 小时用于市场工作。两个部门的边际劳动产品价值都是 w_1 美元。竞争性定价确保了市场部门的工资等于边际产品价值。

现在假定，对市场工作的收入按税率 t 征税，但家务收益不征税。不管市场部门使用多少劳动量，征税都会在 VMP 与相应的工资率之间加进一个楔子。例如，如果边际产品价值是 10 美元，税率是 25%，则工资率将只有 7.50 美元。更一般地说，对市场工资按税率 t 征税之后，工资率就会从 VMP_{mkt} 下降到 $(1-t)VMP_{mkt}$。从图上看，这相当于 VMP_{mkt} 线上的

① 其原因详见本书末的附录。

每一点都向下位移 $t\%$，如图 15—9 所示。显然，初始配置不再是均衡状态，因为在 H^* 点，做家务的收益率大于做市场工作的收益率。也就是说，在 H^* 点，VMP_{home} 大于 $(1-t)\ VMP_{mkt}$。结果，人们开始减少市场工作而做更多的家务，使经济从 H^* 点向右移动。当市场部门的税后边际产品价值等于家庭部门的边际产品价值时，达到了均衡状态。在图 15—9 中，当人们在家里工作 OH_t 小时、在市场中工作 $O'H_t$ 小时时，达到了均衡状态。

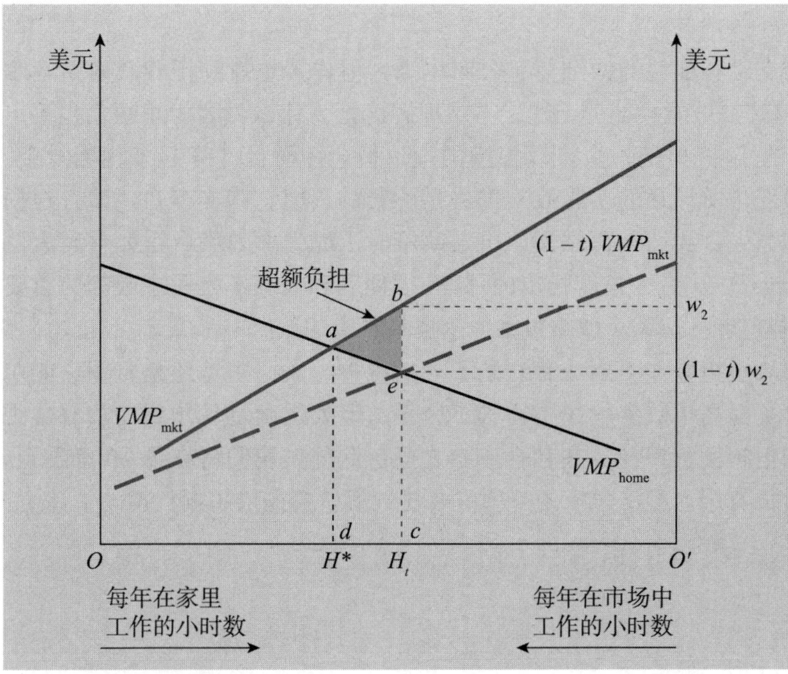

图 15—9　对投入品课征差别税的超额负担

说明：对市场工资按税率 t 征税，使工资率从 VMP_{mkt} 下降到 $(1-t)\ VMP_{mkt}$。结果，人们开始减少市场工作而做更多的家务，这使经济移动到 H_t 点，随之而来的超额负担是 abe。

在新的均衡状态下，两个部门的税后边际产品价值都等于 $(1-t)w_2$。然而，市场部门的税前边际产品价值 w_2，大于家庭部门的边际产品价值 $(1-t)w_2$。这意味着，如果更多的劳动提供给市场部门，其收入的增加（w_2）将超过家庭部门的收入损失［$(1-t)w_2$］。但是，没有促使这种重新配置的动力，因为人们对他们所获得的税后收益率较为敏感，而税后收益率已经相等了。因此，这种税造成了家务做得“太多”而市场工作做得“不足”这样一种情况。总之，税收扭曲了把投入品用于最具生产力用途的激励，从这个意义上说，税收是无效的，由此产生的实际收入的减少就是这种税的超额负担。

为了衡量超额负担的大小，我们必须仔细分析图 15—9。我们首先注意到，劳动从市场转移出来的结果是产品价值下降了 $abcd$，即曲线 VMP_{mkt} 之下、H^* 和 H_t 之间的面积。① 另一方面，随着劳动进入家庭部门，产品价值增加了 $aecd$，即曲线 VMP_{home} 之下、H^* 和 H_t 之间的面积。因此，社会失去了 $abcd$ 的面积减去 $aecd$ 的面积，即三角形 abe 的面积，这正是这种税的超额负担。该三角形的底就是税收楔子的大小，即 $w_2-(1-t)w_2$ 或 tw_2；它的高是用于家务的时间增量，即距离 H^*H_t，把它写为 ΔH。利用三角形面积公式，就可以把超额负担表达为：

$$\frac{1}{2}(\Delta H)tw_2$$

① 在投入品的任何水平上，VMP 与横轴间的垂直距离都为该投入水平的边际产品价值。把所有这些距离加总，可得到总产品价值。因此，VMP 之下的面积就是总产品价值。

劳动配置的变化（ΔH）越大，税收楔子（tw_2）越大，超额负担就越大。一般来说，只要对用于不同用途的要素的课税不同，就会导致部门间的要素错配，从而就会产生超额负担。

有效征税重要吗？

每年都有很多有关政府支出和征税的详细信息公布出来，但你若想找到记载政府财政政策扭曲影响的"超额负担预算"，可能会徒劳无益。不难理解这是为什么，因为超额负担不出现在任何人的簿记系统中。超额负担是一个难以捉摸的理论概念，而且计算起来相当复杂。但是，虽然税收引起的行为变化所导致的实际收入损失是隐蔽的，但它确实存在，而且根据有些估计，它们的数额还相当大。我们一再强调，决定政策时不能光顾效率，正如首席大法官沃伦·伯格（Warren Burger）从另一角度指出的那样："便利和效率不是民主政府的首要目标或标志。"但是，政策制定者往往完全忽略效率，这也是不幸的。

事实上，一种税产生超额负担，并不意味着它是不好的税种。人们毕竟还是希望它能用来做对社会有益的事，不管是提高了效率，还是增进了公平。但要想确定其预想的收益是否大于成本，明智的政策要求把超额负担计算在社会成本之中。此外，我们将在第 16 章看到，超额负担在比较各种税制时很有用。经济学家的一项重要任务就是要提供超额负担的估计值。

小结

- 税收通常会造成超额负担——超过所征收上来的税收收入的一种成本。
- 超额负担是由税收引起的行为扭曲所致，它可用无差异曲线或补偿性需求曲线来考察。
- 一次总付税并不扭曲行为，但并不是具有吸引力的一种政策工具。然而，它可作为一种重要的标准，用来比较其他税种的超额负担。
- 即使可观察到的行为不受影响，也可能有超额负担，因为决定一种税的超额负担的，正是对该税的补偿性反应。
- 当只开征一种税时，其超额负担与补偿性需求弹性和税率的平方成正比。
- 在计算超额负担时，一般假定没有其他扭曲因素。如果存在其他扭曲因素，一种新税的新增超额负担取决于该税对其他市场的影响。
- 补贴也会产生超额负担，因为它鼓励人们消费那些价值低于其生产的边际社会成本的商品。
- 对投入品的差别课税产生超额负担。这类投入品在被课税活动中使用得"太少"，而在不被课税活动中使用得"太多"。

讨论题

1. 下列哪种情况可能产生较大的超额负担？

a. 土地税。

b. 对手机的使用课征 24%的税（在加利福尼亚州、纽约州和佛罗里达州，联邦和州两级政府的税率加起来接近 24%）。

c. 对高新技术企业的投资给予补贴。

d. 对买一杯碳酸饮料征税，而对买一瓶或一罐碳酸饮料不征税（芝加哥就有这种税）。

e. 对不超过 54 张牌的一副牌课税 10 美分（亚拉巴马州

有这种税）。

f. 对蓝莓征税（缅因州有这种税）。

2. 假设你的邻居愿意向你支付 100 美元为她做一些家电维修工作，而你只要得到 80 美元就愿意做这项工作，所以你们成交了。现在假设政府对所有家电维修交易征收 25 美元的税。你便收拾收拾工具，离开了邻居家，因为做这项工作不值得。由于你放弃了该工作，你就不需要支付 25 美元的税。请用这种情况来说明超额负担概念。

3. 国会建议对选择性整形手术征收 5%的税，生产肉毒素的一家公司发言人对此回应说，这种税会导致肉毒素疗法的成本"微弱地"增加 440 美元，但对隆乳手术可能产生很大影响，其成本会上涨 5 000 美元（Richwine，2009）。如果这是正确的，这种税会对肉毒素疗法市场或隆乳手术市场造成很大的超额负担吗？请运用式（15.3）来回答。

4. "在式（15.3）给出的超额负担公式中，税率小于 1。这样，税率平方后，结果会更小而不是更大。因此，在公式中，用 t^2 代替 t 会降低税收的重要性。"请对这句话进行评论。

5. 2012 年，奥巴马政府提出了一套政策，将所得税最高税率从 35%提高到 44%左右。这会使该纳税档次纳税人的所得税超额负担增加多大比例？

6. 2006 年，一些国会议员主张废除过去 5 年实施的大部分减税措施，但几乎没有人主张废止"儿童税收抵免"——对大多数家庭的每个儿童减税 1 000 美元。一位经济学家认为，保留儿童税收抵免"也许对社会有益，但没有经济理由"（Ip，2006）。请利用超额负担概念来解释这位经济学家说的是什么意思。

7. 前劳工部部长罗伯特·瑞奇（Robert Reich）一直倡导对温室气体排放实行总量控制与交易制度。按照瑞奇的建议，政府应该对许可证进行拍卖，并把所得收入一次性地分给每个成年公民（Reich，2008）。这一计划的超额负担含义是什么？如果你想减少超额负担，你会如何分配这笔收入？

8. 2012 年，尼日利亚政府取消了燃油补贴。一位批评人士对取消这项补贴发表了看法，认为政府无法清楚地说明这将如何有益于尼日利亚人，并说道："他们给出的经济理由往好里说是抽象的，往坏里说就是胡说八道"（Adichie，2012）。看看你能不能对消除这种补贴的理论基础给出更好的解释。

9. 在英国，每个拥有一台电视的家庭都要强制缴纳一笔钱，每年为 233 美元。征收上来的总收入（每年超过 70 亿美元）交给英国广播公司。你认为这种税的超额负担相对于所征收的收入而言会很大吗？

10. 2012 年美国总统选举共和党候选人参议员里克·桑托勒姆（Rick Santorum）提出，将制造业的公司所得税税率从 35%削减至零，而对其他公司只课征 17.5%。利用对图 15—9 的讨论来评估该建议的效率结果。

11. 根据美国税制，对公司部门所用资本比对非公司部门所用资本课征的税率高。本题将分析对资本差别征税的超额负担。

假定有两个部门，即公司部门和非公司部门。在公司部门，资本的边际产品价值（VMP_c）由下式给定：$VMP_c=100-K_c$，其中，K_c是公司部门的资本数量。在非公司部门，资本的边际产品价值（VMP_n）由下式给定：$VMP_n=80-2K_n$，其中，K_n是非公司部门的资本数量。全社会的资本数量为 50 个单位。

a. 在无税情况下，公司部门和非公司部门的资本数量各是多少？（提示：按图 15—9 的思路画出草图，然后再组织你的想法。）

b. 假定对公司部门所用资本征收单位税 6。税后，每一部门所用的资本数量是多少？这种税的超额负担是多少？

12. 为了减少酒类消费，政府正在考虑对出售的每加仑白酒征税 1 美元（对生产者课征）。假定酒类的供给曲线向上倾斜，且其方程式是 $Q=30\ 000P$（其中 Q 是白酒的加仑数，P 是每加仑价格）。白酒的需求曲线是 $Q=500\ 000-20\ 000P$。

a. 画出一个草图，说明这种税的超额负担。然后，利用代数，计算出该超额负担。用图示说明 1 美元单位税产生的超额负担。（提示：把消费者和生产者剩余的损失与税收收入进行比较。）

b. 假定每消费一加仑白酒产生 0.5 美元的负外部成本。这将如何影响对白酒课征单位税所产生的超额负担？

附录 A：超额负担公式

本附录说明图 15—5 中的超额负担三角形 fdi 如何用补偿性需求弹性来表述。三角形的面积 A 由下式给定：

$$A=\frac{1}{2}\times 底\times 高=\frac{1}{2}\times(di)\times(fd) \tag{15A.1}$$

fd 正好是含税价格与不含税价格之间的差额（ΔP_b）：

$$fd=\Delta P_b=(1+t_b)\times P_b-P_b=t_b\times P_b \tag{15A. 2}$$

di 是价格上升引起的数量变化（Δq）：

$$di=\Delta q \tag{15A. 3}$$

现在，请注意，价格弹性 η 的定义是：

$$\eta=\frac{\Delta q P_b}{\Delta P_b q}$$

所以，

$$\Delta q=\eta\frac{q}{P_b}\Delta P_b \tag{15A. 4}$$

我们看到在式（15A. 2）中，$\Delta P_b=t_b\times P_b$，所以式（15A. 4）可写成：

$$\Delta q=\eta\times\frac{q}{P_b}\times(t_bP_b)\ =\eta\times q\times t_b \tag{15A. 5}$$

最后回忆一下，$di=\Delta q$，并把式（15A. 5）和式（15A. 2）代入式（15A. 1），得到：

$$\begin{aligned}A&=\frac{1}{2}\times(di)\times(fd)\\&=\frac{1}{2}(\eta q t_b)\times(t_bP_b)\\&=\frac{1}{2}\times\eta\times P_b\times q\times(t_b)^2\end{aligned}$$

这与正文相同。

附录 B：多种税与次优理论

本附录讨论在已存在扭曲的情况下，如何衡量课征一种税所产生的超额负担。

在图 15B 中有两种商品：杜松子酒和朗姆酒，它们的需求曲线分别为 D_g 和 D_r，税前价格分别为 P_g 和 P_r（价格代表了边际社会成本，并假定不变）。朗姆酒现被课以税率为 t_r 的税，故它的价格为（$1+t_r$）P_r，造成朗姆酒市场的超额负担为 abc。现假定对杜松子酒课以税率为 t_g 的税，在杜松子酒消费者所支付的价格与杜松子酒生产者所收到的价格之间加进了一个楔子，造成杜松子酒市场的超额负担为 efd。但事情还没有完。如果杜松子酒和朗姆酒可以相互替代，杜松子酒税引起的杜松子酒消费价格上涨，会使朗姆酒的需求曲线向右位移，比如说向右位移到 D_r'。结果，朗姆酒的需求量从 r_2 增加到 r_3，即 cg 的距离。对于 r_2 与 r_3 之间的每瓶朗姆酒来说，人们为购买它所支付的价格为（$1+t_r$）P_r，比社会成本（P_r）高出 cb。这样，将每瓶朗姆酒的社会收益 cb 乘以瓶数 cg，就得到总的社会收益即 $cbhg$ 的面积。

概括来说，在对朗姆酒已征税的情况下，杜松子酒税会使杜松子酒市场产生 efd 的超额负担，同时使朗姆酒市场的超额负担减少 $cbhg$。如果 $cbhg$ 足够大，那么，这种税实际上能减少总体超额负担。这是次优理论的一个例子，它表明，在已存在扭曲的情况下，孤立地看能增进效率的政策反而会降低效率，反之亦然。

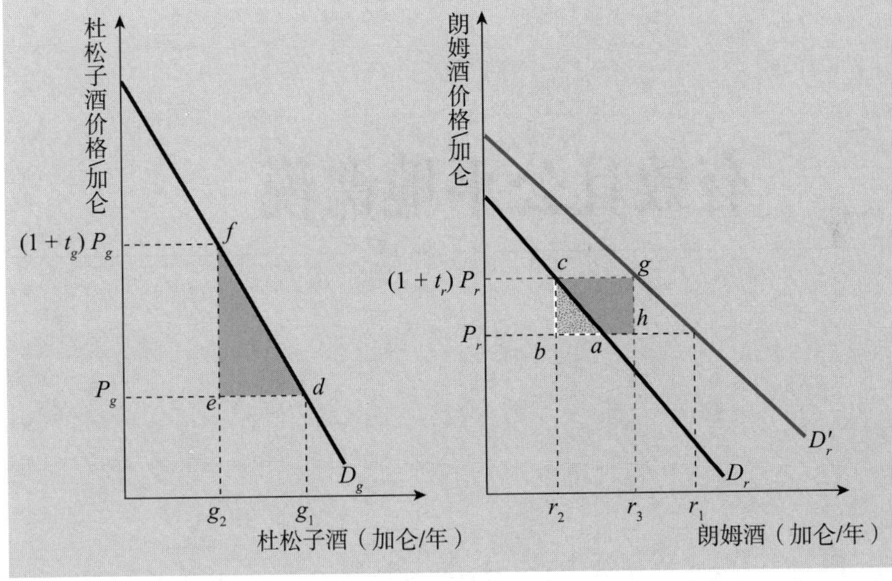

图 15B　在已征税情况下一种税的超额负担

说明：对杜松子酒征税产生的超额负担是 efd。杜松子酒的价格上涨，使朗姆酒的需求曲线向右位移，因为它们是替代品。朗姆酒的需求增加，降低了先前对朗姆酒征税产生的超额负担，使之减少 $cbhg$。

这一讨论只是一个特例，而一组税的超额负担一般不仅取决于这组税种的税率，还取决于各种商品之间的替代和互补程度。具体来说，假定对 n 种商品征税。令 P_i 是第 i 种商品的税前价格，t_i 是对第 i 种商品课征的从价税率，S_{ij} 是第 i 种商品对第 j 种商品价格变化的补偿性需求反应。这样，总体超额负担为

$$-\frac{1}{2}\sum_{i=1}^{n}\sum_{j=1}^{n}t_iP_it_jP_jS_{ij}$$

例如，在上述讨论的两种商品例子中，这两种商品分别是 g 和 r，则总体超额负担为

$$-\frac{1}{2}(t_r^2P_r^2S_{rr}+2t_rP_rt_gP_gS_{rg}+t_g^2P_g^2S_{gg})$$

第 16 章

有效且公平地课税

有两种课税方式可能会使一国衰落。其一是税收规模超过国力，与社会总财富不相称。其二是税收规模虽然在总体上与国力相称，但负担极不合理。

——皮埃特罗·维里（Pietro Verri）

美国的收入制度遭到抨击。批评者指出，收入制度无效率、不公平且过于复杂。但是，当这些批评者提出改革建议时，他们的想法同样因为这些原因而遭到质疑。我们要如何选择？本章的目标就是建立一套评价现实税制的标准。我们首先考察完全契合于传统福利经济学框架的效率和分配问题，然后再讨论不太契合但也非常重要且很有吸引力的其他标准。

最适商品课税

在佛罗里达州，无线电话费按 16.23%的税率征税，其他大多数商品（除食品免税外）按 6%的税率征税。无线电话服务为何要比其他商品课征的税率高？这只是一个非常普遍且很重要的经济政策问题的例子。各种商品应当按什么税率征税？最适商品课税理论的目的，就是要提供一个理论框架来回答这个问题。

当然，不知道政府的目标，就不可能找到“正确的”一组税种。一开始，我们假定政府的唯一目标是：在超额负担最小且不使用一次总付税的情况下，筹措国家支出所需的资金。之后，我们再回过头来讨论当分配和效率同等重要时出现的问题。

以考察斯特拉的情况开始。她作为一个代表性公民，只消费两种商品 X 和 Y 以及休闲 l。X 的价格为 P_x，Y 的价格为 P_y，工资率（这是休闲的价格）为 w。斯特拉每年最大的工作时数——她的**时间禀赋**（time endowment）——固定为 $\overline{T}$（可以认为 $\overline{T}$ 是一个人除睡眠以外所剩的时间总量）。这样，工作时数即为（$\overline{T}-l$）——不用于休闲的时间都用于工作。收入是工资率和工作时数的乘积——$w(\overline{T}-l)$。假定斯特拉把她的全部收入都用于购买商品 X 和 Y（没有储蓄），这样，她的预算约束为：

$$w(T-l) = P_xX = P_yY \tag{16.1}$$

式（16.1）的左边给出的是总收入，式（16.1）的右边给出的是收入是如何花费的。

式（16.1）可以重新写成：

$$w\overline{T}=P_xX+P_yY+wl \tag{16.2}$$

式（16.2）的左边是时间禀赋的价值，它表示斯特拉只要没睡觉就在工作所能挣得的收入。

现在假定，可以对 X、Y 和 l 课征从价税，税率相同，都是 t。该税使 X 的有效价格提高到 $(1+t)P_x$，Y 的有效价格提高到 $(1+t)P_y$，l 的有效价格提高到 $(1+t)w$。这样，斯特拉的税后预算约束为：

$$w\overline{T}=(1+t)P_xX+(1+t)P_yY+(1+t)wl \tag{16.3}$$

式（16.3）两边除以 $(1+t)$，得到：

$$\frac{1}{1+t}w\overline{T}=P_xX+P_yY+wl \tag{16.4}$$

比较式（16.3）和式（16.4），可以得到如下事实：对包括休闲在内的所有商品按相同的比例税率 t 征税，相当于时间禀赋的价值从 $w\overline{T}$ 减少到 $[1/(1+t)]\times w\overline{T}$。例如，按 25%的税率对 X、Y 和 l 征税，相当于把时间禀赋的价值减少 20%。然而，由于 w 和 $\overline{T}$ 是固定的，它们的乘积 $w\overline{T}$ 也是固定的；对于任一工资率而言，个人都无法改变其时间禀赋的价值。因此，对时间禀赋课征的比例税，实际上就是一种一次总付税。在第 15 章我们已经了解到，一次总付税没有超额负担。因此，我们得出结论：对包括休闲在内的所有商品按同一税率课征的税，相当于一种一次总付税，不产生超额负担。

这听起来很好，但还是有一个问题——对休闲时间征税是不可能的。税收工具只能对商品 X 和 Y 课税，因此，某些超额负担通常是不可避免的。最适商品课税的目标是，选择商品 X 和 Y 的适用税率，让筹措所需税收收入的超额负担尽可能地小。这个问题的解决办法似乎是，对商品 X 和 Y 按相同的税率征税——所谓的**中性课税**（neutral taxation）。我们将看到，一般来说，中性课税并不是有效率的。

□ 拉姆齐法则

为了能在超额负担最小的情况下筹措收入，应当如何设置 X 和 Y 的适用税率？要使总体超额负担最小化，从每种商品筹措到的最后 1 美元税收的边际超额负担必须相同。否则，可以通过在提高边际超额负担较小商品的税率的同时，降低边际超额负担较大商品的税率，来降低总体超额负担。

为了探讨这一典型边际分析例子的结果，出于简化，我们假设对于该代表性消费者而言，X 和 Y 是不相关商品——它们彼此既不是替代品，也不是互补品。这样，任何一种商品的价格变化，只影响其自身的需求，而不影响另一种商品的需求。图 16—1 显示出斯特拉对 X 的补偿性需求 D_x。假定她以价格 P_0 能买到任何数量的 X，因而 X 的供给曲线是水平线。

假定对 X 课征一种单位税，税率为 u_x，使需求量从 X_0 降低到 X_1，即需求减少量为图中的 ΔX。如第 15 章证明的那样，税收的超额负担是三角形 abc 的面积。现假定把该税率提高 1，变成 (u_x+1)。总价格是 $P_0+(u_x+1)$；需求量下降到 X_2，降低了 Δx；相应的超额负担是三角形 fec。边际超额负担是这两个三角形的差额，即不规则四边形 $fbae$。该不规则四边形的面积等于它的高 (Δx) 乘以其底边 $[u_x+(u_x+1)]$ 的一半。因此，边际超额负担即为：

$$1/2\Delta x\ [u_x+(u_x+1)]$$

通过简单的代数运算①，可以简化该表达式，得到边际超额负担近似等于 ΔX：

$$\Delta X = \text{边际超额负担} \tag{16.5}$$

图 16—1　边际超额负担

说明：从 u_x 开始增加 1 美元单位税，导致的边际超额负担为 $fbae$，税收收入增加 $gfih-ibae$。

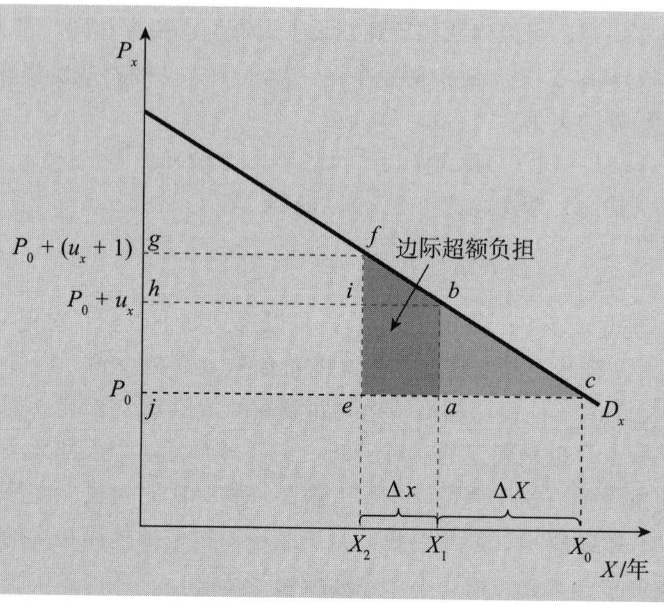

我们以前讲过，超额负担最小化要求知道最后 1 美元税收收入的边际超额负担。现在，我们已经知道了税收增加所引起的边际超额负担，还必须计算出相应增加的税收收入。接下来要做的就是，把边际超额负担除以税收收入的变化。根据定义，该商数就是每增加 1 美元税收收入的边际超额负担。

要计算出税率从 u_x 提高到（u_x+1）所引起的税收收入的变化，就要注意到，当税率是 u_x 时，税收收入是 u_xX_1（每单位税额乘以出售单位数量）。在图 16—1 中，这是长方形 $hbaj$。同样，当税率是（u_x+1）时，税收收入是 $gfej$。比较这两个长方形，我们看到，在税率上升后，政府得益 $gfih$ 的面积，但损失 $ibae$ 的面积。因此，税收收入的变化就是（$gfih-ibae$）。用代数来表示，这就是 $X_2-(X_1-X_2)u_x$。经过简单的数学变换②，就可以得到下列税收收入变化的近似表达式：

$$X_1-\Delta X = \text{边际税收收入} \tag{16.6}$$

每增加 1 美元税收收入的边际超额负担，等于式（16.5）除以式（16.6），亦即：

$$\frac{\Delta X}{X_1-\Delta X}$$

同样的推理表明，如果对 Y 课征税率为 u_y 的单位税，最后 1 美元的税收收入的边际超额负担是：

① 该不规则四边形的面积是 $1/2\Delta x(2u_x+1)$ 或 $\Delta xu_x+1/2\Delta x$，由于第二项即三角形 fib 相当小而可以忽略不计，故该表达式可近似为 Δxu_x。现在请注意，因为 $1/\Delta x$ 和 $u_x/\Delta X$ 衡量的都是 D_x 的斜率（绝对值），因此，$\Delta xu_x=\Delta X$，它就是边际超额负担。

② 请注意，边际税收收入的表达式等价于 $X_2(u_x+1)-X_1u_x=X_2+u_x(X_2-X_1)$。根据图 16—1，$X_2=X_1-\Delta x$。经过代换，我们有 $X_1-\Delta x-u_x\Delta x$。但是，$\Delta x=\Delta X/u_x$（见上一个注释），我们有 $X_1-\Delta X(1+u_x)/u_x$。只要 u_x 相对于 1 而言很大，该式就可以近似为 $X_1-\Delta X$，这正是正文中边际税收收入的表达式。

$$\frac{\Delta Y}{Y_1-\Delta Y}$$

由于总体超额负担最小化的条件是，每一种商品最后 1 美元税收收入的边际超额负担都相同，故我们必须令

$$\frac{\Delta X}{X_1-\Delta X}=\frac{\Delta Y}{Y_1-\Delta Y}$$

这意味着

$$\frac{\Delta X}{X_1}=\frac{\Delta Y}{Y_1} \tag{16.7}$$

要解释式（16.7），请注意，一个变量的变化除以其总值，正好是其变化的百分比。因此，式（16.7）表达的意思是，要使总体超额负担最小化，税率的设置应当使各种商品的需求量按相同比例减少。这一结论被称为**拉姆齐法则**（Ramsey rule）［以其发现者弗兰克・拉姆齐（Frank Ramsey，1927）的名字命名］。即使在 X、Y 和 l 是相关商品——替代品或互补品——的情况下，该法则也成立。

但是，为什么有效率的课税应当使需求量而非价格发生等比例变化呢？这是因为，超额负担是数量扭曲的结果。要使总体超额负担最小化，就要求所有这些变化是同比例的。

重新解释拉姆齐法则　探讨拉姆齐法则与需求弹性之间的关系大有裨益。令 η_x 是对 X 的补偿性需求弹性；令 t_x 是对 X 课征的税率，此时它是从价税率而不是单位税率。[①] 现在，根据从价税的定义，t_x 是税收引起的价格上升的百分比。这样，当价格上升 1%时，$t_x\eta_x$ 就是价格变化的百分比乘以需求量变化的百分比。这正好是税收引起的 X 需求量减少的百分比。同样，t_y 和 η_y 的定义类似于 t_x 和 η_x，于是，$t_y\eta_y$ 就是税收引起的 Y 需求量减少的百分比。拉姆齐法则告诉我们，要使超额负担最小化，这些需求量下降的百分比就必须相等：

$$t_x\eta_x=t_y\eta_y \tag{16.8}$$

现在，式（16.8）两边同时除以 $t_y\eta_x$，得到：

$$\frac{t_x}{t_y}=\frac{\eta_y}{\eta_x} \tag{16.9}$$

式（16.9）称为**逆弹性法则**（inverse elasticity rule）：只要商品在消费上不相关，税率就应当与弹性成反比例。这就是说，η_y 相对于 η_x 越大，t_y 相对于 t_x 就应该越小。[②] 效率并不要求所有税率都整齐划一。

逆弹性法则的直观含义一目了然。有效率的税种尽可能小地扭曲决策。商品的需求弹性越大，扭曲的可能性就越大。因此，有效率的课税要求，对相对缺乏弹性的商品，课征相对高的税率。

科利特-黑格法则　科利特和黑格（Corlett and Hague，1953）证明了拉姆齐法则所具有

---

① 在竞争市场中，任何单位税都可以用一个选择适当的从价税来代表，反之亦然。例如，假定对某种商品课征 5 美分的单位税，消费者支付的价格为 50 美分。这样，由此产生的超额负担与按税后价格征收 10%从价税的超额负担是一样的。

② 更为详尽的论证需要使用一些微积分知识。请回忆一下，在式（15.3）中，商品 X 和商品 Y 的超额负担分别为 $1/2\eta_x P_x X t_x^2$ 和 $1/2\eta_y P_y Y t_y^2$。于是，总体超额负担为 $1/2\eta_x P_x X t_x^2+1/2\eta_y P_y Y t_y^2$。（只需把两个表达式相加即可，因为根据假定，$X$ 和 Y 是不相关的。）现在，假定所需要的税收收入是 R，那么，t_x 和 t_y 必须满足关系式 $P_x X t_x+P_y Y t_y=R$。我们的问题就是，在 $R-P_x X t_x-P_y Y t_y=0$ 的条件下，选择能使 $1/2\eta_x P_x X t_x^2+1/2\eta_y P_y Y t_y^2$ 最小化的 t_x 和 t_y。建立拉格朗日表达式：

$$L=1/2\eta_x P_x X t_x^2+1/2\eta_y P_y Y t_y^2+\lambda\left[R-P_x X t_x-P_y Y t_y\right]$$

式中，λ 为拉格朗日乘数（拉格朗日乘数法在任何一本中级微积分书里都能找到）。求 $\partial L/\partial t_x$，得到 $\eta_x t_x=\lambda$，求 $\partial L/\partial t_y$，得到 $\eta_y t_y=\lambda$。因此，$\eta_x t_x=\eta_y t_y$，随即得到式（16.9）。

的一个令人感兴趣的含义：在有两种商品的情况下，有效率的课税要求，对与休闲是互补品的商品，课以较高的税率。为了直观地理解这一点，回忆一下，如果有办法对休闲课税，就可能得到一个“最优”结果——在没有任何超额负担的情况下筹措到收入。虽然税务局无法对休闲课税，但能对那些与休闲联合消费的商品课税，从而间接地降低休闲的需求。如果对电脑游戏课征很高的税率，人们就会减少购买，从而花费在休闲上的时间也就少了。因此，对休闲的互补品课以重税，实际上是对休闲的间接“课征”，从而得到接近于对休闲征税可能会出现的那种完全有效率的结果。

□ 公平问题

此刻你或许怀疑效率课税理论会有令人不快的政策含义。例如，逆弹性法则就说，缺乏需求弹性的商品应被课以比较高的税率。这公平吗？我们真的想要一种其大部分收入来自对胰岛素课税的税制吗？

当然不是。效率只是评价税制的一个标准，公平也很重要。尤其是人们普遍认为，税制应当具有**纵向公平**（vertical equity），即它应当在支付能力不同的人之间公平地分配税负。为了考虑到税收的分配效应，拉姆齐法则已作了修正。举例说来，假定穷人花费在商品 X 上的收入比例大于富人，而对于商品 Y 来说则相反；X 可能是面包，而 Y 可能是鱼子酱。进一步假定，社会福利函数赋予穷人的效用权数较大。这样，即使 X 的需求比 Y 更缺乏弹性，最适课税也要求对 Y 课征的税率比对 X 的高。对 Y 课以高税率确实会产生比较大的超额负担，但是，它也往往使收入的再分配更有利于穷人。社会可能宁愿以较大的超额负担为代价，换取更为公平的收入分配。

一般来说，偏离拉姆齐法则的最适程度取决于两个条件。第一，社会对平均主义的偏好程度。如果社会只关注效率——无论贫富，每个人的 1 美元价值都相同，那么就不妨严格遵循拉姆齐法则。第二，穷人和富人消费格局的差异程度。如果穷人和富人对两种商品的消费比例相同，那么对这些商品按不同税率征税，不会影响收入分配。即使社会设定了分配目标，也无法通过差别商品税来实现。

□ 总结

如果可以课征一次总付税，征税就不会有任何超额负担，最适课税就只需考虑分配问题。然而，一次总付税是不可行的，所以，问题就变成了如何在使超额负担尽量小的情况下筹措税收收入。一般来说，超额负担最小化要求，税种的设置要能使所有商品的（补偿性）需求同比减少。在不相关商品的情况下，这意味着，税率应当与需求弹性成反比。可是，如果社会有分配目标，偏离效率课税法则也许是恰当的。

□ 应用：家庭课税

根据现行的联邦所得税法，所得课税的基本单位是家庭。① 夫妇按他们的收入总额纳税，不管额外收入是丈夫还是妻子挣的，课征的税率都一样。这有效率吗？换言之，对夫妻各方收入课以相同税率，家庭的超额负担会被最小化吗？

设想这样一个家庭单位，其效用取决于三种“商品”量：家庭总消费量、丈夫的工作时

① 本节取材于博斯金和谢什斯基的著述（Boskin and Sheshinski，1983）。

数和妻子的工作时数。家庭的效用随着家庭消费的增加而增加，但随着夫妻任一方的工作时数的增加而减少。夫妇双方的工作时数取决于许多因素，其中之一是他或她的工资率。对收入征税会扭曲工作决策，造成超额负担（见第 15 章图 15—7）。税率应当如何设定，才能使家庭的超额负担尽量小?

为简化起见，假定丈夫的工作时数和妻子的工作时数基本上是“不相关商品”，即丈夫工资率的提高对妻子的工作决策基本上没有影响，反之亦然。这一假设与许多实证研究相一致。这样，应用逆弹性法则表明，对供给相对缺乏弹性的商品应课以较高的税率。为了提高效率，谁的劳动供给相对缺乏弹性，谁的税率就相对高一些。大量的计量经济研究表明，丈夫的劳动供给弹性大大低于妻子的劳动供给弹性。所以，如果要修订现行税法，让丈夫的边际税率高于妻子的边际税率，就有可能提高效率。[①]

我们再一次强调，效率仅仅是税制设计中考虑的一个因素。但有趣的是，上述结论与某些人的主张是一致的。在他们看来，从公平角度出发，对妻子的劳动收入课征的相对税率应降低。第 17 章讨论了美国现行税法对已婚夫妇的税收政策。

最适使用费

到目前为止，我们一直假定，所有生产都是在私人部门进行的，政府的唯一问题就是设置决定消费者价格的税率。然而，有时政府本身也是商品或服务的生产者。倘若如此，政府就必须直接选择**使用费**（user fee）——由政府所提供物品或服务的使用者支付的价格。和往常一样，我们要确定可能的“最优”使用费。从分析上说，最适税收和最适使用费问题密切相关。在这两种情况下，政府设定消费者支付的最终价格。在最适税收问题中，政府通过选择税率，间接地决定该价格；而在最适使用费问题中，政府则直接规定。

政府应当在何时选择生产某一物品而不是从私人部门购买这种物品？当某种物品或服务的使用出现平均成本持续递减，即产量越大，单位成本越低的情况时，政府生产可能是适当的。在这种情况下，这种服务的市场不大可能是竞争性的。一家企业可以凭借其规模经济，至少在一个很大的地区，把全行业的产量都包了，这种现象就是常说的**自然垄断**（natural monopoly）。这样的例子有桥梁、电力和有线电视等。在有些情况下，这些物品由私人部门生产，由政府部门管制（如电力）；在其他情况下，这些物品由公共部门生产（如桥梁）。这里，我们虽然只研究公共生产，但其中的许多重要论点也适用于政府对私人垄断的管制。

在图 16—2 中，横轴表示自然垄断的产量 Z，纵轴是其金额。AC_Z 表示平均成本曲线。根据假定，它随着产量的增加而不断下降。由于平均成本不断下降，边际成本必然小于平均成本。因此，边际成本曲线（MC_Z，即提供每单位 Z 的增量成本）位于 AC_Z 之下。Z 的需求曲线是 D_Z，相应的边际收入曲线为 MR_Z，它表示 Z 的每一产量水平所对应的增量收入。

平均成本持续下降常常导致公共部门生产或私人部门生产受管制，这是为什么？要说明

---

① 这里的重要区别不是“丈夫”和“妻子”的区别，而是“主要收入者”和“次要收入者”的区别。在妻子的劳动供给弹性低的家庭，为提高效率，就应对妻子课以较高的税率。

这一点，我们可以考察，如果 Z 由不受管制的垄断者来生产，情况会怎样。如果垄断者追求利润最大化，其产量就要达到边际收入等于边际成本的那一点。在图 16—3 中，该产量水平是 Z_m，与之对应的价格是沿需求曲线 D_Z 向上寻找而得到的 P_m。垄断利润等于销售的商品单位数乘以每单位利润，由图中上方的长方形阴影面积表示。

产量 Z_m 是有效率的吗？根据福利经济学理论，效率要求价格等于边际成本——人们对商品的评价必须等于生产该商品的社会增量成本（incremental cost to society）。在 Z_m 点，价格大于边际成本，因此 Z_m 是无效率的。由于它是无效率的，再加上社会可能不赞成有垄断利润，这可能为政府接管 Z 的生产提供了正当理由。

对于政府来说，明显的政策处方似乎就是：政府增加生产，直到价格等于边际成本为止。在图 16—3 中，$P=MC$ 时的产量由 Z^* 表示，相应的价格为 P^*。然而，这里的一个问题是：当产量为 Z^* 时，价格低于平均成本。价格 P^* 太低，生产经营保不了本，发生亏损。亏损总额等于销售的产品单位数 Z^* 乘以每单位亏损额，而单位亏损额等于产量为 Z^* 时的需求曲线与 AC_Z 之间的垂直距离。在图中，亏损额就是下方的长方形阴影面积。

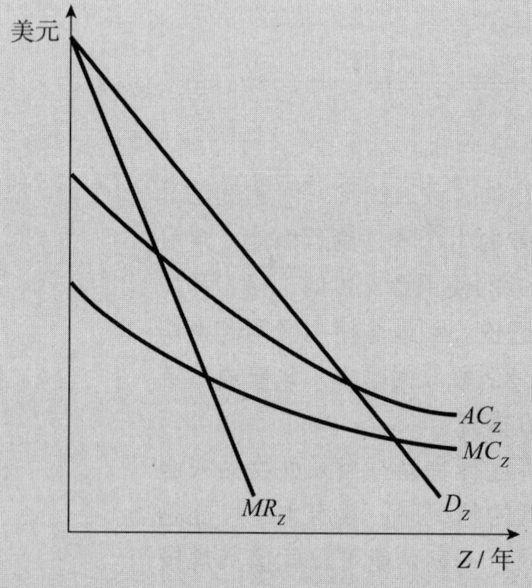

图 16—2　自然垄断

说明：自然垄断的平均成本持续下降。这意味着在所有产量水平上，边际成本都低于平均成本。

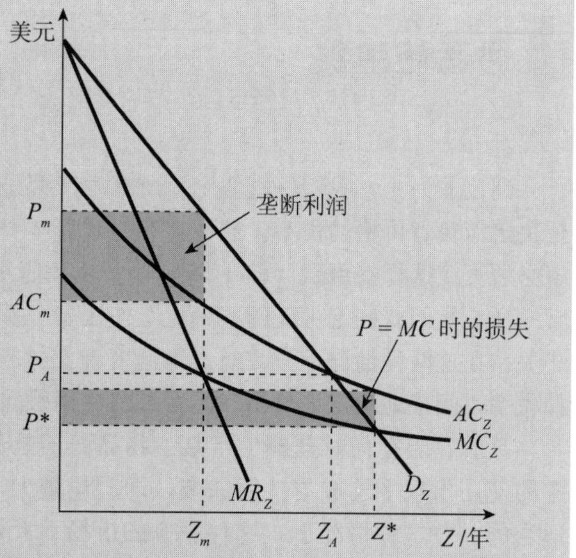

图 16—3　自然垄断下的各种定价方法

说明：自然垄断者在 Z_m 处使利润最大化，此时的价格为 P_m，这是无效率的。可是，在效率产量 Z^* 处，价格又太低，企业无法弥补其成本。

政府面对这种两难境地应该怎么办？现有几种解决办法。

平均成本定价　根据定义，当价格等于平均成本时，既没有利润，也没有亏损——企业刚好处在收支平衡点上，不用担心经营会有亏损。从图 16—3 中可以看到，这对应于需求曲线和平均成本曲线的交点，此时的产量为 Z_A，价格为 P_A。不过，请注意，Z_A 小于 Z^*。虽然按平均成本定价时比按利润最大化定价时的产量要多，但仍然低于效率产量。

边际成本定价加一次总付税　收费 $P=MC$，并通过征收一次总付税来弥补亏损。收费 $P=MC$ 可以保证 Z 市场有效率，而对社会其他部门征收一次总付税来筹措弥补亏损的资金，既能保证弥补亏损，又不会产生新的无效率。然而，这个办法有两个问题。

第一，如上所述，一次总付税一般不可行。亏损不得不用像所得税或商品税这样的扭曲性税种来弥补。倘若如此，这类税造成的扭曲程度可能会大于 Z 市场的效率提高程度。

第二，人们普遍认为，公平性要求公共提供服务的消费者要为其消费付费，即所谓的**受益原则**（benefits-received principle）。如果严格按照这一原则，用一般税收来弥补亏损就有失公平了。倘若海岸警卫队把某人从波涛汹涌的大海中救出来，别人为何要为此付费呢？

拉姆齐解决方法 至此，我们一直在孤立地考察一个政府企业。假定政府正在经营若干家企业，且作为一个集团来说，不会有亏损，但其中的单个企业可能有亏损。又假定政府打算从这些企业所提供服务的使用者那里筹钱。每次服务的使用费应比其边际成本多出多少？

这个问题听起来好像很熟。是的，因为它实质上与最适税收问题相同。实际上，边际成本和使用费的区别正是在政府对商品课征的“税”上。和在最适税收问题中一样，政府必须筹措到一定数额的收入——在这种情况下，足以使企业集团能保持收支平衡。拉姆齐法给出的答案是：设定的使用费能使每种商品的需求按比例减少。顺便说一下，这一分析表明了经济理论所具有的良好特征之一——为研究某一问题而建立的理论框架，常常能富有成效地用来分析看似十分不同的另一个问题。

□ 总结

在解决自然垄断问题的各种可能方法中，美国选择的是哪一种？在大多数情况下，不论是公有企业，还是受管制的私有企业，选择的都是平均成本定价。虽然平均成本定价是无效率的，但它可能是一种合理的折中办法。它具有两大优点：一是非常简单，二是符合十分流行的受益原则。然而，有些经济学家认为，更多地采用拉姆齐定价法也许是可取的。

最适所得税

到目前为止，我们一直假定，政府可对所有商品和投入品课税。现在，我们转向讨论下列问题，即如何设计以人们的收入为税基的税制。为了提出该问题，我们看一下 2012 年发生的辩论，当时奥巴马政府提出对年收入超过 250 000 美元的家庭增税。这种想法的支持者认为，这将提高公平性；反对者则表示，这是不公平的，且是无效率的。所得税的累进性应当多大？围绕奥巴马总统的提议所展开的争论表明，财政学中几乎没有比这更富有争议的问题了。19 世纪的经济学家约翰·麦克库洛赫（John McCulloch）反对累进课税，认为一旦放弃比例课税，“就像在汪洋大海上没有船舵或指南针一样，你会做出无数不公平且愚蠢的事。”最适所得课税理论的目的就是要提供一个方向舵，也就是说，提供一个系统的思考方法来分析公平与效率间“正确的”权衡取舍关系。

□ 埃奇沃思模型

19 世纪末，埃奇沃思（Edgeworth，1959/1897）用一个简单的模型考察了最适所得课税问题。该模型的假设条件如下：

(1) 在取得必要税收收入的前提下，目标是尽可能使个人效用之和最大。如果用代数表述，则 U_i 是第 i 个人的效用，W 是社会福利，税制就应使下式最大化：

$$W=U_1+U_2+\cdots+U_n \tag{16.10}$$

式中，n 是社会中的人数。

（2）人们的效用函数完全相同，且仅取决于他们的收入。这些效用函数表现出边际收入效用递减，即随着收入的增加，人们的境况改善，但改善的速度递减。

（3）可获得的收入总额是固定的。

埃奇沃思的这些假设，实际上与第 12 章“收入再分配的理论依据”一节讨论的最优收入分配模型的假设相同。当时我们证明了，在这些假设条件下，社会福利最大化要求每个人的边际收入效用相同。如果效用函数是相同的，那么只有当收入相等时，边际收入效用才相同。这对税收政策的含义是显而易见的：税种的设置应当使税后收入分配尽可能地平等，尤其是，应该首先从富人身上取得收入，因为他们的边际效用损失小于穷人。如果在收入分配已达到了完全平等的地步，政府还需要更多的收入，则增加的税收负担就应当平均分配。

如此看来，埃奇沃思模型暗示的是一种累进程度很高的税制——从最高收入阶层开始平均收入，直到完全平等为止。实际上，对高收入者课征的边际税率为 100%。然而，如第 12 章所强调的，这种分析背后的每一个假设都有问题。近几十年来，经济学家已经研究了当放宽某些假设条件时，埃奇沃思模型的结果会有什么变化。

□ 现代研究

埃奇沃思分析中一个最棘手的问题是，它假定整个社会的收入总额是固定的。根据这一假设，即使是没收性税率对产量也没有任何影响。更现实一些，假定个人的效用不仅取决于收入，还取决于休闲。这样，所得税会扭曲工作决策，产生超额负担（第 15 章）。倘若该社会的社会福利函数属于加总性福利函数，就会面临一个无法避免的两难境地。一方面，它希望税收负担的配置能使税后收入分配均等。但另一方面，在这样做的过程中，它会减少可获得的实际收入总量。最适所得税制——使社会福利最大化的税制——必须考虑到实现更加平等所付出的代价（以超额负担表示）。而根据埃奇沃思模型，实现更加平等的代价为零，这就解释了实现完全平等结果的对策。

如果把工作激励考虑进来，埃奇沃思模型的结果会有何变化？曼昆、魏因齐尔和亚甘（Mankiw，Weinzierl and Yagan，2009）研究了一个模型，类似于埃奇沃思模型，有所不同的是，个人在收入与休闲之间进行选择。为了简化分析，他们假设从某人那里征收上来的税收收入由下式给定：

$$\text{税收收入}=-\alpha+t\times\text{收入} \tag{16.11}$$

其中，α 和 t 均为正数。比如，假定 $\alpha=3\ 000$ 美元，$t=0.25$，则一个收入为 2 万美元的人，就有 2 000 美元（＝－3 000 美元＋0.25×20 000 美元）的应纳税额；一个收入为 6 000 美元的人，就有－1 500 美元（＝－3 000 美元＋0.25×6 000 美元）的应纳税额，这种人就能从政府那里得到 1 500 美元的补助。

在图 16—4 中，把式（16.11）画成图，横轴表示收入，纵轴表示税收收入。当收入为零时，税收负担是负数——此人从政府那里得到 α 美元的补助。然后，对于每 1 美元收入，个人要向政府纳税 t 美元。因此，t 就是边际税率，即增加的 1 美元收入中必须缴税的比例。由于式（16.11）的几何图形是一条直线，故被称为**线性所得税制**（linear income tax schedule）。在一般的讨论中，线性所得税常被称为**统一所得税**（flat income tax）。请注意，虽然

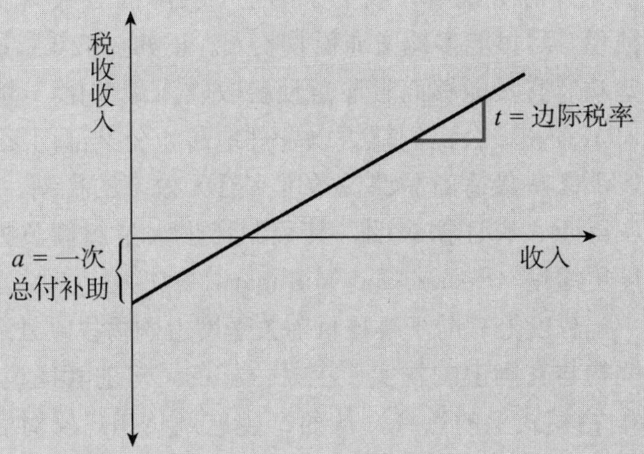

图 16—4　线性所得税

说明：在线性所得税下，当收入为零时，税收收入是 $-\alpha$；收入每增加 1 美元，税收收入就增加 t 美元。

线性所得税的边际税率是不变的，但个人收入越高，收入中缴税的比例也越高，从这个意义上说，线性所得税还是具有累进性的（参阅第 14 章）。到底累进程度有多大，这取决于 α 和 t 的精确值。t 值越大，税制的累进程度越高。然而，较高的 t 值在导致较高累进程度的同时，也产生了较大的超额负担。最适所得税问题就是要找到 α 和 t 的"最佳"组合——在税收收入既定的前提下，使社会福利［式（16.10）］最大化的 α 与 t 的值。

曼昆、魏因齐尔和亚甘（Mankiw，Weinzierl and Yagan，2009）发现，最适边际税率在 48%～50%之间，大大低于埃奇沃思分析所隐含的 100%。因此，激励效应即使相当小，对最适边际税率的影响似乎也很大。他们还发现，在美国，给予低能力劳动者的最适一次性总额补助（即我们模型中的 α）恰好超过了劳均收入的 60%。

这些结果可能会造成一定程度的错觉，认为经济学家们真的很准确地了解最适税制。毕竟，最适税制寻求加总性社会福利最大化的背后，还存在着许多有争议的价值判断问题。此外，如将在第 18 章解释的，关于各种行为弹性，也存在着很大的不确定性，而这些弹性对于分析效率与公平之间的替换关系至关重要。不过，在各种假设条件下所计算出来的最适税率极具参考价值。最适课税研究揭示出各种伦理和行为假设的含义，从而推动了税收政策的相关讨论。

政治与时间不一致问题

最适课税是一个纯规范理论。它不是要预测现实税制是什么样的，也不旨在解释这些税制是如何产生的。该理论不怎么关注制定税收政策的制度和政治背景。霍尔科姆（Holcombe，2002）指出，在现实政治制度下，基于最适税收逻辑提出的政策建议实际上可能会降低福利。

假定在某一社会，有三种商品 X、Y 和休闲。劳动的供给是完全固定的，因而收入也是固定的。现在，该社会对 X 课税，但其宪法禁止对 Y 课税。看到这种情况，学习最适税收理论的学生可能会说："你们在实施一个无效率的税制。因为劳动供给是完全固定的，如果对 X 和 Y 按相同税率课征所得税，就不会产生超额负担。我建议你们降低对 X 的课税，并按相同的税率对 Y 课税，而税率设定在使税收收入与以前相同的水平上。"

但是，假定人们怀疑，如果他们允许对 Y 课税，政治家们也不会降低对 X 课征的税率。相反，他们反而会趁机对新的东西征税，尽可能多地增加税收收入。正如在第 6 章所看到的，确实有一些公共部门理论表明，那些政府官员能够而且愿意使税收收入最大化，而不顾公民的愿望。因此，通过宪法规定不能对 Y 征税，公民们就可以合理地防止公共部门无效率地膨胀。换言之，如果公民不信任政府，那么从最适商品课税角度来看无效率的税制，从更大的范围来看或许是有效率的税制。[①] 实际上，有证据表明，其税制产生大量超额负担的政府，往往比实施效率税制的政府增长速度更缓慢（Becker and Mulligan，2003）。

有关这些问题的考虑，可能在一定程度上有助于解释目前关于网上购物税收处理的争论。互联网征税的支持者认为，在商店购物与在网上购物实质上是一样的，对前者征税而对后者不征税，就会扭曲消费者在这两种购物模式上的选择，从而产生超额负担。反对者则认为，对网上销售征税只会促使公共部门规模的扩大，而公共部门本来就已大得无效率了。

这个讨论与**最适政策的时间不一致性**（time inconsistency of optimal policy）有关，这是政府不能实施最适税收政策时发生的情况，因为随着时间的推移所公布的政策与政府的动机不一致。以 2012 年英国副首相的一项提议为例。为了有助于减少英国的财政赤字，他提出对英国富有公民的财富课税（Frank，2012）。重要的是，这种税仅课征一次，未来不会再重复课征。虽然富有的英国人可能不愿意缴纳此税，但这似乎并没有影响他们眼下为将来储蓄的激励。这种税实际上是一种一次总付税，因此是非常有效率的。

然而，问题是英国政府可能有动机违背这种税只征收一次的诺言，而在下一年继续玩同样的把戏，如此来筹措更多的收入又没有超额负担。因此，随着时间的推移，所宣称的税收政策与政府的动机不一致。更糟糕的是，资本所有者知道政府有食言的动机，他们会改变自己的储蓄行为，因为他们预期，现在储蓄得越多，明年缴纳的税就越多。由于这种预期的税收改变人们的行为，故导致无效率。

简而言之，如果政府不能信守诺言，就不能实施完全有效率的税收政策。为了避免这种时间不一致问题，政府必须承诺其未来的行为方式是确定的。这如何实现呢？一个可能的方法就是，制定禁止政府违背承诺的宪法条款。然而，只要政府有违背承诺的潜在动机，就消除不了人们的怀疑，进而会挫败实施有效政策的企图。这些考虑表明，在基于最适税收理论提出各种建议之前，必须考虑到政治制度的可信性。

税制设计的其他标准

正如我们已经看到的，最适课税取决于“效率”和“公平”之间的取舍。然而，最适税收理论中使用的这些概念并不总是和一般用法一致。在最适税收理论中，公平税收是指能保证税负的分配合乎社会要求的税收；效率税收是指超额负担小的税收。另一方面，在公众的讨论中，公平税收往往是指对支付能力相同的人课征同等税额的税收；而效率税收是指降低征管费用和遵从费用的税收。本节就讨论这些税收上公平和效率的种种概念问题。

① 维纳和赫蒂奇（Winer and Hettich，2004）对最适税收理论与把政治因素考虑在内的理论进行了深入比较。

□ 横向公平

美国幽默大师威尔·罗杰斯（Will Rogers）曾经说过："人们想要公正的税收，胜过想要较低的税收。他们想知道，每个人是否都在按其财富的适当比例纳税。"税收制度的这个评价标准包含在经济学家的横向公平概念中。所谓**横向公平**（horizontal equity），指境况相同的人应当得到同等对待。要运用横向公平概念，必须界定什么是"境况相同"。罗杰斯建议把财富作为衡量支付能力的指标，不过，收入和支出也可以用来衡量支付能力。

不幸的是，所有这些衡量指标反映的都是人们决策的结果，并不是衡量境况是否相同的真正合适的标准。假定有两个人，他们每小时都能挣 10 美元。A 先生决定每年工作 1 500 小时，B 女士每年工作 2 200 小时。A 的收入为 15 000 美元，B 的收入为 22 000 美元，因而从收入的角度说，A 和 B 不是"境况相同"的。然而，如果从他们的挣钱能力这个重要概念来看，A 和 B 是相同的，只是 B 工作更努力罢了。这样，由于工作努力程度至少在一定程度上受人为控制，所以收入不同的两个人实际上是境况相同的。将支出或财富作为衡量境况是否相同的标准，也适用类似的批评。

这些论点表明，个人的工资率而不是收入可作为衡量境况是否相同的标准，但这种想法也有问题。第一，人力资本投资，如教育、在职培训、保健等方面的投资，可以影响工资率。如果 A 先生必须上大学才能挣到和只有高中学历的 B 女士一样的工资，那么将他们同等对待是公平的吗？第二，计算工资率需要用总收入除以工时数，但后者不易度量（浏览 Facebook 所花费的时间应如何计算?）。的确，在收入既定的情况下，工人虚报工时数以降低工资率，从而少缴税，这对他们来说也许是值得的。想必老板也愿意与其雇员合谋，分享节税的好处。

费尔德斯坦（Feldstein，1976）既不将收入也不将工资率作为衡量境况是否相同的标准，而是提出另一种方法，即将效用作为衡量标准。因此，**横向公平的效用定义**（utility definition of horizontal equity）是：（1）如果两个人的税前境况相同（效用水平相同），则他们的税后境况也应当相同；（2）税收不应改变效用的排序——如果税前 A 的境况比 B 好，则税后 A 的境况还是应该比 B 好。

为评价费尔德斯坦定义的含义，首先假定所有个人的偏好都相同，即他们具有相同的效用函数。在这种情况下，消费相同商品（包括休闲）的个人应当缴纳相同的税，或者说，所有人都应当面临相同的税率表。否则，税前效用水平相同的人就会有不同的税后效用。

现假定人们的偏好是不同的。例如，假定有两种人：一种是美食家，另一种是日光浴爱好者。两种人都消费食品（用收入购买）和休闲，但美食家对食品的评价相对较高，而日光浴爱好者对休闲时间的评价较高。又假设，在没有开征任何税之前，美食家和日光浴爱好者的效用水平相同。如果对所有人都课征比例相同的所得税，美食家必定比日光浴爱好者受损更大，因为前者需要用相对多的收入来维持他好吃的习惯。因此，尽管按照横向公平的传统定义来判断，这种所得税是完全公平的，但根据效用标准，它却是不公平的。的确，只要人们对休闲的偏好不同，任何所得税都难以符合横向公平的效用定义。

当然，衡量个人效用所遇到的实际困难，等于排除了课征效用税的可能性。不过，横向公平的效用定义具有一些刺激性的政策含义。我们仍然假定，所有人都具有相同的偏好，就可以证明，如果个人可以自由选择其活动和支出，则任何现行税制都不违背横向公平的效用定义。

要知道这是为什么，我们假设有一种职业，其大部分报酬是不纳税的福利设施——舒适的办公室、游泳池的使用等。而另一种职业的报酬完全是货币形式，都要缴纳所得税。根据传统的定义，这种情况违反了横向公平，因为从事有大量福利设施职业的人税负太低。但是，如果两种职业同时存在，而且人们可以自由选择，那么两种职业的税后净报酬（包括福利设施）必须相同。为什么？假定有福利设施的职业其税后净报酬较大，人们就会涌向这种职业以获得好处，随着这种职业职工供给的增加，其工资会被压下来，这一过程一直持续到两种职业的净报酬相等为止。简言之，虽然从事职业不同的人缴纳的税不等，但由于税前工资的调整，横向不公平就不复存在了。

有人认为，只有富人才能获得某些税收优惠，是横向不公平的根源。根据效用定义，这种想法是错误的。如果这些优惠都由所有高收入者享受，而且所有高收入者都有相同的偏好，这些税收优惠的确可能降低税收的累进程度，但无论如何对横向公平不会有影响。

由此得到一个令人吃惊的结论：在偏好相同的情况下，预先存在的税制不会造成横向不公平。相反，所有横向不公平都起因于税法的变化。这是因为，人们基于现行税法作出承诺，很难或不可能逆转。例如，人们之所以购买面积较大的住房，可能是由于有对业主自用住房的税收优惠待遇。当税法改变时，他们的福利将下降，违背了横向公平。正如一位国会议员所说："对那些诚心诚意做事的人来说，改变法律对他们似乎很不公平"。[①] 上述观察赋予了下列格言以新的含义："仅有的好税制就是原有的税制。"

事实上，税制变化可能会导致横向不公平，但这不一定就意味着不应改变。毕竟，税制变化也许能提高效率和（或）改善纵向公平。不过，这些论点认为，适当的做法是缓慢地向新税制过渡。例如，如果宣布某项税制改革在其通过几年后才付诸实施，那么，人们基于旧税制的行为至少可做些调整，以适应新税制。但是，找到改变税制的公平过程［称为**过渡公平**（transitional equity）］是很难的，这方面的研究结论还不多。

横向公平的效用定义的含义非常保守，这不足为奇，因为该定义隐含着这样一种观念，即税前状况具有特殊的伦理合理性。（否则，为什么要关注效用排序的变化?）然而，这种现状为什么值得维护，其理由并非显而易见。效用定义的更为一般的特征强调的是征税的结果，相反，有人认为，横向公平的实质是对决定税种选择的规则加以限制，而不是提供评价税种影响的标准。这样，横向公平就排除了那些古怪的税种，或基于不相干特征而课征的税种。例如，我们可以想象一下，政府对红头发的人课以一种特别的一次总付税，或者对天使蛋糕和巧克力蛋糕课征差别很大的税。**横向公平的规则定义**（rule definition of horizontal equity）想必会排除这类税种，即使它们具有可取的效率和分配效应。从这个意义上说，美国宪法不允许课征某些税种的条款，可以说是为了保障横向公平（见第1章）。

可是，识别出可作为征税依据的特征是一个难题。大多数人都会认为，宗教和种族应当与应纳税额的确定无关。但另一方面，关于婚姻状况是否会影响税收负担，却众说纷纭（见第17章）。即使承认某些特征是区别对待的合法依据，但区别对待到什么程度为宜仍是个问题。人人都同意，在确定个人的纳税义务时，严重的身体残障应当加以考虑，但是，视力差到什么程度才能有资格享受盲人的特殊税收待遇呢？应纳税额应降低多少呢？

我们不得不得出这样一个结论：不管怎么定义，横向公平都是一个相当模糊的概念。但是，它作为税制设计的一个原则，还是有着巨大的吸引力的。相同的人要得到公平对待，这个概念不管多么模糊，都将在税收政策的制定中继续发挥重要作用。

---

① 见罗森鲍姆的著述（Rosenbaum，1986）。

□ 税制运行成本

在所考察的模型中隐含着一个假设，即征税没有成本。这显然是不对的。税务局需要资源来完成其工作。纳税人也会有成本，包括聘请会计师和税务律师的开销，填写纳税申报表和保持财务记录所花的时间的价值。

在美国，所得税的征税成本相当低。例如，国内税收署（Internal Revenue Service）每筹措 100 美元的税收，只需要花费 44 美分左右。然而，个人所得税的遵从成本却很高。这些遵从成本包括纳税准备所花费的时间、纳税咨询和准备的人工成本等。有调查证据表明，（个人）所得税的纳税成本总额大约是其税收收入的 10%（Kaplow，2008a），或1 220 亿美元。

显然，在选择税制和补贴制度时，应当考虑到管理成本和遵从成本。即使是看上去既公平又有效的制度（从超额负担的角度看），也可能因其太复杂且管理成本过高而不可取。以对家庭生产——打扫房间、照看孩子，等等——的课税为例。正如第 15 章所述，事实上，对市场劳动课税而对家务劳动不征税，造成了劳动配置的巨大扭曲。此外，基于工作场所不同而差别课税，违背了横向公平观念。然而，由于评价家庭生产所遇到的困难太大，会产生巨大的管理成本，故对其课税的想法行不通。

遗憾的是，税务管理问题常常得不到足够的重视。一个典型案例是多年前颁布的对新珠宝首饰课征联邦奢侈税。该税只适用于价值超过 10 000 美元的部分，且只对装饰穿戴的珠宝课征这种税。就如一位评论人士所说的，这种税在管理上就像一场噩梦。“零散的宝石和修理珠宝不会被征税；大幅度改造之后的市价会被征税。因此……如果你把祖母胸针上的宝石重新镶嵌在别处，你就会被征税；但是如果你把一颗从戒指上掉下的价值 30 000 美元的钻石重新安上，就属于修理，你就不会被征税。”① 国内税收署征收这种奢侈税的成本，可能已经超过了所征收上来的收入！该税种最终被废止。

显然，税收制度的管理没有不花钱的，但问题是要找到超额负担与管理成本之间的最佳平衡关系。例如，拉姆齐法则的一般方针是，每种商品都要有其自身的税率，但这种销售税制管理起来非常麻烦。任何由差别税率造成的超额负担的减少，都必须与由此增加的管理成本相比较。

□ 逃税

我们现在转向讨论所有税务局都面临的一个最重要问题，那就是税收欺骗。首先，必须把避税与逃税区别开来。**避税**（tax avoidance）是指通过改变行为来减少应纳税额，约翰·梅纳德·凯恩斯（John Maynard Keynes）曾说这是“唯一能带来收益的智慧追求”。避税不是非法的：

> 法院一再强调，为使税负尽可能低而对自己的事务作出安排，无可厚非。不管是富人还是穷人，每个人都可以这样做，而且都是对的，因为没有人负有超出法律要求的公共义务……以道德的名义要求多缴税只不过是虚伪之辞（Judge Learned Hand，*Commissioner v. Newman*，1947）。

---

① 见施密德尔的著述（Schmedel，1991）。

专栏

政策透视：建筑上的避税

谈到避税，人们总是很有创造力。我们以发生在 1696 年的事件为例，当时英国国王威廉三世决定要筹措更多的钱。他不能用所得税，因为这种税被广泛认为是对个人自由的践踏。于是，他就选择了对窗户征税。由于比较富有的人房子也比较大，而大房子的窗户多，所以，这种税针对的是比较富裕的人。威廉国王没有想到的是，躲避这种税的方法很简单——只要把窗户砌上即可。这种古老的避税例子如今在英国的某些房子上还依稀可见（见下图）。

资料来源：Photo courtesy of Age Fotostock.

另一种古怪的建筑也是避税的产物。比如，在 18 世纪，巴西政府对已完工的教堂征税。为了躲避这种税，当时建造的有些教堂都缺少了一个塔楼（见下图）。

资料来源：Photo courtesy of Jonathan Meer.

在荷兰，同样奇怪但能想到的结果是由 17 世纪的一项法律造成的，该法律规定按房子的宽度征税：房子越宽，税额就越大。于是，阿姆斯特丹人就把房子建得高、深、窄（见下图）。

资料来源：IMS Communications Ltd. /Capstone Design/FlatEarth Images.

虽然这些建筑上的例子似乎有些怪异，但它们说明了一个重要的事实：人们对征税并不是被动地作出反应，相反，他们会创造性地寻找各种方法来躲避或至少降低税收负担。例如，在乌克兰，汽车进口商有时把整车拆解后再通关。为什么会有这种奇特的行为？就是因为零配件比整车的税低。一辆车分为两部分被税务机关看做是“零配件”，所以把车拆解开就创造了极好的避税机会。

与避税相反，**逃税**（tax evasion）是指没有缴纳法律上应纳之税。如果你没有向政府申报所得，这就是逃税。引起国际关注的一个逃税案件是演员韦斯利·斯奈普斯（Wesley Snipes）逃税案。2008 年，他因逃税而被判有罪，并被责令补缴税款加上罚款和利息共计 1 700万美元（Johnston，2008）。相反，如果为了少缴所得税而合法搬迁到另一个国家，这是避税。摇滚明星波诺（Bono）便是一个很好的例子，在爱尔兰提高所得税后，他把乐队的部分业务移到了荷兰。

税收欺骗的衡量极其困难。国内税收署估计，纳税人自觉缴纳的数额大约只占他们实际应纳税额的 80%。即便这只是个粗略估计，也足以表明逃税是一个非常严重的问题。

常见的税收欺诈方法有下列几种：

● 建两套账。一套记录实际的交易活动，另一套是专门给税务部门看的。有些逃税者还使用两台收银机。

● 兼职挣钱。当然，多做一份工作是完全合法的。但是，这些工作的所得常常是以现金而不是支票支付的。因此，没有法律上的记录，也就不向税务局申报这笔收入。

● 瞒报收入。不申报收入是逃税的一种常见类型。根据政府问责办公室（Government Accountability Office）的估计，瞒报收入在自己有企业的人中特别普遍（Herman，2007）。

● 现金交易。用现金和可随时支取现金的支票购买商品和服务，使得国内税收署很难掌握这些交易。

以往，逃税让人联想到百万富翁把其资本隐藏在瑞士银行账户里。而现在，逃税者很可能就是一位修理工，其收入来自“非正式”工作，为了逃税而不申报；或者就是一位母亲，逃避支付给保姆的工资税。的确，每年向女佣、幼儿保姆和其他家庭雇员支付报酬超过 1 500 美元的人，有义务为他们缴纳社会保障税，可是实际支付这种“保姆税”（nanny tax）的家庭占全部家庭的比例不到 0.25%（Herman，2004b）。“人人都在这么做”，这种想法非常普遍。

我们首先讨论逃税的实证理论，然后再讨论其规范问题——公共政策应当如何解决逃税问题。

逃税的实证分析 假定阿尔只关心其预期收入最大化。他有一笔数额既定的收入，并设法对税务局隐瞒 R 数量。假定阿尔的边际所得税率为 0.3，这样，他每隐瞒 1 美元应税收入，应纳税额就减少 30 美分。这就是他向税务局隐瞒 1 美元收入的边际收益。更为一般地说，如果阿尔面对的边际所得税率为 t，那么每隐瞒 1 美元收入的边际收益就为 t。

税务局不知道阿尔的真实收入，但随机稽查所有纳税人的纳税申报表，阿尔被稽查的概率是 ρ（在美国，只有 0.77%的联邦所得税申报表被稽查）。一旦被查到有逃税行为，就要被罚款，而且 R 越大，罚款比率就越高。请注意，如果时时刻刻都能监控阿尔又不费分文，那么他就不会有逃税的机会了。但事实上不可能进行这种监控，这是问题的根本所在。

假定阿尔知道 ρ 值和罚则，他通过对比逃税的边际成本和边际效益来作出决策。在图 16—5 中，横轴表示未申报的收入额，纵轴表示金额。瞒报 1 美元收入的边际效益（MB）为 t，即节省下来的税额。预期边际成本（MC）为每瞒报 1 美元收入的罚款增加额（边际罚款）乘以查获概率。

例如，如果隐瞒第 1 000 美元的额外罚款为 1.50 美元，而查获概率为 1/3，则预期边际罚款为 50 美分。“最优”瞒报额是两条线的交点所决定的数额，即 R^*。平均来看，这是能使阿尔的收入最大化的策略，从这个意义上说 R^* 是最优的。在一个充满不确定性的世界里，从这种“期望值”角度来寻找最佳策略，是进行分析的合理方法。当然，根本不逃税也许是最优的。对于图 16—6 中的那个人来说，只要 R 值为正数，逃税的边际成本就大于边际收益，

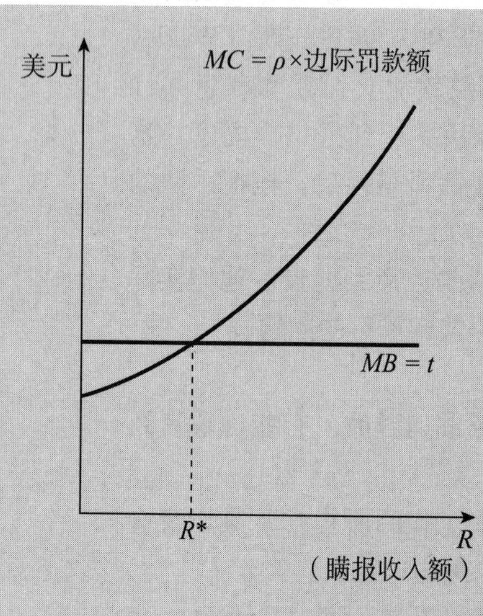

图 16—5 逃税额为正数

说明：在税率、被稽查的概率以及如果被查获而处以的边际罚款等既定的情况下，收入瞒报的最优数额为 R^*，这是正的。

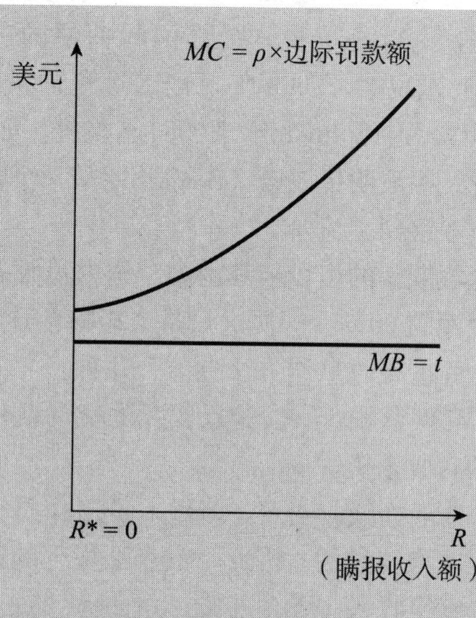

图 16—6 逃税额为零

说明：在税率、被稽查的概率以及如果被查获而处以的边际罚款等既定的情况下，收入瞒报的最优数额为零。

所以最优逃税额等于零。

该模型预测，当边际税率下降时，逃税行为会减少。这是因为，较低的 t 值降低了逃税的边际收益，使边际收益曲线下移，从而使它与边际成本曲线在较低的 R 值上相交。这一预测与一些传闻证据一致。我们看一下波罗的海的爱沙尼亚共和国的情况。最近，该国用税率为 26％的统一所得税取代了其边际税率不仅偏高而且递增的税制。前总理马特·拉尔（Mart Laar）说，这项改革大大减少了逃税，因为“在现实中，富人有办法逃避高税收。实行统一税，他们就不再为隐藏收入或从事灰色经济活动而担惊受怕”（Tierney，2006）。该模型的预测也得到了经济计量研究的证实。

虽然这一模型有一些有益的见解，但它忽略了一些潜在的重要问题。

逃税的精神成本。简言之，逃税可能会使人产生负罪感。将这种现象纳入模型的一种办法，就是把精神成本加到边际成本曲线上。对于很诚实的人来说，精神成本非常高，乃至即使预期边际罚款为零，他们也不会逃税。

风险厌恶。在图 16—5 和图 16—6 中，假定人们只关心预期收入，且风险本身对他们也不会造成困扰。从某种程度上说，人们都是厌恶风险的，他们会对从事某种本质上属于赌博性质活动的决策作出修正（第 9 章讨论了不确定性条件下的选择）。

工作选择。这个模型假定，唯一的决策就是申报多少收入。工作类型和税前收入额是给定的。在现实中，税收制度可能会影响到人们的工作时间和工作选择。例如，高边际税率可能会促使人们选择逃税机会较多的职业，即所谓的**地下经济**（underground economy）。地下经济既包括那些合法但容易躲避税务局的经济活动（如家电维修），也包括本身就是犯罪的工作（如卖淫、贩毒）。地下经济的规模本来就很难衡量。根据弗里德曼等（Friedman et al.，2000）的估计，美国的地下经济占国内生产总值的 14％，英国占 7％，俄罗斯占 42％。戴维斯和亨里克森（Davis and Henrekson，2004）考察了 20 世纪 90 年代一些发达国家的数据，他们发现，当边际税率上升时，加入地下经济部门的可能性也随之增加。这一发现与新闻报道的纽约市把烟草税每包提高到 7.5 美元后所发生的现象相一致。这种税的增加使从其他各州走私低税香烟的黑市繁荣起来。按照纽约市市长迈克尔·布隆伯格（Michael Bloomberg）的说法，“非法香烟使本市和本州损失数十亿美元”（Parker，2011）。

改变稽查概率。在我们的简单分析中，稽查概率与逃税额和申报收入额都无关。但是在美国，稽查概率取决于职业和申报收入的规模，这就使得模型更加复杂，但不会改变其实质内容。

显然，逃税现象要比图 16—5 和图 16—6 描述的复杂得多。尽管如此，该模型还是为我们提供了一个思考逃税决策的影响因素的有用框架。如前所述，很难对逃税问题进行实证研究。结果，就防止逃税的方法而言，不知道是高额罚款更有效，还是频繁稽查更有效。来自若干经济计量研究的初步结果是，对于大多数群体来说，加大稽查力度会使申报收入增加，但效果很小（Blumenthal et al.，2001）。

逃税的规范分析　对地下经济的大多数讨论都认为它是一件坏事，应当制定政策，缩小其规模。虽然这种观点可能是正确的，但是值得仔细推敲。

这里的一个重要问题是，我们是否在乎逃税者的福利。按福利经济学的术语来说，地下经济参与者的效用，要不要包含在社会福利函数中？暂且假定应该包含，那么，在一定条件下，地下经济的存在提高了社会福利。例如，如果地下经济的劳动供给弹性大于正规经济的劳动供给弹性，那么，根据最适税收理论，就应对前者课以较低的税率。这是对逆弹性法则即式（16.9）的简单应用。或者，假定地下经济参与者比正规经济参与者穷。实际上，很多观察人士认为，地下经济是美国市中心贫民区生活的重要组成部分。如果社会具有平均主义的收入再分配目标，那么不触动地下经济也许是可取的。

现在考察社会福利函数没有考虑逃税者且目标只是以最低管理成本消除逃税行为时的政策含义。图16—5说明了实现这一目标的简便方法。逃税行为的预期边际成本，等于罚款率与查获概率的乘积。查获概率取决于税务管理的经费投入多少，如果国内税收署的预算很大，就能抓获大批逃税者。然而，即便税务当局的预算很小，查获概率很低，但是如果罚款很高，逃税的边际成本还是可以任意增大。如果每年只查获一个逃税者，但他因此罪行被公开处决，逃税的预期成本也会吓退许多人。在美国，这种严厉的政策从未被认真地提出过，这表明现行刑罚制度试图体现公正的惩罚。与功利主义分析框架的假设条件相反，社会不仅关心最终结果（消除逃税行为），而且也在意实现这一结果的过程。

总的看法

传统的税制分析阐明了税制设计的几个“原则”：税收应当符合横向公平和纵向公平，对经济激励应当保持“中性”，应当易于管理等。财政经济学家如今把这些专门的指导原则与福利经济学原则整合在一起。最适税收理论运用基本的社会福利函数，推导出良好税制的准则。

在某些情况下，最适税收分析纠正了以前的错误。例如，所有税率都相同（中性），也许并不是有效率的。此外，最适税收理论澄清了税制设计中的效率与公平权衡关系。作为这种分析的一个副产品，仔细考察了“公平”的各种定义。

这些研究的结果并不是要给出税制建设的“蓝图”，因为只以经济理论作为最适税收理论的基础本身就有问题（见第3章）。关于这一点，有两点评论是有说服力的：第一，最适税收理论通常不考虑政治和社会制度。一种“最适”税种可能很容易被政治家推翻，或者因征管成本太高而被否定。第二，虽然最适税收理论表明，横向公平概念很难实际操作，但是相同的人应有相同的待遇，仍然是一个很吸引人的伦理概念。横向公平很难纳入最适税收理论，因为后者注重的是结果而不是过程。

因此，最适税收理论运用福利经济学的工具，增强了传统税制设计讨论的分析深度。尽管如此，最适税收理论仍然离不开功利主义福利经济学分析方法。至于这种伦理体系是否合适，就任由评说了。

小结

- 效率商品税理论说明的是，如何在超额负担最小的同时筹措到既定的税收收入。
- 拉姆齐法则指出，为使超额负担最小化，税率的设定应当使每种商品的需求量减少的比例相同。
- 当商品在消费上不相关时，拉姆齐法则意味着，相对税率应与补偿性需求弹性成反比关系。

● 政府生产的服务的最适使用费选择与最适税种的选择十分类似。

● 所得课税是发达国家的一个主要收入来源。埃奇沃思有关最适所得税的早期研究指出，税后收入应当相等。但是，如果把扭曲休闲—收入取舍关系的超额负担包括在内，则最适边际税率大大低于 100%。

● 税制可以用最适税收理论以外的其他标准来评价。横向公平、管理成本、逃税激励、政治约束等都会影响税制的设计。

● 横向公平的传统定义，以收入作为人们“境况相同”的衡量标准。然而，按传统方法计算的收入并不是恰当的标准。效用定义更为精确，但它具有完全不同的政策含义，而且具有维持税前现状的固有倾向。横向公平的其他定义则注重选择税种的规则。

● 大多数理论分析都忽略了税制的运行成本。然而，管理成本和遵从成本都将影响到税基的选择、税率和逃税数额。

讨论题

1. 根据古尔斯比和佩特林（Goolsbee and Petrin，2004）的估计，基本有线电视服务的需求弹性是－0.51，直播卫星的需求弹性是－7.40。假定某一社区打算对有线电视服务和直播卫星的使用征税，以筹措既定的收入。如果该社区的目标是尽可能有效地筹措资金，那么有线电视税与直播卫星税的比率应当是多少？请简要讨论你在计算时所依据的假设条件。

2. 2002 年，美国联邦政府对小汽车价格超过 40 000 美元的部分课征 3%的税［例如，价格为 50 000 美元的小汽车，应纳税额为 0.03×(50 000 美元－40 000 美元)，即 300 美元］。请讨论这种“高档汽车税”的效率、公平和管理问题。

3. “彼得大帝曾对胡须征税。他认为胡须是多余的、无用的修饰。据说，这种税根据胡须的长短按比例征税，而且根据留胡须的人的社会地位累进课征”（Groves，1946，p. 51）。请从最适税收理论和横向公平这两个角度来评价彼得的胡须税。

4. 2008 年，伊利诺伊州库克县的销售税增加了一倍。一位记者推测，税收之所以能增加，是因为政府官员察觉到，由于持续下跌的房地产价格和严峻的就业市场让公民难以搬家，税基比以往更容易控制。请用最适税收理论来分析这种情况。销售税的增加有效率吗？它是公平的吗？

5. 假设某镇正在考虑安装新的地下水管项目。有些费用是固定的，因为不会随着用水量的增加而增加。例如，经过一段时间后水管会老化，但这与流经的水量无关。因此，不可能基于消费者用水的边际成本向消费者收费，让消费者掏管道投资的钱。在这种情况下，可能会有怎样一个有效率的定价体系？

6. 2008 年，纽约州对每包香烟加税 1.25 美元。一位评论人士指出，“（在纽约）出售的大多数香烟实际上是‘烟贩子’（butt-leggers）从弗吉尼亚州用卡车运过来的或从中国船运过来的，这些烟贩子能从每车走私烟中赚取 100 多万美元”（Fleenor，2008）。利用图 16—5 来说明如何预测这种行为。

7. 政府向制药企业提供专利保护，允许它们对开发出来的药品在几年内定高价。如果一家企业成功地开发出一种有效药品，这种专利保护会产生高利润，特别是因为药品生产的边际成本很低。有人建议，政府对这些利润征收一次性税收来筹措收入。这是筹措税收收入的有效方法吗？在回答时请考虑“最适政策的时间不一致性”概念。

8. 指出下列表述的对错或不确定，并解释为什么：

a. 对所有商品包括休闲课征比例税，相当于一次总付税。

b. 所有商品按相同税率课税时，效率最大化。

c. 自然垄断的平均成本定价使企业收支平衡，但结果是无效率的。

d. 汤姆的工厂提供了免费健身房，而杰里的工厂不提供。横向公平要求按使用健身房的价值对汤姆征税。

9. 纽约市最近起诉两家香烟店。这些烟店不卖烟卷，而是卖散装烟丝和卷烟纸，并提供卷烟机供顾客使用。这些烟店认为它们无须对每包烟收 5.85 美元的州和地方税，但市政府不同意。烟店说，它们是在避税，而市政府认为烟店是在逃税。请给出避税和逃税的定义。你认为这些烟店是在避税还是在逃税？

第5篇

美国的收入制度

接下来的5章内容，描述和分析美国财政制度的主要收入来源。这令人喜忧参半。忧的是，很难知道这些描述性材料在多长时间内仍然是准确的。1986年、1990年、1993年、1997年、2001年、2003年、2009年和2013年经历过几次重大税制变化，有些重要调整也在考虑之中，而且将来肯定还有更多的改革。喜的是，读者了解了用于分析现行税制的财政学工具之后，就可以分析任何可能出现的新税种。此外，我们还讨论了一些针对每一现有税种的主要修改建议。

第 17 章 个人所得税

美国人又到了缴纳所得税的时间：到了归拢收据、削尖铅笔填制税表、出血的时候了。

——戴夫·巴里（Dave Barry）

几年前，众议院筹款委员会（House Ways and Means Committee）主席比尔·阿彻（Bill Archer）宣称，他打算“彻底推翻现行的所得税法，让它永世不得翻身”。令议员阿彻（以及成千上万的美国人）如此恼火的个人所得税，可是联邦收入制度的支柱。2011 年，填报的纳税申报表有 1.67 亿份，产生的收入达 10 920 亿美元，大约占联邦收入的 47%（Congressional Budget Office，2012b）。本章讨论个人所得税制设计的有关问题、美国个人税制的效率和公平以及为什么这么多人都想废除它。

自 1913 年所得税开征以来，所得税法历经多次修改，而且将来还会有更多的变化。鉴于该税制的未来存在着这种不确定性，故本章主要依据 2013 年初的法律制度展开讨论。

基本结构

美国人填写年度纳税申报表，计算上一年的应纳税额。申报表报送的截止日期是每年 4 月 15 日。计算应纳税额需要一系列步骤，如图 17—1 所示。第一步是计算**调整后毛所得**（adjusted gross income，AGI）。调整后毛所得的定义是，所有应税来源的所得总额，减去为取得这些所得而发生的特定费用（即“线上项目”扣除）。应税来源包括（但不仅限于）工资、股息、利息、工商业与农场利润、租金、特许权使用费、奖金，甚至包括赃款收入。

并非全部调整后毛所得都要纳税。第二步就是要把调整后毛所得转变为**应税所得**（taxable income）——应该纳税的所得额。其计算方法是，从调整后毛所得中减去各种**免税额**（exemptions）和**扣除额**（deductions），就得到应税所得。以后再详细讨论各种扣除额和免税额。

下一步是用税率乘以应税所得，计算出应纳税额。**税率表**（rate schedule）表明了与每一应税所得额相对应的应纳税额（tax liability）。不同类型的纳税人，适用不同的税率表。比如，共同填报申报表（即联合申报）的夫妻，与单身者的税率表就不同。最后一步是减去税收抵免额（后面讨论），便得到正式应纳税额。

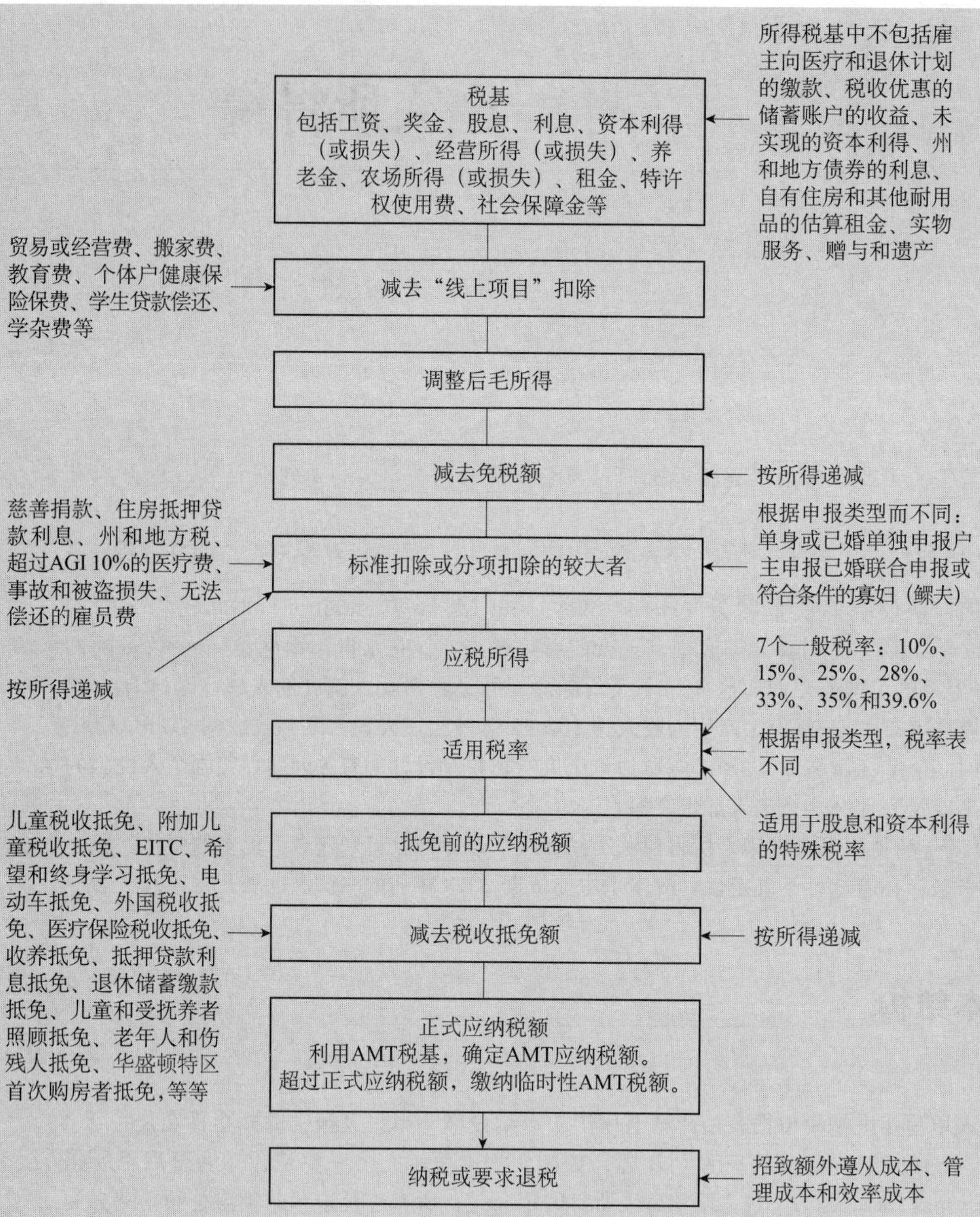

图 17—1　联邦个人所得税应纳税额的计算

说明：纳税人必须按照一系列复杂的步骤来计算他们的应纳税额。

资料来源：President's Advisory Panel of Federal Tax Reform（2005，p. 24）.

对于大多数纳税人来说，在一年当中，有些税款在每次发工薪时已被预扣了。因此，截止到 4 月 15 日实际必须缴纳的税额，只是应纳税额与累计预扣额之间的差额。如果预扣额多于应缴额，纳税人就会得到退税。

这一切听起来很简单，但实际上，这一过程的每一步都很复杂。我们现在讨论一些主要问题。倘若你想知道该税法的那些折磨人的细节，可以在线查阅税法，网址是 www. fourmilab. ch/ustax/ustax. html。

所得界定

显然，要征收所得税，就必须首先能够识别“所得”。因此，本节的开始自然要讨论和评价税法的所得定义。但是，法律并没有给出定义。有关开征这种税的宪法修正案只是说：“国会有权对任何来源的所得课税。”虽然税法的确列举了一些所得例子，如工资和薪金、租金、股息，等等，但“任何来源”这个词实际上没有提供一个有用的标准来确定某些项目不征税是否适当。

财政经济学家有他们自己的传统标准，即所谓的**黑格-西蒙斯定义**［Haig-Simons（H-S）definition］：所得是在一定时期内个人消费能力净增加的货币价值。[①] 这等于在此期间的实际消费额加上财富净增加额。财富净增加额（储蓄）必须包括在所得中，因为它代表着潜在消费的增加。

重要的是，黑格-西蒙斯标准要求把消费增加的所有潜在来源都包括在所得中，不管实际消费是否发生，也不管消费发生的形式。黑格-西蒙斯标准还意味着，个人消费潜能的任何减少也应在确定所得时扣除，比如在赚取所得时发生的费用。倘若朱丽叶的雪茄店毛收入为 100 000美元，经营费用（诸如房租和雪茄成本等）为 95 000 美元，那么朱丽叶的潜在消费只增加了 5 000 美元。

□ 黑格-西蒙斯所得包括的项目

黑格-西蒙斯定义包括了一般都认为是所得的项目：工资、薪金、经营利润、租金、特许权使用费、股息和利息。然而，它也包括一些非常规项目。

雇主的养老金缴款和保险购买　雇主为员工缴纳的养老金缴款，代表了员工消费潜能的增加。同样，即使给员工的报酬不是现金而是某种商品（诸如保险单），也一样是所得。

转移性支出，包括社会保障退休金、失业救济金以及福利救济　只要有收入，不管是来自政府，还是来自雇主，都是所得。

资本利得　资产价值的增加称为**资本利得**（capital gain），而资产价值的减少称为**资本损失**（capital loss）。假定布鲁特斯拥有的微软公司股票在一年内价值从 10 000 美元增至12 500 美元，于是他有 2 500 美元的资本利得。这 2 500 美元代表其潜在消费的增加，因此属于所得。[②] 如果布鲁特斯在年末卖掉微软公司股票，就说资本利得**已实现**（realized）；否则，就说**未实现**（unrealized）。按照黑格-西蒙斯的观点，不论资本利得实现与否，都代表了消费潜能增加，故就是所得。如果布鲁特斯不卖他的微软公司股票，实际上就是通过把资本利得再投

---

① 以经济学家罗伯特·M·黑格（Robert M. Haig）和亨利·C·西蒙斯（Henry C. Simons）的名字命名，他们是在 20 世纪前半期的著述中提出的。

② 只有资本利得的实际价值才构成所得，只因通货膨胀而增加的部分，不是资本利得。这个问题在后面还要讨论。

资于微软公司进行了储蓄。由于黑格-西蒙斯标准没有区分所得的不同用途，因此，布鲁特斯是否再投资无关紧要。把资本利得计入所得的所有论据也同样适用于从所得中减去资本损失。如果卡斯卡的迪斯尼股票的股价在某一年内下跌了 4 200 美元，这 4 200 美元就应该从其他来源收入中扣除。

实物所得 有些人可能以实物形式（商品或服务）而非现金的形式收到部分或全部所得。例如，农场主向农场工人提供食品，有些家庭向保姆提供食宿。谷歌公司向雇员提供有补贴的午餐或雇员可以使用公司的健身中心。在所有这些情况下，按照黑格-西蒙斯的观点，无论收益是以货币形式还是以商品和服务形式获得，没有任何区别，都是所得。

□ 实践和概念问题

以黑格-西蒙斯标准作为构建税制的基础，存在许多疑难问题。

● 显然，只有扣除了经营费用之后的所得，才增加潜在消费能力。但是，消费支出和获取所得的成本，区分起来很困难。如果卡尔普尔尼亚买了一张桌子供在家工作之用，但这张桌子也是一件精美的家具，那么这张桌子的费用在多大程度上属于经营费用？用来拉拢客户的丰盛午餐开销当中，多少属于消费支出，多少属于业务开支？（根据现行法律，后一问题的答案是各占 50%——一半是可扣除的业务餐费。）

● 资本利得和资本损失可能很难衡量，尤其是没有实现时更是如此。对于在活跃的市场中交易的资产来说，问题很容易解决。即使布鲁特斯不卖他的微软公司股票，在任何时点上，只要查一下报纸的金融版，就可以很容易地确定它们的价值。但是，要衡量一栋已升值办公楼的资本利得，可就没那么容易了。

● 实物服务不易估价。一个重要的例子是，不从事市场工作而是做家务的人创造的所得。这些服务像打扫房间、做饭、看孩子等等，显然都是有价值的。然而，即使存在购买这些服务的市场，也很难判断一名主妇的服务价值是否等于市场价值。

□ 黑格-西蒙斯标准的评价

我们可以列举出许多推行黑格-西蒙斯标准所遇到的其他困难，但要点还是很清楚的。不存在一个能使所得税的征管简便易行的所得定义，因此，决定哪些项目应当包括在所得中，不可避免地带有任意性。然而，黑格-西蒙斯标准常常被看做是政策制定者应该努力追求的理想目标：所得的定义应尽可能地宽泛，且一个人的所有来源的所得都应按相同的税率征税。

黑格-西蒙斯标准为什么有这么大的吸引力？其原因有二：

公平 回想一下第 16 章所讲的横向公平的传统定义——收入相同的人应该缴纳相同的税。要使这句话富有意义，税基就必须包括所有来源的所得。否则，具有相同支付能力的两个人，最终的应纳税额可能不同。

另一方面，有人认为，只要人们获取所得的能力不同，黑格-西蒙斯标准就无法产生公平的结果。假定波普伊天生就有好脑筋，而布鲁托天生就有好体力，又假定体力劳动者的工作不如脑力劳动者的那么愉快。在这种情况下，如果波普伊和布鲁托的所得相同，则波普伊获得的效用更多。对他们课征相同的税公平吗？

效率 该标准的捍卫者认为，它具有中性的优点——它把各种形式的所得都看做是相同的，因此不会扭曲经济活动的格局。例如，有人认为，如果不对雇主提供的福利（像医疗保险等）课税，以福利形式支付的报酬就会过度。

毫无疑问，许多偏离黑格-西蒙斯标准的做法的确导致无效率。但不能由此得出结论说，所有所得不管其来源如何均按相同的税率征税就是最有效率的。以未开发土地的租金所得为例。这类土地的供给是完全无弹性的，不管对它课征多高的税率，也不会产生超额负担。有效率的税制对这类土地收益课征的税率应高于其他来源所得的税率，而不是像黑格-西蒙斯标准所说的那样，对所有来源的所得按相同的税率征税。更一般地说，第 16 章讨论的最适税收理论表明，只要不是开征一次总付税，对供给弹性较小的活动课以较高的税率，就会提高效率。从对所有类型所得都课以相同税率这个意义上说的“中性”，一般不能使超额负担最小化。

我们该怎么办？麦克卢尔（McLure，2002）指出，我们对以最适税收理论为税基设计的理论框架不能太乐观，并指出最适税收原则“通常忽略了执行层面的管理难度，以及实施起来所需要的大量信息”。因此，完全抛弃黑格-西蒙斯标准是不明智的，但也没有理由把这一标准说得神乎其神。若偏离了该标准，要从这种偏离的优点加以考虑，而不应仅看其表象就认为是不公平和无效率的。

可排除的货币所得

我们已经看到，按照黑格-西蒙斯标准本属于应税的一些所得来源，由于实践上的原因而没有计入税基。此外，还有一些所得形式，虽然从征管角度来说比较容易征税，但也被部分地或全部地排除在调整后毛所得之外了。

□ 州和地方债券的利息

个人从州和地方政府债券上获得的利息不缴纳联邦税。按照黑格-西蒙斯的观点，这种排除没有道理——这些债券的利息与任何其他所得形式一样能增加潜在消费。这种排除缘于这种观点，即一级政府对另一级政府发行的证券征税是违宪的。但现在许多宪法专家认为，这种课税是允许的。

暂且不谈法律上的约束，排除州和地方债券的利息还有一个理由，那就是，这是帮助州和地方政府筹措收入的一个强有力工具。倘若投资者来自州和地方债券的利息不用缴纳联邦税，那么他们就愿意接受比应税债券低的税前收益率。假定恺撒面临着对额外所得课征 35% 的税率，应税证券的收益率是 15%。在其他条件相同的情况下，只要州和地方政府证券的收益率超过 9.75%，恺撒就宁愿购买州和地方政府证券，而不愿购买应税证券。[①] 更一般地说，如果 t 是个人的边际税率，r 是应税证券的收益率，只要免税证券的收益率大于 $(1-t)r$，人们就愿意购买免税证券。因此，州和地方政府就可以按低于市场水平的利率借到资金。实际上，财政部通过放弃一部分收入来补贴州和地方政府的借债行为。

遗憾的是，免税债券是帮助州和地方政府的一种昂贵方法。要明白这一点，假定有两位纳税人，一位是恺撒，他的额外所得适用的税率是 35%，另一位是布鲁特斯，他的额外所得适用的税率是 15%。如果应税债券的市场收益率是 15%，恺撒的税后收益率是 9.75%，布鲁

① 尤其是假定这两种证券具有相同的风险。风险不同的资产的需求将在第 18 章讨论。

特斯的税后收益率是12.75%。为了诱使恺撒和布鲁特斯购买免税债券，免税债券的净收益率至少要等于12.75%。假定某镇发行免税债券，收益率稍微高于12.75%，恺撒和布鲁特斯都会购买这种债券。这种税收优惠一部分被“浪费”在恺撒身上，因为只要收益率高于9.75%，他就愿意购买这种债券，但他却得到了12.75%的收益率。

这对政府收入的最终影响是什么？假定该镇向布鲁特斯以12.75%的利率借了100美元，而不是按15%的市场利率借的，这就使镇政府节省了2.25美元的利息支付。但另一方面，美国财政部损失了2.25美元（=0.15×15美元）的所得税收入。实际上，财政部向该镇政府提供了2.25美元的补贴。现在，如果镇政府向恺撒借了100美元，镇政府仍然只节省2.25美元，但财政部则损失5.25美元（=0.35×15美元）的税收收入，因此，大约有3美元的税收优惠没有转化为镇政府的收益。

简言之，只有在投资者从边际角度看选择免税债券和应税债券都差不多的情况下，免税债券的最终影响才为零。在其他所有情况下，联邦政府损失的财政收入都会超过州和地方政府借款得到的补贴。

为什么不废除利息排除规定，而代之以联邦政府直接拨款来补助州和地方政府呢？这主要还是政治方面的原因。对州和地方政府的直接补贴会使联邦预算增加一个项目，而任何一个项目能否存在，都将受到变幻莫测的政治气候的影响。的确，如果这种补贴是明补，而不是隐含在税法中的暗补，那么，选民可能觉得这不值得。于是，州和地方政府官员积极游说，且成功地保住了这种排除规定。

□ 某些股息

股息所得适用的最高税率为23.8%，低于一般所得的税率。[①] 这种部分排除的理由在于，股息是由公司支付的，而公司要对其所得单独纳税。因此，假如没有这种排除，股息就要被重复征税：一次是在个人层面，另一次是在公司层面。对个人的股息课征低税率，是想在一定程度上减轻这种双重征税。第19章将对股息课税的有关问题作进一步讨论。

□ 资本利得

如将在本章后面看到的，一般所得（如工资和利息）的法定边际税率高达39.6%，而资产持有一年以上的资本利得，其最高税率为23.8%。[②] 资产持有不到一年的资本利得，按一般所得征税。资本损失——资产价值的下跌——可以抵消资本利得。假定安东尼在资产A上实现了6 000美元的资本利得，但在资产B上有2 000美元的资本损失，安东尼就被视为只有4 000美元的资本利得。此外，如果资本损失超过资本利得，超过的部分（最高限额为3 000美元）可从一般所得中扣除。在上述例子中，假定资产B有8 200美元的资本损失。于是，安东尼除了可以把资本利得的应纳税额减为零以外，还剩下2 200美元的资本损失，可以从一般应税所得中扣除。

资本利得除了享受优惠税率以外，其税收待遇还在其他几个重要方面偏离了黑格-西蒙斯

---

① 处于最低纳税档次的人，其资本利得适用的税率为0%。最高税率23.8%是个人所得税税率20%加上《平价医疗法案》所规定的3.8%。

② 2013年，处于最低两个纳税档次的人，其资本利得的税率为0%，处于最高纳税档次的人为20%，其他所有人为15%。此外，作为《平价医疗法案》的一部分，对处于最高两个纳税档次的人，其资本利得税再附加3.8%。

标准。

仅对已实现利得征税　除非资本利得确已实现——该资产已被出售——否则，不征税。实际上，资本利得税被推迟到资本利得实现后再征。税收仅能往后推迟，似乎不那么重要，但它的影响是巨大的。[①] 假定卡修斯购买了价值 100 000 美元的资产，其价值每年上升 12%。第一年后，该资产的价值为 100 000 美元×(1+0.12)=112 000 美元；第二年后，它值 112 000美元×(1+0.12)=100 000 美元×$(1+0.12)^2$=125 440 美元；同理，到第 20 年底，它值 100 000 美元×$(1+0.12)^{20}$=964 629 美元。如果该资产在第 20 年底卖掉，卡修斯实现的资本利得是 864 629 美元（=964 629 美元−100 000 美元）。假定已实现资本利得适用的税率为 15%，则卡修斯的应纳税额为 129 694 美元（=864 629 美元×0.15），他的净利得（按 20 年后的美元衡量）为 734 935 美元（=864 629 美元−129 694 美元）。

现在假定，不管资本利得实现与否，只要资本利得自然增加，就课以 15%的资本利得税。第一年底，卡修斯有 110 200 美元［=100 000 美元×（1+0.102）］（请记住，12 000 美元的资本利得中，有 1 800 美元纳了税，仅给他留下 10.2%的利得）。假定 10 200 美元的税后利得再投资于该资产，到第二年底，卡修斯有 110 200 美元×(1+0.102)=100 000 美元×$(1.102)^2$=121 440 美元。因此，到第 20 年底，他有 100 000 美元×$(1.102)^{20}$=697 641 美元。卡修斯的税后资本利得为 597 641 美元（=697 641 美元−100 000 美元）。与上面的 734 935美元利得相比可清楚地看到，让资本利得自然增长而不征税这种看似简单的方法会造成巨大差异。这是因为，推迟课税将使投资按税前利率而不是按税后利率呈几何级数增长。实际上，这等于政府把投资者的应纳税额作为无息贷款，贷给了投资者。

现在应该很清楚，为什么在税务会计师当中流传着“推迟纳税就等于少纳税”的说法了。许多非常复杂的避税筹划，只不过是推迟纳税的工具。

由于只有已实现的资本利得才纳税，因此，纳税人打算交易或出售资产时要考虑到这样做会产生纳税义务。结果，他们可能不大愿意改变其投资组合，这种现象叫做**锁定效应**(lock-in effect)，因为税制把投资者锁定在目前的投资组合上。这会造成资本的错误配置，因为资本不再流向收益率最高的领域。有些经济计量研究考察了资本利得的税收待遇，一般都发现，以实现制对资本利得征税的确会产生锁定效应（Ivkovich et al.，2005）。

去世时未实现的利得　资本所有者去世时，资本利得不纳税。假定奥克塔维厄斯购买了价值 1 000 美元的资产。在奥克塔维厄斯活着的时候，他从未出售该资产；在他去世时，该资产价值 1 200 美元。根据美国法律，奥克塔维厄斯去世时，这 200 美元的资本利得不用缴纳所得税。而且，当小奥克塔维厄斯（奥克塔维厄斯的后代）打算出售该资产时，其资本利得的计算是把该资产的购买价算为 1 200 美元，而不是 1 000 美元。实际上，所有者去世时所持有资产的资本所得一直都不用缴纳所得税。这项规定被人们戏称为“死亡天使的漏洞”(Angel of Death loophole)。

对资本利得规定的评价　我们认为，根据黑格-西蒙斯标准，资本利得的税收待遇不能令人满意。黑格-西蒙斯标准要求，所有资本利得，不管它实现与否，都应该征税。相反，税制一般不仅对已经实现的资本利得优惠课税，而且对未实现资本利得的自然增加不征税。如果资产被持有到其所有者去世，其资本利得就可以完全逃避纳税。从黑格-西蒙斯标准来看，美国的资本利得税收待遇似乎比较轻，但同其他一些国家相比则相当重。比如，在荷兰和德国，

① 关于这一点，最好温习一下第 8 章“现值”一节对复利计算的讨论。

有价证券的资本利得一般是完全免税的。

关于资本利得的优惠待遇，最适税收理论并没有比黑格-西蒙斯标准提供更多的理由。[①]不过，针对这种资本所得形式的优惠待遇，已有若干理性解释。有人认为，资本利得不是稳定的收入，而是偶然发生的意外之财。按公平原则，这种意外利得不应负有纳税义务。此外，由于投资需要放弃消费，故奖励这种牺牲才是公平的。但是，人们可能同样声称，劳动所得应当得到优惠待遇，因为劳动所得当中包含了工作上的不愉快，而那些有资本利得的人，只需放松心情，等着金钱滚滚而来。最终，我们无法令人信服地证明，哪种所得来源需要更多的牺牲而应予以优惠待遇。

对资本利得优惠课税的另一个理由是：需要以此来刺激资本积累，鼓励承担风险。“要使本国经济充满活力，就需要参与者愿意冒险、创新、获取资金、雇用新人、打破旧模式。而资本利得税每每增加……都是对这种活力的直接征税”（Prescott，2005b，p. A14）。第 18 章将略为详细地讨论税收如何影响储蓄与承担风险的激励问题。现在我们只需指出，虽然有些初步证据表明，资本利得税率降低会诱使更多人希望成为企业家（Gompers and Lerner，1999），但我们仍然不能肯定资本利得的特殊待遇是否真的能增加储蓄和冒险。

有些人赞成对资本利得实行优惠待遇，理由是它有助于抵消通货膨胀造成的资本利得有效税率的提高。我们在后面会看到，在现行税法下，通货膨胀的确给资本所得造成特别沉重的负担。但是，武断地按不同的税率对资本利得征税，并不是解决这个问题的最好办法。

其实，对资本利得课税也存在着一些法律和管理上的难题。以法律上对谁是“投资者”与谁是“经销商”的区分为例。一个经销商的业务就是买卖某种资产（比如说艺术品），法律不承认这是一种高风险的活动。因此，如果一个艺术品经销商花 5 000 万美元购买了一件伦勃朗（Rembrandt）作品，并以 6 000 万美元的价格售出，那么这 1 000 万美元的资本利得按一般所得征税。另一方面，一个投资者被视为长期从事高风险活动的人。如果你不是一个艺术品经销商，你同样以 5 000 万美元购得一件伦勃朗作品并以 6 000 万美元的价格卖掉，则该资本利得享受较低的优惠税率。如果你既不用做任何广告也不用非常努力地工作来招揽顾客，就能在一年中买卖 10 幅画，那么，你是一个经销商还是一个投资者？显然，这两种活动之间的界限很模糊，造成执法难度极大。

最后，必须强调指出，要全面了解资本所得的税收待遇，就需要考虑资本所得的大部分是由公司创造的，而公司本身适用的是另一种税制。因此，资本所得的总体税率既取决于个人税率，又取决于公司税率。第 19 章会再讨论这个问题。

□ 雇主向福利计划的缴款

雇主为其雇员缴纳的退休基金不纳税，政府对养老金缴款的利息也不征税。只有当工人退休开始支取养老金时，本金和利息才纳税。同样，雇主向医疗保险计划的缴款，也不包括在所得中。

如前所述，根据黑格-西蒙斯标准，养老金和医疗保险应算做所得。同样，养老基金的利息也应作为应税所得。然而，把这些项目包括在税基中，在政治上似乎行不通。2010 年出现了这种动向，当年颁布的《平价医疗法案》提出要对相对昂贵的雇主提供医疗保险计划的部分价值征税。

---

① 然而在某些条件下，最适税收理论认为，任何形式的资本所得都不应该纳税。见第 21 章。

□ 某些储蓄类型

在某些情况下，人们可以为自己退休或其他特定目的，进行各种能享受税收优惠的储蓄。本小节列举并描述一些主要计划。

在工作时没有养老基金的人，可以利用**个人退休账户**（Individual Retirement Account，IRA），每年在其合格账户（qualified account）中存入最多不超过 5 500 美元。合格账户包括大多数普通储蓄形式，如储蓄账户、货币市场基金等，其存款可以从调整后毛所得中扣除。此外，在工作时有养老基金的单身职工，向个人退休账户的缴款可全额扣除。就 2013 年来说，若单身者和已婚夫妇的调整后毛所得分别超过 59 000 美元和 95 000 美元，这些缴款就不能再扣除。与雇主管理的养老基金一样，由此产生的利息不纳税，只有在退休支用这笔钱时，才需纳税。如果这笔钱提前支取，要受处罚，除非把它花在了某些被批准的项目上，比如教育费用。2010 年，个人退休账户的免税缴款为 114 亿美元。

与传统的个人退休账户一样，以参议员威廉·罗思（William Roth）的名字命名的**罗思个人退休账户**（Roth IRA），允许每年缴款 5 500 美元，但该缴款并不免税。不过，在该账户中积累的资金是免税的，而且与传统的个人退休账户不同，取钱时不缴税。就 2013 年来说，若单身者和已婚夫妇的调整后毛所得分别超过 112 000 美元和 178 000 美元，罗思个人退休账户就不再免税。

根据以《国内税收法典》（Internal Revenue Code）有关条款名称命名的 **401（k）计划** [401(k) plan]，雇员每年可以把其工薪的一部分定向存储，这部分钱不用缴纳所得税。2012 年，该缴款限额为 17 000 美元。

基奥计划（Keogh Plan）只适用于个体经营者。这些人的净经营所得中有 20%可以不缴税，最高缴款限额为 50 000 美元。同样，该计划参加者的最大好处是可享受利息免税。

教育储蓄账户（Education Savings Account）允许符合条件的家庭，每个儿童每年有 2 000美元的免税缴款；该基金的积累免税，且终止条件与罗思个人退休账户一样。这笔钱在支用时，只能用于孩子符合规定的高等教育费用。

对各种储蓄方式给予税收优惠的一个重要原因是要鼓励储蓄，但这对总储蓄的影响还不清楚。人们也许只是调整一下自己的投资组合，减少某些资产的持有量，而把它们转入退休账户。不过，有些研究支持下列观点：得到税收优惠的储蓄至少刺激了一定的新储蓄（例如参阅 Benjamin，2003）。不管怎样，有一点是很清楚的，那就是现有的退休储蓄优惠待遇计划，是对黑格-西蒙斯标准的另一种偏离，而且是一个重大偏离：目前，以税收优惠储蓄账户持有的家庭金融资产大约有 110 000 亿美元。①

即使是各种税收优惠储蓄方式的支持者，面对现有各种计划的复杂性，也感到失望，因为每种计划都有其自身的条件规定、缴款限额等。已有若干建议提出要简化制度，但没有一项建议得到太多的政治支持。

□ 赠与和遗产

尽管赠与和遗产意味着受益人的潜在消费增加，但这些项目不必缴纳联邦所得税。赠与

---

① 这是固定养老金和固定缴款式养老基金计划以及个人退休账户的总和，是作者利用联邦储备委员会的《美国资金流量表》（2012 年 9 月 20 日）数据计算出的。

和遗产由另外一种税制来征税（见第 21 章）。

免税和扣除

从图 17—1 来看，我们现在已经完成了调整后毛所得的计算。调整后毛所得一旦确定下来，减去某些项目，就可以找到应税所得。两个主要的减项是免税项和扣除项，以下依次加以讨论。

□ 免税额

一个家庭的每个成员都有免税额。免税额（2013 年为 3 900 美元）每年都要根据通货膨胀进行调整。例如，2013 年，一对有 3 个孩子的夫妇可以要求 5 个人的免税额，可从调整后毛所得中减除 19 500 美元。但是，随着调整后毛所得超过一定水平，免税额也就逐步减少了。就联合申报而言，如果调整后毛所得超过 300 000 美元，则每超过 2 500 美元，个人免税额就减少 2 个百分点。假定有一个五口之家，调整后毛所得共计 350 000 美元。从 350 000 美元中减去 300 000 美元，该结果再除以 2 500 美元得到 20，则该家庭将损失 40%（＝20×2%）的免税额。由于 19 500 美元的 40%是 7 800 美元，所以，该家庭在确定其应税所得时，只能扣减 11 700 美元。

免税额的意义何在？有人认为，免税额可以调节抚养孩子的支付能力。抚养孩子要花费一些无法自行决定的费用，应税所得应作出相应的调整。然而，多数家长会告诉你，如果免税额真的是为了补偿抚养孩子的开支，那么，3 900 美元实在是太少了。此外，为什么抚养孩子的费用一开始就应该被认为是无法自行决定的费用？许多人认为，在有各种各样避孕方法的情况下，养育子女是蓄意选择的结果。如果一对夫妇希望把钱花在去欧洲度假上，而另一对夫妇选择把钱用在养家上，那么，税制为什么要奖赏后者呢？[①] 相反，有些人的宗教信仰排斥有效的节育方法，在他们看来，孩子并不是传统定义上自己选择的结果。

免税额也被看做是向低收入家庭提供税收减免的一种方法。免税额越高，应缴纳任何所得税之前的调整后毛所得就必须越大。假定一个四口之家的调整后毛所得为 15 600 美元或之下。在该家庭的免税额 15 600 美元从调整后毛所得中扣除之后，该家庭的应税所得就为零，从而也就没有应纳税额了。更一般地说，免税额越高，平均税率的累进程度就越高；当高收入家庭的免税额逐步减少时，这种效果就更加明显。

□ 扣除项

调整后毛所得的另一类减项是扣除。扣除又有两小类，其中一类是**分项扣除**（itemized deduction），即法律规定的一些特别支出项目扣除。纳税人必须在纳税申报表上分别列出每一项支出，并能证明（至少在原则上）这些支出已经发生了。纳税人也可以用**标准扣除**（standard deduction）替代分项扣除。标准扣除是一个固定数额，无须提供有关证据。纳税人可以选择能使其应纳税额最小化的那种扣除方法。

① 倘若抚养孩子具有正的外部性，那么给予补助或许更为恰当（见第 5 章）。

扣除和相对价格　在列出可以分项扣除的支出项目之前，先考察一下一项支出的扣除与其相对价格之间的关系。假定商品 Z 的支出是免税的，Z 的价格是每单位 10 美元，又假定克莱奥帕特拉的边际税率为 35%。于是，当克莱奥帕特拉购买 1 单位 Z 时，她只花了 6.5 美元。为什么？原因在于购买 Z 的支出是可扣除的，克莱奥帕特拉购买 1 单位 Z 时，她的应税所得就减少 10 美元。由于边际税率为 35%，应税所得减少 10 美元，就使她少缴 3.5 美元的税。因此，她购买每一单位 Z 所支付的有效价格是 10 美元减去 3.5 美元，即 6.5 美元。

一般地说，如果 Z 的价格为 P_Z，个人的边际税率为 t，则允许扣除 Z 的费用，使 Z 的有效价格从 P_Z 降至 $(1-t)\ P_Z$。我们从这一分析看出两个重要的事实：

- 由于扣除改变了有关商品的相对价格，因此，其需求量一般会改变。
- 个人的边际税率 t 越高，某一既定扣除额对他（她）的价值就越大，这种商品的有效价格就越低。[①]

分项扣除　现在讨论一些主要的分项扣除。下列只涉及一部分，要了解详情，请查阅纳税指南。

超过调整后毛所得 10%的未报销医疗费用。扣除这笔费用的理由是，大笔医疗费是无法自行决定的开支，因此会降低个人的支付能力。很难说医疗保健支出在多大程度上能由个人控制，一个患有心脏病的人没有什么选择余地。另一方面，个人可以选择看病的次数，是否要做手术。此外，个人还可以用预防性的保健活动（良好的饮食习惯、锻炼等）替代正规的治疗。

最后，大多数人可以针对大额医疗费用买保险（见第 9 章）。按有些保险计划的规定，医疗费用的一部分完全由投保人自己承担；但超过某一数额后，一部分由保险公司承担，其余部分再由投保人自己承担。其实，由于允许扣除某些医疗费用，税制实际上提供了一种社会医疗保险。这种“保单”的条件是，个人支付其调整后毛所得 10%以内的医疗费，其余由财政部负责承担一部分，承担的份额相当于边际税率。第 9 章和第 10 章已经讨论过提供社会医疗保险的利弊。

州与地方所得税和财产税。根据现行法律，州与地方所得税和财产税是可以扣除的。2011 年，这项扣除导致税收收入损失 424 亿美元（Joint Committee on Taxation，2012）。

那些支持这种扣除的人认为，州和地方税代表了支付能力的非自主性降低。但另一种观点则认为，州和地方税就像是使用费，个人支付州和地方税，得到的回报是享受到了公立学校、警察保护等的好处。有些人愿意住在提供这种服务较多的辖区，他们就支付比较高的税额；而另一些人则选择居住在服务少、税收低的辖区内。倘若上述情况是实情，就没有什么特别的理由允许州和地方税扣除。

相反，如果州和地方税不是使用费，把它们看成是支付能力下降的因素或许是适当的。[②]遗憾的是，我们很难确定州和地方税有多大比例是使用费。

这种扣除也可以看做是帮助州和地方政府筹资的一种方式。对于在填写联邦纳税申报表时采用分项扣除的人来说，这种扣除实质上降低了州和地方税的实际成本，这可能会使州和地方政府在增税上赢得更多政治上的支持。的确，根据梅特卡夫（Metcalf，2011）的分析，

---

① 请注意，这些观察更普遍地适用于不计入税基的任何项目支出，而不仅仅适用于扣除项目。例如，在其他条件相同的情况下，边际税率越高，市政债券利息免税的价值就越大；像雇主提供医疗保险这种免税附加福利的价值也是如此。

② 但这也不一定！如果这些税已被资本化为财产价值，那么目前的财产所有者可能不承担任何税负。见第 14 章。

这项规定对州和地方政府在可扣除税种的利用上产生了很大影响。为什么不用更直接的补助方法？正像州和地方债券的利息免税一样，政治上的考虑是一个重要原因。暗含在税法中的补贴比明补更容易维持。

某些利息费用。有些利息支出是可扣除的，而另一些利息支出则不得扣除。

● 消费贷款（如信用卡付款、汽车贷款）的利息支出不能扣除。

● 对符合条件的教育贷款已支付利息的人，这笔利息费用可扣除的限额为 2 500 美元。[①] 即使该纳税人没有采用分项扣除，也有这项扣除。

● 购买金融资产发生的债务利息，其扣除不得超过这些资产的所得额。例如，假定投资所得是 10 000 美元，但它所产生的利息费用是 25 000 美元，则在纳税申报表上可以扣除的数额只能是 10 000 美元，其余的 15 000 美元不能用来冲销其他来源所得。

● 住房抵押贷款利息享受特殊待遇。购买两套以下住房的抵押贷款利息可以扣除，且上限是 100 万美元购房款或修缮款的利息。房屋净值贷款（home equity loan）的利息也可以扣除；这种贷款以房屋的净权益作为抵押品，可用于购买任何东西（除了其所得免税的有价证券之外），比如一个人可以用房屋净值贷款购置一辆车。这实际上等于法律允许买房者扣除消费贷款的利息，但不允许租房者享有这种权利。事实上，有证据表明，有些消费者利用这项规定把消费贷款蒙混成抵押贷款（Maki，2001）。不过，房屋净值贷款的利息扣除是有上限的，其限额为 100 000 美元贷款的利息。

按照黑格-西蒙斯标准，这些规定合理吗？对于商业投资来说，利息应当扣除，这是明摆着的事。因为这是做生意的成本，不应该缴纳所得税。同样，允许消费者扣除利息支出也是适当的，因为它们代表着个人的潜在消费减少（就像利息收入应当被征税一样，因为它们代表着潜在消费增加）。可是，消费者的利息支出一般是不可扣除的，而仅凭某人具有房屋所有者身份，其消费贷款利息就可扣除，很难看出这种政策的理论依据。

税收套利。利息可以扣除，再加上某些类型的资本所得免税，为那些精明的投资者提供了有利可图的机会。假定恺撒适用的税率为 35%，能按 15%的利率从银行借到全部他想借的钱。又假定恺撒符合利息扣除的标准，每支付 1 美元利息，他的税额就减少 35 美分。这样，恺撒的实际借款利率只为 9.75%。倘若州和地方免税债券的现行收益率是 11%，恺撒就可以按 9.75%的实际利率向银行借款，并按 11%贷给州和地方政府。该税制似乎变成了"印钞机"，开动起来就能产生源源不断的所得。利用这种机会的过程，被称为税收套利（tax arbitrage）。

这个例子夸大了税收套利的潜在收益，因为在现实的资本市场上，人们不可能随心所欲地大笔大笔地借到钱。此外，从事税收套利活动的人彼此之间的相互竞争，通常会降低这种活动的收益率。例如，随着越来越多的套利者买进市政债券，其收益率趋于下跌。如果每个人的边际税率都是 35%，在均衡状态下，市政债券的收益率预期会下降，直到它恰好是应税债券收益率的 65%为止。此时，拥有市政债券不会比拥有别的债券的收益高。不过，还是有一些获利机会的。税务当局在许多年前就认识到了这一点，规定凡用贷款购买的免税债券，其利息一律不准扣除。但是，要想证实哪个人违反了这一规定，却十分不易。钱的用途是多种多样的，谁能证明某笔借款是用于购买市政债券，而不是干别的去了？这种非常简单的伎俩说明了一些重要的一般性教训：

● 利息扣除与对某类资本所得的优惠待遇相结合，可能会产生重大的赚钱机会。这也正

① 夫妇的这项扣除从调整后毛所得 15 万美元开始逐步减少。

是有些国家（如加拿大）为什么不允许抵押贷款利息扣除的一个原因。

● 高收入者尤其可能从这些机会中获益。因为他们适用的税率往往比较高，并且借钱也比较容易。

● 税务当局当然可以宣布各种税收套利方法是非法的，但是执行起来却困难重重。更何况，聪明的律师和会计师总在寻找新的税收套利机会。国内税收署通常是紧追其后，企图堵塞漏洞。但在这一过程中，进行了许多无效投资，大量的资源都耗费在了避税和税务管理上。

慈善捐款。个人向宗教、慈善、教育、科学或文艺团体的捐款可以扣除。财产赠与也可以扣除，但个人服务不能扣除。在大多数情况下，慈善扣除总额不得超过毛所得的 50%。2010 年，有记录的个人慈善扣除额达 1 700 亿美元（Internal Revenue Service，2012）。

有些人认为，慈善捐款造成纳税能力降低，因而应该从应税所得中排除。然而，只要这种捐款是自愿的，这种说法就不能说服人。如果人们从慈善事业中获得的满足感不如从自身消费中得到的多，那么，他们为什么还要先捐款呢？对这种扣除的最好解释是，也许是政府企图以此来鼓励慈善捐赠。

这种扣除是否达到了目的？扣除规定改变了个人 1 美元慈善捐款的“价格”，从 1 美元变为 $(1-t)$ 美元，其中，t 是纳税人的边际税率。这样，扣除在鼓励捐赠行为中的作用取决于慈善捐款的需求价格弹性。如果该价格弹性为零，慈善捐款就不受影响，在这种情况下，扣除成了给那些反正要捐赠的人的一笔奖金。如果该价格弹性大于零，就可达到鼓励捐赠行为的效果。

许多经济计量研究已经估计出慈善捐款对其税后价格的弹性。一般都是估计一个回归方程，在该方程中，因变量是慈善捐赠额，自变量是：(1) 慈善捐款的“价格”(1 减去边际税率)；(2) 收入；(3) 可能影响其捐赠决策的个人特征，如年龄、婚姻状况等。最近的一些研究表明，捐款的需求价格弹性大于 1（Bakija and Heim，2011)。倘若该估计值是正确的，该数字表明扣除对捐赠行为有很大影响。假定一个人的边际税率为 35%。慈善捐款的扣除使其捐款价格从 1 美元降为 65 美分，即降低了 35%。如果弹性为 1.1，这将使慈善捐款增加 38.5%。请注意，慈善机构获得的收益大于财政部损失的税收收入。

有关扣除对捐款的鼓励，除了其成效之外，在其他方面也存在着一些争议。反对者认为，如果人们向基督教堂、犹太教堂和清真寺的捐款可以扣除，就违反了政教分离的原则。另一方面，支持者则认为，如果不允许扣除，现在许多靠私人资助的机构就会被迫缩减其活动或者关闭。目前的分权体制鼓励了各种各样的活动，从而促进了多元化社会目标的实现。

扣除与复杂性　每一项扣除都需要有多条规定，用以确定哪些支出符合规定，哪些支出不符合规定。设计这些条条框框是很难的，即使像医疗支出这种看似简单的扣除也是如此。比如，一位过度肥胖的女性减了 100 多磅，造成“松垮的肚皮都拖在了大腿上”。她去做了手术，并扣除了这笔费用。国内税收署不允许这笔扣除，说这属于美容。但税务法院作出裁定，说该女性下垂的皮肤是疾病的后遗症（Herman，2002，p. A1)。

慈善扣除的此类例子更多。向大学生联谊会的捐款不能扣除，而向大学的捐款则可以扣除。如果向一所大学捐的一笔钱被用在建一个设施上，而该设施又是用来举办大学生联谊会的，如何对待这笔捐款才合适（根据现行法律，这笔捐款是可扣除的)？另一个例子是位于纽约市的性博物馆（Museum of Sex）收到性用品捐赠，捐赠者进行了纳税扣除（Pogrebin，2010)。问题在于这种捐赠是否应该扣除，如果可以扣除，从税收角度看对这种捐赠应该如何估值。

分项扣除会增加复杂性是事实，但这不一定就意味着它们是坏事。不过，在评估任何特定扣除项目的成本和收益时，复杂性是需要考虑的一个因素。

扣除与抵免 如前所述，个人的边际税率越高，一定金额的扣除价值就越大。与此不同，**税收抵免**（tax credit）是从应纳税额中扣减（而不是从应税所得中扣减），因此，其价值大小与个人的边际税率无关。100 美元的税收抵免就使应纳税额减少 100 美元，而不管个人适用的税率是 15%还是 35%。减去税收抵免额是计算一个人应纳税额的最后一个阶段（见图 17—1）。

现行法律有许多税收抵免。一个家庭可获得每个儿童 1 000 美元的税收抵免。[①] 有些上大学的费用也有税收抵免，例如，上大学的头两年，每个学生的抵免额最高为 1 800 美元，称为希望抵免（Hope credit）。还有终身学习抵免（Lifetime Learning credit），上大学期间每一纳税申报表最高为 2 000 美元。所有这些抵免额都要逐步减少。从涉及的金额来看，最重要的税收抵免是第 13 章描述的劳动所得税收抵免。

有人认为，扣除和免税应该统统改为抵免。例如，抵押贷款利息支出的扣除，可以变为所付利息一定百分比的抵免。假定利息抵免 20%，人们可以从他们的应纳税额中减去的金额就等于利息支出的 1/5。税收抵免的支持者认为，抵免比扣除更公平。在税收扣除制度下，即使两个人的利息支出完全相同，穷人（边际税率低）也比富人（边际税率高）的获益少。而在税收抵免制度下，不论是穷人还是富人，都获得相同的货币收益。

扣除与抵免之间的选择，至少应部分地取决于这种优惠的目的。如果动机在于矫正某种支出所造成的支付能力降低，那么，用扣除即可。如果目的主要是鼓励某种行为，那么，抵免和扣除哪个更优，就不清楚了。抵免使受优惠商品有效价格降低的比例对所有人都相同，而扣除则使价格降低的比例因人而异。如果人们的需求弹性不同，让他们面临不同的有效价格也许是合理的。比如，如果某个人对某种受优惠商品的需求弹性为零，则给他任何补贴都是无效的。

分项扣除的逐步减少 如果调整后毛所得超过规定的限额（单身为 250 000 美元，已婚夫妇为 300 000 美元），分项扣除额就减少超出部分的 3%，但该减少额不能超过分项扣除总额的 80%。例如，一个家庭的调整后毛所得为 350 000 美元，抵押贷款利息为 15 000 美元，地方财产税为 5 000 美元。如果没有逐步减少规定，该家庭可以扣除 20 000 美元。但是，由于调整后毛所得比 300 000 美元多出 50 000 美元，所以该家庭的分项扣除额必须减少 1 500 美元（=50 000 美元×3%），最终只能扣除 18 500 美元。

标准扣除 分项扣除是在个人纳税申报表上分别列出的，而且原则上，每一项都要求附上能证明确实开支了的证明材料（比如发票）。所有这种财务记录都增加了这种制度的管理成本。为了简化纳税申报表，1944 年实行了标准扣除，它是适用于所有纳税人的一个固定数额。每个家庭都可以在标准扣除和分项扣除之间作出选择，主要是看哪一种方法能使纳税人获得更多的好处。2013 年，夫妇合并申报者的标准扣除额为 12 200 美元，单身申报者的标准扣除额为 6 100 美元。标准扣除额根据每年的通货膨胀率进行调整。目前，大约 63%的纳税申报表选择的是标准扣除。

□ 对税基的影响

免税额和扣除项目的存在对税基的大小会产生怎样的影响？2009 年，调整后毛所得大约

① 对于已婚夫妇，抵免额从调整后毛所得 110 000 美元开始逐步减少；对于单身者，抵免额从调整后毛所得 75 000 美元开始逐步减少。

为 7.8 万亿美元。从调整后毛所得中扣掉各种项目后，应税所得只有 5.1 万亿美元，即减少了 35%左右（Internal Revenue Service，2012）。因此，各种扣除额和免税额加在一起，占潜在税基规模的比例很大。

□ 税收支出*

有些项目不包括在税基之中，导致财政收入减少。假定一种情况是，由于对项目 Z 不征税，财政部损失了 10 亿美元；另一种情况是，政府把 10 亿美元的一般收入直接转给项目 Z 的购买者。比较这两种情况可知，从某种意义上说，这两种活动是等价的，因为都是对购买 Z 的补贴，只是一种交易发生在预算的收入方，而另一种交易发生在预算的支出方。前者即为**税收支出**（tax expenditure）——某些项目不计入税基所造成的收入损失。税收支出表大约包括 140 项。2011 年，税收支出造成的收入损失总额估计超过 10 000 亿美元（Joint Committee on Taxation，2012）。

法律要求国会预算办公室必须编制年度税收支出预算。该法律的主要目的就是让公众认识到，通过一项支出对某种活动的直接补助与通过税制对某种活动的隐含补助是一样的。然而，税收支出预算概念却遭到了一些批评。

首先，计算方法存在严重的技术性问题。假设如果某项目没有扣除，那么该项目所有当期支出都要算入应税所得。可是，由于人们很可能根据税制的变化而调整自己的行为，这种假设就不那么恰当了，税收支出的估计就会很离谱。

其次，税收支出预算无非是一个免税项目的清单。然而，要确认免税项目，就必须先有确定标准。如前所述，并没有一套精确的原则来确定哪些项目属于所得。某人认为是税法漏洞，而别人认为是对税基的适当调整。因此，在确定何者应该包括在税收支出预算中时，难免有些主观臆断。

有一种批评依据的是下列这种观察，即政府对很多事情都不征税，所以对某些事情决定不征税不等于政府支出。例如，经济学家史蒂文·兰兹伯格（Steven Landsburg）苦笑着说，政府不对每个人的生日征 1 000 美元的税，就因此理解为每年有 3 000 亿美元的税收支出。他继续说道，“区分支出和不征税是非常重要的。支出消耗资源，后代人无法再用，而不征税则不会这样”（Landsburg，2010a）。

税收支出概念的辩护者认为，此概念其实并没有这种思想包袱，它只是试图让人们认识到这样一个事实，即税制是补贴各种活动的一种主要方法。此外，估计不准确这一事实，并不意味着它们在评价税收政策的影响上毫无用处。

税收支出为何如此流行？构成税收支出的“减税”可能比政府增加支出在政治上更有吸引力，尽管它们在经济效果上是等价的。例如，税法规定对使用乙醇作为汽车燃料予以税收抵免。这显然与用支出计划补贴乙醇没有什么不同，但那些想取消这种补贴的人必须应对这种批评——他们要“增加税收”。

□ 简化问题

长期以来，所得税法被搞得很复杂，甚至连富兰克林·罗斯福总统都懒得读其政府的税收立法——《1942 年收入法案》（Revenue Act of 1942）的主要内容。在罗斯福看来，它

---

* 目前我国大陆学者主要采用我国台湾地区学者的译法，将其译为税式支出。——译者注

“仿佛是用外文写的”（Samuelson，1986）。

最近的一项民意调查显示，有 1/3 的美国人认为，完成每年的纳税申报表比缴纳大笔税款还痛苦。此外，有超过 2/3 的纳税人不能正确地回答纳税申报表上的基本问题（President's Advisory Panel on Federal Tax Reform，2005，pp. 2 - 3）。自 2000 年以来，税法修改了 3 000 处（Godfrey，2011）。到 2011 年，1040 表的说明书达到 100 页，而《国内税收法典》（Internal Revenue Code）大约有 340 万个单词。一位记者在一篇题为《税收迷宫从此处开始》（The Tax Maze Begins Here）的文章中写道，在填写现如今的纳税申报表时，“具有博士学位的人，甚至有些税务律师和会计师，都说摸不着头脑”（Johnston，2000，p. BU1）。下面的漫画反映出当下的流行观点：税制太复杂，几乎看不懂。

近年来，纳税人又遇到了新的复杂问题。2001 年、2003 年、2009 年和 2010 年实施的税法有各种各样的“日落”条款（sunsetting provisions）。这些条款要求某项税法变化在未来的某个特定日期截止。例如，2001 年通过的税收立法降低了边际税率，但同时规定到 2011 年重新恢复到 2000 年的水平。到了 2010 年，这种低税率的适用期被延长，但只延期到 2013 年。届时国会是否会允许税率提高，具有相当大的不确定性（对大多数纳税人来说，所得税税率不会上升）。日落条款造成的这种不确定性，使个人的理财规划更加复杂化。比如，在 2012 年，一个人想购买一些股票，但不知道股息将按 15%还是按接近 40%的税率征税。在一些经济学家看来，税收政策的频繁且不可预知的变化不利于经济增长（Baker，Bloom and Davis，2011）。

税率结构

从图 17—1 来看，我们现在到了确定应税所得的适用税率阶段。税率采用分档制。应税所得分为若干档次，税法规定每一档次的边际税率。实际上，有四种不同的税率表，即已婚夫妇一起填报（联合申报）的税率表、已婚夫妇分别填报的税率表、未婚者的税率表以及单身户主的税率表（户主维持着有受抚养者的家庭）。

1913 年联邦所得税开征时，分档税率范围为 1%～7%。到 1939 年底，有半数纳税人的边际税率低于 4%。第二次世界大战爆发后，税率大幅度上升。1945 年，最低一档的税率是

23%，最高一档的税率是 94%。战后不久，税率降了下来。自此之后，税率一直都不稳定，随着政治和经济环境的变化而不停地升降。目前，最高边际税率为 39.6%。2013 年的单身申报者和联合申报者的税率表如表 17—1 所示。

表 17—1　官方法定税率表（2013 年）

单身申报		联合申报	
应税所得（美元）	边际税率（%）	应税所得（美元）	边际税率（%）
0～ 8 925	10	0～17 850	10
8 926～36 250	15	17 851～72 500	15
36 251～87 850	25	72 501～146 400	25
87 851～183 250	28	146 401～223 050	28
183 251～398 350	33	223 051～398 350	33
398 351～400 000	35	398 351～450 000	35
400 001 以上	39.6	450 001 以上	39.6

说明：根据现行法律，法定边际税率从 10%到 39.6%。

资料来源：www.irs.gov.

遗憾的是，这些官方的法定边际税率（statutory marginal tax rates）不一定就相当于有效边际税率（effective marginal tax rates）。上述的各种扣除和抵免的逐步减少，可能使边际税率高于表中的边际税率。例如，假定一个人处于个人退休账户扣除逐步减少阶段。当他的收入增加 1 美元时，他的应纳税额就直接增加其适用税率所规定的数额。此外，扣除额减少还会间接地使其应税所得增加，导致有效边际税率高于法定边际税率。儿童税收抵免、教育税收抵免等的逐步减少也有类似的情况。最低收入档次的边际税率可能是负值，因为劳动所得税收抵免（EITC）是对工资的补贴（见第 13 章）。不过，当劳动所得税收抵免逐步减少时，现实税率会大大高于法定税率。

□ 有效税率与法定税率

现在回顾一下法定税率与有效税率的区别。在本节，我们一直在讨论法定税率，即税法规定的税率。一般说来，至少有下列三方面的原因使法定税率有别于有效税率。

- 由于税制对特定类型的所得给予优惠待遇，故应税所得可能大大低于以某种更加综合的方法衡量的所得。就算税率随着应税所得的增加而迅速提高，这也并不能告诉我们税收随着综合所得的变化而有多大变化。
- 即使不存在税法漏洞，法定税率与有效税率之间的联系也是微弱的。正如第 14 章所强调的那样，税收可以转嫁，所以所得税不一定是由付钱给政府的人承担的。所得税的经济归宿取决于征税时的市场反应，税负的真实格局不得而知。
- 税制造成的效用下降超过了征收上来的税收收入。超额负担出现的原因在于，征税扭曲了行为，使之偏离了不征税时的行为格局（见第 15 章）。同样，税法的遵从成本，包括纳税人为纳税所花费的时间、支付给会计师和律师的费用等，都必须考虑在内。

在法定税率与有效税率的区别这一问题上，请注意，与大众讨论给人留下的印象相反，像免税债券这类项目，一般并不能使富人完全逃避税负。我们仍以恺撒为例。他的边际税率为 35%，他能购买收益率为 15%的应税资产。假定市政债券的现行收益率为 11%，在其他条件相同的情况下，恺撒会购买市政债券，其原因是市政债券的收益率（11%）超过了应税证券的税后收益率 9.75%。可以肯定的是，恺撒没有向政府纳税，但是税制却使恺撒的境况变差了，因为要不是征税，他就能获得15%的收益。一般来说，享受税收优惠项目的收益率往往较低，其幅度反映出税收优惠的程度。因此，高收入者的资本所得所面临的税率，高于其应纳税额所反映出来的税率；较低的收益率就隐含地代表着他们被征了税。

因此，仅看法定税率不能全面了解现行税制的累进程度。可以想象，边际税率较低但税基较宽的税法，可能使税制的累进程度与现行税制一样，甚至还会更高。与此同时，边际税率较低的税制，可能会减轻超额负担，还可能会减少逃税。最近，国家财政责任和改革委员会（National Commission on Fiscal Responsibility and Reform）——有时也用两位联合主席的姓氏简称为辛普森-鲍尔斯委员会（Simpson-Bowles Commission）——沿着这种思路提出的税制改革建议，将大幅降低边际税率与通过减少税收支出来拓宽税基相结合。朝这个方向走得更远的税制被称为统一所得税（flat income tax）。[①] 统一所得税有两个特征：

- 每一个人和每一部分所得都适用相同的税率。
- 在计算税基时，除了个人免税额和经严格界定的经营费用外，不再从总所得中有任何扣除。

假定用统一所得税征收一定数额的税收收入，其关键在于掌握好个人免税额的大小和边际税率的高低。如果要减轻低收入者的税负并提高累进程度（从平均税率来看），提高免税额即可。但是，为了保持税收收入，提高免税额就意味着必须提高边际税率。以目前的个人免税额来看，大致要16%的税率才能满足财政收入需要。[②]

统一所得税的提倡者认为，降低边际税率，既能减轻税制的超额负担，又能降低人们的逃税激励。此外，这种税制简化会降低管理成本，提振纳税人的士气。而且，所有这一切都可以在不怎么损失公平的情况下实现，因为如前所述，通过选择适当的免税额，就可以使统一所得税具有相当程度的累进性。

统一所得税的反对者则认为，这种税制可能把更多的税负从富人那里再分配到中产阶级那里。可是，要评价这种说法很不容易，因为这需要进行税收归宿分析，而这种分析困难重重（见第14章）。批评者还指出，只说经营费用要“严格界定”，解决不了所得界定从概念上到管理上的问题。如前所述，永远也不会有简单的所得税法。

阿尔蒂格等（Altig et al.，2001）对统一所得税的分析，同时支持了正反两方的立场。他们研究了一种非常极端的情况——没有任何扣除或免税，只对总所得课征统一税率。他们发现，这种统一税会大大提高效率，使长期产出水平提高大约5%。然而，这项改革可能会伤害低收入者，因为这些人受益于现行低有效税率。

统一所得税观念流行于20世纪80年代，且当时的一项重大立法——《1986年税制改革法案》（Tax Reform Act of 1986）便可看成是朝这一方向的转变：法定最高税率从50%降为28%，并且，通过取消某些扣除（如州和地方销售税扣除），把所有已实现资本利得计入调整后毛所得等措施，来扩大税基。然而，从政治角度来看，这种税制是不稳定的。随着时间的推移，各种新的税收优惠又在税基上挖了几个大洞，边际税率大幅提高。

---

① 另一种十分不同的税制改革是统一消费税（flat consumption tax），有一些政治家如前总统候选人史蒂夫·福布斯（Steve Forbes）就曾提议过。此概念在第21章解释。

② 作者的计算。没有考虑这种变化的行为反应。

税收与通货膨胀

个人免税额、标准扣除额、每一税率档次的最低应税所得额和最高应税所得额、劳动所得税收抵免额、扣除额和免税额逐步减少的起始点等，每年都要进行调整，以便消除通货膨胀的影响。这一过程称为**税收指数化**（tax indexing），其目的是自动消除通货膨胀对实际应纳税额的影响。本节讨论税收指数化的动机，看看美国的税收指数化制度是否适当。

□ 通货膨胀如何影响税收

经济学家们习惯上把通货膨胀区分为"预期的"通货膨胀和"非预期的"通货膨胀。一般认为，后者对效率的危害更大，因为它使得人们面对价格水平的变化，无法最优地调整自己的行为。然而，在非指数化所得税制下，即使是完全预期的通货膨胀，也会产生扭曲。

最好理解的扭曲现象是所谓的**档次爬升**（bracket creep）。假设随着时间的推移，格特鲁德的收入和价格水平同比提高，那么格特鲁德的**实际所得**（real income）——现实购买力数量没有变化。但是，非指数化税制的税基是她的**名义所得**（nominal income）——所收到的货币数量。随着名义所得的增加，格特鲁德被推进到边际税率更高的纳税档次。因此，尽管实际所得没有变化，但所得被征税的比例却上升了。即使没被推进到更高纳税档次的人也会发现，他们适用最高档税率的那部分所得增加了。因此，在税法无须任何变动的情况下，通货膨胀自动地增加了实际税收负担。

当免税额和标准扣除额是按名义值确定时，通货膨胀就产生了另一种效应。在非指数化税制下，价格水平的上升就意味着免税额和扣除额的实际价值下降。通货膨胀又使有效税率提高了。

然而，事实证明，即使在没有免税额和扣除额的简单比例所得税制下，通货膨胀也会扭曲税收负担。当然，在这种税制下，一般的通货膨胀不会影响工薪所得的实际税负。如果一个工人在一年里收入翻了一番，他的税额也会增加一倍，也就不会有什么实际影响。但是，通货膨胀会改变资本所得的实际税收负担。

假定卡布妮娅花 5 000 美元购买了一些股票，三年后，她以 10 000 美元的价格卖了这些股票。又假定，在这三年当中，一般物价水平翻了一番。从实际值来看，卡布妮娅的股票没赚一分钱。可是，资本利得税是基于名义买卖价的差额来计税的。因此，卡布妮娅对这笔虚幻的 5 000 美元资本利得负有纳税义务。总之，由于资本利得中的通货膨胀部分要纳税，所以，实际税收负担取决于通货膨胀率。

收到应税利息所得的人也受到同样的影响。假定**名义利率**（nominal interest rate）——在市场上观察到的利率为 16%，再假定预期通货膨胀率为 12%。这样，对于以 16%的名义利率贷出款项的人来说，**实际利率**（real interest rate）只有 4%，因为这 4%才是贷方增加的实际购买力。但税收是对名义利息而非实际利息课征的，因此，不代表任何实际所得增加的那部分收入也必须纳税。

我们用代数方法来分析这一论点。令 i 代表名义利率，贷方的边际税率为 t，其贷款的税后名义收益率为 $(1-t)i$。为了得到实际税后收益率，必须减去预期通货膨胀率 π，因此，实

际税后收益率 r 为：

$$r=(1-t)i-\pi \tag{17.1}$$

假定 $t=25\%$，$i=16\%$，$\pi=10\%$。于是，尽管名义利率为 16%，但实际税后收益率只有 2%。

为了简化起见，现假定预期通货膨胀率只要上升，名义利率也等量上升；如果通货膨胀率上升了 4 个百分点，则名义利率也上升 4 个百分点。也许有人认为，二者上升会相互抵消，从而使 2%的实际税后收益率保持不变。但是，式（17.1）否定了这种预测。如果 π 从 10%上升到 14%，i 从 16%上升到 20%，那么，在 $t=25\%$的情况下，r 会降低到 1%。通货膨胀即使是完全可预期的，也不是“中性”的，这是对名义利息而不是对实际利息征税的直接结果。

到目前为止，我们一直站在贷方的角度考虑问题。如果从借方的角度来考虑，事情恰恰相反。在不征税的情况下，借方所付的实际利率就是名义利率减去预期通货膨胀率。然而，如果纳税人符合一定条件，税法允许他从应税所得中扣除名义利息支出。这样，债务人就可以从应税所得中减去没有使其实际所得减少的支出。因此，通货膨胀减轻了借方的税收负担。

□ 税收指数化

随着 20 世纪 60 年末通货膨胀率开始上升，人们逐渐认识到，通货膨胀导致所得税实际负担不经立法就会增加。最初的对策是，通过一系列专项措施下调法定税率，来缓解通货膨胀的影响。在 1969—1981 年间就实施了 6 次减税，部分抵消了通货膨胀的影响。

然而，这种做法不受欢迎，因为每次减税都只是短暂地抵消了通货膨胀，过了一段时间，又需要更多的变化。整个事情使得公众对税制设置过程越来越不看好。许多公民认识到，立法者大肆吹嘘的“减税”，从其实际价值来看根本不是那么回事。据称，列宁曾经说过：“消灭资产阶级的办法就是把他们放在税收和通货膨胀这两个磨盘之间碾碎。”尽管美国的税收和通货膨胀之间的相互作用并没有产生如此强烈的效果，但也的确造成了严重的扭曲。

1981 年，由于对专项措施不满，致使通过一项立法，要求对税法中的特定部分指数化。如今，个人免税额、标准扣除额、纳税档次的级距以及劳动所得税收抵免等都实行了指数化。这些措施有效地消除了档次爬升现象。但是，在对资本所得的税收指数化方面，没有什么进展，部分原因在于这类法规在管理上会非常复杂。比如，如前所说，通货膨胀上升会给债务人带来实际利得，因为他们必须偿还的实际价值降低了。在完全指数化的制度下，对这种利得要进行计算并征税，而这肯定是一项复杂的工作。

是否应当继续实行指数化？指数化的反对者认为，定期专项调整税制是件好事，因为这使立法机构得以审查和修改税法中可能需要改变的其他方面。① 而指数化的支持者则认为，减少税法修改机会本身就是一件好事，因为人们需要稳定的且可预料的税法。此外，改变税法的机会少，也就意味着立法出错的机会少。当然，指数化的支持者最重要的论点是，指数

① 我们一直从微观经济学的角度分析这场争论。而关于指数化的宏观经济影响，人们的看法也不尽一致。反对者说，这样做会失掉实施宏观经济政策的一个重要工具。例如，在通货膨胀时期，如果需要更加紧缩的财政，增加税收收入就会自动产生这种效果。相比之下，通过投票来决定是增税还是减支很费时间。另一方面，指数化的支持者则认为，联邦财政收入的自动增加也许只会鼓励立法者多花钱，因而不会有稳定作用。的确，他们认为，非指数化的税制会刺激立法者实行通货膨胀政策，因为这些政策往往增加公共部门可利用的实际资源数量。

化消除了不经立法的实际税率上升。他们认为，实际税率表不经立法程序就经常变动，是与民主价值观相对立的。

替代性最低税*

如前所述，有些类型的所得，像州和地方债券的利息，享有税收优惠待遇。这使得一些高收入家庭有可能不纳税或少纳税。1969 年，财政部长公布有 155 位收入在 20 万美元以上的人在前几年一直没有缴纳联邦所得税，引发了一场政治风暴。1969 年开始实施、此后经过多次修改的**替代性最低税**（alternative minimum tax，AMT），就是试图让得益于各种税收庇护的富人至少缴纳一些税。

替代性最低税实质上是一种影子税制，具有自身的税基计算规则，也有自己的税率表。计算的第一步是正常的应税所得加上替代性最低税的优惠项目，这些项目包括（但不仅限于）个人免税额、标准扣除额、州税的分项扣除额等。第二步是减去替代性最低税免税额——2013 年，已婚夫妇为 80 800 美元，单身为 51 900 美元，得到替代性最低税所得（alternative minimum tax income，AMTI）。不管受抚养者的人数有多少，免税额都一样，而且高收入者的免税额逐渐减少。替代性最低税所得适用的税率为：不超过 179 500 美元的部分适用 26%，其余部分适用 28%。

这种相对单一的税率表适用于替代性最低税所得所计算出来的应纳税额称为推定替代性最低税（tentative AMT），并且要将其与一般所得税的应纳税额相比较。如果推定替代性最低税大于一般所得税额，该差额就是纳税人的替代性最低税，纳税人除了缴纳一般所得税外，还必须缴纳替代性最低税。

一开始我们就指出，替代性最低税的初衷是要让少数逃避大部分或全部所得的高收入者纳税，从未想让它成为一个大众性税种。然而，每年有 400 多万户缴纳替代性最低税，其中许多人并不是“富户”。要知道这是为什么，请回想一下，只有当替代性最低税的应纳税额大于一般所得税的应纳税额时，替代性最低税才开始启动。因此，不管什么原因，只要使一般所得税的应纳税额低于替代性最低税，替代性最低税的纳税人数量就会增加。2001 年，大多数纳税人的一般所得税都削减了，而替代性最低税没有任何实质性变化，从而使更多的家庭缴纳替代性最低税。

我们是否要在意替代性最低税打击如此之多的纳税人？答案是肯定的，因为无论从哪个角度来看，它都是一个不好的税收政策。从公平角度来看，替代性最低税撇开了税收优惠——个人免税额、标准扣除额、州税的分项扣除额，而它们对中等收入纳税人是最为重要的。从效率角度来看，回想一下第 15 章的内容，所得税的超额负担与边际税率的平方成正比。替代性最低税的最低税率是 26%，大大高于被迫缴纳替代性最低税的许多家庭所适用的一般所得税税率。最后，替代性最低税的复杂性是众所周知的，其中的一个主要问题是，你若想知道是否要缴纳替代性最低税，唯一的方法就是要经过全部烦琐的替代性最低税计算。即使是最终不一定缴纳这种税的家庭，也要填报替代性最低税申报表，这大大增加了纳税遵

* 也有学者将其翻译成“最低税负制”。——译者注

从的负担。同时，也有许多家庭本应缴纳替代性最低税，但不曾知晓。

从税收成本的角度来看，干脆取消具有相当大的吸引力。如果国会不想让人们从特定的优惠中获益，那么，只需把这些优惠从一般所得税中取消，而不是想出一个处理这些优惠的全新税制，也许更加明智。总之，替代性最低税是所得税制缺乏一致性的另一种表现。正如前参议员比尔·布拉德利（Bill Bradley）一针见血地指出的："最低税是失败的。这不仅表明该税制有破绽，还表明国会没有勇气修补它。"

纳税单位的选择与婚姻税

2012 年，法国宪法法院（French Constitutional Court）否决了该国的一项税法变化——对应税所得超过 132 万美元的部分按 75%的边际税率征税。该法院认为，这种所谓的"附加税"是不公平的，因为它会对收入超过 132 万美元的个人而非家庭征税。例如，在一个家庭中，夫妻各自的收入恰好都低于 132 万美元，则不必缴纳这种附加税；但在另一个家庭中，夫妻双方只有一方的收入超过 132 万美元，就要缴纳这种附加税。这种情形提出了税制设计中一个令人瞩目的根本性问题：应当按每个人的收入分别征税，还是应当按生活在一起的一家人的合并所得征税？本节就讨论这个有争议的问题。[①]

□ 背景

首先考虑下列三个原则：

(1) 所得税的边际税率应当是递增的。

(2) 在其他条件相同的情况下，收入相同的家庭应当缴纳相同的税。

(3) 两个人的税负不应因结婚而变化，税制应当是**婚姻中性**（marriage neutral）的。

虽然原则（2）和原则（3）还有一些争议，但公正地说，人们普遍认可它们是税收制度的可取特征。虽然对原则（1）的看法不那么一致，但递增的边际税率似乎有广泛的政治支持。

尽管这三个原则很有吸引力，但在实践中还是出现了一些问题：一般说来，没有一种税制能同时符合这三个原则。举一个算术例子就能很容易地说明这一点。假定有下列一个简单的累进税率表：一个纳税单位对 6 000 美元以内的所得按 10%纳税；超过 6 000 美元的部分，税率为 50%。表 17—2 的前两列显示出的是露西、里基、弗雷德和埃塞尔这四个人的所得和应纳税额。比如，里基的应纳税额是 12 100 美元（＝0.10×6 000 美元＋0.50×23 000 美元）。现假定随着恋情的发展，露西嫁给了里基，埃塞尔嫁给了弗雷德。在没有联合申报纳税的情况下，每个人的应纳税额都不会发生变化，但所得相同（30 000 美元）的两个家庭，缴纳的税额不同。露西和里基一家纳税 12 200 美元，而埃塞尔和弗雷德一家则只纳税 10 200 美元，如第三列所示。现在情况变了，假定税法规定以家庭为纳税单位，从而税率表适用于家庭的合并所得。在这种情况下，两户人家就会缴纳同样多的税款，但现在的税收负担由于婚姻而改变了。当然，税收负担的现实变化，取决于个人申报的税率表与联合申报的税率表之

① 更详细的内容，请参阅卡拉索和斯图尔的著述（Carasso and Steuerle，2002）。

间的差异。为简化起见，在本例中，假定税率表不变。但是，由此得到的重要一点是：在边际税率递增的情况下，不可能同时兼顾原则（2）和原则（3）。

表 17—2　　**一个虚拟税制下的应纳税额**

	个人所得（美元）	个人税额（美元）	个人申报的家庭税额（美元）	合并所得（美元）	合并税额（美元）
露西	1 000	100	12 200	30 000	12 600
里基	29 000	12 100			
埃塞尔	15 000	5 100	10 200	30 000	12 600
弗雷德	15 000	5 100			

说明：如果所得税对个人征收，那么，露西和里基作为一个家庭比埃塞尔和弗雷德缴纳的税多，违背了收入相同的家庭应缴纳相同的税这一原则。如果家庭作为纳税单位，那么，这两个家庭缴纳的税相同，但税收负担取决于婚姻状况。

美国作了怎样的选择？时间在变，选择也在变。1948 年前，纳税单位是个人，与原则（2）不符。1948 年，家庭成了纳税单位，同时采用了**收入分割制**（income splitting）。按照收入分割制，在对一个拥有 50 000 美元所得的家庭征税时，就像对各自拥有 25 000 美元的两个人征税一样。显然，在边际税率递增的情况下，这能带来很大好处。还应当指出，在实行这种制度的情况下，有一定所得的未婚者会发现，如果他（她）与另一个收入很少或没有收入的人结婚，他（她）的应纳税额会大大降低。的确，根据 1948 年的税法，一个人的应纳税额可能因为结婚而大大降低——这违反了原则（3）。

由于单身者与已婚者在所得相同情况下的应纳税额差异过大，促使国会在 1969 年为未婚者制定了新的税率表。按照该税率表，在应税所得相同的情况下，单身者的应纳税额高于已婚夫妇应纳税额的部分不能超过 20%（按照原来的制度，该差额会高达 40%）。

遗憾的是，缩小单身者和已婚者的应纳税额差异要付出的代价是从反方向违背了原则（3）：一个人的应纳税额可能因结婚而增加。实际上，个人所得税是对婚姻课征的一种税。1981 年，国会试图降低这种“婚姻税”，办法就是对双职工夫妇实行一种新的扣除。双职工家庭获得的这项扣除额等于收入较低一方工资所得的 10%，但最多不超过 3 000 美元。不过，双职工扣除于 1986 年废止。

2001 年税法降低了婚姻税，其措施是只增加已婚夫妇的标准扣除额，且只对已婚夫妇增加了 15%的税率档次。然而，婚姻惩罚依然存在，而且当夫妇双方的收入接近时，这种惩罚往往最重。

□ 婚姻税的分析

经济学家在研究这种情况时，可能会问两个常见的问题——这公平吗？有效率吗？社会争论主要集中在公平问题上：对个人征税更公平，还是对家庭征税更公平？一种观点赞同以家庭作为课税单位，因为这种选择能更公平地对待非劳动所得（股息、利息与利润）。有人担心，如果夫妇分别申报，高收入一方会为减少家庭纳税额而把财产转给配偶（所谓的“卧室财产转移”）。但这种情况是否会大量出现，还很难预料。这种担心背后的想法是，家庭内部的产权归属问题不重要。然而，目前的离婚率这么高，仅仅为了少纳税而把财产转移给配偶，可能是一种很冒险的策略，而且，也没有足够的证据表明，这种财产转移会大规模发生。

家庭是适当的纳税单位，这种观点也能从哲学角度找到理由。正如约翰·卡迪纳尔·奥康纳（John Cardinal O'Connor）所说，“在我们的社会里，婚姻对于每一个人、每一项制度，都是至高无上的”（Allen，1998，p. A1）。然而，以家庭为基础征税的反对者认为，单就难以确定家庭构成来说，这会产生严重的概念问题。比如，倘若对已婚夫妇按其合并所得征税，那么，同样的原则是否也应适用于同住一起的兄弟俩或照顾年迈父亲的女儿？以血缘或婚姻来界定这种关系难道就非要排除以（诸如）密友来界定吗？

显然，有关选择最公正的纳税单位的看法，会受到价值判断的影响，也会受到对家庭在社会中地位的态度的影响。这种争论仍将继续下去。的确，以家庭所得为基础征税，最近在法律上受到了挑战。一位男子在联邦税收法院起诉称，他有权和另一位与其有“经济伙伴关系”的男子合并纳税。法官的裁决是，以婚姻为标准确定应纳税额“符合宪法”（Herman，2000，p. A1）。

我们转向效率方面时，其中的一个问题是，婚姻税是否扭曲了个人的行为。税制改变了“婚姻价格”，而且，为了少纳税而推迟结婚、离婚或分居等现象时有发生。不过，从统计角度来看，难以找到强有力的证据表明，婚姻税大大扭曲了与婚姻有关的决策。阿尔姆和惠廷顿（Alm and Whittington，2003）发现，一对同居伴侣结婚的可能性与结婚后的婚姻惩罚大小之间成负相关关系，但这种影响微乎其微。

效率问题比较容易在夫妇合并申报对劳动供给决策的影响上找到证据。第 16 章曾指出，由于已婚妇女的劳动供给弹性一般比其丈夫的大，所以有效率的课税要求对妻子应课以低税率。在合并申报的情况下，夫妻双方最后一美元所得的边际税率是相同的，故合并申报是无效率的。

难以想象国会会对夫妻制定不同的税率表。但是，这并不意味着不能使家庭课税更有效率。一种可能的改革措施是，干脆废除合并申报，让所有人都自己填报。这不仅会提高效率，而且比现行税制更具婚姻中性。许多国家，其中包括加拿大，都选择的是这种方法。[①]

遗憾的是，个人申报制度会违背原则（2），即收入相同的家庭应当缴纳相同的税。这又让我们回到了原点。没有一个税制能同时满足这三个原则，因此，社会必须决定哪个原则是最优先考虑的。

国际所得的税收待遇

我们现在转向讨论个人从国外取得所得的税收待遇问题。不论是该公民母国的税务当局还是东道国的政府，都会十分关注这类所得。美国法律承认的原则是，东道国对在其境内取得的所得拥有主要征税权。同时，美国又坚持这样的理念，即只要是美国公民，不论在哪里挣到的钱，都要向美国政府纳税。为了避免对国外来源所得的双重征税，美国在对国外取得的所得征税时，允许已向外国政府缴纳的税款进行抵免。[②] 假定奥菲莉娅在德国取得的所得，在美国的应纳税额为 7 000 美元，而她已在德国缴纳了 5 500 美元的所得税。那么，她在填写

① 不过，按照加拿大的制度，如果夫妇一方的所得很少或没有所得，则家庭中的主要收入者可获得不能退款的税收抵免（nonrefundable tax credit）。

② 该抵免额不能超过按美国税法对这笔外国所得所课征的税额。

美国的纳税申报表时就可以抵掉这 5 500 美元，只需向美国国内税收署缴纳 1 500 美元。因此，一位美国公民的应纳税额，是按其全球所得计算出来的。

全球制与属地制　美国税制的哲学前提是，税收公平是以公民身份界定的。如果你是一位美国公民，那么，你总共缴多少税，应该与你的收入是来自国内还是国外没有多大关系。我们把这种制度叫做**全球制**（global system）。相反，几乎所有其他国家都遵循**属地制**（territorial system），即在国外取得所得的公民，只需向东道国政府缴税。哪一种制度更好？不管是从公平角度还是从效率角度，都很难说哪种制度更优。我们现在展开讨论一下这个问题。

公平。约翰是一位英国公民，萨姆是一位美国公民，两人都在中国香港工作，且收入一样多。由于英国实行的是属地制，因而约翰只在香港缴税。萨姆则不同，他还要向美国缴税（只要他的美国应纳税额大于香港的税额）。因此，尽管两个人的收入相等，但萨姆比约翰缴了更多的税。虽然全球制对于同一个国家的公民待遇相同，但它可能导致不同国家的公民的待遇不同。横向公平应从国家的角度来界定，还是应从世界的角度来界定？每一个原则都有其优点，但一般来说，还没有一个国际税收协调制度能同时满足两者。

效率。全球制可能会扭曲国际生产决策。假定在海外经营的美国企业必须为其美国雇员缴纳美国所得税，而在实行属地制下的荷兰企业就没有这样的义务。在其他条件相同的情况下，美国企业在劳动力上要支付更多的钱，故处于成本劣势。[①] 可以想象，即使美国企业具有更高的技术效率，荷兰企业也会比美国企业赢得更多的合同。

另一方面，属地制可能扭曲不同的决策——人们居住在哪里。某一国的公民可能发现，如果他们的纳税义务取决于居住地，这将影响他们是否到国外工作的决策。在全球制下，你无法逃避本国的纳税义务，除非改变国籍，因而也就没有多大动力为了少纳税而跑到国外去。

由此可见，全球制可能扭曲生产决策，而属地制则可能扭曲居住决策。我们很难知道哪种扭曲的效率成本更大。

州所得税

个人所得税在州政府收入体系中的地位一直在迅速上升。[②] 1960 年，个人所得税占州税收收入的比重为 12.2%；到 2008 年，该比重达到 36%（US Bureau of the Census，2012c，p. 286）。目前，有 41 个州和哥伦比亚特区征收包括工资在内的宽税基个人所得税。还有两个州对利息和股息征税，但对工资不征税。

在制度上，州所得税与联邦所得税类似。税基等于毛所得减去各种扣除额和免税额，应纳税额等于每档所得乘以相应的边际税率。州所得税的边际税率大大低于联邦所得税的边际税率。在 2012 年征收所得税的州中，大多数州的最高档税率是 8%～10%（最高的是夏威夷州，为 11%）。在免税额和扣除额的规定上，各州差异很大。有些州几乎取消了所有的扣除，而另一些州的规定近似于联邦的制度。

① 这里假定：(a) 美国税收的归宿是落在雇主身上而不是落在雇员身上；(b) 美国企业不能通过雇用外国工人来对付该制度。假定 (a) 的有效性取决于美国员工对海外美国企业的供给弹性。如果供给曲线不是水平的，雇员就要承担一部分税负。见第 14 章。

② 对地方政府来说，所得税一般不太重要，只是在一些较大的城市，它有很大作用。

在评价整体边际税率时，千万不要忽略州所得税。加利福尼亚人面临的边际税率，等于联邦所得税的最高档次税率35%加上加利福尼亚州所得税的10.3%，总共是45.3%。如果个人采用分项扣除，并扣掉州和地方税，结果稍好些，但事实上，在一些高税州，累计的边际税率接近50%。

小结

● 联邦个人所得税应纳税额的计算，主要有三个步骤：计算总所得（调整后毛所得），把总所得转变为应税所得，计算应纳税额。

● 传统的所得衡量标准是黑格-西蒙斯定义：一定时期内的所得是个人消费能力的净变化。

● 实行黑格-西蒙斯标准会遇到一些困惑：(1) 计算所得时必须减去获取所得时的花费。(2) 未实现资本利得和耐用品的估算所得不易测算。(3) 实物收益的价值难以计算。

● 黑格-西蒙斯标准的批评者认为，该标准既不能保证结果是公平的，也不能保证结果是有效率的。

● 美国所得税的税基不包括：(1) 州和地方债券的利息；(2) 雇主向养老计划和医疗计划的缴款；(3) 赠与和遗产。

● 每个家庭成员的免税额都是固定的。免税额从调整后毛所得中减除，并在达到高所得水平后逐步减少。

● 扣除分为标准扣除和分项扣除。标准扣除是从应税所得中减去一个固定数额。

● 特定商品和服务的支出可以分项扣除，并在达到高所得水平后逐步减少。分项扣除改变税后相对价格，这常常影响经济行为。

● 美国税法中的主要分项扣除有：(1) 超过调整后毛所得10%的未报销医疗费；(2) 州与地方所得税和财产税；(3) 某些利息费用；(4) 慈善捐款。

● 税收支出是指由于税收优惠待遇而放弃的收入。

● 确定应纳税额的最后一步是以应税所得乘以税率表。由于存在各种逐步减少规定，有效边际税率高于官方税率。

● 替代性最低税旨在确保大量利用税收庇护的高收入纳税人至少要缴纳一些联邦所得税。可是，由于存在某些制度上的漏洞，这种税打击的是几百万中产阶级纳税人。

● 纳税档次的级距、个人免税额、标准扣除额以及劳动所得税收抵免额，现在都针对通货膨胀进行了指数化。但是，还没有任何规定来矫正通货膨胀对资本所得课税的影响。

● 没有一种家庭课税制度能同时达到边际税率递增、婚姻中性、所得相同的家庭缴纳相同的税。根据现行税法，婚后合并应纳税额的增减，取决于夫妻两人的情况。

● 美国对境外所得的税收待遇，采用的是全球制。应纳税总额大体上与所得是在本国取得的还是在外国取得的无关。

● 所得税是各州政府的重要收入来源。州所得税的税率比联邦所得税的税率低，且在具体法规上差异很大。

讨论题

1. 根据现行税法，如果资本损失超过资本利得，可从其他形式的所得中扣除3 000美元的损失。随着股票市场的暴跌，2009年，参议员奥林·哈奇（Orrin Hatch）建议提高该限额。请用黑格-西蒙斯标准来评价这项建议。也就是说，该建议导致所得税基比现状更接近还是更偏离黑格-西蒙斯思想？

2.《纽约时报》发表了一篇文章，一个男人声称他的税率是其所得的102%（Stewart，2012）。他以其纳税额占应税所得的比率估算出这个数字。请评论这是不是衡量平均税率的一种有意义的方法，并在讨论中仔细界定应税所得这一概念。

*3. 辛格的联邦个人所得税率为28%，他持有的石油股票每年升值10%，他是在一年前买进该股票的。现在，辛格的股票经纪人想让他把石油股转换成风险相当的黄金股。辛格决定，如果他继续持有石油股票，他也只会再持有一年，然后卖掉它。如果他现在卖掉石油股票，他会把所有（税后）

销售收入都投资于黄金股票，一年之后再把黄金股票卖掉。如果要让辛格把石油股转换为黄金股，黄金股的最低收益率是多少？请把你的回答与锁定效应相联系。

4. 如果你从某人那里借钱，而他告诉你，你不需要偿还，那么，该笔贷款就可以说得到了“债务免除”。2007 年税法规定贷方免除的抵押贷款债务可从借方的应税所得中排除。请根据黑格-西蒙斯标准来评价该法规。

5. 老李的边际税率是 35%，采用的是分项扣除。500 美元的扣除对他的价值是多少？500 美元的税收抵免对他的价值又是多少？

6. 假定一个典型纳税人的边际所得税率为 35%，名义利率为 13%，预期通货膨胀率为 8%。

a. 他的实际税后利率是多少？

b. 假定预期通货膨胀率提高了 3 个百分点，达到 11%；名义利率也同样上升了 3 个百分点。实际税后收益率有何变化？

*c. 如果通货膨胀率像第 b 问那样提高，则名义利率必须上升多少，才能使实际税后利率与第 a 问的水平相同？你能用一个代数式来概括你的答案吗？

7. 运动员赢得奥运金牌后获得奖金 25 000 美元。2012 年，奥巴马总统支持参议员马科·鲁比奥（Marco Rubio）提出的这些奖金免联邦税的立法建议（Parnes，2012）。该提案与基于黑格-西蒙斯标准的税制一致吗？

8. 2012 年，共和党总统候选人米特·罗姆尼提出降低大多数纳税人的股息和资本利得税率。从黑格-西蒙斯的所得定义来看，这样做合理吗？你认为这样做会对行为产生怎样的影响？

9. 1968 年，最高法院裁定，公民可以起诉政府，制止其违背宪法的支出行为。在最近的 5—4 判决中，最高法院裁定，宗教学校学费的税收抵免不受禁锢，因为税收抵免不是政府支出。你同意这项决定吗？你的答案要利用税收支出概念。

10. 加利福尼亚州法律规定，注册家庭（同居）伴侣（registered domestic partners）在缴纳本州税收时，他们的收入被视为共同财产。由于联邦税法一般都尊重州财产法，故国内税收署裁定，加利福尼亚州的家庭伴侣在缴纳联邦个人所得税时，应对其合并所得每人申报一半。根据这项裁决，是传统婚姻关系的单职工夫妻还是注册家庭伴侣关系的单职工夫妻缴纳的联邦所得税更多？

11. 回答这个问题需要使用计算器。桑切斯挣了 4 000 美元，她想把这笔钱存起来，以备 10 年后退休用。她可将其储存在一个要课税的账户，也可放入罗思个人退休账户。假设桑切斯能获得 8% 的年收益率，其边际税率为 25%。当她到退休时，她在应税账户或罗思账户中会有多少钱？[请注意：桑切斯要为 4 000 美元纳税，所以她不能把钱全额存入应税账户或罗思账户。]

第 18 章

个人课税与行为

如果你决心讲述真相，就把体面留给裁缝。

——阿尔伯特·爱因斯坦（Albert Einstein）

在 20 世纪 80 年代，美国的最高法定边际税率从 70%降低到 28%，到 90 年代又回升到 39.6%，但于 2001 年再次降低到 35%。到 2012 年，关于 2001 年减税是应该变成永久性的还是恢复到其以前较高水平，仍处于激烈的辩论之中。这场争论的核心在于，税收对经济行为会产生怎样的影响。主张降低税率的人认为，高额所得税对工作激励、储蓄激励和承担风险激励有害：

> 人们会对激励作出反应。你不是在给国家制定经济政策，而是在给人民定政策。……当人们没有工作的激励时，或者当企业家缺乏冒险的激励时，你不能指望经济会增长（Prescott，2005a，p. A10）。

高税收的支持者反驳道，这些异议夸大其词。税收就像天气一样：人们谈论很多，但无可奈何。

经济学家和政治家都对此问题感兴趣。税收理论告诉我们，税收归宿和税制效率毕竟都取决于税收如何影响行为。正如第 17 章所述，所得税影响无数决策的激励——从是否购买医疗服务到慈善捐款多少合适，应有尽有。我们集中研究四个特别重要的问题，即税收对劳动供给、储蓄、住房消费和投资组合决策的影响，而这些问题已有不少研究成果。

劳动供给

2010 年大约有 1.39 亿美国人平均每周工作 33 小时左右，获得的报酬总额约 8 万亿美元，占国民收入的 62%左右（*Economic Report of the President*，*2012*，pp. 350，361，374）。劳动供给是如何决定的？税收对劳动供给是否有影响？我们现在就来讨论这些问题。

□ 理论问题

赫尔克里士正在决定，在一周当中，多少时间用于工作，多少时间用于休闲。在第 13 章，我们用图形分析了这种选择。回顾一下当时讨论的要点。

● 可用于市场工作和非市场用途（“休闲”）的小时数被称为**时间禀赋**（time endowment），用图 18—1 横轴的距离 OT 来表示。假定没有用于休闲的所有时间都用于市场工作，横轴上的任何一点都同时表示休闲时数和工作时数。

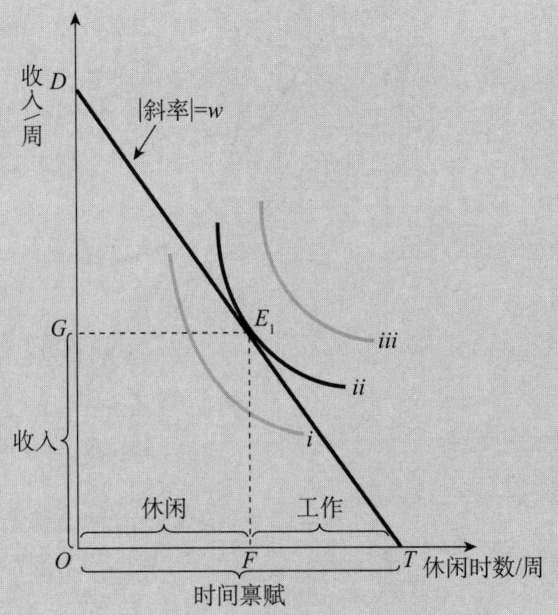

图 18—1　效用最大化的休闲与收入选择

说明：此人在 E_1 点的效用最大化，此时他工作 FT 小时，收入为 OG。

● 预算约束线表示的是，在工资率既定的情况下，一个人可获得的休闲和收入的组合。如果赫尔克里士的工资率是每小时 w 美元，那么他的预算约束线是一条直线，其斜率的绝对值为 w；在图 18—1 中，该预算线由 TD 表示。

● 预算约束线上的最优组合，取决于个人的偏好。假定人们对休闲和收入的偏好，可由正常的凸向原点的无差异曲线表示。这三条曲线在图 18—1 中被标为 i、ii、iii。赫尔克里士在 E_1 点上效用最大化，此时，他把 OF 小时用于休闲，把 FT 小时用于工作，取得的收入为 OG。

现在我们就可以分析税收的影响。假定政府对收入课征的税率是 t。税收使 1 小时工作的报酬从 w 美元减至 $(1-t)w$ 美元。如果赫尔克里士消费 1 小时的休闲，他放弃的收入是 $(1-t)w$ 美元，而不是 w 美元。实际上，税收降低了 1 小时休闲的机会成本。在图 18—2 中，赫尔克里 w 士的预算约束线不再是 TD，而是较平缓的曲线 TH，其斜率的绝对值为 $(1-t)w$。原来的收入—休闲选择 E_1 点也就不可能达到了，赫尔克里士必须在税后预算约束线 TH 上选择一点。在图 18—2 中，这一点为 E_2，在该点上，赫尔克里士消费的休闲时数是 OI，工作时数是 IT，税后收入是 OG'。该税使赫尔克里士的劳动供给从 FT 小时减少到 IT 小时。

我们能否由此得出结论：一个“理性的”人对比例税的反应总是减少劳动供给？要回答

这个问题，我们考虑一下波塞冬的情况。波塞冬与赫尔克里士的税前税后预算约束线完全相同，而且在征税之前，他们的工作时数也一样（FT）。如图 18—3 所示，当波塞冬被征税时，他就把工作时数从 FT 增加到 JT。这不是“非理性的”行为。一个人在征税之后，想工作得更多、更少还是不变，取决于他的偏好。

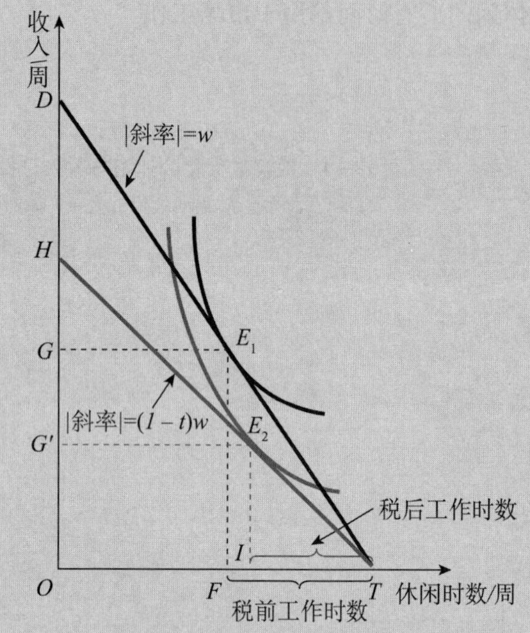

图 18—2　比例所得税减少劳动供给时数

说明：按税率 t 对收入征税，降低了休闲的机会成本，使预算约束线转动到 TH。就此人而言，替代效应大于收入效应——税收使工作时数从 FT 减少到 IT。税后收入是 OG'。

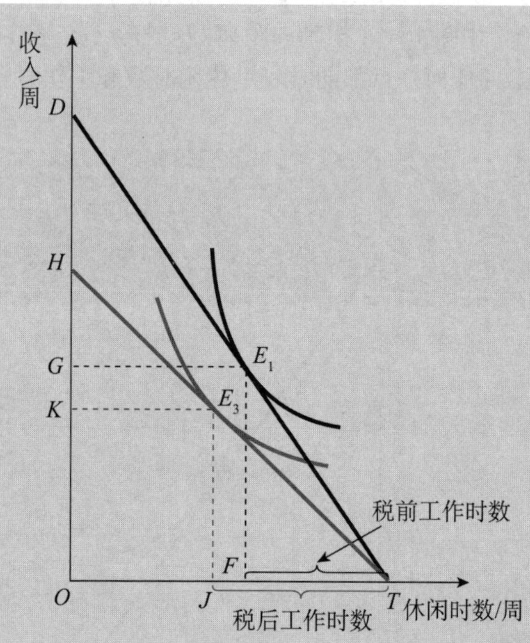

图 18—3　比例所得税增加劳动供给时数

说明：就此人而言，收入效应大于替代效应——税收使工作时数从 FT 增加到 JT。税后收入是 OK。

这种不确定性的原因在于，征税产生了两种相互抵消的效应——**替代效应**（substitution effect）和**收入效应**（income effect）。当征税减少了实得工资时，休闲的机会成本降低，产生了休闲替代工作的倾向。这就是替代效应，它往往会减少劳动供给。同时，对任何工作时数来说，征税减少了个人所得。假定休闲是正常品，在其他条件相同的情况下，对任何工作时数而言，所得减少都会引起休闲消费的减少，而休闲减少就意味着工作增加。因此，收入效应往往诱使一个人多工作。这样，两种效应的作用方向是相反的。最终到底是收入效应更大还是替代效应更大，单凭理论无从知晓。对赫尔克里士来说，如图 18—2 所示，替代效应居主导地位；而对波塞冬来说，如图 18—3 所示，收入效应则更为重要。有关收入效应和替代效应更为一般性的讨论，请参阅本书末的附录。

累进税的分析与比例税的分析非常类似。假定赫尔克里士现在面临的是递增的边际税率：第一个 5 000 美元收入的适用税率是 t_1，第二个 5 000 美元收入的适用税率是 t_2，10 000 美元以上全部所得适用的税率是 t_3（请注意，与美国所得税相似，每一所得档次都有一个边际税率）。税前预算约束线还是 TD，如图 18—4 所示。税后预算约束线变为弯折线 $TLMN$。税前所得在 5 000 美元以内的部分，1 小时休闲的机会成本为 $(1-t_1)w$，这是线段 TL 部分的斜率（以绝对值表示）。在 L 点上，赫尔克里士的所得为 $(1-t_1)\times 5\ 000$ 美元。线段 ML 部分

的斜率绝对值为 $(1-t_2)w$。ML 比 TL 更平缓，原因是 t_2 大于 t_1。在 M 点，税后所得是 $(1-t_1)\times 5\,000$ 美元 $+(1-t_2)\times 5\,000$ 美元，即 L 点的税后所得加上获得额外 5 000 美元按 t_2 征税后的增量所得。最后，线段 MN 的斜率为 $(1-t_3)w$，更为平缓。赫尔克里士可以根据他的偏好，最后选定 $TLMN$ 上的任意一点。在图 18—4 中，他的效用最大化点是 E_4，此时他的工作时数是 PT。

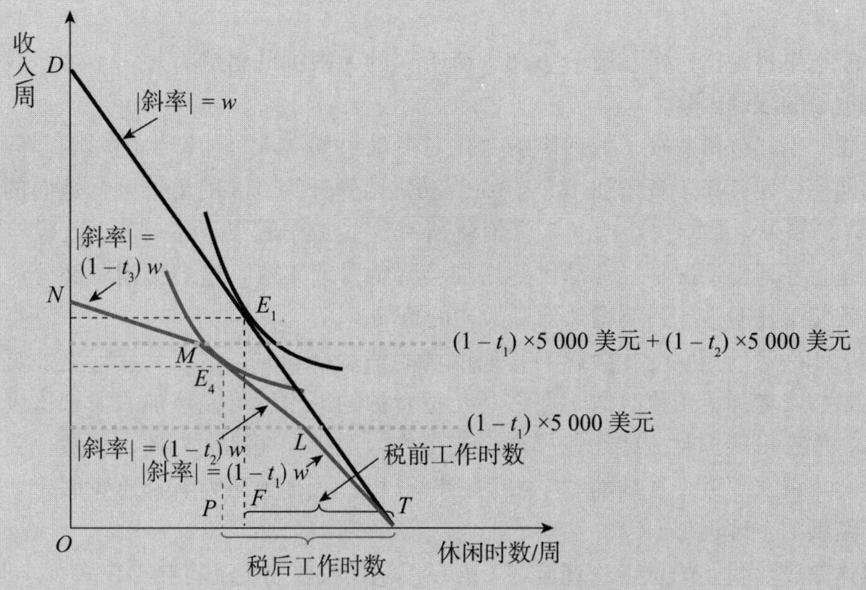

图 18—4　累进所得税下的休闲—收入选择

说明：这种累进税是：对收入的第一个 5 000 美元课征 t_1，对第二个 5 000美元课征 t_2，对 10 000 美元以上的全部所得课征 t_3。预算约束线从 TD 变为 $TLMN$。在这种税制下，赫尔克里士的效用最大化点是 E_4，此时他的工作时数是 PT。

专栏

经验证据：劳动供给对税收作出怎样的反应?

得知劳动供给对税后工资的弹性是评价税收对工作努力影响的关键。如果劳动供给富有弹性，那么税率提高会大大减少工作时数。如果劳动供给缺乏弹性，那么工作时数不会有多大变化。的确，我们的理论分析表明，对收入征税甚至有可能增加工作时数，但只有实证研究才能解决这一理论歧义。

艾萨（Eissa，2001）利用准实验分析，估计了一个特别重要的劳工群体（已婚妇女）的劳动供给弹性。《1986 年税制改革法案》（TRA 86）把最高边际税率降低 44%，但收入分配最底端的边际税率降低得很少。我们从第 17 章得知，已婚者的边际税率取决于家庭总收入，包括夫妇双方的收入。实际上，《1986 年税制改革法案》产生了一种自然实验，其中，实验组由嫁给高收入者（其税率大幅度降低）的妇女组成，控制组由嫁给一般收入者（其税率降低得很少或没有降低）的妇女组成。艾萨发现，《1986 年税制改革法案》生效后，同控制组的妇女相比，实验组的妇女的确增加了工作时数。她利用双重差异分析法，估计出来的劳动供给弹性是 0.8。用我们的理论模型来说，这意味着已婚妇女的税后工资增加后，其替代效应大于收入效应。

总的来看，实证研究表明：

- 对于年龄约在 20～60 岁的男性来说，净工资变化对工作时数影响的绝对值很小，且通常在统计上不显著。弹性值为 0.05 左右似乎是一个合理的估计值。

● 已婚妇女的工作时数和劳动力参与决策对净工资的变化似乎十分敏感，只是这种反应灵敏度随着时间的推移而越来越小。她们的劳动供给弹性为 0.4 左右可能是一个合理的估计值（Blau and Kahn，2005）。

□ 注意事项

上述理论和经验结果肯定比常常在政治争辩中所听到的无根据的猜测有用。不过，我们还应当注意到一些重要的限制因素。

需求方面的考虑　上述分析忽视了劳动供给变化对劳动市场需求可能产生的影响。假定降低对已婚妇女的课税，使其净工资增加 10%。在劳动供给弹性为 0.4 的情况下，她们的工作时数可能增加 4%。如果企业能按新的净工资消化所有这些工作时数，那么，也就没有什么好分析的了。但是，在通常情况下，劳动供给增加会降低税前工资，这会抵消一部分税后工资的初始增加，致使工作时数的最终增加低于最初的猜测。

当我们认识到工作决策的重大变化会影响其他市场的消费格局时，情况就变得更加复杂了。例如，如果已婚妇女增加了工作时数，那么对儿童看护的需求就可能增加。如果这会提高儿童看护的价格，就有可能抑制一些幼儿母亲出去工作，至少在短期会如此。显然，要探求对所有市场的影响，就需要进行复杂的"一般均衡"分析。大多数研究者都愿意假定，第一轮影响便是最终结果的合理近似。

个人效应与群体效应　我们的重点一直是，个人在不同的税收制度下将会工作多少小时，但很难用这种结果来预测一群人的工作总时数将如何变动。当税率表发生变化时，不同人的激励变化是不同的。例如，当把比例税改为累进税时，低收入者可能会发现，他们面临的边际税率降低了，而高收入者面临的情况可能正好相反。这两组人的劳动供给可能朝相反方向变化，致使劳动供给变化的总体结果难以预测。如果劳动供给弹性因收入水平不同而改变，那么，情况会变得更加复杂。

人力资本　年度工作时数是劳动供给的一个重要且令人感兴趣的指标。但是，一个人所供给的有效劳动量，并不仅仅取决于在工作场所度过的小时数。一个受过高等教育、健康且积极向上的工人，想必要比一个没有这些特点的、工作时数相同的工人具有更高的生产力。有些人担心，税收有可能使人们在技能方面的投资太少。经济理论在讨论税收如何影响**人力资本**（human capital）——人们为提高生产力而在自身上的投资——的积累时，得出了令人惊讶的见解。

以赫拉为例，她在考虑参加一个在职培训计划。假定在她的一生中，参加该计划能使她的收入增加，该增加额的现值为 B。可是，参加该计划就会减少她目前用于挣钱的时间，故她要付出的成本就是放弃的工资 C。如果赫拉不糊涂的话，她就会按照第 8 章讨论的投资标准进行决策，只有当收益大于成本时，她才会参加该计划，即

$$B-C>0 \tag{18.1}$$

现在假定，赫拉的收入要按比例税率 t 纳税。参加该培训计划使其工资增加了，而增加的工资有一部分被税收拿走了。人们可能会猜想，税收会降低她参加该培训计划的可能性。这种推理是错误的。要理解这一点，暂且假定，赫拉在税前和税后的工作时数是一样的。税收的确使培训计划的收益从 B 降低到 $(1-t)B$，但同时，它也降低了该计划的成本。回想一

下，该计划的成本是放弃的工资。由于这些工资本来就要被征税，所以赫拉放弃的不是 C 而是 $(1-t)C$。赫拉是否参加该计划，取决于税后收益是否大于税后成本：

$$(1-t)B-(1-t)C=(1-t)(B-C)>0 \tag{18.2}$$

看一下式（18.2）就可知道，它与式（18.1）是完全等价的。收益和成本的任意组合，如果在税前是可接受的，那么在税后同样是可接受的。在这个模型中，比例所得税使收益和成本按相同的比例减少，因而对人力资本投资没有影响。

这里的一个关键假设就是，征税后的劳动供给不变。换个假设，即赫拉增加了她的劳动供给（收入效应居主导地位）。在这种情况下，税收导致人力资本积累增加。实际上，劳动供给是人力资本投资的“利用率”。一个人工作的时数越多，一定量人力资本投资带来的工资率提高就越多。因此，在其他条件不变的情况下，如果税收引致更多的工作，它就使人力资本更具有吸引力。相反，如果替代效应居主导地位，导致劳动供给减少，人力资本积累就会受到抑制。

这个简单的模型忽视了一些问题：

● 人力资本投资的收益率是不确定的。在本章的后面将看到，风险收益使税收分析变得较为复杂。

● 有些人力资本投资是有成本的，不仅是放弃收入。大学的学费就是一个明显的例子，它不是税收扣除项。

● 税制的其他方面也可能影响人力资本投资。例如，对物质投资的收益（如利息和股息等）征税的增加，常常会使人力资本投资增加。实际上，我们可以把物质资本和人力资本看做是可供选择的两种投资工具；增加对其中一种工具的征税，就可能提高另一种工具的相对吸引力。

● 式（18.2）假定的是比例税。如果税制是累进的，人力资本投资的收益和成本可能会被课以不同的税率。

然而，如果把这些方面都考虑进来，这种被复杂化了的模型只是证实了一个基本结论——从理论角度来看，所得税对人力资本积累的影响是不明确的。遗憾的是，关于这一重要问题的经验研究成果目前尚不多见。

报酬组合　劳动供给的基本理论假定，小时工资是劳动报酬的唯一形式。然而，在现实中，雇主通常向员工提供一个报酬组合（compensation package）*，不仅包括工资，还包括医疗福利、养老金以及使用公司汽车、内部体育设施之类的“外快”等。正如第 17 章指出的，大部分非工资报酬不被课税。当边际税率下跌时，这些不被课税所得的相对吸引力会下降，反之亦然。因此，税收的变化很可能影响报酬组合的构成。一些证据表明，情况确实如此。例如，格鲁伯和莱托（Gruber and Lettau，2004）发现，对医疗保险的税收补贴每提高10%，提供保险的企业数量就会增加大约 3%。

支出方面　对劳动供给和税收的标准分析，还忽略了税收收入的使用情况。可是，至少有一部分收入要用于购买公共物品，而公共物品的可利用性会影响工作决策。在其他条件相同的情况下，如果税款被用来提供像国家公园之类的娱乐设施，可以预期人们对休闲的需求会上升。另一方面，为正在工作的父母提供儿童看护设施方面的支出，可能使劳动供给增加。从理论上说，我们应当考察整个预算对劳动供给的影响，而不仅仅是税收一方面的影响。例如，罗杰森（Rogerson，2007）观察到，即使斯堪的纳维亚国家的税率高于欧洲其他国家，但劳动供

* 亦可译为薪酬待遇。——译者注

给依然较高，其原因就在于斯堪的纳维亚国家在诸如家庭服务等项目上的政府开支比较多。

□ 劳动供给和税收收入

到目前为止，我们一直聚焦于某一特定税制下的劳动供给情况。现在，我们来探讨税收收入如何随着税率的变化而变化等问题。

在图 18—5 中，劳动供给曲线为 S_L，它表明的是，在其他条件相同的情况下，对应每一税后工资的最佳工作量。如图所示，工作时数随着净工资的增加而增加——替代效应占优。税前工资 w 对应的是工作时数 L_0。显然，由于税率为零，就征收不到任何收入。现假定，课征比例税，税率为 t_1，净工资为 $(1-t_1)w$，劳动供给为 L_1 小时。税收收入等于每工作时数的税额（ab）乘以工作时数（ac），或矩形 $abdc$ 的面积。同理，如果税率提高到 t_2，税收收入将为 $eakf$ 的面积。$eakf$ 的面积大于 $abdc$ 的面积，即较高的税率导致较大的税收额。只要税率上升，政府的收入就总能增加吗？答案是否定的。例如，当税率为 t_3 时，税收收入 $haji$ 就小于税率为 t_2 时的税收收入。虽然税率为 t_3 时，对每工时的课税较高，但工作时数却减少很多，以致税率与工作时数的乘积相当低。的确，当税率接近 100%时，人们就会完全停止工作，税收收入也会降为零。

所有这些讨论可由图 18—6 来概括。在图 18—6 中，横轴表示税率，纵轴表示税收收入。税率很低时，税收额也很低。随着税率的提高，税收收入也在增加，税率达到 t_A 时，税收收入达到最大。税率超过 t_A 后，税收收入开始下降，最终递减到零。请注意，政府选择超过 t_A 的任何税率都是荒谬的，因为在政府不损失任何收入的情况下，税率可以降低。

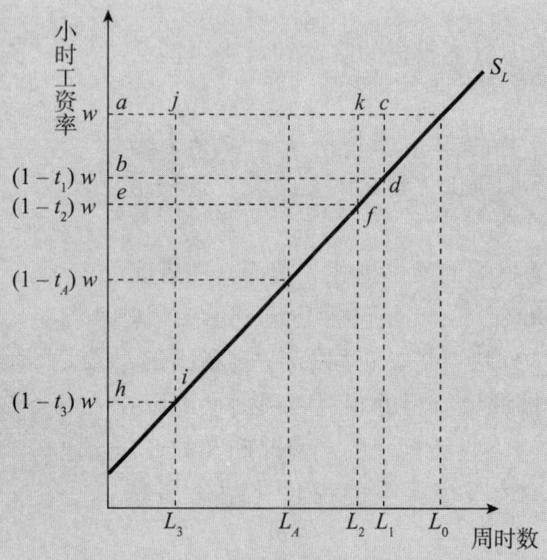

图 18—5　税率、工作时数与税收收入

说明：给定劳动供给曲线 S_L，随着税率的提高，税收收入先是上升，然后下降。

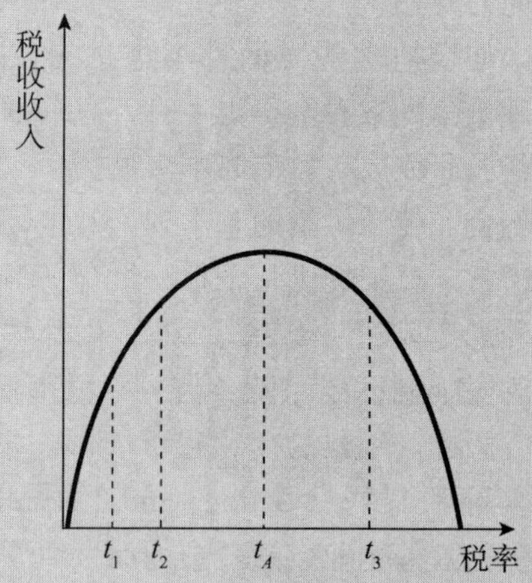

图 18—6　税率与税收收入

说明：在税率达到最高税率 t_A 之前，税收收入随着税率的提高而增加。在税率达到 t_A 之后，税收收入开始下降，最终递减至零。

令人难以置信的是，图 18—6 一直是政治争论的焦点，这主要是由经济学家阿瑟·B·拉弗（Arthur B. Laffer）的广为流传的观点所致。他认为，美国现行的税率处于 t_A 的右边（Laffer，1979）。大众媒体通常将税率—税收收入的关系称为**拉弗曲线**（Laffer curve）。税率降低不会造成任何收入损失这种论断，在政策辩论中起到很重要的作用。例如，在 2008 年的总统大选中，参议员约翰·麦凯恩（John McCain）说，“减税……我们都知道，会增加收入。”

围绕拉弗曲线展开的辩论一直令人困惑和混乱不清，但仍有几点值得注意：

● 在我们的简单模型中，当税率变化时，税收收入是升还是降，取决于工作时数变化对税率变化的抵消程度。这恰好是财政经济学家所研究的劳动供给弹性问题。因此，拉弗曲线的形状是由劳动供给对净工资的弹性决定的。

● 供给经济学的一些批评者认为，降低税率能使税收收入增加的想法是非常荒谬的。但是，围绕图 18—6 的讨论表明，原则上，较低的税率确实能产生较高的收入额。

● 因此，现实中的经济运行是否处在 t_A 的右边还是一个实证问题。如前所述，研究过税收与劳动供给关系的经济学家一致认为，总体弹性是适中的，因此我们完全可以认为美国的经济运行没有在 t_A 的右边。税率普遍降低不可能使税收收入不减，因为税率降低不能使劳动供给大大增加到能使税收收入不减的地步。不过，一些经济学家估计，欧洲国家实际上十分接近拉弗曲线的顶点（Uhlig and Trabandt，2006）。

● 劳动供给的变化并不是税率提高影响税收收入的唯一途径。如前所述，当税率提高时，人们可以用不课税的收入形式来替代工资，因此，即使劳动供给不变，税收收入也会下降。同样，人们（尤其是高收入者）可以用诸如市政债券利息之类的不课税资本所得形式来替代课税的资本所得形式。或者，当税率提高时，人们可能有更多逃税行为。费尔德斯坦（Feldstein，2008a）基于对文献的考察得到的结论是：税率对应税所得的影响非常大。就中高收入纳税人而言，他估计，应税所得对税率的弹性约为 0.5。该估计值意味着，如果把典型高收入者的边际税率从 40%降低到 30%，就会使其应税所得增加 12%以上。因此，税率降低无疑会使税收收入减少，但在有行为反应的情况下，税收收入减少的程度要小。

● 公众对拉弗曲线的讨论有时似乎假设税收制度的目标就是要使政府收入最大化——利用图 18—6 中的税率 t_A。然而，前面章节所建立的分析框架表明，没有任何理由认为税收收入最大化就一定是一个合理的目标。这是因为，我们不能孤立地考虑最佳税率，还要看政府的最适规模是多大，而政府的最适规模又取决于社会、政治和经济等各个方面。正如经济学家史蒂文·兰兹伯格尖锐地指出的，“问什么样的税率使政府收入最大化，就好像问什么样的征兵率使军队规模最大化。谁在乎？正确的问题是：什么样的税率……会使我们在长期最快乐？”（Landsburg，2010b）。

储蓄

第二种可能会受到税收影响的行为是储蓄。有关储蓄决策的现代分析大多基于**生命周期模型**（life-cycle model）（见第 11 章）。该模型是说，在某一年内，人们的消费和储蓄决策是基于其一生经济状况进行规划的结果。人们每年的储蓄额都不仅取决于当年的收入，还取决于他们将来的预期收入以及过去已经取得的收入。本节采用生命周期模型来探讨税收对储蓄决策的影响。

以迈达斯为例，其生命分为两个时期：“现在”（时期 0）和“将来”（时期 1）。迈达斯现在的收入为 I_0 美元，并知道将来他的收入将为 I_1 美元（把“现在”看做“工作年份”，I_0 为劳动所得；把“将来”看做“退休年份”，I_1 就为固定的养老金所得）。他的问题是决定每一时期的消费额是多少。当迈达斯决定了消费多少时，同时也决定了储蓄或借款多少。如果他的现在消费大于现在收入，他就必须借款。如果他的现在消费小于现在收入，他就储蓄。

分析储蓄决策的第一步，就是描绘迈达斯的现在消费（c_0）和将来消费（c_1）的可能组合——他的跨时预算约束线。关于跨时预算约束，我们在第 11 章曾观察到：

● 迈达斯可选择的一种情况是，消费掉他取得的全部收入——现在消费 I_0 和将来消费 I_1。该组合称为禀赋点，跨时预算约束线必须经过该禀赋点。

● 只要此人能以相同利率 r 借贷，该约束线就是一条直线，其斜率的绝对值为（$1+r$）。[①]

迈达斯的预算约束线被画成图 18—7 中的 MN，它穿过禀赋点 A。为了确定在 MN 上选择哪一点，现引入迈达斯对将来与现在消费的偏好，这些偏好可用传统形状的无差异曲线来表示（如图 18—7 所示）。根据人们愿意多消费而不愿少消费这样的合理假定，无差异曲线越向右上方位移，表明效用水平越高。

图 18—7　现在消费与将来消费的效用最大化选择

说明：迈达斯通过储蓄 $I_0-c_0^*$ 使效用最大化，这使他能在将来消费 c_1^*。

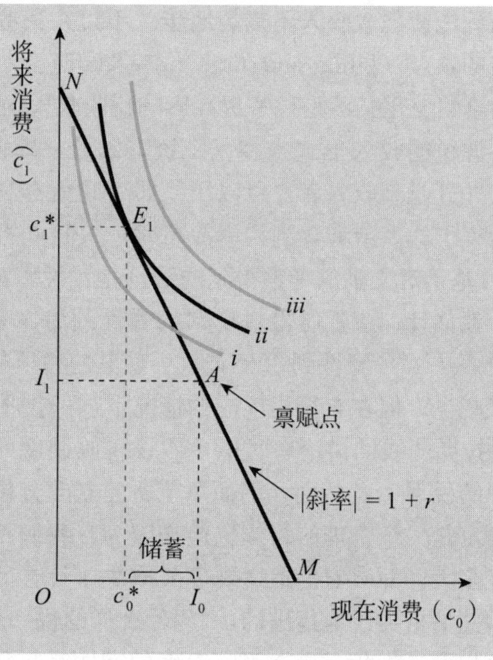

在预算约束线 MN 下，迈达斯的效用最大化点为 E_1。在该点，迈达斯的现在消费为 c_0^*，将来消费为 c_1^*。据此，很容易找到迈达斯的储蓄数量。由于现在收入 I_0 大于现在消费 c_0^*，于是，根据定义，I_0 与 c_0^* 的差额就是储蓄。

当然，这并不能证明储蓄总是合理的。如果可能的最高无差异曲线与预算线的切点在 A 点之下，现在消费就会大于现在收入 I_0，迈达斯就会是一个借款人。尽管下面的税收分析假定迈达斯是一个储蓄者，但同样的分析方法也适用于他是借款人的情况。

我们现在讨论，当对利息所得课征比例税时，储蓄额会如何变动。[②] 在这种情况下，重要的是要弄清，借款人所支付的利息是否可以从应税所得中扣除。根据现行税法，某一特定纳税人是否可以扣除利息支出取决于许多因素（详见第 17 章）。因此，我们要分析有扣除和

① 若以代数式来表示该预算线，则请注意，迈达斯面临的基本预算约束条件是，他的消费现值等于他的收入现值（见第 8 章有关现值的解释）。他的消费现值为 $c_0+c_1/(1+r)$，而他的收入流量现值为 $I_0+I_1/(1+r)$。这样，他对 c_0 和 c_1 的选择，必须满足 $c_0+c_1/(1+r)=I_0+I_1/(1+r)$。读者可以证明，如果把该等式看做是 c_0 和 c_1 的函数，它就是一条斜率为 $-(1+r)$ 的直线，而且经过（I_0，I_1）点。

② 我们也可以考察包括工资和利息的所得税，但这除了使问题复杂化之外，没有什么其他重要意义。

没有扣除两种情况下税收对储蓄的影响。

情况 1：利息支出扣除、利息所得征税　如果对利息征收税率为 t 的比例税，且借款人的利息可以扣除，图 18—7 中的预算线会如何变化？图 18—8 复制了图 18—7 中的税前预算约束线 MN。首先需要指出的是，税后预算约束线也必须通过禀赋点（I_0，I_1），因为不管对利息征不征税，迈达斯总是有既不借款也不贷款的选择。

接下来我们观察到，税收把储蓄者获得的利率从 r 降低到 $(1-t)r$。因此，现在消费 1 美元的机会成本只是将来的 $[1+(1-t)r]$ 美元。与此同时，迈达斯每支付 1 美元利息，他就可以从应税所得中扣除 1 美元。这对于他来说，相当于少缴 t 美元的税款。因此，借款人必须支付的有效利率为 $(1-t)r$。所以，现在消费每增加 1 美元，用将来消费表示的成本只有 $[1+(1-t)r]$ 美元。综合起来看，这意味着，税后预算线的斜率（绝对值）为 $[1+(1-t)r]$。

经过（I_0，I_1）点且斜率为 $[1+(1-t)r]$ 的预算线是图 18—8 中的 PQ。只要税率是正数，PQ 就必然比税前预算线 MN 平缓。

为了完成这个分析，再画出无差异曲线。新的最优点是 E^t，此时，现在消费为 c_0^t，将来消费为 c_1^t。同以前一样，储蓄等于现在消费与现在收入之间的差额，即 $c_0^t I_0$ 的距离。请注意，$c_0^t I_0$ 小于 $c_0^* I_0$，后者是税前的储蓄额。因此，利息税减少了储蓄额，减少的数量等于 $c_0^* c_0^t$ 的距离。

然而，储蓄并非总是下降的。以一个反例来说明，如图 18—9 所示，税前和税后预算线与图 18—8 中的预算线完全相同，故税前均衡点也为 E_1 点。但是，新的切点发生在 $\tilde{E}$ 点，位于 E_1 点的左边。现在的消费是 $\tilde{c}_0$，将来的消费是 $\tilde{c}_1$。在这种情况下，利息课税实际上增加了储蓄，从 $c_0^* I_0$ 增加到 $\tilde{c}_0 I_0$。所以，利息课税是增加储蓄还是减少储蓄，取决于个人的偏好。

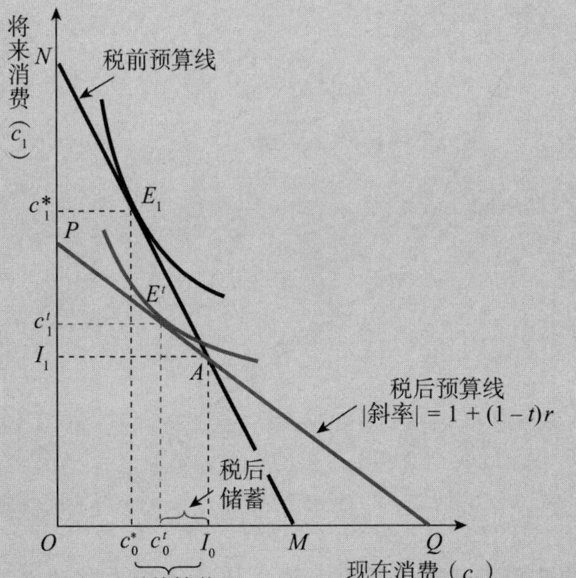

图 18—8　利息所得课税和利息支出扣除：储蓄减少

说明：如果利息所得课税、利息支出可扣除，那么预算约束线就会从 MN 转动到 PQ。在这种情况下，税收减少储蓄，这意味着替代效应大于收入效应。

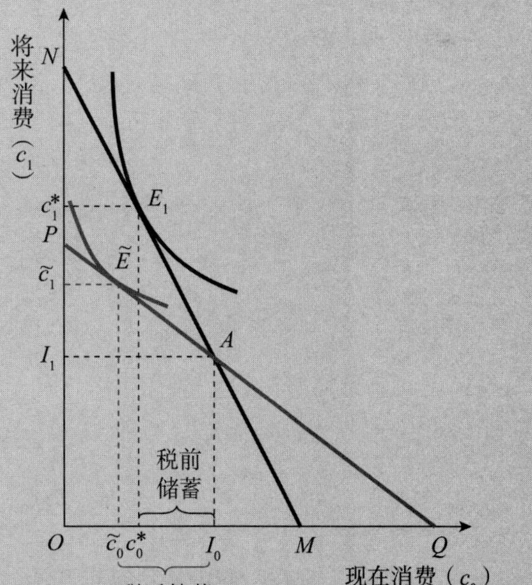

图 18—9　利息所得课税和利息支出扣除：储蓄增加

说明：在这种情况下，收入效应大于替代效应，税收增加储蓄。

这种模棱两可的情况产生的原因在于，存在着两种不同的相互抵消的效应。一方面，利息课税降低现在消费的机会成本，这往往会增加 c_0，减少储蓄。这就是替代效应，是由于税收改变了 c_0 相对于 c_1 的价格而产生的。另一方面，利息课税使贷方难以实现任何将来的消费目标，这便是收入效应，是由于税收降低了实际收入而产生的。如果现在消费是一种正常品，收入降低会减少 c_0，从而增加储蓄。和劳动供给的情况一样，是替代效应还是收入效应占优，单凭理论是无法知晓的。

如果一个理性的人面对利息课税增加可能会增加储蓄这种说法令你觉得不可思议，那么就考察一个极端的例子，即"目标储蓄者"（target saver）。目标储蓄者只有一个目标，那就是让将来的消费保持在一定的量上，既不多，也不少（或许她想储蓄足够的钱，正好能支付孩子将来上大学的学费）。如果税率提高了，她达到该目标的唯一办法就是增加储蓄，反之亦然。这样，对于目标储蓄者来说，储蓄和税后利率的变化方向相反。

情况 2：利息支出不扣除、利息所得征税 现在考察对利息按税率 t 征税，但借款人不能从其应税所得中扣除利息支出时，预算约束线会如何变化。图 18—10 复制了图 18—7 中的税前预算约束线 MN。和第一种情况一样，税后预算约束线也必须经过禀赋点（I_0，I_1）。从该点出发，假定迈达斯决定储蓄 1 美元，也就是说，从 A 点向左移动 1 美元。由于利息被征税，这使他在下一时期增加消费 $[1+(1-t)r]$ 美元。于是，在 A 点的左边，增加现在消费 1 美元的机会成本为 $[1+(1-t)r]$ 美元的将来消费。因此，在 A 点左边的预算约束线的斜率绝对值为 $[1+(1-t)r]$。这与图 18—9 中税后预算约束线的 PA 段是一致的。

图 18—10 利息所得课税和利息支出不可扣除

说明：如果利息所得课税，但利息支出不可扣除，那么预算约束线就会从 MN 变为 PAM。

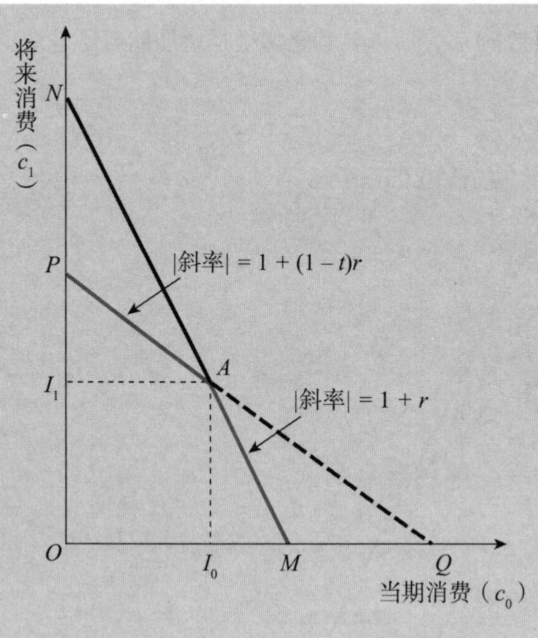

现在，假定从禀赋点开始，迈达斯决定借款 1 美元，就是说，从 A 点向右移动 1 美元。由于利息支出是不可扣除的，所以税制对借款成本没有任何影响，故迈达斯现在借款 1 美元的成本为（$1+r$）美元的将来消费，与利息课税之前的情况一样。因此，在 A 点的右边，增加现在消费 1 美元的机会成本为（$1+r$）美元，这与税前预算约束线 MN 的 AM 段相一致。

综合上述分析，我们看到，当利息收入是应税所得而利息支出不可扣除时，跨时预算约束线在禀赋点是折弯的。在禀赋点的左边，斜率绝对值为 $[1+(1-t)r]$；在它的右边，斜率绝对值为 $(1+r)$。这对储蓄有什么影响？如果迈达斯在征税之前是一位借款者，征税对他没有任何影响。这就是说，如果征税之前，迈达斯在 AM 段上使效用最大化了，在征税之后也是如此。相反，如果在征税之前，迈达斯是一位储蓄者，那么他在现在消费与将来消费之间的选择必须改变，因为 NA 线段上的各点对他来说已不可能达到。可是，与围绕图 18—8 和图 18—9 所进行的讨论一样，我们无法预知迈达斯会增加储蓄还是减少储蓄，这取决于收入效应和替代效应的相对大小。

其他一些考虑　这个简单的两时期模型忽略了一些复杂而重要的现实情况。

● 同往常一样，这种分析是以实际值表达的——左右人们行为的是实际净收益率。正如第 8 章所强调的，我们必须注意，市场的名义收益率要根据通货膨胀率进行调整。

● 在该模型中只有一种储蓄资产，且储蓄收益也只按单一税率征税。在现实中，资产种类繁多，每种资产都有自身的税前收益率。此外，如第 17 章所观察到的，对不同资产的收益所课征的税率也各不相同。因此，只说“这种”税后收益率的变化对储蓄的影响如何，就过于简单了。

● 该模型只考察了私人储蓄。但在很多场合下，重要的变量是社会储蓄（social saving），社会储蓄是指政府储蓄与私人储蓄的总和。例如，倘若政府把通过利息税征收上来的大部分收入用于储蓄，则即使私人储蓄减少，社会储蓄也能上升。

● 有些研究人员对生命周期模型本身的可靠性提出了质疑。生命周期模型假定人们是有远见的；批评者则认为，更现实的假定是人们是短视的。生命周期模型还假定，人们可以在目前的利率水平下自由借款或贷款；批评者则指出，许多人借不到钱。当然，不论是生命周期假说的支持者还是批评者，都不可能百分之百地正确。在任何既定的时间里，有些家庭的储蓄行为可以用该模型解释，而有些家庭的储蓄行为则可能是短视的或受到限制的。

虽然对于生命周期假说各执己见，但大多数经济学家都愿意认为它比较接近现实。

专栏

经验证据：税收对储蓄的影响

我们的理论分析得到的基本结论是，税收对个人储蓄的影响是含糊不清的，必须用实证研究来评价。为此，研究人员通常不得不依赖观察研究，其中，储蓄量是因变量，自变量包括税后储蓄收益率、可支配收入以及可能影响储蓄的其他变量。倘若收益率的系数是正的，那么结论就是，税收增加会抑制储蓄，反之亦然。

遗憾的是，这种方法遇到了很多挑战。比如，收益率的变化很可能与人们对未来经济条件预期的变化有关，而这又不太容易度量。不过，预期的经济条件变化很可能对人们的储蓄量产生独立影响。因此，储蓄与税后收益率之间的数据关系，很可能被人们对未来经济活动的预期所左右，并没有告诉我们税收影响的真实情况。

观察研究的另一个问题与收益率变量的度量有关。驱动人们行为的是实际收益率而非名义收益率。因此，实际市场收益率的计算，需要从观察到的名义市场收益率中扣除预期通货膨胀率。人们的预期想必是在过去的经验的基础上，加上对未来的预期，但没有人能确切地知道预期是如何形成的。利用不同的方法计算预期通货膨胀率，得到的结论可能不一样。

诸如此类的问题使得经济学家们在税收如何影响储蓄上达不成共识。考虑到这些情况，税收联合委员会（Joint Committee on Taxation，2005）所作的一项研究表明，长期储蓄弹性的一个合理估计值约为 0.29。

□ 税收优惠储蓄账户

正如第 17 章所指出的，某些纳税人可以在各种税收优惠的储蓄账户中储蓄。虽然基奥账户、401(k)计划以及传统的个人退休账户(IRAs）等在细节上有所不同，但它们都具有某些关键的属性：存入其中的资金按税前利率积累，且在任何既定的年份里可以存入的最大数额受税法限制。在税收政策的争论中长期未能解决的问题是，缴款限额是否应当增加，或者说，是否应当允许人们在税收优惠的账户中存更多的钱。

在对这种建议的争论中，一个核心问题是，向这些账户的缴款是否代表新的储蓄，或者说，人们所存的钱是否就是原来以其他形式储蓄的钱。不同的研究人员在这个问题上的结论不同。基本问题是，人们储蓄行为的差异，是由人们的偏好不同所致，还是由存在税收优惠的储蓄账户所致，这很难确定。例如，假定随着时间的推移，我们观察到，有些人既增加了他们享受税收优惠的资产，也增加了其他资产。一位研究者会说，“这证明享受税收优惠的账户代表了新储蓄，因为享受税收优惠的资产在没有减少其他资产的情况下增加了”。而另一位研究者可能反驳说，“不对，所发生的一切只是这些人具有强烈的储蓄偏好，且随着时间的推移，他们增加了所有各类资产的持有量”。虽然实证研究的结论也是混杂的，但本杰明（Benjamin，2003）的一项研究表明，税收优惠的储蓄选择至少刺激了一些新的储蓄。

到目前为止的讨论一直假定，税收优惠储蓄账户的管理细节无足轻重。我们看两种可能的情况。第一种情况：你的老板说，她将为你建立 401(k)账户[回想一下第 17 章的内容，401(k)计划是一种类似于传统个人退休账户的税收优惠储蓄账户]。你需要做的就是填写一份要求她这样做的表格。第二种情况：你的老板说，她将为你建立 401(k)账户，除非你填写一份要求她不这样做的表格。传统经济理论认为，这两种情况的结果应当是相同的——你要想清楚是否需要 401(k)并作出决断，故默认选择（default option）无关紧要。然而，贝希尔斯等（Beshears et al.，2006）的研究结果表明，选择方式会有很大影响。比如在某一家公司，符合条件的雇员被自动地纳入 401(k)计划的参与率，在 3 个月后比需要雇员提出要求参加该计划的参与率高出 35 个百分点。2 年之后，自动参保的参与率比请求参保的参与率高出 25 个百分点。因此，默认选择似乎对储蓄行为有很大影响，在设计储蓄激励时应当予以考虑。2009 年，奥巴马政府的确对那些不提供 401(k)计划的雇主提出了要求，将其员工自动纳入个人退休账户（Reddy，2009）。

□ 税收与资本短缺

资本所得课税是一个重大的政治问题。大多数争论都集中在下列命题上，即这种税制抑制了储蓄，导致资本短缺——资本不足，无法满足国家的“需要”。

这种推理的一个主要问题是，如刚才所说，税收是否减少了储蓄供给，完全不清楚。为了便于讨论，假定储蓄的确因征税而减少了。然而，只要资本市场是竞争性的，储蓄的减少就不会造成投资资金供求之间的缺口。相反，利率的调整将使供求数量相等。但是，在其他条件相同的情况下，新的均衡的确会使投资率下降，可能导致生产率增长放慢。

但是，只看到这些问题可能会产生误解。对任何要素征税都有可能降低均衡数量，重要的是效率问题——与其他收入筹措方式相比，资本所得课税是否造成更大的超额负担。我们将在第 21 章讨论，如果资本课税被取消，经济效率是否会提升。同时我们注意到，没有理由认为高投资率才是我们追求的目标，至少在功利主义的理论框架中，资本积累只是提高个人福利的手段而非目的本身。

最后，所有关于储蓄激励能增加资本存量的论点都是基于下列前提条件，即经济中的投资取决于该经济体自身的储蓄率：所有国民储蓄都转变成国民投资。这在没有国际贸易的封闭经济中的确如此。但是，在开放经济中，国内储蓄可能投资于海外。这意味着旨在刺激储蓄的税收政策，不一定导致国内投资增加。只要储蓄资金在国与国之间是自由流动的，储蓄资金就会流向投资机会最具吸引力的国家，税收政策通过储蓄来刺激投资的能力就会大大削弱。

实证研究表明，国内储蓄率高的国家往往具有较高的国内投资，反之亦然。虽然这些数据还可能有其他解释，但这表明，储蓄不会像在一个完全一体化的世界资本市场上所预期的那样，自由地流进和流出一个经济体（Kho et al.，2006)。只要储蓄和投资是相关的，影响储蓄的税收政策一般就会影响投资，只是其影响程度要比在完全封闭经济下的小。

住房决策

人们在谈论资本短缺时，通常关心的是企业生产商品可利用的资本量，而另一种非常重要的资本形式是业主自用住房。税法或许对储蓄总体水平的影响不大，但对储蓄在各类投资之间的配置却有显著影响。本节讨论税法如何有利于住房投资。这个问题特别重要，因为有些人认为，2008 年爆发的金融危机在一定程度上就是由税收造成的住房投资过度引发的。

我们用一个例子来说明所得税对住房投资的影响。麦克贝思有一套住房，决定出租。他的净所得是多少？他从房客那里获得租金，但也有一些经营费用，比如修缮费用。令 R 代表他的租金扣掉这些经营费用后的所得。假定麦克贝思是用按揭贷款购买的这套住房，他每年支付的利息是 I。这些利息支出是一笔经营费用，要从 R 中扣除，得到净所得。最后，假定这套住房在这一年当中增值 ΔV。这是一笔资本利得，也是所得的组成部分。如果住房贬值，ΔV 是负值即资本损失，可从所得中扣除。综合上述情况，麦克贝思作为房东，其净所得 R_{net} 为

$$R_{net}=R-I+\Delta V$$

在基于黑格-西蒙斯原则的税制下，R_{net} 要加到麦克贝思的应税所得中。

现假定，麦克贝思夫妇没有把住房租出去，而是自己居住。由于自己居住，他们获得的收益等于该住房的市场租金价值，同时仍然有经营费用和按揭贷款利息支出，并获得资本利得。也就是说，他们在这套住房上获得的估算净租金（imputed net rent）等于 R_{net}。不管他们住不住这套住房，都会得到一笔净收益 R_{net}；唯一的差别是，当他们把房子出租时，他们明显地得到一笔现金租金，而如果他们自己居住，实际上是自己付给自己钱。不管是不是隐含的，它都是所得，且在黑格-西蒙斯式所得税下，它应当被征税。然而，根据美国税法，人

们从其住房上获得的隐性租金不包括在税基中，且对大多数家庭来说，住房资本利得是免税的。[①] 由于住房的估算租金不计入税基，故税制实际上补贴了业主自用住房。

从第 17 章得知，采取分项扣除的房主可在其纳税申报表中扣除抵押贷款利息和支付的财产税。2011 年，这些扣除使税收收入减少大约 1 020 亿美元（Joint Committee on Taxation，2012）。然而，抵押贷款利息和财产税的扣除，并不是自有住房补贴的主要来源。的确，如果估算租金包括在税基中，抵押贷款利息和财产税就是合法的扣除，因为它们被看做是取得这笔租金所得的费用。根本问题在于，估算租金一开始就没有计入税基。

由于对净估算租金不征税，税法实际上降低了拥有住房的价格，增加了对业主自用住房的需求。根据波特巴和西奈（Poterba and Sinai，2008）的计算，如果对净估算租金征税，中等收入家庭的业主自用住房成本会上升 12.5%左右。假设住房的长期需求价格弹性为－1.0 左右，这会使住房需求量降低 12.5%。

隐性补贴不仅影响人们购买住房的数量，而且首先影响到他们成为房东还是房客的决策。第二次世界大战结束时，48%的美国家庭居住自己的住房，现在这个数字大约是 68%（US Department of Housing and Urban Development and US Department of Commerce，2008）。在这一时期，许多纳税人进入较高的纳税档次，提高了隐性补贴对自有住房的吸引力。当然，还有一些可能影响到住房格局的其他因素也在发生变化，例如，人们的收入大大增加了。然而，各种研究表明，税收因素在自有住房的增长中起了重要作用（Gervais，2002）。

□ 改革建议

在第 5 章的“正外部性”一节里，我们讨论了对业主自用住房提供补贴的正反意见，得到的结论是：从外部性的角度来看，这种补贴没有得到多大支持。尽管有些证据表明，住房所有者比租户更加爱护其房产、花园等，但房主给周边生活环境带来的正外部性并没有大得足以表明应该有补贴（Glaeser and Shapiro，2003）。然而，自有住房是否真能产生正外部性，尚不清楚。正如经济学家詹姆斯·波特巴（Porterba，2005）所说，“这里存在一个深层次的问题，即要区分开是自有住房本身就会产生这些外部性，还是成为房主的人正是产生这些外部性的那种人。”

而且，补贴额随着收入的增加而增加——抵押贷款利息扣除所产生的税收支出当中，有 78%归了收入在 10 万美元以上的家庭（Joint Committee on Taxation，2012，p. 53）。因此，很难说这种补贴有助于公平收入分配。这种补贴也集中于某些地区——加利福尼亚州的住房所有者获得的补助总额占税收优惠总量的 19%～22%（Sinai and Gyourko，2004）。此外，一些人认为，自有住房的税收优惠刺激了家庭举借高风险抵押贷款，从而导致了 2008 年和 2009 年的住房和金融危机。基于这些事实，人们提出了若干建议，改革住房的联邦税收待遇，其中最为激进的建议也许就是把净估算租金计入应税所得。这一举动可能会造成管理上的问题，因为税务当局必须确定每套住房的潜在市场租金。不过，在有些欧洲国家，如比利时、荷兰等，就对一部分估算租金所得征税。

对估算租金征税，在政治上似乎是行不通的。住房所有者很可能认为，他们的住房只会消耗其财源，而不能增加收入。很难使住房所有者（他们占选民的一半以上）相信对估算租金征税是一个好主意。

---

① 税法允许出售主要住宅的资本利得扣除 25 万美元（若是合并申报则为 50 万美元）。

许多改革建议都集中在减少高收入者的抵押贷款利息和财产税的扣除上。一种可能就是干脆取消这些扣除。废除财产税扣除过去虽然曾出现在立法议程中，但从未达到要实施的地步。而且，没有任何一位严肃的政治家在私下里谈过要完全废除抵押贷款利息扣除。

替代废除财产税和抵押贷款利息扣除的一种办法，就是对可扣除的金额规定上限。还有一种可能性是由两党国家财政责任和改革委员会（National Commission on Fiscal Responsibility and Reform，2010）提出来的，把抵押贷款利息扣除变成抵免：每个房主可获得抵押贷款利息支出 12%的不可退款税收抵免。对一个家庭来说，其边际税率越高，扣除的价值就越大，但在其他条件不变的情况下，抵免就不会使其因为边际税率高而享有这样的好处。比如，按现行税制，处于 35%纳税档次的人，支付 1 000 美元抵押贷款利息会使其应纳税额减少 350 美元，而处于 10%纳税档次的人，同样的抵押贷款利息支出只能使其应纳税额减少 100 美元。倘若用 12%的抵免取代扣除，则这两个人减少的应纳税额相同，都是 120 美元。

评估这些建议是很困难的，因为不清楚它们的目的是什么以及是否还有其他政策工具可利用。比如，倘若目标是收入分配公平，为什么要不怕麻烦地把扣除改为抵免？或许更加明智的做法是适当地调整税率表。

最后，应当指出，大多数有关住房税收待遇的争论都隐含地假定，对估算租金全额课税是最有效的解决办法。回想一下最适课税理论（见第 16 章），除一次总付税以外，效率最大化的税率组合一般是所有商品供求弹性的函数，只有在极特殊的情况下，才要求对所有来源的所得课以相同的税率。另一方面，对估算租金所得的课税为零是有效率的，但这几乎又是不可能的。所以，确定适当的税率，是未来研究的一个重要课题。

投资组合

税收可能不仅影响人们积累的财富总量，还影响持有财富的资产形式。一种流行的观点是，低税（特别是对资本利得的征税）会鼓励风险资产的投资。正如《华尔街日报》（*Wall Street Journal*，2001，p. A18）的一篇社论所指出的："高边际税率……抑制……冒险的激励"。这种说法似乎言之有理。如果收益将被税务当局拿走，为什么还要冒险从事有风险的投资呢？然而，实际上这个问题要比上述所说复杂得多。

有关税收和投资组合之间关系的大多数现代理论研究，都是以托宾（Tobin，1958）的开创性分析为基础的。在托宾的模型中，人们是否投资于一项资产的决策取决于两个方面：该资产的预期收益和这种收益的风险程度。在其他条件相同的情况下，投资者会偏向预期收益高的资产。同时，投资者不喜欢风险，在其他条件相同的情况下，投资者更喜欢比较安全的资产。

假定有两种资产。第一种资产十分安全，但收益率为零（比如在没有通货膨胀情况下持有的货币）。第二种资产是债券，平均来说其收益率是正的，但有风险——债券价格可能下跌而使投资者遭受损失。

投资者可以通过持有这两种资产的不同组合，来调整整个投资组合的收益和风险。在一种极端情况下，他可能只持有安全资产——无任何收益，也无任何风险。另一方面，投资者可能只持有风险资产——预期收益会上升，但风险也在增大。典型的投资者一般都有自己的风险和收益偏好，决定了其持有风险资产和安全资产的组合。

现假定对资本资产的收益课征比例税，又假定该税制允许**全额亏损抵消**（full loss offset）——个人可以从应税所得中扣除所有亏损（这在一定程度上反映了美国的现实做法，见第17章）。由于安全资产的收益为零，所以该税对其收益率没有任何影响——收益仍然为零。相反，风险资产的预期收益率是正数，但课税会使其降低。因此，征税似乎降低了风险资产的相对吸引力。

然而，税收在降低风险资产收益率的同时，也降低了它的风险程度。为什么？征税实际上把政府变成了投资者的“隐匿合伙者”（silent partner）。如果投资者“赢”了（取得了正的收益），政府就分享这种收益。但是，如果投资者亏损了，由于亏损抵消的规定，政府也分担亏损。例如，假定一个人在一项投资上亏损了100美元。如果他的税率为35%，那么，可以从应税所得中减去100美元，他的纳税额减少了35美元。这样，尽管投资亏损了100美元，但投资者实际上只损失了65美元。总之，征税使收益率偏离程度缩小了，高的不太高，低的也不太低，从而降低了风险。因此，虽然征税因降低风险资产的预期收益而使它的吸引力下降，但同时又因降低了它的风险程度而使其更具有吸引力。如果第二种效应居主导地位，则从总体上说，征税会使风险资产更具魅力。

用经济计量方法来解决这种模棱两可的问题是非常困难的。一个主要的问题是，很难获得人们持有哪些资产的可靠信息。人们可能无法向调查者准确地报告其持有资产的情况，因为他们也无法确切地知道资产在任何时点上的真实价值。或者，人们可能有意地谎报其资产情况，因为他们担心这些资料可能会被报到税务当局。波特巴和萨姆威克（Poterba and Samwick，2003）利用相当可靠的资料进行了研究，他们发现，在其他条件（包括总财富）相同的情况下，处在较高纳税档次的人，持有风险相当大的普通股的概率较高。这一发现至少为征税会增加风险承担的观念提供了暂时的证据，但问题还远没有解决。

关于政治与弹性的一点说明

虽然人们已作了大量研究，但所得课税对几种重要行为的影响，还是不十分清楚。因此，不同的专家向决策者提供的政策建议可能不同。在这种情况下，几乎不可避免的是，决策者会采纳那些与其目标最为一致的行为假设。虽然一概而论是危险的，但自由主义者常常认为，行为不怎么受税制影响，而保守主义者所持的观点正好相反。自由主义者偏好说低弹性，因为这样他们能为公共部门活动筹集大笔资金，而不必太担心有人指责他们在杀鸡取卵。相反，保守主义者却喜欢说高弹性，因为这可以限制所能征收的税收量，以免经济体付出沉重的效率成本。因此，当记者、政治家和经济学家断言税收如何影响激励时，人们应当根据其背后的动机来评价他们的主张。

小结

- 美国个人所得税影响许多经济决策，包括劳动供给、　储蓄、住房消费以及投资组合选择。税收的行为效应分析是所有公共政策领域里最富有争议的。

● 劳动供给的经济计量研究表明，成年男性的工作时数不太受税收变化的影响，而已婚妇女的工作时数很容易受税后工资率变化的影响。

● 所得税可以使人力资本投资的数量增加、减少或不变，其最终结果部分取决于税收对工作时数产生怎样的影响。

● 税率对税收收入的影响，取决于劳动供给对税率变动的反应，以及应税所得与非应税所得之间的替代程度。

● 税收对储蓄的影响可用生命周期模型来分析。生命周期模型假定，人们的年度消费和储蓄决策受其一生资源的影响。利息所得课税降低现在消费的机会成本，从而产生了减少储蓄的激励。然而，这种税减少了一生资源总量，往往也会减少现在消费，即增加储蓄，故对储蓄的最终影响是一个实证问题。

● 储蓄行为的经济计量研究因理论和实践上的种种困难而不得要领。因此，关于税收对储蓄的影响仍无共识。

● 个人所得税不包括业主自用住房的估算租金。这既提高了选择自己拥有住房者的比例，又增加了业主自用住房的数量。

● 税收对投资组合的理论影响是模棱两可的。税收降低了风险资产的预期收益，同时也降低了它的风险。这种相互抵消倾向的最终影响如何，在实证分析上尚未得到解决。

讨论题

1. 大多数经济学家认为，即使美国联邦所得税的所有法定税率都下调，也不大可能使税收收入增加。可是，最近的一项研究表明，就某些城市的税制来说，情况可能不是这样（见 Haughwout et al.，2004）。为什么在城市层面而不是在联邦层面上，降低税率很有可能增加收入？

2. 假定人们认为，他们因缴纳所得税而遭受的收入损失，可能由这些收入提供的公共服务利益所抵消。这对他们的劳动供给决策有何影响？（提示：将工作时数变化分解为收入效应和替代效应。）

3. 根据现行税法，雇主提供的医疗保健福利不征税。请利用无差异曲线分析，构建这种免税的取消对医疗保健福利数量的影响模型。（提示：设想一个人只消费两种商品，一种是“医疗保健福利”，另一种是“所有其他商品”。）

4. 根据一项经济计量研究，“丹麦和瑞典的资本所得课税处于拉弗曲线的错误一边”（Trabandt and Uhlig，2009）。请解释这里所说的“错误一边”是什么意思。

5. 按照费尔德斯坦（Feldstein，2008b）的说法，2008 年提供给纳税人的一次性退税中，“只有约 10%～20%”被立即花掉了。请利用图 18—7 描述的生命周期模型，解释为什么这一结果可能被预测到。（提示：想想一次性退税如何影响图 18—7 中的禀赋点和预算约束线，并与永久性退税如何影响禀赋点和预算约束线进行对比。）

6. 1964 年，最高边际税率从 90%降低到 70%。在这项改革之后，年度冠军拳击赛的参赛人数大幅增加（Fetter，2010）。请利用劳动供给理论说明这一现象。对于冠军级别的拳击手来说，是收入效应还是替代效应占主导地位？

7. 面对利率下调，一位金融专栏作家给出如下建议：“为了保持这种稳定的收益，每个月应储蓄得更多”（Clements，2003）。请利用生命周期模型来评价一个理性人是否会听从这种劝告。倘若采纳了这个建议，那么，此人的储蓄供给曲线的形状会是什么样的？

8. 一位作者收到了一位学生的电子信件，信中说：“一个住在自有住房里的人放弃了出租房子赚取的房租。这笔放弃的租金是住房所有者的机会成本，故不应按黑格-西蒙斯的所得定义来征税。”请评价这种说法。

9. “税后份额”定义为 1 减去边际税率。海姆（Heim，2009）估计，就收入在 500 000 美元以上的人来说，应税所得对税后份额的弹性值为 1.2。如果这种估计是正确的，那么，把高收入者的边际税率从 35%提高到 40%对税收收入会产生怎样的影响？

10. 在一个经济体中，劳动力的供给曲线 S 由下式给定：

$$S=-100+200w_n$$

式中，w_n 是税后工资率。假定税前工资率固定为 10。

a. 写出一个公式，把税收收入表示为税率的函数，并把该函数用图形表现出来，其中横轴代表税率，纵轴代表税收收入。［提示：请注意，$w_n=(1-t)\times 10$，其中 t 是税率，税收收入是工作时数、毛工资率与税率的乘积。］假定政府现在课征的税率是 70%，你会给出怎样的建议？

b. 请用微积分来解下列问题：在这个经济体中，税收收入最大化的税率是多少？

第 19 章

公司税

> 我说了这番话也许会后悔，可我们何时才有勇气指出，在我国的税制中，公司税很难证明是正当的？
>
> ——罗纳德·W·里根（Ronald W. Reagan）总统

2010 年，大约有 7 万亿美元或占国内生产总值的 48%来源于公司（*Economic Report of the President*，*2012*，p. 336）。**公司**（corporation）是一种企业组织形式，其所有权通常表现为可转让的股权证，股东对公司行为负有限责任。这意味着，他们对公司债权人所承担的负债，仅限于他们在公司的投资额。

公司是独立的法律实体，通常被称为法人。公司可以签约、持有资产、负债、起诉和被起诉。和其他任何人一样，公司也必须对其所得纳税。公司所得税收入大约占联邦税收收入的 8%（*Economic Report of the President*，*2012*，p. 413）。本章解释联邦公司所得税制，并分析它对资源配置的影响。

为何对公司征税

在本章开头引用的罗纳德·W·里根的话中，提到了这样一个问题：专门设立一种对公司的课税制度有无道理？诚然，从法律的角度看，公司也是人。但是从经济的角度看，这种说法没有什么意义。正如在第 14 章中所强调的，只有实实在在的人才能纳税。倘若如此，为什么还要再对公司活动课征一种特殊的税？为什么不只通过个人所得税来对公司所有者的所得征税？

人们对单独设立公司税提出了许多理由。第一，和刚才提到的观点相反，公司——尤其是大公司——确实是个独特的实体。大公司的股东成千上万，股东—所有者对公司经理人的控制，即便有的话，也是相当松散的。大多数经济学家肯定会同意，大公司的所有权和管理权要分离，这对于理解公司如何运作很重要。不过，也不能由此推断说，公司应当按一个独立的实体来征税。

对公司课税的第二个理由是，公司享有社会赋予的许多特权，其中最重要的是股东只负有限责任。公司税可以被看成是这种特权利益的使用费。然而，没有理由让人相信，公司缴纳的税款与所获得的利益相近。还有，我们为什么要把允许人们以一种有效方式积累其资本的法律视作一种需要纳税的利益？允许其他类型合同的法律可没有以这种方式来看待。

最后，公司税维护了个人所得税的完整性。假定卡尔在某一年从公司收益中分到 10 000 美元。按照经济学家传统标准的所得定义，不管这笔钱是保留在公司里，还是支付给了卡尔，都是卡尔的所得。如果这 10 000 美元由公司支付给了卡尔，就按他的个人所得税税率征税。在没有公司所得税的情况下，如果这 10 000 美元留在公司中，就不用纳税。因此，如果不对公司所得征税，卡尔就可以在公司内积累所得来减少纳税义务。当然，在这笔钱最终支付给卡尔时，还是要纳税的，但在此期间，这 10 000 美元的价值将按税前利率增加。我们从第 17 章得知，延期纳税等于节税。

如果对公司所得不征税，的确会为个人提供避税机会。但是，对公司专门课征一种税，并不是对公司积累的收益课税的唯一办法。我们会在本章最后讨论一种替代方法，这是许多经济学家看好的一种方法。

制度

公司税的税率结构是累进的，最低档为 15%，最高档为 35%（应税所得在 1 000 万美元以上）。[①] 大多数公司所得的税率是 35%，因此，为了便于分析，公司税率可以看做是 35%的统一税率。这个税率高于许多其他国家，但低于美国历史水平。《1986 年税制改革法案》之前，该税率为 46%。该法案把税率降低到 34%，后于 1993 年又提高了 1 个百分点。

但是，和个人所得税的情况一样，法定税率本身不能完全说明有效负担的高低。我们必须准确知道，哪些项目可以从税前公司所得中扣除。因此，现在讨论界定应税公司所得的若干规则。[②]

□ 雇员报酬扣除

如我们在第 17 章看到的，界定个人所得的基本原则是，在计算所得时，应把赚取所得的费用扣除。这一逻辑也适用于公司所得的计算。公司的一项重要经营费用是劳工费，因而付给员工的报酬（工资和各种福利）应从应税所得中扣除。

□ 利息扣除，但股息不能扣除

公司举债时，支付给贷方的利息要从应税所得中扣除，其理由仍然是经营成本应该扣减。但是，如果企业以发行股票来筹资，付给股东的股息就不能从公司收益中扣除。我们会在后面讨论这种不对称待遇的后果。

---

① 在某些所得范围内，有效边际税率可能超过 35%。

② 还应注意，在这些规定当中，有许多也适用于非公司企业。此外，在有些情况下也适用公司替代性最低税。

□ 折旧扣除

假定在某年，XYZ公司购买了两种商品：（1）价值1 000美元的文具，年内用完；（2）价值1 000美元的空调，可用10年。在确定XYZ公司的应税所得时，这两项开支应如何处理？文具的情况相当简单，由于它在购买当年就完全消费掉了，故其全部价值就应当从当年的公司所得中扣除，而且税法也确实是这样规定的。空调的情况则复杂些，因为它是一种耐用品。购置空调的交易仅仅是资产的变换，即企业放弃现金，换取空调。这种资产的购置实质上不是一种经济成本。不过，在空调使用过程中，空调会有磨损，这会减少其价值。这种价值的减少才是该企业的经济成本，称为**经济折旧**（economic depreciation）。

因此，在空调使用寿命的头一年，按照所得的一致性定义要求，只有该年度的经济折旧才能从企业的税前所得中减除。同样，只有该机器在使用第二年的经济折旧，才能从第二年的毛所得中扣除；如此继续下去，直到该机器不能使用为止。

这个原则说起来简单，但应用起来并不容易。在实践中，税收当局无法确切知道某项资产每年折旧多少，甚至连该资产的使用寿命有多长也不知道。虽然税法明文规定了每类资产每年可按其购置价格的多大比例进行折旧，可以折旧多少年——即该资产的**征税寿命**（tax life），但这些规定常常不能反映其真实的经济折旧。比如，有证据表明，个人电脑的价值折旧就比税法规定的快（Doms et al.，2004）。

折旧扣除价值的计算　一种可以折旧的资产对企业来说价值几何？假定价值1 000美元空调的征税寿命为10年，企业可以每年按其价值的1/10进行折旧。那么，该折旧扣除流量对于XYZ公司的价值有多大？

第一年底，XYZ公司按规定可从其应税所得中减掉购置价格的1/10或100美元。由于公司所得税的税率为35%，这100美元的扣除为公司节省了35美元。不过，请注意，XYZ公司是在这台机器购买一年之后才获得这一好处的。这35美元的现值应是35美元除以$(1+r)$，其中，r是企业资金的机会成本（倘若你需要复习一下现值的概念，请参阅第8章）。

到了第二年底，XYZ公司按规定仍可从应税所得中扣减100美元，这项扣减又为公司省了35美元。由于这35美元在两年之后才发生，所以其现值是35美元$/(1+r)^2$。同理，第三年折旧的现值为35美元$/(1+r)^3$，第四年折旧的现值为35美元$/(1+r)^4$，依此类推。整个折旧扣除流的现值为：

$$\frac{35\text{ 美元}}{1+r}+\frac{35\text{ 美元}}{(1+r)^2}+\frac{35\text{ 美元}}{(1+r)^3}+\cdots+\frac{35\text{ 美元}}{(1+r)^{10}}$$

例如，如果$r=10\%$，该表达式就等于215.10美元。因此，折旧扣除实际上使空调的税后价格从1 000美元降为784.90美元（=1 000美元−215.10美元）。从直观上看，有效价格低于购置价格，因为这项购置产生了未来的节税流。

更一般地说，假定税法允许一家企业对某一项资产折旧T年，在第n年可以在应税所得中注销的资产比例为$D(n)$。所有$D(n)$项之和等于1，这意味着税法最终允许该资产的全部购置价格注销。[在上述例子中，T为10，$D(n)$为每年1/10。但是，有些折旧方法允许$D(n)$在各年不同。] 假定一项资产的购置成本为1美元。第一年年底可折旧的数额为$D(1)$美元，它对企业的价值为$\theta\times D(1)$，其中θ为公司税税率[由于资产成本为1美元，所以$D(1)$是个分数]。同理，第二年的折旧扣除对企业的价值为$\theta\times D(2)$。1美元资产的折旧扣除所产生的全部节税（tax savings）的现值Ψ为：

$$\Psi=\frac{\theta\times D\ (1)}{1+r}+\frac{\theta\times D\ (2)}{(1+r)^2}+\cdots+\frac{\theta\times D\ (T)}{(1+r)^T} \tag{19.1}$$

由于 Ψ 表示的是 1 美元支出的节税额，据此可推断，如果一项资产的购买价格为 q 美元，折旧扣除就使其有效价格降为 $(1-\Psi)q$。例如 $\Psi=0.25$ 就表明，每购置 1 美元的资产，就可获得 25 美分的节税额。因此，如果机器成本为 1 000 美元（$q=1\ 000$ 美元），那么，其有效价格就只有购置价格的 75%，即 750 美元。

式（19.1）表明，因折旧而获得的节税额主要取决于 T 值和函数 $D(n)$。具体来说：（1）机器被注销的时期越短——T 值越小，（2）机器使用前期其价值被注销的比例越大——n 很小时 $D(n)$ 的值越大，则节税额就越大。允许企业按快于实际经济折旧的速度注销的方法，称为**加速折旧**（accelerated depreciation）。一种极端的可能做法是，允许企业把资产购置时的全部成本从其应税所得中扣除，这叫**费用列支**（expensing）。

根据现行税法，每项可折旧的资产适用 8 种可能的征税寿命之中的一个（即 T 有 8 个值），从 3 年到 39 年不等。例如，有些赛马为 3 年，大多数计算机和商用设备为 5 年，而大多数非住宅建筑物的征税寿命为 31.5 年。一般说来，征税寿命比资产的现实使用寿命短。这对公司的投资行为有潜在影响，我们将在后面讨论。

无形资产：带我去看球赛　我们在讨论折旧时，假定所说的资产是有形的，如一台打印机或一辆卡车等。但是，无形资产也有折旧问题。假定一家公司花钱做广告。做广告，为的是要在几年内扩大销售。我们可以把这种广告看做是一种资产，就像机器一样，在相当长的时间内产生收入流。类似地，企业就应得到许可，每年扣除广告"资产"的折旧。对于税务人员来说，确定这种资产适用的折旧率表是很头痛的事。

购买棒球专营权是一个很好的例子。假如你买下一支棒球队，你所买的一部分是球员的合同。税务当局规定，属于球员合同的那部分购置成本是可折旧的资产，并可以在 5 年时间内（每年的比例相同）折旧完毕。另一方面，专营权价值的其他部分，如电视转播合同等是不能折旧的。可以预料，俱乐部老板就购置成本中球员部分的价值，将与国内税收署展开无休止的争斗——俱乐部老板希望分配给球员合同的成本比例大些，而国内税收署则希望该比例小些。此外，国内税收署指出，其他大多数无形资产的折旧年限都在 15 年以上，而不是球员合同的 5 年，故希望像对待其他企业一样来对待棒球队。所有这些争端，都是在难以确定各种论点的优缺点的情况下发生的。总之，在折旧方法的处理上，有很多棘手的复杂问题。可是，只要税基是所得，就不可避免地要解决折旧问题。

□ 投资税收抵免

多年来，税法一直含有**投资税收抵免**（investment tax credit，ITC），即企业在购进一项资产时，可以把该资产的购买价格按一定比例从企业的应纳税额中扣除。如果一台空调的价格为 1 000 美元，而且允许 XYZ 企业有 10%的投资税收抵免，那么购买空调就可以使 XYZ 企业的应纳税额减少 100 美元。于是，空调的有效价格（在折旧扣除之前）为 900 美元。更为一般地说，如果投资税收抵免率为 k，购买价格为 q，那么该资产的有效价格就是$(1-k)q$。与折旧扣除不同的是，投资税收抵免对企业的价值不取决于公司所得税的税率。这是因为，税收抵免额是从应纳税额中扣除的，而不是从应税所得中扣除的。在 20 世纪 80 年代初，设备的税收抵免率是 6%或 10%（取决于该设备的征税寿命）。

《1986 年税制改革法案》取消了大多数投资的税收抵免，目前只保留了可再生能源技术投资的税收抵免。这样，对于绝大多数投资而言，k 现在都为零。

□ 股息与留存收益的处理

到目前为止，我们一直在讨论公司直接缴税的情况。然而，在许多情况下，重要的问题并不是公司的应纳税额，而是公司所得的总税率。理解公司税制与个人税制之间的相互作用是很重要的。

公司利润既可以由企业保留，也可以股息的形式付给股东。支付的股息不能从公司所得中扣除，故要缴纳公司所得税。此外，直到现在，股东获得的股息都被视为普通所得，按个人边际所得税率征税。于是，股息实际上是被**双重征税**（double taxation）——在公司层面上被征一次，在分配给股东后又被征一次。2003 年通过的立法有消除股息双重征税的趋势，对个人取得的股息课征的最高税率为 15%。2013 年，高收入家庭适用的最高税率提高到 23.8%。

评价留存收益对股东的影响更为复杂一些。假定 XYZ 公司的保留收益为 1 美元，如果股票市场能准确反映企业的价值，那么企业现在多了 1 美元，就会使 XYZ 股票升值 1 美元。但是，在第 17 章我们看到，股票升值带来的所得——资本利得享有税收优惠待遇。这是因为，一个典型 XYZ 公司股东所取得的资本利得，在该利得实现之前不纳税。因此，这种税制促使企业留存收益，而不把这些收益作为股息分派给股东。

□ 公司资本的有效税率

本节开始时我们曾指出，公司部门资本所得适用的法定税率目前为 35%。显然，如果这也正是有效税率，那么会让人大吃一惊。在公司层面上，计算有效税率需要考虑利息扣减、折旧扣除和通货膨胀的影响。此外，正如刚才所提到的，表现为股息和已实现资本利得形式的公司所得，在个人层面上也被课税。白宫和财政部于 2012 年发表了一份报告，考虑到所有这些因素，公司资本所得的有效税率估计为 29.2%。根据这项研究，美国同其他国家相比，公司资本所得的有效税率并非很高，比如英国的有效税率为 32.3%，德国为 23.3%，而日本高达 42.9%。

当然，任何这样的计算都需要一些假设条件，如选择合适的贴现率［式（19.1）中的 r］、预期通货膨胀率、真实经济折旧程度等。此外，如在下一节将看到的，公司税的有效税负部分取决于投资是如何融资的——是借债、发行股票，还是动用内部资金。研究人员采用不同的假设条件，得到的有效税率就可能不同。不过，不管采用哪种方法，法定边际税率与有效边际税率之间的差异都不可能有太大的改变。

税收归宿和超额负担

理解税法和计算有效税率，只是分析公司税的第一步，还必须确定谁最终承担税负，并衡量其所造成的无效率成本。公司税的经济影响是财政学中最有争议的问题之一，而引发这种争议的一个重要原因是，人们对于它到底是何种税存在意见分歧。我们看看其中的几种观点。

□ 是一种对公司资本课征的税

记得我们在讨论公司税制时得知，企业不能把股东提供资本的机会成本从应税所得中扣除。由于资本的机会成本是计入税基的，因此，把公司税看做是对公司使用的资本课征的一种税，似乎是有道理的。按第 14 章的分类方法，公司税是一种部分要素税。这种观点在这一研究领域居主导地位。

在考察所有市场的影响（“一般均衡”）的模型中，对公司资本征税，会导致公司部门的资本转移出去，直到整个经济的税后收益率相等才停下来。古尔斯比（Goolsbee，2004）提供的证据表明，公司税的确会导致公司从事的经济活动减少，并指出，在其他条件相同的情况下，在公司所得税税率比较高的州，以公司形式经商的企业数量比较少。随着资本转移到非公司部门，非公司部门的资本收益率也被压了下来，以至于所有的资本所有者（不仅仅是公司部门的资本所有者）最终都会受到影响。资本在这两个部门间的重新配置，也影响到劳动的收益率。资本和劳动最终各自承担多少税负，取决于各部门所用的生产技术，还取决于消费者对公司部门和非公司部门产品的需求结构。财政经济学家富克斯等（Fuchs et al.，1998）在他们所作的研究中发现，他们实际上也都认为，公司所得税的负担是由资本和劳动共担的，“但对于到底谁负担多少，却存在着很大分歧”。

现在转向这个问题的效率方面，讨论第 15 章曾讲过的部分要素税的超额负担计算问题。公司税由于使公司部门的资本积累下降，使资本从生产率最高用途上转向其他用途，从而产生超额负担。根据乔根森等（Jorgenson and Yun，2001，p. 302）的估计，公司税的超额负担非常大，相当于其税收收入的 24%。

□ 是一种对经济利润课征的税

另一种观点认为，公司税是对经济利润课征的一种税。这种观点的依据是，税基是从公司毛所得中减去生产成本所决定的，这剩下的只是“利润”。正如在第 14 章解释的那样，经济利润税的归宿分析比较容易。只要企业使经济利润最大化，那么，对经济利润征税就不会引起企业行为的调整——有关价格、生产的所有决策都不会改变。因此，这种税无法转嫁，只能由征税时的企业所有者来承担。此外，由于这种税不改变行为，因此，它不会导致资源配置不当，故超额负担为零。

把公司税简单地看成是对经济利润课征的一种税，几乎肯定是错误的。纯利润税的税基是按下列方法计算出来的：从毛收入中减去所有投入的价值，包括企业所有者提供投入的机会成本。如前所述，股东提供的资本不允许扣除，所以，该税基包含了经济利润以外的其他因素。

不过，在有些情况下，公司税等同于经济利润税。斯蒂格利茨（Stiglitz，1973）曾证明，在一定条件下，只要允许公司把支付给债权人的利息扣除，公司税就相当于经济利润税。

为了理解这一结果背后的推理，我们以某一企业为例，该企业正打算购买一台耗资 1 美元的机器。假定已知这台机器所生产的产品税前价值为 G 美元，又假定该企业通过举债为这次购买筹资——企业借了 1 美元，并必须支付利息 r 美元。在没有任何税收的情况下，如果净收益（总收入减去折旧再减去利息）是正数，企业就会购买这台机器。用代数形式表达，如果

$$G-r>0 \tag{19.2}$$

企业就购买这台机器。

现假定，征收具有下列特征的公司税：（1）按税率θ对净所得征税；（2）从总收入中减去利息成本，得到净所得。这对企业的决策有何影响？显然，企业必然基于税后利润率来选择项目。根据特征（2），企业的应税所得为（$G-r$）。根据特征（1），该项目的应纳税额为$\theta(G-r)$，税后利润为（$1-\theta$）（$G-r$）。只有当税后利润是正数时，也就是说，只有下式

$$(1-\theta)(G-r)>0 \tag{19.3}$$

成立时，企业才从事这一项目。

现在请注意，任何满足税后标准式（19.3）的项目，也会满足税前标准式（19.2）。[只要用（$1-\theta$）去除式（19.3），就可以得到式（19.2）。] 因此，征税并没有改变企业的投资决策——税前的决策是什么样，税后还是一样。企业所有者的行为同税前一样，他们只是损失了一些投资利润，这些利润交给了政府。从这个意义上说，公司税相当于经济利润税。并且，与经济利润税一样，其税收归宿落在企业所有者身上，没有产生超额负担。

这一结论关键取决于一些基本假设条件，而这些条件又很容易受到质疑。记得该论点假定，企业用借债方式为其额外项目筹资。但企业也有若干理由，可通过出售股票或利用留存收益来筹资。比如，企业可能会面临资本市场的种种约束，无法借到它想借的款项。或者，如果企业对项目的收益没有把握，它可能不愿意借款为该项目筹资。因为，在其他条件相同的情况下，如果事情搞砸了，企业负债就会增加，破产的可能性就会增大。

因此，斯蒂格利茨的主要贡献不在于公司税没有超额负担这一结论，而在于公司税的影响取决于公司融资结构这一重要见解。

对行为的影响

本节讨论受公司税影响的三类重要决策：（1）物质投资（设备和建筑）的总量；（2）物质资产的类型；（3）投资的融资方式。尽管企业很可能同时作出这三类决策，但为了便于分析，我们还是把这三类决策分开来讨论。

□ 物质投资总量

企业在某一既定时期内的净投资，就是该时期内增加的物质资产。主要的政策问题是，像加速折旧、投资税收抵免这类措施，能否刺激投资需求。这个问题很重要。例如，2009年，国会提出更慷慨的折旧扣除时，目的是要增加投资。而反对者则认为，这不会有多大效果。究竟谁对？

答案部分取决于你对公司如何作出投资决策所持的观点。人们已经提出了许多不同的模型，但哪个模型最好，莫衷一是。① 我们讨论三个备受关注的投资模型。

加速器模型 假定生产中的资本—产出比率是固定的。例如，每生产一单位产品需要三单位资本。这样，产出每增加一单位，企业就必须增加其资本存量——投资——三个单位。因此，投资量的主要决定因素是产出需求量的变动。

① 奇里恩克（Chirinko，2002）对各种模型进行了讨论。

该理论有时被称为加速器模型（accelerator model），它表明折旧扣除和投资税收抵免基本上不影响物质投资，只有产量影响投资量，因为技术规定了资本—产出比率。换言之，税收对资本的优惠，可能使资本更加便宜，但在加速器模型中，这并不重要，因为资本的需求并不取决于它的价格。

新古典模型　关于投资过程的一个不太极端的观点是，资本—产出比率在技术上并不是固定的。相反，企业可以选择不同的技术。但是如何选择？根据乔根森（Jorgenson，1963）的新古典模型，一个关键的变量是企业的**资本使用者成本**（user cost of capital）——企业因拥有一项资产而产生的成本。后面将谈到，资本使用者成本包含两项：一是放弃其他投资的机会成本，二是像折旧和税收这样的直接成本。资本使用者成本表明的是，一个项目的收益率必须达到多少才有利可图。例如，如果一个项目的资本使用者成本为 15%，那么只有当该项目的收益率大于 15%时，企业才会从事该项目。资本使用者成本越高，有利可图的项目数量就越少，企业想要的资本存量就越低。在新古典模型中，在资本成本上升时，企业会选择资本密集程度较低的技术，反之亦然。如果税收政策使资本成本增加，就会降低企业想要的资本存量，从而减少投资。

这里有两个悬而未决的问题：（1）税制变化对资本使用者成本有何影响？（2）投资对资本使用者成本变化的敏感度有多大？我们依次讨论这些问题。

资本使用者成本。以企业家利昂娜为例。她可以把自己的钱借出去，获取 10%的税后收益率。现假定利昂娜是一家经营连锁酒店公司的唯一股东。由于她只要在资本市场上把钱贷出去，就总能获得 10%的收益率，所以，如果酒店收益率比这个数字低，她就不会在酒店上进行任何投资。假定利昂娜正在考虑购置一台真空吸尘器，这台真空吸尘器的经济折旧率每年为 2%。暂时不考虑税收，这台真空吸尘器的资本使用者成本为 12%，因为这台真空吸尘器必须获得 12%的收益率，才能给利昂娜挣到她把钱借出去就能获得的 10%的收益率。用代数式表达，设 r 为税后收益率，δ 为经济折旧率，则资本使用者成本就是（$r+\delta$）。如果这台真空吸尘器不能在税后挣得（$r+\delta$）或 12%，企业就没有理由购买它。

现在假定，公司税税率为 35%，利昂娜的股息适用 15%的边际税率，且公司的全部收益都作为股息付给利昂娜。于是，如果该公司挣了 1 美元，公司税为 0.35 美元（=0.35×1 美元），剩下 0.65 美元可分配给利昂娜。当利昂娜获得这 0.65 美元的股息时，她将按 15%的税率缴纳个人所得税，其应纳税额为 0.098 美元（≈0.15×0.65 美元），她还剩下 0.552 美元。用代数式表达，如果 θ 为公司税税率，t 为对股息所得课征的个人所得税税率，则 1 美元公司利润的税后收益就是 $(1-\theta)\times(1-t)$。

这些税种对资本成本有何影响？我们必须找到税前收益率，使得利昂娜在缴纳了公司所得税和个人所得税之后能得到 12%。令 C 代表资本使用者成本，则 C 必定是等式 $(1-0.35)\times(1-0.15)\times C=12\%$ 的解，或者说，$C=21.7\%$。因此，利昂娜不愿意购买这台真空吸尘器，除非它的税前收益率为 21.7%或更高。用代数式表达，资本使用者成本是解方程 $(1-\theta)\times(1-t)\times C=r+\delta$ 所得到的 C 值，或者说，

$$C=\frac{r+\delta}{(1-\theta)\times(1-t)} \tag{19.4}$$

至此，我们已经阐明了公司税税率和个人税税率是如何提高资本使用者成本的。然而，税法中的其他条款，诸如加速折旧等，会降低资本使用者成本。在式（19.1）中，定义 Ψ 为 1 美元投资的折旧扣除现值。假定真空吸尘器的 Ψ 为 0.25。于是，折旧扣除实际上使购置真

空吸尘器的成本降低了1/4，从而使企业要达到一个给定的税后收益而必须挣到的税前收益降低了1/4。在这个例子中，现在真空吸尘器不用非要挣到21.7%，只需挣得16.3%［≈21.7%×(1−0.25)］即可。用代数表述，折旧扣除使资本成本按系数（$1-\Psi$）降低。同理，我们已经说明，如果投资税收抵免率为k，1美元的购置成本就降为（$1-k$）美元。如果既有折旧扣除，又有投资税收抵免，资本成本会按系数（$1-\Psi-k$）降低。[①] 因此，式（19.4）C的表达式必须乘以（$1-\Psi-k$），以反映加速折旧和投资税收抵免的存在，即

$$C=\frac{(r+\delta)\times(1-\Psi-k)}{(1-\theta)\times(1-t)} \tag{19.5}$$

式（19.5）概括了公司税制是如何影响企业资本使用者成本的。在其他条件相同的情况下，对公司所得征税使得资本投资更加昂贵。但是，折旧扣除和投资税收抵免通常会降低使用者成本。公司税制的任何变化都会影响到θ、Ψ和k的某种组合，从而会改变资本使用者成本。

使用者成本对投资的影响。在我们知道了公司税制如何影响资本使用者成本之后，下一步就要确定使用者成本的变化对投资会产生怎样的影响。如果加速器模型是正确的，那么即使使用者成本大幅度降低了，对投资也没有任何影响。反之，如果投资对资本使用者成本的变化很敏感，则折旧扣除和投资税收抵免就可能是影响投资的强有力工具。投资对使用者成本的弹性在各项研究中虽有差异，但0.4似乎比较合理（Chirinko，2002）。

上述讨论隐含的一个重要假设是，资本品的税前价格不受税收引致的资本使用者成本变化的影响。例如，如果企业看到有投资税收抵免而开始购买更多的资本品，这不会抬高资本品的价格。用技术性更强一点的话说，资本品的供给曲线完全是水平的。然而，古尔斯比（Goolsbee，2003）发现，投资税收抵免使生产资本品工人的相对工资提高了，而这往往使资本品价格上升。因此，投资税收抵免引起的投资增加，被资本品税前价格的上升抵消了一部分。

最后，我们必须记住，在很大程度上说，美国是一个开放的经济体。如果税法使在美国的投资对外国人更具有吸引力，那么来自国外的储蓄可为在美国的投资融资。税收政策对投资的影响，正是在第18章所看到的税收政策与储蓄之间关系的另一面：鉴于国内储蓄有可能流出本国，因此，通过影响储蓄来间接刺激国内投资变得比较困难；但是，鉴于有可能吸引外资，因此通过直接影响资本使用者成本来刺激投资就变得比较容易。

现金流量模型 如果你问生意人，什么因素决定他们的投资决策，他们很可能提到**现金流量**（cash flow），即收入与投入支出的差额。手中的钱越多，投资的能力就越大。相反，在新古典投资模型中，现金流量无关紧要。在该模型中，内部资金和借入资金的机会成本都一样，即都是经济中的现行收益率。此外，企业可以按现行收益率想借多少钱就能借到多少钱。在这些条件下，如果生产一种新的电脑芯片的收益大于其机会成本，企业就会生产该芯片，不管企业是借钱还是动用内部资金。

新古典模型的一个关键假设是，对企业来说，不管是内部资金的成本还是外部资金的成本，都是相同的。许多经济学家认为，这是一个不当假设。为了弄清这一点，假定企业管理者比潜在的贷方对芯片的前景更了解。尤其是，贷方认为该项目所具有的不确定性比经理人员所认为的要大，因而对贷款收取的利率很高。或者，他们也许不愿意贷出一分钱。这样，

① 这里假定，当企业享有投资税收抵免时，用于计算折旧扣除的基数未减少。

企业内部资金的成本会低于外部资金的成本，故投资额取决于内部资金的数量，即现金流量。

现金流量与投资之间似乎确实存在着某种统计关系（Stein，2003）。然而，对这一发现的解释并不十分清楚——企业是因为它们的现金流量高而投资，还是成功的企业本来就有高现金流量和投资？不管怎样，如果现金流量理论是正确的，那么它在税收对投资行为的影响方面具有重要含义。例如，在新古典模型中，对公司课征一次总付税不影响投资；可是，若在现金流量模型中，投资就会下降。目前，现金流量模型是一个比较活跃的研究课题。

□ 资产类型

税制不仅影响投资总量，还影响企业购置的资产类型。例如，税制鼓励购买享有相对慷慨折旧扣除的资产。行业间的有效公司税税率差异很大，从公用事业的14%到建筑业、批发和零售业的31%不等（White House and Department of the Treasury，2012）。从效率角度来看，这些差异很难说是合理的。

□ 公司财务

企业所有者除进行物质投资的决策外，还必须确定如何为企业经营筹资以及是分配利润还是保留利润。本小节讨论税收对这些财务决策的影响。

企业为什么要支付股息？　公司赚取的利润可以股息的形式分给股东，也可由公司保留下来。如果假定（1）所有投资的结果都能够事先确知，（2）没有税收，那么，1美元股息和1美元留存收益对企业所有者而言没有差异。只要股票市场能够准确反映企业的价值，1美元的留存收益就会使企业的股票价值上升1美元。这1美元资本利得与1美元股息收入是一样多的所得。在这些假设条件下，股东对利润是否分配并不在意。

当然，在现实中，经济决策结果的不确定性很大，且公司所得还要缴纳各种税。如前所述，当股东收到股息时，也同时有了纳税义务，而留存收益却没有产生纳税义务。诚然，留存收益是股东的资本利得，但只要该资本利得没有实现，就不用缴税。

基于上述这些分析，分派股息似乎或多或少等于把钱送给税务人员，如此看来，企业会把全部收益保留下来。奇怪的是，每年有超过50%的税后公司利润以股息的形式分派给了股东（*Economic Report of the President*，*2012*，p. 423）。这种现象对于学习公司财务的学生来说迷惑不解。

一种可能的解释是，股息分派是企业财务实力的标志。如果投资者认为，定期支付股息的企业是“稳健的”，那么，支付股息就会提高企业的股票价值。同样，减少股息支付的企业，就会被认为陷入财务困境。然而，我们虽然可以理解企业所有者为了向潜在股东发出积极信号而宁愿多缴一些税，但很难想象由此获得的好处值得付出如此巨大的牺牲。

另一种解释把重点放在下列事实上，即并非所有投资者的边际税率都相同，特别是不纳税的组织机构（如养老基金、大学等）的税率为零。边际税率低的人对股息的估价相对高一些，故有些企业就有可能“专门”通过分派股息来吸引这类投资者。这被称为**客户效应**（clientele effect），因为企业为了迎合不同客户的需要来制定它们的财务政策。由于缺乏谁持有哪家企业股票的资料，故客户效应的经济计量研究受到了限制。不过，有些证据表明，那些股东要纳税的共同基金，倾向于持有低股息收益的股票，而免税机构在高低股息股票之间没有特别偏好（Graham，2003）。

税收对股息政策的影响　既然税制似乎有使企业不愿支付股息的倾向（虽然还没有使之

完全抑制股息分配），那么我们自然会问：如果修正对股息相对于留存收益的税收待遇，公司的财务政策会如何改变？假定不管出于什么原因，企业愿意支付一部分股息，并保留一定的收益。留存收益的理想水平是多少，其决定因素之一是以支付给股东的税后股息衡量的机会成本。例如，如果不征税，1美元留存收益的机会成本就是1美元股息。但是，如果股东的股息面临15%的边际所得税率，那么企业1美元留存收益的机会成本仅为85美分股息。[1] 因此，现行税制实际上降低了留存收益的机会成本。

专栏

经验证据：股息税对股息支付的影响

经济理论表明，当留存收益的机会成本增加时，股息支付应当增加。2003年，个人取得股息缴纳的最高税率大幅度降低了，从35%降低到仅为15%。税率的这种锐降为可靠地估计股息支付对税收待遇的反应提供了一个机会。

切蒂和塞斯（Chetty and Saez，2004）利用20年的数据研究发现，减税后，股息支付随即猛增。支付股息的公司数量增加，扭转了20年来下降的局面；过去一直支付股息的公司，也大大提高了股息分派比率。为了消除股息增加的其他影响因素，他们发现，其最大股东是免税机构的公司，股息分派没有增加。他们得到的结论是，减税导致股息增加大约20%。他们把这一结果与其他数据合并在一起计算出的结果是：股息支付对股息所得边际税率的弹性约为−0.5。看来，税制的确影响公司的留存收益。

有人认为，税收有妨碍股息支付的倾向是可取的，因为留存收益增加，公司就会有更多的钱用于投资。留存收益的确意味着储蓄。但是，股东在作出个人财务决策时，可能会把公司储蓄考虑在内。具体来说，当企业所有者意识到公司在为他们储蓄1美元时，他们就可能把自己的个人储蓄减少1美元。因此，虽然总储蓄的构成发生了变化，但储蓄总量却与留存收益前一样。的确有一些计量经济证据表明，个人储蓄和公司储蓄具有一定的此消彼长关系（Poterba，1991）。这一分析再次表明，把公司视为与股东分开而独立存在的人是有问题的。

债务融资与股票融资 公司的另一个重要财务决策是如何筹资。企业基本上有两种选择。企业可以借钱（发行债券）。企业必须对其债务支付利息，如果它无法支付利息或偿还本金，就会面临严重的后果。企业也可以发行股票（持有股权），股东可凭其持有的股份取得股息。

回忆一下，根据美国税制，公司可从其应税所得中扣除利息支出，但不得扣除股息支付。因此，税法内在地偏向债务融资。我们也许会想，企业为什么不完全用债务融资。部分原因在于企业面临着不确定性，有可能导致很坏的结果或企业破产。在其他条件相同的情况下，企业借钱越多，债务开支就越大，破产的概率也就越高。其实，过分依赖债务融资，已经造成一些大公司宣布破产，其中包括凯马特（K-Mart）、安然（Enron）、世通（WorldCom）等大公司。有些人认为，由于税制鼓励了债务融资，已经造成了破产概率超常的不良后果。

即便如此，税制对债务—股本选择的影响也很难准确估计。戈登和李（Gordon and Lee，2001）在一项经济计量研究中指出，如果税收影响债务—股本比，那么在其他条件相同的情况下，税率低的公司应当少用债务。这是因为，当税率比较低时，从公司应税所得中可扣除

① 更为细致的计算，应把留存收益最终产生的有效资本利得应纳税额考虑在内。这里为了便于说明，忽略了这一因素。

利息的价值降低了。戈登和李对美国企业的分析与这一假说一致。他们发现，公司税税率降低 10 个百分点，企业用债务融资的资产比例会下降 4%。

州公司税

几乎所有州都开征公司所得税，公司税收入占州和地方收入总额的 4%（*Economic Report of the President*，*2012*，p. 418）。和州个人所得税一样，各州的公司税制不论在税率结构上还是在应税所得的界定规则上，差异都很大。

在分析联邦公司所得税的归宿和效率影响时遇到的所有复杂问题，也困扰着我们对州公司税的了解，而且，州与州之间的税率差异造成了一系列更难解决的问题。如果某一州开征了公司税，其中有多少负担被输出到其他州的居民身上？没有输出的那部分税收负担，又如何在本州居民之间分担？

利用税收归宿理论（见第 14 章），可以初步回答这些问题。记得有一个一般性的直观命题，即在其他条件相同的情况下，不流动的生产要素比流动的要素更有可能最终承担税负。意思是说，如果资本比劳动力更容易流入别的州，那么州公司税的负担就往往落到劳动力上。因此，在分析税率不同的公司税制时，除了要考虑联邦公司税所涉及的已经多得令人生畏的因素之外，还要加上要素州际流动性的影响。对于这个问题的研究尚处于起步阶段。

跨国公司的课税

美国企业的海外投资量巨大。2007 年，直接投资于海外的资产存量价值超过 20 万亿美元（*Economic Report of the President*，*2012*，p. 441），故对外国来源所得的税收待遇变得越来越重要。

美国跨国公司对其全球应税所得（包括在国外取得的所得）按标准税率纳税。已缴纳的外国税额可以抵免，抵免额不得超过按美国税法应缴纳的税额。例如，假定一家美国公司在外国挣了 100 美元，该国的税率是 15%，该公司向该外国缴税 15 美元。如果没有外国税收抵免，该公司就应向美国财政部缴纳 35 美元，因为美国的公司税税率是 35%。然而，该企业可以把这 15 美元从 35 美元中抵扣掉，只需向美国缴纳 20 美元。2006 年，缴纳美国公司税的企业申请的外国税收抵免达 782 亿美元，减少了 26.4%的应纳税额（McGrath，2010）。

对公司的外国来源所得课税，因有许多方面需要考虑而变得很复杂。

子公司地位　如果一家海外企业是一家美国公司的**子公司**（subsidiary），那么对来自它的所得的征税可以延期。海外子公司是指由一家美国公司拥有但在海外组建的公司，因而从法律角度来看，是一家独立的公司。子公司所挣的利润，只有在这笔利润作为股息返回［**汇回**（repatriated）］母公司时，才被征税。因此，只要该子公司存在，保留在海外的收益就不用向美国纳税。这一纳税延期很难说使美国损失了多少税收收入。在实行抵免制度的情况下，损失多少收入取决于外国所课税率的高低。如果所有外国的税率都比美国的税率高，那么，延期纳税不会减少美国的税收收入。但是，如果某一外国对公司所得的课税大大低于美国，延期纳税就使得该国成为吸引美国企业的“避税地”（tax haven）*，导致美国征收的税收收入减少。[②]

所得划分 一家跨国公司的总所得有多少划分给它在某一国的业务，通常很难知晓。对于所得在国内业务和国外业务之间的划分，现在所用的方法称为**正常交易制**（arm's length system）。实际上，这是把国内业务和国外业务看成是独立的企业，独立（“双方均不受对方控制”）经营。每一实体的应税利润，等于各自的销售额减去成本。

问题在于，如何把成本划分给位于不同地点的实体，并不总是很清楚，这就产生了很大的避税机会。为弄清这一点，以一个跨国企业为例。假定该跨国企业拥有一项基因移接方法的专利，而这项专利其实由其中的一个子公司所有，其他子公司要获取这种方法的使用权，必须向它支付特许权使用费。该跨国公司有动力把该专利安排给位于低税国家的一家子公司，因为从其他子公司那里收取的特许权使用费，可以按比较低的税率纳税。同时，该跨国公司还想让其在高税国的子公司使用该专利——高税率意味着，该特许权使用费支付的扣除价值得到最大化。的确，由于整个交易是在该跨国公司内部进行的，故该公司为了尽可能地少纳税，将尽可能地使这种特许权使用费支付增大。而且，如果在公司之外没有活跃的专利权市场，税务当局就无从判断特许权使用费支付是否过高。

这就是所谓的**转让定价**或**转移定价**（transfer-pricing）问题，因为它是公司内部转让资源的价格。由于很多项目的成本如何分配给各子公司，实质上是人为的，所以跨国公司和税务当局在公司转让定价是否适当的问题上，存在严重分歧。这一问题已经成为税法中最复杂的领域之一。

□ 全球课税与属地课税

近年来，有关美国的跨国企业课税制度是否不利于这些企业与他国企业展开竞争，争论颇为激烈。本小节讨论现行制度和已得到密切关注的一种替代方法。

全球课税 如前所述，美国税制是基于**全球所得课税**（global taxation of income），亦即美国跨国企业的利润不管是在哪个国家取得的，都要按美国的税率征税。这种方法的支持者认为，在一定假设条件下，它将使美国跨国企业的全球所得最大化。这是因为，全球所得最大化要求，投资于每个国家的最后一美元的税前收益率——边际收益率——都相等。[③] 要弄清这一点，设想一下投资的边际收益率因征税而不相等的情况。只要把资本从边际收益率低的国家转移到边际收益率高的国家，就可以增加全球所得。[④] 用代数形式表达，令 r_{US} 代表美国的边际收益率，r_f 代表某一外国的边际收益率，则全球效率就要求：

$$r_f = r_{US} \tag{19.6}$$

何种税制才能诱使利润最大化企业对其资本的配置结果与式（19.6）相一致？答案有赖于下列事实，即投资者依据税后收益率进行决策。因此，他们在各国间配置其资本的原则是，在每个国家的税后边际收益率都相等。如果 t_{US} 是美国的税率，t_f 是外国的税率，那么一个企业配置其资本的原则是：

---

* 亦可直译为“避税天堂”。——译者注

② 有些国家，比如巴哈马，故意把税法制定得能让美国企业通过延期纳税来减轻其税收负担。美国也有一些法规来限制利用这些避税地节税，但收效不大。

③ 和往常一样，我们这里所说的收益率考虑了风险差异。

④ 关于这一原则的详细讨论，请参阅本书末的附录。

$$(1-t_f)r_f=(1-t_{US})r_{US} \tag{19.7}$$

条件式（19.7）告诉我们，当且仅当 t_f 等于 t_{US} 时，才能取得效率。直观地说，如果想从全球角度来实现资本的效率配置，那么不管资本在哪，都必须课以相同的税率。

其政策含义似乎是，如果美国想使其全球所得最大化，税制设计就应该是，美国企业的应纳税额与它们所在的地点无关。做到这一点的办法是，对已缴纳的外国税款全额抵免。但是，如前所述，美国税制允许的抵免额上限是外国所得按美国税法计算的税额。

抵免为什么受限制？我们的模型有一个隐含的假定：外国政府的行为与美国政府的措施无关。假定美国宣布对其跨国公司实施全额外国税收抵免政策，那么，外国政府就会不加限制地提高其对美国公司课征的税率。这样做并不会把美国公司赶跑，因为它们所缴纳的外国税款每增加 1 美元，其国内业务的应纳税额就减少 1 美元。[①] 实际上，这相当于把美国政府的钱转移给了外国财政部，而设置抵免限额显然是防止这种情况发生的一种方法。

属地课税　全球制的一种替代方法是**属地所得课税**（territorial taxation of income）——在国外赚取的利润就按当地国家的税率征税。德国、法国、加拿大、荷兰等许多国家，实行的都是属地制。要弄清这会给美国跨国企业带来什么问题，想象一下下列情况：一家德国企业和一家美国企业都在考虑在爱尔兰办厂，因为爱尔兰的公司税税率比较低（12.5%）。不管德国的公司税税率如何，德国企业都仅向爱尔兰缴纳 12.5%的税。可是，美国企业要按美国 35%的税率纳税（其中一部分归爱尔兰政府，另一部分归美国政府）。这种情况削弱了美国跨国公司的海外竞争力。支持美国实行属地课税的人认为，为了保持国际市场竞争力，美国也必须转向属地制。

这一建议立即遭到反对：在外国的税率低于本国的情况下，美国企业在本国的投资会越来越少，而在国外的投资会越来越多。这种观点认为，投资于海外会减少本国的经济活动。该论点背后隐含的假设是，投资量是固定的，剩下的问题只是如何将其配置于国内外。然而，德赛、弗利和海因斯（Desai，Foley and Hines，2009）以及其他一些经济学家对此假设提出质疑。在他们看来，海外投资通过提高企业的盈利能力和竞争力，会提升国内经济活动的水平。例如，公司可能会发现，“海外业务会以低成本提供高附加值的中间投入品，或海外所属公司是在美生产的有形和无形资产的好买家”（Desai，Foley and Hines，2009，p. 182）。他们对国际投资流动的数据分析的确表明，海外投资每增加 10%，本国投资相应增加 2.6%（p. 181）。这一发现削弱了反对属地制的理由。

转向属地制的想法至少在政治舞台上似乎得到一些关注——共和党总统候选人米特·罗姆尼在 2012 年大选期间就曾提出这种改革。然而，就眼下来看，国际企业课税的发展方向还很不明朗。

公司税改革

我们早先已看到，如果不对公司所得征税，个人就可以通过在公司内积累所得，避开个

① 外国政府这样做可获取的税额仅限于该企业在美国国内业务的应纳税额。假定该企业在美国业务的应纳税额为 1 000 美元。如果外国政府课税 1 000 美元，在完全抵免情况下，该企业的美国应纳税额为零。如果外国政府把税额提高到 1 001 美元，该企业的国内应纳税额就无法再进一步减少了（因为不存在负的公司所得税）。

人所得税，这显然会引起严重的公平和效率问题。美国对此的反应是，建立一种对公司所得双重征税的制度：首先是在公司层面上，法定税率为35%；其次是在个人层面上，对分配的股息目前课征的最高法定税率是23.8%。

人们已经提出许多建议，将个人所得税和公司所得税合并成一种税制。现在讨论其中的两种建议，即完全一体化和股息减免。

□ 完全一体化

最为激进的方法是**合伙制方法**（partnership method），有时也称为**完全一体化**（full integration）。按照这种方法，公司在某一年内的全部盈利，不论是否分配，都算做股东的所得，把公司完全按合伙制看待。于是，每个股东就其分到的收益缴纳个人所得税。比如，如果卡尔持有微软公司2%的股份，他每年的应税所得包括了微软公司2%的应税所得。这样，公司税就不再作为一个独立的税种。

在美国，关于合伙制方法的争论，主要集中在下列几个问题上。

公司的性质 那些主张完全一体化的人强调，公司实际上只是把收益转移给股东的一个渠道。对收到所得的人征税，比对只是将所得转手的机构征税，更为合理。反对完全一体化的人则认为，在现代大公司情况下，把股东视为合伙人是荒谬的，最好把公司看做是一个独立的实体。

管理的可行性 完全一体化的反对者强调，完全一体化可能会遇到管理上的困难。如果一个人的持股时间不到一年，属于此人的那部分公司收益是多少？股东可以从其个人的应税所得中扣除企业的经营损失吗？完全一体化的支持者则认为，任何一种复杂的税制，在管理上势必都会有一些武断决定的问题。这里碰到的管理问题，并不会比税法其他部分所出现的管理问题更难办，况且，还可能得到满意的解决。

对效率的影响 支持一体化的人还指出，现行的公司税制给经济造成了巨大的超额负担，如果实行完全一体化，就会消除这些负担或至少减轻这些负担，整个经济会因下列四类效率收益（efficiency gains）而受益：

- 可消除公司部门和非公司部门之间的资源配置不当。
- 由于一体化降低了资本收益的税率，故可减轻税收对储蓄决策的扭曲。
- 一体化可消除现行税制下存在的“过度”保留收益的激励。拥有大量留存收益的企业，用不着去说服投资者为新项目投资。倘若真的用不着说服外部人相信投资该项目是值得的，那么这种企业的投资可能是无效率的。例如，有些观察人士认为，如果微软公司手中没有巨额资金（大约400亿美元），它就不会草率进入有线电视市场（*Economist*，2003）。
- 一体化还可消除现行税制对债务融资的偏向，因为不再有独立的公司税基，也就无法扣除利息支出。债务—股本比越高，破产的可能性就越大，而这种风险增加和实际破产都会降低福利，对社会没有任何好处。

虽然无法确定这些效率收益的价值，但有些估计结果表明还是相当高的。乔根森等（Jorgenson and Yun，2001）发现，完全一体化带来的一生效率收益现值可能超过2 500亿美元。

反对完全一体化的人则指出，考虑到公司税实施起来所存在的所有不确定性，上述这些假想的效率收益可能根本不存在。例如，如前所述，如果斯蒂格利茨所说的公司税相当于纯利润税的观点是正确的，公司税制就不会引起公司部门和非公司部门之间的扭曲。同样，也没有确凿的证据表明，公司用内部资金的投资就比用外部资金的投资效率低。

对储蓄的影响　有人认为，完全一体化会降低资本的有效税率，从而导致储蓄增加。正如在第 18 章中看到的，这是一个不合理的推论。从理论上看，对资本所得课征的税率降低时，储蓄额可能增加、减少或保持不变。经济计量研究也没有对此给出确定的答案。

对收入分配的影响　如果完全一体化会提高效率的观点是正确的，那么原则上，所有纳税人都会因实施该制度而受益。但是，不同阶层的人受到的影响也不同。例如，那些适用较高个人所得税率的股东，比那些适用较低个人所得税率的人从一体化中获得的好处要少。与此同时，一体化往往使那些资本所得在其所得中占比较大的人受益。把这些影响综合起来考虑，一体化的利益分配大致呈现出 U 形格局——处在收入分配高低两端的人比处在中间的人受益要多。[①]

总的看法　显然，完全一体化的可能影响有相当大的不确定性。这恰恰反映出我们对现行公司税制的运行了解得不够。实行合伙制方法是不是一件好事，尚无一致意见。不过，根据现有的当然也是不完全的证据，许多经济学家得出结论说，如果个人所得税与公司所得税完全一体化，则效率和公平都会提高。

□ 股息减免

一种不太极端的一体化方法的出发点是，认为现存许多问题的根源在于股息被课税两次——一次是在公司层面上，另一次是在个人层面上。股息减免（dividend relief）的想法是消除这种重复征税，同时仍然保持公司税是一个独立的税种。股息减免有两种基本方法。一种方法是允许公司扣除支付给股东的股息，就像现在扣除支付给债券所有者的利息一样。这种方法的优点是，它消除了对债务和股本的不对称税收待遇。而且，股息最终要按个人边际税率课说，从黑格-西蒙斯的所得定义来看，这是合理的。

另一种方法是股息在个人层面上不纳税。按照这种方法，股息只课税一次，但按公司税率而非个人税率征税。从效率角度看，这种方法比起公司股息扣除可能更不那么令人满意——在对待债务和股本上仍然存在着一定程度的非中性。但是，同现状相比，这种方法很可能提高效率，管理起来也比较容易。如前所述，2003 年通过的立法就朝着股息排除方向迈进，即在个人层面上，把股息适用的最高税率降低到了 15%。可是，到了 2013 年，高收入家庭适用的税率提高到了 23.8%。

小结

● 公司要缴纳单独的联邦所得税。公司税收入大约占联邦总收入的 10%。

● 企业在按 35%的税率缴税之前，可以扣除雇员报酬、利息支付、折旧，这些代表取得所得的成本，而股息作为获取股本资金的成本，不能扣除，但在个人层次上，股息享有税收优惠。

● 当企业购置特定的物质资产时，可在其应纳税额中扣除投资税收抵免。如今，投资税收抵免仅适用于少数几类投资。

● 公司税不是被看做经济利润税，就是被视为部分要素

① 比如，可参阅富勒顿和罗杰斯的著述（Fullerton and Rogers，1997）。

税。在前一种情况下，税负完全由企业所有者承担；而在后一种情况下，税收归宿取决于部门间的资本流动、生产要素的替代性、消费需求的结构以及资本积累对净收益率的敏感性。

● 公司税制对物质投资的影响取决于：(1) 它对资本使用者成本的影响；(2) 投资对使用者成本变化的敏感性。

● 在加速器模型中，投资只取决于产出，与使用者成本无关。新古典模型则假定，资本需求取决于使用者成本。在现金流量模型中，内部资金在投资决定中起关键作用。

● 在新古典投资模型中，资本使用者成本（C）为：

$$C=\frac{(r+\delta)\times(1-\Psi-k)}{(1-\theta)\times(1-t)}$$

式中，r 是税后利率；δ 是经济折旧率；θ 是公司税率；k 是投资税收抵免；Ψ 是每一美元折旧扣除的现值。

● 关于使用者成本对投资的影响，估计结果相差很大，但最近的研究结果表明，还是有一定的影响。

● 由于对股息双重征税，故企业支付股息令人费解。其中的原因可能是：股息可作为企业财务实力的一个标志，或可用来迎合某些特殊客户。

● 利息扣除大大激励了债务融资，但提高债务比例会导致较大的破产成本。

● 大多数州都有公司所得税。税收输出的可能性和生产要素的州际流动性，使得这种税的分析更加复杂。

● 美国跨国公司可对缴纳给外国政府的税收进行税收抵免。利用海外子公司可延期纳税，通过转让定价可获得避税机会，从而使问题更加复杂。

● 公司税改革的一种可能办法是，把公司所得税与个人所得税完全一体化。股东就像是公司的合伙人，按其分到的公司所得纳税，故而公司税就不再是一个单独的税种了。

● 一体化的另一种方法是股息减免，即股息只课一次税，可在公司层面扣除，也可在个人层面排除。

讨论题

1. 卡特彼勒公司（Caterpillar Inc.）的首席执行官吉姆·欧文（Jim Owen）说，“积攒一大堆现金对股东来说没有任何意义，（因为）这容易导致管理上的不良习惯……如果你拥有的（现金）比你知道该做什么所需要的多，你就会想这太棒了，想买什么就买什么，而且不怕好”（Brat and Gruley，2007）。如果这种观点是正确的，这对股息和留存收益的公司税待遇的效率意味着什么？

2. 米特·罗姆尼在 2012 年总统大选期间说，尽管他的投资所得仅缴 14%左右的税，但他的总税收负担却很高，因为公司所得税也对该所得征了税。TPM 网（talkingpointsmemo.com）的一位博客主批评了这一推理，说道：“这在很多方面都是一个荒谬的解释。TPM 的员工要纳税，难道他们也在缴纳 TPM 媒体公司所要缴纳的税款吗？”（Marshall，2012）。请解释这位博客主的推理错在哪里。

3. 根据美国税法，折旧扣除是以购置资产的原始成本为基础的，不考虑物价水平上涨的影响。

a. 通货膨胀对折旧扣除的实际价值产生怎样的影响？请根据式（19.1）找答案。

b. 通货膨胀率上升对资本使用者成本将有什么影响？请根据式（19.5）找答案。

c. 请给出可以消除第 b 问中通货膨胀影响的政策建议。

4. 克劳辛（Clausing，2007）发现，随着公司税税率的提高，公司税收入先升后降。她还发现，“同较大或较封闭的经济体相比，经济体越小、越开放，其税收收入最大化的税率就越低。”请解释这一结果的原因。

5. 若干年前，纳贝斯克公司（RJR Nabisco）在包装设计上花了 200 万美元，包括包装制作费和图案设计费。纳贝斯克公司想在这笔开支的当年就把这 200 万美元全部扣除，但国内税收署坚持认为，这 200 万美元要像资本支出那样处理，分期折旧。最终，税务法院支持了纳贝斯克公司。

a. 请解释为什么纳贝斯克公司愿意把这 200 万美元看做是当期费用而不愿意作为资本支出？

b. 你是否同意税务法院的裁决？

6. 奥巴马总统在 2012 年竞选期间提议将公司税税率从 35%降低到 28%。请评价这项提议对效率、公平以及投资额的影响。

7. 一封写给《华尔街日报》主编的信提出下列主张：“税法最为累退、最不公平的个人税，你猜是什么税？是公司所得税！个人纳税人和穷人购买的所有产品和服务都被定以高价，以支付生产—分销—零售链条中所涉及的全部联邦所得税。这样，公司所得税不仅对大多数个人纳税人增课了无形的 40%的税收负担，而且降低了缴不起所得税的穷人的购买能力”（Christy，2006，p. A17）。请利用表 14—2 提供的税收等价关系，讨论该表述所隐含的有关公司税性质的假设。

8. 最近的一项研究估计，风力发电投资对资本使用者成本的弹性约为－1.5（Metcalf，2009）。2013 年，风电投资股息适用的最高税率从 15%提高到 23.8%。这种增税会对风电行业的投资产生怎样的影响？[提示：利用式（19.5）计算每个税率的资本使用者成本，然后将该比率减 1 得到资本使用者成本的百分比变化。]

9. 一位奶农买了一头牛，被允许加速折旧，可在第一年扣除其价格的 50%。这头奶牛的适当折旧率如何确定？上述的加速折旧对这头奶牛的资本使用者成本会产生怎样的影响？

10. 2009 年通过一项法律，允许开发商用 2008 年和 2009 年房地产市场不景气造成的损失冲抵公司早在 2004 年（当时房地产行业生机勃勃）的账面利润。本法生效之前，企业的损失只能冲抵前两年的利润（Morgenson，2009）。请利用本章讨论的企业投资决策模型，来解释这项法律将对开发商的企业投资产生怎样的影响。

11. ABC 公司正打算购买一套新的计算机系统，该系统会产生 30%的税前收益。该系统的折旧率为每年 1%，税后利率为 8%，公司税税率为 35%，ABC 公司典型股东的边际税率为 30%。为简化起见，假定没有折旧扣除和投资税收抵免。你认为 ABC 公司会购买这套新的计算机系统吗？请解释你的答案。[提示：利用式（19.4）。]

12. 2012 年，法国总统弗朗索瓦·奥朗德（Francois Hollande）政府提高了个人所得税和公司所得税的税率，法国总理“坚持说负担将主要落在公司身上”（Erlanger，2012）。请讨论这种说法所隐含的有关公司性质的观点，并将其与标准的经济学家观点相比较。

第 20 章

赤字融资

我们应当珍惜国家信用，因为这是力量和安全的极其重要之源泉。

——乔治·华盛顿（George Washington）

“隔代偷窃”，这是批评人士对近来年度赤字激增超过 1 万亿美元的描绘（Congressional Budget Office，2012d）。关于赤字问题的争论屡见不鲜，一直是经济政策讨论的核心问题。本章主要讨论下列问题：赤字规模的衡量，谁来承担其负担，以及何时它是政府支出筹资的适当方式。

债务规模有多大

在讨论之前，我们需要给出几个定义。一定时期内的**赤字**（deficit）是指支出大于收入的超支额；如果收入大于支出，就存在着**盈余**（surplus）。这似乎很简单，但回想一下第 1 章的内容，我们知道联邦政府并没有把其全部活动列入官方预算。例如，按现行规定，社会保障收支是在预算外（off-budget）的。虽然有这种法律上的区分，但要准确地衡量政府的举债规模，就需要把所有收支都考虑进来。因此，把**预算内赤字（或盈余）**（on-budget deficit or surplus）（只考虑预算内活动）和**预算外赤字（或盈余）**（off-budget deficit or surplus）（只考虑预算外活动）加总，求得总赤字或盈余是有益的。例如，在 2011 年，预算内赤字为 13 670亿美元，但若加上 670 亿美元的预算外盈余，则总赤字为 13 000 亿美元（Congressional Budget Office，2012d）。

图 20—1 给出了 1972—2011 年联邦赤字总额（即包括预算外收支）。为了正确地观察这些数字，本图还显示出它们占国内生产总值（GDP）的比例。1998—2001 年是预算盈余，但一般来说，赤字是常态。

我们必须把赤字和债务这两个概念区别开来。某一既定时间的**债务**（debt），是过去所有预算赤字的总和。这就是说，债务是过去的支出大于收入的累积差额。因此，在有赤字的一年里，债务增加；在有盈余的一年里，债务减少。用经济学术语来说，债务是一个“存量”

（在某一时点上衡量），而赤字和盈余则是“流量”（在某一时期内衡量）。根据官方公布的统计报告，到 2011 年底联邦债务大约为 10.1 万亿美元，这是一个大得难以理解的数字。正如幽默作家拉塞尔·贝克（Russell Baker，1985）所说，“就像光年一样，万亿是一个深奥的哲学概念，只有那些对数学有癖好的人才感兴趣。这就解释了为什么大多数人被告知国债很快将高达 2 万亿美元或 20 万亿美元乃至 200 万亿美元时觉得很无聊。不管你怎么数，不理解就是不理解。”

虽然有贝克的警告，我们还是想正确地看待债务，把它同 GDP 进行对比。2011 年，联邦债务为 10.1 万亿美元，占当年 GDP 的 68%——每生产 1 美元，就有 68 美分用来清偿债务。图 20—2 显示出 1972—2011 年联邦政府债务情况。

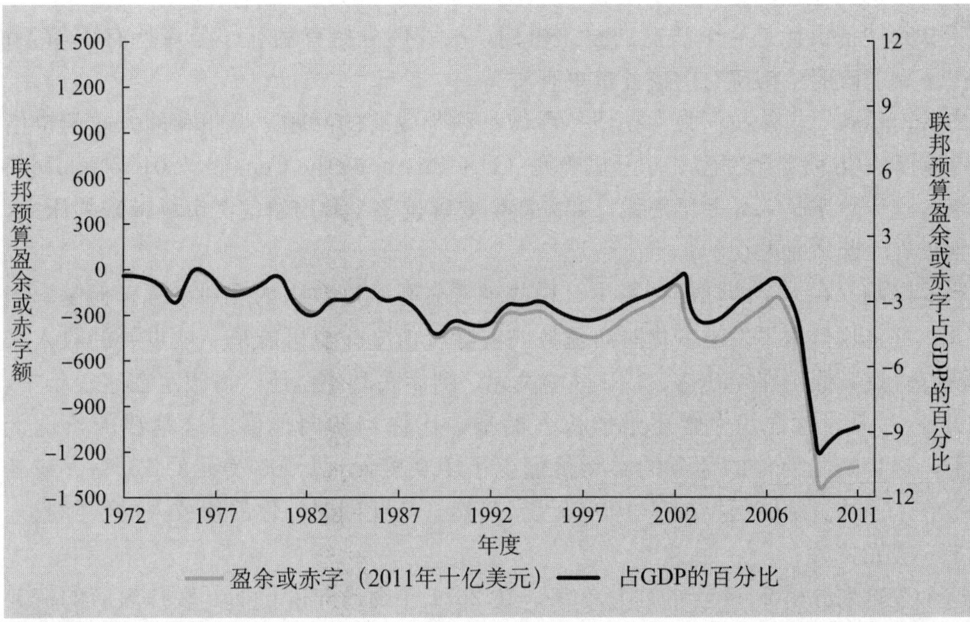

图 20—1　联邦政府赤字和盈余（1972—2011 年）

说明：在过去 40 年的大部分时间里，预算一直处于赤字状态。2011 年，赤字为 1.3 万亿美元，占 GDP 的 8.7%。

资料来源：Congressional Budget Office (2012b).

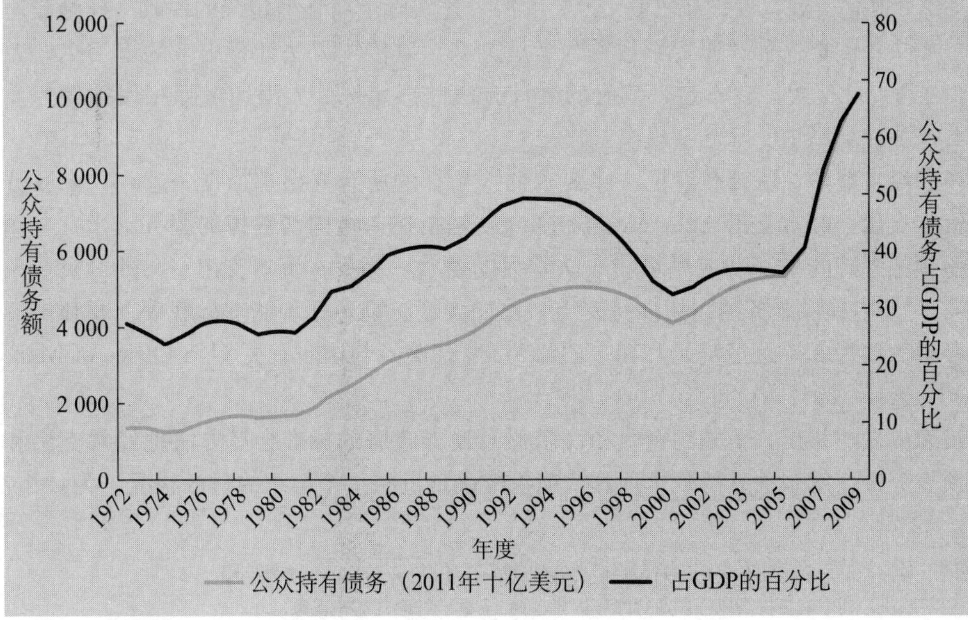

图 20—2　公众持有的联邦政府债务（1972—2011 年）

说明：在过去 40 年里的大多数时间里，联邦债务稳定增加。2011 年，联邦债务达到 10.1 万亿美元，占 GDP 的 68%。

资料来源：Congressional Budget Office (2012b).

和私人借款人一样，政府必须向其贷款人支付利息。2008 年，利息支付额为 2 490 亿美元，或者说占联邦支出的 8.4%（Congressional Budget Office，2012d，p. 16）。

□ 赤字和债务数字的解释

图 20—1 和图 20—2 所示这组数字在政治上的重要性，不论怎么评价都不会过分。在评价财政状况时，政府官员和新闻记者几乎都只盯着这些数字。在 2012 年，每次有关国内问题的总统竞选辩论都离不开债务的后果及如何应对。然而，公开讨论所引用的、用标准方法衡量的赤字和债务没有反映出事情的全貌。本小节就解释这是为什么。

联邦储备银行持有的政府债务 联邦储备银行在货币操作过程中，要购买美国政府证券。[①] 2011 年，它的持有额为 1.7 万亿美元（*Economic Report of the President，2012*，p. 414）。由于联邦储备银行是一个法定的独立机构，故其债务持有额算作公众持有的债务；在大多数情况下，非政府机构持有的债务量更有意义。

州和地方政府债务 虽然我们常常把债务看做是联邦政府的问题，但州和地方政府也借债。2008 年，州和地方债务余额为 2.6 万亿美元（US Bureau of the Census，2012，p. 276）。联邦政府当年的这一数字是 5.8 万亿美元。如果我们要评价整个政府给信贷市场带来的压力，把这两个数字加在一起才是贴切的。

通货膨胀的影响 在赤字的标准计算中，税收被看做是政府收入的唯一来源。但是，当政府是债务人，并且物价水平发生变化时，债务的实际价值变化也可能是一项重要的收入来源。为了弄清这一点，假定在年初你欠债 1 000 美元，到年底时才偿还，再假定在这一年中，物价水平上升了 10%。这样，你偿还给债权人的钱，比你当初向他借的这笔钱的价值低 10%。实际上，通货膨胀使你的债务的实际价值少了 100 美元（1 000 美元的 10%）。或者说，你的实际收入因通货膨胀而增加了 100 美元。当然，与此同时，你的债权人的实际收入也就减少了 100 美元。[②]

我们用这个逻辑来分析 2011 年的联邦赤字。在 2011 年财政年度伊始，联邦政府的债务余额为 9 万亿美元。在 2011 年间，通货膨胀率约为 3.2%。因此，通货膨胀使联邦债务的实际价值减少了 2 880 亿美元（=9 万亿美元×0.032）。这实际上与任何传统的税收一样给政府带来了收入。如果我们把这种“通货膨胀税”考虑进来，以传统方法计算出来的赤字 1.3 万亿美元就减少了 2 880 亿美元。不过，政府的会计方法并不允许计入因通货膨胀侵蚀债务而产生的收益，这往往会高估实际赤字规模。

资本账户和经常账户 联邦政府把法律要求列入预算的所有支出都加在一起，并未区分经常支出和资本支出。经常支出（current spending）是指在一年内消费掉的服务支出——例如，维修华盛顿纪念碑的维修费或海军陆战队官兵的薪水。相反，资本支出（capital spending）是指在长时期内提供服务的耐用项目支出，比如大坝、雷达站、航空母舰等。联邦出资的物质资本存量大约为 3.1 万亿美元，其中大约 9 250 亿美元与国防有关（US Office of Management and Budget，2012，p. 361）。

和联邦政府的做法相反，美国的企业和许多州及地方政府的标准会计方法把经常支出和资本支出的预算分开。编制独立的资本预算，能更准确地反映一个组织的财务状况。为什么？

① 联邦政府的某些机构也借钱给财政部，但与联邦储备银行不同，它们持有的债券不列入公众持有的债券数字中。

② 如果借贷双方都预期会发生通货膨胀，利率就会提高以考虑通货膨胀因素。第 17 章已讨论过这一现象。

购置一项耐用品一般并不是一种“损失”，它只是一种资产（货币）与另一种资产（耐用品）的交换，因此，购置一项资产并不能算做一个组织的赤字。当然，随着资本资产的使用，它会逐渐磨损（折旧），这肯定是一种损失。因此，标准会计方法要求，只把耐用资产的年度折旧额列入经常预算，而不是把其全部购置价格都列入。

联邦政府编制资本预算的想法是有争议的。资本预算的倡导者指出，不编制资本预算，就会导致无效率的规划（Bassetto and Sargent，2006），甚至一些怪异的政府决策。例如，政客们可能会举办“庭院旧货拍卖”（yard sales），把政府资产卖给私人部门，声称要削减赤字。

资本预算的反对者指出，对政府来说，把经常支出和资本支出区分开来是很困难的。教育和职业培训计划是一种经常支出，还是一种在未来能带来收益的人力资本投资呢？导弹是一种投资（因为它将保存很长时间），还是一种经常支出（因为它不可重复使用）？这种区分上的模棱两可会导致政治闹剧，因为每一个新支出计划的支持者都声称它是一种投资，因而属于资本预算。

有形资产　假定一个家庭拥有的有形资产（游艇、住房以及荷兰画家伦勃朗的作品等）总值 1 500 万美元，但欠当地银行 25 000 美元的信用卡账单，再也没有其他的资产或负债。如果把该家庭的总体经济状况说成是负债 25 000 美元，那是相当愚蠢的。要评价总体财务状况，就必须考虑所有的资产和负债。

联邦政府并非只有庞大的财政负债（如图 20—2 所示），同时还有近 3 万亿美元的巨额有形资产（Marron，2012）。这些有形资产包括住宅和非住宅建筑物、设备、黄金和矿产权。不过，公开讨论的重点几乎完全集中在政府的财政负债上，而不看其有形资产。有人认为，忽略有形资产，在很大程度上会导致人们对政府财政状况的误解。

隐性负债　债券只是对未来支付一定货币额的一种承诺。这些支付的现值就是债券形成的债务额。但是，债券并不是联邦政府用来承诺未来支付货币的唯一方法。政府也可以通过立法来作出承诺。两个突出的例子是社会保障和老人医疗保险，都承诺必须以未来的税收收入向未来的退休者支付福利金。虽然其确切值难以计算，但社会保障和老人医疗保险的住院保险的无资金着落的未来负债估计在 26 万亿美元左右，联邦养老金负债大约为 5.7 万亿美元（US Office of Management and Budget，2012，p. 491）。

当然，立法承诺和官方债务并不是恰好相等的。它们的法律地位是十分不同的；明显的债务形式代表一种法律义务，而社会保障和老人医疗保险支付可用立法措施来减少，至少在原则上是如此。不过，由于这些计划得到强有力的政治支持，政府不会冒天下之大不韪而违背承诺。有鉴于此，许多经济学家认为，已承诺的社会保障金、老人医疗保险金和其他法定福利金的现值应当包括在国家债务中。

□ 总结

国债规模有多大？答案取决于在计算中包括哪些资产和负债，以及它们是如何估价的。和其他类似情况一样，“正确”的答案取决于你的目的。例如，如果目的是想了解未来纳税人必须履行的所有义务，那么把像社会保障这样的隐性负债计算在内，可能是恰当的。但是，如果目的是评价财政政策对信贷市场的影响（后面讨论），那么仅包括官方负债的传统赤字衡量方法，可能更为有用。在解释有关债务、赤字和盈余的数字时，必须相当小心谨慎。

债务负担

几乎每个人都认为，减少国债是一件好事。但人们为什么要关心国债，在意它是增还是减呢？这是一个棘手的问题，要回答这个问题，就要深入思考债务融资的成本以及由谁来承担这个成本。

我们首先注意到，后代人要么必须还债，要么为其再融资（这里的再融资指借新债还旧债）。不管在哪种情况下，都存在着从未来纳税人到债券持有者的资金转移问题，因为即使债务得到再融资，也必须向新债券持有者支付利息。于是，就会出现这样的情况，后代人必须承担债务负担。幽默作家戴维·巴里（Dave Barry）表达了这种观点，他把债务比喻成“去一家高档餐厅，点上所有的菜肴，明知当账单来的时候，你已不在人世”（Barry，2004）。

但是，归宿理论（第 14 章）告诉我们，这种推理思路是值得怀疑的。债务的法定负担是落在后代人身上，但仅凭这一点，并不能说明他们承担实际负担。和税收归宿的情况一样，借债时发生的一系列事件，可能使经济归宿与法定归宿迥然不同。和其他归宿问题一样，答案要取决于对经济行为所作的假设。

□ 一只手从另一只手借钱

假定政府向其本国公民借债，这种债务就是**内债**（internal debt）。根据勒纳（Lerner，1948）的观点，内债不会给后代人造成负担，后代人只是相互欠债。当偿还债务时，收入就从一组公民（未持有债券的那些人）转移到另一组公民（债券持有者）那里。然而，从后代人整体消费水平保持不变的意义上说，他们的境况并没有变差。正如 18 世纪一位名叫梅隆（Melon）的作家所说的，这只是“右手欠左手的罢了”（Musgrave，1985，p. 49）。

一国向国外借债为经常支出融资时，情况就大不一样了。这种债务称为**外债**（external debt）。在美国，在私人持有的联邦债务中，大约有 55%由外国投资者持有，所以这是一个重要的问题（*Economic Report of the President*，*2012*，p. 422）。假定从海外借来的钱用于当前的消费，在这种情况下，后代人必然要承担负担，因为他们的消费水平会下降，下降的程度等于必须向外国债权人偿付的借款额加上应计利息。[①] 另一方面，如果借款用于资本积累，结果就取决于该项目的生产率。如果投资的边际收益大于外债的边际成本，则债务和资本支出的组合实际上使后代人的境况变好了。如果项目的收益小于边际成本，后代人的境况会变差。

内债不会给后代人造成负担的观点，在 20 世纪 40 年代和 50 年代的经济学界占统治地位。现在，经济学家们认为，事情要复杂得多。

□ 迭代模型

在勒纳模型中，“一代人”包括某一既定时间内所有在世的人，但若以出世时间大体相同来界定一代人，也许更为合理。如果使用这个定义，则在任何既定的时间内，都会有几代人

① 如果该借款是用借新债来偿还的，那么，必须支付的只是利息。

同时存在，而这一现象正是**迭代模型**（overlapping generations model）的核心。一个简单的迭代模型分析可以说明债务负担是如何在各代人之间进行转移的。

假定人口由数量相同的“青年人”、“中年人”和“老年人”组成。每代人的持续时间是 20 年，20 年内每个人的收入都固定为 12 000 美元。没有私人储蓄——每个人都把他们的全部收入消费掉，且这种情况预计将永续下去。三位代表在 2010—2030 年间的收入水平如表 20—1 中的第一行所示。

现假定，政府决定借债 12 000 美元用于公共消费，并于 2030 年偿还。只有青年人和中年人愿意借钱给政府，老年人不愿意借，因为 20 年后还债时他们已经不在人世了。假定这 12 000 美元债务由青年人和中年人对半承担，因而每个人的消费水平在 2010—2030 年间都减少 6 000 美元，如表 20—1 中的第二行所示。然而，政府获得这笔钱后，向所有人提供等量的消费——每人都得到 4 000 美元，如第三行所示。

表 20—1　　　　**迭代模型**

		2010—2030 年间		
		青年人	中年人	老年人
（1）收入		12 000 美元	12 000 美元	12 000 美元
（2）政府借债		−6 000 美元	−6 000 美元	
（3）政府提供的消费		4 000 美元	4 000 美元	4 000 美元
		↓	↓ 2030 年	
	青年人	中年人	老年人	
（4）政府征税以还债	−4 000 美元	−4 000 美元	−4 000 美元	
（5）政府偿还债务		+6 000 美元	+6 000 美元	

说明：这种迭代模型说明了政府借债如何把收入从青年一代转移到老年一代那里。

时光飞逝，转眼到了 2030 年，2010 年的老年人已经离开了人世。原来的中年人现在成了老年人，原来的青年人现在成了中年人，新的一代青年人也诞生了。政府要筹措 12 000 美元还债，具体做法是向每个人征税 4 000 美元，如表 20—1 的第四行所示。政府拿到了税款后，就要向其债权人——现在的中年人和老年人——还款了，如第五行所示。（为简化起见，假定利率为零，故政府只是偿还本金。如果利率为正，也不会改变实际结果，且意味着没有必要对未来消费进行贴现以找到其现值。）

现在从表 20—1 可以得到下列结论：

（1）由于有债务和与之相伴的税收政策，2010—2030 年间老年人的一生消费水平比原来高出 4 000 美元。

（2）2010—2030 年间中青年两代人的一生消费水平没升也没降。

（3）2030 年青年人的一生消费水平比没有债务和相应的财政政策时低 4 000 美元。

实际上，4 000 美元从 2030 年的青年人转移给了 2010 年的老年人。诚然，2030 年偿债也会造成当时在世者之间的转移，但是，由于要由青年人来偿还他们从未受益的债务，故当时的青年人则处于这种转移的不利一方。请注意，在勒纳模型中，内外债的区分是关键问题，而在这里，这种区分无关紧要；即使债务都是内债，它也会给后代造成负担。

表 20—1 的模型表明了一个比较政府财政政策代际负担（和收益）的基本框架，该框架

称为**代际核算**（generational accounting），涉及下列几个步骤：第一，在每代人中选取一个代表，计算她向政府缴纳的所有税收的现值。第二，计算她从政府那里取得的所有转移性支出的现值，包括社会保障、老人医疗保险等。这种税收与转移性支出的现值之间的差额，就是该代一个成员缴纳的“净税收”。通过比较不同代人所缴纳的净税收，就可以知道政府政策是如何在各代人之间再分配收入的。

利用该框架进行的计算表明，当代人受益是以牺牲后代人利益为代价的。科特利科夫（Kotlikoff，2002）估计，如果维持现行政策，那么后代人面临的一生净税率将比现今出生的人面临的一生净税率高出 41.6%。当然，这种计算主要取决于未来税率、利率等的假设。此外，这种计算没有考虑到下列可能性，即某一代人会关心他们的后代，想办法减轻他们的负担（见下面的讨论）。因此，代际核算框架的主要贡献在于重点分析政府财政政策的一生影响而不是年度影响，但对这些具体的净税率不可全信。

□ 新古典模型

到目前为止，我们所讨论的代际模型一直假定，用征税的办法来偿债，既不影响工作行为，也不影响储蓄行为。可是，如果税收扭曲这些决策，经济就会遭受实际损失。

我们还忽略了债务融资可能对资本形成产生的重要影响。债务的新古典模型强调，当政府开始实施一个项目时，不管是用税收还是用借债筹资，都会挪用私人部门的资源。通常的假定是，用税收融资时，挪用的资源主要是减少了消费。另一方面，当政府借债时，就会与那些想把这笔钱投资于自己项目上的个人和企业争夺资金。倘若如此，债务主要影响的是私人投资。如果这些假设条件是正确的，在其他条件相同的情况下，债务融资留给后代人的资本存量就较少。因此，后代人的生产率和实际收入就会比没有债务融资时低。这样，债务通过它对资本形成的影响而给后代人造成了负担。（请注意，这里假设公共部门的资本存量保持不变。如前所述，如果公共部门用取自私人部门的资源从事生产性投资，总资本存量就会增加。）

在新古典分析中，政府举债减少私人投资的假设起着关键作用，这被称为**排挤假说**（crowding out hypothesis）——当公共部门吸收了可用于投资的资源时，私人投资会被排挤掉。排挤现象是由于利率的变动而引起的。当政府增加对信贷资金的需求时，作为信贷资金价格的利率就必然会上升。如果利率上升，私人投资会因成本增大而减少。①

如此说来，检验排挤假说看来比较容易，只要研究一下利率和政府赤字（占国内生产总值的比例）之间的历史关系即可。如果这两个变量成正相关关系，则排挤假说成立，反之亦然。赤字如何影响利率问题，一直是一个热门的政治话题。例如，奥巴马政府预算案（其中包括大幅增加债务）的反对者认为，它们会导致利率上扬。

遗憾的是，由于其他变量也可能影响利率，故这个争议的解决就比较复杂了。例如，在经济衰退期间，投资下降，利率也下降。同时，由于经济不景气，税收收入可能减少，在其他条件相同的情况下，赤字就会增加。因此，数据可能表明利率和赤字之间存在一种反向关系，但这与排挤毫不相干。和往常一样，问题是要找出赤字对利率的单独影响，但如我们在第 2 章中所说，这种问题解决起来难度很大。几十年来，对这个问题的大量经济计量研究都

① 如果资本是跨国流动的，那么，举债引致的利率上升就会导致外资的流入。这会增加美元需求，引起美元升值，从而提高美国出口品的相对价格。因此，被排挤的不是国内投资而是净出口。就美国经济而言，国内投资和出口很可能都被排挤掉一部分。

没能得到结论性意见。最近的一些研究得到的一个合理估计是，联邦赤字占 GDP 的比例提高 1%，导致利率上升大约 0.3 个百分点（Congressional Budget Office，2005b，p. 4）。

虽然经济计量研究的证据不明朗，但理论上还是强烈支持至少有一定程度的排挤，因而大多数经济学家都认为，庞大的赤字会使资本存量有一定的减少。[①] 不过，资本存量到底减少多少，从而后代人的福利下降多少，无从知晓。

□ 李嘉图模型

至此，我们在讨论中没有考虑个人有意代际转移的潜在重要性。巴罗（Barro，1974）认为，当政府借债时，“老年”一代认识到，他们后代的境况将变差。再假定，老年一代关心其后代的福利，不希望后代的消费水平下降。老年人能为此做些什么呢？一种可能是增加他们的遗产，遗产增量足以抵偿未来应缴的额外税收。其结果是，一切都没有变化。每一代人的消费量都恰好与政府借债前的完全相同。用表 20—1 的模型来说，2010 年的老年人储蓄4 000 美元，给 2030 年的年轻人，因而每一代人的消费都未变。

于是，私人实际上能把政府债务政策的代际效应消除掉，从而使税收融资和债务融资实质上是等价的。这一观点——政府融资的形式无关紧要——常被称为李嘉图模型，因为这种思想最早出现在 19 世纪英国经济学家大卫·李嘉图（David Ricardo）的著作中（但是，李嘉图对现在冠以其名的这个理论持怀疑态度）。

巴罗的政府财政政策无关紧要这一挑衅性假说，引起了很多争论。有些人拒绝接受这种观点，认为它是建立在难以置信的假设条件上的，比如人们确切知道当前赤字将导致未来多大的税收负担。事实上，如本章前面所强调的，我们甚至连债务的规模到底有多大都不清楚。另一种批评是，人们不像该模型所说的那样有远见。

另一方面，有人可能认为，对于理论的最终检验，不是看它的假定是否合理，而是要看它的预测结果是否能得到数据的证实。持怀疑态度的人指出，在 20 世纪 80 年代初期，联邦赤字大幅度增加；假如李嘉图模型是正确的，私人储蓄预期会相应增加。然而，私人储蓄（占国民生产净值的比例）实际上下降了。虽然这个发现具有一定的启发意义，但不是结论性的，因为除了赤字之外，还有其他因素也影响储蓄率。许多经济计量研究分析了预算赤字与储蓄之间的关系（见 Congressional Budget Office，2005b）。证据有正有反，而且在职业经济学家中，既有李嘉图模型的批评者，也有拥护者。

□ 总的看法

债务负担问题，实质上是放在代际背景下的税收归宿问题。和许多其他归宿问题一样，债务的负担是难以确定的。首先，甚至连“负担”应如何定义都不清楚。一种可能的方法就是以一组同龄人的一生消费来衡量，另一种方法是以某一时点上所有在世者的可能消费来衡量。即使选定了一个定义，负担的存在还要取决于下列几个问题的答案：是内债还是外债？债务政策如何影响各种经济决策？哪种项目用债务来筹资？人们对其中的某些决策进行了实证研究，但至今尚未达成共识。

---

① 由于较高的利率吸引了外资，故排挤效应会降低。但是，鉴于要向外国人支付利息，后代人的负担大体上不会改变。

征税还是举债

2008年大选期间，民主党总统候选人希拉里·克林顿（Hillary Clinton）参议员被问到她是否会支持用增税的办法来为伊拉克和阿富汗战争筹资，她的回答毫不含糊——不会。这引发了关于为目前战争筹资而让后人负责是否合适的辩论。举债和征税如何选择，是财政学领域最基本的问题之一。基于上述有关债务负担的讨论结果，我们便可以评价回答该问题的几种方法。

□ 受益原则

本规范性原则表明，政府计划的受益者应当付费。因此，如果该计划能给后代人带来利益，那么，通过债务融资把负担转嫁给后代是合适的。一个可能的例子是，借债付学费，学生将来收入能力提高而获益。

□ 代际公平

假定由于技术进步，我们的子孙后代要比我们更为富有。如果在一代人内部把收入从富人转移给穷人是合理的，那么，为什么我们不能把收入从富的一代转移给穷的一代呢？当然，如果后代预期比我们还穷（比如说由于某些自然资源的价格上升），这种逻辑就会导致相反的结论。

□ 效率问题

从效率的角度来看，问题在于，是债务融资还是税收融资会导致更高的超额负担。分析这个问题的关键是要认识到，只要政府支出增加，最终都必须用税收的增加来筹措资金。税收融资和债务融资之间的选择，只不过是征税在时间安排上的选择。如果用税收融资，则在支出发生的同时就必须支付一大笔钱；如果用债务融资，则只要分期缴纳少许税款以支付债务利息即可。在这两种情况下，税收收入的现值必定是相等的。

如果用这两种方法征收上来的税收收入的现值相等，那么从效率角度来看，有无理由说一种方法比另一种更好？为了简化起见，假定用于偿债的所有收入都来自劳动所得课税。如第15章的式（15.4）所示，这种税会扭曲劳动供给决策，所产生的超额负担为

$$\frac{1}{2}\varepsilon wLt^2$$

式中，ε 代表工作时数对工资的补偿弹性；w 代表税前工资；L 代表工作时数；t 代表从价税率。请注意，超额负担按税率的平方增加——当税率提高1倍时，超额负担增加4倍。因此，从超额负担的角度来看，两个小额税优于一个大额税。

这一点可用图20—3来说明，该图阐释了超额负担与税率之间的二次方关系。低税率 t_1 产生的超额负担是 x_1，而较高税率 t_2 产生的超额负担是 x_2。从效率的角度来看，按税率 t_1 课征两次，比按 t_2 课征一次要好。其含义是，债务融资因其导致一系列比较低的税率，故从效率上说优于税收融资。

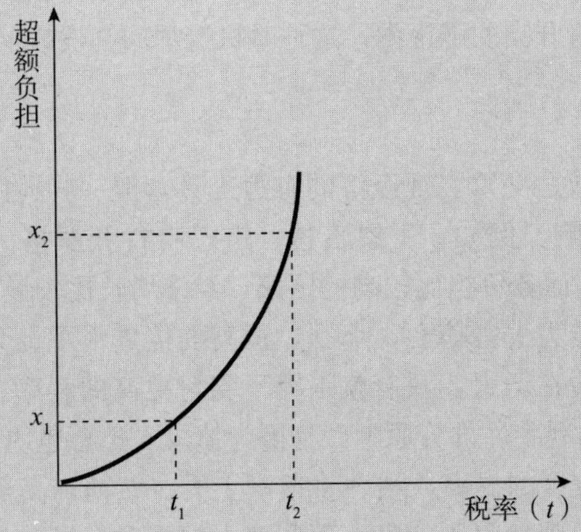

图 20—3 税率和超额负担之间的关系

说明：超额负担按税率的平方增加。

这种观点忽略了一个重要问题——如果增加债务会减少资本存量，那么它就会产生额外的超额负担。[①] 因此，虽然从劳动供给决策的角度看，债务融资可能更具有效率，但从资本配置决策的角度来看，它又是缺乏效率的。我们事先并不清楚哪种效应更重要，所以也无从知晓税收融资和债务融资谁更有效率。

因此，“排挤”问题不仅在讨论债务代际负担时很重要，在讨论效率问题时也是核心内容。回忆一下，根据李嘉图模型，不存在排挤现象。因此，只有税收扭曲劳动供给决策，从效率角度来看，债务融资毫无疑问是可取的。然而，如果发生了排挤现象，税收融资就变得比较有吸引力了。显然，只要排挤效应的经验证据是不确定的，我们就无法确知债务融资和税收融资谁更有效率。

□ 赤字和功能财政

到目前为止，我们一直在采取通常的假设，即所有资源都得到了充分利用。记得第 8 章讲过，这意味着政府支出分流了私人部门的资源，增加了社会成本（要与政府支出的社会收益相比较）。该框架适合于描述经济的长期趋势。可是，当经济运行未完全达到其潜能时，政府支出可以汲取未利用的劳动力和资本，以帮助经济恢复到充分就业状态。倘若如此，赤字融资是可取的，因为此时从私人部门分流资源的机会成本较低。这种方法有时被称为**功能财政**（functional finance）——利用税收和赤字让总需求保持在恰当的水平上，而不必担心预算本身是否平衡。

功能财政的争议很大，部分原因是在政府支出实际上能使未利用的资源得到多大程度的利用上存在分歧。如果我们从宏观经济学角度深入探讨相关问题，就会偏离主题太远，但有两点还是值得注意的：

- 如果巴罗的代际利他主义模型是正确的，那么，人们就会使政府的债务政策失去作用，政府也就无法稳定经济。[②]
- 财政政策变化转化为就业变化究竟需要多长时间充满着不确定性，但成功的反失业政

① 更确切地说，如果资本存量因（比如）课征资本所得税而低于最适水平，就会产生额外的超额负担（Feldstein，1985，p. 234）。

② 更确切地说，被预期到的政策变动没有任何影响。未预期到的政策变动可能有影响，因为根据定义，人们不能通过改变自己的行为来抵消政策变动效应。

策要求时机的选择必须正确，否则在已不需要的时候刺激经济，反而会造成通货膨胀。2012年总统大选期间，在有关是否增加政府开支的辩论中，这种时机选择问题发挥了重要作用。

□ 联邦债务与财政危机风险

虽然功能财政理论把政府举债看做是支撑宏观经济的有力工具，但一些经济学家还是担心，债务“太高”之后会产生不利影响。例如，雷恩哈特、雷恩哈特和罗格夫（Reinhart，Reinhart and Rogoff，2012）观察到，债务负担比较高的国家，经济增长比较慢。

如果政府的债权人对政府的偿债能力失去信心，那么，过高的债务水平也会导致财政危机。在这种情况下，债权人感觉到风险在增大，政府就不得不支付更高的利率。例如，希腊政府在2012年不得不支付高达20%的利率，部分原因就是因为债权人担心违约。

有人也许会认为，随着违约担心程度的提高，利率将逐渐上升。然而，高负债国的经验表明，信心的丧失可能突然爆发，造成骤然急剧加息。而利率大幅上升会导致投资下降，产出和工资的增长放缓（Congressional Budget Office，2010）。与此同时，承受高额利息成本的政府面临艰难的选择：要么削减开支，要么增加税收，要么更多地举债。

正如我们前面所强调的那样，必须谨慎对待根据宏观经济变量的相关性所得到的因果关系结论。例如，有人可能会问，是高额债务阻碍了经济增长，还是增长缓慢导致债务累积得更多。进一步而言，我们更没有理由相信，债务水平估计达到某个特定值时就将引发财政危机。不过，许多经济学家还是接受下列观点，即从某种程度上说，在其他条件都相同的情况下，债务与国内生产总值的比率很高至少说明宏观经济是不健康的。

□ 道德和政治问题

有人认为，税收融资和债务融资之间的决策是一个道德问题。托马斯·杰斐逊（Thomas Jefferson）总统在1813年曾指出，“我深信……我们都会认为我们自己无权让子孙后代背负我们的债务，在道义上必须由我们自己来偿还。”道德要求自我约束，而赤字是缺乏约束的表现，因此，赤字是不道德的。债务是不道德的这个隐含假定，一直体现在这一问题的政治争论中。

本书自始至终都在强调，道德问题对于公共政策的制定至关重要，所以，认为赤字不道德这种观点值得认真对待。但应当注意到，这种规范性观点似乎主要是以一个没有经过证实的实证性假说——债务负担被转嫁给后代人——为依据的。此外，人们也不清楚为什么这种特定的规范性观点就优于其他观点，比如说受益原则，而受益原则意味着，举债有时从道德上看也是做得对的事情。

反对赤字支出的另一观点是政治上的。如在第6章提到的，有人认为，政治程序常常低估政府支出的成本，而高估政府支出的效益。平衡预算原则可能使得对收益和成本的权衡更加慎重，从而防止公共部门的增长超越其最适规模。

然而，一些认为政府支出过大的人却有不同的观点，说赤字可以有效抑制政府支出。根据诺贝尔经济学奖得主米尔顿·弗里德曼（Milton Friedman，2003，p. A10）的说法，传统观点认为政府支出水平是固定的，不管是否有赤字。如果这是真的，那么，增加税收就可以消除赤字。但弗里德曼认为，一个比较好的模式是，支出不是固定的——如果政府用税收得到更多的钱，它只会把钱花光。“预先确定的不是支出，而是政治上可容忍的赤字。税收增加到足以消除现有赤字的程度后，支出还会继续上升再度达到可容忍的赤字。”所以，限制政府的一个更好的策略是减税。“由此导致的赤字将有效地限制行政部门和立法机关的支出倾向。”正如第 6 章所强调的，很难评价政府支出理论的合理性。的确，其他研究者发现，减税不会导致政府支出降低（Romer and Romer，2007）。不管怎样，这个问题提醒我们，在提供政策建议时，考虑到政治环境是很重要的。

□ 控制赤字

多年来，决策者一直都在努力削减赤字，注意力主要集中在预算编制程序上。预算编制程序的批评者一直认为，联邦预算的编制杂乱无章。为此，国会通过了几项立法，旨在通过建立收支目标来加强纪律性。例如，1997 年通过的预算规定了 1998—2002 年每年的可自由裁量支出（discretionary spending）限额（可自由裁量支出是指国会可追加从建造坦克到支付公务员工资等任何事情的支出）。精心设置的议会法规决定在哪些情形下遇到紧急情况时该限额可以突破。

问题在于，国会在绕开法规方面向来表现得很有创造力。例如，用于阿富汗和伊拉克战争近 900 亿美元的支出被列为紧急情况支出，没有计入限额之中。倘若总这样做，人们理所当然地就要问，财政制度是否会形同虚设。如果总统和国会都想花一笔钱，那么他们只要串通起来不就能绕过任何法规吗？的确，国会在仅一年之后就违反了它于 2007 年采取的“量入为出”（pay-as-you-go）原则（该原则要求，新的支出或减税要通过减少其他支出或增税来抵消）。即便如此，也不能排除国会预算规则减少赤字的可能性，因为谁都不知道支出在没有这种规则的情况下会是什么样。

研究财政制度重要性的另一种方法是看各州的实践，其中大部分州在其宪法中都有规定，禁止其运营预算（operating budgets）发生赤字（运营预算支付当期费用，而不同于为诸如道路和建筑物等长期投资融资的资本预算）。重要的是，各州在规则的范围和严厉程度上有所不同。在有些州，对州长的唯一要求是提交平衡预算计划。如果事实证明州长的预测是错误的，发生了赤字，那么，对于该州是增税还是减支并无具体要求——该州可以借债来弥补赤字并结转到下一年。有些州则不允许这样做——赤字不能结转，这些州有时利用上述的会计技巧来处理现有的赤字。

一种顺理成章的研究策略是，探讨预算规则严格的州与预算规则宽松的州相比，前者的赤字规模是否比较小，且对未预料到的收入短缺所作出的反应更迅速。一些证据表明，的确会有这样的结果，只是解释这种证据有点棘手，因为我们不知道规则严格的州的这种结果到底是不是由这种规则所致。例如，这些严格的规则也许是由财政保守派议员通过的，而他们即使在没有法律强制的情况下也会积极解决赤字问题。一些经济计量研究得出的结论是，即便考虑到这些难题，财政制度依然很重要。经济学家艾伦·奥尔巴赫（Alan Auerbach）在分析联邦预算规则时发现，“规则的确有些成效，而不仅仅在于表明政策意图。规则也可能对赤字控制有些功效”（Auerbach，2008）。

一些人认为，国会通过的预算规则所存在的问题在于，它们只是单项法规，这样只要国会两院多数票通过，就很容易修改、暂停或撤销。有些人则进一步主张把预算规则纳入宪法之中，且提出了一些宪法修正案，一些典型的条款变化如下：

1. 国会必须编制预算报告，“总支出不得超过总收入”。
2. 总收入增加的“速度不得超过国民收入的增长速度”。
3. “国会和总统应……确保实际支出不超过预算报告所规定的支出。”

4. 这些规定在战争时期可作废。

大多数经济学家——无论是自由派还是保守派——都认为，平衡预算修正案是一个考虑欠妥的想法，其原因有以下几个方面。[①]

首先，编制收支预算报告需要对经济运行状况做出预测。这是一个极其难办的问题，即使预测者使用完全相同的方法，得到的估计结果也可能大相径庭。国会如何选择预测结果？倘若选择了一个不正确的预测结果，国会就会在不知不觉中违反了法律！如果有些预测结果是出于政治上的考虑，那么事情会变得更加扑朔迷离。例如，那些想增加支出的人，会鼓励高估来年的税收收入，反之亦然。

其次，该修正案没有界定“支出”和“收入”。通过选择适当的会计方法，国会就可以轻易地绕开法律，其中的一种做法就是成立公司，这些公司得到支出和借债授权，而它们并不是政府的正式组成部分。例如，在 1968 年以前，作为一个政府机构的联邦国民抵押贷款协会（Federal National Mortgage Association）［简称房利美（Fannie Mae）］，购买抵押贷款，然后打包成“抵押贷款证券”（mortgage-backed securities），并转售给私人部门。房利美于 1968 年被私有化，其债务从联邦预算中剥离出去，使得政府增加越南战争支出在政治上变得更加容易。2008 年金融危机期间，房利美倒塌，政府很快就接管了它。因此，从会计角度上说，房利美本已被“私有化”，但事实上其支出和借贷活动是联邦预算的一部分。这种预算外活动仍然是隐瞒实际预算规模的一种重要方式，而若是有平衡预算修正案，预算规模可能会增大。另外，议员们也许会设法通过立法，通过增加支出达到他们想达到的目的。

最后，法学家已注意到一些重要的问题。一旦有赤字会怎样？整个国会都要去坐牢吗？国会因花费太多而有可能被控告吗？联邦法官会最终制定经济政策吗？一旦有赤字，任何一个公民都可以到法院获得禁令来制止政府的所有活动吗？一位法律学者说，“我想不出其他法律会比平衡预算修正案赋予法官权力来行使那么大的政治和决策自由裁量权”（Schuck, 2011）。不过，支出和赤字仍然受到宪法的限制。1997 年，平衡预算修正案在国会中就差点被否决。但是，这项议案在未来可能还会卷土重来。

总的看法

国债是一个带有情感性的难题。本章的分析针对这些争论提出两点看法：

- 某一年的赤字规模取决于会计惯例。这一事实强调，任何号称赤字是多少或盈余是多少或债务是多少的说法，都带有任意性。
- 赤字和盈余的影响虽然很重要，但难以度量。而且，即使我们知道它们的确切影响，实施债务政策的影响也仍然取决于有关代际收入分配的道德观点。

基于所有这些考虑，仅以官方的赤字或盈余规模来评价公共部门的经济活动几乎没有什么意义。赤字不一定是坏事，盈余也未必就是好事。更为重要的是，政府提供的服务水平是否最优，特别是要考虑提供这些服务所需的资源成本。在民主社会中，对政府支出和筹资活动的热烈讨论是很重要的。是用赤字融资还是用其他形式融资，这是一个很重要的问题，值

① 请参阅舒尔茨（Schultze，1995）提出的反对理由和布坎南（Buchanan，1995）提出的支持理由。

得公众关注。不过，自由派和保守派都仅根据赤字来评价财政状况，往往使得这些争论变得模糊不清，令人困惑不解。

小结

● 举债是政府融资的一种重要方法。某一时期内的赤字是支出大于收入的部分，盈余是收入大于支出的部分；某一时点上的债务是以往赤字和盈余的代数和。

● 对于官方公布的联邦政府赤字、盈余和债务规模，必须小心看待，原因如下：

——州和地方政府也有大量的未偿债务。

——通货膨胀侵蚀债务的实际价值，官方公布的赤字或盈余没有反映这一情况。

——联邦政府不区分资本支出和经常支出。然而，想让联邦政府编制资本预算的种种努力，可能因概念上与政治上的问题而无法实现。

——联邦政府所拥有的有形资产应该予以考虑，政府的隐性债务也要考虑（例如，承诺支付社会保障金和老人医疗保险金）。

● 债务负担是不是由后代人负担，是有争议的。一种观点是，内债不会给后代人造成净负担，因为它只是代际转移。然而，在迭代模型中，债务融资有可能给后代人造成实际负担。

● 债务负担还取决于债务融资是否排挤私人投资。如果确实如此，则在其他条件相同的情况下，后代人的资本存量会减少，因而实际收入会降低。在李嘉图模型中，代际自愿转移消除了债务政策的这种影响，从而不会发生排挤效应。

● 一项既定的政府支出是用税收融资还是用债务融资，有若干影响因素需要考虑。受益原则表明，如果该项目将造福于子孙后代，通过债务融资让后代支付是合适的。此外，如果预期后代人要比当代人富裕，那么公平原则表明，让他们负担是公正的。

● 从效率角度来看，必须比较税收融资和债务融资的超额负担。如果不存在任何排挤，那么，债务融资的超额负担小一些，因为一系列的小额增税比一笔大额增税产生的超额负担小一些。但是，如果发生排挤，结论就可能相反。

讨论题

1. 下列各事件对按现行方法计算的国债有何影响？

a. 政府借债为阵亡将士纪念日（Memorial Day）游行筹资。

b. 把自由女神像卖给一家私人企业集团。

c. 通过一项法律，给 5 岁以下的每个儿童提供免费医疗保健服务。

d. 政府本年度对林恩征了 100 美元的税，同时答应明年支付给他 105 美元。

e. 政府本年向林恩借了 100 美元，明年把这 100 美元还给他并付 5%的利息。

如果你在为政府设计一套会计制度，你如何处理上述每一项？

2. 2010 年，希腊政府考虑出售其在银行、博彩公司和电信公司的股份，以削减其预算赤字。你认为这是希腊政府减少赤字的明智之举吗？请解释。

3. 希克（Schick，2002，p. 46）说：“（20 世纪 90 年代末）盈余的出现，引发支出狂涨，造成 1990 年《预算执行法案》规定的可自由裁量支出限额失效，使《预算执行法案》要求支出增加须由其他支出削减或收入增加来抵消成为笑柄。”请讨论，这种情况与弗里德曼思考赤字和政府支出关系的方法之间的关系。

4. 假定劳动供给对工资的补偿弹性为零。从效率角度看，这对（政府支出临时增加的）债务融资和税收融资之间的最适选择会有什么影响？

5. 针对无资金着落的政府负债，如社会保障和老人医疗保险负债，批评人士将其特征描述成“财政上虐待儿童”（fiscal child abuse）。这些负债在什么条件下的确会伤害到后代？

6. 2012 年，一位记者在解读诺贝尔经济学奖得主保罗·克鲁格曼（Paul Krugman）的观点时说，“为了避免全面萧条，美国政府无须考虑赤字规模，需要扩大支出来刺激经济”（Weisenthal，2012）。在什么条件下动用赤字为政府支出融资是明智之举？

7.《纽约时报》专栏作家戴维·布鲁克斯（David Brooks）写道：“在私人领域……长辈送给孙辈珍爱的礼物，这种关爱将萦绕在年轻人的脑海中，会陪伴他们走过几十年。而在公共领域，他们会反其道而行之”（Brooks，2010）。如何将这种评论与李嘉图等价模型联系在一起？

第 21 章

彻底的税制改革：消费和财富课税

当对人们消费的东西征税时，每个人都要缴纳与其消费对等的税款，则公共财富不会因为私人的奢侈浪费而减少。

——托马斯·霍布斯（Thomas Hobbes）

人们对于联邦个人和公司所得税制十分不满。正如由两党组成的财政制度改革总统专家小组指出的，“税法充满了无效率条款、大量漏洞、各种优惠措施、专用目的税以及难以解决的复杂性”（National Commission on Fiscal Responsibility and Reform，2010，p. 12）。

第 17 章和第 19 章分别讨论了完善个人所得税和公司所得税的一些措施，本章分析更加彻底的税制改革——把税基从所得改变为消费。在消费税情况下，税基是卖给个人用于现实消费的商品价值（或数量），而在所得税情况下，税基则是潜在消费的变化。

关于消费税取代所得税的利弊，已有大量的经济研究文献。有关消费税的一个富有争议的问题是，对于拥有大量收入而消费少的人该怎么办？这些人缴纳的税收很少，积累的财富巨大，而这些财富又传给了他们的后代。为此，本章用一定篇幅来分析有关财富特别是遗产的现行和拟议中的税收待遇。

个人消费税的效率与公平

消费税取代所得税的支持者认为，这会使效率、公平和征管简化都得到改善。而所得税的辩护者则认为，个人消费课税是有严重缺陷的。现在讨论一下这些争论。

□ 效率问题

比较分析个人消费课税和所得课税的效率影响，可以利用第 11 章和第 18 章讨论的消费和储蓄生命周期模型。在该模型中，每时期的个人劳动供给都是固定的。她购买的两种商品为现在消费 c_0 和未来消费 c_1。如果利率为 r，今天每多消费 1 美元，就意味着该消费者未来的消费要减少（$1+r$）美元，因此，c_0 的相对价格——它的机会成本——是（$1+r$）。

现在以朱丽叶为例，她适用的个人所得税税率为30%。假定税法允许扣除利息支出，这对c_0的相对价格有何影响？[①] 如果朱丽叶储蓄1美元，收益率为r，政府用税收把该收益的30%拿走，她仅能得到$0.70\times r$。如果她借到1美元，因利息支出可以扣除，故其借债成本也降为$0.70\times r$。总之，所得税使现在消费的相对价格从$(1+r)$降为$(1+0.70r)$。这在债务人支付的利息与债权人获得的利息之间，加进了一个楔子。正如第15章所证明过的，这种税收楔子造成超额负担。我们得到的结论是，所得税产生超额负担。

现在考察消费税，假定它筹措的收入额与所得税相同。这里要注意的关键问题是，在消费税下，朱丽叶可获得的市场收益率不被征税。因此，课征消费税后，c_0的相对价格仍为$(1+r)$。与所得税不同，这里没有税收楔子，也就没有超额负担。消费税对储蓄的这种中性待遇，通常被认为是其主要优点。如拉齐尔和波特巴（Lazear and Poterba，2006，p.4）写道："由于消费税消除了所得税对储蓄征税而导致的对现在消费（相对于未来消费而言）的优惠待遇，从而也就消除了对储蓄的抑制。"

虽然消费税与所得税不同，它不影响朱丽叶在两时期间的消费取舍比率，但一般来说，消费税确实会扭曲她在休闲与消费间的取舍比率。从第15章得知，即使对每种商品课征等比例税，也会扭曲休闲与每种课税商品之间的选择，所以，按相同税率对所有商品征税是有效率的说法并没有把握。这里的主要见解是，消费税扭曲了消费与休闲之间的选择。要知道这是为什么，我们假设朱丽叶的工资率为每小时10美元，又假设她所消费的商品单位价格为1美元，故朱丽叶每放弃1小时休闲就可以得到10单位的消费品。现在假设征收25%的消费税，则消费品的价格上升到1.25美元。现在，朱丽叶每放弃1小时休闲只能得到8单位消费品（因为10/1.25=8）。因此，消费税扭曲了休闲与消费之间的决策。

总之，虽然所得税扭曲储蓄决策，而消费税没有这种扭曲性，但它们都会扭曲劳动供给决策。我们不能草率下结论说，由于它只扭曲一个市场而非两个市场，消费税就优于所得税。况且，这两种税都有效率成本，只有进行实证研究才能确定哪种税更有效率。不过，大多数研究表明，在劳动供给和储蓄行为都已知的情况下，即使考虑到两种税会造成劳动供给扭曲，消费税带来的超额负担也比所得税的小（比如，参阅Feldstein，2006a）。

□ 公平问题

累进性 传统观点认为，消费税具有累退性。正如华盛顿的"税收正义联盟"（Citizens for Tax Justice）组织指出的那样，在消费税下，"对富有者课征的税率远低于中等收入家庭。原因何在？因为高收入者的花费占其收入的比例比较小。"[②]

这种推理方法有三个问题。首先，它把这种税看做是年度所得的一定比例。倘若没有严格的信贷市场约束，一生所得更为重要；有强有力的合理证据表明，人们在某一年当中的消费占其一生所得的比例大致相同。其次，也许更为重要的是，传统观点通过假设对某种商品的课税全部由这种商品的消费者来承担而完全忽略了税收归宿理论。然而，正如第14章所强调的，一般来说，商品税的转嫁方式取决于征税后的供求反应。消费税对收入分配的影响依然是个悬而未决的问题。最后，假定所有消费税都导致相同的法定累进程度是不对的。我们

① 正如在第17章和第18章所强调的那样，并非所有纳税人都能扣除利息支出。本章末的讨论题第7题探讨的是不允许扣除利息时该分析如何修正。

② Citizens for Tax Justice，"The Loophole Lobbyists vs. The People，" Washington，DC，未注明日期。

在后面会讲到，有些消费税种的税收负担取决于特定家庭的特征，因此，其税率表可以做到要多累进就多累进。

支付能力　那些反对消费税的人认为，现实消费（actual consumption）仅仅是潜在消费（potential consumption）的一部分。重要的是消费能力，而不一定是这种能力的利用。他们指出，在消费税制下，一个吝啬的百万富翁可能比一个穷人的应纳税额还要小。对此论点的一种可能回应是，根据个人以消费形式从经济体系中"拿走"多少来征税，比根据个人对社会的"贡献"（用所得来衡量）来征税，更为公平。正如托马斯·霍布斯（Thomas Hobbes，1963/1651，p.303）在17世纪所指出的那样：

> 究竟出于什么原因，要对那些勤劳、节俭、消费少的人，比对那些懒惰、收入低、吃光用尽的人，课税更多；要知道，前者并不比后者从国家那里得到更多保护。

从这种观点看，如果吝啬的百万富翁选择消费很少，那是一件好事，因为他省下来的资源可由社会用于资本积累。在下面的专栏中，史蒂文·兰德斯伯格（Steven Landsburg）幽默地表达了这种观点。

与此相关的一个问题是，所得税是否对利息所得双重征税。有人认为，所得税不公平，因为它对资本所得征了两次税：一次是在当初挣取所得时，另一次是在投资带来收益时。但是，所得课税的逻辑是要求对储蓄的收益征税。这究竟是否公平，和往常一样，要取决于价值判断。

专栏

财政学的轻松一面："我喜欢斯克鲁奇的地方"

经济学家史蒂文·兰德斯伯格以守财奴有利于社会为由，支持消费税取代所得税。

这正是我喜欢艾柏纳泽·斯克鲁奇（Ebenezer Scrooge）* 的地方：他那寒酸的住处漆黑一片，也很少取暖，因为点灯不便宜，烧煤要花钱；晚餐是自己做的稀粥，也不雇用仆人。

人们都说斯克鲁奇是吝啬鬼，但我认为这样说他有些委屈。有谁能比自己不点灯不吃饱，而把更多的燃料和食物留给他人享用的人更慷慨呢？又有谁能比自己不雇用仆人，而让他们伺候别人的人更仁慈呢？

哦，事情可能比我刚才说的还要复杂一点。当斯克鲁奇不怎么用煤生火取暖时，最终被开采出来的煤炭会减少。不过，这样也好。如果不为斯克鲁奇挖煤，那么想要成为矿工的一些人就可以为自己或他人干别的事。

狄更斯还告诉我们住在一座豪华官邸中的市长大人，为了赢得一屋子客人对他慷慨大方的颂扬，命令家中50名厨师和侍者一定要将圣诞节办得风风光光。修建这座官邸所用的砖瓦、砂浆和劳动力如果被用来建造普通房屋，可以建造好几百间呢！而斯克鲁奇住在空荡荡的三间小屋里，没有什么人来。他既不请厨师，也不用管家，保证了其他邀客欢宴的家庭能请到厨师和管家，但这些家庭并不感谢艾柏纳泽·斯克鲁奇。

在这个世上，没有人会比吝啬鬼更慷慨大方了——因为他们本可以消耗资源，但他们没有。吝啬和慈善的唯一区别在于慈善家只让一小部分人受益，而吝啬鬼则普度众生。

---

* 艾柏纳泽·斯克鲁奇是查尔斯·狄更斯（Charles Dickens）的作品《圣诞颂歌》（*A Christmas Carol*）中的主人公，故事说的是性情刻薄、冷酷的守财奴斯克鲁奇如何变成一个乐善好施的人。——译者注

如果你建一栋房子而不是买房子，这个世界上就多了一栋房子；如果你挣了一美元而不花掉它，这个世界上就多了一美元的财富——因为你创造了价值一美元的商品而未消费它。

谁正好得到了这些商品呢？这取决于你如何储蓄。如果你将一美元存进银行，会压低利率，正好使有些人能付得起价值额外一美元的旅游或家居装饰。如果你把一美元放在褥子底下（这实际上减少了货币供给），会使价格下跌，正好使有些人在晚餐时能多喝一杯价值一美元的咖啡。斯克鲁奇无疑是个精明的投资者，把钱贷出去，挣利息。而一位不常见的同名者斯克鲁奇·麦克达克（Scrooge McDuck）在地窖里放满了一卷卷的钱。不要紧。艾柏纳泽·斯克鲁奇降低了利率，斯克鲁奇·麦克达克降低了价格。两位斯克鲁奇让周围邻居得到的好处并不亚于市长大人请全城百姓到家中享用圣诞大餐。

储蓄也是一种慈善行为，而且，值得一提的是，由于正值圣诞节和税制改革之际，税制应该充分认识到这一点。倘若慈善捐赠可享受税收扣除，储蓄也应当享有税收扣除。既然你挣了钱不花是对社会的贡献，那么不管你是把这笔钱捐出去还是存起来，对社会的贡献都一样。

当然，总会有一些好管闲事的精灵来劝你花掉储蓄，而此时开始对你征税便是合理的（只要对所得课税是合理的）。这就如同个人退休账户：只要你储蓄（即只要你让他人享受你的劳动成果），你的收入就免予课税，但你不储蓄就要纳税。

伟大的艺术家们有时并没有意识到他们的作品所蕴涵的深刻意义。《圣诞颂歌》的基本精神是不应对个人退休账户缴款有限制，尽管狄更斯也许并未意识到这一点。这与税制应鼓励储蓄的所有其他原因（如有利于经济增长）毫不相干。

如果说圣诞节是一个播撒慷慨无私的节日，那么可以肯定地说，圣诞节的一个伟大象征就应当是艾柏纳泽·斯克鲁奇——是原来的斯克鲁奇，而不是悔改的斯克鲁奇。需要改造的是税收，而不是吝啬鬼。

资料来源：Reprinted with permission of The Free Press，a Division of Simon & Schuster Adult Publishing Group，from *MORE SEX IS SAFER SEX*：*The Unconventional Wisdom of Economics* by Steven E. Landsburg. Copyright 2004，2007 by Steven E. Landsburg.

年度公平与一生公平 只是短暂地影响个人经济状况的事件，不足以作为确定支付能力的依据。的确，有人认为，理想的应纳税额应当与一生所得联系起来。消费税的支持者指出，年度所得税可能导致即使一生所得相同的人，税收负担也可能不同。

为了弄清这一点，我们以格拉斯霍珀先生和安特女士为例。他们的一生分为两个时期。假定课征所得税，税率是 50%，利率是 10%。又假定格拉斯霍珀和安特本期都挣 1 000 美元，下期无收入；格拉斯霍珀决定把他的税后收入都消费掉，而安特决定把这笔收入都存起来以备下期消费。格拉斯霍珀本期纳税 500 美元，消费剩下的 500 美元，下期不纳税。安特本期纳税 500 美元，储蓄剩下的 500 美元，下期就其所挣的利息纳税 25 美元（=0.50×0.10×500 美元）。在税后利率为 5%的情况下，下期的 25 美元的现值为 24 美元。因此，所得税导致储蓄者的税收负担（524 美元）高于花钱者的税收负担（500 美元）。相反，如果课征消费税，税率为 50%，那么，格拉斯霍珀本期纳税 500 美元，下期无税。安特本期无税，但下期纳税 550 美元（=0.50×1.10×1 000 美元）。但是，当利率为 10%时，下期的 550 美元在现值上正好等于今天的 500 美元（见第 8 章）。因此，在消费税下，一生所得相同的人缴纳的一生税收相同（从现值来说）。

我们可以更正式地表述这一结果。假定格拉斯霍珀和安特现在有相同的固定劳动所得 I_0，并且在将来，他们的劳动所得都为零（这里假定第二时期的劳动所得为零，只是为了简化分析）。格拉斯霍珀选择在当期多消费，因为他不怎么考虑退休时期的生活。安特女士则选择在将来多消费，因为她想过非常宽裕的退休生活。

在比例所得税制下，把安特的当期消费定义为 c_0^A，把格拉斯霍珀的当期消费定义为 c_0^G。根据假定，$c_0^G>c_0^A$。安特的税前未来所得是她取得的储蓄利息：$r(I_0-c_0^A)$。同理，格拉斯霍珀的税前未来所得为 $r(I_0-c_0^G)$。

现在，如果比例所得税的税率为 t，那么安特和格拉斯霍珀的当期应纳税额相同，都是 tI_0。但是，安特的未来应纳税额是 $tr(I_0-c_0^A)$，而格拉斯霍珀的未来应纳税额为 $tr(I_0-c_0^G)$。由于 $c_0^G>c_0^A$，所以安特的未来应纳税额会大一些。只是因为安特比格拉斯霍珀更喜欢储蓄，她的一生税负（两个时期的税额贴现值之和）要比格拉斯霍珀的一生税负大。

与此相反，在比例消费税制下，如果其他条件相同，一生税收负担与储蓄偏好无关。[①] 为证明这一点，我们只需把每个纳税人的预算约束式写出来。因为安特的全部非资本所得（I_0）都来自当期，故其现值就为 I_0。现在，其一生消费的现值必定等于其一生所得的现值。这样，安特的消费格局必须满足下述关系式：

$$I_0=c_0^A+\frac{c_1^A}{1+r} \tag{21.1}$$

同理，格拉斯霍珀的预算约束式为

$$I_0=c_0^G+\frac{c_1^G}{1+r} \tag{21.2}$$

式（21.1）和式（21.2）都表明，一生所得的价值一定等于一生消费的价值。

如果比例消费税的税率为 t_c，那么安特在第一时期的应纳税额为 $t_cc_0^A$，在第二时期的应纳税额为 $t_cc_1^A$，她的一生消费税应纳税额的现值（R_c^A）为：

$$R_c^A=t_cc_0^A+\frac{t_cc_1^A}{1+r} \tag{21.3}$$

同理，格拉斯霍珀的一生消费税应纳税额为：

$$R_c^G=t_cc_0^G+\frac{t_cc_1^G}{1+r} \tag{21.4}$$

比较式（21.3）和式（21.1），可以发现，安特的一生应纳税额为 t_cI_0［式（21.1）两边同乘以 t_c 即可］。同样，式（21.2）和式（21.4）表明，格拉斯霍珀的一生应纳税额也为 t_cI_0。我们由此得到的结论是：在比例消费税制下，一生所得相同的两个人，缴纳的一生应纳税额也相同（这里的一生是从现值意义上说的）。这和比例所得税的情形形成了鲜明的对照，在比例所得税的情况下，一生消费格局影响一生税负。

一个与此有关的支持消费税的观点强调所得的波动往往大于消费的波动。在所得比往常低的年份，人们会动用储蓄或举债，使他们的消费水平平滑化。因此，年度消费比年度所得能更好地反映人们的一生境况。

反对消费税的人则对一生观点是否真的合适提出质疑。人在一生中会碰到太多的政治上和经济上的不确定性，以一生观点看问题可能不太现实。况且，一生观点中的消费平滑化，要求人们能够按现行的利率自由地储蓄和举债。由于人们的举债数量经常受到限制，因此一

① 然而，如果边际税率取决于消费水平，情况可能就会不同。

生论点也许就不恰当了。虽然相当多的实证研究表明，生命周期模型是一个有用的分析框架（见 Browning and Crossley，2001），但这种观点仍值得考虑。最后，在消费税下，在一生所得相同的两个人当中，若其中一个人在去世时把其积累的财富遗赠出去，那么，这两个人缴纳的一生税收就不同。这引起了人们对积累财富如何适当课税的讨论，见本章后面的内容。

讨论了消费税的效率和公平含义之后，我们现在转向分析四种不同形式的消费税，即零售税、增值税、霍尔-拉布什卡统一税以及现金流量税。

零售税

在当今美国，我们在讨论消费税时，一般是指大多数州对各种商品的购买征收的零售税（retail sales taxes），如表 21—1 所示。**一般销售税**（general sales tax）是对所有商品的购买按同一税率课征的税。在美国，广泛覆盖各种商品的州销售税常被称为“一般”销售税。但这有点用词不当，因为即使对大部分商品征税的州，对所有服务的销售实际上也几乎不征税。

表 21—1　按来源划分的州和地方销售税收入　单位：10 亿美元

来源	州	地方
一般销售税	222.6	62.4
机动车燃油	36.6	1.3
酒精饮料	5.5	0.5
烟草	16.8	0.4
公用事业	14.5	13.8
销售税占本级收入的比重（%）	34.7	10.0

说明：销售税是州和地方政府的重要收入来源，占州政府收入的 34.7%，占地方政府收入的 10%。

资料来源：US Bureau of the Census（2012b）. 2010 年数字。

选择性销售税（selective sales tax），又称**货物税**（excise tax）* 或**差别商品税**（differential commodity tax），对不同的商品购买按不同的税率课征（有些商品的税率可能是零）。[②]

销售税一般采取下列两种形式之一。一种是**单位税**（unit tax），对所购买的每一单位课征某一既定数额。比如，倘若你用弓箭打靶或打猎，每支箭要向联邦缴纳 39 美分的单位税。另一种是**从价税**（ad valorem tax），按购买价值的某一比例计征。例如，联邦政府对弓箭征收的货物税税率为 11%。

联邦政府不征一般销售税，只对机动车燃油、酒精饮料、烟草和几种其他商品征税，但这些税收占联邦收入的比例不到 10%。如表 21—1 所示，销售税在州政府的收入体系中特别重要。45 个州加上哥伦比亚特区开征一般销售税，税率从 2.9%到 7.25%不等。大多数州对食品免税，几乎所有的州都对处方药品免税。在约一半的州里，市和县政府还征收自己的一般销售税。

---

* 过去大多译为国内消费税。——译者注

② 另一类销售税是使用税（use tax）——某一州的居民在其他州购物时必须缴纳的一种销售税。使用税的目的是防止人们通过到别的州购物来逃避本州销售税。从历史上看，使用税的收入是很小的。但是，有些州正在加强征收措施，故使用税在将来也许会变得更重要一些。

□ 理论依据

销售税的主要吸引力也许在于它易于管理，因为它是在零售环节向销售商征收的，与所得税相比，税务当局需要监管的人数较少。但这并不是说销售税的管理就很简单，因为某项交易是否会产生纳税义务并非显而易见，故也会出现许多困难。例如，在艾奥瓦州，南瓜用于装点万圣节要缴纳销售税，而如果用作食品，则免税，零售商怎能知道该不该收税？州政府给零售商发出通告，“提醒他们要询问顾客购买南瓜是为了吃（不征税）还是为了装饰（纳税）”（Henchman，2011）。最终，南瓜税被取消。有些州在确定一种果汁是不是免税食品时，用一个基于果汁中含有多少水果成分的公式来评判。问题在于，与个人所得税和公司所得税一样，销售税的税基界定也需要主观判断。此外，和其他税种一样，逃税也是一个实际问题。最近备受关注的一个案件是，泰科（Tyco）国际公司前主席丹尼斯·科兹洛斯基（Dennis Kozlowski）被指控，原因是他逃掉了在纽约市购买的几百万美元艺术品应该缴纳的销售税（他假装把这些艺术品运往他在新罕布什尔州的办公室，该州没有销售税）。一个并非寻常但比较重要的例子是加拿大在几年前降低了对香烟课征的高税率，因为如果不这样，执法部门有点管不住香烟走私。

尽管有这样或那样的问题，但大多数观察家还是认为，在现阶段，州一级零售税的遵从情况还是良好的。我们后面还要讨论国家零售税遇到的管理问题。

□ 州销售税的效率和分配含义

零售税设计的一个关键问题是，对不同的商品是否应课征不同的税率。在最适税收框架下，关键的问题是，在已有所得税的情况下，差别商品税能起什么作用？如果所得税制已得到最适设计，那么在相当合理的条件下，课征差别商品税并不能增进社会福利。① 但是，如果出于某种原因，所得税不是最适的，差别商品税就能增进福利。例如，如果社会追求的是平等主义目标，则通过对奢侈品课以重税，就可以增进社会福利。

一个相关的问题是，在已经决定课征差别商品税的情况下，税率该如何设定。显然，答案取决于政府的目标。如果目标为尽可能有效率地征收既定数额的收入，那么税率的制定就应当能使每种商品的补偿性需求按同一比例减少（见第 16 章）。如果每种商品的需求只取决于其价格，那么税率制定的原则是，税率应与补偿性需求价格弹性成反比，即对缺乏弹性商品课征较高的税率，对富有弹性商品课征较低的税率。从效率角度来说，并不要求对每种商品都课征相同的税率。

如果政府既关心效率也关心公平，最适税收理论要求要偏离逆弹性法则。如第 16 章所指出的，如果价格缺乏弹性商品在穷人的预算中占比很高，追求平等目标的政府就应当对这类商品少征税，甚至不征税。这也许有助于解释为什么许多州不对食品课征销售税。

在传统的福利经济学框架下，征收销售税的另一个理由是存在外部性。如果消费某种商品所产生的成本不包括在价格中，则对这种商品的使用征税才具有效率（见第 5 章）。对烟草课征重税——州和联邦的税率现在加起来平均为每包 2 美元——的合理性就在于此。吸烟者污染了空气，给他人带来了成本，因此，对烟草征税会提高效率。

---

① 假定每个人的效用函数都是其消费的休闲和一组其他商品的函数。只要两种商品之间的边际替代率与闲暇的多少无关，则在已有最适所得税的情况下，差别商品课税就不能增进社会福利。

在有些情况下，销售税也可看做是对使用费的替代。例如，在现有技术条件下，虽然开车带来一些成本，如道路损坏、交通阻塞等，但很难对驾驶者按每英里收费。由于道路使用量与汽油消费量有关，因此，通过对汽油征税，便可间接对道路使用征税。当然，这种把用油量与用路量对应起来的方法并不准确，因为有些车可能比别的车更省油，而有的车可能比别的车对道路的损害更大，等等。但无论如何，收取一个大体准确的使用费，总比完全不收的效率更高。

有关差别销售税的许多其他理由，不在传统的经济学框架之内。对某些被认为是“罪孽深重”的特定商品（诸如酒类或烟草）课以高税。这类商品与“有益物品”（见第 3 章）正好相反，有益物品本身被认为是好东西。在这两种情况下，政府实际上是把其偏好强加在了公民身上。

虽然对所有商品统一课征的销售税几乎肯定是无效率的，但目前无法得到确定完全有效率的税种所需要的信息（也许永远得不到），在这种情况下，统一税率也许不失为一种办法。特别是，如果偏离了统一税率，而出于政治而非平等或效率方面的考虑为差别税率大开方便之门，那么，坚持统一税率就更有可能是一种好办法。

□ 实行国家零售税？

应该用零售税取代现行税制吗？最近，一些议员提出用他们所谓的“公平税种”（Fair Tax）——国家零售税（national retail sales tax）来取代所有现行的联邦税种。在拥护者看来，同现行税制相比，零售税“更易于各州监管，（而且）你不必是公民，也不用说明你是如何取得收入的。你只要花钱，我们就征税。这是多么简单呀!”（Alsenz，2007）。

如前所述，现行的州销售税在纳税遵从方面实际上没有多大问题。但同时我们也看到，州销售税的税率都比较低，一般为 3%～7%。根据财政部的测算，要筹措到像联邦个人所得税那么多的收入，联邦零售税的税率就必须达到 34%左右（Bartlett，2007）。在这么高的税率下，零售税会很难实施，因为它“从纳税遵从角度来看，在生产和分配链条中最薄弱的零售环节征收了全部税款，不仅消费者没有动力让零售商缴纳销售税，而且零售商要不是有查账的威胁，也没有动力去纳税”（Slemrod and Bakija，2004）。从逃税理论得知（第 16 章），逃税的收益取决于税率的高低。在如今销售税率比较低的情况下，这种收益并没有明显高得让人觉得大肆进行逃税是值得的。但根据财政部的估测，考虑到销售税的逃税行为，销售税税率需要从 34%提高到 49%才能保持与现行所得税同样多的税收收入。因此，国家零售税作为一种税制改革方案，失去了一定的吸引力。

增值税

能构建一种在纳税遵从方面比零售税更好的销售税吗？为了思考这个问题，请注意，商品的生产一般要经过几个阶段。以简单的面包生产为例。[①] 农场种植小麦，把小麦卖给磨坊，磨坊把小麦磨成面粉。磨坊又把面粉卖给面包房，面包房把面粉做成面包。面包由杂货店买

① 有关增值税的详细描述，请参阅克诺森（Cnossen，2001）。

进后，又被卖给消费者。表 21—2 给出了一个假设的数字例子。第一列表示的是每一生产阶段上生产者的购进额，第二列表示的是每一阶段上的销售额。比如，磨坊花 400 美元向农场购进小麦，然后再以 700 美元把面粉卖给面包房。在每一生产阶段，**增值额**（value added）就是企业的销售额与生产中所用投入品的购进额之间的差额。面包房以 700 美元购进面粉，以 950 美元卖出面包，所以其增值额就是 250 美元。每个生产阶段的增值额都等于销售额减去购进额，如第三列所示。[①]

表 21—2　　**增值税的实施**　　单位：美元

生产者	购进额	销售额	增值额	税率为 20%的增值税额
农场	0	400	400	80
磨坊	400	700	300	60
面包房	700	950	250	50
杂货店	950	1 000	50	10
合计	2 050	3 050	1 000	200

说明：增值税是适用于每一生产阶段企业的销售额与投入材料购进额之间差额的比例税。

增值税（value-added tax，VAT）是对每一生产阶段的增值额按比例课征的税。比如，假设增值税税率为 20%，杂货店就要付 10 美元的税，即 50 美元的 20%。第四列展示了每个生产阶段的增值税的应纳税额。增值税的收入总额等于每一阶段已缴税额之和，即为 200 美元。

在零售阶段征税 20%，也就是对杂货店向消费者出售的价值课征 20%的税，可以得到完全相同的结果。因此，实际上增值税只是征收零售税的另一种方法。

□ 实施问题

美国从没有实行过国家增值税，但在欧洲，这种税很流行。欧洲的经验表明，有些管理上的决策对增值税的最终经济效应有很大影响。

首先，在计算增值额时，企业购置的投资性资产（investment assets）应如何处理。欧洲的做法是把投资品（investment good）与任何其他物质投入同样看待。虽然它是耐用品，但在计算增值额时，其全部价值都要从销售额中扣除。这被称为**消费型增值税**（consumption-type VAT），因为税基不包括投资，只包括消费。

其次，必须设计一套征管程序。欧洲国家使用的是**发票法**（invoice method），这可以用表 21—2 的假定例子来说明。每个企业都应基于其销售总额来纳税，但它有权把供应商已纳税额从其应纳税额中抵免掉。比如，面包房应按其 950 美元的销售额纳税，他的应纳税额为 190 美元（=0.20×950 美元）。但是，他可以要求 140 美元的税收抵免（即农场和磨坊已缴纳的税款之和），他的净应纳税额为 50 美元。这里的问题是，只有在面包房和磨坊提供了发票的情况下，才能进行税收抵免。该制度激发了生产者之间相互监督防止逃税的积极性，因为农场和磨坊逃掉的税要由面包房来缴纳，故面包房只会与提供正确发票的企业做生意。当

---

① 根据定义，增值额必须等于生产者的要素支付总额：工资、利息、租金和经济利润。

然，发票法不可能完全消除逃税行为。例如，生产者们可以串通起来伪造发票。尽管如此，这种税的遵从情况可能比国家零售税要好。

最后，必须确立税率结构。在我们的简单例子中，所有商品都按同一税率征税。在欧洲，不同商品的课税不同。例如，在英国，吃之前无须解冻的冷冻酸奶要征税（Stelzer，2010）。更一般地说，欧洲增值税对食品和药品课征的税率较低，据说这主要是出于公平的考虑。在有些国家，为了便于征管，对小微企业免税。银行和金融机构也不纳税，因为它们常常提供实物服务，很难计算其增值额。业主自用住房的服务消费也是免税的，其原因与通常免征所得税的原因相同（见第 18 章）。

课税的不统一增加了征管上的难度，尤其是当企业生产多种产品时，有些要课税而另一些免税。但欧洲的经验表明，这种制度是可行的。因此，对美国来说，问题不在于国家增值税是否可行，而在于开征增值税是否比现状更好。

□ 美国应实行增值税吗?

人们给美国建议的增值税一般都是欧洲消费型的增值税，因而实质上是一般销售税。因此，本章前面所讲的有关销售税利弊的论点也适用于增值税。这两种税的基本问题是一样的：试图通过对各种商品免税来增强公平性，可能会增加整个税制的超额负担，导致征管工作更加复杂。

更一般地说，国家增值税是否可取，只有在我们知道了它可以取代哪种税（或哪些税）、税收收入如何使用等情况之后，才能确定。例如，许多财政经济学家都认为，在其他条件相同的情况下，从实践的各个角度看，公司所得税是不可取的，并且愿意看到以增值税取而代之。然而，他们对于用增值税来取代个人所得税可能有很大保留意见。阿尔蒂格等（Altig et al.，2001）分析了用像增值税这类综合比例消费税取代美国现行税制的影响，并发现在长期会增加 9%左右的所得。但是，这一结论主要取决于储蓄对所得税变化敏感度的假设。如第 18 章所指出的，这是一个有争议的问题，因此对这一数字必须谨慎对待。

此外，必须考虑引进增值税的政治影响。一旦开征增值税，综合增值税税率每提高一个百分点，就会带来大致 500 亿美元的税收收入（Congressional Research Service，2006）。在一个政治制度能准确反映公民意愿的社会里，看到这一结果并无多大意义。但是，对于那些认为政府行为不能增进公众利益的人来说（见第 6 章），增值税的这种收入潜能令人惧怕，因为有人担心增值税会被偷偷地用于扩大政府部门的规模：

> 他们担心这会是一种新税，瞒过许多选民，用于扩张政府。他们惧怕的不是取代现行税制，而是怕在现行税制之上再加增值税（Mankiw，2009）。

的确，在实行增值税的所有国家，其税率几乎都在不断提高。例如，在欧盟国家，在刚开征增值税时，平均税率是 13.9%，现在是 19.4%，提高了近 40%（Cnossen，2001，p.485）。同时，在这些国家，税收占国内生产总值的比例也提高了。的确，贝克尔和马利根（Becker and Mulligan，2003）证明，一国开征增值税的年头越长，该国的政府规模就越大。当然，这并不能证明，政府规模比较大是开征增值税的结果。但另一方面，也不能指望借助于实行增值税国家的经验来缓解那种担忧。

最后，考虑增值税的国际影响也是很重要的，因为有些增值税的支持者认为，增值税会提高美国相对于竞争者的贸易地位。这种观点依据的是世界贸易组织（WTO）所制定的国际贸易惯例，一国出口时可退增值税，进口时可征增值税。相比之下，个人所得税和公司所得税是不能退税的。由于增值税可以退税而所得税不能退税，有人便认为，如果美国开征增值税，同时削弱所得课税的地位，美国的国际竞争力就会提高。例如，前众议院发言人丹尼斯·哈斯特德（Dennis Hastert，2004）指出，同实行增值税的国家相比，美国税制造成了竞争劣势，因为"我们的税制造成了税收负担，而他们的没有。"因此，"对于我们来说，要使资本和工作重返美国，我们就要改变我们的现行税制，采用统一税、国家销售税、从价税或增值税。"

要分析这种观点，就分别考察每一部分：先是开征增值税，然后降低个人所得税和公司所得税。开征增值税会提高被课税商品的相对价格，提高的程度取决于相关的供求弹性。然而，在边境退掉全部增值税，就会抵消此税造成的价格上升。如果你在马背上多放东西，然后再把它取下来，这匹马不会跑得更快。

现在来看看该计划的第二部分，降低公司所得税和个人所得税，能降低美国出口商品的相对价格吗？答案同样取决于这些税的归宿，而这并不清楚。例如，如果劳动市场是竞争性的，而且劳动供给完全无弹性，那么在个人所得税被降低后，生产者的工资成本不会改变。这样，这种减税的全部好处就都归工人了（见第 14 章）。在这种情况下，价格可能根本不会变化。更一般地说，价格也许会下降，但没有证据表明，这种价格下降幅度会很大。

总之，没有理由认为，采纳增值税会大大改善美国的贸易地位。当然，这一事实本身并不意味着，增值税就是一件坏事。如前所述，增值税有利有弊。但可以肯定的是，增值税不是解决美国贸易不平衡的灵丹妙药。

霍尔-拉布什卡统一税

不论是零售税还是增值税，都有一个突出的特征，那就是法定归宿都落在工商企业身上，消费者不直接向政府支付什么（虽然他们很可能承担一定份额的经济归宿）。可是，现在人们关注的消费税大多是个人消费税，这种税要求个人报税并向政府缴税。与零售税或增值税不同，这种税制允许个人的应纳税额取决于个人的情况。

最著名的一种建议是霍尔和拉布什卡（Hall and Rabushka，1995）提出的统一税（flat tax）。霍尔-拉布什卡建议是 2000 年总统候选人史蒂夫·福布斯（Steve Forbes）的一个核心竞选政见，也是 2008 年共和党提名的总统候选人鲁迪·朱利亚尼（Rudy Giuliani）在竞选中所倡导的。霍尔-拉布什卡建议包括两大税种，一种是企业税（business tax），另一种是个人报酬税（individual compensation tax）。政府将这两种税配合使用，也能实现累进课税。

企业税的税基计算开始有些像消费型增值税的税基计算，即销售额减去从其他企业的购进额。关键的区别是，企业还扣除支付给其员工的报酬。然后，企业就该最终额按一个统一税率纳税。

个人税的税基是个人获得的工资报酬。在个人层面上，不对资本所得征税。原则上，任何税率表都可适用于该税基——税率既可以是统一的，也可以是递增的，而且，既可以有免税额，也可以没有免税额。霍尔-拉布什卡建议只有一个税率（19%），在企业层面上现金流量也同样适用这个税率。他们设计的这种税制因允许有一个 25 000 美元的免税额（适用于四口之家）而具有累进性，但没有任何其他扣除，也正因为如此，税率才这么低。

说到这里，你可能要问，为什么说霍尔-拉布什卡税是一种消费税呢？为弄清这一点，考察一下对所有商品和服务都按（比如）19%的税率课征的增值税。如上所说，从经济角度来看，这相当于19%的零售税。现在考察一下霍尔-拉布什卡统一税——对个人和企业都课征19%，并在个人层面上没有免税额或扣除额。回忆一下，在增值税下，企业的税基是销售额减去从其他企业的购进额，工资报酬不能扣除。因此，实际上工资报酬要缴纳19%的税。而在霍尔-拉布什卡税下，工资报酬在企业层面上是可扣除的，但它们在个人层面上要缴税。税额正好与增值税下的相同；变化的只是这部分税的征税点不同了。个人免税额只不过使得该税制具有一定的累进性。总之，如果没有免税额，霍尔-拉布什卡统一税实质上就是增值税或零售税。因此，无论从哪方面来看，它们的经济影响实际上都是一样的。

现金流量税

另一种个人消费税是现金流量税（cash-flow tax）。在这种税制下，每个家庭都要填报一份纳税申报表，报告他们一年的消费支出。和个人所得税一样，针对特殊情况，如超常医疗费，规定有各种免税额和扣除额。因此，每个人的应纳税额就等于调整后消费额乘以适用税率。

从管理的角度来看，一个最大的问题是纳税人如何计算其年度消费额。最明智的做法是按现金流量制计算消费额，即以全部现金收入与储蓄的差额来计算。为了掌控储蓄，要求在储蓄银行、证券经纪公司和其他金融机构建立合格的账户。经这些金融机构证明已存入合格账户的资金，可以免税。大部分的记录工作都落在了这些金融机构身上，并不会带来比现在更多的工作量。只要从这些账户中获得的利息和资本利得留在账户里，就不会被课税。对某些纳税人来说，这种合格账户已经以401（k）计划和传统的个人退休账户的形式存在（见第17章），所以，可以说现金流量税其实增加了投资于这类账户的机会。然而，很多分析人士认为，现金流量税的财务记录要求很可能使这种税难以管理。

所得课税与消费课税

我们讨论了四种宽税基消费税，即零售税、增值税、霍尔-拉布什卡统一税以及现金流量税。它们的区别主要体现在征管上，而它们的经济影响基本上是相同的，因为它们都是对相同的税基——消费——征税，只是课税方法不同。以上述讨论为背景，我们现在归纳一下消费课税相对于所得课税的其他优缺点，同时指出一些这两类课税共同的问题。

□ 消费税的优点

消费课税的支持者指出了该税制的若干优点。

无须计算资本利得和折旧　所得课税的一个最令人头痛的问题是难以衡量财富增量。例如，即使在本年度并未出售的资产，也要计算其资本利得和损失，而这项工作很难进行，以至于现行制度还不曾尝试做过。同样，对于所得来自资本设备的那些人来说，其增加的财富必须减去该年度设备的折旧额。但是，正如第 19 章所指出的，我们对现实折旧格局所知甚少。在消费税下，所有诸如此类的问题都会不复存在，因为财富的增量不再是税基的组成部分。

与通货膨胀有关的问题减少　在没有指数化的所得税制下，通货膨胀会产生很严重的扭曲。有些扭曲是累进税率结构的产物，但有些扭曲即使在比例税下也会存在。这些扭曲之所以出现，是因为在计算资本所得时，需要使用若干年份的数据，而这些年度的物价水平是不同的。比如，如果出售一项资产，计算资本利得或损失时，需要在出售当年的价值中减去在购置年度的价值。一般说来，价值变化当中有一部分是由通货膨胀引起的，因此，不代表实际所得增加的那部分利得也被征税。正如第 17 章指出的那样，对资本所得指数化是很复杂的，美国还没有尝试过。

相反，在消费税制下，计算税基只涉及当年的交易。因此，通货膨胀造成的扭曲问题就不那么严重了。

无须独立的公司税　至少从理论上说，有些消费税税种可以取代公司所得税。回忆一下第 19 章的内容，课征公司税的一个主要理由是，可以对人们在公司里积累的所得征税。如果积累的所得本身不再构成个人所得税的税基，那么公司税自然就没有必要存在了。取消公司税，可能会提高效率。

消费税的拥护者强调说，实行消费税，并非像乍一看那样激进。在某些方面，现行税制已经很像消费税了：

- 对于某些纳税人来说，当所得以某种形式如 401（k）计划和个人退休账户等储存起来时，免税。
- 对金融资产的未实现资本利得不征税，对住房的所有资本利得实际上也不征税。
- 资产所有者去世时的已实现资本利得免税。
- 加速折旧减少了包括在税基中的投资性购买金额。

基于上述这些方面的考虑，把现行税制叫做所得税是严重的用词不当，应该说，更像是所得税与消费税的混合体。

□ 消费税的缺点

个人消费税的批评者指出了其若干缺点。

管理问题　消费税的反对者认为，它会使管理更加复杂。就拿霍尔-拉布什卡建议的企业税来说，税基不包括投资支出。可是，要把消费商品与投资支出区别开来并非易事，对小企业来说更是如此。(购置一张在家里使用的办公桌，应看做是消费还是投资?）当然，在所得税制下，也存在类似问题。但是，在霍尔-拉布什卡税下，避税和逃税的动机更加强烈，因为企业可扣除投资项目的全部价值，而在所得税制下，一般只能扣除一部分（回忆一下第 19 章对折旧扣除的讨论)。

过渡问题　开征消费税可能会出现大量的过渡问题。在现行所得税制下为将来消费积累了财富的人，在过渡时期可能要受损。他们在工作时期收到的利息、股息、已实现资本利得等，都已缴纳了个人所得税。这些人的一个合理期望是，当他们决定消费其财富时（比如说在退休时)，他们的消费不会被课征新的税。然而，如果消费税突然间出台，这种期望就会破灭。

顺便提一句，看到了这个问题之后，我们要以新的视角来考察征收消费税对分配的影响。开征这种税，实际上会对现有财富课征一次性税。由于财富的分配不平等，这就会对收入分配产生累进性影响。这种对财富课征的一次性税，不影响储蓄或休闲决策，故而也就不会产生超额负担。然而，公平性似乎要求，对在过渡时期遭受损失的老年人应予以补偿。消费税的支持者已经提出了缓解这些过渡问题的若干规则（Bradford，1998）。但是，特殊规则越多，税制就变得越复杂、越无效率。

赠与和遗产 围绕着式（21.1）～式（21.4）展开的讨论表明，在简单的生命周期模型中，比例消费税等同于对一生所得征税。与生命周期模型的假设条件相反，有些人则把一生所得留出一部分，用于赠与和遗产。在消费税制下，这种转让应如何处理？一种观点是，如果受益人没有对该赠与和遗产进行消费，就没有必要对之征税。另一种观点是，赠与和遗产应当作为赠与人的消费来对待，应在赠与和遗产发生转让时课税。这种观点的支持者指出，允许大量财富积累免税且在这笔财富转让时不征税的税制，在政治上是行不通的。但是，正如我们在后面指出的那样，对财富转让征税，牵涉到很多重大的理论和实践问题。

□ 两种税制的共同问题

即使是消费税最热心的支持者也承认，开征消费税并不能开创税制的新纪元。所得税制所固有的一些最难以处理的问题，同样会困扰着任何形式的消费税。这些问题包括下列几方面，但并不仅限于这些：

- 消费本身的界定。（比如，医疗支出是消费的一部分，还是应从消费中扣除？）
- 课税单位的选择和适当税率结构的确定。
- 各种职业的附加福利（fringe benefits）估价。（比如，如果某一职业可以让职工使用公司的游泳池，对这种消费上的福利应不应该征税？如果应该征税，如何对这种消费福利进行估价？）
- 在税率表的边际税率递增的情况下，各时期平均税率计算方法的选定。
- 对家庭生产的课税。
- 抑制通过从事地下经济活动进行逃税的激励。

最后应强调指出，把理想的消费税与现实的所得税进行比较是很不公平的。历史上，特殊利益集团能劝说政客对某些所得实行税收优惠。同样，我们也不能指望实行消费税就可以消除税制上的政治腐败。一位悲观的经济学家曾经说过："我发现，是选择消费税基还是选择所得税基，最终几乎是一场没有结果的论战；我们现在没有对全部所得征税，倘若实行了消费税制，从税基中免除的消费项目也会同现在从税基中免除的所得项目一样多。"[①] 消费税制真的要实行起来，很难说就比现行税制更好。

财富税

如前所述，对消费税的一种反对意见是，它使一个人在其一生中大量储蓄，又把积累的

① 埃米尔·桑利（Emil Sunley）引自梅金（Makin，1985，p. 20）。

财富作为礼物或遗产转让给他人，从而避免了纳税。虽然有人认为这种转让在被其受益人消费之前无须征税，但其他人认为，允许大量累积财富免税不合适。

对财富征税的其他理由包括：

财富税有助于纠正所得税征管中出现的一些（不可避免的）问题。回忆一下，所有资本利得，无论实现与否，都属于综合所得税的税基。但在实践中，不可能对未实现的资本利得征税。由于资本利得是财富的组成部分，故通过对财富征税，就可能解决这一问题。的确，某一时点的财富包括所有以往年度的资本利得和损失之和。可是，没有理由认为，年度财富税所带来的收入，与每年对未实现资本利得全额征税所产生的收入大体相当。

在其他条件（包括所得）相同的情况下，一个人的财富越多，其支付能力就越大。因此，富人应缴纳更多的税。假定一个守财奴窖藏了大量黄金，而这些黄金没有产生收入，应该按他所藏黄金的价值征税吗？有人认为，只要这位守财奴在积累这些黄金的过程中已经缴纳过所得税，就不应再征税。另一些人认为，黄金本身能带来效用，故应对其课税。或许支付能力论的主要问题在于，即使是富人，他们的财富当中也有很大一部分是人力资本——他们受教育的程度、技能等。可是，我们无法对人力资本估价，只有参照人力资本所产生的所得。这一逻辑表明还是所得是适当的税基。

财富课税降低财富的集中程度，这不论从社会角度还是从政治上看，都是可取的。正如在第12章中看到的那样，虽然难以精确地度量所得，但最好的估计值表明，美国的收入分配是很不公平的。虽然有关财富的数据质量更差，但现有的情况表明，财富的分配更加不公平。有一项调查表明，处于财富分配最高的1%的人，拥有财富总量的35%（Domhoff，2012）。这种不公平程度是否可取，变成了一系列复杂的道德问题，与第12章讨论的收入分配问题很相似。与此相关的另一个问题是，高度集中的财富分配会导致民主政治过程的腐败。而怀疑论者反驳说，如果问题在于权力集中，那就没有理由对100万美元、1 000万美元甚至5 000万美元的财富积累征税。正如斯坦（Stein，1997）所说，“在当今美国，为创造影响力而花的钱太多。”斯坦还进一步观察到，除了金钱之外，影响力还来自其他方面。“奥普拉·温弗里（Oprah Winfrey）* 比当今任何一位超级富豪的影响力都大。”由于奥普拉具有强大的影响力，就应该对她课以一种特别税吗？

财富税是财富所有者为其从政府获得的利益而进行的一种支付。正如西奥多·罗斯福总统所说：“富有者应向国家尽特别义务，因为他仅因政府的存在就获益匪浅。”比如，有一种意见认为，国防支出的一个主要目标就是保护现有的财富（不受外敌侵犯）。倘若如此，财富税就是为国防融资的一种公平方法。此外，政府的某些支出有可能特别有益于财富持有人。如果州政府在我的商店旁修筑了一条路，这会给我带来好处，我应为此付费。虽然受益税理念有一定说服力，但财富税能否实现这一目标并不清楚。一位律师在为财产课税辩护时反问道：“拥有别人两倍房屋的人……难道不是从警察和消防服务那里获得了别人两倍的好处吗？”（Hagman，1978，p. 42）。与他所相信的恰恰相反，答案是“也许不是”。对某一家庭而言，地方政府所提供服务的价值，不是取决于住房的大小，而是取决于许多因素。例如，教育的价值取决于儿童的数量。即使是消防和警察服务的价值，也取决于房子里有多少家具、购买了多少保险。如果目标是按受益征税，那么公共服务的使用费制度可能比财富税更为恰当。

---

* 奥普拉·温弗里是美国电视脱口秀主持人、制片人、投资家、慈善家，被誉为“传媒女皇”，是当今世界上最具影响力的女性之一。——译者注

总之，财富税——不管是作为所得税制还是消费税制的一种辅助税种，无论从支付能力原则来说还是从受益原则来看，都是合理的，而这两种观点的争议都很大。

到目前为止，美国最重要的财富税是财产税，而财产税又是地方政府至关重要的财源。因此，我们把对财产税的讨论放到第 22 章关于联邦政府以下各级政府问题的讨论中，而这里只集中讨论遗产和赠与课税。

遗产税和赠与税

联邦政府对遗产和赠与开征了财富税。遗产税和赠与税都是不定期的、只是在某些事件发生时才课征的税种：遗产税在财富所有者——**逝者**（decedent）死亡时课征，而赠与税则在活着的人——**生者**（inter vivos）之间发生财产转移时课征。联邦政府和某些州政府都开征遗产税和赠与税，但无论在哪一级政府，这些税都不是重要的收入来源。遗产税和赠与税大约只占联邦税收收入的 0.5%（*Economic Report of the President*，*2012*，p. 414）。这类税与大多数公民的生活没有直接关系，只有不到 1%的逝者需要缴纳遗产税。有人建议，应加强遗产税和赠与税的作用。本节讨论有关遗产税和赠与税正反两方面的观点。

理论依据

在遗产课税的辩论中，提出了下列一些问题。

服务付费　有人认为，政府保护了产权，并对财产从逝者转移给其继承人进行了监督，作为提供这些服务的报酬，政府有权分享一部分遗产。而遗产税的反对者则认为，公民享受这类服务是一种基本权利，无须付费。正如女影星乌比·戈德堡（Whoopi Goldberg）所说，“我不想只是因为我死了而被征税。我就认为这样做不对。”此外，专门把财产转移作为征税对象，显得有点武断。如果莫伊花 10 000 美元去欧洲旅行，柯里为其女儿的大学教育花了 10 000美元，而拉里给其儿子留了 10 000 美元，为什么拉里就要缴纳一种特殊的税？

财产归还社会　遗产税的支持者认为，所有财产最终都属于整个社会。在一个人的有生之年，社会允许她把所积累的财产按自己的意愿处置。但在她去世时，财产就应当归还社会，由社会按其意愿处置。按照这种观点，虽然人们有权享有自己的劳动所得，但他们的后代对其财产并没有令人信服的伦理诉求。回忆一下第 12 章，这种断言的背后存在着许多有争议的价值判断。反对者认为，说一个人只能依“社会”之意愿持有财富，或者说“社会”一直就有权拥有个人财富，从根本上就是错误的。

激励　说遗产税具有良好激励作用的最著名的一句话是安德鲁·卡耐基（Andrew Carnegie）的一席话：“父母给子女留下巨额财富，往往会扼杀子女的才华和活力，会让他们一生无所事事、毫无价值。”政府通过对遗产征税，就可以防止这种现象发生。有些证据表明，卡耐基的猜测——遗产的接受者不怎么工作——是正确的（Congressional Budget Office，2009，p. 6）。

不过，激励问题要比卡耐基所说的复杂得多，因为我们不仅要考虑接受者的行为，还要考虑捐赠者的行为。就拿李尔来说，他打算在有生之年努力工作，为女儿留下一大笔遗产。如果开征遗产税，就可能抑制李尔的工作积极性。（“如果我的财富被税务人员拿走，到不了我女儿手里，我为什么还要努力工作？”）但另一方面，在课征遗产税的情况下，要留下一定数量的税后遗产，就必须积累更多的财富。因此，遗产税的存在很可能使李尔更加努力地工作，以维持其遗产的净值不变。结果，遗产税对捐赠者工作努力程度的影响难以推定。[①] 即使卡耐基是对的，即使遗产税会使潜在的继承人更多地工作，但它也可能使捐赠者少工作，单凭理论无法确定哪种趋势占优。同样，我们也无法预测遗产税会对捐赠者的储蓄行为产生怎样的影响，不太容易描述在何种情况下他储蓄得多或少。

遗产税不仅影响代际财富转移的数量，还影响财富转移的方式。对物质资本遗产课税，会使人们把财富转化为人力资本的形式。比如说，李尔不再留给每个女儿 80 000 美元的股票和债券，而是把这 80 000 美元用于供她们上大学。因此，遗产税可能会导致对人力资本的过度投资。

芒内尔（Munnell，2003）在回顾了大量研究之后得到如下结论：遗产税使遗产积累降低达 10.5%。虽然这一发现似乎可信，但必须谨慎看待，因为尚不清楚如何最佳地计算出相关的一生遗产税税率。该税率想必会部分取决于此人去世时的预期税率，但我们并不知晓这种预期是如何形成的。不过，这一结果表明，遗产税的激励效应可能是巨大的。

与个人所得税的关系　有人认为，遗产和赠与课税是必要的，因为，赠与和遗产收益不包括在接受者的个人所得税税基之中。对此，人们会很自然地问，赠与和遗产为什么不包括在调整后毛所得中？它们毕竟增加了潜在消费，而按传统定义就应该属于接受者的所得。然而，人们一直强烈反对把赠与和遗产计入所得税的税基。这类收益不能与工资、利息之类的所得相提并论。赠与税和遗产税不一定是弥补这一不足的最好方法，我们在后面讨论一种可能的替代方法。

收入分配　遗产税是实现更为公平的收入分配的有用工具。老威廉·盖茨（William Gates Sr.，微软亿万富翁之父）认为，遗产税是必要的，因为“在世袭财富的不断积累中要保护我们的民主制度”(Gates and Collins，2002)。我们暂且不谈政府是否应当追求更加公平的收入分配这一规范问题，先考察有效的遗产税制能否实现该目标这一实证问题。目前的假设无疑是：“从一开始，遗产税就被看做是削弱财富过度集中的工具”（Gale and Slemrod，2000，p. 931)。然而，下列若干理由表明，对遗产征税可能会适得其反，使收入分配更不公平。

- 如果遗产税减少储蓄，资本就会更少。这导致劳动力的实际工资下降，并在某些条件下，使劳动力的收入份额更小。[②] 由于资本所得比劳动所得的分配更加不公平，则结果是使不公平程度加剧。
- 在同代人内部，大多数人都会将其财富转移给比自己更穷的人。这种转移显然会提高公平程度。减少这类自愿转移，就会导致更不公平。
- 假定收入能力远远高于平均收入能力的父母，其子女的收入能力却接近平均水平，这正是所谓的向均值回归（regression toward the mean）[*]现象。富裕的父母希望以遗产补偿其子女的低收入能力，这将有助于降低代际之间的不公平程度。但是，如果减少这种财富转移，就会扩大代际之间的不公平。

一个相关的论点是，政策的重点应当放在消费的不平等而不是财富的不平等上。如果遗

---

① 之所以产生这种模棱两可的结果，是因为我们熟知的替代效应和收入效应的作用相反（见第 18 章）。

② 当工资率下降时，劳动的需求量上升。这样，劳动所得——工资与劳动需求量的乘积——的变化情况取决于劳动需求弹性的大小。而劳动需求弹性又取决于资本替代劳动的难易程度（资本对劳动的替代弹性）。

* 亦有人译为“回归到平均值”或“趋中回归”。——译者注

产税鼓励富人在他们有生之年花更多的钱，这会使消费不平等更加恶化。我们由此得到的结论是，从理论角度来看，遗产税对不公平程度的影响是含糊不清的。实证研究没有解决遗产税是使平等程度提高了还是降低了这一问题。

□ 各项规定

赠与课税和遗产课税是密不可分的。假定只对遗产征税，而对赠与不征税。如果李尔想把自己的财富转移给他的女儿，且知道他去世时会征税，那么他可以通过生前赠与来避税。如果只有赠与税而无遗产税，也会出现同样的情况。自 1976 年以来，美国把赠与税和遗产税融为一体，官方称之为**统一转让税**（unified transfer tax）。

从基本结构来看，统一转让税和个人所得税类似。首先计算毛遗产额，然后减去各项扣除和免税额，得到应税遗产额。最后，把累进税率表应用于应税遗产额，得到应纳税额。

计算税基 **毛遗产额**（gross estate）由逝者在去世时所拥有的全部财产构成，包括不动产、股票、债券与保险单，还包括逝者在世时得到的赠与。在计算**应税遗产**（taxable estate）时，可扣除丧葬费、处理遗产的成本（律师费）以及该遗产的一切未偿债务。慈善捐赠可以扣除，且没有限额。

还有下列扣除：

- 每笔遗产都有一个一生免税额，2013 年为 500 万美元。如果遗产额低于该一生免税额，则不征联邦遗产税。
- 转移给配偶的全部合格财产——赠与或遗产——在计算税基时都可扣除。因此，如果一位富豪留给子女 500 万美元，其余留给配偶，就不用缴纳遗产税。由于有配偶扣除，故大多数夫妇不用缴纳遗产税，除非双方都去世。
- 2013 年，每个人在每年赠与每个接受者 14 000 美元属于合格赠与，不计入税基（接受者不一定是亲属）。以一个有 3 个孩子的家庭为例。母亲每年给每个孩子 14 000 美元，父亲也可以这样做。这样，合在一起，这对夫妇每年可以免税赠给这 3 个孩子 84 000 美元。有趣的是，有证据表明，有钱人并没有充分利用生前分配财富的这种税收优惠。为什么？有一个故事说，有一个富翁，他在每个孩子满 21 岁时送给他们 100 万美元。当被问及为什么要这样做时，他回答说，他希望子女能在经济上完全独立后对他说“去死吧”。大多数人显然并不想让其子女这么快就对他们说去死吧。于是，这些人尽可能长时间地控制财富，即便付出本不该付出的应纳税额也在所不惜。

税率结构 税基适用的边际税率逐渐递增，2013 年的最高税率为 40%。这些税率是否有效率还很难说，答案通常取决于人们的行为对税率变化的反应。但是，如前所述，遗产税和赠与税对经济决策到底有怎样的影响，我们所知甚少。

专栏

政策透视：遗产税要消亡？

遗产税的争议颇大。2001 年，一生免税额为 675 000 美元，最高边际税率为 55%。2001 年通过的立法趋向于取消这种税——免税额逐渐增加，最高边际税率持续下降，到 2010 年完全废除遗产税。因此，如果某人在 2009 年 12 月 31 日去世，其遗产就要被征税，但如果逝于 2010 年 1 月 1 日，就不用纳税！这种怪况导致人们为了避税而想选择死亡时间。这听起来很奇怪，但有一些证据表明，这的确发生过。一位律师说，“我有两个生命垂危的客户，他们的家人都在纠结是否继续大剂量用药以多维持几天。他们真想要基于遗产税法作出严肃的医疗决策吗？”（Saunders，2009）。根据 2001 年的法律规定，遗产税只是终止一年。遗产税的临时延期得到通过，规定一生免税额为 500 万美元，最高税率为 35%，以避免遗产税法在 2011 年又回到 2001 年的状态。2013 年，最高税率又提高到 40%。我们可以非常肯定地说，遗产税的应有作用仍将是一个争论不休的问题。

特殊问题　在遗产税和赠与税的征管中遇到了不少困难。

共有财产。假定夫妻共同拥有财产，那么在课征遗产税时，这笔财产应看做是一笔还是两笔遗产？在第 17 章“纳税单位的选择与婚姻税”一节中，讨论过应以家庭还是以个人作为纳税单位这个哲学问题，在此就不再赘述了。根据现行联邦税法，共有财产的一半算在先去世一方的毛遗产额中，而不管哪一方对该财产积累的贡献较大。[①]

封闭式企业。假定李尔想把他拥有的唯一财产——他的企业——留给女儿。由于李尔的遗产中没有现金，因而，他的女儿可能要卖掉该企业才能缴纳遗产税。为了减少这类事件的发生，税法允许对封闭式企业课征的遗产税可按优惠利率分 14 年缴纳。此外，在计算毛遗产额时，符合条件的家庭农场和企业的估值低于其公平市场价值。这一规定反映出这样一种价值观，即社会希望经营了几代的家族企业继续由他们来掌管，这也反映出小企业主的政治实力。

避税策略。遗产税的一个隐含目标是，对一代人至少征一次财富税。然而，有许多方法可以避税，其中就有建立信托。信托是这样一种安排，即由一个被称为受托人的个人或机构拥有资产处置的法定权利，其责任是利用这些资产为另一方谋利益。我们用一个例子来说明如何利用信托来避税。假定拥有人寿保险单的父母用的是其子女的名字，让他们作为受益人。来自保险单的收益包括在该父母的毛遗产额中，但父母可以建立一个**保险信托**（insurance trust），并把该保单指定给受托人。由于父母不再拥有该保单，保单也就不在他们的遗产之列，其子女就会得到该人寿保险的全额保金。

另一个比较简单但很流行的技巧，就是把封闭式公司的股份转让给继承人。具体来说，假定米基把他的企业组建成公司，并拥有全部股份。米基在世时，把股份的很大一部分——但不到一半——送给他的继承人莫蒂和费迪。如果这种转让发生在企业成立的初期，该公司的股份可能价值无几，故赠与税也不会有多少。由于米基拥有企业的大部分股份，控制权仍掌握在手中，因而可以有效地控制所转让股份的价值。如果米基的企业发达了，到他去世时，莫蒂和费迪手中的股份就可能很值钱了。这样，米基已把大量的财富转移给了自己的继承人，使这种转移不缴纳遗产税和赠与税。米基去世时仍然持有的股份会怎么办？还有更为复杂的避税办法。

总之，有许多办法既可以使代际间财富转移不纳税，又能使你在世时有效地控制财产。有很多避税方法既复杂又昂贵，正如国会联合经济委员会的一份报告指出的，遗产税的应纳税额“取决于遗产税筹划者的技能而非支付能力”（Joint Economic Committee，2006，p. 34）。实际上，只有疏于适当筹划的人才缴纳这种税。不过，即使遗产税没有产生任何税收收入，它也可能给那些为了避税而改变自己行为的人带来超额负担和（或）遵从成本。

① 更准确地说，本规定适用于根据生者享有权所拥有的共有财产。生者享有权（right of survivorship）是指所有者一方去世时，财产自动转给另一方。

□ 遗产税和赠与税的改革

对于那些想增强遗产税和赠与税作用的人来说，最简便易行的办法就是降低一生免税额。但是，如果要使遗产税在收入体系中成为一个重要的收入手段，就必须设计出对付通过信托和其他手段避税的办法。

一些税收理论家建议把遗产税和赠与税整合到个人所得税中，把赠与和遗产作为接受者的所得进行课税。如前所述，这种收益是所得，且根据黑格-西蒙斯的所得定义，应包括在调整后毛所得中。考虑到这种收益往往既集中又巨大，有必要设计一种平均化方法。

但是，人们普遍反对把赠与和遗产按普通所得征税。有人提出了一种不同的方法，即把遗产和赠与课税的纳税人从捐赠者转移到接受者而开征**财产继承税**（accessions tax）。在财产继承税制下，每个人都要就其一生获得的遗产和赠与总额纳税。如果有必要，税率结构可以是累进的，并可以规定免税额。这种方案的优点在于，它把应纳税额与接受者的支付能力（而不是遗产）相联系。随之而来的征管困难是要求纳税人保持大规模的赠与和遗产情况的全部记录。但是，倘若决定要加强对财富转移的课税，财产继承税就值得认真考虑。相反，对于那些从哲学或经济学的角度反对财富转移课税的人来说，遗产税的最佳改革方案是返回到2010年的制度并使之变成永久制度，换言之，即废除遗产税。

彻底的税制改革前景

我们已经讨论了消费税的利弊。消费税的支持者认为，现行税制复杂、无效率且不公平，需要全面改革。反对者基本上同意对现行税制的评价，但认为消费税也免不了有类似的问题，更不用说其自身还会有问题。

彻底的税制改革前景如何？甚至支持这种改革的人都承认障碍相当大。不过，全面改革税制比零零散散地修订特殊条款更有可能获得成功。如果人人都无法钻空子，也就没有人会特别想再去尝试了。1986年的重大税制改革经验就印证了这个观点。该税改法案得以通过的一个原因就是，在某些关键性表决中，它的支持者将其包装成一个非此即彼的提案，国会要么接受全套改革方案，要么就一点不变。然而，值得注意的是，即使有很受欢迎的总统和极其强有力的国会领导人支持该法案，它也折腾了好几次。

经济学家爱德华·拉扎尔和詹姆斯·波特巴（Edward Lazear and James Poterba，2006，p. 7）很好地总结了成功的税制改革的政治条件：

> 倘若改革议案因政客们为了促成降低选民纳税义务的条款（要删除这些条款就会导致税收增加）而被肢解了，那么，改革就会以失败告终。但是，倘若改革议案被看成是各种条款的集合，整体上看让大多数家庭处于与目前没什么两样的境况，而又会使该税制转变为能促进长期经济增长、降低纳税遵从负担的税制，那么，这些议案就能博得广泛的支持甚至是强烈的支持。名符其实的税制改革是一个艰难的过程，要承诺实现的目标是构建一个效率更高、更加简化和公平的税制。

幽默作家戴夫·巴里（Dave Barry，2003）提出了另一种方法：

我们把整个国会放到一座孤岛上。岛上的所有食品都锁在一个地窖里，只有一个名叫鲍勃的普通美国纳税人能打开。每天拿给国会议员们一段税法，让他们重写，直至鲍勃能理解为止。如果他能理解，这一天他就让他们吃饭；如果他不能理解，他就让他们饿着。或许他可以换一种方式给他们饭吃，这无关紧要，重要的是，我们绝不让他们离开这座孤岛。

小结

● 个人消费税的支持者认为，它能消除对利息所得的双重征税，促进一生公平，并基于人们使用的经济资源量对个人征税，可以根据想要的累进程度进行调整，在征管上也优于所得税。

● 反对个人消费税的人则指出，由此带来的过渡问题很难解决，并认为所得比消费能更好地衡量支付能力。个人消费税在征管上也很麻烦，且如果不对赠与和遗产进行恰当的征税，会导致财富过度集中。

● 消费税通常被认为具有累退性。但是，这种观点是以年度所得而非一生所得为计算基础的，并且假定税收归宿落在购买者身上。

● 四种消费税类型是：零售税、增值税、霍尔-拉布什卡统一税和现金流量税。它们在征管上有很大不同，但它们的经济影响基本相同。

● 一般销售税和货物税是美国州、地方两级政府十分重要的收入来源。

● 销售税的一个主要吸引力在于征管比较容易，至少在税率不太高时是这样。有些销售税的存在依据是能矫正外部性或可替代使用费。

● 增值税在欧洲很流行，但美国没有实行。增值税是对销售收入与商品购进成本之间的差额课征的。

● 个人消费税允许个人的应纳税额取决于本人的情况。一个例子就是霍尔-拉布什卡统一税，即对企业的收入与投入支出之间的差额按统一税率征税，对个人的工资也适用同样的税率；通过个人免税额来使税制具有累进性。另一个例子是现金流量税，对每个人的年度消费支出课税。

● 支持财富税的人相信，财富税可以对躲过所得税的未实现资本利得征税，降低了财富的集中程度，抵消了财富所有者获得的利益。也有人认为，财富是反映支付能力的一个良好指标，故应对财富征税。

● 遗产税和赠与税是对财富转移的价值课征的税，或对逝者征收，或对生者征收。无论在哪一级政府，它们都不是主要收入来源。对于遗产税和赠与税的激励效应与税收归宿，我们所知甚少。

● 改革遗产税与赠与税的主要建议是，或者把它们并入个人所得税制，或者开征财产继承税（即以一生获得的赠与和遗产总额为税基）。遗产税的反对者主张废除遗产税。

讨论题

1. 扎克的一生分为两个时期。他在第一时期挣 10 000 美元，在第二时期一无所获。收益率是 10%，所得税（适用于劳动所得和利息所得）的税率是 50%。扎克决定把其第一时期的收入储蓄一半，（连同其利息）留到第二时期消费。

a. 扎克每一时期的所得税应纳税额是多少？其一生纳税额的现值是多少？

b. 假定在第二时期 50%的消费税取代了所得税（在扎克已作出储蓄决策之后）。他在第二时期缴纳多少税？其一生纳税额的现值是多少？请把你的答案与第 a 问中的一生纳税额的现值进行比较，并解释这种比较与转向消费税的过渡问题的关联性。

2. 根据《纽约时报》专栏专家所说，“遗产税影响到的人数出奇地小。2003 年……有应税遗产的人仅占全部死亡人数的 1.25%，而其中大部分人又缴纳很少的税（Norris，2005，p. C1）”。计算有应税遗产的人数和征收上来的税收收入数量是评价遗产税负担的良好方法吗？

3. 请认真讨论以下引文："企业可以把（增值）税全部转嫁给最终消费者，这个假定是合理的。但是，如果（假定）企业有能力把每缴纳 1 美元的增值税都加在价格上，将价格也提高 1 美元，那么，我们也应该假定企业现在每缴纳 1 美元的工薪税和公司所得税，同样可以加在价格上"（Cockburn and Pollin，1992，p. A15）。

4. 2011 年，德瑞克·基特（Derek Jeter）击出全垒打而成为第 28 位超过 3 000 次的人。对于接住此球的球迷来说，出现了一些有趣的税收问题。在下列各种情况下，对于接住此球的球迷来说，其税收结果如何？

a. 该球迷把此球还给击球队员。

b. 该球迷收起此球并一直持有至去世。

c. 该球迷把此球赠给慈善组织，该慈善组织把此球卖掉以赚钱。

d. 该球迷立刻把此球卖掉。

e. 该球迷在持有一年后卖掉此球。

5. 2012 年，英国考虑对富翁的财富课征一次性"应急"税（Frank，2012）。请讨论这种税的效率并把你的答案与第 16 章提出的最适政策的时间不一致性概念联系在一起。

6. 2003 年 1 月，戴维·布拉德福德（David Bradford）教授告诉《纽约时报》记者，消费税会抑制工作努力。不久之后，他收到下列电子邮件："从何时起对消费征税抑制了工作？这种似是而非的推理充斥全文。当我看到它标以'经济分析'时，我不禁笑了。"谁是正确的？是布拉德福德教授还是那位记者？请运用算术或代数来证明你的答案。（提示：布拉德福德是正确的。）

7. 拉梅什的一生分为两个时期。他现在的收入是 100，他将来的收入是 75.6。利率是 8%。

a. 假定拉梅什的收入要缴纳 25%的税，又假定利息收入按税率课税，利息支出是扣除项。利用我们的生命周期模型，证明这种税会产生超额负担。（提示：这种税如何改变跨时预算约束？）

b. 现假定利息支出不是扣除项。倘若拉梅什是债务人，这种税会产生超额负担吗？

c. 现假定废除第 a 问中的税种而立消费税。消费税的税率会是多少才能产生相同的税收收入？这种税扭曲现在消费和未来消费间的选择吗？

d. 现假定开征第 c 问中的消费税，但保留利息支出的扣除。这种税扭曲现在消费和未来消费间的选择吗？

8. 李娜和雪莉的一生分为两个时期，现在和将来的收入都分别为 1 000 和 0，利率是 8%。假定她们都缴纳所得税；李娜的第一时期消费是 200，而雪莉的第一时期消费是 300。谁的一生税收负担较高？在比例消费税制下，如何比较她们的一生税收负担？

9. 假设阿维娃通过加班赚取额外收入，并打算用这些收入购买公司股票，且想在她的遗嘱中将其留给子女。她现年 60 岁，希望再多活 25 年。阿维娃面临的边际税率如下：综合所得税和工薪税为 35%，公司税为 35%，股息税为 15%（没有资本利得），她去世时的遗产税为 45%。如果股票的税前收益率为 7%，阿维娃的子女能从阿维娃的每一美元额外收入中得到多少？倘若没有这些税收，其子女又能得到多少？

第 6 篇

多级政府财政

有时，把财政决策视为是由单一政府作出的，非常有益。不过，在美国，有权征税和开支的实体，数目之多，令人吃惊。政府辖区大约有 89 000 多个：1 个联邦政府，50 个州政府，3 031个县，19 522 个市，16 364 个镇，12 884 个学区以及 37 203 个特别行政区（US Bureau of the Census，2012d）。州、地方和联邦政府之间的相互关系，在美国的财政制度中起着至关重要的作用。在第 22 章，我们研究联邦制度下的财政问题。

第 22 章

联邦制下的财政

得克萨斯人能管好得克萨斯州。

——乔治·W·布什（George W. Bush）

《2001 年有教无类法案》把对教育系统的监管责任从地方学区和州政府转移到联邦政府。该法案要求，每个州都要对 3～8 年级的学生进行考试，发布成绩单，对每个学校的考试成绩进行比较。考试成绩没有任何进步的学校，必须允许学生转到其他学校，费用由所在学区负担。该法案还要求教师要么拥有任课领域的大学学历，要么就通过考试来证明他们是合格的。[①]

该法律激起了有关联邦政府在教育中的作用的持续争论。该法案的反对者认为，设定教育标准、确定教师资格，最好让地方学区和州政府来做。在他们看来，联邦政府不太了解地方情况，无法对教育管理制定切实可行的规章制度。比如，在以乡村为主的州，很多官员说他们那里的一些学校，一个人要教几门课，不可能实现该法案所要求的那样，教师要有他所任课各领域的学位。在乡村地区，允许学生从表现差的学校转走也有问题。在阿拉斯加州执行该法律，就需要学生飞越白令海 164 英里（Dillon，2003）。该法案的反对者还抱怨说，按联邦政府的要求办，就得提高州和地方税，这对他们来说是不公平的。该法案的捍卫者主张，教育是全国性问题，由联邦政府监管是必要的，也是适当的。

这场辩论反映出了美国财政制度运行过程中长期以来一直存在的几个问题：

● 分权化政府是可取的吗？各级政府的责任应如何划分？

● 如果是可取的，那么，哪一级政府应决定哪些政策？

● 州和地方政府提供的服务由地方税收来融资是一个好办法吗？还是应由联邦政府来出资？

在美国，这些都是很重要的问题。自建国以来，各级政府之间权力的适当划分一直是争论不休的问题。中国和欧洲各国也有这类问题，只是前者正在考虑是否把权力下放到省级政府，而后者目前正在决定是否把经济决策职能交给欧盟。本章考察联邦制下财政的规范方面和实证方面的问题。

① 有关《2001 年有教无类法案》其他方面情况的讨论见第 7 章。

背景

联邦制（federal system）由不同级次的政府组成，这些政府负责提供公共物品，并拥有一定程度的决策权。**财政联邦制**（fiscal federalism）的主题探讨的是，各级政府的职能及其相互关系。一种联邦制是否比另一种联邦制更集权，就要看这种联邦制的大部分决策权是否都掌握在较大辖区手中。衡量一种体制集权化程度的最常用指标是**集中率**（centralization ratio），即中央政府支出占政府直接支出总额的比率。这里所谓的政府“直接”支出，是指除对其他政府单位的转移支付以外的所有支出。各国的集中率千差万别，比如法国为81%，加拿大为43%，美国为48%。①

图22—1表明，自20世纪上半期以来，美国集中率上升了，但不是稳步上升的。不过，集中率不是一个非常可靠的指标。比如，州和地方政府用于公共图书馆计算机的开支，一部分是来自联邦政府的补助。《儿童在线保护法案》（Child Online Protection Act）要求图书馆安装屏蔽淫秽内容的软件，不这样做的图书馆将失去补助金，因此大多数图书馆都会遵从。谁是真正的掌控者？问题在于，如果地方和州政府的支出行为受中央政府的约束，那么，集中率就会低估该体制的真实集权程度。实际上，州和地方政府的大量支出都是由联邦政府决定的。联邦政府可以要求下级政府提供某些服务，但没有相应增加财政资金。

图22—1　美国各级政府支出分配情况

说明：自20世纪上半期以来，美国联邦政府直接支出占总支出的比率上升了，但不是稳步上升的。

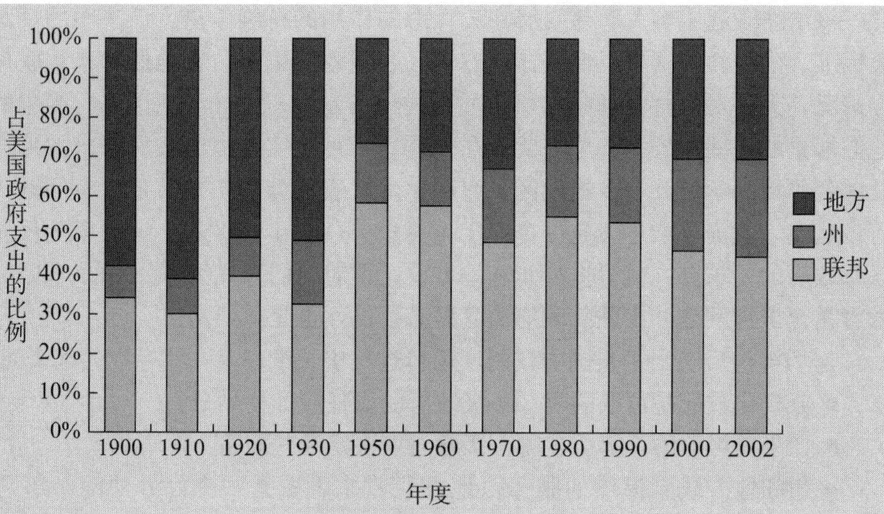

许多重要活动大多都是由州和地方政府负责的，其中包括教育、公共安全等，而联邦政府对国防和社会保障负全责。三级政府在公共福利上都要花大笔资金。美国财政制度的这种分权合理吗？在解答之前，我们先讨论一下地方政府的一些特征。

① 根据菲斯曼和加蒂（Fisman and Gatti，2002，p. 340）的资料计算，美国的情况见图22—1。

社区的形成

为了理解地方辖区财政的适当作用，考察一下为什么会形成社区。就这个问题来说，我们把一个社区看做一个**俱乐部**（club）——人们聚在一起共享某种好处的自愿联合体——是有益的。本节解释一下俱乐部理论，并用它来说明社区规模和公共物品的提供是如何决定的。

以一群希望联手买地建公园的人为例。为了简化起见，假定这群人的所有成员具有相同的偏好，并愿意平均使用公园和平摊其成本。该“社区”可以无成本地排斥所有非社区成员，且公园的经营无交易成本。由于假定偏好是完全相同的，故只需考虑一位典型成员的愿望。此时，需要作出两项决策：一是要建多大的公园，二是该社区应有多少成员。

假定该社区想使其居民的福利最大化，如何作出决定？首先考察，在公园规模已确定的情况下，成员人均成本总额和成员人数之间的关系。显然，社区越大，分担公园建造费用的人数就越多，从而每个成员需要分担的费用也就越少。但是，如果人均成本随着成员的增加而不断减少，那么，为何不干脆让尽可能多的人加入社区呢？问题在于，加入到社区的人越多，公园就会变得越拥挤。边际拥挤成本（marginal congestion cost）是指每新增一个成员所增加的拥挤成本。我们假定，边际拥挤成本随着成员人数的增加而增加。所以，社区成员人数一直增加到会员费的边际减少额恰好等于每人边际拥挤成本增加额为止。

现在来看看问题的另一方面：在社区成员人数既定的情况下，公园应该多大？虽然像大多数物品一样，公园越大，产生的收益就越大，但我们还是假定，公园规模要受到边际效用递减规律的制约。公园面积增加的人均边际成本正好等于新增土地的价格除以分担其成本的成员数，故公园面积增加应达到每人的边际收益恰好等于每人的边际成本为止。

现在把上述两种情况放在一起，看看什么是最适社区或俱乐部。最适社区是指其成员数和服务水平能同时满足边际成本等于边际收益这一条件的社区。虽然这一俱乐部模型非常简单，但它凸显出社区形成过程的主要条件。具体来说，该模型表明，社区规模取决于许多因素，其中包括人们想消费的公共物品类型、这些物品的拥挤程度以及获取这些物品的成本等。

一个俱乐部和一个现实的社区相似程度有多大？在很多情况下，这一相似程度超出了你的想象。有 6 000 多万美国人生活在居委会（neighborhood associations）管理的地区（Community Associations Institute，2012)。这些有围栏、有门卫的“封闭小区”(gated communities）决定它们将有多少成员、雇用多少保安人员、是否建高尔夫球场和公共游泳池，等等。不过，在大多数情况下，把社区看做俱乐部，仍有几个重要问题没有得到解决，而这些问题关系到对地方财政的理解：

- 公共服务如何筹资？一个乡村俱乐部可以收取会员费，但一个小镇通常通过征税为公共物品筹资。
- 一个俱乐部（或封闭小区）能排斥非成员，所以能消除免费搭车问题。小镇将如何做到这一点？
- 如果全国公民都组成许多不同的俱乐部（社区），公共物品的总体配置能是公平的和有效率的吗？

这些问题将在下一节进行讨论。

蒂伯特模型

“要么爱它，要么离开它。”每当对那些反对美国联邦政府政策的人提出这样的劝告时，就仿佛在告诉他们“去死吧”。只有在迫不得已的情况下，人们才会因政府政策而远走他乡。[①] 由于移民需要付出大量金钱和精神成本，所以，一种更为现实的选择就是哪里也不去，而是努力改变政府政策。另一方面，大多数公民并非极其热爱所在社区。如果你不喜欢伊利诺伊州斯科基地区所实行的政策，那么，最容易做的事便是搬到几英里以外的埃文斯顿去。本节讨论社区间流动、自愿性社区形成和公共物品的有效提供之间的关系。

第 4 章考察了市场一般不能有效提供公共物品的观点。这个问题的根源在于，市场无法迫使人们表露其对公共物品的真实偏好，每个人都想成为免费搭车者。通常的结论是，需要某种形式的政府干预。

蒂伯特（Tiebout，1956）在一篇重要的文章中指出，人们在各辖区之间流动的能力，使得一种解决地方公共物品问题的类市场方法产生了。如同下面的漫画所暗示的，人们用脚投票，选择到公共服务和税收的组合令他们最满意的社区去住。正如琼斯在市场上购买私人物品来满足她的需要一样，她选择适当的居住社区来满足她对公共服务的需要，并为这些公共服务的提供纳税。在均衡状态下，人们基于他们对公共服务的需求而分布在不同的社区，每个人都得到了满意的公共服务水平，不可能再通过搬迁来改善境况（否则人们就会搬家）。因此，这一均衡状态是帕累托效率均衡，无须政府干预。

□ 蒂伯特的假设

蒂伯特的发人深省的论断——准市场过程能解决公共物品问题，引发了大量的研究。其

① 例如，在 20 世纪 60 年代，一些青年人通过出国来逃避去越南服兵役。

中大部分研究旨在寻找一组精确的充分条件，在这些条件下，公民用脚投票的能力可导致公共物品的有效供给。下面列举其中的一些关键条件。[①]

（1）政府活动不产生外部性。后面要谈到，社区间的溢出效应可能导致无效率。

（2）人们是完全流动的。每个人都能毫无代价地搬到他认为公共服务最好的辖区。一个人的居住地不受就业地点所限，也不会影响他的收入。

（3）人们对于每个社区的公共服务和税收情况了如指掌。

（4）存在着足够多的不同社区，每个人都能找到满足其公共服务需要的社区。

（5）公共服务的单位成本不变，这就意味着，如果公共服务的数量翻番，那么总成本也将翻番。此外，如果居民的人数翻番，公共服务的提供数量也翻番。要理解为什么这些条件是蒂伯特均衡有效率的必要条件，反过来想想若每单位公共服务的成本随着公共服务提供规模的增大而下降，那么，在这种情况下，独立运行的社区就可能无法实现规模经济。这一假设实质上把公共服务变成了一种公共提供的私人物品，而“纯”公共物品（诸如国防）不能满足这个假设。然而，许多地方公共服务，诸如教育和垃圾回收，则很符合这一假设。

（6）公共服务用比例财产税来筹资。税率在各社区之间可因地而异。[②]

（7）社区可以颁布**排他性区域规划法**（exclusionary zoning laws）——禁止土地用于某些用途的法律。具体来说，它们规定了所有房屋的最小面积。要理解这一假定为何很关键，回忆一下，在蒂伯特均衡中，社区是根据其成员对公共物品的需求来划分的。如果收入与公共物品的需求正相关，就会产生按收入来划分的社区。在高收入社区中，财产的价值较高，因此，社区就能以相对较低的财产税率为既定的公共支出筹资。低收入家庭会想办法搬到富裕社区，并建造相对较小的住房。由于税率低，所以，低收入家庭的纳税义务相对较小，但仍能享受较高的公共物品提供水平。随着越来越多的低收入家庭有这种想法并迁入，该社区家庭的平均税基显然缩小。结果，税率必须提高，以为人口增加所需要的更多的公共服务筹资。

由于我们假定人们是完全流动的，有钱人就没有理由要忍受这种情况，他们也可以搬到其他社区。但是，有什么办法可以阻止穷人跟着富人搬迁呢？除了限制人口流动之外别无他法。显然，蒂伯特模型阐释了一种搬家游戏。排他性区域规划法可防止这种现象发生，从而维持一种稳定的帕累托效率均衡。

□ 蒂伯特模型与现实情况

蒂伯特模型显然不能完全描述现实情况，因为人们不是完全流动的，也没有足够多的社区可以让每个家庭都找到对其而言公共服务组合完全适合的社区，等等。此外，与蒂伯特模型的含义相反，我们看到，许多社区的收入水平差异巨大，公共服务的期望水平想必也不尽相同，想想任何一个大城市的情况就明白了。

不过，不应草率地放弃蒂伯特机制。美国经济体系中的确存在着很大的流动性。长期以来，每年大约有 15%的美国人住在和上一年不同的地方（US Bureau of the Census，2012c，p. 38）。此外，大多数大都市地区都有大量不同类型的社区可供选择。在美国的一座大城市中，半径 20 英里内就有数百个住宅区可供选择。的确，随便看看就可发现，住宅区之间按收入分隔的相当多，而且排他性区域规划是普遍做法，服务水平也千差万别（即使收入有时是

---

① 在蒂伯特的原文中，并不包括所有这些条件。

② 蒂伯特（Tiebout，1956）假定用人头税筹资。更为现实的财产课税假设出自汉密尔顿的著述（Hamilton，1975）。

相同的）。

已有几项正式的实证研究检验了蒂伯特假说，其中一项研究着眼于地方公共服务的价值和税收是否被资本化为地方财产价值。这种想法是，如果人们因为本地的税收和公共服务水平而搬家，那么，它们的差异性就应当反映在财产价值上。在其他条件（包括税收）相同的情况下，提供较好公共服务的社区，其财产价值就应该高一些。本章后面财产课税一节将对这些资本化研究进行讨论，到时我们会看到，资本化似乎是一种普遍现象。另一类研究探讨了地方公共物品供给水平的变化是否会导致辖区间的迁移。例如，班茨哈夫和沃尔什（Banzhaf and Walsh，2008）发现的证据表明，人们在社区之间迁移是由当地的空气质量变化所致。他们的结论是，“家庭似乎因公共物品的变化而在用脚投票。”这些结果表明，至少在某些情况下，蒂伯特模型是对现实的良好写照。

最适联邦制

既然我们了解了如何描述地方政府的特征，那就回到最初提出的问题上，即在联邦制下，如何最适配置各级政府的经济职能？首先，简要考察一下宏观经济职能。大多数经济学家认为，旨在影响失业与通货膨胀水平的支出和税收决策应由中央政府作出。没有一个州或地方政府会大到足以影响经济活动总水平的程度。例如，让每个地方政府发行自己的货币并实行独立的货币政策，是没有道理的。

至于提高效率和公平的微观经济活动，争论更大。从福利经济学的框架来看，问题在于是集权制还是分权制更有可能使社会福利最大化。为了简化起见，我们的大部分讨论假定只有两级政府——“中央”和“地方”，这一假定并不会遗漏任何一个重要的结论。

□ 分权制的缺点

假设一个国家由若干小社区组成，每个社区政府的决策使只取决于其成员效用（不考虑局外人的效用）的社会福利函数最大化。[①] 这个结果如何与考虑到所有公民效用的全国社会福利函数最大化的结果进行比较？我们先考虑效率，然后再考虑公平问题。

效率问题 有若干理由可以说明，分权政府制度为什么可能导致资源配置无效率。

外部性。我们把只能使某个社区成员受益的公共物品定义为**地方公共物品**（local public good）。例如，得克萨斯州的奥斯汀公共图书馆对于在密歇根州的安阿伯人的福利基本上没有什么影响。然而，一个社区从事的活动常常会影响到另一个社区的人的福利。如果一个镇对儿童提供良好的公共教育，而他们当中的有些人后来搬走了，其他社区就可能因有受过良好教育的劳动力而受益。镇与镇之间也可能相互产生负面影响。加拿大不列颠哥伦比亚省省会维多利亚市往海里排放未经处理的污水，结果一部分污水流到了美国华盛顿州西部港口城市西雅图，使这里的居民不满。总之，社区之间互相带来了外部性（正的或负的）。如果每个社区都只关心自己的成员，这些外部性就不被重视。因此，根据标准理论（见第 5 章），这会导致资源配置无效率。

---

① 现在暂且不考虑下列两个问题，即社会福利函数如何决定以及执政者是否真想使社会福利函数最大化（见第 3 章和第 6 章）。

公共物品提供的规模经济。对于某些公共服务来说，使用的人越多，人均成本就越低。例如，使用公共图书馆的人越多，每个使用者的成本就越低。如果每个社区都建自己的图书馆，每个使用者的成本就会高于必要水平；相反，处于中心地带的社区可以建一个图书馆，人们就会得益于这种规模经济。

当然，不同活动的规模经济是不同的。图书馆服务的最佳规模与消防服务的最佳规模可能就不同，而这两者又肯定与国防的最佳规模不同。顺便提一句，这些观察有助于理顺职权重叠制度——每个辖区都可根据本辖区的规模提供具有规模经济的服务。

另一方面，整合并非社区享有规模经济的唯一办法。新泽西州的一些社区联合经营学校和图书馆，在享有规模经济的同时仍保持它们的独立性。或者，像在加利福尼亚州，有些镇把一些公共物品和服务的提供外包给其他政府或私人部门，这种制度安排弱化了辖区决定要消费多少与要生产多少公共提供物品之间的联系。

无效率的税制。大体来说，有效率的课税要求，对需求或供给缺乏弹性的商品课以比较高的税率，反之亦然（见第 16 章）。假定整个国家的资本供给是固定的，而资本在联邦以下各级辖区之间又是高度流动的。每个辖区都认识到，如果对资本课以重税，资本就会流到其他辖区，就会使该辖区的境况变差。在这种情况下，一个明智的辖区应当对资本课以轻税，甚至给予补贴。例如，2010 年，芝加哥政府“为吸引联合航空公司把运营中心建在奥黑尔国际机场邻近的郊区埃尔克格罗夫镇，承诺约 3 500 万美元的税收优惠”（Davey，2010）。更一般地说，基林库和威尔逊（Chirinko and Wilson，2006）发现，在过去的 40 年里，州政府的投资税收优惠越来越多，且越来越普遍。

当然，在现实中，总资本存量的供给并不是固定的。虽然有些统计证据表明，一个辖区的就业增加与对企业课征的税率负相关（Mark et al.，2000），但是人们尚不知道，企业的选址决策对各地税率差异会作出怎样的反应。不过，基本的论点不会改变：从全国角度来看，由分权化社区来征税不大可能有效率。相反，各社区很可能根据税负能否输出到区外来选择税种。例如，如果某个社区拥有国内唯一的煤矿，那么该社区对煤课征的地方税的大部分负担将落在其他社区使用者身上。[①] 从本社区角度来看，开征煤炭税是一个好主意，但从全国来看就未必如此了。[②]

税收转嫁的一个重要含义是，社区可能购买过多的地方公共物品。效率要求，地方公共物品的购买量达到其边际社会收益等于边际社会成本为止。如果一个社区能把一部分税负转嫁给其他社区，则该社区所面对的边际成本将小于边际社会成本。当社区设定边际社会收益等于所面对的边际成本时，结果会产生大量无效率的地方公共物品。

征税的规模经济。单个社区可能无法利用征税的规模经济，因为每个社区都要耗资建立税务机关，而如果联合组建税务局，就可能节约经费。为什么不利用一台计算机来处理纳税申报表以分担成本，而非要每个社区都买计算机呢？当然，通过辖区之间的互相合作就可取得一定的规模经济，而无须真的合并。例如，在某些州，各城市课征的税，由州政府税收部门来统一征收。

公平问题　社会福利最大化可能需要向穷人转移收入。假定在某个社区，税种和支出的格局都有利于低收入成员。如果社区间的流动没有障碍，那么我们可以预期，本国其他地方

---

① 和往常一样，要准确回答归宿问题，就需要了解市场结构、需求弹性以及成本结构的情况。见第 14 章。

② 像蒙大拿这样的产煤州，就试图把其税收负担输出到本国其他地区。

的穷人会迁入。随着贫困人口的增加，再分配性财政政策的成本也会增加。同时，本镇的高收入者可能决定搬走。如果他们能够搬到财政制度更有利的其他社区，为什么还要为这个社区的穷人缴纳高额税收呢？因此，在该社区的税基规模缩小的同时，对该税基的需求却在增加。再分配计划最终不得不放弃。

这个论点的主要依据是，人们决定居住在哪一个社区，受到现行税收—福利制度的影响。格莱泽（Glaeser，2012）提出了相应的一些证据，他认为，“如果一个地方试图在再分配上出重拳，那么富人和企业就有逃离的激励。”这一结果的解释有些棘手；因果关系兴许是正好相反——居民工资上涨的州投票赞成增强税制的累进性。不管怎样，结果表明，分权化辖区要想进行收入再分配，需要谨慎从事。

□ 分权制的优点

使产出适合当地偏好 有些人希望其子女就读的学校有大量的体育设施，而有些人则认为这没有必要；有些人喜欢公园，有些人却不喜欢。集权化政府倾向于在全国范围内提供相同的公共服务水平，而不顾人们的偏好是否相同。正如德·托克维尔（de Tocqueville）指出的：“在高度集权的国家，立法者只得使法律具有统一性，而这并不总能适应习俗和地区的多样性。”很显然，如果人们能得到的公共物品数量十分适合他们的偏好，那么，所提供的公共物品无论多于还是少于他们所需的数量，都是无效率的。在分权制下，对公共物品具有相同偏好的人会聚集在一起，这样，社区就可能提供其居民想要的公共物品的类型和数量（回忆一下社区的“俱乐部”观点）。

一个与之密切相关的看法是，地方政府与公民更为接近，因而同中央政府相比，地方政府对居民偏好的反应更敏感。[①] 尤其是在大国，获取和处理每个人偏好的信息成本是巨大的，情况可能更是如此。麦当劳快餐店的首席执行官曾经说过，“不可能用集权的方式来管理25 000家快餐店。很多决策需要根据市场情况来决定”（Barboza，1999）。联邦制把同样的原则应用于政府决策。

这一逻辑表明，某一区域的偏好差异越大，该区域分权决策的收益就越高。为检验这种观念是否具有预测力，斯特鲁姆夫和奥伯霍泽-吉尔（Strumpf and Oberholzer-Gee，2002）考察了各州对烈性酒销售的管制程度差异。宗教信仰不同的人对是否禁止烈性酒的意见不同。因此，联邦制理论表明，在其他条件相同的情况下，宗教信仰更多样化的州，管制烈性酒的政策应更为分权化。他们发现了支持这一假说的证据——州内的偏好差异越大，地方控制程度就越高。

联邦制的逻辑还表明，全国性的经济法规不一定适合每个社区。例如，我们在第 5 章说过，环保管制不一定适合全国统一。减少污染的边际成本和边际收益取决于人口密度、气候状况，等等。某一辖区的官员比联邦政府更了解本地区的特定问题，在制定监管政策时给他们一定的权限是有道理的。在美国，各州可以选择承担实施和执行联邦政府某些环境政策的责任。有证据表明，利用这种选择权的各州在监管时比联邦政府还严格（Sigman，2003）。

促进政府间竞争 在很多情况下，政府管理者缺乏以最低可行成本从事生产的激励（见第 6 章）。私人企业的经理若不能使成本最小化就会被撤换，而政府管理者却能继续混日子。

---

① 然而，有人认为，如果某些社区成员有不良的偏好，那么这个优点就变成了缺点。例如，一个社区可能决定使奴隶制合法化。在什么条件下，中央政府应当能否决州和地方政府的决定，是一个很难解决的政治和道德问题。

然而，如果居民能在社区之间进行选择，严重的管理不善就会使居民决定搬到别处去。这一威胁可能促使政府管理者更有效率地提供公共服务，并更加关心居民的需要。就此而论，有意思的是，有证据表明，在其他条件相同的情况下，一个国家的财政制度越分权，政府的腐败就越少（Fisman and Gatti，2002）。

地方提供物品和服务的实验与创新　许多政策问题没有人确知其正确答案是什么，甚至都不知道是否存在一个最好的解决办法。有一种解决之道是，让每个社区都选择自己的道路，然后比较这些结果。多样化的政府管理制度会增加找到解决问题的新方法的机会。正如最高法院的大法官路易斯·布兰代斯（Louis Brandeis）曾指出的："联邦制的一个令人欣喜的特点是，如果公民愿意，一个有胆识的州可以充当一个实验室，从事道德、社会和经济方面的实验，而对本国其他地区没有任何风险。"

显然，布兰代斯的实验此起彼伏：

- 西雅图市建立了一种"摇篮—大学—职业制度"来改善家境不佳儿童的教育成果，让他们能更多地获得从孕期保健到职业指导的各种服务。
- 2010 年，密苏里州组建了"州公园青年团"以扩大年轻人的就业机会，其中的一些工作包括粉刷和修复建筑物、修筑步行小路等。
- 2012 年，西弗吉尼亚州开发了一种便于公民拍照和报告可疑行为的智能手机软件，以提高执法效率。

过去，一些始于州政府实验的计划，最终变成了联邦政策。例如，在大萧条期间，社会保障制度的设计者就吸收了几个州的经验，这些州以前实施过社会保险计划。

□ 含义

前面的讨论表明，纯粹的分权制无法实现社会福利的最大化。一方面，效率要求，那些具有溢出效应、影响到整个国家的物品——像国防这样的全国性公共物品——由中央政府来提供。另一方面，地方公共物品应当由地方政府来提供。正如威斯康星州麦迪逊市市长戴夫·西斯利维克兹（Dave Cieslewicz）在听到镇上的人争论对巴以冲突是否表明自己的立场时所说的，"我当选后的任务就是要清除垃圾，打扫街道，不是处理国际政策事务"（Napolitano，2004）。

现在出现了一种中间情况，即有些社区活动产生了溢出效应，但在范围上又不是全国性的。一种可能的解决办法是，把所有相互影响的社区置于一个地区政府之下。在理论上，这个政府要考虑其所有公民的福利，从而使外部性内在化。但是，一个更大的政府管辖区，对于各地偏好差异也很难照顾到。

解决外部性的另一个办法是实行庇古税和补贴制度。第 5 章已经说明，如果政府能对产生负外部性的活动课税，对产生正外部性的活动给予补贴，就可以提高效率。我们可以设想，中央政府可利用类似的方法来影响地方政府的决策。例如，如果中小学教育会产生超出辖区边界的收益，那么，中央政府可以向该社区提供教育补贴。这样既维护了地方自主性，又矫正了外部性。后面将会看到，联邦政府对社区的某些补助就是按这个模式设计的。

理论上似乎对提供公共物品的责任作了相当清楚的划分——地方政府提供地方性公共物品，中央政府提供全国性公共物品，但在实践中，各级政府之间的相互影响是很大的。例如，大多数执法人员是州和地方官员，但他们的许多行为受制于联邦刑法，而这些法律"随着国会为应对如抢劫汽车、焚烧教堂、扰乱竞技表演、破坏牲畜设施等犯罪行为而急剧增加"

(Derthick，2000，p. 27)。如果没有这些法规，地方政府的行为可能是不适当的，而有这些法规或许会增进福利。但是，有人认为，联邦政府对联邦以下各级政府单位的管制制度已变得很复杂，以至于难以弄清哪一级政府对什么负有责任。这也许有助于解释2005年卡特里娜飓风应对迟钝现象：各级政府应起的作用模糊不清，缺乏协调，应急措施跟不上。

近年已有人按照最适联邦制理论的思路，提出一些改革美国联邦制的建议，但尚未付诸实施。对于这些建议在政治上的失败，马萨诸塞州的众议员巴尼·弗兰克（Barney Frank）给出了很好的解释："99.9%的国会议员显然希望问题由按他们喜欢的方式来解决问题的那一级政府来决定"（Clymer，1997，p. 6）。

如果从效率角度来看，某种责任分工是适当的，但从收入分配角度看是否也适当？大部分经济学家认为，前面关于流动性的讨论已经表明，不能指望主要靠地方政府来实现分配目标。如果哪个辖区想单独这样做，它就很可能陷入财政困境。这可能是纽约市为何常常出现财政紧张状况的原因之一。实际上，在美国，收入维持的大宗支出是由联邦政府开销的。社会保障、补充性保障收入、食品券以及劳动所得税收抵免等，都是联邦政府计划。虽然1996年福利改革（见第13章的讨论）在这方面赋予了各州一些新的责任，但涉及的资金数量同联邦政府计划所花的钱相比，微乎其微。

□ 联邦制下的公共教育

最适联邦制理论可以用来分析教育，而教育则是州和地方政府预算中最重要的项目之一。[①] 2008年，美国政府教育支出总计达9 850亿美元，其中联邦政府占16%，州政府占23%，其余都是其他各级政府支出的。教育支出大约占州政府直接支出的18%，占地方政府支出的38%（US Bureau of the Census，2012c，pp. 147，274)。在美国，10个孩子中就有9个就读于公立学校。

各级政府在教育上的这种支出格局符合最适联邦制观点吗？支持分权提供物品的论点之一是这可以适应当地偏好。因为许多父母对其孩子的教育都有自己的一套想法，而且这些想法在不同社区也不尽相同，这也正是地方政府在提供教育上起主要作用的重要理由。当然，虽然资金可能来自州或联邦一级政府，但地方政府在学校教学政策上仍有自主权。然而，从政治上说，如果资金来自其他一级政府，就很难保持对学校的控制权——谁出资，谁做主。例如，在加利福尼亚州，大量公共资金来自州政府。公立学校要遵守长达9 000页的州教育法，教育法规定了要买哪本教科书、如何教发音、自助食堂必须有设施齐全的厨房等（Kronholz，2000，p. A10)。

地方政府主要通过财产税收来筹措教育经费，但不同学区的家庭财产拥有量有很大差异。财产税税基的差异导致了各学区教育经费相差悬殊。以加利福尼亚州为例，2008年，在至少有10 000名学生的学区当中，最富学区的生均支出是最穷学区的12倍（US Bureau of the Census，2010)。教育支出的平等观要求，教育资金应当由能够跨越地区界限再分配资源的那一级政府来提供，而无须考虑对地方自主权的可能影响。正如我们在本章后面看到的，政府间补助是教育经费的重要组成部分。

联邦教育资金的使用集中在三个领域。前两个领域是中小学教育，教育部（Department of Education）的资金主要用于学校改善计划（2010年为342亿美元)，资助贫困儿童（2010

① 首先一个更为根本的问题是第7章讨论的政府是否应该提供教育。

年为 221 亿美元）和特殊教育儿童（2010 年为 165 亿美元）（US Bureau of the Census，2012c，p. 147）。这与地方政府难以实行再分配计划的观点是一致的。第三个领域是高等教育，大量的联邦支出用于研究方面。研究成果所产生的信息属于公共物品，而我们已经知道，对公共物品的集权提供或补贴能够避免免费搭车问题，而这个问题在地方政府分权提供或补贴时可能会发生。

不过，应当指出，联邦政府在教育领域里的作用不仅体现在提供资金上，还体现在通过大量的联邦法律法规对公共教育进行管理上。联邦法律涵盖的内容非常广泛，像师资培训、图书馆、残疾学生的标准、性教育等。那些不遵守这些法规的州，可能会失去联邦拨款。因此，虽然美国教育财政体制似乎与最适联邦制的宗旨大致相符，但决策的分工并不像理论所说的那么清晰。

财产税

2008 年，美国的财产税收入为 4 100 亿美元，其中，大约有 130 亿美元是由州政府征收的，3 970 亿美元是由各地方政府征收的（US Bureau of the Census，2012c，p. 274）。联邦政府不征财产税。从全国角度来看，虽然财产税并不像其他许多税种那样重要，但它显然在地方财政中占据着举足轻重的地位——占地方政府税收收入的 72%左右。

一个人的财产税应纳税额，等于税率与应税财产的**估定价值**（assessed value）之积，而估定价值是由法院确定的财产价值。在大多数情况下，法院都会努力让估定价值与市场价值相符。[①] 但是，如果某项财产近来未出售过，税务人员就不知道其市场价值，因而必须估值，这种估值多半依据的是近期已经出售的可比财产的市价。

市场价值和估定价值的偏离程度，取决于法院估计方法的准确性。估定价值与市场价值的比率被称做**估定比率**（assessment ratio）。如果所有财产都具有相同的法定税率和估定比率，则其有效税率也相同。然而，如果各种财产的估定比率不同，比如说，奥菲利亚和哈姆雷特两个人都拥有价值为 100 000 美元的财产，奥菲利亚的财产的估定价值为 100 000 美元，而哈姆雷特的财产则被估定为 80 000 美元，显然，即使他们面临着相同的法定税率（比如说 2%），但奥菲利亚的有效税率为 2%（=2 000 美元/100 000 美元），比哈姆雷特的 1.6%（=1 600 美元/100 000 美元）要高。事实上，许多社区的财产估值工作做得很差，以至于具有相同法定税率的财产，有效税率也可能存在很大差异。

要分析财产税，我们一开始就要认识到，在美国，成千上万个地方政府或多或少都是独立地课征财产税。没有一个政府把所有财产都列入财产税税基，但是，究竟哪类财产可以不纳税，适用什么税率，各个政府的做法也有很大差异。宗教和非营利机构以“自愿”捐赠来代替其财产税的缴纳。有些社区为了吸引更多的商业活动，对新设企业实行税收优惠。很少有地区对住房以外的个人财富征税，因而像汽车、珠宝、股票及债券等通常是免税的。一般来说，建筑物和建筑物用地都是要纳税的，但是，如表 22—1 所示，各地财产税的有效税率千差万别。

① 然而，某些类型的财产有时故意估定得低于其他财产。例如，许多州对农场财产采用特殊的估定率。

表 22—1　部分城市的住宅财产税税率（2009 年）

城市	有效税率（%）
印第安纳波利斯	2.75
底特律	2.11
杰克逊	1.70
新奥尔良	1.40
俄克拉何马城	1.25
波士顿	1.06
西雅图	0.79
纽约	0.62

说明：辖区间的财产税有效税率差异很大。
资料来源：US Bureau of the Census（2012c，p. 284）.

因此，虽然我们继续把本节考察的对象称为财产税，但现在应该明白，实际上并不是这么回事。财产税的多样性对评价整个财产税制的经济影响至关重要。

□ 归宿和效率效应

谁最终承担财产税负担，众说纷纭。我们先讨论三个不同的观点，然后尝试使之协调起来。

传统观点：财产税是一种货物税　传统的观点是，财产税是一种对土地和建筑物课征的货物税。税负归宿由有关的供求曲线的形状决定，这与第 14 章论述的方式完全相同。土地和建筑物的供求曲线的形状是不一样的。

土地。只要土地数量是固定的，其供给曲线就是完全垂直的，土地所有者承担对其课征的全部税收负担。直观地看，由于土地数量是固定的，所以无法“逃税”，这可以用图 22—2 来说明。S_L代表土地的供给，D_L代表税前需求曲线，p_0^L 代表土地的均衡租金价值。对土地课征从价税，使需求曲线发生转动。税后需求曲线为 D_L'。土地供应者（土地所有者）得到的租金 p_n^L 由供给曲线和D_L'的交点决定。土地使用者支付的租金为 p_n^L 加上每英亩土地的税款，即 p_g^L。正如预期的那样，土地使用者支付的租金没有变化（$p_0^L=p_g^L$）；土地所有者得到的租金则下降了，下降的数额正是全部税额。因此，土地所有者承担了全部税负。

正如第 14 章所讨论的那样，在一定条件下，土地税要资本化为土地的价值。打算购置土地的人会考虑到，如果购买土地，也就把未来一连串的应纳税额连带买了下来。这会降低购买者愿意支付的土地价格。因此，在征收土地税时，土地所有者一直承担这种税。当然，未来的土地所有者要向税务机关缴纳税款，但这种纳税并非真正的负担，因为他们在购买土地时所支付的价格较低。税收资本化使评估土地税的归宿变得更为复杂，因为仅知道目前的土地所有者是不够的，还必须知道谁是征收土地税时的土地所有者。

如果土地供给不是固定的，那么前面的分析就要修正。例如，城市用地的供给可以通过城乡结合部向农地扩展而扩大。同样，如果有填土造田或开垦荒地的可能，土地的数量也会增加。在这种情况下，土地税由土地所有者和土地使用者共同负担，分担的比例取决于供求弹性。但是，垂直的土地供给曲线与现实情况较为近似。

建筑物。要了解建筑物税的传统观点，必先考虑全国的资本市场。资本可用于多种用途：

建造建筑物、制造设备、修建公共工程如水坝等。在任一时点上，资本都会有某个使之配置于各种可供选择的用途上的价格。按照传统观点，从长期看，建筑行业能以市场价格获得它所需要的任何数量的资本，因此，建筑物的供给曲线是完全水平的。

在这些条件下的建筑物市场如图 22—3 所示。D_B 代表税前房客对建筑物的需求曲线，供给曲线 S_B 是通过现行市场价格 P_0^B 的一条水平线。价格为 P_0^B 时，交易量为 B_0。征税后，需求曲线转动至 D'_B，如图 22—2 中土地需求曲线的位移一样。但是，结果却完全不同。建筑物供给者得到的价格 P_n^B 和税前价格一样（$P_n^B=P_0^B$）。建筑物需求者支付的价格 P_g^B 却超过了原来的价格 P_0^B，超过部分恰好等于税额。因此，税负全部转嫁给了房客。当然，这一结果来自这样的假定，即供给曲线呈水平形状。直观地看，水平供给曲线意味着，如果资本得不到至少为 P_0^B 的收益，那么它就会流出房地产行业。但是，如果资本供给者得到的价格无法降低，房客就必须承担全部税收。

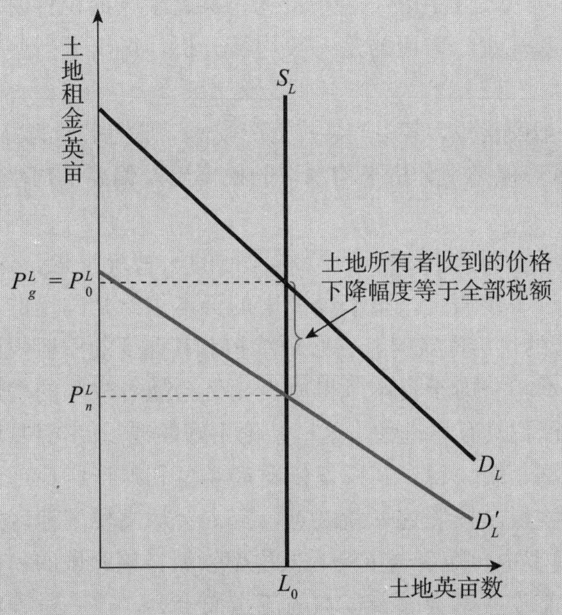

图 22—2　土地税的归宿

说明：土地的供给曲线完全无弹性，故土地所有者承担了对土地课征的全部税负。

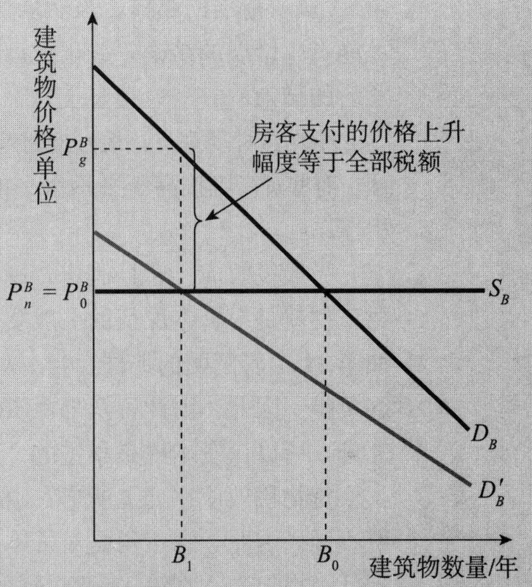

图 22—3　建筑物税的归宿

说明：如果建筑物的供给曲线具有完全弹性，那么，房客承担对建筑物课征的全部税收负担。

传统观点的总结与含义。土地税由土地所有者承担（或者更确切地说，至少由土地税课征时的土地所有者承担）；建筑物税转嫁给房客承担。因此，财产税的土地税部分由土地所有者承担，其负担与收取的租金收入成正比；财产税的建筑物税部分由房屋消费者承担，其负担与房屋消费量成正比。由此可见，土地税部分对财产税累进程度的影响，取决于土地所有权收入份额是否随着土地所有者收入的增加而上升。人们普遍认为，情况确实如此，故财产税的土地税部分具有累进性。同样，建筑物税的累进程度主要取决于住房支出占收入的比例随着收入的增加而上升还是下降。如果住房支出比例是下降的，则建筑物部分的财产税具有累退性，反之亦然。

为了估算住房支出如何对收入变化作出实际反应，人们已经作了大量的经济计量研究。

但是，由于人们对使用的收入概念未能达成共识，因而也无法得出一致的结论。有些研究者使用年收入概念，他们发现，住房支出比例随着收入的增加而下降，因而认为这种税是累退的。其他研究者则认为，使用永久收入对于了解购房决策更为贴切。据此观点，一个家庭在某一年度的收入高于或低于永久收入，对该年度的住房消费没有多大影响。住房决策应当是根据一个家庭的长期收入而不是某年度收入的变动做出的。

当然，那些相信永久收入是一个适当变量的人，必须找出估计永久收入的方法。一种方法是把永久收入定义为若干年的年度收入平均值。业已证明，住房支出对永久收入变化的反应比对年收入变化的反应要更大一些。的确，虽然证据各式各样，但住房消费与永久收入大致成正比还是一个比较合理的结论。因此，建筑物税部分可能既不是累退的，也不是累进的。遗憾的是，基于年度收入所进行的分析都认为这部分税是累退的，而且这一观点在对该税的争论中居主导地位。

新观点：财产税是一种资本税 传统观点所使用的是标准的局部均衡理论框架。正如在第 14 章所指出的那样，虽然局部均衡分析常常是有用的，但以此来考察比较大的税种时，有可能产生错误的结论。关于财产税的所谓新观点，采用的是一般均衡分析，得出了一些出人意料的结论。[①]

根据这种新观点，最好把财产税看做一般财富税，其中，某些资产按低于平均水平的税率课征，有些资产则按高于平均水平的税率课征，但必须分析平均水平的税率以及偏离平均水平的税率。

一般税效应。暂且假定，财产税可被近似地看做对所有资本课征的一种统一税。这样，财产税就是对资本课征的一般要素税了。进一步假定，整个经济中的资本供给是固定的，正如第 14 章所阐明的那样，当一种生产要素的供给固定时，它必须承担对其课征的一般税的全部负担。因此，财产税全部由资本所有者承担。由于资本所得所占比例会随着收入的增加而上升，所以，资本税是累进的。这样，财产税具有累进性，这一结论正好颠覆了传统观点。

货物税效应。如上所述，财产税显然不是统一税，其税率依财产类型和财产所在地而有所不同。因此，财产税是对资本课征的货物税。按照这一新观点，资本会从高税率地区迁移到低税率地区。在第 14 章提到的哈伯格模型中，随着资本流入低税率领域，该领域的税前收益率会被压下去；同时，高税率领域的税前收益率会随着资本的流出而上升。这一过程将继续下去，直到整个经济体系中所有行业的税后收益率相等为止。一般而言，随着资本的流动，其他生产要素的收益率也会变化。税收对其他生产要素收益率的影响，部分取决于它们的流动性。土地是完全固定的，所以它不能转嫁税负（至少在这一点上，新老观点的结论是一致的）。同样，最不易流动的资本类型最有可能承担税负。税收的最终归宿取决于生产组织方式、消费者需求结构以及各种生产要素的流动程度。

长期效应。我们在讨论财产税的一般税效应时，假定整个经济体系中资本的可利用量是固定的。然而，从长期看，资本供给可能取决于税率。如果财产税减少了资本供给，劳动生产率从而实际工资就会下降。如果财产税增加了资本积累，就会出现相反的情况。

新观点小结。财产税是对资本课征的一般税，其中某些类型的资本课税高于平均税率，而有些则低于平均税率。财产税的一般效应是降低资本收益率，对收入分配的影响是累进的。财产税税率的差异产生了货物税效应，会使高税率地区内不易流动的生产要素受损。这种货

① 详见佐德罗的著述（Zodrow，2001）。

物税效应所引起的资本流向调整过程非常复杂，人们还不清楚这对累进性有何影响。人们对财产税通过改变资本存量规模而产生长期效应的重要性，也知之甚少。如果货物税效应和长期效应不足以抵消一般税效应，那么财产税的整个影响就是累进的。

财产税是一种使用费　到目前为止，我们在讨论中一直没有考虑下列事实：社区经常以财产税收入购买诸如教育和治安等公共服务。在蒂伯特模型中，财产税恰好就是购买公共服务的成本，且每个人都刚好购买他所需要的数量。因此，财产税实际上就不是税，而更像公共服务的使用费。这一观点具有三个重要的含义：

- 财产税的归宿是一个毫无意义的概念，因为按正常定义来说，它不是一种税。
- 财产税不产生超额负担。由于它只是对公共服务的收费，故就像任何其他商品价格一样，不会扭曲住房市场。
- 联邦所得税允许扣除地方财产税款，实际上是对采用分项扣除的人消费地方公共服务提供了补贴。只要地方公共服务的需求曲线是向下倾斜的，那么，在其他条件相同的情况下，这种扣除就会像分项扣除者所期望的那样，扩大地方公共部门的规模（Metcalf，2008）。

如上所述，财产税和所获得的公共服务之间的联系往往是很脆弱的，因此，我们不应过多地受财产税是使用费这种观点的束缚。但是，这种推理有一些有趣的含义。例如，如果人们很关心自己所获得的公共服务，那么就可以预计，高财产税对房价的下压影响，可能被以这些税收收入筹资的公共服务所抵消。的确，有大量的实证研究表明，这个假设是正确的——财产税和地方公共服务的价值被资本化为住房价格（比如见魏玛和沃尔科夫的著述（Weimer and Wolkoff，2001））。因此，如果两个社区的公共服务水平相同，但第一个社区比第二个社区的税收重（也许是因为它公共服务的提供成本更大），可以预计，在其他条件相同的情况下，第一个社区的财产价值会比较低。更一般地说，这些结果意味着，为了比较不同辖区的财政负担，我们不能只看财产税税率，还必须看政府服务和财产价值。

三种观点的协调　有关财产税的这三种观点并不是互相排斥的，在不同的情况下，每个观点都可能成立。例如，如果我们要了解取消所有财产税并代之以全国性销售税会产生什么结果时，用“新观点”来分析是恰当的。因为要分析一项影响所有社区的改革，需要一般均衡理论框架。另一方面，如果某个社区正在考虑降低财产税率，并以地方销售税来弥补财政收入损失时，那么，以“传统”观点来分析是最佳视角。因为单个社区相对于整个经济来说非常小，其资本供给曲线基本上是一条水平线（见图 22—3）。最后，如果税收和福利制度一起变化，而且人们在挑选社区时有充足的流动性，那么以“使用费”观点来分析是有益的。

□ 人们为何如此厌恶财产税?

1978 年 6 月 7 日，加利福尼亚州选民通过了第 13 号提案，在全州范围内限制财产税。它的主要条款是：(1) 任何地方政府课征的财产税率都不得超过 1%；(2) 财产的估定价值不得超过其 1975 年的价值[①]；(3) 没有本地区居民 2/3 多数票的同意，州和地方政府不得新开征任何财产税。第 13 号提案开启了当今仍然很强劲的财产税限制运动。定期的民意调查表明，人们厌恶财产税的程度甚至超过了联邦所得税。

财产税为什么如此不得人心？人们提出了几种解释。

---

① 对于 1975 年以后转手的财产，其估定价值确定为交易发生时的市场价值。

由于房产市场交易通常不会频繁发生，因而财产税必须按估定价值征收。如果估价工作做得不好（或有舞弊行为），人们就会认为这种税不公平。

财产税显而易见。课征联邦所得税和工薪税时，税款是从职工的工资中预扣的，并由雇主代缴给政府。与此不同，财产税往往由纳税人直接缴纳，而且纳税通常是一季一次或一年一次，因而每次缴纳的金额较大，给人的冲击很大。有些证据表明，财产税的这种高可见度确实是其不受欢迎的原因，选民普遍倡议要限制这种税（Cabral and Hoxby, 2012）。

财产税被视为累退税。这种看法部分是由于财产税的"传统观点"一直主导着公众讨论，再加上一些财产所有者——特别是老年人——没有足够的现金去缴纳财产税，因而被迫变卖自己的家产。针对这一现象，一些州政府设置了**断路机制**（circuit breakers），向纳税人提供帮助（通常采用州所得税退税方式），纳税人得到的退税额取决于其住宅财产税的税额超过其收入按特定比例计算的数额。一个更为合适的办法是延期纳税，直到该财产出售时再补缴。

纳税人可能也不喜欢其他税，像厌恶财产税一样，只是他们感到无力改变它们。而财产税是一种地方税，相对比较容易成为攻击的对象。纽约市迦南镇居民的行为就证实了这一点：最近他们把地方财产估税员告上法庭，因为他们的财产税在 10 年内翻了一番（Smith, 2005）。相反，要对比如说联邦所得税发起攻势是非常困难的，不说别的，搞一次全国性运动就牵涉到一大笔的协调成本。

鉴于财产税受到广泛敌视的情况，人们自然会问它是否可以改进。一个建议是最起码要改进估定程序，运用计算机和现代估定技术能使估定程序更加统一。与目前的一个辖区内有不同的有效税率的制度相比，统一税率有可能增进效率。公平问题则更为复杂。表面上看，两个拥有相同财产的人要缴纳不同的税款似乎违背了横向公平。然而，税收资本化现象要求我们仔细地区分课征财产税时的所有者和目前的所有者。在其他条件相同的情况下，税率偏高的财产可能售价较低。因此，在课征财产税以后购买该项财产的人并不一定因为高税率而受损。的确，估定比率均等化可能又会引起一系列新的横向不公平。

比较激进的财产税改革是把财产税改成**个人净财富税**（personal net worth tax）。这种税的税基是纳税人所有财产的市场价值与其负债的差额。与财产税相比，这种税制的优点在于允许扣除债务，从而是衡量支付能力的较好指标。此外，由于它是个人税，所以，该税制可有免税额，而且税率也可以根据需要设计不同的累进程度。

个人净财富税是一种一般财富税，在上一章我们讨论过财富课税的管理和经济问题。就财产税的改革而言，尤其重要的是要注意到，由于个人可能在不同的辖区拥有财产和负债，因此，净财富税无疑只能由联邦政府来管理。这又把我们带回到很多人认为的现行财产税制度存在的主要理由。无论财产税有什么不足，它都可以由地方政府管理，而无须联邦和州政府的帮助。因此，征收财产税使地方政府拥有很大的财政自主权。按照这一观点，废除财产税最终会破坏地方政府的经济独立性。

加利福尼亚州在通过第 13 号提案后的做法与这种理念不谋而合。由于第 13 号提案限制了本辖区各地方政府的财产税筹资能力，提高了州政府收入的比重，这似乎把教育政策的权限从地方政府转移到了州政府。因此，在讨论财产税制改革时，绝不能小视它的政治作用。

政府间补助

如前所述，联邦补助是州和地方政府一个非常重要的收入来源。从一级政府到另一级政府的补助，乃是联邦制内部改变财政资源的主要方法。表 22—2 表明，在 1970—2010 年间，来自联邦政府的补助，不论是从实际规模还是从占联邦支出总额的比例来看，都有增加的趋势①，占州和地方支出的百分比也提高了。补助作为地方财政的组成部分，其重要性尤其引人注目。来自联邦和州政府的补助，大约占地方一般收入总额的 34%（US Bureau of the Census，2012c，p. 274）。这些补助所支撑的财政活动，实际上涉及政府职能的整个范围，从食品监测到农村社区消防，无所不包。

表 22—2　　联邦补助与联邦、州和地方支出的关系（部分财政年度）

年度	补助总额（2010 年美元，十亿美元）	补助占联邦支出总额的比例（%）	补助占州和地方支出的比例（%）
1970	88	9.6	17.1
1980	168	12.3	21.9
1990	171	8.8	15.2
2000	309	13.2	19.3
2010	532	14.4	25.4

说明：这些数据已用 GDP 缩减指数转化为 2010 年美元。1970—2010 年，来自联邦政府的补助，不论是从实际规模、占联邦支出总额的比例还是占州和地方政府支出的比例来看，都增长了。

资料来源：Computed from *Economic Report of the President*，*2012*（pp. 320，415）.

长期来看，政府间转移支付为什么增长这么多？这个问题与一般政府支出增长的原因有着密切的联系。正如在第 6 章所看到的，其答案远未明朗。补助增长的一种解释强调，在过去几十年里，传统上由州和地方政府提供的服务——教育、交通、治安等，其需求一直都在迅速增长。但是，以销售税和财产税为主的州和地方收入结构，不能提供与所需支出同步增长的收入。而联邦税收收入长期以来却在自动增长，这主要由联邦个人所得税的累进性质和 20 世纪 80 年代中期以前没有实行指数化时的通货膨胀所致。因此，征税的政府和需要用钱的政府之间发生了“错配”现象，故中央政府向州和地方政府提供补助，不失为矫正这种错配的一种办法。

错配理论并不令人满意，因为它无法解释州和地方政府为什么不能提高其税率，使之与地方公共物品的需求保持同步增加。正如后面所说，我们不得不转向从政治上来解释政府间的补助格局。

① 除了这些明补之外，联邦政府还通过州和地方债券利息免税、允许州和地方所得税与财产税扣除等，对州和地方进行补贴。2011 年，利息扣除的税收支出为 300 亿美元，税收扣除的税收支出为 420 亿美元（Joint Committee on Taxation，2012，pp. 44）。

□ 补助的类型

补助的形式会对其经济作用产生重大影响。补助基本上有两类，一类是有条件补助，另一类是无条件补助。我们将依次讨论。

有条件补助 这些补助有时也被称为**专项补助**（categorical grants）。补助提供者在一定程度上规定了补助资金的用途，补助接受者按规定使用补助资金。联邦补助的绝大部分都是专款专用，而且花钱的规定常常很细。例如，联邦政府对实施禁止酒后驾车计划的州提供补助。该法律条款规定得非常详细，从血液中的酒精浓度作为测量酗酒程度的标准，到第一次酒后驾车后驾照应吊销多久，都有规定。这种限制是很典型的。

有条件补助可分为几种。

配套补助。补助提供者为支持某一特定活动而每提供 1 美元，补助接受者也必须支出一定的金额。例如，一项补助可能规定，一个社区每当在教育上支出 1 美元时，联邦政府也将资助 1 美元。

标准的理性选择理论可能有助于我们理解配套补助的影响。在图 22—4 中，横轴表示由斯莫尔维尔镇居民消费的地方政府产出 G，纵轴表示斯莫尔维尔镇的消费总量 c。为了简化起见，假设 G 和 c 每单位的价格都为 1 美元。这样，在假定没有储蓄的情况下，c 就等于税后收入。在这些假定下，斯莫尔维尔镇在 c 和 G 之间的预算约束线是一条直线（即图 22—4 中的 AB 线），其斜率的绝对值为 1。[①] 这种单位斜率表示，斯莫尔维尔镇每愿意支出 1 美元，就可获得 1 单位的公共物品。

图 22—4 配套补助

说明：预算约束线 AB 表示该镇在消费和公共物品间的取舍关系。对该镇实行一比一配套补助制度使该预算线斜率（绝对值）减半。给定该镇的偏好，这种补助导致公共物品和私人消费都增加。

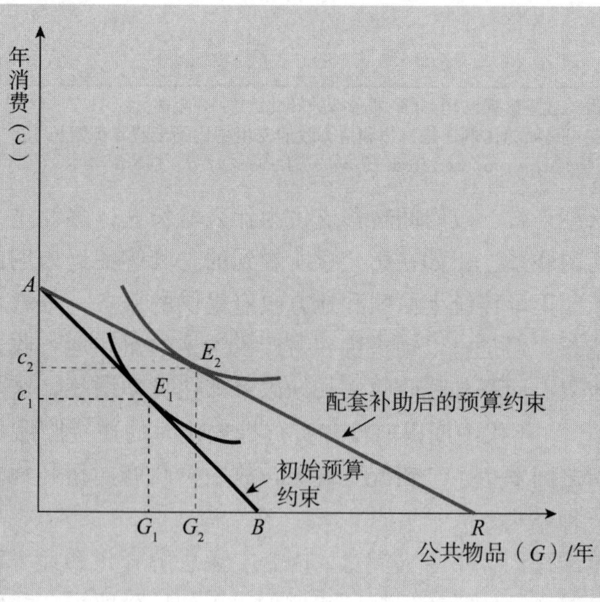

假定斯莫尔维尔镇对 G 和 c 的偏好可用一组传统形状的无差异曲线来表示。[②] 这样，如果该镇试图使其在满足预算约束线的情况下达到效用最大化，它就会选择 E_1 点。在该点，公

① 本书末的附录详细讲解了预算约束线的构建过程。此模型没有考虑联邦所得税制度中可以扣除州和地方财产税。如果纳税人采用分项扣除，且联邦所得税边际税率为 t，那么 AB 线斜率的绝对值为 $(1-t)$。

② 当然，这一假定抛开了第 6 章提出的与偏好加总有关的所有问题（也包括偏好加总的不可能性）。我们后面再讨论这个问题。

共物品的消费为 G_1，社区税后收入为 c_1。

现在假定实行一比一配套补助制度。如果斯莫尔维尔镇放弃 1 美元的收入，它就可以得到价值 2 美元的 G——1 美元来自本镇，另 1 美元则来自联邦政府。斯莫尔维尔镇预算线的斜率（绝对值）因而变为 1/2。实际上，配套补助使 G 的价格降了一半，这是对公共物品消费的一种从价补贴。这条新的预算线如图 22—4 中的 AR 所示。

斯莫尔维尔镇现在消费的公共物品数量是 G_2，并有 c_2 可用于私人消费。请注意，不仅 G_2 大于 G_1，c_2 也大于 c_1。斯莫尔维尔镇以一部分补助购买更多的公共物品，以另一部分减轻税负。当然，把无差异曲线画成使 c_2 等于 c_1，甚至 c_2 小于 c_1，也是有可能的。不过，也肯定存在这样的可能性：旨在刺激公共消费的补助，不用来购买更多的 G，而是用于减税。在极端情况下，该社区的无差异曲线或许是使 $G_2=G_1$——该社区消费的公共物品数量不变，而把全部补助用来减税。因此，仅靠理论并不能说明配套补助对一个社区在公共物品上的支出会产生怎样的影响，它取决于需求对价格变化的反应程度。为此，经济学家进行了一些统计研究，考察了各种公共物品的需求是如何随着其价格的变化而变化的。费希尔和佩克（Fisher and Papke，2000）对这些研究成果的综合考察表明，教育的需求价格弹性在 0.15～0.50 之间。

配套补助是矫正正外部性的一个切实可行的方法。如在第 5 章所解释的，从边际角度来说，如果一个人或一个企业产生了正外部性，那么，给予适当的补贴能增进效率。这一逻辑也同样适用于一个社区。当然，在实行补贴制度时出现的所有问题依然存在，尤其是中央政府必须能衡量这种外部性的现实规模。关于这一点，需要指出的是，很多联邦补助计划用效率标准来衡量很难说是合理的。高额配套比率（常常是 80%～90%）远大于对受补贴州和地方政府活动所产生的外部性的合理估计（Oates，1999，p. 1129）。实际上，波尔克和奥因斯（Borck and Owings，2003）在综述了文献之后表明，政治而非效率原因主导了政府补助的分配。例如，享受补助多的州往往是有议员作为国会重要委员会委员的州。

限额配套补助。配套补助提供者的成本最终取决于补助接受者的行为。如果斯莫尔维尔镇大幅度增加对 G 的消费，中央政府的补助就会相当大，反之亦然。要限制住这种成本，补助提供者可以规定它愿意补助的最高额。这就是所谓的限额配套补助，如图 22—5 所示。如前所述，在补助之前，斯莫尔维尔镇的预算线为 AB，均衡点为 E_1。在限额配套补助下，预算约束线变成弯折线 ADF。AD 线段的斜率为 $-1/2$，这反映的是一比一的配套规定。但是，在 D 点以下的线段，补助提供者不再一比一配套提供补助了。斯莫尔维尔镇的 1 单位政府支出的机会成本又变为 1 美元，这由 DF 线段的斜率反映出来。

在新的均衡点 E_3 上，G 的消费量大于没有补助时的消费量，但小于无限额配套补助时的消费量。补助用完的事实，限制了其刺激公共物品支出的能力。不过，在有些情况下，限额规定可能无关紧要。如果社区对 G 的期望消费支出低于限额，规定限额也就没有任何意义了。从图形上看，如果新的切点是在图 22—5 上的 AD 线段，那么达不到 DR 线段上的点也无所谓。贝克等（Baker et al.，1999）对加拿大从无限额配套补助制度转向限额配套补助制度的影响进行了一项令人感兴趣的研究。在 20 世纪 90 年代以前，加拿大省级政府在福利计划上每支出 1 加拿大元，中央政府都要配套 1 加拿大元。为了控制成本，在 1990 年，中央政府把 10 个省中的 3 个省的补助变成了限额配套补助制度。与图 22—5 所说的情况相符，受影响的这 3 个省相对于其他省份而言支出下降了。

非配套补助。在这种情况下，补助提供者提供一笔数额固定的资金，规定必须用在某种公共物品上。图 22—6 描述的是一个用于购买 AH 单位 G 的非配套补助计划。在社区的每一收入水平下，斯莫尔维尔镇现在都能比从前多买 AH 单位的公共物品。因此，新的预算约束线是在原预算约束线 AB 上横向增加 AH 的距离，结果是折弯的预算线 AHM。

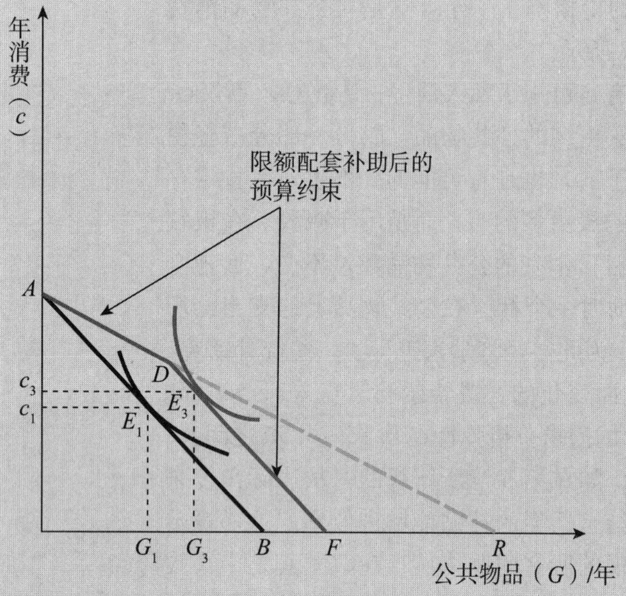

图 22—5　限额配套补助

说明：限额配套补助规定了中央政府的补助上限，这使得预算约束线变成弯折线 ADF。给定该镇的偏好，新的均衡结果是对公共物品的消费比没有这种补助时多，但小于无限额配套补助时的消费量。

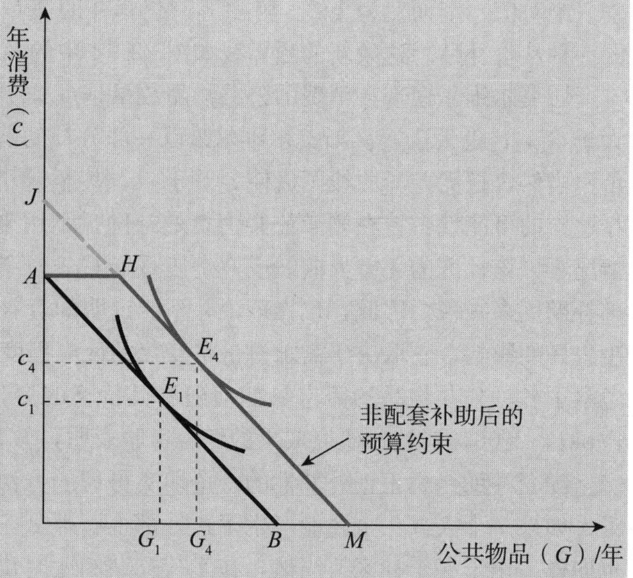

图 22—6　非配套补助

说明：对购买 AH 单位公共物品的非配套补助，导致折弯的预算线 AHM。给定该镇的偏好，这项补助导致公共物品和私人消费都增加。

斯莫尔维尔镇在 E_4 点上达到效用最大化。请注意，虽然公共物品的消费量从 G_1 增加到 G_4，但是，两者之间的差额小于补助额 AH。斯莫尔维尔镇按规定把所有补助花在了 G 上，但与此同时，它减少了自身用于该公共物品的支出。如果补助提供者预期花在该公共物品上的支出恰好增加 AH，那么斯莫尔维尔镇的反应使补助提供者的期望落空了。图 22—6 描绘的情况被证明是对现实的很好描述：社区常常用一部分有条件的非配套补助资金来减少它们自身的税收。佩恩（Payne，2009）回顾了相关研究后发现，在许多情况下——包括教育和公路的开支——这些影响是巨大的。这不禁让人想起第 7 章关于择校的讨论中所出现的"排挤"现象——教育的公共提供排挤了私人提供，而在现在所说的这种情况下，一级政府的支出排挤了另一级政府的支出。

无条件补助　从图 22—6 看到，预算线 AHM 看上去与该社区得到无限制一次性总额补助 AH 美元的结果一样。这种无条件补助有时被称为**收入分享**（revenue sharing）。无条件补助会使预算线变为 JM，这正是 MH 线段向纵轴的延伸线。斯莫尔维尔镇面对的无论是预算约束线 AHM 还是 JM，其行为完全相同。于是，在这种特定情况下，有条件补助就像无限制一次性总额补助一样。从直观上看，只要社区想消费的公共物品量至少等于补助额，那么，补助是否有条件就无关紧要了。相反，如果社区想要消费的公共物品量小于 AH（如果最高的无差异曲线与 JM 的切点位于 H 点的左边），那么，有条件补助就真的会影响行为。

为什么中央政府要向州和地方提供无条件补助？通常的回答是，这种补助能公平收入分配。这种观点是否经得起推敲，尚不清楚。即便公共政策的目标是帮助穷人，也不能推断说，帮助穷人的最好办法就是帮助贫困社区。毕竟，一个平均收入低的社区，也可能有一些相对富裕的居民，反之亦然。如果目标是帮助穷人，为什么不把钱直接发给他们呢？

一种可能的解释是，中央政府尤其关心穷人消费量较大的公共提供物品。一个重要的例子就是教育，这是把商品平均主义（见第 12 章）应用到了公共部门产出上。不过，正如刚才所说的，在无条件补助制度下，我们无法知道所有补助款最终是否用在了那些物品上（的确，一般来说，也无法确定有条件补助是否用在了那些物品上）。

□ 粘蝇纸效应

我们的社区无差异曲线分析回避了一个根本性问题：它们到底是谁的无差异曲线？根据中位选民理论（第 6 章），它们代表的是社区中位选民的偏好，官僚机构和当选官员在实现中位选民愿望的过程中是配角。

中位选民规则的简单含义是，社区收入增加 1 美元恰好和获得 1 美元无条件补助一样，对公共支出的影响是完全相同的。用图 22—6 来说，两者均使初始预算线向外平移相同的距离。如果预算线的变动相同，公共支出水平的变动也必定相等。

人们对地方公共支出的决定因素进行了大量的经济计量研究（请见英曼的综述（Inman，2008））。与人们预料的可能相反，实际上所有研究的一个共同结论是，社区以补助形式收到 1 美元，要比社区收入增加 1 美元所导致的公共支出更大。粗略地说，这些估计表明，以补助形式收到的 1 美元，产生 40 美分的公共支出，而私人收入增加 1 美元，公共支出仅增加 10 美分。这种现象被称为**粘蝇纸效应**（flypaper effect），因为这笔钱好像粘在了其最初拨给的部门。

有关粘蝇纸效应的一些解释，强调的是官僚的作用。我们在第 6 章得知，有人认为，官僚追求的是其预算规模的最大化。作为预算最大化者，官僚们不愿意让公民知道社区所获补助的真实水平。通过隐瞒这种信息，官僚们可以哄骗公民投票赞成比原来更高的预算水平。根据这种观点，粘蝇纸效应是因为公民不知道真实的预算约束情况而发生的。

总的看法

我们在本章开头就提出了有关联邦制的一些问题：分权决策可取吗？政府职责应该如何划分？地方政府应该如何自行筹资？我们的看法是，联邦制是一种切实可行的制度。让地方社区自行决策，很可能会增进地方公共物品提供的效率。然而，效率和公平也可能要求中央政府发挥重要的经济作用，特别是，只用地方财力为地方公共物品筹资的制度被普遍认为是不公平的。

虽然我们自然以经济问题为讨论重点，但在联邦制的讨论中一直都离不开权力和政治问题。一般来说，经济分权与政治分权是交织在一起的。权力应该如何划分？对于联邦政府以下各级政府，让你想到的是一个不让黑人学生进入州立大学的种族主义州长，还是让公民民主地进行集体决策的市民大会？当你想象中央政府时，你的脑海里浮现的是一个只会制定令人讨厌的规章制度、对公众漠不关心而高高在上的官僚，还是一个努力维护所有人的公民权利的司法部律师？在我们的脑海中，不同的印象并存，因而对政府权力的适当分配就产生了相互矛盾的情感。

小结

● 在联邦制下，管辖权重叠，不同级次的政府提供不同的服务。

● 社区形成的俱乐部模型表明，社区规模和公共物品的数量取决于对公共物品的偏好、提供公共服务的成本以及拥挤成本。

● 蒂伯特模型强调流动性、财产税和区域规划规定在地方财政中的关键作用。在一定条件下，“用脚投票”——搬到其喜欢的社区——会导致公共物品的帕累托效率配置。

● 分权制的缺点包括社区间外部性、公共物品提供丧失规模经济、无效率课税以及缺乏再分配收入能力。

● 分权制的优点是，能改变公共服务的组合以适应当地偏好、促进地方政府间的良性竞争以及联邦以下各级政府能进行低成本的政策实验。

● 从社区间的偏好不同来说，地方负责教育事务是有道理的，不过，联邦政府分配一定财力用于教育也是适当的。

● 财产税是州和地方政府的一项重要收入来源。财产税的“传统观点”是，财产税是对土地和建筑物课征的货物税；“新观点”是，财产税是对所有资本课征的一般税，其税率在不同的辖区之间、不同的资本类型之间可以不同；“使用费观点”把财产税看做是对地方公共服务的付费。

● 财产税是很不受欢迎的税种，它在联邦制下表现出来的一个主要优点或许是它可由地方政府来管理。

● 补助可以是有条件的（专项补助），也可以是无条件的（一次性总额补助）。每种补助对地方政府的激励是不同的，是增加支出还是减少地方税，最终取决于支配当地选择的偏好。

● 政府间补助的实证研究提出了粘蝇纸效应——补助金的增加要比地方收入的等量增加导致更多的公共物品支出。一种可能的解释是：官僚们利用了公民对社区预算约束的不完全了解。

讨论题

1. 联邦和州政府都规定，药业公司必须就其产品的健康风险作出说明。2008 年，最高法院审理的一个案件主要是一家公司若遵守联邦法规而非某个州法规是否会被起诉。请运用财政联邦制理论，讨论是联邦政府还是州政府应该建立消费者安全法。

2. 根据海因斯和萨默斯（Hines and Summers，2009）的研究，全球化增强了国家之间的资本和劳动力流动性，因此，对这些投入课征的税收产生了大量超额负担。海因斯和萨默斯认为，各国应达成协议，统一税率，降低无效率。请运用蒂布特模型来解释这个建议的效率含义。

3. 你对你的政府不满意吗？你也许对“海上家园”（seasteading）的想法感兴趣。这种想法是利用改装的石油钻井平台在公海上建立永久性住所，就像漂浮的小岛，不属于任何国家的领土，拥有独立的主权。这种想法与蒂布特模型如何联系在一起？

4. 在加利福尼亚州，财产价值只有在销售后才进行重新评估。对于去年未出售的财产，法律只允许估定价值有小幅增加。结果，很多年以前购买房产的人比最近购买相等房产的人缴纳的财产税额低。这是否违背了横向公平？你在回答时，要小心界定所有关键概念。

5. 利用社区无差异曲线和地方政府预算约束线，说明下列几种情况：

a. 无条件补助既提高了公共物品的购买量，又提高了地方税。

b. 配套补助不改变公共物品的提供。

c. 限额配套补助与有条件非配套补助具有相同的影响。

d. 限额配套补助不改变地方税。

6. 在瑞士，各州都在试图以低税率来“吸引跨国公司在其辖区内设立地区总部或其他业务，尤其是楚格州在吸引企业上完全掌控了这种游戏，几乎没有给其他州这样做的余地”（Ball and Bryan-Low，2010）。从效率角度来看，各州降低税率是明智之举吗？

7. 2011年，马萨诸塞州剑桥市议会呼吁利比亚前领导人卡扎菲辞职（Eagan，2011）。请运用财政联邦制理论，讨论地方政府是否应该介入这种外交政策争论。

8. 假定贝尔蒙特镇和列克星敦镇对消防队员具有不同的需求曲线，且能按相同的不变边际成本雇用消防队员。假定从历史上看，它们的州政府要求这两个镇雇用相同数量的消防队员，但该州最近把决策权下放了。证明：在其他条件相同的情况下，社区的需求曲线越缺乏弹性，分权化的福利收益就越大。

9. 希尔（Heal，2001，p. 1）曾提到，有人问纽约市中央公园的设计师弗雷德里克·劳·奥姆斯特德（Frederick Law Olmsted），本市如何建得起这座公园，他回答道，“它的存在会提高财产价值，而增加的税收收入会很容易偿还建设成本。历史会证明这是正确的。”在有关地方财产税性质的三种观点中，这句话最能说明哪种观点？

10. 联邦政府对州福利支出的补助，改变了州福利支出的有效价格。根据贝克尔（Baicker，2005）的研究，每个受益者的州福利支出弹性是0.38。假定联邦政府对州福利支出按一比一配套，然后改为按二比一配套。你认为州福利支出会如何变化？

11.《纽约时报》的社评指出，国会应当以“是否要求所有醉酒驾车罪犯安装点火连锁装置来拨付联邦公路资金”（*New York Times*，2009）。这在联邦一级还是在州一级立法更为合适？

附录 若干微观经济学基础知识

我们生活在物质世界里。

——圣母玛丽亚（Madonna）

本书用到了一些微观经济学工具，我们在本附录里对它们进行简要复习。如果读者已经学过微观经济学的入门课程，就会发现本复习足以使他们回忆起来。而如果你是头一回接触这些材料，最好还是找一本标准的入门教材看看。这里的内容包括需求与供给、消费者选择、边际分析以及消费者剩余和生产者剩余。

需求与供给

在最近的两年时间里，每磅咖啡豆的价格从 95 美分跌到 45 美分。咖啡生产者垂头丧气，而咖啡消费者则兴高采烈。价格为何会下降得如此之多？需求与供给模型提供了思考一个竞争性市场中，一种商品的价格和产量是如何决定的框架。我们依次讨论需求和供给的决定因素及其相互作用。

□ 需求

人们在决定消费某种物品时，受哪些因素影响？我们继续以咖啡为例，稍微考虑一下就会发现，在某一既定时期内，人们想要消费咖啡的数量受下列因素的影响：

（1）价格。我们预期，随着价格的上升，需求量下降。

（2）收入。收入的变化会影响人们的消费机会。但是，事前很难说这种变化对某一物品的消费产生什么影响。也许随着收入的增加，人们购买更多的咖啡。另一方面，随着收入的增加，人们可能消费更少的咖啡，而把钱用于购买白兰地酒。如果收入增加引起需求增加（在其他条件相同的情况下），这种物品称为**正常品**（normal good）。如果收入增加引起需求减少（在其他条件相同的情况下），这种物品称为**低档品**（inferior good）。

（3）相关商品的价格。假定茶叶价格上涨了。如果人们能以咖啡代替茶叶，茶叶价格上涨就会使人们愿意更多地消费咖啡。现假定奶油价格上涨了，如果人们习惯把咖啡和奶油放在一起消费，则奶油价格上涨会导致咖啡消费量减少。像茶叶和咖啡这样的物品称为**替代品**（substitutes）；而像咖啡和奶油这样的物品称为**互补品**（complements）。

（4）嗜好。人们对一种商品的“喜欢”程度会影响他对该商品的需求量。摩门教徒不会需要咖啡，因为该教禁止他们消费咖啡。我们通常假定，人们的嗜好不会随着时间的推移而改变，但并不总是如此。比如，如果科学家们声称咖啡会引致先天性疾病，很多孕妇就会不喝这种饮料。

于是我们可以看到，许多因素会影响到需求。但是，集中研究商品的需求量与该商品价格之间的关系，通常是很有用的。假定收入、相关商品的价格以及嗜好都是固定的。可以想象，在其他变量固定不变的前提下，改变咖啡的价格，咖啡的需求量会怎样变化。**需求表**（demand schedule）［或**需求曲线**（demand curve）］所显示的是，在其他条件相同的情况下，一定时期内商品的价格与其需求量之间的关系（经济学家通常用拉丁文 ceteris paribus 表示“其他条件相同”）。

图 A—1 中的曲线 D_c表示的就是一个假设的咖啡需求表。横轴表示某一特定市场的年咖啡需求量（磅），纵轴表示每磅咖啡的价格。如果每磅咖啡的价格是 2.29 美元，则人们愿意消费 750 磅；如果价格仅为 1.38 美元，那么人们就愿意消费 1 225 磅。需求曲线向下倾斜反映的是这样一个合理的假定：价格上升，需求量下降。

需求曲线也可以解释为“支付意愿”的近似曲线，因为该曲线表明的是，人们为某一既定数量的物品所愿意支付的最高价格。比如，人们每年的购买量为 750 磅时，他们对每磅愿意支付的价格为 2.29 美元。如果价格超过 2.29 美元，他们就不愿意每年消费 750 磅。如果由于某种原因，人们能以低于 2.29 美元的价格买到 750 磅，那么从某种意义上说，这可能是“讨价还价”的结果。

如上所述，绘制需求曲线要有一个假定条件，那就是，所有其他可能影响需求量的变量都是固定的。倘若其中的一个变量发生了变化，情况会怎样？例如，假定茶叶价格上涨了，结果是人们会购买更多的咖啡。在图 A—2 中，把图 A—1 中的曲线 D_c复制过来（上涨之前的）。茶叶价格上涨的结果是，在咖啡的每一价格水平上人们都会比以前购买更多的咖啡。因此，茶叶价格上涨实际上使 D_c曲线上的每一点都向右移动了。所有这些新的点就构成了 D_c'。由于 D_c'表示的是在每一价格水平上人们愿意消费的水平（在其他条件相同的情况下），故按照定义，它也是需求曲线。

一般来说，任何一种影响商品需求的变量的变化——商品自身价格变化除外——都会使需求曲线发生位移[①]（商品自身价格的变化只会引起在该需求曲线上的移动）。

□ 供给

现在考察企业向市场供应多少商品的决定因素，仍以咖啡为例。

（1）价格。每磅咖啡价格越高，追求利润最大化的企业愿意供应的数量就越大。这是很合理的假定。

（2）投入品价格。咖啡生产者需要用投入品——劳动、土地、化肥——来生产咖啡。如果投入品的价格上涨，则在任何给定的价格上，生产者能有利可图的咖啡产量都会下降。

---

① 顺便说一句，D_c'并不一定与 D_c平行。一般来说，不会出现这种情况。

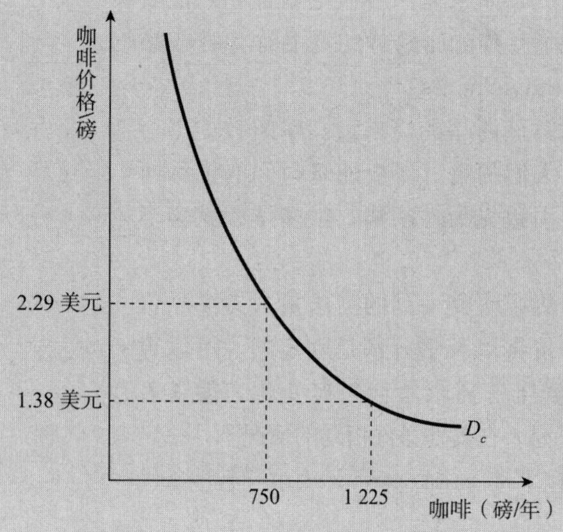

图 A—1　假定的咖啡需求曲线

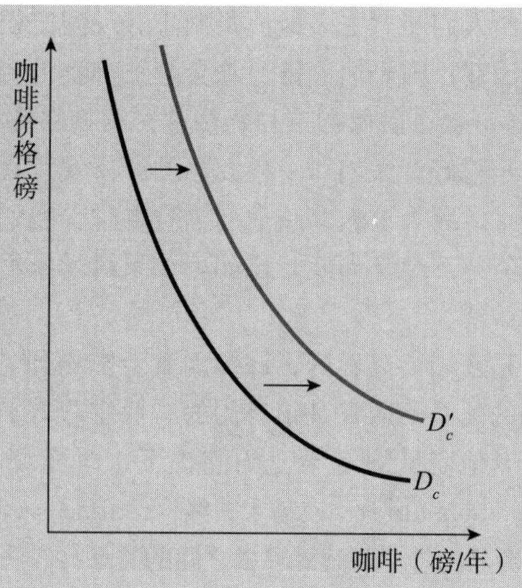

图 A—2　茶叶价格上升对咖啡需求的影响

（3）生产条件。这里最重要的因素是技术状况。如果咖啡的生产技术进步了，供给就会增加。其他变量也影响生产条件。对于农产品来说，气候是很重要的，若干年前，拉丁美洲遇上了洪灾，咖啡产量大减。

与分析需求曲线一样，假定其他变量固定不变，集中考察商品的供给量与其价格之间的关系。所谓**供给表**（supply schedule）就是指，在其他条件相同的情况下，市场价格与商品生产者在一定时期内愿意供给的商品数量之间的关系。图 A—3 中的 S_c 就是咖啡的供给表。它向上倾斜反映的是这样一个假定：在其他条件相同的情况下，价格越高，供给量就越多。

影响供给的任何变量发生变化（商品自身价格变化除外），都会使供给曲线发生位移。假定咖啡豆采集者的工资率上升了，这将使企业在给定价格下愿意供给的咖啡数量有所下降，因而供给曲线会向左移，如图 A—4 中的新供给曲线 S'_c 所示。一般而言，除商品自身价格以外的任何变量发生变化，都会使供给曲线发生位移（商品自身价格的变化只会引起在该供给曲线上的移动）。

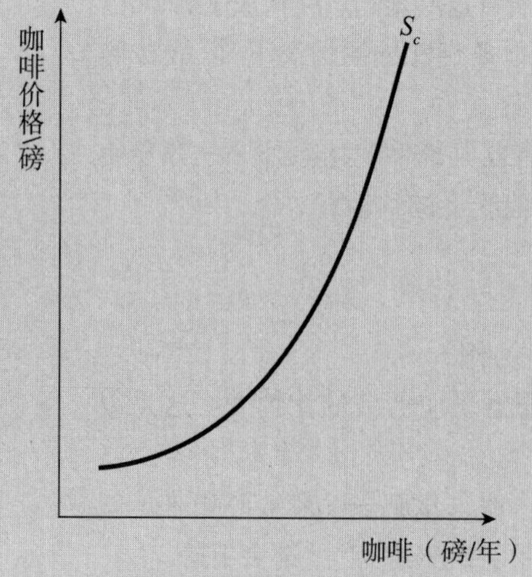

图 A—3　假定的咖啡供给曲线

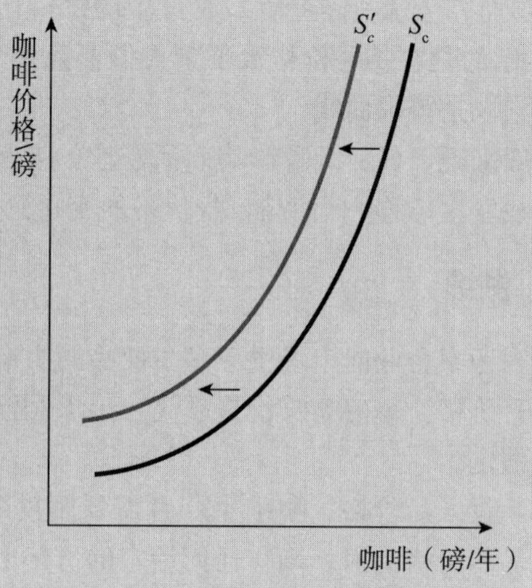

图 A—4　咖啡豆采集者工资增加对咖啡供给的影响

□ 均衡

供求曲线为一系列假设的问题提供了答案：如果咖啡的价格是每磅 2 美元，消费者愿意购买多少？如果价格是每磅 1.75 美元，企业愿意供给多少？这两条曲线的任何一条都不能告诉我们现实的价格和数量。但是，把这两条曲线放在一起，就能给出答案。

在图 A—5 中，我们把图 A—1 中的需求曲线 D_c，置于图 A—3 中的供给曲线 S_c上。我们想找到均衡状态下的价格和产量。**均衡**（equilibrium）状态是指除非整个体系发生根本变化，否则会维持下去的一种状态。假定价格为每磅 P_1美元。在这一价格上，需求量为 Q_1^D，供给量为 Q_1^S。价格 P_1不能维持下去，因为企业想供应的咖啡量大于消费者愿意购买的数量。这种超额供给会压低价格，如图中箭头所示。

现在考察价格 P_2。在此价格上，咖啡需求量 Q_2^D 大于供给量 Q_2^S。由于存在超额需求，预期价格会上涨。

类似的推理表明，任何使供给量和需求量不相等的价格，都不可能是一种均衡状态。在图 A—5 中，价格为 P_e时，供求相等，相应的产量水平为每年 Q_e磅。除非该体系发生了某些变动，否则这种价格和产量组合就会年复一年地维持下去，这便是均衡。

假定该体系有些因素发生了变化。比如，天气变差了，咖啡大幅度减产。在图 A—6 中，D_c和 S_c是从图 A—5 复制过来的，和以前一样，均衡价格和产量分别为 P_e和 Q_e。由于天气变差了，供给曲线向左位移，比如说为 S'_c。在新的供给曲线下，P_e不再是均衡价格。而新的均衡出现在 D_c和 S'_c的交点，价格为 P'_e，产量为 Q'_e。请注意，正如所预料的那样，歉收导致价格上升，产量下降——$P'_e>P_e$，$Q'_e<Q_e$。更一般地说，影响供求的任何变量的变动，都会导致产生新的均衡价格和均衡产量。

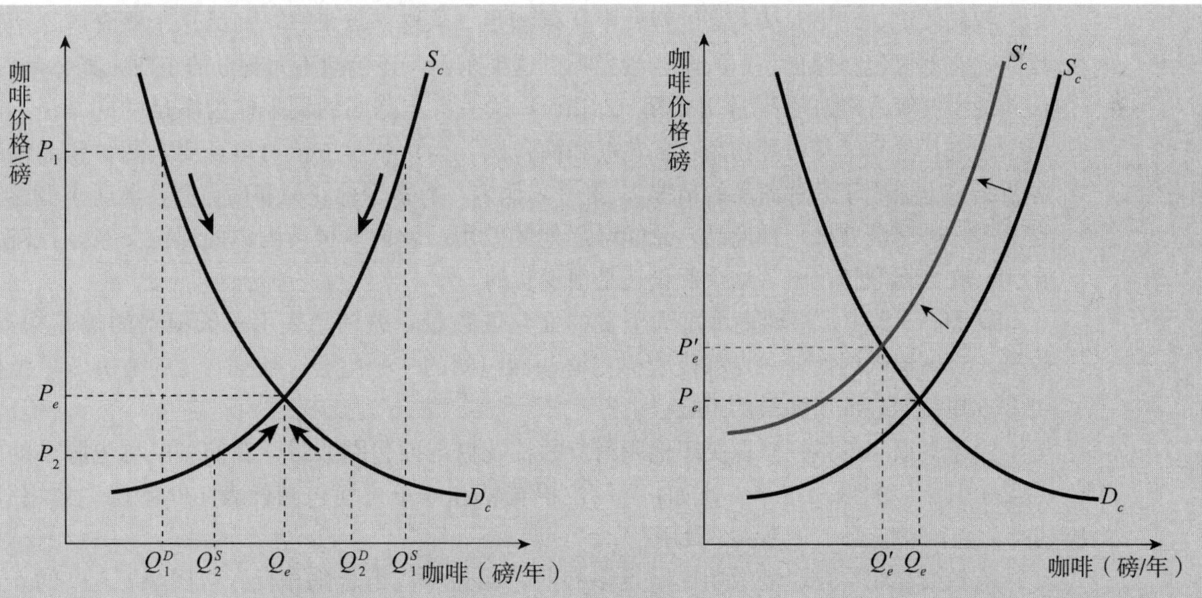

图 A—5　咖啡市场的均衡　　　图 A—6　坏天气对咖啡市场的影响

□ 投入品的供给与需求

供求分析也可以用来考察生产过程中所用投入品的市场（有时，投入品也称为生产要素）。比如，在图 A—5 中，横轴可表示“每年的工作时数”，纵轴可表示“小时工资率”。这样，两条曲线分别表示劳动的供给与需求，市场决定工资率和就业量。同样，供求分析也适用于考察资本市场和土地市场。

□ 供求曲线形状的衡量

显然，就某种既定的商品而言，其市场价格和产量主要取决于需求曲线和供给曲线的形状。习惯上，需求曲线的形状由**需求的价格弹性**（price elasticity of demand）来衡量，即需求量变动百分比除以价格变动百分比之商的绝对值。[①] 如果价格上涨 10%，导致需求量下降 2%，则需求的价格弹性就是 0.2。一个重要的特例是，价格上涨时，需求量根本不变，需求曲线为一垂直线，弹性为零。另一个极端是，需求曲线为一条水平线，即使价格的微小变动也会导致需求量的巨大变化。按习惯，这被称为无穷弹性需求曲线。同样，**供给的价格弹性**（price elasticity of supply）被定义为供给量变动的百分比除以价格变动的百分比。

选择理论

经济学的基本问题是，相对于人们的欲望而言，资源是有限的。选择理论要揭示的是，在面临这种稀缺性时，人们如何作出明智的决策。在本节里，我们以图形来阐释消费者的嗜好，并说明在有限的预算情况下，如何最好地满足这些嗜好。

□ 嗜好

我们假定，一个人从商品的消费中获得满足。从这一点来看，商品这个概念应该是很广泛的，它不仅包括像食品、汽车、激光唱机这类东西，还包括不太有形的东西，如休闲时间、清新的空气等。经济学家常用**效用**（utility）这一有点陈旧的词来作为满足的同义语。以奥斯卡为例，他只消费两种物品：棉花糖和面包圈（运用数学方法可以证明，两种物品情况的分析结论也适用于多种商品的情况）。进一步假定，有多少棉花糖和面包圈，奥斯卡就愿意消费多少——多消费任一种商品，总能增加他的效用。就像下页漫画中的那位父亲，经济学家认为，在大多数情况下，这个假设还是很现实的。

在图 A—7 中，横轴表示每天消费的面包圈数量，纵轴则表示每天消费的棉花糖数量。这样，在该象限内的任一点都代表棉花糖和面包圈的一个组合。比如，a 点是由 7 单位棉花糖和 5 单位面包圈所构成的组合。

由于奥斯卡的效用只取决于他所消费的棉花糖与面包圈数量，我们可以对象限中的每一点给出其相应的效用水平。比如，7 单位棉花糖和 5 单位面包圈代表 100 单位“效用”，于是，a 点就意味着 100 单位“效用”。

有些商品组合产生的效用比 a 点多一些，而另一些组合则相反。以图 A—7 中的 b 点为例，该点比 a 点具有更多的棉花糖和更多的面包圈。由于还没有达到饱食状态，b 点的效用水平必然要比 a 点的高。由于在 f 点，面包圈的数量比 a 点的多，而棉花糖的数量则与 a 点的一样多，所以，f 点也优于 a 点。的确，处于 a 点右上方的任何一点都优于 a 点。

---

① 同一条需求曲线上的弹性不一定是常数。

漫画："越多真的不一定越好，爱德华，不过，通常是越多越好。"

同理，a 点优于 g 点，因为 g 点的棉花糖和面包圈的数量都少于 a 点的数量。h 点也不如 a 点，因为虽然两点的棉花糖数量相同，但 h 点的面包圈的数量却不如 a 点那么多。因此，a 点优于位于其左下方的任何一点。

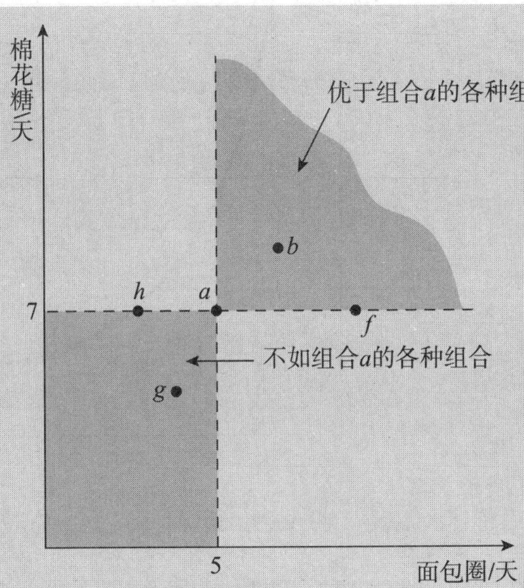

图 A—7　不同组合的排序

我们已经表明，有些商品组合的效用高于 a 点，有些商品组合的效用低于 a 点。能否找到其效用水平与 a 点相同的商品组合呢？按理说，应当有这种组合，但我们需要知道关于个人的更多的情况才能确定。以图 A—8 为例，在图中，a 点是从图 A—7 复制过来的。假定我们向奥斯卡提出下列问题："你现在消费了 7 单位棉花糖和 5 单位面面包圈。如果从你这里拿走 1 单位面包圈，需要给你几单位棉花糖，才能使你的满足程度与当初一样？"假定他想了一下之后，（诚实地）回答道，需要增加两单位棉花糖。这样，按定义，由 4 单位面包圈和 9 单位棉花糖组成的商品组合所产生的效用与 a 点的效用一样。在图 A—8 中，这一点就是 i。

可以通过问下列问题，找到另一个代表与 a 点效用一样的点："从 a 点出发，如果我拿走 1 单位棉花糖，需要给你多少单位面包圈，才能使你的满足水平与当初一样？"如果回答为 2

单位面包圈，则由 6 单位棉花糖和 7 单位面包圈组成的商品组合，即图 A—8 中的 j 点，必然产生与 a 点一样的效用。

我们可以无限重复类似的过程——从 a 点出发，拿走某一商品的若干数量，找到另一商品的补偿数量，然后在图 A—8 上记录下结果，这个结果便是曲线 U_0，表明其所有点的效用水平都相同。曲线 U_0 就称为**无差异曲线**（indifference curve），因为它表示的是，所有这些消费组合对于这个人来说都是无差异的。

根据定义，一条曲线的斜率是，纵轴表示的变量值的变动量除以横轴表示的变量值的变动量——“向上延伸距离除以向前延伸距离”。无差异曲线的斜率具有重要的经济含义，它表示，个人愿意以一种商品换取另一种商品的比率。比如，在图 A—9 中，在 i 点附近，无差异曲线的斜率为 $-m/n$。但是，按无差异曲线的定义，n 恰恰是奥斯卡愿意放弃 m 单位棉花糖以换取的面包圈的数量。因此，无差异曲线斜率的绝对值通常被称为以面包圈替代棉花糖的**边际替代率**（marginal rate of substitution），简记为 MRS_{dm}。如后面所述，边际的意思是额外的或增加的。无差异曲线的斜率之所以表明的是边际替代率，因为它代表的是此人愿意用棉花糖换取额外的面包圈的数量之比。

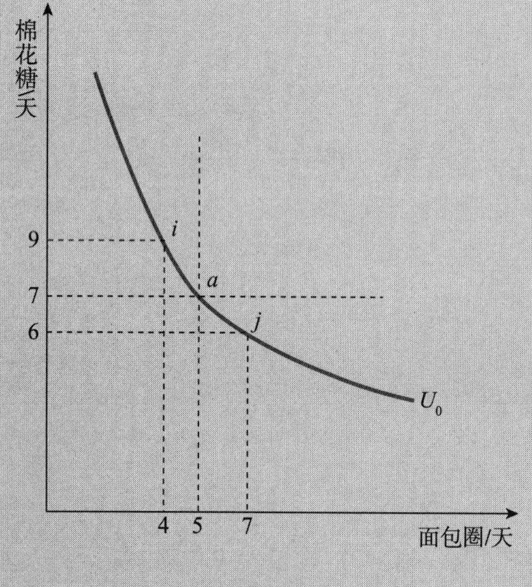

图 A—8　无差异曲线的推导

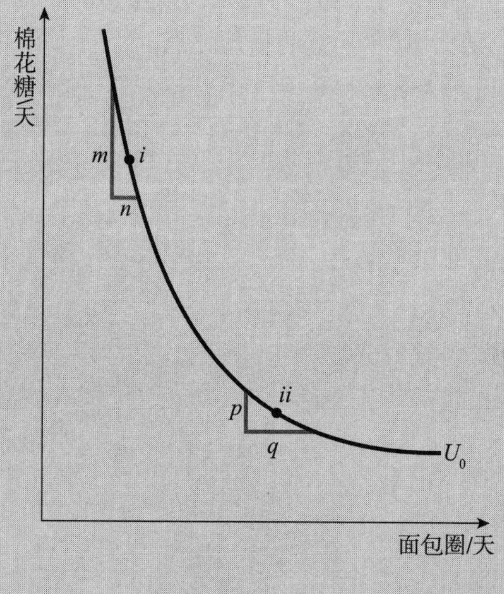

图 A—9　边际替代率递减的无差异曲线

当沿着图 A—9 中的无差异曲线向下移动时，边际替代率会下降。比如，在 ii 点，MRS_{dm} 是 p/q，它显然小于 m/n。从直觉上看，这是有道理的。在 i 点附近，奥斯卡拥有的棉花糖远比面包圈多，因而他愿意放弃较多的棉花糖来换取额外的 1 单位面包圈——MRS_{dm} 较高。然而，在 ii 点附近，奥斯卡拥有的棉花糖比面包圈少，因而他不愿意牺牲较多的棉花糖来换取已够多的面包圈。沿无差异曲线向下移动，MRS_{dm} 下降，这种现象称为**边际替代率递减**（diminishing marginal rate of substitution）。

回忆一下，无差异曲线 U_0 的形成是以组合 a 为出发点的。但是，a 点是任意选取的，我们可以在该象限中随便以别的点作为出发点。在图 A—10 中，如果从 b 点出发，按同样的方法推导，可以得到无差异曲线 U_1。或者从 k 点出发，可以得到无差异曲线 U_2。请注意，U_2 上的任何一点所代表的效用水平都高于 U_1 上任何一点的效用水平，而 U_1 上的任何一点所代表的效用水平都高于U_0上任何一点的效用水平。如果奥斯卡要使其效用最大化，就必须努力达到他所能达到的最高无差异曲线。

全部无差异曲线的集合叫做**无差异图**（indifference map）。想知道某个人的偏好，无差异图告诉了我们一切。

□ 预算约束

基本结构　假定棉花糖（M）的单价为3美分，而面包圈（D）的单价为6美分，奥斯卡每周的收入是60美分。奥斯卡有多少种选择？不论他购买多少，都必须满足下列等式：

$$3 \times M + 6 \times D = 60 \tag{A.1}$$

换句话说，用于棉花糖的支出（$3\times M$），加上用于面包圈的支出（$6\times D$），必须等于收入60。[①] 例如，如果$M=10$，则要满足式（A.1），D就必须等于5（即$3\times10+6\times5=60$）。如果$M=8$，则D必须等于6（即$3\times8+6\times6=60$）。

让我们用图形来描述式（A.1）。通常的做法是，画出能满足该等式的若干个点。根据基本的代数式，式（A.1）显然是一个直线方程。一旦知道了这一点，作图就很简单了。找出直线上的任意两点，只要联结这两点，直线上的其余各点就被决定了。在图A—11中，r点代表10单位棉花糖和5单位面包圈，s点代表8单位棉花糖和6单位面包圈。因此，与式（A.1）相对应的线是经过这些点的直线LN。根据定义，直线LN上的任何一点所表示的棉花糖和面包圈的组合都能满足式（A.1）。直线LN叫做**预算约束线**（budget constraint）或**预算线**（budget line）。在LN线上或它下方的点都是可行的，因为这些点代表的支出不是等于收入，就是低于收入。在LN线上方的点是不可行的，因为它们代表的支出都高于收入。

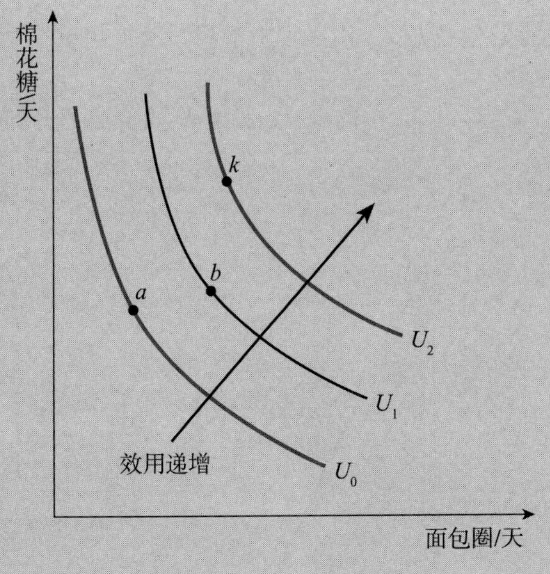

图A—10　无差异图

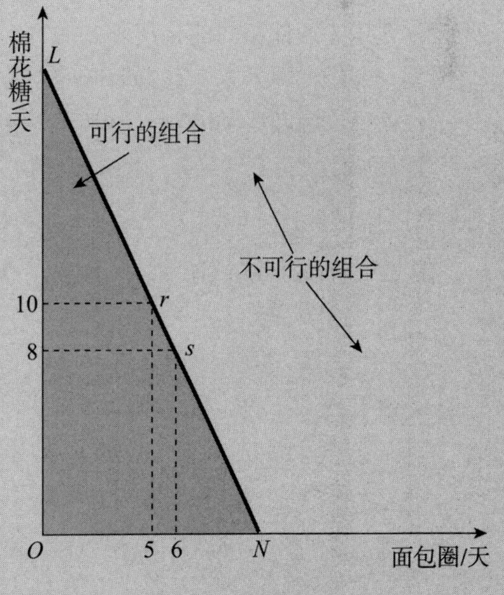

图A—11　预算约束线

① 如果奥斯卡是一个效用最大化者，他就不会浪费分文收入。

LN 线有两点值得注意。第一，该线的横轴截距和纵轴截距都有经济含义。根据定义，纵轴截距与 $D=0$ 点相对应。即在 $D=0$ 的点，奥斯卡把其 60 美分的收入全用于购买棉花糖了，共买了 20（$=60\div3$）单位。因此，OL 的距离为 20。同样，在 N 点，奥斯卡对棉花糖的消费量为零，共买了 10（$=60\div6$）单位面包圈。因此，ON 的距离为 10。简言之，纵轴截距和横轴截距代表的组合是奥斯卡只消费一种商品的组合。

预算线的斜率也有经济意义。为了计算斜率，回忆一下"向上延伸"（OL）是 20，而"向前延伸"（ON）是 10，故斜率（绝对值）为 2。请注意，2 是面包圈的价格（6 美分）和棉花糖的价格（3 美分）的比率。这绝不是偶然的。预算线斜率的绝对值表示的是，市场允许一个人以棉花糖换取面包圈的比率。由于面包圈的价格是棉花糖价格的两倍，故奥斯卡便可以用 2 单位棉花糖交换 1 单位面包圈。

为了归纳上述讨论，假定棉花糖的单价为 P_m，面包圈的单价为 P_d，收入为 I。与式（A.1）类似，预算约束为：

$$P_mM+P_dD=I \tag{A.2}$$

如果纵轴表示 M，横轴表示 D，则纵轴截距为 I/P_m，而横轴截距为 I/P_d，预算约束线斜率的绝对值是 P_d/P_m。一个常见的错误假定是，由于 M 是用纵轴表示的，故预算约束线斜率的绝对值就应为 P_m/P_d。这是错误的，因为（I/P_m）与（I/P_d）之比为（I/P_m）$\div$（I/P_d）$=P_d/P_m$。直观地说，P_d必须是分子，原因在于，P_d与 P_m的比率表示的是市场允许一个人用 M 换取 D 的比率。

价格和收入的变动　预算线代表奥斯卡在现有收入和现行价格情况下的消费机会。如果价格或收入变动了，情况会怎样？仍假定 $P_m=3$，$P_d=6$，$I=60$。与此对应的预算线 $3M+6D=60$ 是图 A—12 中的 LN 线。现在假定，奥斯卡的收入降为 30，代入式（A.2），新的预算线是 $3M+6D=30$。用图表示该公式时，请注意，纵轴截距是 10，横轴截距是 5。在图 A—12 中，分别记为 R 和 S；由于两点可决定一条直线，故新的预算约束线为 RS；其斜率的绝对值为 2，与 LN 线的斜率绝对值一样，因为面包圈和棉花糖的相对价格并没有变化。在其他条件相同的情况下，收入变动引起预算线平行位移。如果收入下降，预算约束线会向内位移；如果收入提高，预算约束线则向外位移。

回到原来的预算约束线 $3M+6D=60$，如图 A—13 中的 LN。假定 D 的价格上升到 12，

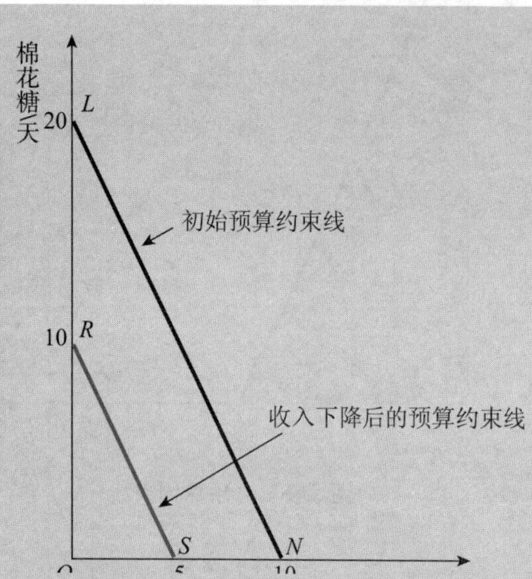

图 A—12　收入下降对预算约束线的影响

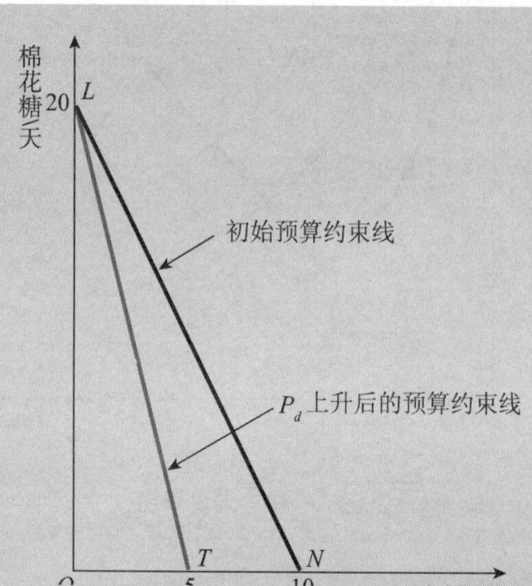

图 A—13　相对价格变化对预算约束线的影响

但其他一切都未变。于是，根据式（A.2），相应的预算约束线变为 $3M+12D=60$。以图形表示这一新的预算线，其纵轴截距仍是 20，这与 LN 线的纵轴截距一样。由于 M 的价格与以前一样，所以，如果奥斯卡将其全部收入花在棉花糖上，他正好能买到与以前一样多的数量。但是，横轴截距却改变了。现在，它等于 5（$=60\div12$）单位面包圈，如图 A—13 中的 T 点所示。新的预算约束线为 LT。LT 线的斜率绝对值为 4（$=20\div5$），它反映的是市场现在允许每个人以 4 单位棉花糖换取 1 单位面包圈。

一般来说，在其他条件相同的情况下，一种商品的价格变化，会使预算线在价格变化的那种商品所在的轴上转动。如果价格上涨，预算线会向内转；如果价格下降，预算线会向外转。

均衡　无差异图表明的是奥斯卡想干什么，而预算约束线表明的是他能干什么。要想知道奥斯卡现实在干什么，就必须把它们放在一起。

在图 A—14 中，我们把图 A—10 中的无差异图放到图 A—11 中的预算线 LN 上。问题是，在奥斯卡的支出不能超过其收入的约束条件下，找到能使他效用最大化的 M 和 D 的组合。

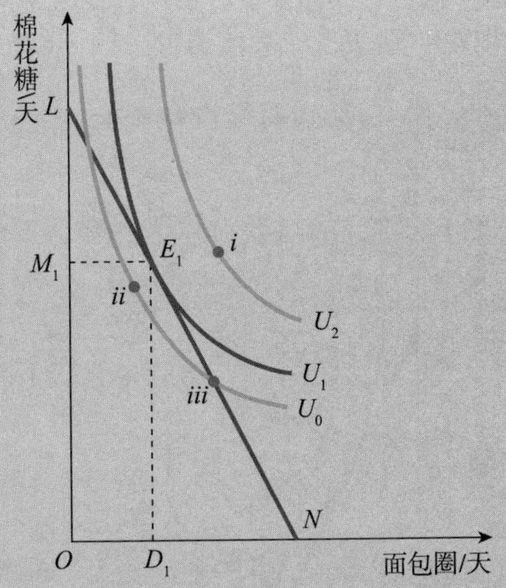

图 A—14　满足预算约束情况下的效用最大化

首先考察 U_2 线上的 i 点。这一组合应被排除，因为它在 LN 的上方。奥斯卡也许想在无差异曲线 U_2 上，但他财力有限，做不到。接下来考察 ii 点，这一点无疑是可行的，因为它位于预算约束线之下。但是，该点不是最优的，原因在于，奥斯卡还未花尽他的收入。事实上，在 ii 点，奥斯卡浪费了一部分收入，而这些收入本来可以购买更多的棉花糖和（或）面包圈。

那么，iii 点如何呢？它也是可行的，在该点，奥斯卡并没有扔掉自己的一分钱。但他还可以做得更好，因为他可以使自己位于更高的无差异曲线上。考虑一下 E_1 点，在该点，奥斯卡消费 D_1 单位的面包圈和 M_1 单位的棉花糖。由于该点位于 LN 线上，因此这是可行的。而且，它比 iii 点更可取，因为 E_1 点在 U_1 上，而 U_1 比 U_0 的效用更高。的确，LN 线上的任一点都不会与高于 U_1 的无差异曲线相切。因此，在满足预算约束 LN 的情况下，能使奥斯卡的效用最大化的商品组合是 M_1 和 D_1。E_1 点是一个均衡点，因为，除非该体系发生某种变化，否则奥斯卡会日复一日地消费 M_1 单位棉花糖和 D_1 单位面包圈。

请注意，在均衡状态下，无差异曲线 U_1 只是刚好碰到预算线。直观地说，这是由于奥斯卡既想达到最高的无差异曲线，又不想脱离 LN 线。用比较技术性的语言说，LN 线与 U_1 线相切于 E_1 点。这意味着，在 E_1 点，U_1 线的斜率与 LN 线的斜率相等。

由此可得到一个描述效用最大化组合的方程。回忆一下，由定义可知，无差异曲线的斜率（绝对值）是面包圈替代棉花糖的边际替代率 MRS_{dm}。预算线的斜率（绝对值）是 P_d/P_m。但我们刚刚证明了，在均衡状态下，两个斜率值是相等的，或者说：

$$MRS_{dm}=\frac{P_d}{P_m} \tag{A.3}$$

式（A.3）是效用最大化的必要条件。① 也就是说，如果消费组合与式（A.3）不一致，奥斯卡通过把收入重新在这两种商品之间进行配置，就可以提高自己的福利。直观地说，MRS_{dm} 是奥斯卡愿意以 M 换取 D 的比率，而 P_d/P_m 则是市场允许奥斯卡以 M 换取 D 的比率。在均衡状态下，这两个比率必须相等。

现在假定棉花糖的价格下跌。图 A—15 重新复制了图 A—14 中的均衡点 E_1。如上所述，当价格变动（其他条件相同）时，预算线会在价格改变的那种商品所在的轴上转动。由于 P_m 下降了，所以预算线 LN 以 N 点为旋转点，向纵轴上更高的点转动，新的预算线为 VN。由于奥斯卡面临的预算线是 VN，因此 E_1 点就不再是均衡点了。P_m 的下降为奥斯卡创造了新的机会，而追求效用最大化又要求他利用这一机会。具体来说，在预算线为 VN 的情况下，奥斯卡在 E_2 点达到效用最大化，他消费的棉花糖为 M_2，面包圈为 D_2。

图 A—15　相对价格变化对均衡的影响

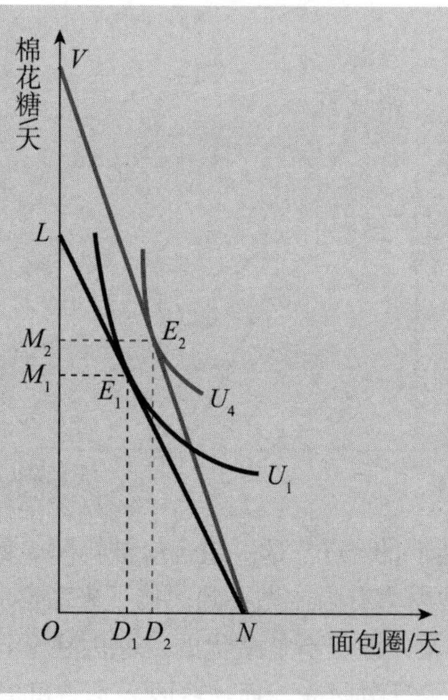

在新的均衡点，与原来的均衡点相比较，D 和 M 的消费都增加了（$D_2>D_1$，$M_2>M_1$）。棉花糖的价格下降，使奥斯卡可以购买更多的棉花糖，同时仍然有余钱去购买更多的面包圈。虽然这是通常的情形，但也并不总是这样，如何变化取决于具体的个人嗜好。假定伯特和奥斯卡面临同样的价格，且具有同样的收入。伯特的无差异图和预算约束线如图 A—16 所示。对于伯特来说，面包圈的消费在棉花糖的价格下降后全然没有变化。而另一方面，图 A—17 所描述的厄尼的偏好却是这样的：在 P_m 下降后，其棉花糖的消费维持原样，而面包圈的消费增加了。这样，如果不知道消费者的无差异图，就无法预料他（她）对相对价格的变化作何反应。

① 只有当每种商品都有消费时，该方程才成立。如果某种商品的消费量为零，则一个相关的不等式就要得到满足。

更一般地说，价格变化和（或）收入变化会导致产生新的预算线。于是，个人会重新实现最优化——找到新预算约束情况下的效用最大化点。这通常涉及选择新的商品组合，但如果不知道个人的嗜好，就无法确知新的消费组合是什么样的。不过，我们知道，只要个人是效用最大化者，新的商品组合就必定满足价格比率等于边际替代率这一条件。

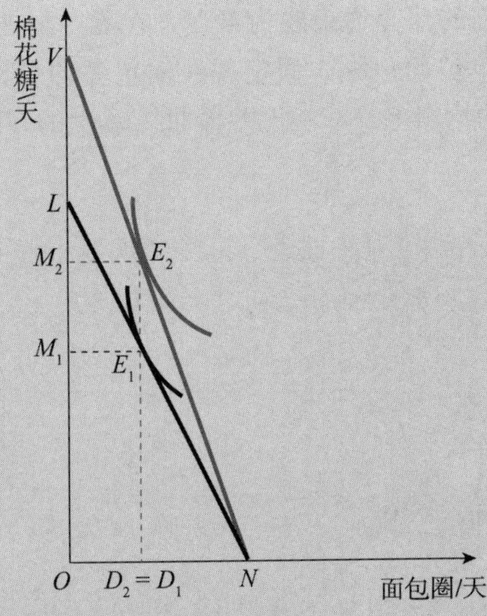

图 A—16　相对价格变化对面包圈消费无影响

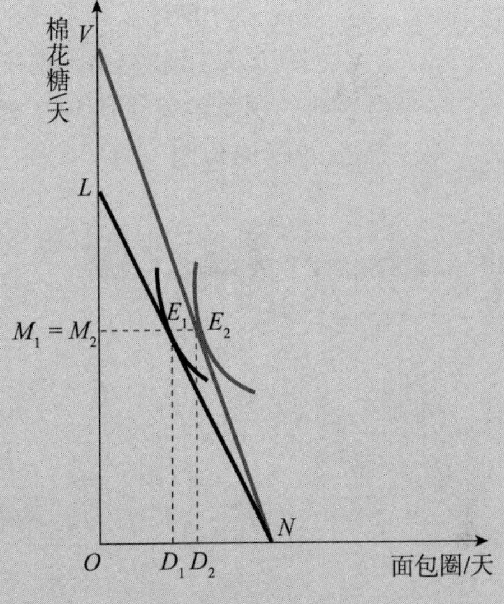

图 A—17　相对价格变化对棉花糖消费无影响

□ 需求曲线的推导

消费者选择理论与个人需求曲线之间存在着一种简单的联系。回忆一下图 A—15，棉花糖的初始价格为 P_m^1 时，奥斯卡消费 M_1 单位棉花糖；其价格下跌至 P_m^2 时，奥斯卡的棉花糖消费量会上升至 M_2。这两点如图 A—18 所示。

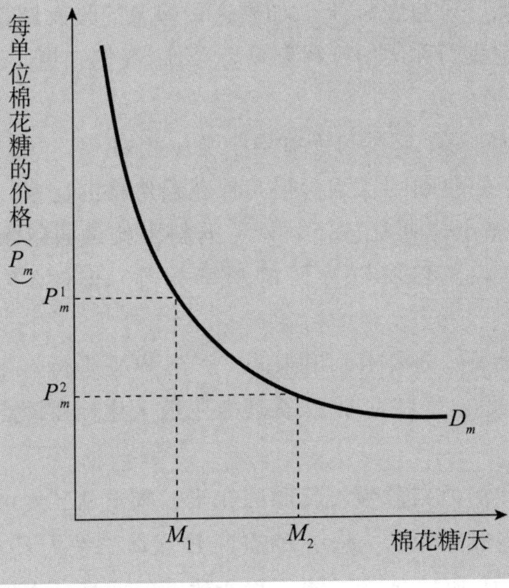

图 A—18　从无差异图推导出棉花糖的需求曲线

以不同的棉花糖的价格重复同样的实验，可以找到在货币收入、面包圈价格和嗜好都不变的前提下，棉花糖在每一个价格上的需求量。由定义可知，这便是棉花糖的需求曲线，如图 A—18 中的 D_m所示。于是，我们可得知如何从基本的无差异图来推导出需求曲线。

□ 替代效应与收入效应

图 A—19 描述了格罗弗的情况。他最初面临的预算约束线为 WN，在无差异曲线 i 上的 E_1点实现了效用最大化，在 E_1点，他消费 D_1单位面包圈。假定现在面包圈的价格上涨了。格罗弗的预算约束线从 WN 转为 WZ，且在新的均衡上，即在无差异曲线 ii 上的 E_2点，他消费 D_2单位面包圈。

图 A—19　价格变化的替代效应与收入效应

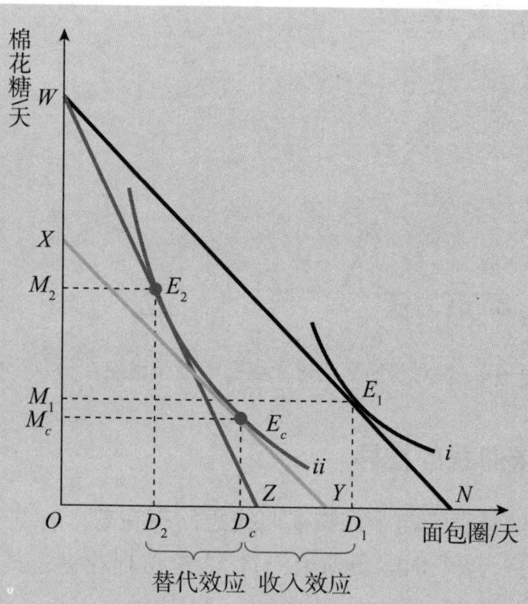

设想一下，在新的均衡点 E_2，面包圈的价格降回到原来的水平，但与此同时，格罗弗的收入也要进行调整，以便他仍然处在无差异曲线 ii 上。如果这种假想的收入调整发生了，格罗弗会面临什么样的预算约束线？假定我们称该预算约束线为 XY。我们知道，XY 必须满足下列两个条件：

- 由于格罗弗处于无差异曲线 ii 上，XY 必须与无差异曲线 ii 相切。
- XY 的斜率（绝对值）必须等于面包圈的初始价格与棉花糖价格的比率，因为我们假定面包圈的价格仍处于其初始价格水平上。回忆一下，WN 的斜率就是面包圈的初始价格与棉花糖价格的比率。因此，XY 的斜率必须与 WN 的斜率相等，即，XY 必须与 WN 平行。

在图 A—19 中，XY 线是按这两个条件的要求画出来的——与 WN 平行，与无差异曲线 ii 相切。如果格罗弗面临的预算线是 XY，他将在 E_c点实现效用最大化，在该点，他消费的面包圈数量为 D_c。

为什么这条假想的预算线会引起我们的兴趣呢？其原因在于，画出 XY 线可以帮助我们把面包圈价格变动的影响分割成两个组成部分：一是从 E_1点到 E_c点，二是从 E_c点到 E_2点。

（1）从 E_1点到 E_c点的移动，是由从 WN 到 XY 的平移所致。但回忆一下图 A—12，在相对价格不变时，这种平移是与收入变动有关的。因此，从 E_1 点到 E_c 点的移动，实质上是由收入变化引起的，故称为价格变动的**收入效应**（income effect）。

（2）从 E_c 点到 E_2 点的移动，则纯粹是由面包圈与棉花糖的相对价格变动导致的。这一移动表明，当面包圈变得相对更贵时，格罗弗用棉花糖替代了部分面包圈。因此，从 E_c 点到 E_2 点的移动被称为**替代效应**（substitution effect）。由于从 E_c 点到 E_2 点的移动包含了补偿收入（从改变收入得以保持在同一条无差异曲线上这个意义上说），所以，从 E_c 点到 E_2 点的移动，有时又被称为价格变化的补偿性反应。如果我们希望把效用保持在由无差异曲线 ii 所代表的水平上，就用沿 ii 线的移动来衡量替代效应。或者，如果想让效用水平保持在无差异曲线 i 所代表的水平上，就可以用沿无差异曲线 i 的移动来衡量替代效应。无论如何，价格变动的补偿性反应表明的是，在收入同时被改变以保持效用水平不变的情况下，价格变化是如何影响需求量的。

直观地看，面包圈的价格上涨时，发生了两件事：

● 价格上涨降低了个人的实际收入——他或她购买商品的能力。收入下降之后，即使相对价格没有发生变化，购买量一般也会发生变化，这便是收入效应。

● 面包圈价格上涨，使面包圈同棉花糖相比吸引力有所下降，这导致了替代效应。

价格的任何变动，都可以分为收入效应和替代效应。

我们可以对棉花糖的任一价格变化重复图 A—19 的分析。假定对于每一价格，我们都找到面包圈的补偿性需求量，并在纵轴上标明面包圈的价格，在横轴上标明面包圈的数量。各点的连线就是面包圈的**补偿性需求曲线**（compensated demand curve）。请注意，我们在本附录一开始所讨论的普通需求曲线表明的是，在货币收入水平固定的前提下，需求量如何随着价格的变化而变化。相比之下，补偿性需求曲线则表明的是，在效用水平固定的前提下，需求量如何随着价格的变化而变化。

边际分析

在经济学中，**边际**（marginal）一词通常是指额外的或增加的。比如，假定一条长 50 英里的道路，每年能为每个公民带来 42 美元的总收益，一条 51 英里的道路每年能为每人带来 43.50 美元的总收益。这样，第 51 英里道路带来的边际收益是 1.50 美元（＝43.50 美元－42 美元）。同理，如果养护一条 50 英里的道路，每人每年付出 38 美元的总成本，而养护 51 英里的道路，每人每年付出 40 美元的总成本，那么，第 51 英里的边际成本便是 2 美元。

经济学家之所以重视边际量，是因为这些边际量通常能为理性决策提供必需的信息。假定政府正考虑是否要修筑第 51 英里的那段路。关键的问题是，它的边际收益是否至少与其边际成本相等。在我们的例子中，边际成本是 2 美元，而边际收益仅为 1.50 美元。花 2 美元去获得 1.50 美元的利益值得吗？其答案是否定的，这增加的 1 英里路就不必修了。请注意，如果我们基于总收益与总成本进行决策，可能会出错。虽然修筑 51 英里长的路的人均总成本为 40 美元，小于人均总收益 43.50 美元，但建筑第 51 英里这段路仍然不明智。一件事只有当它的边际收益至少和边际成本一样大时才能去做。[①]

① 如果一件事的边际成本正好等于边际收益，那么做不做此事无所谓。

另一个边际分析的例子是：一个叫麦格雷戈的农场主有两块土地，一块地种小麦，另一块地种玉米。麦格雷戈有 7 吨化肥，他想把这些化肥合理地撒到这两块土地里，从而使其总利润尽可能大。表 A—1 给出了每种作物的化肥施用量与利润总量之间的关系。比如，如将 6 吨化肥撒到小麦地里，而只将 1 吨化肥撒到玉米地里，则总利润为 503 美元（＝178 美元＋325 美元）。

表 A—1

总利润

化肥（吨）	小麦（美元）	玉米（美元）
0	0	0
1	100	325
2	150	385
3	170	415
4	175	435
5	177	441
6	178	444

要找到化肥在这两块地之间的最优配置，就需要计算每吨化肥能带来多少边际利润。在小麦地里撒下的第 1 吨化肥，使利润从 0 上升到 100 美元，所以其边际利润是 100 美元。第 2 吨化肥使利润从 100 美元增至 150 美元，因此它的边际利润为 50 美元。表 A—2 给出了两种作物各种施肥量的边际利润。

表 A—2

边际利润

化肥（吨）	小麦（美元）	玉米（美元）
1	100	325
2	50	60
3	20	30
4	5	20
5	2	6
6	1	3

假定麦格雷戈将 2 吨化肥撒在小麦地里，而将 5 吨化肥撒在玉米地里，这种分配能使利润最大化吗？为了回答这一问题，必须确定是否还有其他分配办法能使总利润更多。假定把用于玉米地的化肥减少 1 吨，转用于小麦地。由于玉米地的化肥投入量减了 1 吨，玉米地的利润下降 6 美元。但与此同时，小麦的利润却会增加 20 美元（小麦地的第 3 吨化肥的边际利润是 20 美元）。总的来看，农场主麦格雷戈比以前多得 14 美元。显而易见，对麦格雷戈来说，把 2 吨化肥撒于小麦地，而把 5 吨化肥撒于玉米地是不合理的，因为若把 3 吨化肥撒于

小麦地而把 4 吨化肥撒于玉米地，他的利润会更高（多了 14 美元）。

那么，后一种配置是否最佳呢？为了回答这一问题，请注意，在这种分配方法下，在每一块土地上，化肥的边际利润都是 20 美元。当化肥给每块土地带来的边际利润相同时，就无法再通过重新配置化肥来增加总利润了。换言之，当每块土地的边际利润相同时，总利润就达到了最大。如果有读者怀疑这一结论，请在化肥的分配已使两块地的边际利润相同时找到一种新的配置，使其总利润大于 605 美元（=170 美元+435 美元）。

一般地说，如果要把资源在各种活动之间进行配置，那么，总收益最大化要求每项活动的边际收益相等。[①]

消费者剩余和生产者剩余

我们的供求模型告诉我们，价格变化对基本的经济环境的变化是如何作出反应的。能以货币价值估计出这种价格变化对人们福利的影响程度通常是很有用的。比如，假定苹果的初始价格是每个苹果 40 美分，后来下跌到 25 美分。显然，苹果消费者因价格变化而境况变好。但是，他的境况到底改善了多少？消费者剩余便是衡量其货币价值的一个工具。

□ 消费者剩余

在开始讨论消费者剩余时，先考察一下图 A—20 所描绘的苹果的需求曲线 D_a。假定消费者能以现行市场价格 40 美分买到他们需要的所有苹果。这样，苹果的供给曲线 S_a 就是在此价格上的水平线。如图所示，此时的需求量为 65 吨。

图 A—20　衡量消费者剩余

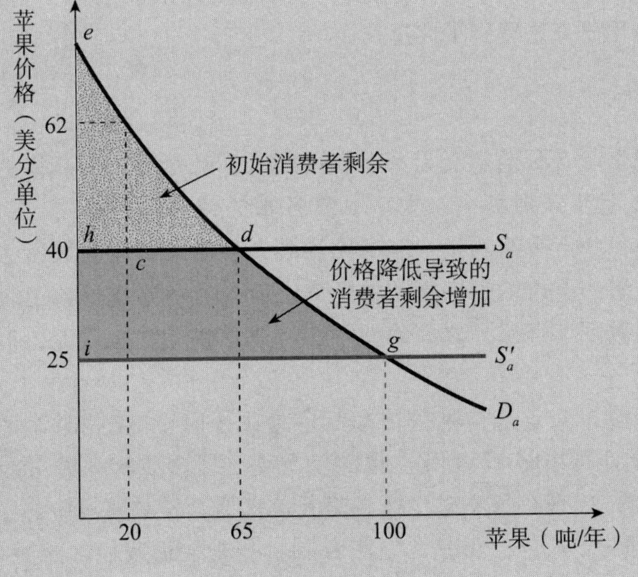

① 更确切地说，这一结论要求边际收益递减，如表 A—2 所示的那样。在大多数情况下，这是一个合理的假定。

现假定有更多的土地用于苹果生产，苹果的供给曲线位移至 S'_a。在新的均衡点上，价格下跌到 25 美分，苹果的消费量增加到 100 吨。消费者的境况变好了多少？换一种问法就是，“消费者愿意花多少钱以单价 25 美分的价格来消费 100 吨苹果而非以单价 40 美分的价格来消费 65 吨苹果?”

为回答这个问题，我们回想一下，需求曲线表示的是个人消费每个苹果所愿意支付的最大金额。我们选择任意数量的苹果，比如说 20 吨。大多数人为第 20 吨苹果愿意支付的价格是到需求曲线的垂直距离，即 62 美分。起初，消费者购买每个苹果实际上只需支付 40 美分。因此，从某种意义上说，消费者在购买第 20 吨苹果时，享有 22 美分的剩余。消费者愿意支付的总额超过他们实际支付的总额的数量称为**消费者剩余**（consumer surplus）。

当然，相同的推理过程适用于任何数量，不仅仅是第 20 吨。当每单位苹果的价格是 40 美分时，在每一产量水平的消费者剩余等于需求曲线与在 40 美分处的水平线之间的距离。将购买每个苹果所得到的剩余加起来，就得到价格为 40 美分时的总消费者剩余，即面积 *ehd*。一般来说，消费者剩余是需求曲线之下、市场价格水平线之上的面积。

当价格跌到 25 美分时，消费者剩余仍然是需求曲线之下、现行价格水平线之上的面积；由于价格现在是 25 美分，所以此时的面积为 *eig*。因此，消费者剩余增加了，增加的面积是 *eig* 减去 *ehd* 后余下的面积 *higd*。因此，需求曲线之下、两个价格之间的面积度量的是消费者能以低价购买苹果所得到的价值。

要把这种方法应用于现实问题，研究人员需要知道需求曲线的形状。一般来说，这可以利用第 2 章所讨论的一个或多个实证分析工具来完成。因此，消费者剩余是衡量经济环境变化引起福利变化的一个非常实用的工具。

在此我们要提出在某些情况下也许是很重要的一个警告，即普通需求曲线之下的面积，只是近似等于消费者福利变化的真实值。这是因为，随着价格的变化，人们的实际收入也在变化，这可能会改变他们赋予其额外收入的价值（边际收入效用）。不过，威利格（Willig，1976）已证明，在大多数情况下，用普通需求曲线之下的面积衡量消费者剩余，可能是一个很好的近似方法，这种方法在应用研究中得到了广泛采用。①

□ 生产者剩余

与消费者剩余类似，可以把生产者剩余定义为：个人提供既定数量要素所获得的收入超过所要求的收入的数量。为了衡量生产者剩余，看一下雅各布的劳动供给曲线（S），如图 A—21 所示。劳动供给曲线上的每一点表明的是，能诱使雅各布供给相关工时数所必需的工资率。因此，劳动供给曲线上任何一点与工资率之间的距离，就是雅各布提供该工时要求获得的最低报酬与他实际收到的数量（工资率）之间的差额。所以，供给曲线之上、工资率之下的面积就是生产者剩余。

为了加强对生产者剩余的理解，假定起初雅各布在工资为每小时 20 美元时，每年工作 2 000小时，但后来他的工资下降到每小时 15 美元。他的境况变坏了多少？一种可能的答案是，“如果他还在工作 2 000 小时，而现在每小时少挣 5 美元，那么，他的境况变坏了10 000 美元。”这相当于图 A—21 中的面积 *mqon*。可是，生产者剩余分析告诉我们，此答案不对。在工资削减之前，雅各布的剩余是面积 *msn*。当工资率下降至 15 美元时，他的剩余减少到面

① 或者，我们可以用补偿性需求曲线（其定义见本附录前面的内容）之下的面积来计算福利变化。

积 qsr。因此，雅各布因工资削减而遭受的损失是面积 $mqrn$，小于面积 $mqon$ 这个天真的答案。从直观上看，这个天真的答案高估了福利损失，因为该答案忽略了如下事实：当一个人的工资下降时，他可能会用休闲替代消费。虽然增加的休闲消费肯定不能完全弥补工资的减少，但这的确会产生一定的价值。

图 A—21　衡量生产者剩余

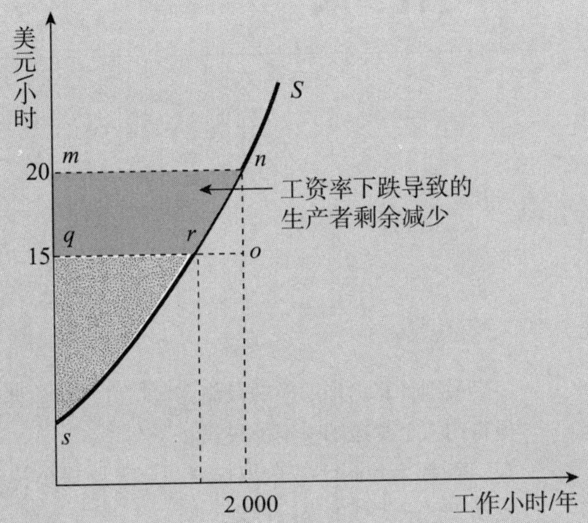

词汇表

401（k）计划［401（k）plan］：一种储蓄计划。在这种储蓄计划下，雇员可以从其每年的薪金中拿出一部分进行储蓄，这部分收入不缴纳所得税。

加速折旧（accelerated depreciation）：允许企业的折旧扣除快于真实经济折旧。

财产继承税（accessions tax）：对一个人一生获得的遗产和赠与总额课征的一种税。

精算公平保费（actuarially fair insurance premium）：某一时期的保费等于同期的期望赔付。

精算公平收益（actuarially fair return）：平均来看赔付额与保费额相同的一种保险计划。

从价税（ad valorem tax）：按购买价值一定百分比计征的一种税。

加总性社会福利函数（additive social welfare function）：把社会福利定义为个人效用总和的一个方程。

附加账户（add-on accounts）：工人自己掏钱而不是用从工薪税挪过来的资金建立的个人账户。

调整后毛所得（adjusted gross income，AGI）：全部应税所得扣除挣取所得过程中所发生的某些费用后的总所得。

逆向选择（adverse selection）：在一项交易中，缺乏信息的一方正好碰上不合适的人与其进行交易的现象（也就是说，碰到了拥有信息的一方的逆向选择）。

议程操纵（agenda manipulation）：为确保产生有利结果而安排投票顺序的过程。

抚养未成年人家庭的援助（Aid to Families with Dependent Children，AFDC）：1935—1996 年间的现金转让计划。收入低于特定水平并满足其他特定条件的任何人都可无限期地享受现金补助金。

替代性最低税（alternative minimum tax，AMT）：按另一套税则计算出来的应纳税额，旨在迫使那些拥有大量优惠所得的人至少缴纳一定的税额。

年金（annuity）：收取保费后，只要保单持有人在世就定期支付一笔钱的保险计划。

正常交易制（arm's length system）：针对跨国公司的一种计税方法，把跨国公司的国内业务和国外业务之间的交易视为两个独立企业之间的交易来对待。

估定价值（assessed value）：一个辖区对某种财产评估出的用以征税的价值。

估定比率（assessment ratio）：一种财产的估定价值与其市场价值的比率。

信息不对称（asymmetric information）：从事经济交易的一方对所交易商品或服务的情况比另一方知道得更多的情形。

月均指数化收入（average indexed monthly earnings，AIME）：最高 35 年就业年限的工资每年按平均工资增长率指数化，用以计算一个人的社会保障金。

平均税率（average tax rate）：应纳税额与所得的比率。

收益—成本比率（benefit-cost ratio）：一个项目的收益流现值与成本流现值的比率。

受益原则（benefits-received principle）：公共提供服务的消费者就应是该服务的付费者。

遗赠效应（bequest effect）：为了抵消社会保障制度造成的代际收入再分配，人们可能增加储蓄以为子女留下更多遗产的理论。

有偏估计（biased estimate）：一种把真正的因果影响与外部因素的影响混合在一起的估计。

档次爬升（bracket creep）：一个人的实际所得虽然没有变化，但其名义所得增加将他推进到更高的纳税档次。另见税收指数化（tax indexing）。

预算约束（budget constraint）：在消费者所面临的价格及其收入既定的情况下，他能选择的各种商品组合。

预算线（budget line）：见预算约束（budget constraint）。

总量控制与交易制度（cap-and-trade）：发放污染许可证的政策。许可证的数量按预期污染水平来确定，并允许污染者买卖许可证。

资本利得（损失）［capital gain（loss）］：一种资产价值的增加（减少）。

资本密集型（capital intensive）：资本与劳动投入比率相对较高的行业。

资本化（capitalization）：应纳税额流量转化成某种资产的价格的过程。

按人头收费（capitation-based reimbursement）：医疗保健提供者每年按每个病人收费，而不管病人实际使用了多少服务的制度。

卡特尔（cartel）：供给者联合起来，限制产量、抬高价格的一种安排。

分拆账户（carve-out accounts）：从传统社会保障制度的工薪税收入挪过来的资金所建立的个人账户。

现金流量（cash flow）：收入与支出之间的差额。

专项补助（categorical grants）：补助提供者规定了资金用途的补助。

集中率（centralization ratio）：中央政府的直接支出占政府直接支出总额的比例。

确定性等价（certainty equivalent）：以个人为某个不确定项目的不确定结果所愿意放弃的确定所得来衡量该项目的价值。

特许学校（charter schools）：在州政府特许的情况下开办的公立学校。在特许的权限范围内，这些学校可以各种方法进行实验教学，且在开支和雇佣决策方面有一定的独立性。

断路机制（circuit breakers）：将个人住宅财产税的税额超过其收入按特定比例计算的数额部分转给个人。

客户效应（clientele effect）：企业根据不同客户的需要来制定财务政策。股息支付低的企业吸引边际税率高的股东，反之亦然。

俱乐部（club）：人们联合在一起筹资并分享某种利益的一种自愿组织。

科斯定理（Coase theorem）：如果交易成本可以忽略不计，那么不管是谁，只要有人得到了产权，外部性问题就可以得到有效解决。

共保（共同保险）费率（coinsurance）：投保人必须支付的医疗费用的比例。

命令控制型管制（command-and-control regulations）：要求减少一定量污染但对于如何减少有限制或不灵活的政策。

商品平均主义（commodity egalitarianism）：有些商品应当人人有份的思想。

团体费率法（community rating）：向一个团体中不同风险类别的人收取统一保费的做法，因此导致低风险人补贴高风险人。

补偿性需求曲线（compensated demand curve）：在效用不变的情况下，需求量随着价格的变化而变化的需求曲线。

互补品（complements）：一种商品价格上升导致另一种商品消费下降的两种商品。

拥堵定价（congestion pricing）：对开车征收的等于给其他驾车者造成的边际成本的一种税。

消费者剩余（consumer surplus）：消费者对某种商品的支付愿意超过其实际支付总额的数量。

消费平滑化（consumption smoothing）：减少高收入时期的消费以增加低收入时期的消费。

消费型增值税（consumption-type VAT）：在计算增值额时把资本投资从销售额中扣除。

契约曲线（contract curve）：所有帕累托效率点的轨迹。

控制组（control group）：不受研究干预的用于比较的人群。

共付额（copayment）：投保人对某一医疗服务支付的某一固定数额。

公司（corporation）：在州注册的经营组织形式，通常对股东（所有者）负有限责任并具有独立法人地位。

相关性（correlation）：度量两个事件一同变化程度的指标。

成本有效（cost effective）：以可能的最低成本实现某一既定结果的政策。

按费用补偿制度（cost-based reimbursements）：医疗保健提供者对其全部必要服务都能得到付款的制度。

成本—收益分析（cost-benefit analysis）：以福利经济学为基础的用来指导公共支出决策的一套程序。

成本—有效性分析（cost-effectiveness analysis）：比较收益相同的各种备选方案的成本，确定成本最低的方案。

反事实情况（counterfactual）：实验组中的人倘若未被“实验”而出现的结果。

横截面数据（cross-sectional data）：在某一时点上包含多个个体信息的数据。

排挤（crowd out）：一种物品的公共提供导致该物品的私人提供减少。

排挤假说（crowding-out hypothesis）：政府举债因导致市场利率上扬而使私人投资减少。

投票循环（cycling）：对两种以上选择进行成对多数投票会一直进行下去，但没有结果。

无谓损失（deadweight loss）：商品的边际收益不同于边际成本时所产生的纯粹浪费。

债务（debt）：在某一时点的欠债总量，是过去的全部赤字之和。

自付额（免赔额）（deductible）：在一年当中，投保人在符合条件获得保险赔付之前必须承担的固定支出额。

扣除项（deductions）：在计算应税所得时，可以从调整后毛所得中扣减的某些费用。

赤字（deficit）：在某一时期内支出大于收入的差额。

需求曲线（demand curve）：需求表的曲线图。

需求表（demand schedule）：在其他条件相同的情况下，一种商品的价格与需求量之间的关系。

依赖率（dependency ratio）：社会保障受益人与参保职工的比率。

诊断相关组（diagnosis related groups，DRGs）：在老人医疗保险的住院保险计划中用来确定预付款的分类制度。

双重差异分析（difference-in-difference analysis）：把实验组结果的长期变化与同期控制组结果的变化进行比较的一种分析。

差别商品税（differential commodity tax）：见货物税（excise tax）。

边际替代率递减（diminishing marginal rate of substitution）：边际替代率随着沿无差异曲线的向下移动而下降。

贴现因子（贴现系数）（discount factor）：未来收入额除以一个数字得到未来收入的贴现值，该数字就是贴现因子。若利率为 r，且收入在 T 期后获得，则贴现因子就是 $(1+r)^T$。

贴现率（discount rate）：用来计算现值的利率。

双重征税（重复征税）（double taxation）：公司所得首先在公司层面上被征一次税，然后在分配给股东后又被征一次税。

双重红利效应（double-dividend effect）：用庇古税收入来降低无效率的税率。

双峰偏好（double-peaked preferences）：选民若偏离其最偏好的结果，其效用先降后升。

劳动所得税收抵免（earned income tax credit，EITC）：针对低收入个人的一种税收抵免。

计量经济学（econometrics）：用来分析经济数据的统计工具。

经济折旧（economic depreciation）：资产价值在一个时期内减少的程度。

经济归宿（economic incidence）：税收引起的实际收入分配的变化。

经济利润（economic profit）：企业所有者的超过所用生产要素机会成本的收益，又称为超常或超额利润。

埃奇沃思框图（Edgeworth box）：用来描述两物两人情况下物品分配的一种工具。

教育储蓄账户（Education Savings Account）：享受税收优惠的储蓄工具。存款不免税，但基金的增加额免税。资金可提取，用来支付子女的大学教育费用。

替代弹性（elasticity of substitution）：衡量一种生产要素被另一种生产要素取代的难易程度。

排污费（emissions fee）：对每单位污染课征的税。

禀赋点（endowment point）：一个人在既无债务又无储蓄情况下的消费组合。

公民权利性计划（entitlement programs）：支出由符合条件的人数而非预先的预算安排来决定的计划。

均衡（equilibrium）：如果体系内没有根本性变化就能保持下去的一种状态。

等价变化（equivalent variation）：与商品价格变化对效用的影响相同的收入变化。

超额负担（excess burden）：福利损失超过所征收上来的税收，又称为福利成本或无谓损失。

货物税（excise tax）：对某种特定商品的购买所课征的一种税。

排他性区域规划法（exclusionary zoning laws）：禁止土地用于某些用途的法律。

免税额（exemption）：在计算应税所得时，每个家庭成员都可以从调整后毛所得中扣减的数额。

预期效用（expected utility）：所有可能的不确定结果的平均效用，每一结果的效用都以其发生概率来加权。

期望值（expected value）：所有可能的不确定结果的平均值，每种结果都要用其发生的概率来加权。

支出归宿（expenditure incidence）：政府支出对实际收入分配的影响。

费用列支（expensing）：在计算应税所得时扣除资产的全部价值。

经验费率法（experience rating）：基于保险购买者的风险现状收取不同保费的做法。

实验研究（experimental study）：人们被随机地分成实验组和控制组的实证研究。

外债（External debt）：政府欠外国人的款项。

外部性（externality）：一个实体的活动以市场机制之外的方式直接影响其他实体的福利所产生的成本或收益。

联邦制（federal system）：由提供公共物品且拥有一定决策权的各级政府组成。

一次一付医疗费制度（fee for service）：见按费用补偿制度（cost-based reimbursements）。

财政联邦制（fiscal federalism）：研究各级政府职能及其相互影响的领域。

统一所得税（flat income tax）：全部所得的边际税率不变的一种税制。

曲线平直的医疗（flat-of-the-curve medicine）：在某一特定点上，增加医疗保健支出的额外保健收益相对有限。

粘蝇纸效应（flypaper effect）：社区获得政府补助 1 美元比社区收入增加 1 美元导致的公共支出更大。

免费搭车（free rider）：让别人为公共物品支付而你坐享其成的动机。

完全一体化（full integration）：见合伙制方法（partnership method）。

全额亏损抵消（full loss offset）：个人可以从应税所得中扣除资本资产的所有损失。

完全积累制（fully funded）：一种养老金制度，个人的养老金来自人们在工作期间积攒起来的存款及其累积的利息。

功能收入分配（functional distribution of income）：按人们在生产过程中所提供的要素来分类（比如地主、资本家、劳动力）时收入在他们之间分配的方式。

功能财政（functional finance）：运用财政政策把总需求保持在合意水平上，不管赤字的影响如何。

一般均衡分析（general equilibrium analysis）：对不同市场之间相互关系的研究。

一般销售税（general sales tax）：对所有商品的购买按相同税率课征的一种税。

代际核算（generational accounting）：把每代人缴纳的全部税收和所获得的全部收益的现值考虑在内衡量政府财政政策结果的方法。

全球制（global system）：个人的所得不管是在国内取得的还是从国外取得的，都要纳税的一种制度。

全球所得课税（global taxation of income）：跨国企业的全部所得不管是在哪个国家取得的，都要按母国税率征税的一种税制。

毛遗产额（gross estate）：逝者在去世时所拥有的全部财产。

黑格-西蒙斯的所得定义［Haig-Simons（H-S）definition of income］：个人在一定时期内消费能力净增加的货币值。

健康维护组织（Health Maintenance Organization，HMO）：通过建立起来的提供者网络提供综合性保健服务的组织，通常使用按人头收费制。

希克斯-卡尔多标准（hicks-Kaldor criterion）：只要一个项目的净现值是正数，不管它的分配结果如何，该项目就值得做。

横向公平（horizontal equity）：情况相同的人应该得到相同的待遇。

横向加总（horizontal summation）：把每个人在每一价格下的需求量相加而得到市场需求曲线的过程。

住院保险（hospital insurance）：老人医疗保险的 A 部分，承担住院病人的医疗费用，资金来源于工薪税。

热点（hot spots）：排放比较集中的地区。

人力资本（human capital）：人们用于教育、培训和医疗保健等提高其生产力的投资。

非纯公共物品（impure public good）：具有一定程度的竞争性和（或）排他性的物品。

估算租金（imputed rent）：住房所有者从居住中获得服务的净货币价值。

激励型管制（incentive-based regulations）：向污染者提供财务激励来减少污染的政策。

收入效应（income effect）：价格变化对需求量的影响完全是由消费者收入的变化所致。

收入分割制（income splitting）：以家庭所得的一半来确定每个家庭成员的应税所得，而不管谁挣多少。

不受无关选择影响（independence of irrelevant alternatives）：社会对两个不同项目的排序，只取决于个人对这两个项目的排序，与个人对这两个项目相对于其他项目的排序无关。

无差异曲线（indifference curve）：效用总水平相同的消费组合的轨迹。

无差异图（indifference map）：所有无差异曲线的集合。

个人退休账户（Individual Retirement Account，IRA）：对于符合条件的个人来说，储蓄账户的存款及其利息只要退休前未提取，就都免税，但若提取，就都要纳税。

低档品（inferior good）：当收入增加时需求反而下降的物品。

实物转让（in-kind transfer）：政府以商品或服务形式而非现金形式给予个人的支付。

工具变量分析（instrumental variables analysis）：依赖于找到一些影响进入实验组但本身又与结果变量无关的变量的一种分析。

保费（insurance premium）：为在遇到特定不利事件时获得赔偿而支付给保险公司的钱。

保险信托（insurance trust）：人寿保单合法所有者的信托，它可使该保单受益人免缴遗产税。

内债（internal debt）：政府欠本国居民的款项。

内部收益率（internal rate of return）：使项目的净现值为零的贴现率。

跨时预算约束（intertemporal budget constraint）：横跨不同时期的消费水平组合。

逆弹性法则（inverse elasticity rule）：对于那些与消费无关的商品，效率要求其税率与弹性成反比。

投资税收抵免（investment tax credit，ITC）：应纳税额的减少等于一种资产购买价格的一部分。

发票法（invoice method）：每个企业都应按其销售总额纳税，但可从应纳税额中抵免掉其供应商出具的发票上标明的已纳税额。

分项扣除（itemized deduction）：在计算应税所得时，可以从调整后毛所得中扣除特定类型的支出。

工作套牢（job lock）：职工为了继续享有其雇主提供的医疗保险而留下来工作的倾向。

基奥计划（Keogh plan）：一种储蓄计划，个体经营者若将一定比例的净经营所得存入一个合格的账户，该部分所得不纳税。

劳动密集型（labor intensive）：资本与劳动投入的比率相对较低的行业。

拉弗曲线（laffer curve）：描述税率与税收收入之间关系的曲线图。

生命周期模型（life-cycle model）：个人基于一生情况作出某一年消费和储蓄决策的理论。

林达尔价格（Lindahl prices）：个人对每单位公共物品必须分担的税收份额。

线性所得税制（linear income tax schedule）：见统一所得税（flat income tax）。

附加保费（loading fee）：保险公司收取的保费与精算公平保费之间的差额。

地方公共物品（local public good）：只有益于某一特定社区成员的公共物品。

锁定效应（lock-in effect）：个人因要对已实现资本利得纳税而不愿意改变其投资组合。

互投赞成票（logrolling）：为使一整套立法议案获得通过而进行的投票交易。

一次总付税（lump sum tax）：税额的大小与个人的行为无关的一种税。

多数票规则（majority voting rule）：一项措施只有一半以上选民赞同，才能获得通过。

管理型医疗保健（managed care）：由供给方控制所提供的服务和收费来压低价格的医疗保健制度。

边际（marginal）：增加的、额外的。

边际成本（marginal cost）：多生产一单位产品的增量成本。

边际替代率（marginal rate of substitution）：一个人愿以一种商品交换另一种商品的比率，它是无差异曲线斜率的绝对值。

边际转换率（marginal rate of transformation）：经济体可将一种商品转换成另一种商品的比率，是生产可能性边界斜率的绝对值。

边际税率（marginal tax rate）：政府对最后一美元所得课税的比例。

婚姻中性（marriage neutral）：个人的应纳税额与其婚姻状况无关。

极大极小准则（maximin criterion）：社会福利取决于社会中效用最低的人的效用。

根据经济情况调查结果确定（means-tested）：只对经济状况低于某一特定水平的人提供救济的一种支出计划。

中位选民（median voter）：其偏好位于全体选民偏好中间的选民；对于备选项目，一半选民想要更多，而另一半选民想要更少。

中位选民定理（median voter theorem）：只要所有偏好都是单峰的且其他若干条件也得到满足，则多数投票的结果反映的是中位选民的偏好。

穷人医疗保险（medicaid）：联邦政府和州政府出资的针对穷人的医疗保险计划。

老人医疗保险（medicare）：联邦政府出资的计划，向 65 岁以上老人和残疾人提供医疗保险。

有益物品（merit good）：即使人们不需要也应提供的物品。

垄断（monopoly）：一种商品只有一个卖者的市场。

道德风险（moral hazard）：获得了防范不利结果的保险后却导致该结果发生概率提高的行为变化。

自然垄断（natural monopoly）：生产过程中固有的因素导致某个企业包揽了全行业产量的情况。

中性课税（neutral taxation）：对每种商品按相同税率课税。

名义数额（nominal amounts）：按收到当年的价格水平估价的货币量。

名义所得（nominal income）：以现价计算的所得。

名义利率（nominal interest rate）：在市场上观察到的利率。

正常品（normal good）：在其他条件相同的情况下，其需求随着收入的增减而升降的商品。

正常退休年龄（normal retirement age）：一个人可领取全部社会保障退休金的年龄。过去，正常退休年龄是 65 岁，现在逐渐提高到 67 岁。

观察研究（observational study）：依据观测数据而非从实验中获取的数据所进行的实证研究。

预算外赤字（off-budget deficit）：预算外支出大于收入的赤字。

预算外项目（off-budget items）：依法不纳入预算总额的联邦收支。

预算内赤字（on-budget deficit）：预算内支出大于收入的赤字。

初始状态（original position）：一种想象的状态，人们对自己在社会中将处于什么样的经济地位一无所知。

迭代模型（overlapping generations model）：考虑到几代人同时存在情况的模型。

面板数据（panel data）：包含多个个体在不同时点上的情况的数据。

帕累托效率（Pareto efficient）：一种若不使一个人的境况变差就不可能使另一个人的境况变好的资源配置状态。

帕累托改进（Pareto improvement）：至少使一个人的境况变好而不使其他任何人的境况变差的资源的重新配置。

局部均衡模型（partial equilibrium models）：只研究一个市场而不考虑在其他市场可能存在溢出效应的模型。

部分要素税（partial factor tax）：只对一种投入的部分用途征税。

合伙制方法（partnership method）：不管收益分配与否，股东都要按其在公司中的收益份额纳税。

现收现付制（非积累制）［pay-as-you-go（unfunded）］：一种养老金制度，付给现在退休者的退休金来自现在工作的人的缴款。

峰（peak）：个人偏好图中的最高点，其附近的所有其他点的效用都比该点的低。

完全差别定价（perfect price discrimination）：生产者对某种商品向每个人收取其愿意支付的最高价格。

绩效标准（performance standard）：规定每个污染者的排放目标并可以以某种灵活方式实现目标的一种命令控制型管制。

个人账户（personal accounts）：由个人管理的退休储蓄账户，是社会保障私有化计划的一部分。它们也称为“个体账户”或“个人储蓄账户”。

个人净财富税（personal net worth tax）：以个人所有资产和负债的市场价值差额为税基课征的一种税。

庇古税（Pigouvian tax）：对外部性产生者的单位产量课征的税，其税额等于效率产量水平上的边际损害。

服务点计划（point-of-service plans）：与优先提供者组织类似，但同时给每位参保者安排一个基本保健提供者作为把关人。

政治经济学（political economy）：运用经济学原理分析政治决策的领域。

贫困线（poverty line）：足以维持最低生活水平所需的一个固定实际收入水平。

优先提供者组织（Preferred Provider Organization）：激励参保者从特定的提供者网络内获得医疗保健服务的组织。

现值（present value）：将来要支付或收到的一定货币额的现今价值。

现值标准（present value criteria）：项目评估的规则：(1) 只有当一个项目的净现值是正数时，该项目才是可行的；(2) 如果两个项目只能选其一，应该优先选择净现值较高的那个项目。

需求的价格弹性（price elasticity of demand）：需求量变化的百分比除以价格变化的百分比之商的绝对值。

供给的价格弹性（price elasticity of supply）：供给量变化的百分比除以价格变化的百分比的绝对值。

基本保障额（primary insurance amount，PIA）：支付给在正常退休年龄退休者或伤残者的基本社会保障金。

私人物品（private good）：消费具有竞争性和排他性的物品。

私有化（privatization）：把由政府提供的服务转由私人部门提供和（或）生产的过程。

生产者剩余（producer surplus）：生产者提供某种商品所获得的付款超过其所要求付款的数量。

生产可能性曲线（production possibilities curve）：表明在一种产出既定的情况下能生产出来的另一种产出的最大数量的曲线图。

累进制（progressive）：个人平均税率随着所得的增加而提高的税制。

比例制（proportional）：个人平均税率在每一所得水平下都相同的税制。

预先支付制度（预付制度）（prospective payment systems）：目前由老人医疗保险的住院保险计划所采用的支付制度，即在治疗之前规定偿付水平。

公共经济学（public economics）：见财政学（public finance）。

财政学（public finance）：分析政府征税和支出政策的经济学领域。

公共物品（public goods）：消费具有非竞争性和非排他性的物品。

公共部门经济学（public sector economics）：见财政学（public finance）。

公共提供的私人物品（publicly provided private goods）：政府提供的竞争性和排他性物品。

纯公共物品（pure public good）：消费具有非竞争性和非排他性的物品。

准实验研究（quasi-experimental study）：依赖不受研究人员控制的环境来模仿随机分派的一种观察研究。

拉姆齐法则（Ramsey rule）：为使超额负担最小化，税率的设定应能使税收引起的每种商品需求量的降低比例都一样。

税率表（rate schedule）：表明与每一应税所得水平相对应的应纳税额。

实际数额（real amounts）：按一般价格水平变化进行调整后的货币额。

实际所得（real income）：考虑到一般价格水平变化后计算的所得。

实际利率（real interest rate）：名义利率减去预期通货膨胀率后的利率。

已实现资本利得（realized capital gain）：出售资产所取得的资本所得。

回归线（regression line）：与离散数据点拟合得最好的直线。

断点回归分析（regression-discontinuity analysis）：依赖严格的研究干预条件分界标准以逼近实验设计的一种分析。

累退制（regressive）：个人平均税率随着所得的增加而递减的税制。

管制预算（regulatory budget）：政府管制造成的经济成本的年度报告（目前尚无这种预算）。

寻租（rent-seeking）：利用政府获取超常收益（“租金”）。

汇回（repatriate）：子公司的收益返给母公司。

替代率（replacement ratio）：平均社会保障金与参保者平均工资的比率。

资源型相对价值标准制度（resource-based relative value scale system）：在老人医疗保险的补充性医疗保险中，基于医生投入的时间和努力程度确定医生收费的一组价值。

退休效应（retirement effect）：倘若社会保障促使人们提早退休，人们可能会增加储蓄以为更长的退休期筹资。

诊后支付制度（retrospective payment system）：最初由老人医疗保险的住院保险计划所用的支付制度，即在治疗完成后付费，故对成本节省没有多大激励。

收入分享（revenue sharing）：联邦政府给予州或地方政府的补助，资金的用途没有任何限制。

风险厌恶（risk aversion）：为确保不利事件发生，获得赔偿而愿意支付高于精算公平保费的一种偏好。

风险溢价（risk premium）：风险厌恶者为确保不利事件发生时获得赔偿而愿意支付高出精算公平保费的数额。

风险平滑化（risk smoothing）：为了确保万一不利事件发生而能有一定消费水平所采取的措施。

罗思个人退休账户（Roth IRA）：一种得到税收优惠的储蓄工具。其缴款不免税，但利息免税。

横向公平的规则定义（rule definition of horizontal equity）：在评判公平与否上，决定税种选择的规则比结果本身更重要。

安全阀价格（safety valve price）：在总量控制与交易制度下，污染者可按政府规定的该价格购买超过控制总量的额外许可证。

学校绩效责任制（school accountability）：通过标准化考试来监管学校业绩的一种制度，或发布学校表现的“成绩单”，或把考试结果与经济激励挂钩。

学校教育券（school voucher）：提供给家庭用以支付任何一所合格学校学费的一种教育券。学校可把教育券兑换成现金。

选择性销售税（selective sales tax）：见货物税（excise tax）。

影子价格（shadow price）：一种商品的隐含边际社会成本。

单峰偏好（single-peaked preferences）：选民若偏离其最偏好的结果，其效用会随之下降。

规模收入分配（size distribution of income）：总收入在各收入阶层之间分配的方式。

社会保险计划（social insurance programs）：为防范不利事件而提供保险的政府计划。

社会贴现率（social rate of discount）：社会愿意以现在消费换取将来消费的比率。

社会保障信托基金（Social Security Trust Fund）：为支付未来的养老金而积累社会保障盈余的基金。

社会保障财富（Social Security wealth）：一个人的预期社会保障金减去预期所纳工薪税后的现值。

社会福利函数（social welfare function）：一种函数，反映社会对其成员的效用如何影响全社会福利的观点。

标准扣除（standard deduction）：从调整后毛所得中扣除一个固定的数额，无须有关材料证明。

标准误差（standard error）：衡量估计的回归系数偏离其真实值多少的一种统计量。

国家儿童医疗保险计划（State Children's Health Insurance Program，SCHIP）：把穷人医疗保险资格放宽到包括家庭收入超过穷人医疗保险上限的儿童的计划。

法定归宿（statutory incidence）：表明谁在法律上负有纳税义务。

子公司（subsidiary）：由母公司所有但单独注册的公司。

替代品（substitutes）：如果一种商品的价格上升导致另一种商品的消费增加，这两种商品是替代品。

替代效应（substitution effect）：一个人因一种商品相对于另一种商品的价格降低而多消费前者、少消费后者的倾向。

补充医疗保险（Supplementary Medical Insurance）：老人医疗保险的B部分，承担医院之外的医生服务和医疗服务费用，资金来源于月保费和一般性收入。

补充性保障收入（Supplementary Security Income，SSI）：一种福利计划，为老年人和残疾人提供最低收入保障。

供给表（supply schedule）：在其他条件相同的情况下，一种商品的市场价格与生产者愿意提供的数量之间的关系。

盈余（surplus）：在某一时期内收入大于支出的余额。

可持续偿付能力（sustainable solvency）：在无限的未来中，预期的收支现值相等。

避税（tax avoidance）：通过改变行为来减少法定纳税义务。

税收抵免（tax credit）：从应纳税额中的扣除（与从应税所得中的扣除不同）。

逃税（tax evasion）：没有缴纳法律上应纳之税。

税收支出（tax expenditure）：因某些项目不计入税基或给予某些其他优惠待遇而损失的税收收入。

税收指数化（tax indexing）：自动调整税率表以抵消通货膨胀，从而使个人的实际税收负担与通货膨胀无关。

税收交互效应（tax-interaction effect）：庇古税引起实际工资下降，从而导致劳动力市场的超额负担加重。

征税寿命（tax life）：资产可折旧的年限。

税收突显性（tax salience）：税率让纳税人一目了然的程度。

税收转嫁（tax shifting）：法定归宿与其经济归宿之间的差额。

税收楔子（tax wedge）：税收引起的、消费者支付的价格与生产者收到的价格之间的差额。

应税遗产（taxable estate）：毛遗产额减去清算遗产的成本、该遗产的未偿债务以及慈善捐款后的余额。

应税所得（taxable income）：应纳税的所得额。

技术标准（technology standard）：要求企业利用某种特定技术减少污染的一种命令控制型管制。

贫困家庭的暂时援助（Temporary Assistance for Needy Families，TANF）：1996年通过的福利计划，接受者得到的救济只是暂时的且是有条件的。

属地制（territorial system）：在国外取得所得的人只需向东道国政府纳税的制度。

属地所得课税（territorial taxation of income）：跨国公司在国外赚取的所得就按当地国家的税率征税。

次优理论（theory of the second best）：在已存在扭曲的情况下，孤立地看能增进效率的政策反而会降低效率，反之亦然。

第三方支付（third-party payment）：消费者之外的人来支付服务的费用。

时间禀赋（time endowment）：一个人在某一时期能工作的最大时数。

最适政策的时间不一致（time inconsistency of optimal policy）：由于随着时间的推移，税收政策与政府的动机不一致，而且纳税人知道这种情况，所以政府无法实施最适税收政策。

时间序列数据（time-series data）：关于某一个体在不同时点情况的数据。

转让定价（transfer price）：一子公司对某种投入物向另一子公司收取的价格。

过渡公平（transitional equity）：改变税制中的公平。

实验组（treatment group）：受到研究干预的人群。

地下经济（underground economy）：那些或是非法的或是合法的但隐瞒税务当局的经济活动。

统一预算（unified budget）：包含联邦政府所有收支的文件。

统一转让税（unified transfer tax）：把赠与额和遗产额合并成转让额而课征的一种税。

单位税（unit tax）：对所购买的每单位商品课征一个固定税额的一种税。

未实现资本利得（unrealized capital gain）：资产尚未出售的资本利得。

资本使用者成本（user cost of capital）：企业拥有一种资本的机会成本。

使用费（user fee）：由政府提供的商品或服务的使用者支付的价格。

功利主义社会福利函数（utilitarian social welfare function）：表明社会福利取决于个人效用的一个方程。

效用（utility）：个人消费某一组商品而得到的满足程度。

横向公平的效用定义（utility definition of horizontal equity）：按人们的效用水平区分“境况相同”的人的一种方法。

效用可能性曲线（utility possibilities curve）：表明在其他人的效用水平既定的情况下一个人的最大效用水平的曲线图。

增值额（value added）：销售额与购进材料投入成本的差额。

增值税（value-added Tax，VAT）：在每一生产阶段上对增值额课征的一种比例税。

纵向公平（vertical equity）：在支付能力不同的人之间公平地分配税收负担。

纵向加总（vertical summation）：把每个人对某种既定数量的公共物品愿意支付的价格相加而得到该公共物品总需求曲线的过程。

投票悖论（voting paradox）：在多数票规则下，即使每个人的偏好一致，社区偏好也可能不一致。

财富替代效应（wealth substitution effect）：社会保障对私人储蓄的排挤。

福利经济学（welfare economics）：研究各种经济状态的社会满意程度的经济理论分支。

工作福利制（workfare）：体格健全的人，只有当他们同意从事与工作有关的活动时，才有资格获取收入支持。

参考文献

Aaronson, Daniel, Lisa Barrow, and William Sander. 2003. "Teachers and Student Achievement in the Chicago Public High Schools." Working Paper 2002-28, Federal Reserve Bank of Chicago.

Acemoglu, Daron, Amy Finkelstein, and Matthew J. Notowidigdo. 2009. "Income and Health Spending: Evidence from Oil Price Shocks." Working Paper No. 14744. Cambridge, MA: National Bureau of Economic Research.

Acemoglu, Daron, Simon Johnson, James A. Robinson, and Pierre Yared. 2005. "From Education to Democracy?" Working Paper No. 11204. Cambridge, MA: National Bureau of Economic Research.

Achenbach, Joel. 2009. "Space Station is Near Completion, Maybe the End." *Washington Post* (July 13, 2009).

Ackerman, Frank and Lisa Heinzerling. 2004. *Priceless: On Knowing the Price of Everything and the Value of Nothing*. New York: New Press.

Adichie, Chimamanda Ngozi. 2012. "A Country's Frustration, Fueled Overnight." *New York Times* (January 17, 2012).

Alesina, Alberto and Eliana La Ferrara. 2005. "Preferences for Redistribution in the Land of Opportunities." *Journal of Public Economics* 89 (5-6): 897-931.

Allen, Mike. 1998. "Cardinal Sees Marriage Harm in Partners Bill." *New York Times* (May 25, 1998): p. A1.

Alm, James and Leslie A. Whittington. 2003. "Shacking Up or Shelling Out: Income Taxes, Marriage, and Cohabitation." *Review of Economics of the Household* 1 (3): 169-186.

Alsenz, Joe. 2007. "Letter to the Editor." *Wall Street Journal* (December 10, 2007): p. A17.

Altig, David, Alan J. Auerbach, Laurence J. Kotlikoff, Kent A. Smetters, and Jan Walliser. 2001. "Simulating Fundamental Tax Reform in the United States." *American Economic Review* 91: 574-595.

Anders, George and Ron Winslow. 1997. "HMOs' Woes Reflect Conflicting Demands of American Public." *Wall Street Journal* (December 22, 1997).

Anderson, Dobkin, Gross. 2010. "The Effect of Health Insurance Coverage on the Use of Medical Services." Working Paper No. 15823. Cambridge, MA: National Bureau of Economic Research.

Anderson, Gary M., Dennis Halcoussis, Linda Johnston, and Anton D. Lowenberg. 2000. "Regulatory Barriers to Entry in the Healthcare Industry: The Case of Alternative Medicine." *The Quarterly Review of Economics and Business* 40: 485-502.

Ansberry, Clare. 2010. "State Schools Rethink Fees." *Wall Street Journal* (December 28, 2010).

Appelbaum, Binyamin. 2011. "A Life's Value? It May Depend on the Agency." *New York Times* p. A3 (January 17, 2011).

Appelbaum, Binyamin and Edward Wyatt. 2011. "Obama May Find Useless Regulations are Scarcer than Thought." *New York Times* p. B2 (January 21, 2011).

Armitage-Smith, George. 1907. *Principles and Methods of Taxation*. London: John Murray.

Arrow, Kenneth J. 1951. *Social Choice and Individual Values*.

New York: Wiley.

Atkinson, Anthony B. and Joseph E. Stiglitz. 1980. *Lectures on Public Economics*. New York: McGraw-Hill.

Attanasio, Orazio P. and Agar Brugiavini. 2003. "Social Security and Households' Saving." *Quarterly Journal of Economics* 118 (3): 1075-1120.

Attanasio, Orazio P. and Susann Rohwedder. 2003. "Pension Wealth and Household Saving: Evidence from Pension Reforms in the United Kingdom." *American Economic Review* 93 (5): 1499-1521.

Auerbach, Alan J. 2008. "Federal Budget Rules: The US Experience." Working Paper No. 14288. Cambridge, MA: National Bureau of Economic Research.

Austen, Ian. 2010. "A $1 Billion Hangover Awaits an Olympic Party." *New York Times* (February 25, 2010).

Auten, Gerald and Geoffrey Gee. 2009. "Income Mobility in the United States: New Evidence from Income Tax Data." *National Tax Journal* LXII (2): pp. 301-328.

Baicker, Katherine. 2005. "Extensive or Intensive Generosity? The Price and Income Effects of Federal Grants." *Review of Economics and Statistics* 87 (2).

Baker, Michael, A., Abigail Payne, and Michael Smart. 1999. "An Empirical Study of Matching Grants: The 'Cap on CPA'." *Journal of Public Economics* 72: 269-288.

Baker, Russell. 1985. "Reagan Revises Dirksen." *New York Times* (October 2, 1985): p. A27.

Baker, Scott, Nicholas Bloom, and Steven J. Davis. 2011. "Measuring Economic Policy Uncertainty." Working Paper.

Bakija, Jon and Bradley T. Heim. 2011. "How Does Charitable Giving Respond to Incentives and Income? New Estimates from Panel Data." *National Tax Journal* 64 (2): 615-650.

Ball, Deborah and Cassell Bryan-Low. 2010. "Switzerland's States Compete on Tax Cuts." *Wall Street Journal* (February 2, 2010).

Banzhaf, H. Spencer and Randall P. Walsh. 2008. "Do People Vote with Their Feet? An Empirical Test of Tiebout's Mechanism." *American Economic Review* 98 (3): 843-863.

Barboza, David. 1999. "Pluralism under Golden Arches." *New York Times* (February 12, 1999): p. C1.

Barringer, Felicity. 2011. "To Nullify Lead, Add a Bunch of Fish Bones." *New York Times* p. A2 (July 21, 2011).

Barrionuevo, Alexei and Myrna Domit. 2011. "Pesticides Threaten Ant-Eating Tradition in Brazil." *New York Times* p. A9 (January 4, 2011).

Barro, Robert J. 1974. "Are Government Bonds Net Wealth?" *Journal of Political Economy* 82: 1095-1117.

Barry, Dave. 2003. "Want a Little Something EGTRRA?" *The Miami Herald* (April 6, 2003).

Barry, Dave. 2004. "Federal Deficit: Meet the Other White Meat." *Miami Herald* (March 7, 2004).

Bartlett, Bruce. 2007. "Fair Tax, Flawed Tax." *Wall Street Journal* (August 27, 2007): p. A7.

Bassetto, Marco and Thomas Sargent. 2006. "Politics and Efficiency of Separating Capital and Ordinary Government Budgets." *Quarterly Journal of Economics* 121 (4).

Bauman, Kurt J. 1999. "Shifting Family Definitions: The Effect of Cohabitation and Other Household Relationships on Measures of Poverty." *Demography* 36 (3): 315-325.

Baumol, William J. 1976. "Book Reviews—Economics and Clean Water." *Yale Law Journal* 85 (3): 441-446.

Baumol, William J. and Hilda Baumol. 1981. "Book Review." *Journal of Political Economy* 89 (2): 425-428.

Bazelon, Coleman and Kent Smetters. 1999. "Discounting Inside the Washington, D. C. Beltway." *Journal of Economic Perspectives* 13 (4): 213-228.

Becker, Gary. 2010. "Should Unemployment Compensation be Extended?" July 25, 2010: www.becker-posner-blog.com/2010/07/should-unemployment-compensation-be-extended-becker.html

Becker, Gary S. and Casey B. Mulligan. 2003. "Deadweight Costs and the Size of Government." *Journal of Law and Economics* 46 (2): 293-340.

Benjamin, Daniel J. 2003. "Does 401(k) Eligibility Increase Saving? Evidence from Propensity Score Subclassification." *Journal of Public Economics* 87 (5-6): 1259-1290.

Beshears, John, James J. Choi, David Laibson, and Brigitte C. Madrian. 2006. "The Importance of Default Options for Retirement Savings Outcomes: Evidence from the United States." Working Paper No. 12009. Cambridge, MA: National Bureau of Economic Research.

Biggs, Andrew. 2009. "A Dog in the Health Care Fight," Enterprise Blog (July 13, 2009).

Biggs, Andrew G. 2008. "The Social Security Earnings Test: The Tax That Wasn't." AEI Tax Policy Outlook (July 2008).

Bitler, Marianne and Hilary W. Hoynes. "The State of the Safety Net in the Post-Welfare Reform Era." Working Paper No. 16504. Cambridge, MA: National Bureau of Economic Research.

Blahous, Charles. "What's in the Social Security Trust Funds, or: Why Continuing the Payroll Tax Cut Could Eventually End Social Security as We Know It." *e21* (December 12, 2011).

Blair, Douglas H. and Robert A. Pollak. 1983. "Rational Collective Choice." *Scientific American* 249 (2): 88-95.

Blank, Rebecca. 2002. "Evaluating Welfare Reform in the United States." *Journal of Economic Literature* 40: 1105-1166.

Blank, Rebecca. 2005. "On Overview of Welfare-to-Work Efforts." *CESifo DICE Report* 3 (2): 3-7.

Blank, Rebecca. 2006. "Was Welfare Reform Successful?" *The Economists' Voice* 3 (4): www.bepress.com/ev/vol3/iss4/art2.

Blau, Francine D. and Lawrence M. Kahn. 2005. "Changes in the Labor Supply Behavior of Married Women: 1980-2000." Working Paper No. 11230. Cambridge, MA: National Bureau of Economic Research.

Blume-Kohout, Margaret E. and Neeraj Sood. 2008. "The Impact of Medicare Part D on Pharmaceutical R&D." Working Paper No. 13857. Cambridge, MA: National Bureau of Economic Research.

Blumenthal, Marsha, Charles Christian, and Joel Slemrod. 2001. "Taxpayer Response to an Increased Probability of Audit: Evidence from a Controlled Experiment in Minnesota." *Journal of Public Economics* 79 (3): 455-483.

Boardman, Anthony E., David H. Greenberg, Aidan R. Vining, and David L. Weimer. 2006. *Cost Benefit Analysis: Concepts and Practice*, 3rd edition. Upper Saddle River, NJ: Pearson Prentice Hall.

Borck, Rainald and Stephanie Owings. 2003. "The Political Economy of Intergovernmental Grants." *Regional Science and Urban Economics* 33: 139-156.

Boskin, Michael J., Ellen R. Dulberger, Robert J. Gordon, Zvi Griliches, and Dale W. Jorgenson. 1998. "Consumer Prices, the Consumer Price Index, and the Cost of Living." *Journal of Economic Perspectives* 12 (1): 3-26.

Boskin, Michael and Eytan Sheshinski. 1983. "Optimal Treatment of the Family: Married Couples." *Journal of Public Economics* 20: 281-297.

Bradford, David F. 1998. "Transition To and Tax Rate Flexibility in a Cash-Flow Type Tax." In James Poterba (ed.), *Tax Policy and the Economy* 12. Cambridge, MA: The MIT Press: 151-172.

Brat, Ilan and Bryan Gruley. 2007. "Global Trade Galvanizes Caterpillar." *Wall Street Journal* (February 26, 2007): p. B1.

Bridgman, Benjamin, Andrew Dugan, Mikhael Lal, Matthew Osborne, and Shaunda Villones. 2012. "Accounting for Household Production in the National Accounts, 1965-2010," *Survey of Current Business*, May 2012.

Broder, John M. 2009. "With Something for Everyone, Climate Bill Passed." *New York Times* p. A20 (June 30, 2009).

Brookes, Peter and Foster, J. D. 2009. "Better Green Jobs: The One-Word Solution." The Heritage Foundation (March 20, 2009).

Brooks, David. 2010. "The Geezers Crusade." *New York Times* (February 2, 2010).

Brown, Emma. 2009. "Va. Man, 107, Finds Blessings and Burdens in Longevity." *Washington Post* (July 2, 2009).

Brown, Margaret E., Andrew B. Bindman, and Nicole Lurie. 1998. "Monitoring the Consequences of Uninsurance: A Review of the Methodologies." *Medical Care Research and Review* 55 (2): 177-210.

Browning, Edgar K. 2002. "The Case Against Income Redistribution." *Public Finance Review* 30: 509-530.

Browning, Martin and Thomas F. Crossley. 2001. "The Life-Cycle Model of Consumption and Saving." *Journal of Economic Perspectives* 15: 3-22.

Buchanan, James M. 1960. "Social Choice, Democracy, and Free Markets." In *Fiscal Theory and Political Economy—Selected Essays*, James M. Buchanan (ed.). Chapel Hill: University of North Carolina Press: 75-89.

Buchanan, James M. 1995. "Clarifying Confusion about the Balanced Budget Amendment." *National Tax Journal* 48: 347-356.

Buckley, Cara. 2010. "To Test Housing Program, Some are Denied Aid." *New York Times* (December 8, 2010).

Bureau of Economic Analysis. 2012. "NIPA Tables: Government Current Receipts and Expenditures." US Department of Commerce. March 29, 2012.

Bureau of Labor Statistics. 2012. *2012 Employment and Earnings Online* (www.bls.gov/opub/ee).

Burman, Leonard E., Bowen Garrett, and Surachai Khitatrakun. 2008. "The Tax Code, Employer-Sponsored Insurance, and the Distribution of Tax Subsidies." In *Using Taxes to Reform Health Insurance: Pitfalls and Promises*, Henry J. Aaron and Leonard E. Burman (eds.). Brookings Institution Press, pp. 36-56.

Burtraw, Dallas. 2002. "Book Review." *Regional Science and Urban Economics* 32: 139-144.

Cabral, Marika and Caroline Hoxby. 2012. "The Hated Property Tax: Salience, Tax Rates, and Tax Revolts." Working Paper No. 18514. Cambridge, MA: National Bureau of Economic Research.

Cameron, Stephen V. and James J. Heckman. 2001. "The Dynamics of Educational Attainment for Blacks, Hispanics, and Whites." *Journal of Political Economy* 109 (3): 455-499.

Campoy, Ana. 2008. "With Gas Over $4, Cities Explore Whether It's Smart to Be Dense." *Wall Street Journal* (July 7, 2008): p. A1.

Campoy, Ann. 2009. "Club, Church Clash in Texas." *Wall Street Journal* p. A3 (December 28, 2009).

Capretta, James C. and Robert E. Moffit. 2012. "How to Replace Obamacare" *National Affairs* 11, Spring 2012.

Carasso, Adam and C. Eugene Steuerle. 2002. "How Marriage Penalties Change under the 2001 Tax Bill." Discussion Paper No. 2. Washington, DC: Urban-Brookings Tax Policy Center.

Card, David. 1999. "The Causal Effect of Education on Earnings." *Handbook of Labor Economics Volume* 3A, Orley Ashenfelter and David Card (eds.). Elsevier Science.

Card, David and Alan B. Krueger. 1996. "School Resources and Student Outcomes: An Overview of the Literature and New Evidence from North and South Carolina." *Journal of Economic Perspectives* 10 (4): 31-50.

Card, David and Lara D. Shore-Sheppard. 2004. "Using Discontinuous Eligibility Rules to Identify the Effects of the Federal Medicaid Expansions on Low-Income Children." *Review of Economics and Statistics* 86 (3): 752-766.

Cardon, James H. and Igal Hendel. 2002. "Asymmetric Information in Health Insurance: Evidence from the National Medical Expenditure Survey." *RAND Journal of Economics* 32 (3): 408-427.

Cave, Damien. 2011. "Cuba to Allow Buying and Selling of Property, with Few Restrictions." *New York Times* (November 4, 2011).

Cawley, John and Tomas Philipson. 1999. "An Empirical Examination of Information Barriers to Trade in Insurance." *American Economic Review* 89 (4): 827-846.

Centers for Medicare and Medicaid Services (CMS). 2012a. *CMS Statistics 2012*. Department of Health and Human Services.

Centers for Medicare and Medicaid Services (CMS). 2012b. *Medicare Trustees Report*. Department of Health and Human Services.

Centers for Medicare and Medicaid Services (CMS). 2012c. *National Health Expenditure Data*. Department of Health and Human Services.

Chamberlain, Andrew and Gerald Prante. 2007. "Who Pays Taxes and Who Receives Government Spending? An Analysis of Federal, State and Local Tax and Spending Distributions, 1991-2004." Tax Foundation Working Paper No. 1.

Chay, Kenneth Y. and Michael Greenstone. 2003. "The Impact of Air Pollution on Infant Mortality: Evidence from Geographic Variation in Pollution Shocks Induced by a Recession." *Quarterly Journal of Economics* 118 (3): 1121-1167.

Chay, Kenneth Y. and Michael Greenstone. 2005. "Does Air Quality Matter? Evidence from the Housing Market." *Journal of Political Economy* 113 (2): 376-424.

Chetty, Raj, John N. Friedman, and Jonah Rockoff. 2011. "The Long-Term Impacts of Teachers: Teacher Value-Added and Student Outcomes in Adulthood." Working Paper No. 17699. Cambridge, MA: National Bureau of Economic Research.

Chetty, Raj, Adam Looney, and Kory Kroft. 2009. "Salience and Taxation: Theory and Evidence from a Field Experiment." *American Economic Review* 99 (4): 1145-1177.

Chetty, Raj and Emmanuel Saez. 2004. "Dividend Taxes and Corporate Behavior: Evidence from the 2003 Dividend Tax Cut." Working Paper No. 10841. Cambridge, MA: National Bureau of Economic Research.

Cheung, Ron. 2008. "The Effect of Property Tax Limitations on Residential Private Governments: The Case of Proposition 13." *National Tax Journal* 61 (1): 35-56.

Chiappori, Pierre-Andre and Bernard Salanié. 2000. "Testing for Asymmetric Information in Insurance Markets." *Journal of Political Economy* 108 (1): 56-78.

Chirinko, Robert S. 2002. "Corporate Taxation, Capital Formation, and the Substitution Elasticity between Labor and Capital." *National Tax Journal* 40: 339-355.

Chirinko, Robert S. and Daniel J. Wilson. 2006. "State Investment Tax Incentives: What Are the Facts?" Federal Reserve Bank of San Francisco Working Paper No. 2006-49.

Chivers, C. J. 2004. "Cash vs. Benefits: Efficiency, or Assault on Russia's Soul?" *New York Times* (June 18, 2004): p. A3.

Christy, George C. 2006. "The Most Poisonous Tax for America's Economy." *Wall Street Journal*, Letter to the Editor (May 5, 2006): p. A17.

Cinyabuguma, Matthias, Talbot Page, and Louis Putterman. 2005. "Cooperation Under the Threat of Expulsion in a Public Goods Experiment." *Journal of Public Economics* 89: 1421-1435.

City of Clinton v. Cedar Rapids and Missouri River RR. Co. 1868. 24 Iowa 475.

Clausing, Kimberly. 2007. "Corporate Tax Revenues in OECD Countries." *International Tax and Public Finance* 14 (2): 115-134.

Clements, Jonathan. 2003. "Why the Rising Market Is a Bummer: Practically Everything's Overpriced." *Wall Street Journal* (October 8, 2003): p. D1.

Clymer, Adam. 1997. "Switching Sides on States' Rights." *New York Times* (June 1, 1997): Section 4, pp. 1, 6.

Cnossen, Sijbren. 2001. "Tax Policy in the European Union—A Review of Issues and Options." *Finanz Archiv* 58: 466-558.

Coase, Ronald H. 1960. "The Problem of Social Cost." *Journal of Law and Economics* 3 (1): 1-44.

Coase, Ronald H. 1974. "The Lighthouse in Economics." *Journal of Law and Economics* 17 (2): 357-376.

Cockburn, Alexander and Robert Pollin. 1992. "Why the Left Should Support the Flat Tax." *Wall Street Journal* (April 2, 1992): p. A15.

Coleman, James S., Ernest Q. Campbell, Carol F. Hobson, James M. McPartland, Alexander M. Mood, Frederic D. Weinfield, and Robert L. York. 1966. *Equality of Educational Opportunity*. Washington, DC: US Office of Education.

Commonwealth Fund. 2010. *2010 Health Policy Survey in Seven Countries*.

Community Associations Institute. 2012. *Industry Data*: http://www.caionline.org/info/research/Pages/default.aspx

Congressional Budget Office (CBO). 1997. *The Economic Effects of Comprehensive Tax Reform*. Washington, DC: US Government Printing Office.

Congressional Budget Office (CBO). July 1998. *Social Security and Private Saving: A Review of the Empirical Evidence*. Washington, DC: US Government Printing Office.

Congressional Budget Office (CBO). March 2004a. *Administrative Costs of Private Accounts in Social Security*. Washington, DC: US Government Printing Office.

Congressional Budget Office (CBO). 2004b. "Fuel Economy Standards Versus a Gasoline Tax." *Economic and Budget Issue Brief*, March 9, 2004.

Congressional Budget Office (CBO). December 2005a. *Global Population Aging in the 21st Century and Its Economic Implications*. Washington, DC: US Government Printing Office.

Congressional Budget Office (CBO). 2005b. "Long-Term Economic Effects of Chronically Large Federal Deficits." *Economic and Budget Issue Brief* (October 13, 2005).

Congressional Budget Office (CBO). 2006. "Is Social Security Progressive?" *Economic and Budget Issue Brief* (December 15, 2006).

Congressional Budget Office. 2008b. *Policy Options for Reducing CO_2 Emissions*. Washington, DC: US Government Printing Office.

Congressional Budget Office (CBO). 2009. "Federal Estate and Gift Taxes." *Economic and Budget Issue Brief* (December 18, 2009).

Congressional Budget Office (CBO). 2010. "Federal Debt and the Risk of a Financial Crisis." (July 27, 2010).

Congressional Budget Office (CBO). 2012a. "The Distribution of Household Income and Federal Taxes, 2008 and 2009." www.cbo.gov/sites/default/files/cbofiles/attachments/43373-06-11-HouseholdIncomeandFedTaxes.pdf

Congressional Budget Office (CBO). 2012b. *Historical Budget Data* (January 31, 2012).

Congressional Budget Office (CBO). 2012c. "The Supplemental Nutrition Assistance Program." April 2012.

Congressional Budget Office (CBO). 2012d. *An Update to the Budget and Economic Outlook: Fiscal Years 2012-2022* (August 2012).

Congressional Research Service. 2006. "Value-Added Tax: A New US Revenue Source?" *CRS Report to Congress* (August 22, 2006).

Cooper, Christopher. 2007. "In Katrina's Wake: Where Is the Money?" *Wall Street Journal* (January 27, 2007):

p. A1.

Cooper, Michael. 2011. "Courts Upend Budgets as States Look for Savings." *New York Times* p. A13 (June 7, 2011).

Corlett, W. J. and D. C. Hague. 1953. "Complementarity and the Excess Burden of Taxation." *Review of Economic Studies* 21: 21-30.

Crain, Nicole V. and W. Mark Crain. 2010. "The Impact of Regulatory Costs on Small Firms." Small Business Administration: http://archive.sba.gov/advo/research/rs371tot.pdf

Currie, Janet. 2004. "The Take Up of Social Benefits." Working Paper No. 10488. Cambridge, MA: National Bureau of Economic Research.

Cushing, Matthew J. and Mary G. McGarvey. 2003. "The Efficiency of Race- and Gender-Targeted Income Transfers." *Public Finance Review* 31 (5): 455-486.

Cushman, John H., Jr. 1997. "E. P. A. Head Adamant on Clean Air Rules." *New York Times* (June 1, 1997): p. A1.

Cutler, David M. 2002. "Health Care and the Public Sector." In *Handbook of Public Economics*, Volume 4, Alan J. Auerbach and Martin Feldstein (eds.). Amsterdam: North Holland.

Cutler, David M. 2003. "Employee Costs and the Decline in Health Insurance Coverage." In *Frontiers in Health Policy Research*, Volume 6. David Cutler and Alan Garber (eds.). Cambridge, MA: MIT Press, 2003.

Cutler, David M. 2004. *Your Money or Your Life: Strong Medicine for America's Health Care System*. New York: Oxford University Press.

Cutler, David M. 2007. "The Lifetime Costs and Benefits of Medical Technology." Working Paper No. 13478. Cambridge, MA: National Bureau of Economic Research.

Cutler, David M. and Srikanth Kadiyala. 2001. "The Economics of Better Health: The Case of Cardiovascular Disease." Mimeo.

Cutler, David M. and Mark McClellan. 2001. "Is Technological Change in Medicine Worth It?" *Health Affairs* 20 (5): September- October 2001.

Cutler, David M. and Sarah J. Reber. 1998. "Paying for Health Insurance: The Trade-Off between Competition and Adverse Selection." *Quarterly Journal of Economics* 113 (2): 433-466.

Davey, Monica. 2010. "Chicago Wins Prize as Home of Big Carrier." *New York Times* (May 4, 2010).

Davis, Stephen J. and Magnus Henrekson. 2004. "Tax Effects on Work Activity, Industry Mix and Shadow Economy Size." Working Paper No. 10509. Cambridge, MA: National Bureau of Economic Research.

Dee, Thomas. 2009. "Conditional Cash Penalties in Education: Evidence from the Learnfare Experiment." Working Paper No. 15126. Cambridge, MA: National Bureau of Economic Research.

Dee, Thomas S. 1999. "State Alcohol Policies, Teen Drinking and Traffic Fatalities." *Journal of Public Economics* 72: 289-315.

Dee, Thomas and Brian Jacob. 2009. "The Impact of No Child Left Behind on Student Achievement." Working Paper No. 15531. Cambridge, MA: National Bureau of Economic Research.

Delipalla, Sofia and Owen O'Donnell. 2001. "Estimating Tax Incidence, Market Power, and Market Conduct: The European Cigarette Industry." *International Journal of Industrial Organization* 19 (6): 885-908.

Deming, David J., Justine S. Hastings, Thomas J. Kane, and Douglas O. Staiger. 2011. "School Choice, School Quality, and Postsecondary Attainment." Working Paper No. 17438. Cambridge, MA: National Bureau of Economic Research.

DeParle, Jason, Robert Gebeloff, and Sabrina Tavernise. 2011. "Bleak Portrait of Poverty is Off the Mark, Experts Say." *New York Times* (November 3, 2011).

Derthick, Martha. 2000. "American Federalism—Half-Full or Half-Empty." Volume 18, *Brookings Review*: 24-28.

Desai, Mihir, A., C. Fritz Foley, and James R. Hines, Jr. 2009. "Domestic Effects of the Foreign Activities of US Multinationals." *American Economic Journal: Economic Policy*.

Dewenter, Kathryn and Paul H. Malatesta. 2001. "State-owned and Privately Owned Firms: An Empirical Analysis of Profitability, Leverage, and Labor Intensity." *American Economic Review* 91: 320-334.

Diamond, Peter A. and Jonathan Gruber. 1999. "Social Security and Retirement in the United States." In *Social Security and Retirement Around the World*. Jonathan Gruber and David A. Wise (eds.). Chicago: University of Chicago Press.

Diamond, Peter A. and Peter R. Orszag. 2005. "Saving

Social Security." *Journal of Economic Perspectives* 19 (2): 11-32.

Dillon, Sam. 2003. "New Federal Law May Leave Many Rural Teachers Behind." *New York Times* (June 23, 2003): p. A1.

Domhoff, G. William. 2012. "Wealth, Income and Power." www2. ucsc. edu/whorulesamerica/power/wealth. html

Doms, Mark E., Wendy E. Dunn, Stephen D. Oliner, and Daniel E. Sichel. 2004. "How Fast Do Personal Computers Depreciate? Concepts and New Estimates." *Tax Policy and the Economy* 18: 37-79.

Dudley, Susan and Melinda Warren. 2011. "Fiscal Stalemate Reflected in Regulators' Budget: An Analysis of the US Budget for Fiscal Years 2011 and 2012." Weidenbaum Center on the Economy, Government, and Public Policy and the Regulatory Studies Center at George Washington University.

Duggan, Mark G. 2004. "Does Contracting Out Increase the Efficiency of Government Programs? Evidence from Medicaid HMOs." *Journal of Public Economics* 88 (12): 2549-2572.

Dugger, Celia A. 2001. "In India's Capital, a Prayer for the Belching Buses." *New York Times* (September 28, 2001): p. A3.

Dynarski, Susan, Joshua M. Hyman, and Diane Whitmore Schanzenbach. 2011. "Experimental Evidence on the Effect of Childhood Investments on Postsecondary Attainment and Degree Completion." Working Paper No. 17533. Cambridge, MA: National Bureau of Economic Research.

Eagan, Margery. 2011. "Cambridge Councilors Put 'Fear' Into Gadhafi." *Boston Herald* (March 1, 2011).

Economic Report of the President, 2003. Washington, DC: US Government Printing Office, 2003.

Economic Report of the President, 2004. Washington, DC: US Government Printing Office, 2004.

Economic Report of the President. 2012. Washington, DC: US Government Printing Office, 2012.

Economist. 2003. "The Dividend Puzzle" (January 11, 2003): pp. 53-54.

Economist. 2007d. "The Hunt for the Odourless Pig" (November 24, 2007): p. 36.

Economist. 2007e. "Schools Unchained" (September 6, 2007): pp. 14-15.

Economist. 2008. "A Harvest of Disgrace" (May 24, 2008): pp. 46-48.

Edgeworth, F. Y. 1959/1897. "The Pure Theory of Taxation." Reprinted in *Readings in the Economics of Taxation*. Richard A. Musgrave and Carl S. Shoup (eds.). Homewood, IL: Irwin: 258-296.

Einav, Liran and Amy Finkelstein. 2011. "Selection in Insurance Markets: Theory and Empirics in Pictures." *Journal of Economic Perspectives* 25 (1): 115-138.

Eissa, Nada. 2001. "Taxation and Labor Supply of Married Women: The Tax Reform Act of 1986 as a Natural Experiment." Working Paper No. 5023. Cambridge, MA: National Bureau of Economic Research.

Eissa, Nada and Hilary Hoynes. 2006. "Behavioral Responses to Taxes: Lessons from the EITC and Labor Supply." In *Tax Policy and the Economy*, James Poterba (ed.). 20: 73-110.

Engelhardt, Gary V. and Jonathan Gruber. 2004. "Social Security and the Evolution of Elderly Poverty." Working Paper 10466. Cambridge, MA: National Bureau of Economic Research.

Engelhardt, Gary V. and Jonathan Gruber. 2010. "Medicare Part D and the Financial Protection of the Elderly." Working Paper No. 16155. Cambridge, MA: National Bureau of Economic Research.

Erlanger, Steven. 2012. "New French Budget Focuses on Slicing the Deficit." *New York Times* (September 29, 2012).

Fackler, Martin. 2009. "Fresh From Its Victory, Japanese Party Shows Its New Muscle." *New York Times* p. A6 (September 3, 2009).

Fattah, Hassan M. 2006. "First Time Out, Kuwaiti Women Become a Political Force." *New York Times* (June 26, 2006): p. A3.

Feldstein, Martin. 1976. "On the Theory of Tax Reform." *Journal of Public Economics* 6: 77-104.

Feldstein, Martin. 1982. "Inflation, Tax Rules, and Investment: Some Econometric Evidence." *Econometrica* 50 (4): 825-862.

Feldstein, Martin. 1985. "Debt and Taxes in the Theory of Public Finance." *Journal of Public Economics* 28 (2): 233-246.

Feldstein, Martin. 2006a. "The Effect of Taxes on Efficiency and Growth." Working Paper No. 12201. Cambridge, MA: National Bureau of Economic Research.

Feldstein, Martin. 2006b. "Tradeable Gasoline Rights."

Wall Street Journal (June 5, 2006): p. A10.

Feldstein, Martin. 2008a. "Effects of Taxes on Economic Behavior." Working Paper No. 13745. Cambridge, MA: National Bureau of Economic Research.

Feldstein, Martin. 2008b. "The Tax Rebate Was a Flop: Obama's Stimulus Plan Won't Work Either." *Wall Street Journal* (August 7, 2008): p. A15.

Feldstein, Martin and Andrew Samwick. 2002. "Potential Paths of Social Security Reform." In *Tax Policy and Economy* 2002, Volume 16. James Poterba (ed.). Cambridge: MIT Press: 181-224.

Fernandez, Manny. 2011. "Strip Club 'Pole Tax' Is Upheld in Texas." *New York Times* (August 26, 2011).

Fetter, Henry D. 2010. "How Taxes Changed Boxing." *Atlantic* (April 15, 2010).

Figlio, David N. 2005. "Testing Crime and Punishment." Working Paper No. 11194. Cambridge, MA: National Bureau of Economic Research.

Finkelstein, Amy. 2004. "Minimum Standards, Insurance Regulation and Adverse Selection: Evidence from the Medigap Market." *Journal of Public Economics* 88 (12): 2515-2547.

Finkelstein, Amy. 2005. "The Aggregate Effects of Health Insurance: Evidence from the Introduction of Medicare." Working Paper No. 11619. Cambridge, MA: National Bureau of Economic Research.

Finkelstein, Amy and Robin McKnight. 2005. "What Did Medicare Do (and Was It Worth It)?" Working Paper No. 11609. Cambridge, MA: National Bureau of Economic Research.

Finkelstein, Amy, Sarah Taubman, Bill Wright, Mira Bernstein, Jonathan Gruber, Joseph P. Newhouse, Heidi Allen, Katherine Baicker, and The Oregon Health Study Group. 2011. "The Oregon Health Insurance Experiment: Evidence from the First Year." Working Paper No. 17190. Cambridge, MA: National Bureau of Economic Research.

Fisher Ronald C. and Leslie E. Papke. 2000. "Local Government Responses to Education Grants." *National Tax Journal* 53: 153-168.

Fisman, Raymond and Roberta Gatti. 2002. "Decentralization and Corruption: Evidence across Countries." *Journal of Public Economics* 83: 325-346.

Fisman, Raymond and Shang-Jin Wei. 2004. "Tax Rates and Tax Evasion: Evidence from 'Missing Imports' in China." *Journal of Political Economy* 112 (2): 471-500.

Fleenor, Patrick. 2008. "Cigarette Taxes Are Fueling Organized Crime." *Wall Street Journal* (May 7, 2008): p. A17.

Fogel, Robert W. 2004. *The Escape from Hunger and Premature Death, 1700-2100: Europe, America, and the Third World*. Cambridge, England: Cambridge University Press.

Folland, Sherman, Allen Goodman and Miron Stano. 2006. *Economics of Health and Health Care*, 5th edition. Upper Saddle River, NJ: Prentice Hall.

Frank, Robert. 2012. "'Emergency' Tax on the Rich Roils Britain." *CNBC* (August 29, 2012): www.cnbc.com/id/48825978

Freedman, David A. 1991. "Statistical Models and Shoe Leather." *Sociological Methodology* 21: 291-313.

Freeman, A. Myrick Ⅲ. 2002. "Environmental Policy Since Earth Day Ⅰ: What Have We Gained?" *Journal of Economic Perspectives* 16: 125-146.

Friedman, Eric, Simon Johnson, Daniel Kaufmann, and Pablo Zoido-Lobaton. 2000. "Dodging the Grabbing Hand: The Determinants of Unofficial Activity in 69 Countries." *Journal of Public Economics* 76: 495-520.

Friedman, Milton. 2003. "What Every American Wants." *Wall Street Journal* (January 15, 2003): p. A10.

Fryer Jr., Roland G. 2010. "Financial Incentives and Student Achievement: Evidence from Randomized Trials." Working Paper No. 15898. Cambridge, MA: National Bureau of Economic Research.

Fuchs, Victor. 2000. "An Economist's View of Health Care Reform." *New York Times* (May 2, 2000): pp. F6-F7.

Fuchs, Victor R., Alan B. Krueger, and James M. Poterba. 1998. "Economists' Views about Parameters, Values, and Policies: Survey Results in Labor and Public Economics." *Journal of Economic Literature* 36 (3): 1387-1425.

Fullerton, Don and Diane Lim Rogers. 1997. "Neglected Effects on the Uses Side: Even a Uniform Tax Would Change Relative Goods Prices." *American Economic Review* 87: 120-125.

Gale, William G. and Joel B. Slemrod. 2000. "A Matter of Life and Death: Reassessing the Estate and Gift Tax." *Tax Notes* (August 14, 2000): 927-932.

Gallagher, L. Jerome, Megan Gallagher, Kevin Perese, Susan Schreiber, and Keith Watson. 1998. "One Year after

Welfare Reform: A Description of State Temporary Assistance for Needy Families (TANF) Decisions as of October 1997." Washington, DC: The Urban Institute.

Gates, William H., Sr. and Chuck Collins. 2002. "Tax the Wealthy." *The American Prospect* 13 (June 17, 2002) [www.prospect.org/print/V13/11/index.html].

Gayer, Ted. 2000. "Neighborhood Demographics and the Distribution of Hazardous Waste Risks: An Instrumental Variables Estimation." *Journal of Regulatory Economics* 17 (2): 131-155.

Gayer, Ted and John K. Horowitz. 2006. "Market-based Approaches to Environmental Regulation." *Foundations in Trends in Microeconomics* 1 (4): 201-326.

Gentleman, Amelia. 2006. "India's Vultures Fall Prey to a Drug in the Cattle They Feed On." *New York Times* (March 28, 2006): p. A4.

Gerber, Alan, Dean S. Karlan, and Daniel Bergan. 2006. "Does the Media Matter? A Field Experiment Measuring the Effect of Newspapers on Voting Behavior and Political Opinions." *Yale Economic Applications and Policy Discussion Paper*, No. 12.

Gervais, Martin. 2002. "Housing Taxation and Capital Accumulation." *Journal of Monetary Economics* 49: 1461-1489.

Glaeser, Edward L. "Urban Public Finance." Working Paper No. 18244. Cambridge, MA: National Bureau of Economic Research.

Glaeser, Edward L. 2005. "Inequality." Working Paper No. 11511. Cambridge, MA: National Bureau of Economic Research.

Glaeser, Edward L., Giacomo A. M. Ponzetto, and Andrei Shleifer. 2006. "Why Does Democracy Need Education?" Working Paper No. 12128. Cambridge, MA: National Bureau of Economic Research.

Glaeser, Edward L., Jose A. Scheinkman, and Andrei Shleifer. 2003. "The Injustice of Inequality." *Journal of Monetary Economics*. Carnegie-Rochester Series on Public Policy.

Glaeser, Edward L. and Jesse M. Shapiro. 2003. "The Benefits of the Home Mortgage Interest Deduction." *Tax Policy and the Economy* 17: 37-82.

Glaeser, Edward L. and Andrei Shleifer. 2005. "The Curley Effect: The Economics of Shaping the Electorate." *Journal of Law, Economics, and Organizations* 21: 1-19.

Goklany, Indur. 1999. *Clearing the Air: The Real Story of the War on Air Pollution*. Washington, DC: Cato Institute.

Gompers, Paul A. and Josh Lerner. 1999. "What Drives Venture Capital Fundraising?" Working Paper No. 6906. Cambridge, MA: National Bureau of Economic Research.

Goolsbee, Austan. 1998. "Does Government R&D Policy Mainly Benefit Scientists and Engineers?" *American Economic Review* 88: 298-302.

Goolsbee, Austan. 2003. "Investment Tax Subsidies and the Wages of Capital Goods Workers: To the Workers Go the Spoils?" *National Tax Journal* LVI: 153-166.

Goolsbee, Austan. 2004. "The Impact and Inefficiency of the Corporate Income Tax: Evidence from State Organizational Form Data." *Journal of Public Economics* 88 (11): 2283-2299.

Goolsbee, Austan and Amil Petrin. 2004. "The Consumer Gains from Direct Broadcast Satellites and the Competition with Cable Television." *Econometrica* 72 (2): 351-381.

Gordon, Rachel. 2011. "Parking: S. F. Releases Details on Flexible Pricing." *SFGate.com* (April 2, 2011).

Gordon, Roger H. and Young Lee. 2001. "Do Taxes Affect Corporate Debt Policy? Evidence from US Corporate Tax Return Data." *Journal of Public Economics* 8: 195-224.

Government Accountability Office. 2007. "Vulnerabilities Exposed through Covert Testing of TSA's Passenger Screening Process" (November 15, 2007): GAO-08-48T.

Graham, John R. 2003. "Taxes and Corporate Finance: A Review." *Review of Financial Studies* 16: 1074-1128.

Grainger, Corbett A. and Charles D. Kolstad. 2009. "Who Pays a Price on Carbon?" *NBER Working Paper* No. 15239.

Griffin, Michael. 2007. "The Real Reasons We Explore Space." *Air & Space Magazine* (July 1, 2007).

Grogger, Jeffrey. 2003. "The Effects of Time Limits and Other Policy Changes on Welfare Use, Work, and Income among Female-Headed Families." *Review of Economics and Statistics* 85 (2): 394-408.

Groves, Harold M. 1946. *Financing Government*. New York: Henry Holt.

Groves, Theodore and Martin Loeb. 1975. "Incentives and Public Inputs." *Journal of Public Economics* 4 (3): 211-226.

Gruber, Jonathan and Michael Lettau. 2004. "How Elastic Is the Firm's Demand for Health Insurance?" *Journal of Public Economics* 88 (7): 1273-1294.

Gruber，Jonathan and David Wise（eds.）. 2004. *Social Security Programs and Retirement around the World*. Chicago：University of Chicago Press.

Guryan，Jonathan. 2003. "Does Money Matter? Estimates from Education Finance Reform in Massachusetts." Working Paper No. 8269. Cambridge，MA：National Bureau of Economic Research.

Hadley，Jack，John Holaha，Teresa Coughlin，and Dawn Miller. 2008. "Covering the Uninsured in 2008：Current Costs，Sources of Payment，and Incremental Costs." *Health Affairs* 27（5）.

Hagman，Donald C. 1978. "Proposition 13：A Prostitution of Conservative Principles." *Tax Review* 39（9）：39-42.

Hagopian，Kip and Lee Ohanian. 2012. "The Mismeasure of Inequality." *Hoover Institution Policy Review* No. 174.（August 1，2012）.

Hahn，Robert W. 1984. "Market Power and Transferable Property Rights." *Quarterly Journal of Economics* 99（4）：753-765.

Hahn，Robert W. and Patrick M. Dudley. 2007. "How Well Does the US Government Do Benefit-Cost Analysis?" *Review of Environmental Economics and Policy* 1（2）：192-211.

Hall，Robert E. and Alvin Rabushka. 1995. *The Flat Tax*，2nd ed. Stanford，CA：Hoover Institution Press.

Hamilton，Bruce. 1975. "Zoning and Property Taxation in a System of Local Governments." *Urban Studies* 12：205-211.

Hanushek，Eric A. 2002. "Publicly Provided Education." In *Handbook of Public Economics*. Alan J. Auerbach and Martin Feldstein（eds.）. Amsterdam：Elsevier：2045-2141.（Also：Working Paper No. 02138. Cambridge，MA：National Bureau of Economic Research.）

Hanushek，Eric A.，Steven G. Rivkin，and John F. Kain. 2005. "Teachers，Schools，and Academic Achievement." *Econometrica* 73：417-458.

Harberger，Arnold C. 1974. "The Incidence of the Corporation Income Tax." In *Taxation and Welfare*. Arnold C. Harberger（ed.）. Boston：Little，Brown.

Harford，Tim. 2006. *The Undercover Economist*. Oxford：Oxford University Press.

Hart，Oliver，Andrei Shleifer，and Robert W. Vishny. 1997. "The Proper Scope of Government：Theory and an Application to Prisons." *Quarterly Journal of Economics* 112（4）：1127-1161.

Hastert，Dennis. 2004. *Speaker：Lessons from Forty Years in Coaching and Politics*. New York：Regnery Publishing，Inc.

Hastings，Justine S. and Jeffrey M. Weinstein. 2007. "No Child Left Behind：Estimating the Impact on Choices and Student Outcomes." Working Paper No. 13009. Cambridge，MA：National Bureau of Economic Research.

Haughwout，Andrew，Robert Inman，Steven Craig，and Thomas Luce. 2004. "Local Revenue Hills：Evidence and Lessons from Four US Cities." *Review of Economics and Statistics* 86（2）：570-585.

Heal，Geoffrey. 2001. "Bundling Public and Private Goods：Are Development and Conservation Necessarily in Conflict?" Working Paper. New York：Columbia Business School.

Heal，Geoffrey. 2003. "Bundling Biodiversity." *European Economic Association* 1（2-3）：553-560.

Heckman，James J. 1999. "Policies to Foster Human Capital." Working Paper No. 7288. Cambridge，MA：National Bureau of Economic Research.

Heckman，James J. 2000. "Policies to Foster Human Capital." *Research in Economics* 54（1）：3-36.

Heckman，James J. 2008. "Schools，Skills，and Synapses." Working Paper No. 14064. Cambridge，MA：National Bureau of Economic Research.

Heim，Bradley T. 2008. "The Effect of Recent Tax Changes on Taxable Income：Evidence from a New Panel of Tax Returns." Working Paper. Office of Tax Analysis，US Department of the Treasury.

Henchman，Joseph. 2011. "You Helped End the Iowa Pumpkin Tax." Tax Foundation（October 26，2011）.

Herbert，Bob. 1995. "Safety? Too Costly." *New York Times*（April 19，1995）：p. A23.

Herman，Tom. 2000. "Tax Report." *Wall Street Journal*（July 19，2000）：p. A1.

Herman，Tom. 2002. "Tax Report." *Wall Street Journal*（February 20，2002）：p. A1.

Herman，Tom. 2004a. "Tax Bill Revises Key Deduction；Though Corporations Are Focus，Measure Also Benefits Many Individuals；Impact Giving." *Wall Street Journal*（October 12，2004）：p. D1.

Herman，Tom. 2004b. "Tax Report：Many Filers Ignore Nanny Tax，Expecting Not to Get Caught." *Wall Street Journal*

(December 15，2004)：p. D2.

Herman，Tom. 2007. "Sole Proprietors' Face Tax Scrutiny." *Wall Street Journal* (August 22，2007)：p. D3.

Hertz，Tom. 2006. *Understanding Mobility in America*. Center for American Progress.

Hines，James R. Jr. and Lawrence H. Summers. 2009. "How Globalization Affects Tax Design." Working Paper No. 14664. Cambridge，MA：National Bureau of Economic Research.

Hitler，Adolf. 1971/1925. *Mein Kampf* (translated by Ralph Manheim). Boston：Houghton Mifflin.

Hobbes，Thomas. 1963/1651. *Leviathan*. New York：Meridian Books.

Holcombe，Randall G. 2002. "The Ramsey Rule Reconsidered." *Public Finance Review* 30：562-578.

Holsey，Cheryl M. and Thomas E. Borcherding. 1997. "Why Does Government's Share of National Income Grow? An Assessment of the Recent Literature on the US Experience." In *Perspectives on Public Choice*. D. Mueller (ed.). Cambridge，England：Cambridge University Press.

Holt，Stephen D. 2005. "Making Work Really Pay：Income Support and Marginal Effective Tax Rates Among Low-Income Working Households."

Hotz，V. Joseph，Charles H. Mullin，and John Karl Scholz. 2006. "Examining the Effect of the Earned Income Tax Credit on the Labor Market Participation of Families on Welfare." Working Paper No. 11968. Cambridge，MA：National Bureau of Economic Research.

Hotz，V. Joseph and John Karl Scholz. 2003. "The Earned Income Tax Credit." In *Means-Tested Transfer Programs in the US*. Robert A. Moffitt (ed.). Chicago：University of Chicago Press.

Hoxby，Caroline. 2000. "The Effects of Class Size on Student Achievement：New Evidence from Population Variation." *Quarterly Journal of Economics* 115 (4)：1239-1285.

Hoxby，Caroline. 2002a. "The Cost of Accountability." Working Paper No. 8855. Cambridge，MA：National Bureau of Economic Research.

Hoxby，Caroline. 2002b. "School Choice and School Accountability (Or Could School Choice Be a Tide That Lifts All Boats?)" Working Paper No. 8873. Cambridge，MA：National Bureau of Economic Research.

Hoxby，Caroline and Jonah E. Rockoff. 2004. "The Impact of Charter Schools on Student Achievement." Working Paper. Harvard Institute of Economic Research.

Hoynes，Hilary，Marianne Page，and Ann Stevens. 2006. "Poverty in America：Trends and Explanations." *Journal of Economic Perspectives* 20 (1)：47-68.

Hurd，Michael D. 1990. "Research on the Elderly：Economic Status，Retirement，and Consumption and Savings." *Journal of Economic Literature* 28 (2)：565-637.

Hurst，Steven R. 2012. "Mitt Romney Shifting Toward Center as 5 States Head to Polls." *Chicago Sun Times* (April 24，2012).

Husted，Thomas A. and Lawrence W. Kenny. 1997. "The Effect of the Expansion of the Voting Franchise on the Size of Government." *Journal of Political Economy* 105：54-82.

Inman，Robert P. 2008. "The Flypaper Effect." Working Paper No. 14579. Cambridge，MA：National Bureau of Economic Research.

Internal Revenue Service. 2012. *Statistics of Income Bulletin*. Spring 2012.

International Labour Organization. 2011. *World of Work Report 2011：Making Markets Work for Jobs*.

Ip，Greg. 2006. "The Thorny Question about Tax Increases Concerns Economic Risks over the Long Term." *Wall Street Journal* (November 7，2006)：p. A2.

Ivkovich，Zoran，James M. Poterba，and Scott J. Weisbenner. 2005. "Tax-Motivated Trading by Individual Investors." *American Economic Review* 95 (5)：1605-1630.

Jacob，Brian A. 2005. "Accountability，Incentives and Behavior：The Impact of High-Stakes Testing in the Chicago Public Schools." *Journal of Public Economics* 89：761-796.

Jacob，Brian A. and Lars Lefgren. 2004. "Remedial Education and Student Achievement：A Regression-Discontinuity Analysis." Review *of Economics and Statistics* 86 (1)：226-244.

Jacob，Brian A. and Steven D. Levitt. 2003. "Rotten Apples：An Investigation of the Prevalence and Predictors of Teacher Cheating." *Quarterly Journal of Economics* 118 (3)：834-877.

Jamison，Eliot A.，Dean T. Jamison，and Eric A. Hanushek. 2006. "The Effects of Education Quality on Income Growth and Mortality Decline." Working Paper No. 12652. Cambridge，MA：National Bureau of Economic Research.

Jepsen，Christopher and Steven Rivkin. 2002. "What Is the Tradeoff Between Smaller Classes and Teacher Quality?"

Working Paper No. 9205. Cambridge, MA: National Bureau of Economic Research.

Johansen, Leif. 1977. "The Theory of Public Goods: Misplaced Emphasis?" *Journal of Public Economics* 7 (1): 147-152.

Johnson, Avery. 2005. "Travelers Hit with Slew of New Taxes on Rental Cars." *Wall Street Journal* (November 9, 2005): p. D1.

Johnson, Paul. 1983. *Modern Times*. New York: Harper & Row.

Johnston, David Cay. 2000. "The Tax Maze Begins Here. No, Here. No ..." *New York Times* (February 27, 2000): p. BU1.

Johnston, David Clay. 2008. "Wesley Snipes Cleared on Serious Tax Charges." *Wall Street Journal* (February 2, 2008): p. C1.

Joint Committee on Taxation. 2005. *Macroeconomic Analysis of Various Proposals to Provide $50 Billion in Tax Relief* (March 1, 2005): JCX-4-05.

Joint Committee on Taxation. 2012. *Estimates of Federal Tax Expenditures for Fiscal Years 2011-2015*. Washington, DC: US Government Printing Office, January 17, 2012.

Joint Economic Committee. 2006. "Report of the Joint Economic Committee on the 2006 Economic Report of the President." December 8, 2006.

Jorgenson, Dale W. 1963. "Capital Theory and Investment Behavior." *American Economic Review* 53 (2): 247-259.

Jorgenson, Dale W. 1998. "Did We Lose the War on Poverty?" *Journal of Economic Perspectives* 12: 79-96.

Jorgenson, Dale W. and Kun-Young Yun. 2001. *Investment, Volume 3, Lifting the Burden: Tax Reform, the Cost of Capital, and US Economic Growth. Cambridge*, MA: MIT Press.

Kaestner, Robert, Neeraj Kaushal, and Garrett Van Ryzin. 2003. "Migration Consequences of Welfare Reform." *Journal of Urban Economics* 53 (3): 357-379.

Kahn, Joseph. 2001. "Equality at Trade Talks: No Country Gets a Vote." *New York Times* (November 12, 2001): p. A3.

Kaiser Family Foundation. 2012. *Employer Health Benefits 2012 Annual Survey*.

Kane, Thomas J. 1998. *The Price of Admissions—Rethinking How Americans Pay for College*. Washington, DC: Brookings Institution Press.

Kaplow, Louis. 2008a. "Taxation." In *Handbook of Law and Economics*, Volume 1, A. Mitchell Polinsky and Steven Shavell (eds.). Elsevier. Amsterdam.

Kaplow, Louis. 2008b. *The Theory of Taxation and Public Economics*. Princeton, NJ: Princeton University Press.

Kaushal, Neeraj, Qin Gao, and Jane Waldfogel. 2006. "Welfare Reform and Family Expenditures: How are Single Mothers Adapting to the New Welfare and Work Regime?" Working Paper No. 12624. Cambridge, MA: National Bureau of Economic Research.

Keynes, John Maynard. 1965/1936. *The General Theory of Employment, Interest, and Money*. New York: Harcourt Brace and World.

Kho, Bon-Chan, Rene M. Stulz, and Francis E. Warnock. 2006. "Financial Globalization, Governance, and the Evolution of the Home Bias." Working Paper No. 12389. Cambridge, MA: National Bureau of Economic Research.

Kinzer, Stephen. 1996. "At 25, the Hippies' 'Free City' Isn't So Carefree." *New York Times* (May 16, 1996): p. A3.

Kleiner, Morris M. and Robert T. Kudrle. 2000. "Does Regulation Affect Economic Outcomes? The Case of Dentistry." *Journal of Law and Economics* 43: 547-582.

Kleven, Henrik, Camille Landais, and Emmanuel Saez. 2010. "Taxation and International Migration of Superstars: Evidence from the European Football Market." Working Paper No. 16545. Cambridge, MA: National Bureau of Economic Research.

Kling, Jeffery R., Jeffrey B. Liebman, and Lawrence F. Katz. 2007. "Experimental Analysis of Neighborhood Effects." *Econometrica* 75: 1 (2007): pp: 83-119.

Kolata, Gina. 2003. "Patients in Florida Lining Up for All That Medicare Covers." *New York Times* (September 13, 2003): p. A1.

Kotlikoff, Lawrence J. 2002. "Generational Policy." In *Handbook of Public Economics*, Volume 4. Alan J. Auerbach and Martin Feldstein (eds.). Amsterdam: North Holland.

Kowalski, Amanda E. 2009. "Censored Quantile Instrumental Variable Estimates of the Price Elasticity of Expenditure on Medical Care." Working Paper No. 15085. Cambridge, MA: National Bureau of Economic Research.

Krauss, Clifford. 2003. "Long Lines Mar Canada's Low-Cost Health Care." *New York Times* (February 13, 2003):

p. A3.

Kristol, Irving. 1997. "Income Inequality Without Class Conflict." *Wall Street Journal* (December 18, 1997): p. A22.

Kronholz, Jane. 2000. "A Superintendent Is Entrepreneurial about Charters." *Wall Street Journal* (April 11, 2000): p. A10.

Krueger, Alan B. 1999. "Experimental Estimates of Education Production Functions." *Quarterly Journal of Economics* 114 (2): 497-532.

Krugman, Paul. 2001. "The Public Interest." *New York Times* (October 10, 2001): p. A19.

Krugman, Paul. 2006a. "First, Do More Harm." *New York Times* (January 16, 2006).

Krugman, Paul. 2006b. "Outsourcer in Chief." *New York Times* (December 11, 2006): p. A27.

Kulish, Nicholas. 2008. "$1.85 Fee to See a Doctor? Some Say It's Too Much." *New York Times* (May 27, 2008): p. A9.

Ladd, Helen F. 2002. "School Vouchers: A Critical View." *Journal of Economic Perspectives* 16 (4): 3-24.

Laffer, Arthur B. 1979. "Statement Prepared for the Joint Economic Committee, May 20." Reprinted in *The Economics of the Tax Revolt: A Reader*. Arthur B. Laffer and Jan P. Seymour (eds.). New York: Harcourt Brace Jovanovich: 75-79.

Landsburg, Steven. 2010a. "Getting Serious." *The Big Questions Blog* (February 4, 2010).

Landsburg, Steven. 2010b. "Laffering All the Way." *The Big Questions Blog* (August 11, 2010).

Landsburg, Steven E. 2004. "What I Like about Scrooge." *Slate* (December 9, 2004).

Lazear, Edward P. and James M. Poterba. 2006. "Reforming Taxes to Promote Economic Growth." *The Economists' Voice* 3 (1): Article 3.

Lee, Chulhee. 2005. "Rising Family Income Inequality in the United States, 1968-2000: Impacts of Changing Labor Supply, Wages, and Family Structure." Working Paper No. 11836. Cambridge, MA: National Bureau of Economic Research.

Lee, Jaekyung. 2001. "School Reform Initiatives as Balancing Acts: Policy Variation and Educational Convergence among Japan, Korea, England and the United States." *Education Policy Analysis Archives* 9 (13). http://epaa.asu.edu/epaa/v9n13.html.

Lerner, A. P. 1948. "The Burden of the National Debt." In *Income, Employment, and Public Policy: Essays in Honor of Alvin H. Hansen*. L. A. Metzler et al. (eds.). New York: W. W. Norton.

Levin, Jonathan and Barry Nalebuff. 1995. "An Introduction to Vote-Counting Schemes." *Journal of Economic Perspectives* 9: 3-26.

Levy, Helen and David Meltzer. 2004. "What Do We Really Know about Whether Health Insurance Affects Health?" In *Health Policy and the Uninsured*. Catherine G. McLaughlin (ed.). Washington, DC: The Urban Institute Press.

Liebman, Jeffrey. 2001. "Redistribution in the Current US Social Security System." Working Paper No. 8625. Cambridge, MA: National Bureau of Economic Research.

Liebman, Jeffrey, Maya MacGuineas, and Andrew Samwick. 2005. "Nonpartisan Social Security Reform Plan."

Lindahl, Erik. 1958/1919. "Just Taxation—A Positive Solution." In *Classics in the Theory of Public Finance*. R. A. Musgrave and A. T. Peacock (eds.). New York: St. Martin's Press.

Liptak, Adam. 2007. "A Deal for the Public: If You Win, You Lose." *New York Times* (July 9, 2007): p. A10.

Lott, John R. 1999. "Public Schooling, Indoctrination, and Totalitarianism." *Journal of Political Economy* Volume 107 (6) (2): S127-S157.

Ludwig, Jens and Deborah A. Phillips. 2007. "The Benefits and Costs of Head Start." Working Paper No. 12973. Cambridge, MA: National Bureau of Economic Research.

Luhnow, David. 2008. "Nationalism, Crony Capitalism May Thwart Mexico in Boosting Oil Production." *Wall Street Journal* (March 31, 2008): p. A2.

Lurie, Nicole, N. B. Ward, Martin F. Shapiro, C. Gallego, R. Vaghaiwalla, and Robert H. Brook. 1986. "Termination of Medi-Cal Benefits: A Follow-up Study One Year Later." *New England Journal of Medicine* 314 (19): 1266-1268.

Madrian, Brigitte C. 2006. "The US Health Care System and Labor Markets." Working Paper No. 11980. Cambridge, MA: National Bureau of Economic Research.

Maki, Dean M. 2001. "Household Debt and the Tax Reform Act of 1986." *American Economic Review* 91: 305-319.

Makin, John H., ed. 1985. *Real Tax Reform—Replacing the Income Tax*. Washington, DC: American Enterprise

Institute for Public Policy Research.

Mankiw, N. Gregory. 2009. "The Value Added Tax." (October 14, 2009) http://gregmankiw.blogspot.com/2009/10/value-added-tax.html

Mankiw, N. Gregory and Matthew C. Weinzierl. 2010. "The Optimal Taxation in Theory and Practice." *American Economic Journal: Economic Policy* 2 (1): 155-176.

Mankiw, N. Gregory, Matthew C. Weinzierl, and Danny Yagan. 2009. "Optimal Taxation in Theory and Practice." *Journal of Economic Perspectives* 23 (4): 147-174.

Manzi, Jim. 2010. "What Social Science Does—and Doesn't—Know." *City Journal* (Summer 2010).

Mark, Stephen T., Therese J. McGuire, and Leslie E. Papke. 2000. "The Influence of Taxes on Employment and Population Growth: Evidence from the Washington, D.C. Metropolitan Area." *National Tax Journal* 53: pp. 105-124.

Marron, Donald. 2012. "How Much Does the United States Really Owe?" (January 26, 2012) http://dmarron.com/2012/01/27/how-much-does-the-united-states-really-owe/.

Marsh, Bill. 2007. "Putting a Price on the Priceless: One Life." *New York Times* (September 9, 2007): p. wk4.

Marshall, Josh. 2012. "Romney: Actually, I Kind of Pay 50% Tax." *Talking Points Memo Editor's Blog* (January 27, 2012).

Mazzetti, Mark and Emily B. Hager. 2011. "Secret Desert Force Set Up by Blackwater's Founder." *New York Times* p. A1 (May 15, 2011).

McClellan, Mark and Jonathan Skinner. 2005. "The Incidence of Medicare." *Journal of Public Economics*, 90 (1-2), pp: 257-276 (2006).

McGrath, Nuria. 2010. "Corporate Foreign Tax Credit, 2006." *Internal Revenue Service Statistics of Income Bulletin*.

McLure, Charles E., Jr. 1971. "The Theory of Tax Incidence with Imperfect Factor Mobility." *Finanzarchiv* 30.

McLure, Charles E., Jr. 2002. "Thinking Straight about the Taxation of Electronic Commerce: Tax Principles, Compliance Problems, and Nexus." In *Tax Policy and the Economy*, Volume 16. James M. Poterba (ed.). Cambridge, MA: MIT Press.

Metcalf, Gilbert E. 2007. "A Green Employment Tax Swap: Using a Carbon Tax to Finance Payroll Tax Relief." The Brookings Institution and World Resources Institute.

Metcalf, Gilbert E. 2008. "Assessing the Federal Deduction for State and Local Tax Payments." Working Paper No. 14023. Cambridge, MA: National Bureau of Economic Research.

Metcalf, Gilbert E. 2009. "Investment in Energy Infrastructure and the Tax Code." Working Paper No. 15429. Cambridge, MA: National Bureau of Economic Research.

Metcalf, Gilbert. E. 2011. "Assessing the Federal Deduction for State and Local Tax Payments." *National Tax Journal* 64 (2): 565-590.

Meyer, Bruce D. and Wallace K. C. Mok. 2007. "Quasi-experimental Evidence on the Effects of Unemployment Insurance from New York State." Working Paper No. 12865. Cambridge, MA: National Bureau of Economic Research.

Meyer, Bruce D. and Dan T. Rosenbaum. 2001. "Welfare, the Earned Income Tax Credit, and the Labor Supply of Single Mothers." *Quarterly Journal of Economics* 116: 1063-1114.

Meyer, Bruce D. and James X. Sullivan. 2007. "Further Results on Measuring the Well-Being of the Poor Using Income and Consumption." Working Paper No. 13413. Cambridge, MA: National Bureau of Economic Research.

Meyer, Bruce D. and James X. Sullivan. 2009. "Five Decades of Consumption and Income Poverty." Working Paper No. 14827. Cambridge, MA: National Bureau of Economic Research.

Miller, John J. 2007. "Should Libraries' Target Audience be Cheapskates with Mass-Market Tastes?" *Wall Street Journal* (January 3, 2007): p. D9.

Millward, David. 2006. "Is This the End of the Road for Traffic Lights?" *The Telegraph* (November 4, 2006).

Mishan, E. J. 1971. "The Post-War Literature on Externalities: An Interpretative Essay." *Journal of Economic Literature* 9: 1-28.

Modigliani, Franco. 1986. "Life Cycle, Individual Thrift and the Wealth of Nations." *American Economic Review* 76 (3): 297-313.

Moffitt, Robert A. 2003. "The Temporary Assistance for Needy Families Program." In *Means-Tested Transfer Programs in the US*. Robert A. Moffitt (ed.). Chicago: University of Chicago Press.

Moffitt, Robert A. and John Karl Scholz. 2009. "Trends in the Level and Distribution of Income Support." Working Paper No. 15488. Cambridge, MA: National Bureau of Economic Research.

Morgenson, Gretchen. 2009. "Home Builders (You Heard that Right) Get a Gift." *New York Times* (November 15, 2009).

Morran, Chris. 2011. "Texas Man Loses 78% of Tax Refund After Winning Free Donut Coupons at Houston Astros Game." *The Consumerist* (April 22, 2011).

Munnell, Alicia, H. 1999. "Reforming Social Security: The Case Against Individual Accounts." *National Tax Journal*, vol. LII, no. 4: 783-802.

Munnell, Alicia. 2003. "Introduction." Chapter in Alicia H. Munnell and Annika Sunden (eds.), *Death and Dollars: The Role of Gifts and Bequests in America*. Brookings Institution Press.

Murphy, Kevin M. and Robert Topel. 2000. "Medical Research—What's It Worth?" *The Milken Institute Review*, First Quarter, 23-30.

Murray, Charles. 2006. *In Our Hands: A Plan to Replace the Welfare State*. Washington, DC: AEI Press.

Musgrave, Richard A. 1959. *The Theory of Public Finance*. New York: McGraw-Hill.

Musgrave, Richard A. 1985. "A Brief History of Fiscal Doctrine." In *Handbook of Public Economics*, Vol. 1. Alan Auerbach and Martin S. Feldstein (eds.). Amsterdam: North-Holland.

Napolitano, Jo. 2004. "Proposal to Adopt a Palestinian City as a 'Sister' Creates a Family Feud for Madison." *New York Times* (May 29, 2004): p. A10.

Nataraj, Sita and John B. Shoven. 2004. "Has the Unified Budget Undermined the Federal Government Trust Funds?" Working Paper No. 10953. Cambridge, MA: National Bureau of Economic Research.

National Commission on Fiscal Responsibility and Reform. 2010. *A Moment of Truth*.

Newhouse, Joseph P. 2001. "Medical Care Price Indices: Problems and Opportunities; The Chung-Hua Lectures." Working Paper No. 8168. Cambridge, MA: National Bureau of Economic Research.

Newhouse, Joseph P. and the Insurance Experiment Group. 1993. *Free for All? Lessons from the RAND Health Insurance Experiment*. Cambridge, MA: Harvard University Press.

New York Times. 2009. "Progress on Drunken Driving." (October 21, 2009).

New York Times. 2012. "Truth and Lies about Medicare." p. SR10 (August 19, 2012).

Nicol v. Ames. 1899. 173 US 509, 515.

Nordhaus, William D. 2008. *A Question of Balance: Weighing the Options on Global Warming Policies*. New Haven, CT: Yale University Press.

Norris, Floyd. 2005. "How to Assure the Very Rich Stay That Way." *New York Times* (September 9, 2005): p. C1.

Nozick, Robert. 1974. *Anarchy, State, and Utopia*. Oxford: Basil Blackwell.

Oates, Wallace E. 1999. "An Essay on Fiscal Federalism." *Journal of Economic Literature* 37: 1120-1149.

Office of Family Assistance. 2012. *Temporary Assistance to Needy Families: Ninth Annual Report to Congress*: www.acf.hhs.gov/programs/ofa/data-reports/annualreport9/ar9index.htm

Olsen, Edgar O. 2003. "Housing Programs for Low-Income Households." In *Means Tested Transfer Programs in the US*. Robert A. Moffitt (ed.). Chicago: University of Chicago Press.

O'Neill, June E. and Dave M. O'Neill. 2007. "Health Status, Health Care, and Inequality: Canada vs. the US." *Forum for Health Economics and Policy* 10 (1).

Organization for Economic Cooperation and Development (OECD). 2009. *Programme for International Student Assessment (PISA) 2009 Database*. Paris, France.

Organization for Economic Cooperation and Development (OECD). 2011a. *Education at a Glance 2011* (August 2011): Paris, France.

Organization for Economic Cooperation and Development (OECD). 2011b. *OECD Economic Outlook* (December 2011): Paris, France.

Organization for Economic Cooperation and Development (OECD). 2012a. *National Accounts of the OECD Countries*.

Organization for Economic Cooperation and Development (OECD). 2012b. *OECD Health Data* (August 2012): Paris, France.

Parker, Ashley. 2011. "In Suit, City Accuses 32 Residents of Avoiding Millions in Cigarette Taxes." *New York Times* p. A21 (April 22, 2011).

Parnes, Arnie. 2012. "Obama Supports Exempting Olympic Awards from Taxes." *The Hill* (August 6, 2012).

Parry, Ian W. H. and Small, Kenneth A. 2009. "Should Urban Transit Be Reduced?" *American Economic Review* 99 (3): 700-724.

Passell, Peter. "Lend to Any Student." *New York Times* (April 1, 1985): p. A20.

Pauly, Mark and Bradley Herring. 1999. *Pooling Health Insurance Risks*. Washington, DC: AEI Press.

Payne, Abigail. 2009. "Does Government Funding Change Behavior? An Empirical Analysis of Crowd-Out." *Tax Policy and the Economy* 23, pp. 159-184.

Pear, Robert. 2009. "Procedure to Bypass GOP on Health Care Carries Risks for Democrats." *New York Times* (April 22, 2009).

Peltzman, Sam. 1975. "The Effects of Automobile Safety Regulation." *Journal of Political Economy* 83 (4): 677-725.

Peltzman, Sam. 1997. "Class Size and Earnings." *Journal of Economic Perspectives* 11 (4): 225-226.

Persson, Torsten and Guida Tabellini. 1999. "Political Economics and Public Finance." Working Paper No. 7097. Cambridge, MA: National Bureau of Economic Research.

Phelps, Charles E. 2010. *Health Economics*, 4th Edition. Prentice Hall.

Phi Delta Kappa/Gallup. 2005. "The Annual Gallup Poll of the Public's Attitudes toward the Public Schools, 1974-2004." Gallup Polling, Gallup.

Pogrebin, Robin. 2010. "Tax Break for Erotica? A Museum Favors It." *New York Times* p. C1 (May 4, 2010).

Pommerehne, Werner. 1977. "Quantitative Aspects of Federalism: A Study of Six Countries." In *The Political Economy of Fiscal Federalism*. Wallace Oates (ed.). Lexington, MA: DC Heath, pp. 275-355.

Porter, Eduardo. 2005. "Buy a Home, and Drag Society Down." *New York Times* (November 13, 2005): p. WK3.

Portney, Paul R. 2000. "Air Pollution Policy." In *Public Policies for Environmental Protection*, 2nd edition. Paul R. Portney and Robert N. Stavins (eds.). Washington, DC: Resources for the Future.

Poterba, James M. 1991. "Dividends, Capital Gains, and the Corporate Veil: Evidence from Britain, Canada, and the United States." In *National Saving and Economic Performance*. Douglas B. Bernheim and John B. Shoven (eds.). Chicago: University of Chicago Press: 49-71.

Poterba, James M. and Andrew Samwick. 2003. "Taxation and Household Portfolio Composition: US Evidence from the 1980s and 1990s." *Journal of Public Economics* 87: 5-38.

Poterba, James M. and Todd Sinai. 2008. "Tax Expenditures for Owner-Occupied Housing: Deductions for Property Taxes and Mortgage Interest and the Exclusion of Imputed Rental Income." *American Economic Review* 98 (2): 84-89.

Pozen, Robert, Sylvester J. Schieber, and John B. Shoven. 2004. "Improving Social Security's Progressivity and Solvency with Hybrid Indexing." *American Economic Review* 94 (2): 187-191.

Prescott, Edward C. 2004. "It's Irrational to Save." *Wall Street Journal* (December 29, 2004): p. A8.

Prescott, Edward C. 2005a. "Even Europeans Will Respond to Incentives." *Wall Street Journal* (August 2, 2005): p. A10.

Prescott, Edward C. 2005b. "Stop Messing with Federal Tax Rates." *Wall Street Journal* (December 20, 2005): p. A14.

President's Advisory Panel on Federal Tax Reform. 2005. *Simple, Fair, and Pro-Growth: Proposals to Fix America's Tax System* (November 1, 2005). Washington, DC: US Government Printing Office.

Preston, Samuel H., and Jessica Ho. 2009. "The US Health Care System and Lagging Life Expectancy: A Case Study." University of Pennsylvania Population Studies Center Working Paper Series.

Prior, Ryan. 2012. "How Long Do Canadians Wait for Health Care?" *Daily Beast* (June 20, 2012).

Ramsey, Frank P. 1927. "A Contribution to the Theory of Taxation." *Economic Journal* 37: 47-61.

Rawls, John. 1971. *A Theory of Justice*. Cambridge, MA: Harvard University Press.

Reddy, Sudeep. 2009. "A Personal-Finance Workout." *Wall Street Journal* (June 23, 2009).

Reich, Robert B. 2008. "How about a Cap-and-Trade Dividend?" *Wall Street Journal* (June 4, 2008): p. A21.

Reinhart, Carmen M., Reinhart, Vincent R., and Kenneth S. Rogoff. 2012. "Debt Overhangs: Past and Present." Working Paper No. 18015. Cambridge, MA: National Bureau of Economic Research.

Richwine, Lisa. 2009. "Allergan CEO: Marginal Impact from Proposed 'Botax tax'." *Reuters* (December 11, 2009).

Riedl, Brian M. 2002. "Agriculture Lobby Wins Big in New Farm Bill." *Heritage Foundation Backgrounder*, No. 1534, April 9, 2002.

Rogerson, Richard. 2007. "Taxation and Market Work: Is Scandinavia an Outlier?" Working Paper No. 12890. Cambridge, MA: National Bureau of Economic Research.

Romer, Christina D. and David H. Romer. 2007. "Do Tax Cuts Starve the Beast: The Effect of Tax Changes on Government Spending." Working Paper No. 13548. Cambridge, MA: National Bureau of Economic Research.

Rosenbaum, David E. 1986. "Big Changes Loom in Final Tax Bill, Lawmakers Agree." *New York Times* (May 26, 1986): p. C1.

Rosenberg, Debra. 2002. "Medicare's Foundation Is Crumbling." *Newsweek* (December 9, 2002): p. 11.

Rosenthal, Elisabeth. 2011. "In Auto Test in Europe, Meter Ticks Off Miles, and Fee to Driver." *New York Times* p. A1 (August 10, 2011).

Ross, Gilbert L. 1999. "Price of Alarmism." *New York Times* (September 2, 1999): p. A26.

Rothstein, Jesse. "Unemployment Insurance and Job Search in the Great Recession." *Brookings Papers on Economic Activity* (Fall 2011).

Rouse, Cecilia E., Jane Hannaway, Dan Goldhaber, and David N. Figlio. 2007. "Feeling the Florida Heat? How Low-Performing Schools Respond to Voucher and Accountability Pressure." Working Paper No. 13681. Cambridge, MA: National Bureau of Economic Research.

Samuelson, Paul A. 1955. "The Pure Theory of Public Expenditure." *Review of Economics and Statistics* 36: 387-389.

Samuelson, Robert J. 1986. "The True Tax Burden." *Newsweek* (April 21, 1986): p. 68.

Samuelson, Robert. 2010. "Why Our Poverty Measure Misleads." *Washington Post* (May 31, 2010).

Sanbonmatsu, Lisa, Jeffrey R. Kling, Greg J. Duncan, and Jeanne Brooks-Gunn. 2006. "Neighborhoods and Academic Achievement: Results from the Moving to Opportunity Experiment." *Journal of Human Resources*, 41 (4): 649-691.

Santerre, Rexford E. and Stephen P. Neun. 2004. *Health Economics: Theories, Insights, and Industry Studies*, 3rd edition. Cincinnati, OH: Thomson South-Western.

Sas-Rolfes, Michael't. 2012. "Saving African Rhinos: A Market Success Story." *PERC Case Studies*. Spring 2012.

Saunders, Laura. 2009. "Rich Cling to Life to Beat Tax Man." *Wall Street Journal* (December 30, 2009).

Schick, Allen. 2002. "The Deficit That Didn't Just Happen." *The Brookings Review* (Spring): 45-46.

Schmedel, Scott R. 1991. "Tax Report." *Wall Street Journal* (January 9, 1991): p. A1.

Schuck, Peter H. 2011. "The Balanced Budget Amendment's Fatal Flaw." *Wall Street Journal* (July 22, 2011).

Schultze, Charles L. 1995. "The Balanced Budget Amendment: Needed? Effective? Efficient?" *National Tax Journal* 48: 317-328.

Seelye, Katharine. 2011. "A Push to Privatize Pennsylvania Liquor Stores." *New York Times* p. A9 (January 1, 2011).

Sen, Amartya. 1999. "The Possibility of Social Choice." *American Economic Review* 89: 349-378.

Sheshinski, Eytan and Luis Felipe Lopez-Calva. 1999. "Privatization and Its Benefits: Theory and Evidence." Working Paper. Cambridge, MA: Harvard Institute for International Development.

Shleifer, Andrei. 1998. "State versus Private Ownership." *Journal of Economic Perspectives* 12 (4): 133-150.

Shoven, John B. and Sita N. Slavov. 2006. "Political Risk Versus Market Risk in Social Security." Working Paper No. 12135. Cambridge, MA: National Bureau of Economic Research.

Sigman, Hilary. 2003. "Letting States Do the Dirty Work: State Responsibility for Federal Environmental Regulation." *National Tax Journal* 56: 107-122.

Sinai, Todd and Joseph Gyourko. 2004. "The (Un) changing Geographical Distribution of Housing Tax Benefits: 1980 to 2000." *Tax Policy and the Economy* 18: 165-208.

Sinai, Todd and Joel Waldfogel. 2002. "Do Low-Income Housing Subsidies Increase Housing Consumption?" Working Paper No. 8709. Cambridge, MA: National Bureau of Economic Research.

Skinner, Jonathan, Elliott Fisher, and John E. Wennberg. 2005. "The Efficiency of Medicare." In *Analyses in the Economics of Aging*, David Wise (ed.). Chicago: University of Chicago Press.

Slemrod, Joel and Jon Bakija. 2004. *Taxing Ourselves*, 3rd ed. Cambridge, MA: MIT Press.

Smith, Adam. 1977/1776. *The Wealth of Nations*. London: J. M. Dent and Sons.

Smith, Ray A. 2005. "Homeowners Revolt Against Tax Assessors." *Wall Street Journal* (January 25, 2005): p. D1.

Snow, John. 1855. *On the Mode of Communication of Cholera*. London: John Churchill, New Burlington Street, England.

Social Security Administration. 2012. *Social Security Bulletin 2011*: www.ssa.gov/policy/docs/statcomps/supplement/2011/supplement11.pdf

Social Security Trustees. 2012. *The 2012 Annual Report of the Board of Trustees of the Federal Old-Age and Survivors Insurance and Disability Insurance Trust Funds*. Washington, DC: US Government Printing Office.

Spar, Karen, 2006. "Cash and Noncash Benefits for Persons with Limited Income: Eligibility Rules, Recipient and Expenditure Data, FY2002-FY2004." Congressional Research Service, Washington, DC: March 27, 2006.

Spar, Karen. 2011. "Federal Benefits and Services for People with Low Income: Programs, Policy, and Spending, FY2008-FY2009." Congressional Research Service, Washington, DC: January 31, 2011.

Spitzer, Eliot. 2010. "Tax Fraud: Debunking the Claim That Higher Income-tax Rates Reduce GDP." *Slate* (February 23, 2010).

Stavins, Robert N. 2003. "Experience with Market-based Environmental Policy Instruments." In *The Handbook of Environmental Economics*, Volume 1. Karl-Goran Maler and Jeffrey R. Vincent (eds.). Amsterdam: North Holland.

Stein, Herbert. 1996. "The Income Inequality Debate." *Wall Street Journal* (May 1, 1996): p. A14.

Stein, Herbert. 1997. "Death and Taxes." *Wall Street Journal* (July 3, 1997): p. A10.

Stein, Jeremy C. 2003. "Agency, Information and Corporate Investment." In *Handbook of the Economics of Finance*, Vol. 1A. G. M. Constantinides, M. Harris, and R. M. Stulz (eds.). Amsterdam: North-Holland.

Steinhauer, Jennifer. 2009. "California Legislature Approves Budget that Closes $26 Billion Gap," *New York Times* p. A12 (July 25, 2009).

Stelzer, Irwin. 2010. "Small Bras and the Value-Added Tax." *Wall Street Journal* (April 5, 2010).

Stern, Nicholas. 2006. *The Economics of Climate Change*. Cambridge, UK: Cambridge University Press.

Steuerle, C. Eugene and Jon M. Bakija. 1994. *Retooling Social Security for the 21st Century: Right and Wrong Approaches to Reform*. Washington DC: The Urban Institute.

Stewart, James B. 2012. "At 102%, His Tax Rate Takes the Cake." *New York Times* (February 3, 2012).

Stiglitz, Joseph E. 1973. "Taxation, Corporate Financial Policy, and the Cost of Capital." *Journal of Public Economics* 2: 1-34.

Stone, Lawrence. 1977. *The Family, Sex, and Marriage in England, 1500-1800*. New York: Harper & Row.

Strumpf, Koleman S. and Felix Oberholzer-Gee. 2002. "Endogenous Policy Decentralization: Testing the Central Tenet of Economic Federalism." *Journal of Political Economy* 110: 1-36.

Strunk, Bradley C. and Paul B. Ginsburg. 2002. *Aging Plays a Limited Role in Health Care Cost Trends*, Center for Studying Health System Change Data Bulletin, No. 23: September 2002.

Stuckart, Wilhem and Hans Globke. 1968. "Civil Rights and the Natural Inequality of Man." In *Nazi Culture*. Georget L. Morse (ed.). New York: Universal Library.

Taheri, Amir. 2003. "Shiite Schism." *Wall Street Journal* (April 7, 2003).

Tideman, T. Nicolaus and Gordon Tullock. 1976. "A New and Superior Process for Making Social Choices." *Journal of Political Economy* 84: 1145-1160.

Tiebout, Charles. 1956. "A Pure Theory of Local Expenditures." *Journal of Political Economy* 64: 416-424.

Tierney, John. 2001. "Is a US Force the Safest Bet for Airports?" *New York Times* (October 16, 2001): p. D1.

Tierney, John. 2006. "New Europe's Boomtown." *New York Times* (September 5, 2006): p. A23.

Tobin, James. 1958. "Liquidity Preference as Attitude toward Risk." *Review of Economic Studies* 25: 65-86.

Tomsho, Robert. 2001. "Fund-Raising Drive for Schools Leaves Manchester Disunited." *Wall Street Journal* (February 7, 2001): p. A1.

Trabandt, Mathias and Harald Uhlih. 2009. "How Far Are We from the Slippery Slope? The Laffer Curve Revisited." Working Paper No. 15343. Cambridge, MA: National Bureau of Economic Research.

Tresch, Richard W. 2002. *Public Finance: A Normative Theory*, 2nd edition. New York: Academic Press.

Tucker, Robert C., ed. 1978. *The Marx-Engels Reader*, 2nd edition. New York. W. W. Norton.

Uchitelle, Louis. 2001. "Now, Uncle Sam Wants You." *New York Times* (November 25, 2001): p. WK3.

Uhlig, Harald and Mathias Trabandt. 2006. "How Far

Are We from the Slippery Slope? The Laffer Curve Revisited." Working Paper 5657. Center for Economic Policy Research.

US Bureau of the Census. 2009. *The Effect of Government Taxes and Transfers on Income and Poverty in the United States: 2009*.

US Bureau of the Census. 2010. *Public Education Finances: 2008*.

US Bureau of the Census. 2011a. *Current Population Survey: Annual Social and Economic Supplements*: www.census.gov/hhes/www/income/histinc/h02ar.html

US Bureau of the Census. 2011b. *2010 American Community Survey*.

US Bureau of the Census. 2012a. *Current Population Reports: Income, Poverty, and Health Insurance Coverage in the United States: 2011*.

US Bureau of the Census. 2012b. "State and Local Government Finances: 2010." www2.census.gov/govs/estimate/summary_report.pdf

US Bureau of the Census. 2012c. *Statistical Abstract of the United States: 2011*. Washington, DC.

US Bureau of the Census. 2012d. *2012 Census of Governments*. www.census.gov/govs/cog2012/

US Centers for Disease Control and Prevention. 2005. *Health, United States, 2005*. National Center for Health Statistics.

US Department of Agriculture. 2011. *Characteristics of Supplemental Nutrition Assistance Program (SNAP) Households: Fiscal Year 2012*.

US Department of Health and Human Services. 2008. *Administration for Children and Families, Caseload Data 2007*.

US Department of Housing and Urban Development and US Department of Commerce. 2008. *American Housing Survey for the United States: 2007*.

US Department of Labor. 2011. "Unemployment Insurance Data Summary." *Employment and Training Division*.

US Office of Management and Budget (OMB). 2003. *Circular A-4, Regulatory Analysis*: www.whitehouse.gov/omb/circulars/a004/a-4.pdf.

US Office of Management and Budget (OMB). 2012. *Analytical Perspectives: Budget of the United States Government, Fiscal Year 2013*. Washington, DC: US Government Printing Office.

Vessella, Tom. 2001. "How about This for a Tax Plan: Eliminate the IRS." *The Princeton Tory*: 17-18.

Viscusi, W. Kip. 1992. *Fatal Tradeoffs: Public and Private Responsibilities for Risk*. New York: Oxford University Press.

Viscusi, W. Kip. 2006. "The Value of Life." In *The New Palgrave Dictionary of Economics*, 2nd edition. Steven Durlauf and Lawrence Blume (eds.). London: Macmillan.

Viscusi, W. Kip and Joseph E. Aldy. 2003. "The Value of a Statistical Life: A Critical Review of Market Estimates throughout the World." *Journal of Risk and Uncertainty* 27 (1): 5-76.

Viscusi, W. Kip and Ted Gayer. 2005. "Quantifying and Valuing Environmental Health Risks." In *Handbook of Environmental Economics*, Volume 2. Karl-Goran Maler and Jeffrey R. Vincent (eds.). Elsevier. Amsterdam.

Wall Street Journal. 2001. "Non-Stop Taxes." (April 19, 2001): p. A18.

Wall Street Journal. 2009. "Washington's Marlboro Men." *Wall Street Journal* (June 13, 2009).

Wall Street Journal. 2010. "The Mystique of Washington." *Wall Street Journal* p. A18 (April 5, 2010).

Wall Street Journal. 2011. "Badly Written Bad Rules." *Wall Street Journal* p. A12 (December 27, 2011).

Waverly, Jed. 2010. "Letter to Editor." *New York Times Magazine* p. 8 (April 11, 2010).

Weimer, David L. and Michael J. Wolkoff. 2001. "School Performance and Housing Values: Using Non-Contiguous District and Incorporation Boundaries to Identify School Effects." *National Tax Journal* 54: 231-254.

Weisenthal, Joe. 2012. "Krugman: The Government Has to Do More Deficit Spending to Avoid a Full-On Depression." *Business Insider* (July 12, 2012).

Weitzman, Martin L. 1974. "Prices vs. Quantities." *Review of Economic Studies* 41 (4): 477-491.

Weitzman, Martin L. 2007. "A Review of the Stern Review on the Economics of Climate Change." *Journal of Economic Literature* 45 (3): 703-724.

The White House and the Department of the Treasury. 2012. *The President's Framework for Business Tax Reform*. February 2012.

Whitmore, Diane. 2002. "What Are Food Stamps Worth?" Industrial Relations Section Working Paper No. 468. Princeton, NJ: Princeton University.

Willig，Robert. 1976. “Consumer Surplus without Apology.” *American Economic Review* 66 (4)：589-597.

Wilson，James Q. 1994. “A New Approach to Welfare Reform：Humility.” *Wall Street Journal* (December 29，1994)：p. A10.

Wilson，James Q. 2000. “Pork Is Kosher under Our Constitution.” *Wall Street Journal* (February 15，2000)：p. A26.

Winer，Stanley and Walter Hettich. 2004. “The Political Economy of Taxation：Positive and Normative Analysis When Collective Choice Matters.” In *The Encyclopedia of Public Choice*. C. Rowley and F. Schneider (eds.) . Kluwer Academic.

Winston，Cliff. 2010. *Last Exit：Privatization and Deregulation of the US Transportation System*. Brookings Institution Press：Washington，DC.

Wolff，Edward N. 2001. “Recent Trends in Wealth Ownership，1983-1998.” In *Assets for the Poor：The Benefits of Spreading Asset Ownership*. Thomas M. Shapiro and Edward N. Wolff (eds.) . Russell Sage Press：34-73.

Woodbury，Stephen A. and Robert G. Spiegelman. 1987. “Bonuses to Workers and Employers to Reduce Unemployment：Randomized Trials in Illinois.” *American Economic Review* 77 (4)：513-530.

Wooldridge，Jeffrey M. 2009. *Introductory Econometrics*，4th edition. Cincinnati，OH：South-Western College Publishing.

Yan，Jia，and Clifford Winston. 2012. “Designing a Market for Privatized Airports：The Case of the San Francisco Bay Area.” Brookings Working Paper.

Yardley，William. 2010. “Turbines Too Loud? Here，Take ＄5,000.” *New York Times* p. A14 (July 31,2010) .

You，Jong-sung and Sanjeef Khagram. 2004. “Inequality and Corruption.” Hauser Center for Nonprofit Organizations Working Paper No. 22. Kennedy School of Government Working Paper Series：RWP04-001.

Zimmerman，Jonathan. 2007. “Letter to the Editor.” *New York Times* (March 24，2007) .

Zodrow，George R. 2007. “The Property Tax Incidence Debate and the Mix of State and Local Finance of Local Public Expenditures.” *CESifo Economic Studies* 53 (4)：495-521.

经济科学译丛						
序号	书名	作者	Author	单价	出版年份	ISBN
1	财政学(第十版)	哈维·S·罗森等	Harvey S. Rosen	68.00	2015	978-7-300-21754-3
2	经学数学(第三版)	迈克尔·霍伊等	Michael Hoy	88.00	2015	978-7-300-21674-4
3	发展经济学(第九版)	A.P.瑟尔沃	A. P. Thirlwall	69.80	2015	978-7-300-21193-0
4	宏观经济学(第五版)	斯蒂芬·D·威廉森	Stephen D. Williamson	69.00	2015	978-7-300-21169-5
5	资源经济学(第三版)	约翰·C·伯格斯特罗姆等	John C. Bergstrom	58.00	2015	978-7-300-20742-1
6	应用中级宏观经济学	凯文·D·胡佛	Kevin D. Hoover	78.00	2015	978-7-300-21000-1
7	计量经济学导论:现代观点(第五版)	杰弗里·M·伍德里奇	Jeffrey M. Wooldridge	99.00	2015	978-7-300-20815-2
8	现代时间序列分析导论(第二版)	约根·沃特斯等	Jürgen Wolters	39.80	2015	978-7-300-20625-7
9	空间计量经济学——从横截面数据到空间面板	J·保罗·埃尔霍斯特	J. Paul Elhorst	32.00	2015	978-7-300-21024-7
10	国际经济学原理	肯尼思·A·赖纳特	Kenneth A. Reinert	58.00	2015	978-7-300-20830-5
11	经济写作(第二版)	迪尔德丽·N·麦克洛斯基	Deirdre N. McCloskey	39.80	2015	978-7-300-20914-2
12	计量经济学方法与应用(第五版)	巴蒂·H·巴尔塔基	Badi H. Baltagi	58.00	2015	978-7-300-20584-7
13	战略经济学(第五版)	戴维·贝赞可等	David Besanko	78.00	2015	978-7-300-20679-0
14	博弈论导论	史蒂文·泰迪里斯	Steven Tadelis	58.00	2015	978-7-300-19993-1
15	社会问题经济学(第二十版)	安塞尔·M·夏普等	Ansel M. Sharp	49.00	2015	978-7-300-20279-2
16	博弈论:矛盾冲突分析	罗杰·B·迈尔森	Roger B. Myerson	58.00	2015	978-7-300-20212-9
17	时间序列分析	詹姆斯·D·汉密尔顿	James D. Hamilton	118.00	2015	978-7-300-20213-6
18	经济问题与政策(第五版)	杰奎琳·默里·布鲁克斯	Jacqueline Murray Brux	58.00	2014	978-7-300-17799-1
19	微观经济理论	安德鲁·马斯-克莱尔等	Andreu Mas-Collel	148.00	2014	978-7-300-19986-3
20	产业组织:理论与实践(第四版)	唐·E·瓦尔德曼等	Don E. Waldman	75.00	2014	978-7-300-19722-7
21	公司金融理论	让·梯若尔	Jean Tirole	128.00	2014	978-7-300-20178-8
22	经济学精要(第三版)	R·格伦·哈伯德等	R. Glenn Hubbard	85.00	2014	978-7-300-19362-5
23	公共部门经济学	理查德·W·特里西	Richard W. Tresch	49.00	2014	978-7-300-18442-5
24	计量经济学原理(第六版)	彼得·肯尼迪	Peter Kennedy	69.80	2014	978-7-300-19342-7
25	统计学:在经济中的应用	玛格丽特·刘易斯	Margaret Lewis	45.00	2014	978-7-300-19082-2
26	产业组织:现代理论与实践(第四版)	林恩·佩波尔等	Lynne Pepall	88.00	2014	978-7-300-19166-9
27	计量经济学导论(第三版)	詹姆斯·H·斯托克等	James H. Stock	69.00	2014	978-7-300-18467-8
28	发展经济学导论(第四版)	秋山裕	秋山裕	39.80	2014	978-7-300-19127-0
29	中级微观经济学(第六版)	杰弗里·M·佩罗夫	Jeffrey M. Perloff	89.00	2014	978-7-300-18441-8
30	平狄克《微观经济学》(第八版)学习指导	乔纳森·汉密尔顿等	Jonathan Hamilton	32.00	2014	978-7-300-18970-3
31	微观银行经济学(第二版)	哈维尔·弗雷克斯等	Xavier Freixas	48.00	2014	978-7-300-18940-6
32	施米托夫论出口贸易——国际贸易法律与实务(第11版)	克利夫·M·施米托夫等	Clive M. Schmitthoff	168.00	2014	978-7-300-18425-8
33	曼昆版《宏观经济学》习题集	南希·A·加纳科波罗斯等	Nancy A. Jianakoplos	32.00	2013	978-7-300-18245-2
34	微观经济学思维	玛莎·L·奥尔尼	Martha L. Olney	29.80	2013	978-7-300-17280-4
35	宏观经济学思维	玛莎·L·奥尔尼	Martha L. Olney	39.80	2013	978-7-300-17279-8
36	计量经济学原理与实践	达摩达尔·N·古扎拉蒂	Damodar N. Gujarati	49.80	2013	978-7-300-18169-1
37	现代战略分析案例集	罗伯特·M·格兰特	Robert M. Grant	48.00	2013	978-7-300-16038-2
38	高级国际贸易:理论与实证	罗伯特·C·芬斯特拉	Robert C. Feenstra	59.00	2013	978-7-300-17157-9
39	经济学简史——处理沉闷科学的巧妙方法(第二版)	E·雷·坎特伯里	E. Ray Canterbery	58.00	2013	978-7-300-17571-3
40	微观经济学(第八版)	罗伯特·S·平狄克等	Robert S. Pindyck	79.00	2013	978-7-300-17133-3
41	克鲁格曼《微观经济学(第二版)》学习手册	伊丽莎白·索耶·凯利	Elizabeth Sawyer Kelly	58.00	2013	978-7-300-17002-2
42	克鲁格曼《宏观经济学(第二版)》学习手册	伊丽莎白·索耶·凯利	Elizabeth Sawyer Kelly	36.00	2013	978-7-300-17024-4
43	管理经济学(第四版)	方博亮等	Ivan Png	80.00	2013	978-7-300-17000-8
44	微观经济学原理(第五版)	巴德、帕金	Bade, Parkin	65.00	2013	978-7-300-16930-9
45	宏观经济学原理(第五版)	巴德、帕金	Bade, Parkin	63.00	2013	978-7-300-16929-3

经济科学译丛

序号	书名	作者	Author	单价	出版年份	ISBN
46	环境经济学	彼得·伯克等	Peter Berck	55.00	2013	978-7-300-16538-7
47	高级微观经济理论	杰弗里·杰里	Geoffrey A. Jehle	69.00	2012	978-7-300-16613-1
48	多恩布什《宏观经济学(第十版)》学习指导	鲁迪格·多恩布什等	Rudiger Dornbusch	29.00	2012	978-7-300-16030-6
49	高级宏观经济学导论:增长与经济周期(第二版)	彼得·伯奇·索伦森等	Peter Birch Sørensen	95.00	2012	978-7-300-15871-6
50	宏观经济学:政策与实践	弗雷德里克·S·米什金	Frederic S. Mishkin	69.00	2012	978-7-300-16443-4
51	宏观经济学(第二版)	保罗·克鲁格曼	Paul Krugman	45.00	2012	978-7-300-15029-1
52	微观经济学(第二版)	保罗·克鲁格曼	Paul Krugman	69.80	2012	978-7-300-14835-9
53	微观经济学(第十一版)	埃德温·曼斯费尔德	Edwin Mansfield	88.00	2012	978-7-300-15050-5
54	《计量经济学基础》(第五版)学生习题解答手册	达摩达尔·N·古扎拉蒂等	Damodar N. Gujarati	23.00	2012	978-7-300-15091-8
55	国际宏观经济学	罗伯特·C·芬斯特拉等	Feenstra,Taylor	64.00	2011	978-7-300-14795-6
56	卫生经济学(第六版)	舍曼·富兰德等	Sherman Folland	79.00	2011	978-7-300-14645-4
57	宏观经济学(第七版)	安德鲁·B·亚伯等	Andrew B. Abel	78.00	2011	978-7-300-14223-4
58	现代劳动经济学:理论与公共政策(第十版)	罗纳德·G·伊兰伯格等	Ronald G. Ehrenberg	69.00	2011	978-7-300-14482-5
59	宏观经济学(第七版)	N·格里高利·曼昆	N. Gregory Mankiw	65.00	2011	978-7-300-14018-6
60	环境与自然资源经济学(第八版)	汤姆·蒂坦伯格等	Tom Tietenberg	69.00	2011	978-7-300-14810-0
61	宏观经济学:理论与政策(第九版)	理查德·T·弗罗恩	Richard T. Froyen	55.00	2011	978-7-300-14108-4
62	经济学原理(第四版)	威廉·博伊斯等	William Boyes	59.00	2011	978-7-300-13518-2
63	计量经济学基础(第五版)(上下册)	达摩达尔·N·古扎拉蒂	Damodar N. Gujarati	99.00	2011	978-7-300-13693-6
64	计量经济分析(第六版)(上下册)	威廉·H·格林	William H. Greene	128.00	2011	978-7-300-12779-8
65	国际经济学:理论与政策(第八版)(上册国际贸易部分)	保罗·R·克鲁格曼等	Paul R. Krugman	36.00	2011	978-7-300-13102-3
66	国际经济学:理论与政策(第八版)(下册国际金融部分)	保罗·R·克鲁格曼等	Paul R. Krugman	49.00	2011	978-7-300-13101-6
67	国际贸易	罗伯特·C·芬斯特拉等	Robert C. Feenstra	49.00	2011	978-7-300-13704-9
68	经济增长(第二版)	戴维·N·韦尔	David N. Weil	63.00	2011	978-7-300-12778-1
69	投资科学	戴维·G·卢恩伯格	David G. Luenberger	58.00	2011	978-7-300-14747-5
70	宏观经济学(第十版)	鲁迪格·多恩布什等	Rudiger Dornbusch	60.00	2010	978-7-300-11528-3
71	宏观经济学(第三版)	斯蒂芬·D·威廉森	Stephen D. Williamson	65.00	2010	978-7-300-11133-9
72	计量经济学导论(第四版)	杰弗里·M·伍德里奇	Jeffrey M. Wooldridge	95.00	2010	978-7-300-12319-6
73	货币金融学(第九版)	弗雷德里克·S·米什金等	Frederic S. Mishkin	79.00	2010	978-7-300-12926-6
74	金融学(第二版)	兹维·博迪等	Zvi Bodie	59.00	2010	978-7-300-11134-6
75	国际经济学(第三版)	W·查尔斯·索耶等	W. Charles Sawyer	58.00	2010	978-7-300-12150-5
76	博弈论	朱·弗登博格等	Drew Fudenberg	68.00	2010	978-7-300-11785-0
77	投资学精要(第七版)(上下册)	兹维·博迪等	Zvi Bodie	99.00	2010	978-7-300-12417-9
78	财政学(第八版)	哈维·S·罗森等	Harvey S. Rosen	63.00	2009	978-7-300-11092-9

经济科学译库

序号	书名	作者	Author	单价	出版年份	ISBN
1	克鲁格曼经济学原理(第二版)	保罗·克鲁格曼等	Paul Krugman	65.00	2013	978-7-300-17409-9
2	国际经济学(第13版)	罗伯特·J·凯伯等	Robert J. Carbaugh	68.00	2013	978-7-300-16931-6
3	货币政策:目标、机构、策略和工具	彼得·博芬格	Peter Bofinger	55.00	2013	978-7-300-17166-1
4	MBA 微观经济学(第二版)	理查德·B·麦肯齐等	Richard B. McKenzie	55.00	2013	978-7-300-17003-9
5	激励理论:动机与信息经济学	唐纳德·E·坎贝尔	Donald E. Campbell	69.80	2013	978-7-300-17025-1
6	微观经济学:价格理论观点(第八版)	斯蒂文·E·兰德斯博格	Steven E. Landsburg	78.00	2013	978-7-300-15885-3
7	经济数学与金融数学	迈克尔·哈里森等	Michael Harrison	65.00	2012	978-7-300-16689-6
8	策略博弈(第三版)	阿维纳什·迪克西特等	Avinash Dixit	72.00	2012	978-7-300-16033-7
9	高级宏观经济学基础	本·J·海德拉等	Ben J. Heijdra	78.00	2012	978-7-300-14836-6

经济科学译库

序号	书名	作者	Author	单价	出版年份	ISBN
10	行为经济学	尼克·威尔金森	Nick Wilkinson	58.00	2012	978-7-300-16150-1
11	金融风险管理师考试手册(第六版)	菲利普·乔瑞	Philippe Jorion	168.00	2012	978-7-300-14837-3
12	服务经济学	简·欧文·詹森	Jan Owen Jansson	42.00	2012	978-7-300-15886-0
13	统计学:在经济和管理中的应用(第八版)	杰拉德·凯勒	Gerald Keller	98.00	2012	978-7-300-16609-4
14	面板数据分析(第二版)	萧政	Cheng Hsiao	45.00	2012	978-7-300-16708-4
15	中级微观经济学:理论与应用(第10版)	沃尔特·尼科尔森等	Walter Nicholson	85.00	2012	978-7-300-16400-7
16	经济学中的数学	卡尔·P·西蒙等	Carl P. Simon	65.00	2012	978-7-300-16449-6
17	社会网络分析:方法与应用	斯坦利·沃瑟曼等	Stanley Wasserman	78.00	2012	978-7-300-15030-7
18	用Stata学计量经济学	克里斯托弗·F·鲍姆	Christopher F. Baum	65.00	2012	978-7-300-16293-5
19	美国经济史(第10版)	加里·沃尔顿等	Gary M. Walton	78.00	2011	978-7-300-14529-7
20	增长经济学	菲利普·阿格因	Philippe Aghion	58.00	2011	978-7-300-14208-1
21	经济地理学:区域和国家一体化	皮埃尔-菲利普·库姆斯等	Pierre-Philippe Combes	42.00	2011	978-7-300-13702-5
22	社会与经济网络	马修·O·杰克逊	Matthew O. Jackson	58.00	2011	978-7-300-13707-0
23	环境经济学	查尔斯·D·科尔斯塔德	Charles D. Kolstad	53.00	2011	978-7-300-13173-3
24	空间经济学——城市、区域与国际贸易	保罗·克鲁格曼等	Paul Krugman	42.00	2011	978-7-300-13037-8
25	国际贸易理论:对偶和一般均衡方法	阿维纳什·迪克西特等	Avinash Dixit	45.00	2011	978-7-300-13098-9
26	契约经济学:理论和应用	埃里克·布鲁索等	Eric Brousseau	68.00	2011	978-7-300-13223-5
27	反垄断与管制经济学(第四版)	W·基普·维斯库斯等	W. Kip Viscusi	89.00	2010	978-7-300-12615-9
28	拍卖理论	维佳·克里斯纳等	Vijay Krishna	42.00	2010	978-7-300-12664-7
29	计量经济学指南(第五版)	皮特·肯尼迪	Peter Kennedy	65.00	2010	978-7-300-12333-2
30	管理者宏观经济学	迈克尔·K·伊万斯等	Michael K. Evans	68.00	2010	978-7-300-12262-5
31	利息与价格——货币政策理论基础	迈克尔·伍德福德	Michael Woodford	68.00	2010	978-7-300-11661-7
32	理解资本主义:竞争、统制与变革(第三版)	塞缪尔·鲍尔斯等	Samuel Bowles	66.00	2010	978-7-300-11596-2
33	递归宏观经济理论(第二版)	萨金特等	Thomas J. Sargent	79.00	2010	978-7-300-11595-5
34	剑桥美国经济史(第一卷):殖民地时期	斯坦利·L·恩格尔曼等	Stanley L. Engerman	48.00	2008	978-7-300-08254-7
35	剑桥美国经济史(第二卷):漫长的19世纪	斯坦利·L·恩格尔曼等	Stanley L. Engerman	88.00	2008	978-7-300-09394-9
36	剑桥美国经济史(第三卷):20世纪	斯坦利·L·恩格尔曼等	Stanley L. Engerman	98.00	2008	978-7-300-09395-6
37	横截面与面板数据的经济计量分析	J. M. 伍德里奇	Jeffrey M. Wooldridge	68.00	2007	978-7-300-08090-1

金融学译丛

序号	书名	作者	Author	单价	出版年份	ISBN
1	投资学基础(第三版)	戈登·J·亚历山大等	Gordon J. Alexander	98.00	2015	978-7-300-20274-7
2	金融风险管理(第二版)	彼德·F·克里斯托弗森	Peter F. Christoffersen	46.00	2015	978-7-300-21210-4
3	风险管理与保险管理(第十二版)	乔治·E·瑞达等	George E. Rejda	95.00	2015	978-7-300-21486-3
4	个人理财(第五版)	杰夫·马杜拉	Jeff Madura	69.00	2015	978-7-300-20583-0
5	企业价值评估	罗伯特·A·G·蒙克斯等	Robert A. G. Monks	58.00	2015	978-7-300-20582-3
6	基于Excel的金融学原理(第二版)	西蒙·本尼卡	Simon Benninga	79.00	2014	978-7-300-18899-7
7	金融工程学原理(第二版)	萨利赫·N·内夫特奇	Salih N. Neftci	88.00	2014	978-7-300-19348-9
8	投资学导论(第十版)	赫伯特·B·梅奥	Herbert B. Mayo	69.00	2014	978-7-300-18971-0
9	国际金融市场导论(第六版)	斯蒂芬·瓦尔德斯等	Stephen Valdez	59.80	2014	978-7-300-18896-6
10	金融数学:金融工程引论(第二版)	马雷克·凯宾斯基等	Marek Capinski	42.00	2014	978-7-300-17650-5
11	财务管理(第二版)	雷蒙德·布鲁克斯	Raymond Brooks	69.00	2014	978-7-300-19085-3
12	期货与期权市场导论(第七版)	约翰·C·赫尔	John C. Hull	69.00	2014	978-7-300-18994-2
13	固定收益证券手册(第七版)	弗兰克·J·法博齐	Frank J. Fabozzi	188.00	2014	978-7-300-17001-5

金融学译丛						
序号	书名	作者	Author	单价	出版年份	ISBN
14	国际金融:理论与实务	皮特·塞尔居	Piet Sercu	88.00	2014	978-7-300-18413-5
15	金融市场与金融机构(第7版)	弗雷德里克·S·米什金 斯坦利·G·埃金斯	Frederic S. Mishkin Stanley G. Eakins	79.00	2013	978-7-300-18129-5
16	货币、银行和金融体系	R·格伦·哈伯德等	R. Glenn Hubbard	75.00	2013	978-7-300-17856-1
17	并购创造价值(第二版)	萨德·苏达斯纳	Sudi Sudarsanam	89.00	2013	978-7-300-17473-0
18	个人理财——理财技能培养方法(第三版)	杰克·R·卡普尔等	Jack R. Kapoor	66.00	2013	978-7-300-16687-2
19	国际财务管理	吉尔特·贝克特	Geert Bekaert	95.00	2012	978-7-300-16031-3
20	金融理论与公司政策(第四版)	托马斯·科普兰等	Thomas Copeland	69.00	2012	978-7-300-15822-8
21	应用公司财务(第三版)	阿斯沃思·达摩达兰	Aswath Damodaran	88.00	2012	978-7-300-16034-4
22	资本市场:机构与工具(第四版)	弗兰克·J·法博齐	Frank J. Fabozzi	85.00	2011	978-7-300-13828-2
23	衍生品市场(第二版)	罗伯特·L·麦克唐纳	Robert L. McDonald	98.00	2011	978-7-300-13130-6
24	债券市场:分析与策略(第七版)	弗兰克·J·法博齐	Frank J. Fabozzi	89.00	2011	978-7-300-13081-1
25	跨国金融原理(第三版)	迈克尔·H·莫菲特等	Michael H. Moffett	78.00	2011	978-7-300-12781-1
26	风险管理与保险原理(第十版)	乔治·E·瑞达	George E. Rejda	95.00	2010	978-7-300-12739-2
27	兼并、收购和公司重组(第四版)	帕特里克·A·高根	Patrick A. Gaughan	69.00	2010	978-7-300-12465-0
28	个人理财(第四版)	阿瑟·J·基翁	Athur J. Keown	79.00	2010	978-7-300-11787-4
29	统计与金融	戴维·鲁珀特	David Ruppert	48.00	2010	978-7-300-11547-4
30	国际投资(第六版)	布鲁诺·索尔尼克等	Bruno Solnik	62.00	2010	978-7-300-11289-3
31	财务报表分析(第三版)	马丁·弗里德森	Martin Fridson	35.00	2010	978-7-300-11290-9

Harvey S. Rosen, Ted Gayer
Public Finance, 10e
0-07-802168-5

北京市版权局著作权合同登记号：01-2014-0447

图书在版编目（CIP）数据

财政学：第10版/（美）罗森，（美）盖亚著；郭庆旺译．—北京：中国人民大学出版社，2015.9
（经济科学译丛）
“十三五”国家重点出版物出版规划项目
ISBN 978-7-300-21754-3

Ⅰ．①财… Ⅱ．①罗…②盖…③郭… Ⅲ．①财政学 Ⅳ．①F810

中国版本图书馆CIP数据核字（2015）第178812号

“十三五”国家重点出版物出版规划项目
经济科学译丛
财政学（第十版）
哈维·S·罗森
特德·盖亚 著
郭庆旺 译
Caizhengxue

出版发行	中国人民大学出版社		
社　　址	北京中关村大街31号	**邮政编码**	100080
电　　话	010－62511242（总编室）		010－62511770（质管部）
	010－82501766（邮购部）		010－62514148（门市部）
	010－62515195（发行公司）		010－62515275（盗版举报）
网　　址	http://www.crup.com.cn		
经　　销	新华书店		
印　　刷	北京七色印务有限公司		
开　　本	890 mm×1240 mm　1/16	**版　　次**	2015年9月第1版
印　　张	31.25 插页2	**印　　次**	2024年9月第9次印刷
字　　数	811 000	**定　　价**	78.00元

教师反馈表

麦格劳-希尔教育集团（McGraw-Hill Education）是全球领先的教育资源与数字化解决方案提供商。为了更好地提供教学服务，提升教学质量，麦格劳-希尔教师服务中心于 2003 年在京成立。在您确认将本书作为指定教材后，请填好以下表格并经系主任签字盖章后返回我们（或联系我们索要电子版），我们将免费向您提供相应的教学辅助资源。如果您需要订购或参阅本书的英文原版，我们也将竭诚为您服务。

★ 基本信息					
姓		名		性别	
学校			院系		
职称			职务		
办公电话			家庭电话		
手机			电子邮箱		
通信地址及邮编					
★ 课程信息					
主讲课程-1		课程性质		学生年级	
学生人数		授课语言		学时数	
开课日期		学期数		教材决策者	
教材名称、作者、出版社					
★ 教师需求及建议					
提供配套教学课件（请注明作者 / 书名 / 版次）					
推荐教材（请注明感兴趣领域或相关信息）					
其他需求					
意见和建议（图书和服务）					
是否需要最新图书信息	是、否	系主任签字/盖章			
是否有翻译意愿	是、否				

McGraw Hill Education | Higher Education

教师服务热线：800-810-1936

教师服务信箱：instructorchina@mheducation.com

网址: www.mheducation.com

麦格劳-希尔教育教师服务中心

地址：北京市东城区北三环东路 36 号环球贸易中心 A 座 · 702 室 教师服务中心 100013

电话：010-57997600

传真：010-59575582